956 1957 1959 1960 1962 1963 1965
1958 1961 1964

974 1975 1977 1978 1980 1981 1983
1976 1979 1982

992 1993 1995 1996 1998 1999 2001
1994 1997 2000

010 2011 2013 2014 2016 2017 · · · · ·
2012 2015

张炜

研究资料长编

1956～2017

亓凤珍　张期鹏／编著

田恩华　桑军　席俊／供图

山东教育出版社

图书在版编目（CIP）数据

张炜研究资料长编：1956 ~ 2017 / 亓凤珍，张期鹏
编著．—济南：山东教育出版社，2018
ISBN 978-7-5701-0389-8

Ⅰ. ①张… Ⅱ. ①亓… ②张… Ⅲ. ①张炜 – 人物
研究 Ⅳ. ① K825.6

中国版本图书馆 CIP 数据核字（2018）第 193787 号

张炜研究资料长编（1956~2017）

ZHANG WEI YANJIU ZILIAO CHANGBIAN

亓凤珍 张期鹏 编著

出 版 人：刘东杰
责任编辑：王 慧 樊学梅
美术编辑：蔡 璇
装帧设计：缪 惟 缪 朗
主管单位：山东出版传媒股份有限公司
出版发行：山东教育出版社
地 址：济南市纬一路 321 号 邮编：250001
电 话：（0531）82092660 网址：www.sjs.com.cn
印 刷：山东临沂新华印刷物流集团有限责任公司
开 本：787 毫米 × 1092 毫米 1/16
印 张：45.75
字 数：597 千
版 次：2018 年 9 月第 1 版
印 次：2018 年 9 月第 1 次印刷
印 数：1–1000
定 价：268.00 元

（如印装质量有问题，请与印刷厂联系调换）印厂电话：0539–2925659

就因为那个瞬间的吸引，我出发了。我的希求简明而又模糊：寻找野地。

　　我首先踏上故地，并在那里迈出了一步。我试图抚摸它的边缘，望穿雾幔；我舍弃所有奔向它，为了融入其间。跋涉、追赶、寻问——野地到底是什么？它在何方？

　　野地是否也包括了我浑然苍茫的感觉世界？

　　无法停止寻求……

——张炜《融入野地》

张炜简介

张炜，当代作家，中国作家协会副主席，山东省作家协会第五届、第六届主席，万松浦书院名誉院长。山东省栖霞市人，1956 年 11 月 7 日出生于龙口。1975 年开始发表作品。

2014 年出版《张炜文集》48 卷。作品被译为英、日、法、俄、韩、德、西、意大利、塞尔维亚、瑞典、阿拉伯、土耳其、罗马尼亚等多种文字。

著有长篇小说《古船》《九月寓言》《刺猬歌》《外省书》《你在高原》《独药师》《艾约堡秘史》等 21 部。

《古船》等入选《中国新文学大系》。作品获"八五"期间全国优秀长篇小说奖、"百年百种优秀中国文学图书"、"世界华语小说百年百强"、茅盾文学奖、中国出版政府奖、中华优秀出版物奖、中国作家出版集团特别奖、《亚洲周刊》全球十大华文小说之首、中国好书奖、全国文艺类畅销书奖、全国"五个一工程"奖、南方传媒大奖杰出作家奖等。

近作《寻找鱼王》《独药师》《艾约堡秘史》等反响热烈，获中国好书奖、年度好书奖等诸多奖项。

张炜画像（苏晓民绘）

目录

CONTENTS

1956~2017

目录 C O N T E N T S

渤海湾畔的一片莽野

1956~1972

1956

11月7日，出生于山东龙口（时为黄县）渤海莱州湾畔。原籍山东栖霞。

张炜回忆："它就是渤海莱州湾畔的一片莽野。当时这儿地广人稀，没有几个村庄，到处都是丛林。50年代中期依靠国家的力量在丛林中开垦了几个果园，但总体上看还是荒凉的。我出生时，我们家里人从市区西南部来到这片丛林野地也不过七八年。当时只有我们一户人家住在林子里，穿过林子往东南走很远才能看到一个村子，它的名字很怪，叫'灯影'。""我们家到丛林里来本为了躲过兵荒马乱的年月，所以只搭了一座小茅屋。想不到我们就在这样一座小屋里一直住下去，并且不再挪动，我也出生了。我一睁眼就是这样的环境，到处是树、野兽，是荒野一片，大海，只很少看到人。我的父亲长年在外地，母亲去果园打工。我的大多数时间与外祖母在一起。满头白发的外祖母领着我在林子里，或者我一个人跑开，去林子的某个角落。我就这样长大，长到上学。""我们家躲进林子的时候带来了许多书。寂寞无人的环境加上书，可以想象，人就容易爱上文学这一类事情了。我大概从很小的时候起就能写点什么，我写的主要内容是两方面的，一是内心的幻想，二是林中的万物。"（张炜：《我跋涉的莽野——我的文学与故地的关系》，载《张炜文集》第36卷，作家出版社2014年11月出版，第281～282页。）

童年的经历，给他带来了深刻而长远的影响，同时也把他投进了大自然的怀抱。他的老师萧平（即肖平，因不同的作品中署名、称呼不同，本书除引文、篇名、书名中的"肖平"外，其余地方均用萧平。——编者注）说："那濒临大海的河畔的果园，那长满枣棵野草的海滩，那两岸生着茂密芦苇的大河，那时而安静时而咆哮神秘莫测的大海，那充盈着花香鸟语的禾田瓜地，给这个遨游在其中的孩子进行了美的洗礼。"（萧平：《〈秋天的愤怒〉序》，载张炜《秋天的愤怒》，人民文学出版社1986年12月出版，第1页。）

张炜说："人生是由多个侧面组成的。一个人总有不悦、消沉，有绝望和痛苦。他即便在童年，也有欺凌和压迫。谁能一直欢笑地走完童年？……不过有人欢笑多一些，有人哭泣多一些。每个人都是幸运和不幸的。所以只能说：童年并不轻松，但却让人一生缅怀，是人生的根基。"（张炜：《幸福的童年》，载《张炜文集》第30卷，作家出版社2014年11月出版，第11页。）

张炜说："我们一家是外地人。我出生在海边林子里，父亲很早就离家去南部山区的水利工地了，身边的大人只有母亲和外祖母。那时候很孤独，林子里来往的人也少，见到最多的就是动物和植物。后来能够阅读了，一个全新的天地也就打开了。在这种环境里阅读，好像收获格外巨大。书读得多了，不知不觉爱上了'书的世界'，有了更多的冲动和幻想，并且开始了模仿。"（张炜：《穿越理性的筛子——在香港电台的访谈》，载《张炜文集》第40卷，作家出版社2014年11月出版，第218页。）

1964

8月，进入林子附近的黄县灯影史家学校读小学。

胶东海边的农家小屋

1970

8月，进入林子附近的黄县灯影史家联合中学读初中，后在学校油印刊物《山花》发表散文。

张炜回忆："我们初中时的校长喜欢文学。他倡办了一份叫《山花》的油印刊物，并且制作漂亮到了无法言说的地步。我们于是在他的鼓励下起劲地写稿。这种热气腾腾的文学生活幼稚而纯洁，一生难忘。有时想——现在想，那时的文学才是真正的文学吧。反正我们的文学创作就是从此开始的。'我们'两个字，包括了六七个初中同学。后来我们当中的三个没有接着上高中，就带着一种怀才不遇的劲头，凑在一起更起劲地搞起了'文学'。主要是写诗。我们模仿了被禁读的诗，包括徐志摩哼哼呀呀的爱情诗等。"（舒晋瑜：《文学是长跑——访作家张炜》，《中国图书评论》2004年第8期。）

张炜回忆："像许多作者一样，我一开始也写诗。诗歌分行的形式，好像更让初学写作者觉得亲近，它的韵脚也很吸引人。……写诗这个阶段很重要，它训练诗的感觉，让我们知道什么东西可以从什么角度进入文学。这个阶段学会了凝练，也学会了奇特微妙的想象和表达。""有人通过写散文进入文学创作生涯。我写了一段诗歌，后来又写散文，甚至学写过戏剧等等。一个人总会慢慢找到适合自己的形式。不过任何文学形式，内核都是一个诗。离开的是它的形式，并没有离开它的根本。……如果一部作品本质上不是诗，那么它就不会是文学。""直到1973年，我才写出第一部短篇小说。"（张炜：《周末对话》，载《张炜文集》第30卷，作家出版社2014年11月出版，第3页。）

在校读书时，"校外的批斗大会常常要到我们学校来举行，这既是为了让我们接受难得的教育机会，同时也因为这里有个大操场，地方宽敞"。"校园内一度贴满了大字报。""学校师生已经不止一次参加过批斗会。当时大家一起排着队，在红旗的指引下赶往会场，一起呼着口号。如林的手臂令人心颤。但最可怕的还不是会场上的情形，而是这之后大家的议论，是漫长的会后效应：各种目光各种议论、突如其来的侮辱。"（张炜：《十年琐记》，载《张炜文集》第40卷，作家出版社2014年11月出版，第197页。）

1972

8月，初中毕业。因无法升入高中，留校办工厂做工。

1973~1977

20世纪70年代张炜在海边写作时的老屋

1973

4月，进入黄县乡城高中（黄县十三中）就读。

高中期间，继续尝试写作短篇小说、诗歌、散文、戏剧等。

张炜回忆："我们初中和高中的文学氛围极浓，如今想一下，我是参与最多的几个人之一。"（舒晋瑜：《文学是长跑——访作家张炜》，《中国图书评论》2004年第8期。）

6月，在龙口完成短篇小说《木头车》初稿。

本年，独自到龙口南部山区拜见一位老琴师，跟他学琴，又跟一位地方报纸通讯员学写作。

1974

6月，在龙口完成短篇小说《槐花饼》初稿。

6月，在龙口写作中篇小说《狮子崖》，形成初稿。（中篇小说《狮子崖》2016年5月发表于《天涯》第3期，篇末注明"1974年6月写于龙口；1976年11月订于龙口、栖霞；2016年2月重订于龙口"。2017年1月，《狮子崖》由山东教育出版社出版。这部作品手稿是经龙口老作家曲克勇精心保存，而得以重订并最终面世的。）

山东教育出版社2017年版

本年，去龙口北部渤海湾中的桑岛短期居住，探究岛上渔民生活。

1975

2月，在龙口改写短篇小说《木头车》。

3月，在龙口完成短篇小说《小河日夜唱》《老斑鸠》初稿。

8月，在龙口完成短篇小说《花生》。

9月，在龙口完成短篇小说《夜歌》。

冬，在龙口完成短篇小说《他的琴》初稿。

本年，发表长诗《访司号员》。在何处发表已难以查询。

张炜回忆："那是我发表的第一首较长的诗，叫《访司号员》，写一个老红军在和平时代仍然喜欢每天吹号的故事。""他是当年部队上的一个司号员。具体说，那个'老红军'没有确指真实中的哪一个人，可视为文学的虚构和想象。"（张炜：《写作，办杂志和行走——答意大利学者伊拉利娅·辛芳蒂》，载《张炜文集》第38卷，作家出版社2014年11月出版，第226页。）

1976

7月，从黄县乡城高中毕业。

张炜回忆："中学毕业不久到了栖霞，那里被称为'胶东屋脊'，地势在半岛上是最高的。栖霞和龙口尽管相隔得不是特别遥远，可是地理风貌差异很大。从小在海边长人，突然来到山里，生活很不习惯。我有几年在整个半岛上游荡，是毫无计划的游走，到处寻找新的文学伙伴。""读书最多的日子要算我十六七岁的时候，当时我在南部山区一个人游荡，主要的享受和安慰就是读书了，所以印象深刻，接受的影响也特别大。后来书多了，条件好了，书对我的帮助倒好像没有那时候大。"［张炜：《写作和行走的心情——文学采访辑录》（2010年3月～2011年2月），载《张炜文集》第40卷，作家出版社2014年11月出版，第161页。］

房福贤指出："虽然在青少年时代，张炜经历过一些磨难，失去许多美好的机会。初中阶段，考试总是名列第一，却没有资格升学；会六七种乐器，却没有哪个文艺团体敢招收他。但是，这坎坷的经历并没有磨灭他童年时形成的美好印象。"［房福贤：《阴阳之道：张炜与矫健创作个性比较》，《山东师大学报》（社会科学版）1986年第5期。］

本年，在龙口完成短篇小说《钻玉米地》初稿。

本年，在栖霞完成短篇小说《槐岗》《叶春》《锈刀》《铺老》《开滩》初稿（以上作品收入短篇小说集《他的琴》时，总称为《小说五题》）；完成短篇小说《石榴》《造琴学琴》初稿。

栖霞蚕山。张炜原籍就在山前（甘泉摄影）

1977

4月，在龙口完成短篇小说《玉米》。

5月，在栖霞完成短篇小说《蝉唱》。

12月，在栖霞完成短篇小说《战争童年》。

本年，在栖霞完成短篇小说《公羊大角弯弯》《在路上》初稿；改定短篇小说《槐花饼》。

本年，在龙口完成短篇小说《下雨下雪》。

本年，结识胶东作家林雨、王润滋。

1978

当年的烟台师范专科学校校门（鲁东大学提供）

8月，在栖霞完成短篇小说《田根本》。

9月，考入烟台师范专科学校（后为烟台师范学院，今鲁东大学前身）中文系1978级1班学习，学号006。受业于作家、烟台师范专科学校中文系主任萧平。萧平（1926～2014），本名宋萧平，山东乳山人，作家、教育家，曾任烟台师范专科学校中文系主任、烟台师范专科学校校长、烟台师范学院院长、山东省作家协会副主席等职。

张炜回忆："（19）78年我们入校，是恢复高考的第二届学生（第一届学生1978年3月入校。——编著者注）。进了校园，马上看到的是一座座大屋顶红楼，一排排雪松。笔直的路旁除了雪松就是粗大的白杨。这里安静，深奥，美妙，似乎潜藏孕育了一种大气象。""1978年是人心思变、努力向上的特殊年代。在大学校园里，每个人都想把失去的时间追回来，每个人都在心中崇拜公认的英雄：诗人、科学家、教授、学者、作家、艺术家以及诸如此类的人物。""入校第一年，我们几个有志于文学的人便组成了文学社。因为当时全校有不止一个文学社，也不止一份油印文学刊物。我们的文学社比较壮大，组成的学生纵跨三个年级，出版有最漂亮的油印文学刊物《贝壳》。当时我们的刊物与省内外许多大学文学社团的刊物交换，活动频繁。文学社的各种文学讨论会、作品朗诵会不时召开。是对文学的虔诚无私，把我们这些不同年龄、来自不同地区的人凝聚在一起。没有一个人开文学的玩笑，文学在当时是不容置疑的神圣之物。"（张炜：《校园忆》，载《张炜文集》第37卷，作家出版社2014年11月出版，第14～15页。）

12月，在烟台改定短篇小说《在路上》。

本年，在烟台完成短篇小说《人的价值》。

1979

2月，在烟台完成短篇小说《悲歌》。

4月，在烟台完成短篇小说《告别》。

10月，在烟台完成短篇小说《初春的海》《自语》。

10月，被评为烟台师范专科学校"三好学生"。

11月，在烟台完成短篇小说《春生妈妈》。

11月，在烟台开始写短篇小说《达达媳妇》，12月完成。

本年，在烟台改定短篇小说《老斑鸠》《善良》。

本年，在烟台完成短篇小说《七月》初稿。

1980

《贝壳》1980年第1期（创刊号）

1月，参与创办的烟台师范专科学校中文系文学社刊物《贝壳》（不定期刊）创刊。创刊号是刻字油印本，16开，42页。编辑：烟台师范专科学校中文系芝罘文学社（1978级同学组建）、同学文学社（1979级同学组建）《贝壳》编委会。其中发表张炜的短篇小说《春生妈妈》和张炜（化名姚纪宁）与李世惠合写的散文《鼓手·鼓声·心声》。

本期《贝壳》在《致读者》中写道："一群热爱大海的孩子，在生活的海边寻来了几颗贝壳。初次赶海，收获甚微，品种单调，色彩也不够富丽。这与包罗万象的大海相比，简直是微不足道。但它毕竟倾注了我们热爱大海的一腔深情，反映出我们潮头求珠的一片渴望。如果它能闪烁出一点醒人耳目的色彩，那该归功于太阳的照耀和大海的培育。"

关于《贝壳》的命名，李世惠回忆："一开始由我们文学社的几个人拟了好几个名字，找系主任萧平老师决定，他看了看说，就叫这个吧，我们在大海边上，等于是捡回了一些美丽的贝壳。"（李世惠：《〈贝壳〉孕珠　星汉灿烂》，《昆嵛》2015年第1期。）

李世惠回忆："《贝壳》是中文系77、78、79级部分同学尤以78级为主体而创办的一份油印文学刊物，当年共出了两期，第一期是手刻油印的，第二期是打字油印的。《贝壳》的核心成员有张炜、李曙光（77级）、矫健（79级）、滕锦平、徐世国、黄志毅、马海春、冷丽华、刘向红、马泉照、孙和平、于世宝等，张炜是名副其实的主编，所有的稿件都经由他审阅、把关和修改，然后编好目录，安排马海春、孙保健等同学刻印。"（李世惠：《沐风饮露两年间》，载柳新华主编《难忘的一天——恢复高考35周年回眸》，黄海数字出版社2012年10月出版，第261页。）

马泉照回忆："在文学社每次活动时，萧平老师都来指导我们写作。可写好的文章发表在哪儿？于是我们创办了自己的刊物——《贝壳》，取意于'艺海拾贝'。"马泉照同时回忆，因为《贝壳》是用劣质纸张油印的，装订也不整齐，弄得像个破草包。印出后，社员们分头去送。他与张炜在把杂志送到一个同学的宿舍时，被讥称为"蛤皮"，但张炜并不在意。张炜的文学观点遭到别人"抢白"时，也不在意。短篇小说《达达媳妇》在《山东文学》发表，引起了全校轰动，他仍保持一颗平常心。马泉照说："张炜现在是大名人了，媒体对他的介绍很多，但我觉得深度不够，大家只把目光盯在了他的文学成就上，却忽视了他成功的原因。我觉得根本原因就在于他心胸宽广——宠辱不惊。他既不会在谗言前裹足不前，也不会在荣誉前忘乎所以，就这样一路走来，成就了今天的辉煌。"
（马泉照：《在生长大树的地方》，载柳新华主编《难忘的一天——恢复高考35周年回晔》，黄海数字出版社2012年10月出版，第213～214页。）

3月，短篇小说《达达媳妇》在《山东文学》1980年第3期发表。这是张炜在省级以上刊物正式发表的第一篇小说作品。

4月，在烟台完成短篇小说《操心的父亲》。后发表于《山东文学》第9期。

5月，《贝壳》印出第2期。因为创刊号得到好评，第2期由系里安排打印。本期发表张炜（化名宁伽）的短篇小说《当我走上讲台的时候》。

7月，从烟台师范专科学校中文系毕业，被分配至山东省委办公厅档案编研处工作，参与编纂《山东革命历史档案资料选编》（全24辑）。

8月，在济南完成短篇小说《芦青河边》《深林》。

9月27～28日，与文友参加省委办公厅组织的登泰山活动。28日凌晨，登上泰山极顶，看东海日出。这是张炜第一次登上这座东方名山。

1980年"贝壳文学社"同学与萧平先生合影（前排左二为张炜，后排中间为萧平。照片由鲁东大学提供）

10月，在济南完成短篇小说《桃园》。

12月，在济南开始写短篇小说《丝瓜架下》。

12月，在济南完成短篇小说《永远生活在绿树下》。

本年，在济南改定短篇小说《槐岗》《叶春》《锈刀》《铺老》《开滩》《七月》。

1981

1981年在龙口海滨与渔民交谈

3月，在济南开始写短篇小说《黄烟地》，5月完成。后发表于《上海文学》1981年第10期。

4月，在济南开始写短篇小说《看野枣》，6月完成。后发表于《泉城》1981年第10期。

5月，在青岛参加青年文学编辑部举办的"青年作家笔会"。

5月，在济南开始写短篇小说《天蓝色的木屐》，7月完成。

春，在龙口海滨采访渔民，搜集民间传说、拉网号子等。

6月，在济南完成短篇小说《丝瓜架下》。

7月，短篇小说《芦青河边》在《柳泉》1981年第2期发表。

8月，在济南完成短篇小说《两个姑娘和一个笑话》。

9月，在济南完成短篇小说《荒原》初稿。

9月，参与编纂的《山东革命历史档案资料选编》第1辑由山东人民出版社出版。

11月，短篇小说《七月》在《泉城》1981年第11期发表。

11月，在济南完成短篇小说《三大名旦》。

12月，在济南完成短篇小说《女巫黄鲶婆的故事》。

本年，在济南改定短篇小说《钻玉米地》《造琴学琴》。

1982

1982年在龙口园艺场

1月，在济南完成短篇小说《古井》。后发表于《泉城》1982年第7期。

3月，在济南完成短篇小说《声音》。后发表于《山东文学》1982年第5期，选载于《小说选刊》1982年第7期。

3月，接受《青年作家》采访。访谈后修订整理为《我的开始——答〈青年作家〉》。张炜说："名著我都想读。但前一段读得最多的，中国的作家是孙犁，外国的作家是屠格涅夫和杰克·伦敦。以后我肯定还会被别的作家所吸引，一直写下去就要一直读下去。"（张炜：《我的开始——答〈青年作家〉》，载《张炜文集》第27卷，作家出版社2014年11月出版，第51页。）

3月，在济南参加中国作家协会山东分会举办的张炜短篇小说讨论会并发言。张炜说："现在做档案资料编纂研究工作，很安定，可以接触到大量资料。有时看着看着，就沉浸到过去的那个生活场景中去了。它可以对照眼前的生活，帮助认识。还有，虽然现在不能直接消化处理它们，但将来一定会用得上。""已经读了上千万字的档案资料。感到这是一笔财富。其中的内容有的记不清了，但留下的感受还在，有时印象强烈。待在档案库房里，一干就是一个上午、下午，出来时两手陈灰、满襟土末。看完那些奇怪的、各种各样的文字，要过好长时间才能返回现实生活中来，也要费更大的劲才能进入小说创作中。但一旦返回现实，进入写作，就会觉得写在纸面上的语言特别鲜亮。"

（张炜：《文学讨论会（济南，1982年3月，短篇小说讨论会）》，载《张炜文集》第32卷，作家出版社2014年11月出版，第314～315页。）

先锋整理的《他也是作者中的"这一个"——张炜作品讨论会纪要》刊载于《山东作家通讯》1983年第1期。

3月，短篇小说《看野枣》获泉城编辑部1981年泉城文艺奖。这是目前所知张炜获得的第一个文学奖。

4月，完成短篇小说《生长蘑菇的地方》、创作谈《同情和惋惜——写〈生长蘑菇的地方〉想到的》。后同时发表于《青年文学》1982年第6期。创作谈后修订定题为《同情与惋惜——关于〈生长蘑菇的地方〉》。

4月，在济南开始写短篇小说《山楂林》，6月在青岛完成。后发表于《萌芽》1982年第9期。

4月，在济南开始写短篇小说《拉拉谷》，7月完成。

4月，加入中国作家协会山东分会。

4月，短篇小说《看野枣》获山东省文学评奖委员会评选的小说二等奖。

5月，短篇小说《天蓝色的木屐》在《青年文学》1982年第3期发表。同期，刊载陈静的《富于表现力的细节描写》，评《天蓝色的木屐》。这是目前所见第一篇关于张炜作品的评论。

5月，短篇小说《三大名旦》在《柳泉》1982年第3期发表。

5月，短篇小说《踩水》在《北方文学》1982年第5期发表。

6月，在青岛参加青年文学编辑部举办的青年文学创作班。

6月10日，在青岛完成短篇小说《夜莺》。

7月，《泉城》第7期刊载丁泺的《向生活的深层开掘——〈占井〉艺术特色简析》。

7月，在济南完成短篇小说《紫色眉豆花》。后发表于《泉城》1982年第11期。

8月，在哈尔滨完成短篇小说《猎伴》初稿，10月8日在济南改定。

8月12日~9月3日，参加山东青年作家访问团，赴辽宁、吉林、黑龙江参观访问，并在沈阳、长春、吉林、哈尔滨等地参加多场文学聚会。

9月，在济南完成短篇小说《第一扣球手》。

9月，在济南参加济南市文学创作会议并发言。发言后修订整理为《谈谈诗与真》。

9月12日，在济南完成散文《东北行》。

10月，《泉城》第10期刊载庄雅莉的《描绘得更加鲜明些　对比得更加突出些——谈〈古井〉中云奶奶的形象塑造》。

在济南团省委宿舍书房

在龙口海边

10月15日，在济南完成短篇小说集《芦青河告诉我》后记。后改定为随笔《秋夜四章》之一。

11月，在济南完成短篇小说《小北》。

11月，《山东文学》第11期刊载赵鹤翔的《〈声音〉艺术特色初探》。赵鹤翔指出："这个短篇的最大成功之处就在于它给人以美的艺术享受。我认为作者是以高尚的美的情感，恪守美学原则来完成这个优秀短篇的。"

本年，在济南改定短篇小说《石榴》《公羊大角弯弯》。

1983

1983年与王润滋（中）、左建明（右）在大明湖

1月，随笔《只能这样做》在《山东文学》1983年第1期发表。

1月，短篇小说《深林》在《胶东文学》1983年第1期发表。

2月，短篇小说《两个姑娘和一个笑话》在《山东文学》1983年第2期发表。

2月，在济南完成短篇小说《泥土的声音》。

2月，短篇小说《声音》获中国作家协会1982年度全国优秀短篇小说奖。

3月，短篇小说《拉拉谷》及创作谈《在肯定与否定之间——我为什么写〈拉拉谷〉》在《青年文学》1983年第2期发表。《拉拉谷》后选载于《小说选刊》1983年第6期，篇末附有作者简介。创作谈后修订定题为《肯定与否定之间——关于〈拉拉谷〉》。

3月，访谈《答〈青年作家〉》在《青年作家》1983年第3期发表。

3月，完成随笔《我的看法》。

3月，在胶东开始写中篇小说《秋天的愤怒》。

3月，加入中国作家协会。

3月6日，完成随笔《让我寻找》。张炜说："我觉得现在越来越缺乏一些执拗坚定的人。自己似乎也在凑合着什么，对所从事的事业做到'好像爱'也就行了。可大家又分明是越来越忙，越来越累，好像什么都不甘落后。我不理解一个很棒的作家或学者同时又是一个外交家、一个商人、一个在生活的细枝末节处都表现出独到才能的奇人。""置身潮流之中，被一种惯性推拥着，需要多大的坚韧和倔强才能挣脱出来。我认为一个搞创作的人应该具有那样的雄心和力量。也许害怕自己天性软弱，我常常暗想：让我寻找一个执拗坚定的人吧，请让我与你同行。"（张炜：《让我寻找》，载《张炜文集》第27卷，作家出版社2014年11月出版，第155～156页。）

3月28日，完成随笔《那条河》。

4月，在济南完成短篇小说《秋雨洗葡萄》。后发表于《山东文学》1983年第8期。

4月，在济南完成短篇小说《草楼铺之歌》。后发表于《人民文学》1983年第12期。

4月，在烟台参加中国作家协会山东分会举办的文学座谈会并发言。发言后修订整理为《古朴之美》。

4月，短篇小说《古井》获泉城编辑部1982年泉城文艺奖。

4月12日，在济南参加《山东文学》1982年优秀短篇小说授奖仪式。短篇小说《声音》获奖。

5月，短篇小说《声音》选载于《新华文摘》1983年第5期"全国优秀新诗、报告文学、短篇小说、中篇小说获奖作品选刊"，篇末注明选自"《山东文学》1982年第5期"。

5月，短篇小说《看野枣》被收入短篇小说选《爱情从这里开始》，由山东人民出版社出版。

5月，短篇小说《猎伴》被收入小说、报告文学合集《鹭岛之鹭》，由山东人民出版社出版。

5月，在济南完成短篇小说《一潭清水》。

5月8日，完成随笔《开拓与寻找》。

6月，短篇小说《第一扣球手》在《泉城》1983年第6期发表。

6月，《小说选刊》第6期"1982年全国优秀短篇小说奖获奖作者座谈会发言"专栏刊载张炜的《我写芦青河》；封二"获奖作者在授奖大会的活动照片"，刊载张炜与其他获奖者的合影。

6月，在济南完成短篇小说《挖掘》。后发表于《北方文学》1983年第11期。

7月，在青岛参加柳泉编辑部举办的黄岛笔会。

7月，在青岛开始写中篇小说《秋天的思索》。

7月，完成散文《热爱大自然》。

7月20日，《大众日报》刊载宋遂良的《他描绘的是一个美好而多情的世界——张炜短篇小说创作初探》。

7月24日，在黄岛完成中篇小说《护秋之夜》。

8月，短篇小说《丝瓜架下》在《小说林》1983年第8期发表。

8月，短篇小说《声音》被收入《1982年全国优秀短篇小说评选获奖作品集》，由上海文艺出版社出版。

9月，《山东青年》第9期刊载刘向红的《芦青河的淘金人》（记张炜）。

9月5日，散文《热爱大自然》在《语文报》发表。此文后与《捉鱼的一些古怪方法》《没有围墙的学校》二文合并，总题为《童年三忆》。

10月，首部短篇小说集《芦青河告诉我》由山东人民出版社出版。所收作品为1980～1982年创作的19篇短篇小说。

宋遂良在《序》中写道："张炜同志是从1980年开始发表小说的。他没有赶上前两年思想解放和文学创作（在经过长期的窒息后）比翼齐飞的那一股激流，他不像这个时期涌现的大多数青年作者那样以写'问题小说'崭露头角，他不追求重大的题材，也没有迎合时下流行的一些艺术习尚，他铺开一张白纸，独自魅心魅意地去写他熟悉的动过感情的生活。他歌唱美的自然，美的心灵，让我们感受到生活的芬芳，人间的纯朴。""照我看来，张炜作品的艺术风格是由三个方面的因素和谐地统一而成的。这就是强烈的感情、浓郁的意境和优美的语言。"

在济南团省委宿舍写作、修改《秋天的思索》

张炜在《后记》中说："我厌恶嘈杂、肮脏、黑暗，就抒写宁静、美好、光明；我仇恨龌龊、阴险、卑劣，就赞美纯洁、善良、崇高。我描写着芦青河两岸的那种古朴和宁静，心中却从来没有宁静过。我常常想，世界上如果全是善良正直的人多好啊。"

山东人民出版社1983年10月初版本

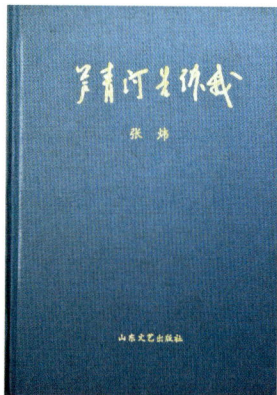

山东文艺出版社1984年11月修订版精装本

11月，短篇小说《声音》被收入《1982年农村题材优秀短篇小说选》，由农村读物出版社出版。

11月，在济南完成短篇小说《胖手》《灌木的故事》。

11月24日，在济南完成短篇小说《篝火》。

秋，在济南写作、修改中篇小说《秋天的思索》。

12月，完成短篇小说《秋林敏子》。

12月5日，短篇小说《夜莺》在《文学报》发表。

芦青河上游

芦青河入海口

1984年在济南南部山区

1984

　　1月，短篇小说《胖手》《篝火》《桃园》在《大众文学》1984年第1期发表。三篇短篇小说合称为《果园里的篝火》。

　　1月，短篇小说《灌木的故事》在《新港》1984年第1期发表。

　　1月，短篇小说《女巫黄鲶婆》在《小说林》1984年第1期发表。

　　1月，短篇小说《蝉唱》被收入烟台地区出版办公室编选的《娜娜和黑黑》，由山东少年儿童出版社出版（今明天出版社前身）。

　　1月，在郯城开始写短篇小说《黑鲨洋》，4月在济南改定。后发表于《文汇月刊》1984年第8期，选载于《新华文摘》1984年第11期。

　　1月，完成短篇小说《海边的雪》。后发表于《人民文学》1984年第12期。

　　1月2日，完成随笔《讨论"浪漫"》。

　　1月3日，完成随笔《批评与灵性》《情绪》。

　　1月7日，完成随笔《不同的小说》。

　　1月8日，完成随笔《它像磁石》。

　　1月20日，完成随笔《为了那片可爱的绿色》，谈短篇小说《永远生活在绿树下》。后修订定题为《为了那片可爱的绿色——关于〈永远生活在绿树下〉》。

2月，短篇小说《秋林敏子》在《海鸥》1984年第2期发表。

3月，《张炜答〈青年作家〉记者问》在《青年作家》1984年第3期发表。张炜说："我第一篇小说是发表在1980年3月号的《山东文学》上。这之前投寄过二十几次短篇稿子。我从十三四岁就学着写点小诗、散文等，后来年龄大一些，写的东西也长一些了，写起了小说、戏剧、报告文学等。我最爱诗，但我后来觉得自己没有这方面的才华，就一心一意地爱小说了。我读小说，写小说，从中得到了无限的快乐。她安慰了我，鼓励了我，也教着我做人。我写了几十个短篇、六七个中篇、一个长篇；还写了两个戏、两部长诗……大概有五六百万字。这些东西几乎一个字也没能发表。我折过笔、摔过墨水瓶。……我恨自己这么缺少才华，却又这样挚爱文学！我发表的第一篇小说叫《达达媳妇》，当年二十三岁。题目是编辑改的，原来叫《小河默默流》——河是芦青河，我后来一直在写这条可爱的河。"

3月，短篇小说《永远生活在绿树下》及创作谈《为了那片可爱的绿色》在《江城》1984年第3期发表。

3月，在济南开始写短篇小说《红麻》，7月完成。

3月，《牡丹》第2期刊载刘大伟的《张炜剪影》。

3月1～7日，在河北涿县参加由《文艺报》《人民文学》联合召开的全国农村题材小说创作座谈会。

4月，短篇小说《小北》在《鸭绿江》1984年第4期发表。

4月，在威海文学讲习所演讲。演讲后修订整理为《你的树》。

5月，随笔《矫健走在山路上》（写于本年2月5日）在《文汇月刊》1984年第5期发表。后改题为《山路》（上篇），与1995年4月12日写的《山路》（下篇）合题为《山路》（上下篇），被收入1995年远东出版社出版的散文随笔集《纯美的注视》。

5月，中篇小说《护秋之夜》在《小说家》1984年第2期发表，篇末注明"1983年7月24日写于黄岛"，并附有作者简介。此刊封二"本期小说作者剪影"中有张炜照片。

《护秋之夜》于1986年4月被收入中国青年出版社出版的小说集《浪漫的秋夜》，篇名亦改为《浪漫的秋夜》。

5月，短篇小说《拉拉谷》获青年文学杂志社首届（1982～1983）青年文学创作奖。

5月，在济南开始写中篇小说《你好！本林同志》，7月完成。

5月，在济南市业余文学艺术讲习所演讲。演讲的部分内容修订整理为《关于文学创作的几个问题》，发表于《泉城》1984年第10期。全文后修订整理为《文学七聊》。

5月，《文艺报》第5期刊载宋遂良的《山东的两个——记矫健与张炜》。该刊同时配发了张炜与矫健的一张合影。宋遂良写道："张炜出生在农村一个破落的书香门第，家境虽贫寒，仍有不少藏书。他的母亲和姐姐都热爱文学，从小鼓励他立志写作。每当胶东半岛冬季的漫漫长夜来临，全家人便坐在炕上，听小学生张炜在微弱的油灯下朗读文学名著。夜阑人静，凝神屏息，屋外起伏呼啸的海潮如同这个性格沉静的少年奔腾激荡的心潮，他完全沉浸在文学的世界里。在发表第一篇作品以前，张炜写过几乎包括各种文学样式在内的五六百万字的废稿，全都用各种粗劣纸张抄写得工工整整，装订得整整齐齐，至今还保存在木箱里。""对矫健、张炜的创作起重大作用的，还是在烟台师专中文系的学习。在这里，他们接受了系统的教育，并受到像《三月雪》作者肖平（他是这个学校中文系的主任）这样的老师的指点，知识长进了，视野开阔了，所以一毕业就脱颖而出，开花结果了。"

5月，《柳泉》第3期刊载王志强的《关于张炜作品的思考》。

5月7日，在济南完成短篇小说《野椿树》。后发表于《山东青年》1984年第7期。

6月，在济南开始写长篇小说《古船》。

6月，在北京完成中篇小说《秋天的思索》。

6月5日上午，在北京参加青年文学杂志社举办的首届（1982～1983）青年文学创作奖授奖大会。

在济南写作《古船》时的张炜

与肖华（左）、宋德福（右）在首届青年文学创作奖授奖大会上

同日，完成随笔《大自然使人真正地激动》。

7月，短篇小说《土地的声音》在《松辽文学》1984年第4期发表。

7月，短篇小说《一潭清水》在《人民文学》1984年第7期发表。后选载于《小说选刊》1984年第8期。

7月，在济南完成散文《没有围墙的学校》。后发表于9月17日《中学生报》。

7月，调入山东省文联创作室任专业作家。

7月，在山东省第二次新长征突击手代表大会上，被表彰为山东省新长征突击手。

8月，《青年文学》第8期封二、封三刊载"首届'青年文学创作奖'授奖大会剪影"。其中，封二有张炜与有关与会人员的合影。

8月10日，完成随笔《秋夜四章》之二。

10月，随笔《我的看法》在《山东文学》1984年第10期发表。后修订改题为《一部作品》。

10月，中篇小说《秋天的思索》在《青年文学》1984年第10期发表。

同期，刊载雷达的《独特性：葡萄园里的"哈姆雷特"——关于农村题材创作的一封信》，评《秋天的思索》。雷达指出："我特别看重它的独特性——独特的氛围，独特的性格，独特的冲突，独特的主题。我相信，这部以独特面目反映当前农村生活的作品，将会引起广大读者和作者同行们的深思的。一定会的。"雷达同时指出，小说中的看园青年"老得"是一位葡萄园里的"哈姆雷特"，具有别林斯基分析的哈姆雷特"拥有巨人的雄心和婴儿的意志"的特点，具有怀抱着崇高理想和强烈情感却又意志薄弱的复仇者的深刻的精神矛盾。

在肯定这部作品的同时，雷达也分析了张炜"偏执于道德化地评价社会生活"的问题："试想，如果你不但从道德上揭露王三江的阴险，而且有说服力地饱含着生活血肉地揭示出他站在农村商品生产的对立面的话，这部小说的社会内涵和艺术感染力，就要增加好多，它的深度也将大大加强。"

10月30日，在济南完成短篇小说《烟叶》。

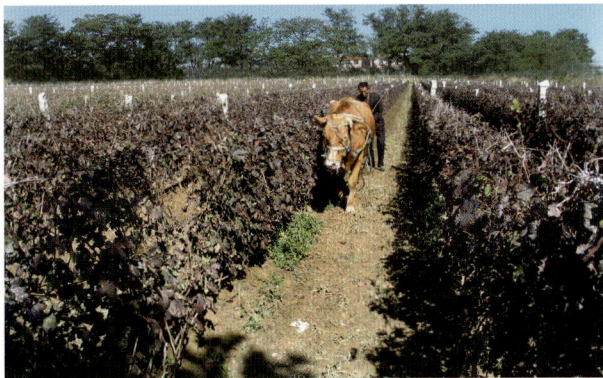

胶东大地上的葡萄园

11月，短篇小说集《芦青河告诉我》（修订版精装本）由山东文艺出版社出版。

11月，在济南完成短篇小说《剥麻》《蓑衣》。

11月2日，完成随笔《忆"老得"——关于〈秋天的思索〉》。

11月5日，致信雷达，回复雷达8月份写的《独特性：葡萄园里的"哈姆雷特"——关于农村题材创作的一封信》，谈中篇小说《秋天的思索》。

11月12日，在济南完成随笔《她为什么喊"大刀唻"——谈〈声音〉的创作》。后修订定题为《她为什么喊"大刀唻"——关于〈声音〉》。

11月24日，完成随笔《贺三百》。

11月25日，完成短篇小说《烟斗》。

12月11日，完成随笔《像写信一样》。

12月14日，完成随笔《长篇估》。

12月18日，完成随笔《少年与阳光——读小说〈天才歌手〉》（评王延平的短篇小说《天才歌手》）。

12月28日～1985年1月5日，在北京参加中国作家协会第四次代表大会。

1985

1月，短篇小说《剥麻》《蓑衣》及创作谈《只能这样做》在《山东文学》1985年第1期发表。前有张

1985年在龙口园艺场

炜小传和照片。

张炜在《只能这样做》中说："一个作家不是通过某一个作品说明和完成他自己的，而是通过他一生的创作。""创作不是做买卖，不需要那么机灵。文学是'愚人'的事业。有时可以嘲笑他的'愚气'，但到后来却不能不正视他这些年辛苦的耕耘、这些年有力的挖掘。他盯住了一个目标，决不游移彷徨，往前攀、往前走；也会有疲累的时候，也会有喘息的时候，但敢于走下去，就表现了一种不同寻常的力度。"

1月，完成随笔《回手》（评王延辉的小说）。后发表于1月22日《山东青年报》。

1月，完成短篇小说《夏天的原野》。后发表于《上海文学》1985年第7期。

1月，短篇小说《声音》获中共济南市委、市人民政府济南市优秀文艺创作（1979～1984）特等奖。

1月，《文艺评论》第1期刊载赧然的《生活·个性·作品——几位青年作家的印象和散评》。其中以"芦青河的歌者——张炜"为题评述了张炜的小说创作。

1月4日，完成随笔《冷静思》。后发表于《青春》1985年第2期。

2月，随笔《她为什么喊"大刀唻"——谈〈声音〉的创作》在《山东文学》1985年第2期发表。后选载于《评论选刊》1985年第5、6期合刊。

2月，短篇小说《红麻》在《当代》1985年第1期发表。

2月，短篇小说《烟叶》在《山东画报》1985年第2期发表。同期刊载汪稼明的《张炜印象》，以及张炜简介和张炜工作、生活照四幅。《烟叶》后选载于《小小说选刊》1985年第5期、《文学大观》1985年第11期。

2月，短篇小说《海边的雪》选载于《小说月报》1985年第2期，篇首注明"选自《人民文学》1984年第12期"。

2月，中篇小说《秋天的思索》选载于《中篇小说选刊》1985年第1期。同时，发表创作谈《为了葡萄园的明天》。此创作谈主要内容包含在《致雷达》中，以后不再单独成篇。

2月，短篇小说《拉拉谷》被收入《青年佳作：1983年优秀小说选》，由中国青年出版社出版。

2月，短篇小说《一潭清水》获中国作家协会1984年度全国优秀短篇小说奖。

张炜后来曾说："我除了在1975年发表过一首诗以外，1980年以前基本上没有发表过作品。一般认为，大陆新时期文学的复兴期自70年代末开始，至80年代中期结束。而它的高潮期是从80年代中期开始的，而后走入今天的成熟。我在新时期文学复兴的前期没有做出什么贡献，复兴的后期，则可以算个参与者。我1980年开始发表小说，1982年和1984年两次获得全国短篇小说奖和其他一些奖项，出版了几本小说集。这个时期我的作品稍有影响的，是所谓的'芦青河系列'。这是一些描述胶东半岛芦青河两岸风土人情的中短篇小说。其中较有代表性的是《声音》《一潭清水》《看野枣》《冬景》《玉米》《海边的雪》等。"（张炜：《兼谈》，载《张炜文集》第32卷，作家出版社2014年11月出版，第223页。此文为1997年2月9日答《美国文摘》问，刊载于《美国文摘》1997年6～7月号，后修订定题为《兼谈》。）

2月8日，完成随笔《开端》。张炜说："文学要解放，首先应该解放到文学的规律上来。应该让读者从作品中看出作家由挚爱而带来的深邃和精湛。从事文学难，知文学更难，创作是呕心沥血。真正的作家是善良的。文学的春天应该到来。但一切并不那么容易。现在还不是欢呼的时候，而是努力奋斗的开端。"（张炜：《开端》，载《张炜文集》第27卷，作家出版社2014年11月出版，第186~187页。）

3月，参加中国作家协会第四次代表大会笔谈《解放思想　热爱生活》在《山东文学》1985年第3期发表。

3月，散文《捉鱼的一些古怪方法》在《小说导报》1985年第3期发表。

3月，《山东师大学报》（哲学社会科学版）第2期刊载于清才的《向芦青河唱出少年的歌——评张炜〈芦青河告诉我〉》。于清才指出："纯熟自然的语言，含蓄隽永的抒情，恬淡清丽的意境，使张炜的小说呈现着诗情画意的美。但这只是形式的美。对真的恪守、对善的开掘，才是升华为美的内在因素。""张炜在追求真、善、美的过程中，通过大量的艺术实践，形成了自己最初的'风格单元'。……但我们也已经注意到，近两年来张炜的作品中，芦青河已渐渐流远，而雄浑的大海却伴随着涛声逼来。这说明他在完成了第一个'风格单元'的工程之后，又迈出了新的步伐。《芦青河告诉我》作为他早期风格的里程碑，已经成为张炜的过去。而新的追求正在紧张准备之中。下一个'单元'将是什么呢？让我们拭目以待吧。"

3月1日，被济南市文联聘为济南市业余文学艺术讲习所教学指导委员会委员。

3月5日，致信李杭育，谈李杭育的中篇小说《土地与神》。后发表于《上海文学》1985年第5期。

3月15日，完成随笔《短篇难写》。后发表于4月22日《文汇报》。

3月18日，被山东文学社聘为顾问（聘期一年）。

3月20日，开始写中篇小说《童眸》，7月5日完成。后发表于《中国作家》1985年第5期。

4月，随笔《少年与阳光——读小说〈天才歌手〉》（评王延平短篇小说《天才歌手》）在《山东文学》1985年第4期发表。

同期，刊载对张炜的一组评论，包括于广礼的《探索中的新突破——评张炜的几篇新作》（评短篇小说《一潭清水》《黑鲨洋》和中篇小说《秋天的愤怒》），吕家乡、宋遂良的《〈秋天的思索〉二人谈》，王万森的《〈海边的雪〉景物描写》。

4月，短篇小说《一潭清水》选载于《新华文摘》1985年第4期"1984年全国优秀短篇小说评奖获奖作品选刊"，篇末注明选自"《人民文学》1984年第7期"。

4月，短篇小说《海边的雪》被收入《〈人民文学〉1984年短篇小说选》，由湖南人民出版社出版。

4月，完成散文《明天的笔》。

4月，在北京改定中篇小说《秋天的愤怒》。

4月4日，《文学报》刊载陈立宗的《他从芦青河走来》。

4月26日，完成随笔《一辈子的寻找》。

5月，短篇小说《烟斗》在《人民文学》1985年第5期发表。

5月，中篇小说《你好！本林同志》在《收获》1985年第3期发表（杂志封面目录误印为《你好！本森同志》），篇末注明"1983年8月至1984年5月于济南，1984年7月至1984年12月于龙口海滨、济南"。

5月，《文艺研究》第3期刊载王蒙的《1984年部分短篇小说一瞥》，其中论及了短篇小说《一潭清水》《海边的雪》。

5月，《青年之友》第5期刊载陈立宗的《芦青河与张炜》。

5月3日，《大众日报》刊载李成军的《诗情·哲理·启迪——读张炜的短篇小说〈海边的雪〉》。

5月10日，被中国作家协会山东分会聘为《作家信息报》顾问。

春，完成随笔《维护美好的东西》，谈短篇小说《一潭清水》。后发表于《小说选刊》1985年第5期。此后又修订定题为《维护——关于〈一潭清水〉》。

春，在烟台师范学院中文系演讲。演讲后修订整理为《羞涩和温柔》。

6月，短篇小说《一潭清水》被收入《1984年文学作品精选》，由中国文联出版公司出版。

6月1日，在济南参加青年文学集会并发言。发言后修订整理为《心中的文学》。张炜说："一个作家起步时往往都要'讲故事'，讲得曲折生动；成熟一些了，就会用力表达自己的思想，也就是写主题了；而有的作家却善于写人物，成为很有特色的让人记得住的作家。另有一些杰出的作家是写'境界'的——写故事的作家容易成为通俗作家；写主题的作家一般读者也容易接受，作品会震动社会；写人物的技艺圆熟，是他人难以替代的好作家——写境界的倒是难以成熟，但最后会是很了不起的作家。"（张炜：《心中的文学》，载《张炜文集》第27卷，作家出版社2014年11月出版，第86~87页。）

6月3~8日，中国当代文学研究会山东分会年会在微山县召开。会议重点讨论了山东青年作家李存葆、王润滋、矫健、张炜的创作，以及文学批评方法的更新问题。年会消息刊载于《文史哲》1985年第4期。

7月，《文学评论家》第2期刊载任孚先的《张炜论》。

7月，《萌芽》第7期刊载宋遂良《可贵的独创性——谈张炜的小说》。在回顾了张炜的创作经历和创作成就之后，宋遂良指出，张炜具有成为一个好作家的许多条件，"首先，张炜自觉地遵从艺术创作的规律，坚持从生活的真实出发，不趋时，不赶浪。大多数人还在写'伤痕'的时候，他写心灵美，自然美；大多数人都在写责任制带来的农村新气象时，他揭露新气象背后的问题和丑恶，用鞭笞旧事物来为新事物廓清道路。从他的生活积累和艺术个性出发，他没有勉强地去追求重大题材和尖锐的矛盾"。"与此相关联的，是张炜具有严肃的创作态度，对文学的热爱使他有一种高度的责任感和献身精神。""再次，张炜在艺术上对自己的要求也是很严格的。他眼界开阔，兼收并蓄，从善如流。能刻苦地向一切文学艺术大师学习，能虚心地听取同行和读者对自己作品的意见。一个作品写成以后，他常能在抽屉里放上一年半年，反复打磨。他追求一种高远的艺术境界，努力寻找适合自己的艺术风格。"

宋遂良说："到了春天，杏花就要开；到了秋天，山楂就要红；到了那一天，张炜就要写出好的小说：这好像都是自然的事。"这句话，宋遂良后来曾一再重复，张炜也用他的持续不断的创作一再进行了验证。

宋遂良同时指出："如果说张炜在艺术上已经初步形成了自己的独特性，那么，相对而言，他在思想、主题的独特性方面，还显得不足——虽然思想和艺术是不可分的。我觉得张炜作品中反映的社会内容、现实矛盾、正面斗争，还显得单薄一些。张炜要更上一层楼，还必须进一步涵蕴气势，蓄积力量，全面出击，敢于攻坚，更深刻地认识我们的历史和时代。"这个期待，张炜很快就给出了令人满意的回答。

7月，《青年评论家》第7期刊载桦笈的《张炜在1984》、于清才的《悠悠芦青汇沧海——论张炜创作风格的转变》。

7月20日，完成随笔《你的坚韧和顽强》。张炜说："哪儿也没有世外桃源。要做一个好的作家，就必须学会从容不迫地生活。当各种事情像潮水一样涌来的时候，能不能保持安然沉静？如果八九个声音在同时呼喊你去做什么，那也只能逐一分辨和判断，做出抉择。我真羡慕那永远的镇静，始终如一的平和与自信，因为只有那样才能在纷乱的生活中显示智慧。"（张炜：《你的坚韧和顽强》，载《张炜文集》第27卷，作家出版社2014年11月出版，第193页。）

8月，中篇小说《秋天的愤怒》在《当代》1985年第4期发表，篇后注明"1983年3月至1985年4月起草，改写于胶东、济南、北京"。

8月，《文学青年》第8期封二"中国青年作家"刊登张炜照片。同期，"我的小传"专栏刊载张炜的《我的小传》。

8月，在济南参加中国作家协会山东分会长篇小说讨论会并发言。张炜说："一些长篇接触的题材、设计的主题都很大。这主要是受一些名著的影响。特别是写战争的，要写一幅历史画卷，场面大，铺排得很开。但越大越要花费脑筋，动些心思。看上去名著也这样写，仔细看看就不一样。他们的笔下不仅有激情，还有独到的技法，有真正个性化的表达。而一般的长篇写到这些，就像一个平庸的厨师一样，什么佐料都放一撮，按照菜谱来。""学习名著，主要应该学习作者的质朴精神、他们的胸怀和气魄，而不应该仅仅学习作品的外部形态。这样学下去，即便较快地制造出一部'名著'，也是一部赝品。"（张炜：《文学讨论会（济南，1985年8月，长篇小说讨论会）》，载《张炜文集》第32卷，作家出版社2014年11月出版，第323、327页。）

8月，《山东文学》第8期刊载杨政的《张炜的美学追求》。

8月8日，完成随笔《再写芦青河》。张炜说："1984年一闪就过去了。又有朋友问我：你还是写芦青河吗？你写写城市、工矿，写写大学生活多好。还是那个老问题。我只能告诫自己：还是写这条河，一笔一笔地写下去，这可是你老家的河啊——它要一直流下去，它曾经创造了整整一个平原。写吧，一直写下去。把你最好的年华献给这种劳动吧。"（张炜：《再写芦青河》，载《张炜文集》第27卷，作家出版社2014年11月出版，第138页。）

8月14～24日，在太原参加首届黄河笔会。其间，游览五台山、大同、忻州等地。

9月，创作谈《给雷达的一封信》在《小说评论》1985年第5期发表，谈中篇小说《秋天的思索》。

9月，《广西民族学院学报》（哲学社会科学版）第3期刊载杨华伟的《"芦青河老人"走来了——浅论张炜小说近作的老人形象》。

9月，《文学知识》第9期刊载侯书良、姜振昌的《他追求一个春光明媚的世界——青年作家张炜和他的短篇小说创作》。

9月19日，完成随笔《秋夜四章》之三。

10月，短篇小说《一潭清水》被收入《1984年全国优秀短篇小说评选获奖作品集》，由作家出版社出版。

10月16日，完成随笔《文思》。

10月17日，《文学报》刊载于清才的《农村幽默的长歌——读张炜的〈你好！本林同志〉》。

10月26日，《文艺报》刊载潘凯雄的《从思索走向行动——关于张炜新作〈秋天的愤怒〉的联想》。

11月，中篇小说《黄沙》（7月完成于郯城）在《柳泉》1985年第6期发表。

同期，刊载陈宝云的《淘尽黄沙始见金——读中篇小说〈黄沙〉有感》。陈宝云指出："张炜以写芦青河而出名，芦青河也因张炜而扬名于世。""然而，张炜不是一位故步自封的作家，而是一位执着地向着伟大目标奋进的人。——他正在不断地从各个方面开阔自己的视野，拓宽自己的艺术领地。

《黄沙》正是这种拓宽所结出来的一个新的果实。"

11月，在济南参加中国作家协会山东分会举办的中篇小说《黄沙》讨论会并发言。

11月，《文学评论家》第4期刊载赵鹤翔的《可笑与可悲的和谐美》。

11月，《小说评论》第6期刊载一评的《愤怒后的思索——读张炜〈秋天的愤怒〉》。

11月，《青年评论家》第11期刊载于清才的《谈谈张炜的寂寞——由张炜致李杭育的信想起》。

11月，《当代小说》第11期刊载王万森的《诗意画面上的深沉思考——从〈海边的雪〉谈张炜的创作》。

11月，《文学青年》第11期刊载杨枫、大山的《寻找艺术的故事——张炜其人其文》。

11月27日，《中国青年报》刊载王建国的《一部直面现实的作品——谈〈秋天的愤怒〉》。

在济南寓所接受《中国青年报》记者采访

12月，《当代》第6期刊载宋遂良的《诗化和深化了的愤怒——评〈秋天的愤怒〉》。宋遂良指出，《秋天的愤怒》可以看作《秋天的思索》的姊妹篇。"'思索'是蓓蕾，'愤怒'是花朵。它们虽然都还不是果实，但一个作家能做到这一步也就不容易了。俗话说，'秋后算账'。到时候了，不能再容忍了。秋天的愤怒是成熟了的愤怒。"

宋遂良同时分析了《秋天的愤怒》的艺术特色："他对人物内心空间的开拓，对事物关系超经济因素的深入把握，对主要人物的理想化描写，和艺术表现上的空灵飞动的气氛和浓郁的抒情，使它具有了一种浪漫主义的精神。这是我们文学走向更高的审美层次、更新的生活视野和多样化的创作方法的一种信息，因而值得我们重视。"

12月初，柳泉编辑部召开中篇小说《黄沙》讨论会。

12月12日，完成随笔《南山的诱惑》，谈中篇小说《秋天的愤怒》。

12月15日，随笔《谈军事文学》在《前卫报》发表。

12月29日，《中国青年报》刊载建国的访谈《张炜的丰收年》。

本年，改定短篇小说《下雨下雪》《善良》。

1986

　　1～2月，中篇小说《秋天的愤怒》分别选载于《小说选刊》1986年第1期、《新华文摘》1986年第2期，篇末均注明选自"《当代》1985年第4期"。

　　1月，《柳泉》第1期刊载清才的《灵魂的悟醒与挣扎——评〈秋天的思索〉中老得的形象》。清才指出："《秋天的思索》是张炜创作中向新的风格单元进军的界碑；是由田园抒情小唱到人生社会交响的幕间曲。在人物形象的行列中，在'女性方队'和'老年阵容'之外，他第一次把艺术聚光如此执拗地凝集在一个青年农民身上；在探究形象灵魂奥秘的方法上，他由横向切入转为纵段截取——他开始致力于表现人类心灵的一段历史，而不仅仅是一个侧面。"

　　清才预言："张炜写《秋天的思索》只是一次大战前的预演，一次尝试性进攻。现实已向我们提供了中国农民对当今社会风起浪涌般冲击的例证，大批的农民骄子结队而至了，敏感的张炜会视而不见吗？但他为什么把老得性格的发展定在悟醒到挣扎的阶段，而不做更远、更时髦的延伸呢？这正好说明了张炜创作的清醒和有序。他的艺术蓝图大概是：步步为营的征服，层次分明的攀登！那么，老得定有后来人！而且后代要胜过前代的。""对这一切，张炜会艺术地告诉我们。"

1月，《东岳论丛》第1期刊载墨铸的《在人与大海的回音壁上……——关于张炜〈黑鲨洋〉〈海边的雪〉的艺术探讨》。墨铸指出："张炜在完成了'芦青河系列小说'的创作之后，又踏着大海的浪花，凝目注视着卷起千堆雪的惊涛骇浪，奔向'大海单元'的创作旅程，写下了《黑鲨洋》《海边的雪》等作品。这些小说已没有芦青河涓涓细流的轻吟慢唱，而具有大海汹涌浪涛的长啸轰鸣，弥散着雄浑、辽阔和崇高的阳刚之气。它们的问世，使我们在人与自然、人与大海的'回音壁上'听到了作者自己的声音……"

1月7日，完成随笔《水手宗良煜》（发表于《山东文学》1986年第2期）。后修订改题为《水手》（1）。1995年4月22日，完成《水手》（2～3）。

1月8日，完成随笔《现实的真诚》。张炜说："我想写作不仅要用脑，而且要用心。机智、灵动，多么难得。可是这些都取代不了心灵深处的震颤和激动。用心写累，老得也快，可是真正有力量、有内容的作品，还必须用心写。"（张炜：《现实的真诚》，载《张炜文集》第27卷，作家出版社2014年11月出版，第202页。）

1月8～9日，在济南参加山东省文联、山东文学编辑部和小说选刊编辑部联合举办的小说创作座谈会并发言。发言后修订整理为《一点感想》。

2月，完成散文《烟台有肖平》。后发表于《山东画报》1986年第2期。

2月，短篇小说《一潭清水》被收入《青年佳作：1984年优秀短篇小说选》，由中国青年出版社出版。

2月，《中国作家》第1期刊载萧平的《他在默默地挖掘——关于张炜和他小说的思考》。

2月，《当代小说》第2期刊载牛运清的《作家的勇敢和胆识——评〈秋天的愤怒〉》。

2月，《中学生文学》第2期刊载杨山的《葡萄园之歌》。

2月26日，被山东文学社聘为首届文学创作"蒲松龄金像奖"评委会评委。

2月27日，在济南完成中篇小说《秋天的愤怒》创作谈《男人的歌唱》。后发表于3月28日《大众日报》。

3月，完成短篇小说《采树鳔》。

3月，在山东大学"文学沙龙"与大学生对话。对话后修订整理为《大学的文学》。

3月，当选为山东省青年联合会第七届副主席。

3月，《柳泉》第2期刊载1985年12月柳泉编辑部召开的"《黄沙》讨论会"发言摘要，包括夏放的《让改革的风吹得更强劲些》、牛运清的《历史的承接与艺术》、王凤胜的《一块新的界碑》、清才的《披沙沥金面对世风与人心》、李先锋的《读张炜的〈黄沙〉〈童眸〉》、马啸的《渴望理解的世界》。

3月，《文学自由谈》第2期刊载杨桂欣的《肖万昌：一个扎扎实实的"土皇帝"形象——读张炜的〈秋天的愤怒〉》。杨桂欣指出："肖万昌这个'土皇帝'的出现和存在，不是什么不可理解的偶然的怪现象，而是中国的历史和现实中某种必然性的毒瘤。张炜不仅以非常敏锐的眼力观察和描写了当前农村体制改革中的大问题，正气凛然地表现了中国作家对中国农民命运的深情关切和严峻思考，而且在艺术上努力探索着，扎扎实实地塑造了一个名为支部书记、实际上已经蜕变为'土皇帝'的肖万昌的艺术形象。"

3月，《小说评论》第2期刊载牛玉秋的《展现精神觉醒的进程——读〈秋天的思索〉和〈秋天的愤怒〉》。

3月，《当代文艺思潮》第2期刊载雷达的《人的觉醒与反封建主题的推衍——〈葬礼〉〈思索〉〈愤怒〉比较谈》。

3月，《小说选刊》第3期刊载1986年1月8～9日山东省文联、山东文学编辑部和小说选刊编辑部联合举办的小说创作座谈会发言摘要。张炜在《一点感想》中说："人民的忧虑、欢乐，时刻都记在心里；爱人，爱生活，疾恶如仇，从来都是一个人的最难得的素质，也是一个作家最难得的素质。"同时，宋遂良的《重要的是关注人民的命运》、任孚先的《文学的主潮》均谈及了张炜的小说创作。

同期，刊载雷达的《在蜕变中奋进——1985年中篇小说印象记》，其中论及了中篇小说《秋天的愤怒》。

3月18日，完成随笔《但愿文学能够》。

4月，中短篇小说集《浪漫的秋夜》被列入"青年文学丛书"，由中国青年出版社出版。

中国青年出版社1986年4月平装本　　　　中国青年出版社1986年4月精装本

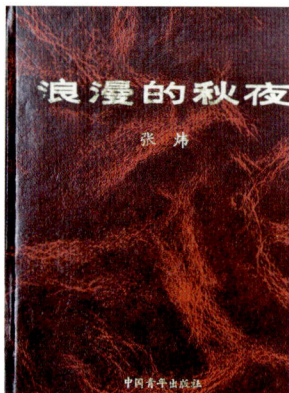

4月，中篇小说《葡萄园》（本月完成于济南）在《明天》（少年文学季刊）1986年总第3期发表。同期，刊载宋遂良的《让白马在绿色的原野上奔驰——谈〈葡萄园〉的意境美》、牟志祥的《葡萄园，葡萄园，葡萄园……——读〈葡萄园〉》。

4月，《小说选刊》第4期刊载王兆军的《致张炜》，谈中篇小说《秋天的愤怒》。此信写于1985年10月31日。

同期封二、封三还刊登了"山东文联、《山东文学》、《小说选刊》联合举行小说创作座谈会"的八幅照片，其中有张炜在会上发言的照片。

4月18日，山东师范大学研究生会发起召开山东青年作家创作讨论会，就山东青年作家特别是张炜、矫健的创作个性与得失展开讨论。《山东青年作家创作讨论会综述》刊载于《山东师大学报》（社会科学版）1986年第3期。

5月，中篇小说《秋天的愤怒》选载于《中篇小说选刊》1986年第3期，篇末注明"选自《当代》1985年第4期"，并附有作者简介。同时，刊载创作谈《男人的歌唱》。

5月，《当代文坛》第3期刊载李成军的《在开拓中发展——简论张炜的小说创作》。

5月，《辞书研究》第3期刊载《新词新义小集》。其中，张立茂分析了"力度"一词，举的例子是发表于《当代》1985年第4期的中篇小说《秋天的愤怒》的一句话："她很羡慕李芒那挺拔的、青春勃发的身躯，也羡慕他那透着男性的力度、男性的自信的宽厚的臂膀。"

5月4日，完成随笔《遥远的动力》。

5月10日，完成随笔《作家分两类》。

5月11日，《文论报》刊载任孚先的《艰难的心路历程——评张炜的〈秋天的愤怒〉》。

6月，短篇小说《荒原》在《太湖》1986年第5～6月号发表。

6月，在济南参加长篇小说讨论会并发言，谈写合作化时期历史的长篇小说。（发言见作家出版社2014年11月出版的《张炜文集》第32卷第328～331页。）

6月，接受《西部电影》采访。访谈后修订整理为《从文学到电影——答〈西部电影〉》。张炜说："真正的艺术一般会是曲高和寡的。让人振作的艺术也会是孤独的艺术。《尤利西斯》不好懂，许多杰作都不好懂。武打片、武侠小说好懂。那些纯粹的思想，玄思和冥想的艺术，在这个国度里应该更多。一个有自尊的民族不应该总是满足于吃精神的流食。"（张炜：《从文学到电影——答〈西部电影〉》，载《张炜文集》第27卷，作家出版社2014年11月出版，第105页。）

6月26日，《文学报》刊载宋遂良的《关于一个男人心灵的长歌——谈〈秋天的愤怒〉和张炜的创作》。

7月，随笔《南山的诱惑——兼谈〈秋天的愤怒〉》在《文学自由谈》1986年第4期发表。

7月，长篇小说《古船》定稿。

7月，在济南参加山东文学社讨论会并发言。张炜说："刊物只要正气就好。一个刊物正气日久，很远的地方都看得到。刊物的气味是办刊人决定的。""不论什么刊物，都应该由真正的文化人来办，办的有学问。""如果雅文学刊物不实行补贴制，就必然要弄些乌七八糟的东西来糊口，维持开张，到时候就怨不得刊物本身了。反过来实行了补贴制，还要热衷于那些东西，就是另一回事了。"（张炜：《文学讨论会（山东文学社1986年7月讨论会）》，载《张炜文集》第32卷，作家出版社2014年11月出版，第322～323页。）

7月10日，中篇小说《秋天的愤怒》在共青团山东省委、省文联、省青年联合会组织的1986年山东省"青年益友"文艺创作评奖中获一等奖。

8月15日，完成随笔《读者有三种》。

8月25日，《人民日报》刊载宋遂良的《关注善良人精神的觉醒——谈张炜小说的思想艺术特色》。

9月，在龙口完成短篇小说《激动》。

9月，《山东师大学报》（社会科学版）第5期刊载于青的《超越与沉落——谈张炜小说的艺术悟性》、房福贤的《阴阳之道：张炜与矫健创作个性比较》。

9月2日，完成随笔《倾听自语》。

同日，被上海文艺出版社聘为"第五代作家小说丛书"编委。

10月，短篇小说《原野的精灵》在《胶东文学》1986年第10期发表，篇末注明"1986年夏于济南"，并附有作者简介。此篇为中篇小说《葡萄园》中的一节，后来不再单独成篇。

10月，长篇小说《古船》在《当代》1986年第5期发表，篇末注明"1984年6月至1986年7月起草、改写于济南、胜利油田、北京"。

张炜说："1986年我发表了长篇小说《古船》。这对于我的写作生涯来说，当是非常重要的一部书。它虽然仍在写那个半岛与那条河流，但评论界和读者都似乎不再把它（包括它以后的小说）看作是'芦青河系列'了。这部长篇的影响超过了我以往所有的作品。它发表不久即引发了激烈争论，并且延续至今。但文坛与读者对它始终给予热情的维护，他们普遍把它看成是我的小说代表作之一（另外被看作代表作的还有长篇小说《九月寓言》）。"（张炜：《兼谈》，载《张炜文集》第32卷，作家出版社2014年11月出版，第223～224页。此文为1997年2月9日答《美国文摘》问，刊载于《美国文摘》1997年6～7月号，后修订定题为《兼谈》。）

第二章 三偏岩三行居中

老隋家的命运也许要永远与这些老磨屋连在一起。这个大姓里的人一代几乎都是做粉丝的。抱朴、见素和含章兄妹三人，刚刚成活就洸动在阳光明媚的晒粉场里、在迷漫着白色水汽的粉丝房里。那些饥饿的车头粉丝自型做不成；但老磨只要重新转动起来，老隋家的人立刻回到了这个行当里。抱朴喜欢清静，就坐在方木凳上看老磨；见素爱卖送粉丝，成天驾着马车奔跑在通往海上码头的沙土路上。含章的工作大约是最让人羡慕的了，她一直在晒粉场上，戴着洁白的头巾，在银色的粉丝间活动着。如今的粉丝大厂被赵多多承包了，第一天就召集了全厂大会，宣布说："这会儿大厂归我管了，原先的人手留下欢迎，想走的我欢送。留下来的，就得跟我拚上劲儿干！"宣布之后，当场就有几个人辞工不干了。抱朴兄妹三个，散会后就回到各自的岗位上去。离开粉丝大厂的事他们似乎从来也没有想过。好象就该做粉丝这个行当，到死也不能离开。无论粉丝工厂属于老隋家自己还是任何别的人。抱朴一个人坐在老磨屋里，每天要做的事情就是按时用木勺往磨眼里扣绿豆。他宽大而结实的后背对着老磨屋的门口，右侧上方则是石屋里惟一的一个小窗户。

《古船》手稿

10月，完成诗歌《你入海的时候》。

10月，随笔《她为什么喊"大刀唻"——谈〈声音〉的创作》被收入"获奖文艺家谈获奖作品丛书"之《走向成功之路》，由中国文联出版公司出版。

10月，完成散文《失去的朋友》。

10月，开始写短篇小说《三想》。

10月5日，被山东体育报编辑部聘为《山东体育报》等单位联合举办的"体育之光"报告文学、小说征文活动评委会委员。

10月7~18日，在郑州参加第二届黄河笔会。11日，做题为《请君沉浸到艺术之中》的发言。发言录音整理稿收入中国作家协会河南分会编印的《二届黄河笔会文集》。后修订定题为《沉浸到艺术之中——在第二届黄河笔会的演讲》。

10月10日，完成随笔《心中的黄河》。

10月26日，《开封日报》刊载高连行的《关于张炜》。

10月28日，《农村大众》刊载唐颖的《在春天里多收获——记青年作家张炜》。

11月，随笔《作家的温柔》（完成于10月9日）在《文艺百家报》1986年第1、2期合刊（总第10期）发表。

11月，中篇小说《秋天的愤怒》被收入《1985年中篇小说选》（第2辑），由人民文学出版社出版。

11月，完成随笔《秋夜四章》之四。

11月，《山东青年》第11期刊载王建国的《张炜与〈古船〉》。

11月2日，《郑州晚报》刊载田中禾的《心灵的弧线》。

11月3日，《青年与法制报》刊载赵峰的《有感于"知名度"》，其中写到了张炜对"名"的淡泊态度。

11月16日，《中国青年报》刊载王建国的《张炜与〈古船〉点滴》。

11月18~20日，在济南参加山东省委宣传部、省作协、省文学研究所、省文学创作室、《文学评论家》等单位联合举办的"《古船》讨论会"并发言。发言后修订整理为《激动和畅想——〈古船〉讨论会（济南）》。

11月27日，在北京参加人民文学出版社举办的《古船》讨论会并发言。发言后修订整理为《生命的流淌和保存——〈古船〉讨论会（北京）》。张炜说："《古船》是这样写成的：构思、准备前后有四年，具体写作、修改约用了两年时间。在此期间，出版社的编辑找我谈稿子有五六次。作品写成之后，周围的一些朋友看了，提了一些意见。最后改成了这样。这个样子虽不能说好，但是已经花费了许多心血。""人和人不一样。有个朋友把创作看成是生命的流淌和保存。从这个意义上去看作品的创作，立足点是很高的。我现在从某种意义上讲与他的感觉是一样的……"（张炜：《生命的流淌和保存——〈古船〉讨论会（北京）》，载《张炜文集》第27卷，作家出版社2014年11月出版，第150～151页。）

12月，中篇小说集《秋天的愤怒》由人民文学出版社出版。书前有萧平的序。

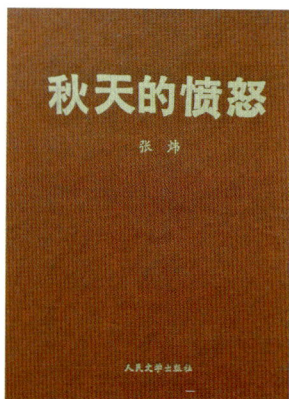

人民文学出版社1986年12月平装本　　人民文学出版社1986年12月精装本　　安徽文艺出版社2012年8月版

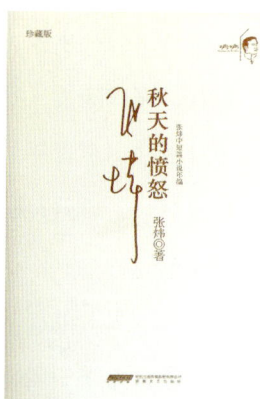

作家出版社2014年11月版　　　台湾大地出版社2012年2月版　　　塞尔维亚Geopoetika（乔治波蒂卡）
出版社1986年12月版

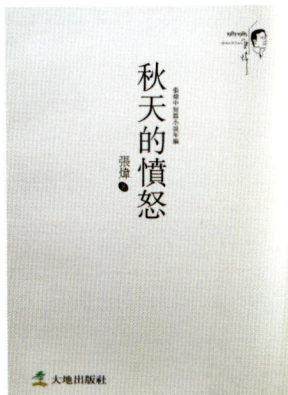

12月，完成短篇小说《三想》。

12月，在济南开始写中篇小说《海边的风》。

12月6日，《文艺报》刊载记者绿雪的《〈古船〉问世　反响强烈》。

同日，《文学报》刊载程德培的《带血的种子——评〈古船〉》。

12月9日，完成随笔《迷人的和瑰丽的——读小马〈短篇三题〉》，评马海春的短篇小说《隐者》《黄手绢》《老枪》。后发表于《胶东文学》1987年第3期。

12月11日，《文论报》刊载林为进的《〈古船〉简论》。

12月13日，《文汇读书周报》刊载吴亮的《博大胸襟的杰出虚构》，评长篇小说《古船》。

12月17日，完成随笔《缺少自省精神》。张炜说："我想起一个奇怪的现象，这可能是普遍的。那就是人们在他的童年更容易承认自己的弱点。这种可贵的勇气原来与烂漫的童心紧紧相连。人长大了，本来更有力量、更自信了，可偏偏害怕起批判自身。艺术家永远需要那样的一颗童心，需要那样的纯洁，那样的天真无邪。当心灵蒙上尘埃的时候，首先是自己动手去清扫。"（张炜：

《缺少自省精神》，载《张炜文集》第27卷，作家出版社2014年11月出版，第217页。）

　　12月19日，在济南完成随笔《萨利哈，别把音乐停下来——在王延辉的小说世界里徜徉》。

　　12月31日～1987年1月6日，在北京参加全国青年文学创作会议。

　　本年，完成随笔《沉默悟彻》《大师的排斥力》《关怀巨大的事物》《苦恼》《面对汹涌的》。

　　张炜在《关怀巨大的事物》中说："我想人格的力量最终还是表现在关怀巨大的事物上。只有无私的人才会将一腔心血花费在探索终极隐秘上。只要有了那样一颗心，就可以做出各种曲折的表达。可以是勇敢，是为艺术的献身精神，是维护圣洁，是倔强，是绝不移动的坚守，等等。""我相信一个作家虽然什么都可以写，但他总会让人透过文字的栅栏倾听到一个坚定的声音，总会挂记着苍穹中遥远缥缈的星光。"（张炜：《关怀巨大的事物》，载《张炜文集》第27卷，作家出版社2014年11月出版，第223～224页。）

　　本年，《山东文艺界》第3期刊载《〈古船〉讨论会纪要》。（此刊未标明刊期、月份。）

1987

女儿小时候

　　1月，随笔《都有一颗年轻的心》在《青年文学》1987年第1期"创刊五周年纪念"专栏发表。

　　1月，访谈《我眼中的电影——西部电影（答某报记者问）》在《西部电影》1987年第1期发表。同时，刊载李星的《人的歌吟——谈〈秋天的愤怒〉剧本改编》。

　　1月，《山东文学》第1期刊载《〈古船〉讨论会在济南召开》（《古船》讨论会纪要）。

　　1月，《文学自由谈》第1期刊载冯立三的《成熟的愤怒　壮丽的决裂——读〈秋天的愤怒〉》。

　　1月3日，《文艺报》刊载陈宝云的《苦难：〈古船〉结构之核》、王必胜的《〈古船〉的韵味》。

　　1月4日，《文艺百家报》刊载鲁枢元的《读〈古船〉（之一）：文学与历史》。

　　1月9日，《新民晚报》刊载毕胜的《芦青河畔文学之梦》。

　　1月11日，《中国文化报》刊载李昕的《人性恶的挖掘与历史合力的显现——评〈古船〉》、洪水的《一个不尽令人满意的形象——评〈古船〉》。

1月22日，《文学报》刊载尘凡的《北京讨论〈古船〉得失》，介绍1986年11月人民文学出版社举办的《古船》座谈会情况。

2月，中短篇小说集《秋夜》被列入"中国乡土小说丛书"，由中原农民出版社出版。

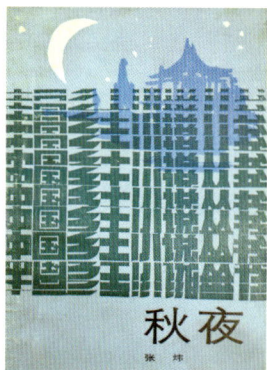

中原农民出版社1987年2月平装本

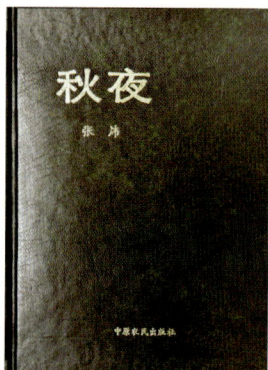

中原农民出版社1987年2月精装本

2月，雷达著《蜕变与新潮》由中国文联出版公司出版。其中收入了致张炜的《独特性：葡萄园里的"哈姆雷特"——关于农村题材创作的一封信》，并附录了张炜的回信。

同时，雷达在《人的觉醒与反封建主题的推衍》中论及了中篇小说《秋天的思索》《秋天的愤怒》；在《对自由境界的向往——读1984年获奖短篇小说札记》中论及了短篇小说《一潭清水》；在《论创作主体的多元化趋势》（此文写于1985年9～10月）中论及了张炜的小说创作，指出："近年来山东青年作家群对经济与道德的思考，不论其成熟与否，就是一种对主体性和支撑点的执着追求。比如其中的张炜，创作力旺盛且不断走向深刻化，他的一个突出特点就在不断涵养和强化主体，力求在今天能树立自己鲜明的价值观念，增强主体的能动性和鉴别力。他的《一潭清水》《海边的雪》《秋天的思索》《秋天的愤怒》等中短篇小说，都以不依傍他人的独立的审美判断见胜。"

2月，被山东省委宣传部评为"全省宣传文化系统优秀工作者"。

2月，《上海文学》第2期刊载胡玮莳的《张炜新著〈古船〉 文坛反应热烈》。

2月，《学习月刊》第2期刊载李忠杰的《理性·孤独·激情——〈古船〉印象初步》。

3月，联邦德国波恩大学校刊介绍翻译张炜的短篇小说及长篇小说《古船》（图文见《世纪风》1993年第4期封面）。

3月，《当代作家评论》第2期刊载陈宝云的《张炜对自己的超越——评〈古船〉》、宋遂良的《真实的人生 完整的人性——〈古船〉人物漫议》、吴俊的《原罪的忏悔 人性的迷狂——〈古船〉人物论》。同期，还刊载了夜萍、晓舟的《近年山东青年作家小说创作巡礼》，其中论及了《海边的雪》《秋天的愤怒》《一潭清水》《黄沙》等。

吴俊指出："毫无疑问，《古船》具有一种史诗的气势。但是，如果有人把它说成是一部社会变迁和发展的史诗，或人类生活和斗争的史诗，那么，我更愿意把它看作是一部人——中国人，尤其是中国农民——的心灵的痛苦纠缠和自我搏斗的史诗。深而言之，我更愿意把它看作是一部人企求摆脱痛苦、获得新生甚至实现灵魂的自我超越的深刻史诗。"

3月，《文学评论家》第2期刊载程德培的《〈古船〉沉浮》、冯立三的《历史和人的全面凸现——评张炜的长篇小说〈古船〉》、陈宝云的《从希望之歌到忧患之歌——张炜创作发展的一个脉络》、姜静南的《一艘满载苦难驶向未来的生命之舟——我眼中的〈古船〉》。

3月，《文学自由谈》第2期刊载何启治的《壮阔、激越、凝重的历史长歌——略论〈古船〉的史诗色彩》。

3月，《山东文学》第3期刊载周海波的《矫健的豪气和张炜的才气》。

3月，《苏州教育学院院刊》第3期刊载吴晓红的《层面·胶合·框架——〈古船〉结构谈》。

3月21日，随笔《超脱·责任心·哲学·现代意识》在《文论报》发表。同时，刊载丁彭的《深邃的反思　奇异的光彩——〈古船〉思想艺术试论》（此文后选载于《评论选刊》1987年第6期）。

4月，在济南完成中篇小说《海边的风》。

4月，在济南改定短篇小说《荒原》。

4月，《当代》第2期刊登"本刊记者"消息：《济南、北京举行座谈会讨论长篇小说〈古船〉》。消息简略综述了座谈会上发言者的观点，既有对《古船》的肯定，也有不同的意见。

4月1日，随笔《关于〈古船〉的几句话——在〈当代〉〈古船〉讨论会上的发言》在《文论报》发表。

4月2日，《文学报》刊载谭湘的《江南小生与胶东硬汉——张炜剪影》。

4月16日，《文学报》刊载海岑的《褒贬之间——读〈新星〉〈古船〉若干评论文章的一点感想》。

4月22日，完成随笔《忧虑的，不通俗的》。

5月，随笔《让我寻找》在《钟山》1987年第3期发表。

5月，随笔《萨利哈，别把音乐停下来——在王延辉的小说世界里徜徉》在《文学评论家》1987年第3期发表。

5月，随笔《矫健走在山路上》被收入《小说与小说家》，由重庆出版社出版。此书还收入了矫健的中篇小说《老人仓》。

5月，随笔《请君沉浸到艺术之中——在第二届黄河笔会上的发言》在《小说评论》1987年第3期发表。后选载于《评论选刊》1987年第9期。

同期，刊载陈宝云的《道德的感情化与感情的道德化——张炜创作一题》。陈宝云指出："张炜是很重感情的。他六年来（1980～1985）的全部作品，可以说都是他感情的流露和抒发。……他的小说，往往不大看重情节，不着重于叙事，不大注意情节和事件的起伏跌宕，而比较注意人物情感的起伏变化，比较注意追踪人物情绪的脉络。他虽也述事，但述事是为了抒情。他的小说不是情节流，也不是意识流，而是情绪流和生活流，是人的情绪在日常生活中的流动。他的小说是情绪化和生活化的小说。他的小说并具诗和散文的特点。""张炜同时又是很注重道德的。在他的作品里，充满了道德的力量。……不论是写爱情，写家庭，还是写社会，写人与人之间其他各种矛盾和纠葛，不论是唱着希望之歌，还是唱着忧患之歌，都始终不离道德。道德，是张炜审美判断的一条须臾不离的准则。"

5月，《山东师大学报》（哲学社会科学版）第3期刊载陈宝云的《说长道短——谈张炜对两个环境的处理》。陈宝云指出，张炜《古船》之前的小说"善于和习惯于给人物提供优美的自然环境，却不善于和习惯于给人物选择、提炼和概括出典型的社会环境。注重描写自然，这是好的，它给张炜的作品带来了洁、雅、淡、远的艺术特色。不注重社会环境的描写却是大大的失算"。"但张炜是一位向着艺术的伟大目标努力奋进的作家。他从不满足于自己的已有成绩，也不作茧自缚，为自己已形成的风格、自己的思维定式所囿。一方面，他孜孜不倦地博采百家之长，另一方面又自觉地克己之短。长篇小说《古船》就是他努力奋进的结果。张炜在创作上所存在的一些弱点，在《古船》里得到了基本的克服。《古船》，是张炜对自己的超越，对自己的突破。"

5月，《东岳论丛》第3期刊载丁尔刚的《在当代小说拐弯处的思考（三）——评〈古船〉》。

5月20日，被本溪市明山九天青年文学联谊协会聘为顾问。

6月，短篇小说《持枪手》在《胶东文学》1987年第6期发表，篇末注明"1987年2月～3月写于北京"。

6月，《读书》第6期刊载汪政、晓华的《〈古船〉的历史意识》。

6月1日，《文论报》刊载黎辉、曹增渝的《历史的道路与乌托邦的幻想——评〈古船〉的社会改造观》。

7月，《钟山》第4期"作家之窗"推出张炜专辑，包括中篇小说《海边的风》（篇末注明"1986年12月～1987年4月于济南"）、《创作随笔四则》（分别写于1984年6月10日、1985年7月20日、1985年10月16日、1987年3月6日），并附有张炜小传和张炜主要作品目录。

7月，在济南完成短篇小说《美妙雨夜》《梦中苦辩》《橡树的微笑》。

7月，《山东大学学报》（哲学社会科学版）第2期刊载牛运清的《改革文学与文学改革》。文中将《古船》《沉重的翅膀》《故土》《花园街五号》《新星》等列为"改革文学"中的"杰作"。

7月，《文学自由谈》第4期刊载史言的《底气不足的"愤怒"——也谈张炜〈秋天的愤怒〉》。

7月，《小说评论》第4期刊载陈村的《我读〈古船〉》。

7月，《当代文艺思潮》第4期刊载蔡世连的《古老土地上的痛苦选择——论张炜〈古船〉的文化意蕴》。

7月6日，完成随笔《艺术拒绝轰动》。

7月8日，完成随笔《危机潜入盲角》。

7月10日，在龙口完成中篇小说《远行之嘱》初稿，9月15日在济南定稿。

7月19日，完成随笔《艺术是战斗》。张炜说："选择了艺术，你差不多也就等于宣布了你是个永不妥协、格外拗气的讨人嫌的人。你不会放过揭露黑暗和抨击丑恶的机会，与强暴和专制斗争到底，只为自由而歌唱。""我崇拜的大师们留下了战斗的记录，而不是闲情的描绘。他们的著作是我的教科书，纸页里有他们奋不顾身的影子。这种战斗还包括了与自己灵魂的搏斗和撕扭，那是更为深刻的勇气。正因为他们比较起来更无私，所以他们比较起来才更无畏。他们是上帝派下来控诉和指证的人，是扑扑跳动的良心。揭示所有的隐秘吧。我听到了战友们在轻轻呼唤。"（张炜：《艺术是战斗》，载《张炜文集》第27卷，作家出版社2014年11月出版，第237～238页。）

7月23日，随笔《创作随笔三则》在《文学报》发表。三文分别写于1985年7月10日、1985年9月20日、1986年12月14日，后分别修订定题为《一种特别的健康》《案头工作》《冷与热》。

8月，长篇小说《古船》由人民文学出版社出版。

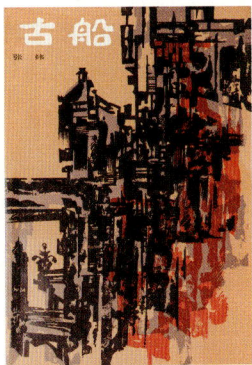
人民文学出版社1987年8月平装本

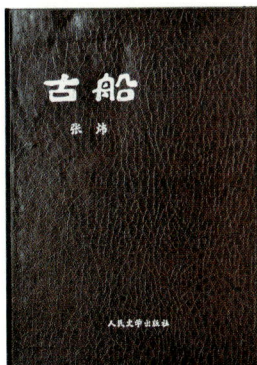
人民文学出版社1987年8月精装本

作家出版社1996年2月版

人民文学出版社2000年7月版

山东文艺出版社2001年版（上、下）

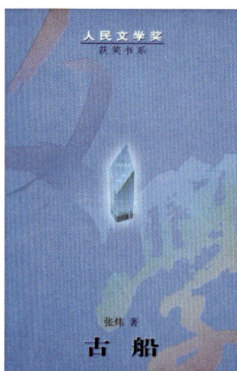

人民文学出版社2002年1月版

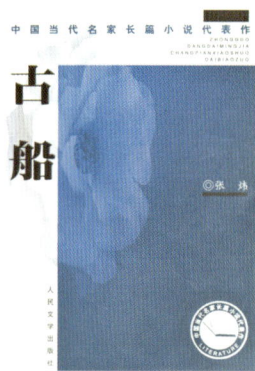

人民文学出版社2004年7月版

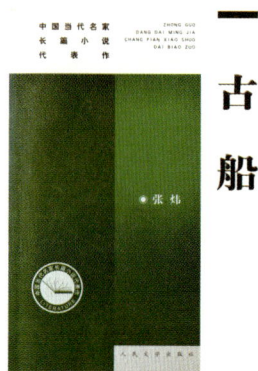

人民文学出版社2007年1月版

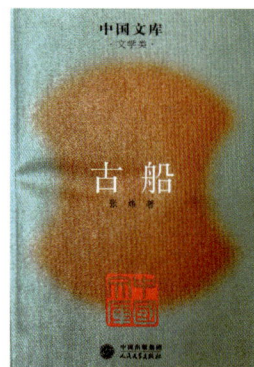

人民文学出版社2007年9月版

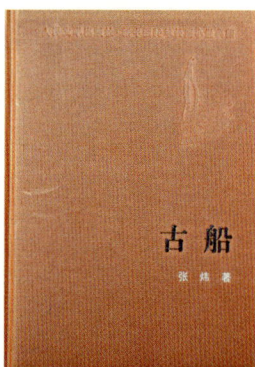

人民文学出版社2009年7月版

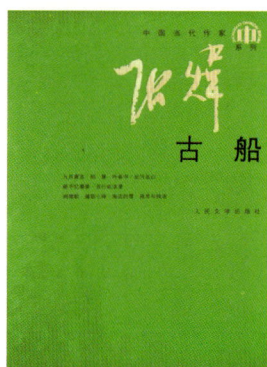

人民文学出版社2010年1月版

中国工人出版社2010年1月版

人民文学出版社2013年1月版

上海人民出版社 2013年6月版

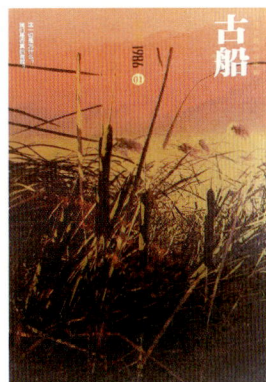

上海人民出版社2013年8月版

岳麓书社2013年9月线装版

湖南文艺出版社2014年7月版

作家出版社2014年11月版

山东教育出版社2016年3月版

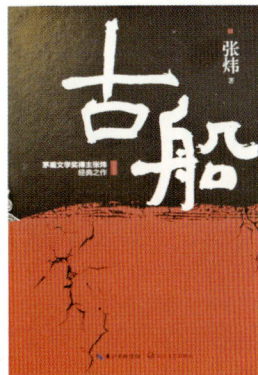

长江文艺出版社2017年6月版

长江文艺出版社2017年10月版

内蒙古人民出版社2015年1月
蒙古文版

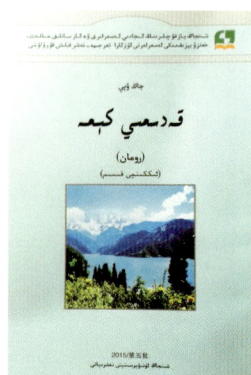

新疆大学出版社2015年7月
维吾尔文版（上、下）

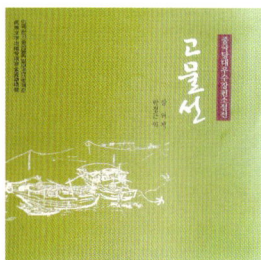

延边人民出版社2016年12月
朝鲜文版

香港天地图书有限公司1989年
4月版

台湾风云时代出版公司1989年
7月版

台湾风云时代出版公司1991年
7月版

台湾风云时代出版公司1995年
5月版

韩国草光出版社1994年3月韩文版
（上、下）

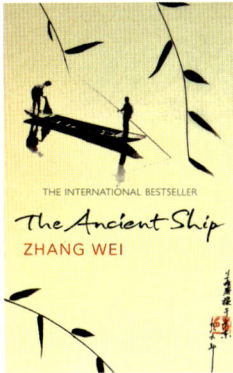

美国HarperCollins Publishers
（哈珀柯林斯出版公司）2008
年1月英文版（在英国出版发
行）

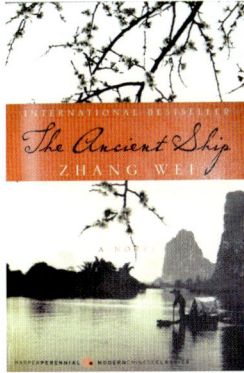

美国HarperCollins Publishers
2008年3月英文版（在美国出
版发行）

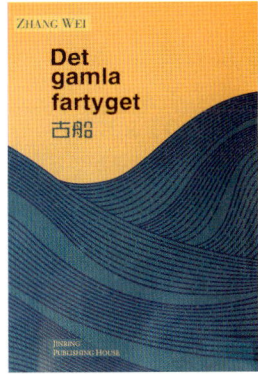

瑞典Jinring International AB
（锦连环出版公司）2013年
瑞典文版

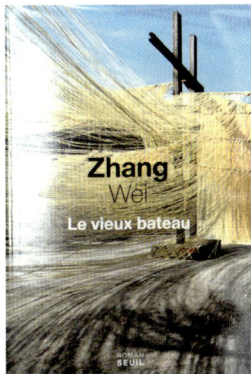

法国Roman Seuil出版社2014年
法文版

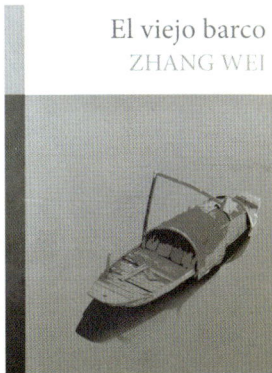

加拿大Royal Collins Publishing
Group INC.（皇家柯林斯出版集团
公司）2015年西班牙文版

北京五洲传播出版社2016年4月
西班牙文版

俄罗斯Hyperion出版社2016年11月俄文版

土耳其Yeditepe出版社2017年土耳其文版

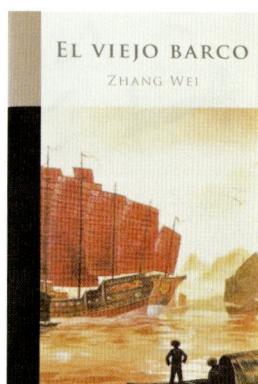

加拿大Royal Collins Publishing Group INC.2017年西班牙文修订版

《古船》盗版本

《古船》盗版本

《古船》盗版本

8月，完成短篇小说《满地落叶》。

8月17日，《山东青年报》刊载宗杨的《我喜欢芦青河——我喜爱的作家张炜》。

8月22日，《文艺报》刊载记者沙林的《发表力作〈古船〉之后的张炜》。

9~10月，受波恩大学邀请，随中国作家代表团出访联邦德国，参加"波恩大学中国文学周"活动，历时20天。其间，朗读《古船》第17章并回答记者提问；参观波恩郊区农场、法兰克福歌德故居。之后，访问民主德国。

在莱茵河上

9月，完成随笔《安于回忆》（记王安忆）。

9月，完成短篇小说《问母亲》。

9月，在济南完成短篇小说《冬景》《童年的马》初稿。

9月，在济南开始写短篇小说《我的老椿树》。

9月，《文艺争鸣》第5期刊载李星的《执着于现实的非现实主义之作——评张炜的〈古船〉》。

9月，《小说评论》第5期刊载黎辉、曹增渝的《历史的道路与人性的冥想——评〈古船〉中对苦难的思索》。

9月，《山东文学》第9期刊载杨政的《简论新时期的山东小说创作》，其中论及了张炜的小说创作。

在柏林

在联邦德国一侧的"柏林墙"下

1987年在法兰克福书展

9月5日，散文《梦一样的莱茵河》在《中国环境报》发表。

10月，"张炜小说四篇"在《文汇月刊》1987年第10期发表，包括短篇小说《美妙雨夜》《采树鳔》《激动》《梦中苦辩》。

同期，刊载王小鹰的《芦青河告诉我有个张炜》。封面为"青年作家张炜"（华铁林摄影）。

10月，《张炜中篇小说集》被列入"当代作家丛书"，由中国文联出版公司出版。

中国文联出版公司1987年10月平装本

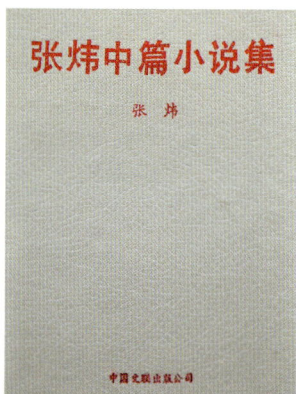
中国文联出版公司1987年10月精装本

10月，《当代》第5期刊载雷达的《民族心史的一块厚重碑石——论〈古船〉》。雷达指出："也许，《古船》震撼力的全部秘密在于，张炜不但要帮助人们恢复'记忆'，而且是以自己的身与心、感觉与理性、反省与忏悔来重新铸造'记忆'，并且与当代人的困境联系起来。这位作家性格执拗不甘心于接受既有的现成结论，一切要用艺术家无畏的甚至有些偏执的眼光来审度；这位作家野心太大，在这部记载洼狸镇四十年风云的、近三十万言的长篇里，他不但将过去、现在和未来聚合，而且把洼狸镇与世界衔接，让纵的'古船'与横的'星球大战'同呈并现；他直面历史，不惮纷繁，历叙'土改'、合作化、'大跃进'、'文化大革命'、初期经济改革的种种史情，而真正的鹄的是撩起历史，镌刻一座民族心史的碑碣。毕竟，这工程是太棘手也太浩大了，作者虽尽心尽力，看来仍留下若干缺憾和难以克服的自我矛盾，有时，甚至极深刻的发现与颇肤浅的幻象糅合在一起。但是，环顾今日文坛，能以如此气魄雄心探究民族灵魂历程（主要是中国农民的）、能以如此强烈激情拥抱现实经济改革，又能达到如此历史深度的鸿篇巨制，实属罕见。所以，我把它称作民族心史的一块厚重碑石。"雷达在文中还论及了《古船》受到的陀思妥耶夫斯基的影响。（此文观点后选载于《文艺理论研究》1988年第1期。）

10月，《作品与争鸣》第10期刊载、选载关于《古船》的一组文章，包括董方的《〈古船〉印象》（长篇小说梗概）、陈笑的《〈古船〉札记》、程德培的《〈古船〉沉浮》、冯立三的《历史和人的全面凸现——评张炜的长篇小说〈古船〉》、黎辉和曹增渝的《历史的道路与乌托邦的幻想——评〈古船〉的社会改造观》、海岑的《褒贬之间——读〈新星〉〈古船〉若干评论文章的一点感想》。

11月初，到龙口市挂职，任龙口市政府副市长。

张炜说："自1987年11月起，我长期在胶东半岛收集研究民间文学资料，创作并出版了长篇小说《九月寓言》《柏慧》等。几部作品是进入中年后人生和艺术的总结，花去了我近十年的时光。它们所产生的影响较过去更大，也更为广泛；在我的创作历程中，无疑也显得非常重要。特别是《九月寓言》，它是我个人艺术探索之路上，首次运用长篇小说的形式，表述了对苍茫大地的猜悟与理解。正是它的完成，才使我的创作进入了一个新的阶段。""这期间我还创作了长诗《皈依之路》、《梦意》和《拐杖》。它们与散文《融入野地》《羞涩和温柔》等一起，构成了我小说之外较有影响的作品。"（张炜：《兼谈》，载《张炜文集》第32卷，作家出版社2014年11月出版，第224页。此文为1997年2月9日答《美国文摘》问，刊载于《美国文摘》1997年6～7月号，后修订定题为《兼谈》。）

11月，完成诗歌《涂鸦》。

11月，完成散文《利口酒——访西德散记》。后发表于12月13日《大众日报》，又修订改题为《利口酒——访德散记之一》。

11月，完成散文《去看阿尔卑斯山》。后修订改题为《去看阿尔卑斯山——访德散记之三》。

11月，在龙口开始写长篇小说《九月寓言》。

张新颖曾转述张炜写作《九月寓言》的情况："《九月寓言》的绝大部分是藏在登州海角一个待迁的小房子里写出的，'小房子有说不出的简陋'，'隐蔽又安静'，'走出小房子往西，不远处就是无边的田野、林子。在那里心也可以沉下来，感觉一些东西'。'那个小房子不久就要拆了，我给它留下了照片。五年劳作借了它的空间、时间和它的精气神，我怎么能不感激它。小房子破，它的精神比起现代化建筑材料搞成的大楼来，完全不同。它的精神虽然并不更好，却让人信赖和受用'。一般看来，这里说的只是一个写作环境，其实质却是探讨生存的根基的一种具体和朴素的表达。"（张新颖：《大地守夜人——张炜论》，《上

在龙口写作《九月寓言》时的老房子

海文学》1994年第2期。)

11月，《文学评论家》第6期刊载赵松的《张炜早期作品风格简论》，认为张炜1982年以前的小说具有情节淡化和人物描写虚化、自然画面意绪深邃、音乐般的文学语言等特点。赵松特别指出："张炜小说的诗化美，是来自作家的一颗诗心，好的作家不一定写诗，但他实质上必须是一个诗人。小说家兼有诗人的气质和素养，是自然而然的事情。小说的本质是诗。小说中有诗，无疑给作品的生命输入了最活跃、最富有耐久品格的艺术因素。"

11月，《钟山》第6期刊载杨斌华的《生活的思索、惶惑与超度——评张炜〈海边的风〉》、子思的《海与船的魅力——读张炜新作〈海边的风〉》。

11月，《当代小说》第11期刊载丁彭的《写好深层的"内部裂变"——简论隋抱朴和改革文学》。

11月，《书林》第11期刊载何启治的《深沉厚重、悲壮动人的〈古船〉》。

11月7日，完成随笔《写给创刊三十周年的〈收获〉》。

11月14日，完成随笔《有人低语论文章》（记汪稼明）。发表于11月20日《山东青年报》，后修订改题为《低语》。

11月20日，在龙口开始与青年作者进行不定期的文学讨论，历时五年。讨论发言后修订整理为《葡萄园畅谈录》。

11月底，在济南完成中篇小说《请挽救艺术家》初稿。

12月，完成诗歌《你歌下的东方》。

12月15～23日，在山东大学与大学生对话。对话后辑录整理为《周末问答》。

本年，《山东文艺界》第1期刊载丁彭的《真诚·执着·炽热——作家张炜剪影》。丁彭说："朋友们称赞张炜：才华＋勤奋，是他驶向一座座新的航标的双桨。牛年那年，他请个蹶胳膊书法家给他写'牛年学牛不吹牛'的条幅挂在墙上。虎年那年，他又请那个蹶胳膊书法家给他写'虎年学虎不唬人'的条幅挂在墙上。今年是兔子年，虽然免挂条幅，但他却说过'兔年学兔勤捣药'的话。""他写作的时间每年平均不超过三个月，而读书的时间却最舍得花。他的藏书之多，或许是青年作家中为最多的。他发扬古人提倡的读书、思考的枕上、厕上、马上的'三上'精神，他家的角角落落，包括卫生间，你都会发现他正在读的一些书。一本《共产党宣言》被他读破，上面圈圈、点点、杠杠，比比皆是，眉批注语布满全书；《国家与革命》以及马列的其他一些著作，他都下过不是玄功夫、虚功夫，而是真功夫、硬功夫。除了马列的书，他读古今中外的文学名著，包括古典的和现代的。他的涉猎之广、之深，大概也是青年作家中最多的之一。博览群书、详瞻资料，记卡片、分类归档，这又是他读书的一个特点。《老子》、《庄子》、诸子百家、古代航海、建筑、地质、考古、史略、海洋、地貌、植物、移民、武术、佛学、棋类、气功等等，他兴趣之广泛，你会认为他是个知识篓子。他牢记苏轼的'博观约取，厚积薄发'的教诲。如《古船》中那不足万字的'星球大战'，他采集了几十万字的报刊资料，像个当代军事科学研究员；书中写了一点关于中医方面的内容，他阅读了《黄帝内经》和大量医案，颇懂得一些阴阳五行之说，并与山东几位名中医交上了朋友；为了真正弄懂一句古文，他广泛查阅资料；一部《老子》，他看了好几种版本，把各家诠释的异同点分辨出来。""张炜认为，最丰富、最生动、最多彩的是生活——那部'大书'……"

同期，刊载孙美玉的《苗得雨、张炜、矫健应邀出国访问》。（此刊未标明刊期、月份。）

　　本年，《大众日报》刊载牛逸群的《艺术家是永远的跋涉者——张炜印象记》。（具体时间不详。）

1987年在龙口去得最多的小树林

1988

1988年夏末在龙口市郊

1月，随笔《长篇估》在《文学角》1988年第1期发表。

1月，短篇小说《美妙雨夜》选载于《新华文摘》1988年第1期，篇末注明选自"《文汇月刊》1987年第10期"。

1月，《文学评论》第1期刊载罗强烈的《思想的雕像：论〈古船〉的主题结构》。罗强烈指出，"家族结构"是《古船》的"外结构"，"原罪结构"是它的"内结构"，而"历史结构"则是它的"整体结构"。这三者的结构关系又表现为互相依存和互相说明，成为不可分割的一体。该文同时指出："无论你能指出《古船》的多少不足，但是，你不能不从心里承认：它是中国当代文学史上少数几部具备了史诗品格的长篇小说之一。"

1月，《当代作家评论》第1期刊载吴方的《"历史理解"的悲剧性主题——〈古船〉管窥》、王彬彬的《俯瞰和参与——〈古船〉与〈浮躁〉比较观》。

1月，《小说评论》第1期刊载姜静楠的《优势即局限　局限即优势——再论山东作家群的道德原则》，其中论及了张炜的《秋天的愤怒》《两个姑娘和一个笑话》等。

同期，刊载丁彭的《论隋抱朴——兼与黎辉、曹增渝同志商榷》。

1月，《当代文坛》第1期刊载周克芹的《写在菊花时节——改革文学漫谈》，其中论及了长篇小说《古船》。

1月，《文学自由谈》第1期刊载刘思谦的《〈古船〉主人公心理分析》。

1月，《长沙水电师院学报》第1期刊载陈进军的《张炜小说〈古船〉的文化意识》。

1月，《怀化师专社会科学学报》第1期刊载余明、林之的《隋抱朴情结：原罪的忏悔——〈古船〉人物论之一》。

1月2日，完成随笔《自己的秩序》。

1月16日，散文《珍品的源路》在《文艺报》发表。后选载于《散文选刊》1988年第8期。

1月19日，《人民日报》刊载丁临一的《艰难历程中觉醒的人生——评长篇小说〈古船〉》。

2月，《简明中国当代文学辞典》由河北人民出版社出版，其中收录了短篇小说"声音""一潭清水"词条。

2月，《当代》第1期刊载陈涌的《我所看到的〈古船〉》、冯立三的《沉重的回顾与欣悦的展望——再论〈古船〉》。

2月16日，完成随笔《缺少稳定的情感》。

3月，随笔《作家眼中的历史和生活》选载于中国作协《作家通讯》1988年第1期，篇末注明"摘自《小说评论》87年第3期张炜文《请君沉浸到艺术之中》"。

3月，完成随笔《芦青河之歌》。

3月，在济南参加中篇小说讨论会并发言。

3月，开始写10卷本"大河小说"《你在高原》。

3月，《文艺评论》第2期刊载王彬彬的《当代小说中的创伤报复型人物——兼谈"改革者"形象塑造》，其中论及了长篇小说《古船》中的隋见素、赵多多。

3月，《当代作家评论》第2期刊载宋遂良的《气度·文化意识和形式创新》。宋遂良认为，新时期中国长篇小说创作"在1987年前后结束了徘徊，出现了转机"。之所以出现这种乐观的估计，是因为一系列引人注目的新作不断问世，其中便有张炜的《古船》。该文同时介绍了《古船》问世后引起的争论："在济南、北京召开的座谈会上，有人认为它'具有史诗的气度和品格'，'是当代文学至今最好的长篇之一，是新时期不可多得的成功的作品。它给文学十年带来了特殊的光彩，显示了长篇创作的重要实绩'；但也有人认为，这是一部'包含着非科学的、反历史学的社会内容，包含着乌托邦的幻想'的作品，书中'这种观察与表现苦难的思路显然受到西方现代主义影响，无怪乎《古船》能赢得新潮派批评家的青睐'。《文艺报》《中国文化报》在1987年春天都计划开辟专栏讨论《古船》，后来因为形势变化，各出一期便中止了。"

同期，刊载鲁枢元的《从深渊到巅峰——关于〈古船〉的评论》，运用弗洛伊德的精神分析理论和马斯洛的人类需求理论等论述了《古船》。

同期，"文学批评信息"栏目还载有《张炜谈长篇小说》（摘录），其中写道："张炜对某些人的'史诗'概念表示怀疑。那种大跨度写一段或几段历史及大的场景、规模撰述，不一定是'史诗'。没有才华、激情、个性和悟力，它的本质不是'诗'，和有待确信的'史'配合只能算曲艺。'史诗'不意味平庸，它应该是具有强大艺术魅力、充满灵性、洋溢着旺盛生命力的一种巨制。"

3月，《文学角》第2期刊载叶芳的《张炜论：柔情和正义》。

3月8日，完成随笔《尊长》。

3月19日，完成随笔《缺少说教》。

3月22～26日，在济南参加中国作协山东分会第三次会员代表大会和第三届理事会，当选为副主席。

4月，完成随笔《缺少不宽容》。

4月，中篇小说《秋天的愤怒》获1986～1987年《中篇小说选刊》优秀中篇小说创作奖。

4月10日，完成长篇系列散文《午夜采访》。

5月，随笔《安于回忆》（记王安忆）在《中国作家》1988年第3期发表。

5月，完成诗歌《大李子树》。

5月，在济南参加散文讨论会并发言。张炜指出："散文是所有文学体裁中最随便最放松，又是对作者要求最苛刻的。好像谁都可以把散文写好，又好像只有素养特别好的人才可以写似的。那些在创作中显得非常沉着的人，有时候恰恰在散文里表现出非凡的经验和智慧。它给人一种直截了当的感觉，可是它的无限曲折都掩藏在内部。无论是写人写景写事的散文，还是什么别的散文，看上去都是这样。"（张炜：《文学讨论会（济南，1988年5月，散文讨论会）》，载《张炜文集》第32卷，作家出版社2014年11月出版，第335页。）

5月，《青岛教育学院学报》第1期（创刊号）刊载杜萍的《齐鲁青未了——试论山东新文学作家的创作》，其中论及了张炜及其小说创作。

5月，《当代作家评论》第3期刊载陈思和的《关于长篇小说结构模式的通信》（后收入陈思和论文集《笔走龙蛇》，台湾业强出版社1991年1月出版）。其中，他在《致张炜 谈〈古船〉》中写道："看得出，《古船》乃是你的尽心之作。所谓尽心，不仅综合地调动了你长期积蓄的思考、才学以及气力，而且也露出'精锐倾尽'之意。窃以为其利弊相当：其利则使《古船》当之无愧为当代长篇小说创作的一部杰构，但也恕我直言，当代长篇小说水准水平，不甚可观，因此超越其上非为难事，困难的是要产生真正能够代表中国文化艺术水平，进而攀登人类艺术高峰的大器之作。离这样的目标，《古船》的气不足，或者也可以说是你求成太切，心力尽得太早，蓄养不够，其弊是也。"

5月，《文学自由谈》第3期刊载谭湘的《张炜印象》。其中写道："问他的写作习惯，他说，写作的时候闭门不出，胡子老长，心里焦虑，和病了一样。……《古船》是用了四年的功夫才写完的，写到焦虑不安、心力交瘁。《古船》写完的那一天，他觉得全身的骨头架子都要散了，他就那样带着恍恍惚惚的神情从他写作的小屋走回家里。"

5月，《怀化师专社会科学学报》第3期刊载余明的《〈古船〉与〈百年孤独〉比较论》。

5月19日，在济南完成柳原长篇小说《痛苦也是美丽的》（作家出版社1988年出版）序。

5月30日，散文《芦青河之歌》在《书讯报》发表。

6月，在龙口完成短篇小说《我的老椿树》。

6月，《菏泽师专学报》（社会科学版）第1期刊载耿立、军磊的《从〈古船〉看张炜的审美超越》。

6月，《当代》第3期刊载公刘的《和联邦德国朋友谈〈古船〉》。这是1987年4月8日公刘在哥廷根写给联邦德国朋友安诺尔德先生的一封信，其中写道："的确，我个人对《古船》的评价是非常高的。《古船》使我体验了前所未有的激动。我认为，这是迄今为止我所接触到的反映变革阵痛中的十亿人生活真实面貌的杰作，它超过了《天堂之门》，也超过了另外几部获得好评的作品。它不仅展示了中国的改革，更重要的是透视了改革的中国。从平面上看去，它像一幅构图宏伟的画卷，然而，它的每一个细部又都有各自的纵深。为此，我建议，一切关心中国的外国人，一切生活在外国的中国人，都应该认真读一读它；对于打开中国被迫锁闭已久的心灵，即所谓东方的神秘主义，它实在是一柄可靠的钥匙。""此外，还有两点超出小说本身的重要结论，不可不提：其一是它打破了青年作家写不出有历史感的大作品的陈腐见解；其二是把那种在中国相当流行的一定要和重大事件保持远距离的理论当作放之四海而皆准的真理，原来也有很大的片面性。"

6月，《作品与争鸣》第6期在"争鸣综述"栏目刊载秋野的《众说纷纭的〈古船〉》，介绍了《当代》1988年第1期刊载的陈涌的《我所看到的〈古船〉》和冯立三的《沉重的回顾与欣悦的展望——再论〈古船〉》两文的主要观点；在"读者中来"栏目刊载布白的《〈古船〉争鸣扬波》，介绍了丁彭、牛广林对《古船》的看法。

6月25日，被烟台市青年文学家协会聘为名誉主席。

7月，中短篇小说集《童眸》被列入"希望文学丛书"，由北京十月文艺出版社出版。

7月，在龙口改定短篇小说《童年的马》。

7月，《小说评论》第4期刊载黎辉、曹增渝的《隋抱朴的人道主义与〈古船〉的整体意蕴——续谈〈古船〉的缺憾兼答丁彭同志的"商榷"》。

同期，刊载李先锋的《同一种情感倾向所产生的巧合——试析几部小说关于农村青年进城的艺术处理》，其中论及了长篇小说《古船》中的隋见素。

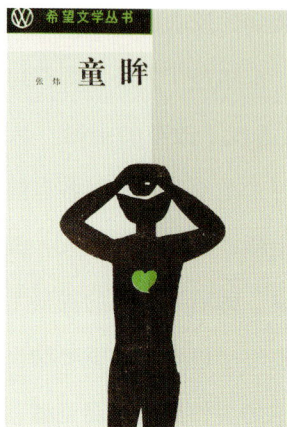

北京十月文艺出版社1988年7月平装本

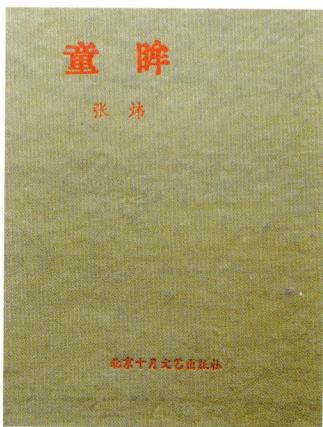

北京十月文艺出版社1988年7月精装本

7月，《文艺评论》第4期刊载何镇邦的《改革题材文学的深化》，其中论及了长篇小说《古船》、中篇小说《秋天的愤怒》。

7月，《文学评论家》第4期刊载徐循华的《两个怪老汉与一个航海的梦——论〈古船〉与〈海边的风〉的一种象征意蕴》。

7月29日，在龙口完成散文《绿色遥思》。后发表于8月26日《齐鲁晚报》。

7月30日，完成随笔《缺少行动》。

8月，短篇小说《橡树的微笑》《三想》在《小说家》1988年第4期发表。

8月，散文《没有围墙的学校》被收入《黄金时代》，由知识出版社出版。

8月，《当代》第4期刊载汪晖的《〈古船〉的两种历史观》、靳大成的《人物的审美化与不可解的奥秘》。

8月5日，随笔《你的痛苦和美丽》在《光明日报》发表。此文为柳原长篇小说《痛苦也是美丽的》序，后修订改题为《痛苦和美丽》。

9月，《小说评论》第5期刊载基亮的《关于〈古船〉叙事形式的分析》。

9月，《晋阳学刊》第5期刊载张志忠的《论现阶段的长篇小说》，其中论及了长篇小说《古船》。

9月9日，在中国作协山东分会潍坊文学讲习班演讲。演讲后修订整理为《开始以后——在潍坊笔会的演讲》。

同日，完成随笔《缺少保守主义》。

9月10日，鲁枢元致信张炜，谈《三想》等小说。

9月21日，致信鲁枢元，谈《三想》等小说及"文学鲁军"等。11月7日，《鲁枢元与张炜谈山东作家》在《作家报》发表。张炜说："我们的文坛一直缺少的，就是沉重的道德感和理想主义。山东作家之所以还有存在的必要，主要是他们还保有这么一点点东西。"此文后选载于11月24日《文摘报》，改题为《作家之所以还有存在的必要……》。

10月，短篇小说《冬景》（本年6月改定）在《人民文学》1988年第10期发表。

10月，短篇小说《满地落叶》（篇末注明"1987年8月于济南，1988年6月改于龙口"）、《童年的马》（篇末注明"1987年9月于济南，1988年7月于龙口"）在《山东文学》1988年第10期发表。

10月，中篇小说《请挽救艺术家》在《上海文学》1988年第10期发表，篇末注明"1987年11月底写于济南，1988年6月改于龙口"。此刊"编者的话"中重点推介了《请挽救艺术家》，指出："《请挽救艺术家》大约可看作是作家张炜经过长期思索后的一次精神独白，全文浸透着深深的焦虑和孤独感。……然而，艺术家的苦闷，又是一种带有个人性的生命现象，从某种意义而言，它是一种永远的苦闷；没有这类苦闷的艺术家，并不是真正的艺术家。"

10月，在济南参加民间文学讨论会并发言。张炜说："民间文学给我们真正的滋养。它既是一个品种，又是一个根源。它常常能够给作家注入创造的活力，使其生气勃勃。"（张炜：《文学讨论会（济南，1988年10月，民间文学讨论会）》，载《张炜文集》第32卷，作家出版社2014年11月出版，第337页。）

10月，《瞭望周刊》第42期刊载红耘的《画鬼容易画人难——有感于某种文学现象》，其中论及了长篇小说《古船》的人物塑造。

10月22日，完成随笔《寂寞营建》。

11月，《张炜创作札记（1）》在《文学角》1988年第6期发表。《张炜创作札记（2）》《张炜创作札记（3）》《张炜创作札记（4）》《张炜创作札记（5）》《张炜创作札记（6）》分别在《文学角》1989年第1、2、3、4、5期发表。

11月，中篇小说《蘑菇七种》（本年3月开始写作，9月完成）在《十月》1988年第6期发表。

11月，《山东社会科学》第6期刊载张晓岩的《〈古船〉与现实主义》。

11月，《小说评论》第6期刊载张志忠的《论长篇小说的结构艺术》，其中论及了长篇小说《古船》。

11月，被山东省委、省政府选拔为山东省专业技术拔尖人才，并获颁证书（编号0184）。

11月8日，在龙口参加龙口市政府与北墅劳改支队签订改造、教育劳改人员接着帮教刑释人员协议书仪式并讲话。同时，代表龙口市政府与北墅劳改支队签订协议书。

11月20日，《文汇报》刊载杨羽的《张炜回到芦青河畔——〈古船〉作者寻踪》。

11月22日，《张炜创作笔记（之一）》在《作家报》发表。《张炜创作笔记（之一）》包括三篇文章，分别写于1984年8月10日、1985年3月1日、1985年3月15日，题为《午夜思》《面对汹涌的生活》《短篇难写》。

12月，《安庆师院学报》（社会科学版）第4期刊载崔宜明、梅向东的《〈古船〉的文化意蕴和审美价值》。

12月11日，散文《去看阿尔卑斯山》在《大众日报》发表。

12月22日，随笔《张炜创作笔记（之二）》在《作家报》发表。后修订定题为《沉默悟彻》。

本年，完成短篇小说《我弥留之际》初稿。

本年，短篇小说《冬景》在美国《世界日报》发表。

本年，短篇小说《荒原》获"无锡国际青年征文金鸽奖"。

本年，《山东师大研究生论辑》第6期刊载王建的《冰山的启示：〈古船〉象征艺术初探》。（此刊未标明刊期、出版月份。）

1988年冬在龙口

1989

1月，短篇小说《我的老椿树》《问母亲》在《青年文学》1989年第1期发表。

1月，短篇小说《冬景》选载于《小说月报》1989年第1期。

1月，完成散文《盼雪》。后发表于2月6日《济南日报》，篇末附有作者简介。

1月，《文艺理论与批评》第1期刊载欧秀林的《近年来关于文学与道德问题的探讨》，其中论述了长篇小说《古船》。

1月，因在1988年工作中做出显著成绩，被中国作协山东分会评为"先进工作者"。

1月10日，被青年作家联谊会、风帆编辑部聘为华夏青年文学大奖赛顾问。

2月，董宇峰著《寻找灵魂》由湖南文艺出版社出版。其中以"生存——从美境到现实（沈从文和张炜）"为题，论述了沈从文的《神巫之爱》《边城》《长河》和张炜的长篇小说《古船》。

2月2日，《烟台广播电视报》刊载张和玉的《根植生活沃土 情寄故乡人民——访青年作家张炜》。

2月8日，完成散文《人生麦茬地》。

2月16日，完成随笔《爱力》。

2月25日，完成随笔《"有用"和"心亏"的选择》。

2月26日，完成随笔《醉心于别人的个性》。

3月，《文学评论》第2期刊载胡河清的《论阿城、马原、张炜：道家文化智慧的沿革》。该文从道家文化的角度对《古船》中隋抱朴和"四爷爷"赵炳的形象进行了分析，认为两人均深受道家文化的影响："抱朴的病及郭运对他的望闻问切，实质上具有隐喻的含义。在《古船》结尾，抱朴终于出山匡扶社稷，一举使粉丝厂恢复生产。但在此之前，抱朴确实经历了相当长一段时间的'独立守神，呼吸精气'的修炼过程。他能在磨坊中终日独处，静静推磨观其周而复始，此实于古代道家智者垂钓于渭川淇水之上义无二致；他定而生慧，以入静者的如镜之月将洼狸镇的众生相、历史现状、症结所在看得清清楚楚；他得静气而好学深思，故能结合中国的历史深刻地研究《共产党宣言》，从而为以后从政奠定了政治原则和政治理想。""因此养气之术对于抱朴作为一个中国20世纪末的有志改革之士的影响应该说是相当积极的。""与郭运、抱朴吸取道家文化的'正古'形成对比，洼狸镇的腐朽势力的代表四爷爷、长脖吴则专讲道家的'邪古'。四爷爷、长脖吴亦知养气之术的重要。然而他们的'气功'充满着妖异的色彩，其目的更属无耻之尤。……他们所得的，乃是道家最为邪恶的糟粕部分。他们的口诀也讲'闭藏精气'，然其目的却在能长久地称王称霸，玩弄女性。……概而言之，就是'外王'，在'气功'的邪气部分的充分成熟的基础上炉火纯青的玩弄诈术，几十年在洼狸镇上占据着封建霸主的实质地位。这个'小霸王'的形象将封建御用哲学'外王'之说的腐朽性和反动性概括得淋漓尽致。"

该刊《编后记》说："胡河清论述阿城、马原、张炜等三位作家的文章，从一个新的角度探索道家文化的价值及其在当今中国文学的沿革，意在挖掘弘扬其进取性革命性一面。文中不无商榷之处，然而这种思路可以给人不少启发和思索。"

3月，《文艺争鸣》第2期刊载王彬彬的《"残酷"的意义——关于最近几年的一种小说现象》，其中论及了长篇小说《古船》。王彬彬指出："在我看来，《古船》的出现，才使得当代苦难第一次在当代文学里有了相当深刻真实的表现。《古船》对苦难究诘的目光穿透了社会政治这种表面层次，而深入到人性黑暗的深处，在人心中挖掘出了人间苦难的根源。"

3月1日，完成港台版长篇小说《古船》序《第二次选择》。

3月11日，完成随笔《更深沉的灵魂》。

3月18日，完成随笔《受人民心情感染的能力》。

3月22日，《作家报》刊载龚曙光的《最后的弥撒——读张炜近作》。

4月，长篇小说《古船》繁体字版由香港天地图书有限公司出版。

4月，《当代》第2期刊载刘再复的《〈古船〉之谜和我的思考》，用"原罪感"解释了长篇小说《古船》及其主人公隋抱朴，指出："笼罩于《古船》字里行间的都是一种具有宗教气氛的罪感与赎罪感。"

4月6日，完成随笔《让人年轻和苍老的时代》。

4月10日，完成随笔《升华到迫害所达不到的高度》。

4月17日，在烟台文学创作会议上演讲。演讲后修订整理为《激情的延续——在烟台笔会的演讲》。

4月18日，在烟台文学创作会议上演讲。演讲后修订整理为《选择的痛苦》，发表于《胶东文学》第6期。

5月，随笔《人体艺术》（写于1988年2月25日）被收入《人体摄影艺术》一书，由天津美术出版社出版。

5月，中篇小说《秋天的思索》获青年文学杂志社1984～1988年青年文学创作奖。

5月，华中师范大学中国当代文学编写组编写的3卷本《中国当代文学》由上海文艺出版社出版。该书第3卷论及张炜时指出："张炜从编织宁静、动人的芦青河故事，到创作意蕴沉实凝重、内容博大深邃的《古船》，一步一个脚印地记录下了他那虽不很长却十分坚实的创作历程。张炜在不长的创作历程中，已经呈现出自己鲜明的特色。"该书预言："张炜显示出潜在的艺术功力。在加深作品的当代意识，克服不够凝练、简洁，节奏过于缓慢的缺憾，使单一的道德意识同历史的美学的审美评判完美结合等方面，他将是大有作为的。"

5月8日，完成随笔《读者的迷失》。后发表于《山东文学》1989年第6期。

5月9日，在山东文学杂志社泰安文学讲习班演讲。演讲后修订整理为《读在泰山——在泰安文学讲习所的演讲》。

5月31日，长篇小说《古船》被山东省青年联合会、大众日报社、中国作协山东分会、山东电视台评为山东青年文学奖长篇小说一等奖。

6月，随笔《但愿文学能够》被收入《当代中国作家百人传》，由求实出版社出版。

6月，《菏泽师专学报》（社会科学版）第2期刊载陈传鲁、王地的《洼狸镇的意象世界——〈古船〉的部件象征》。编者按说："本稿是作者长篇论文《〈古船〉象征论》的第二部分，第一部分是'洼狸镇对中国社会深层结构的摹写——《古船》的整体象征'；第三部分是'《古船》的"陌生化"处理'；第四部分是'张炜象征手法演进的轨迹'。作者试用西方结构主义批评方法剖析《古船》扑朔迷离的象征天地，颇具新意。"

6月29日，《齐鲁晚报》刊载卧冰的《作家的思索》（记张炜）。

7月，中篇小说《远行之嘱》在《人民文学》1989年第7期发表，篇末注明"1987年9月15日写于济南，1988年7月10日改于龙口"。

　　7月，中篇小说《葡萄园》被收入《中国当代名作家儿童文学作品选》，由湖南少年儿童出版社出版。张炜在"作家寄语"中写道："我觉得一个好的作家，总会去写一些儿童文学作品，并且会倾尽全力。儿童文学也应该属于成人，她同样是绚丽多姿和深邃动人的。"

　　7月，长篇小说《古船》繁体字版由台湾风云时代出版公司出版。

　　7月，《文学评论家》第4期刊载张达的《对农民文化的审视和剖析——我看〈古船〉》。

　　7月，《文学自由谈》第4期刊载万同林的《反思文学、改革文学再评价》，认为《古船》和《浮躁》是反思和改革文学中得到"提升和完善的作品"。

　　7月，《山东文学》第7期刊载周源的《张炜两篇小说的叙事分析》，分析了《请挽救艺术家》《满地落叶》。

　　8月，长篇小说《古船》获"青年益友奖"。

　　9月，《张炜创作札记（六）》在《文学角》1989年第5期发表，包括《读者有三种》（1986年8月15日）、《大师的排斥力》（1987年9月12日）、《一辈子寻找一个东西》（1985年4月26日）、《文学是忧虑的、不通俗的》（1987年4月22日）。

　　9月，随笔《周末问答》在《时代文学》1989年第5期发表，篇末注明"1987年12月15日至23日，周末；1987年12月根据记录整理，经作者校订补充"。

　　9月，短篇小说《造琴学琴》《石榴》在《山东文学》1989年第9期发表。

　　9月，散文《绿色遥思》被收入《山东作家散文集》，由明天出版社出版。

9月，短篇小说《冬景》被收入《山东作家小说集》，由华艺出版社出版。

9月，在龙口参加花山文艺出版社文学讨论会并发言，谈历史小说写作。发言后修订整理为《谈历史小说》。

9月，中篇小说《秋天的愤怒》获山东省委、省政府首届泰山文艺创作奖一等奖。

9月，冯德英主编《山东文学评论家评论集》由华艺出版社出版。其中，杨政的《简论新时期的山东小说创作》、姜静楠的《优势即局限　局限即优势——论山东作家群的道德原则》，均论及了张炜的小说创作。

9月，《娄底师专学报》第3期刊载王爱松的《抱朴论——兼谈〈古船〉的历史观》。

9月，《黄淮学刊》（社会科学版）第3期刊载徐列的《〈古船〉：时空结构与文化氛围的交织》。

9月，《当代作家评论》第5期刊载曹增渝、梅蕙兰的《人生之旅与人性之梦——路遥与张炜创作比较》。曹增渝、梅蕙兰指出："张炜的史诗意识具有更多的主观色彩。他的《古船》虽然也囊括了近四十年中国农村的历史变迁，写到了'土改'、'大跃进'、'文革'和改革等重大历史事件，但作者的艺术焦点却主要集中在主体的心灵感受上。作者的重点不在于写社会，而在于写人，在于写人的心灵。……也就是说，这是一种'人心中的历史'，是一种心理化、主观化的历史。……它的缺点也许在于作者缺少一种更为豁达更为开放的姿态，未能给读者更多的对话机会。否则，这种史与诗的联姻完全可能取得更大的成功。"此文又刊载于《河南大学学报》（哲学社会科学版）1989年第5期。

9月，《文学自由谈》第5期刊载赵祖汉的《因果报应的背后——〈古船〉与〈浮躁〉漫议》。

10月，完成长诗《海讯》。

10月，丁尔刚主编《山东当代作家论》由山东教育出版社出版，其中收录了杨政的《张炜论》。

10月3日，短篇小说《酒窝》（7月完成）在《华夏酒报》（创刊号）发表。

11月，短篇小说《他的琴》在《山东文学》1989年第11期发表。

11月，短篇小说《他的琴》《玉米》在《当代小说》1989年第11期发表。

同期，刊载李掖平的《永恒的追求——读张炜〈他的琴〉和〈玉米〉》。李掖平指出："作为一个执着的理想主义者张炜，善和美是他心系神牵的一个永恒的梦。是它，铸造起张炜心中永存的那份人生赤诚和追求的热情，并构建成他全部小说创作的一个最有力的内在支撑。"

11月，散文《珍品的源路》被收入《八十年代散文选》，由上海文艺出版社出版。

11月，完成散文《田野的故事》、随笔《谈〈古船〉》。

11月，完成随笔《杨枫》。

11月，完成短篇小说《逝去的人和岁月》。

12月，短篇小说《橡树的微笑》被收入《1988年短篇小说选》，由人民文学出版社出版。

12月，长篇小说《古船》获台湾年度金石堂选票最受欢迎图书奖。

12月，完成短篇小说《造船》。

12月，戴翼、陈悦青主编《中国现当代文学辞典》由辽宁教育出版社出版，其中收录了长篇小说"古船"词条。

12月20日，《公共关系导报》刊载记者访谈《作家张炜谈锋犀利：公关须坚持质朴诚挚原则，只求技术化会导致民族道德水准下降》。

12月30日，在济南参加李传敬作品讨论会并发言。

同日，被河南省社科院应用语言研究所聘为兼职研究员。

本年，完成短篇小说《四哥的腿》《消逝在民间的人》。

本年，担任山东省徐福文化研究会副会长。

本年，为《法律的训诫》（山东文艺出版社1990年4月出版）一书作序。

1990

1990年参观烟台油泵厂

1月，随笔《激情的延续》（篇末注明"1989年4月17日在烟台文学会议上的发言。成勋根据录音整理，经作者订正"）、《大学的文学》（篇末注明"1986年3月在某大学'文学沙龙'的谈话。根据记录整理"）在《文学评论家》1990年第1期发表。《激情的延续》有关观点以《创作中的小市民心态》为题，选载于《文艺理论研究》1990年第2期。

1月21日，香港《文汇报》刊载斯人的《史诗式悲壮画卷——读张炜长篇小说〈古船〉》。斯人指出："在中国当代文学史上，《古船》无疑占有不容忽视的一席，它是十年开放以来最精彩的长篇小说之一。"

1月22日，香港《新晚报》刊载方之的《中华民族的生动象征——简介张炜的〈古船〉》。方之指出："《古船》无疑是十年来内地最精彩的长篇小说之一，值得向喜欢严肃文学作品的读者郑重推荐。""所有书中人物的内心挣扎合起来，正是整个中华民族半个世纪以来挣扎求存的缩影。《古船》令人震撼的内涵也正在这里。"

2月，完成短篇小说《鸽子的结局》。

2月，任中共龙口市委副书记（挂职），不再担任龙口市副市长职务。

3月，完成短篇小说《射鱼》《王血》《蜂巢》《绿桨》《夜海》《背叛》《穿越》。

3月，因在龙口市政府领导史志工作取得优异成绩，受到山东省地方史志编纂委员会表彰。

3月12日，短篇小说《满地落叶》获山东文学社小说大奖赛（1988.10~1989.10）一等奖。

3月14日，在济南参加济南市文联深入生活会议并发言。发言后修订整理为《深入及突破》。

3月18日，完成诗歌《椿树》。

3月19日，在济南完成随笔《必然写到的女性》。后发表于《妇女学苑》1990年第1期、《八小时以外》1990年第7期。

3月24日，完成诗歌《跳跃的杨树》。

本季，短篇小说《老斑鸠》在《沂蒙山》（季刊）1990年第1期发表。（此刊未标明出版时间。）

4月，完成随笔《读与写》。

4月，在龙口完成短篇小说《羞愧》《孤旅》《旧时景物》。

4月，在龙口完成短篇小说《酒窖》初稿。

4月，在龙口参加文学讨论会并发言。

4月6日，完成随笔《诗意》。后发表于11月7日《烟台日报》。

4月23日，完成随笔《写散文》。

5月，完成短篇小说《唯一的红军》。

5月，《语文建设》第3期刊载柏卜的《叙述者同小说人物对话》，评述了短篇小说《声音》《看野枣》等。

春，完成"大河小说"《你在高原》之六《我的田园》第1稿。

6月，完成散文《我的文学朋友》。

6月，完成短篇小说《何时消逝的怪影》《植物的印象》。

6月23日，在龙口完成随笔集《周末对话》后记。后修订改题为《十年诉说——关于〈周末对话〉》。

7月10日，在济南完成《侯滨插图集》（山东美术出版社1991年5月出版）序。此文1991年12月1日修订定题为《插图艺术》。

7月28日，随笔《关于乡土》获首届《胶东文学》优秀作品奖。

8月，随笔《我的文学之路》在《金色少年》1990年第8期发表。封二刊载张炜照片、简介和寄语："愿你一生热爱文学。"

8月，短篇小说《声音》《一潭清水》被收入《中国作家协会历届获奖小说选》（少儿卷），由接力出版社出版。

8月，中篇小说《秋天的愤怒》、创作谈《男人的歌唱》被收入《1986—1987年〈中篇小说选刊〉获奖作品集》（上），由福建人民出版社出版。

8月，在北京参加全国青年联合会第七届委员会第一次会议。8月20日，当选为全国青年联合会委员。

9月，随笔《你的树》、短篇小说《钻玉米地》《公羊大角弯弯》在《山东文学》1990年第9期发表。

9月，短篇小说集《他的琴》由明天出版社出版，收录1973～1979年创作的短篇小说30篇。这些短篇小说是从张炜早期创作的几百万字的作品中精选出来的，部分短篇小说后来有修改。

明天出版社1990年9月版

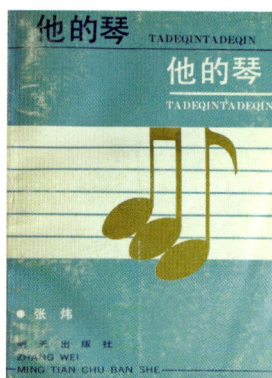

明天出版社1992年7月版

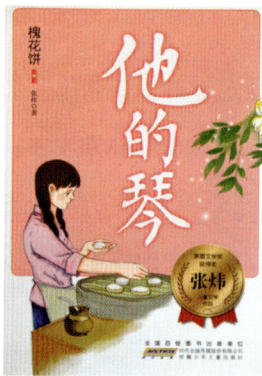

安徽少年儿童出版社2017年1月版（分为《槐花饼》《公羊大角弯弯》两卷）

　　邱勋在《序》（写于1990年1月10日）中说："这本集子的作者在十七八岁的时候，就是一位早熟的，沉静的，有些羞怯的少年。他住在芦青河边果园深处的一所房子里，再过去不远就是海滩，沙滩上长满灌木和杂草，大海的涛声日夜传来。他在联中读书，在林场劳动，在宣传队当一名琴师。他读了不少书，包括一些未必能够完全读懂的中外文学名著。后来，他开始写作了。他不停地写，如痴如醉地写，小小的身躯伏在低矮的炕桌上，几年时间写下了数百万字。稚嫩的字体写在中学生练习簿上，写在现在已变黄了的大大小小的拍纸簿上。所有作品，当时都没有发表过，也没有想到要送出去发表。""这些作品，写的都是芦青河，那条属于张炜的河，那条在他的作品里反复闪现、不停流淌的河。写了一个农村少年对于人生的观察和领悟，写了他周围世界各种人物的形形色色的面孔，他们的悲苦和欢乐，抗争和沉沦。写了一颗善良的心对于美好事物的憧憬和追求，字里行间可以让人感受到一个幼小的、充实的灵魂的律动和战栗。"

此书《代后记》为《周末问答》（节选）。

9月，完成诗歌《龙口三港：西港·港滦·古港》。

9月，开始写长篇小说《怀念与追记》。

9月，《东岳论丛》第5期刊载杨政的《齐鲁文化对山东作家的人格影响》，论述了齐鲁文化对包括张炜在内的山东当代作家的积极影响，以及沉重的传统给山东作家带来的某些弱点和局限。

10月，完成诗歌《西部传说》。

10月，《许昌师专学报》（社会科学版）第4期刊载徐列的《认识〈古船〉的两个基本视点》，认为应该从"宗法桎梏与人性原欲的冲突""历史意识与文学理想的错位"两个基本视点来认识《古船》。

10月16日，在龙口完成《文友自牧——〈百味集〉序》。后发表于《文学评论家》1991年第3期。

11月，散文《梦一样的莱茵河》《默默挺立》被收入散文集《绿草地 绿草地》，由中国环境科学出版社出版。

11月，短篇小说《冬景》被收入《青年佳作（1988~1989）》，由中国青年出版社出版。

11月，《小说评论》第6期刊载陈美兰的《当他们迈向长篇小说领域的时候——从几位年轻小说家的第一部长篇谈起》，其中论及了长篇小说《古船》。

11月，《当代作家评论》第6期刊载郜元宝的《命定视角与反讽基调——论新时期长篇小说的一种艺术选择》（《文艺理论研究》1991年第2期选载此文观点，改题为《小说的基本视角与叙述视角》），其中论及了长篇小说《古船》。

11月9日，完成散文《夜晚走向田野》。

11月18日，短篇小说《钻玉米地》在台湾《联合报》发表。

11月20～22日，短篇小说《梦中苦辩》（上、中、下）分别在台湾《自由时报》发表。

秋，在龙口完成中篇小说《金米》。

12月，随笔《火红的枫叶（记王延辉）》（此文写于1990年秋）在《山东画报》1990年第12期发表。

12月，自牧著《百味集》由山东文艺出版社出版，张炜为之作序《文友自牧》。后又刊载于1991年2月20日《山东图书发行·征订报》、《文学评论家》1991年第3期，后收入山东文艺出版社1993年10月出版的《人生品录——百味斋日记》和中国文联出版社2000年10月出版的《淡墨集——自牧及其作品》。

12月，金汉著《中国当代小说史》由杭州大学出版社出版，该书第11章"'改革小说'的出现与现实主义的开放型发展"中论述了张炜的小说。其中，以"山东作家群对农村改革现实的独特审美关照"为题论述了中篇小说《秋天的愤怒》等，以"对农村变革现实的高层次文化审视"为题论述了长篇小说《古船》等。

12月，佘树森、牛运清主编《中国当代文学作品辞典》由北京大学出版社出版，其中收录了"声音""一潭清水""古船"词条。

本年，完成短篇小说《阳光》《狐狸和酒》《头发蓬乱的秘书》《一个故事刚刚开始》《怀念黑潭中的黑鱼》《赶走灰喜鹊》《鱼的故事》《割烟》等。

1991

1月，散文《田野的故事》在《胶东文学》1991年第1期发表。

1月，短篇小说《锈刀》《铺老》《开滩》《下雨下雪》《书房》在《小说界》1991年第1期发表。

1月，宋遂良著《宋遂良文学评论选》由明天出版社出版，其中收录了《三点成一面——读了三部中篇小说以后》《山东的两个——记矫健和张炜》《他描绘的是一个美好而多情的世界——序〈芦青河告诉我〉》《谈〈秋天的思索〉》《写不完的芦青河——谈张炜的小说创作》《诗化和深化了的情思——评〈秋天的愤怒〉》《一个男人心灵的长歌——谈〈秋天的愤怒〉及张炜的近作》《关注善良人精神的觉醒——谈张炜小说的思想艺术特点》《让白马在绿色的原野上奔驰——〈葡萄园〉赏析》。

2月，完成随笔《谈民间文学》。后发表于《新聊斋》1991年第4期。

3月，接受《青年记者》杂志徐丽雯采访，谈增强青年记者素质等问题。访谈《著名青年作家张炜谈增强青年记者素质等问题》在《青年记者》1991年第3期（6月出刊）发表，后修订整理为《记者与作家——答〈青年记者〉》。

3月，完成短篇小说《武痴》。

3月，开始写长诗《皈依之路》。

3月，《徐州师范学院学报》（哲学社会科学版）第1期刊载刘一玲的《张炜小说语言概述》。

3月，《山东文学》第3期刊载邱勋的《张炜的河》。

3月9日，完成随笔《一部战争小说》。

3月25日，完成随笔《嫉妒者如果勤奋》。

3月27日，完成随笔《观察自然的心情》。

4月，短篇小说集《美妙雨夜》被列入"小说界文库·中短篇系列"，由上海文艺出版社出版。

4月，完成短篇小说《山药架》。

5月，完成短篇小说《面对星辰》《一个人的战争》《夫人送我三个碟子》。

5月，短篇小说《玉米》获《当代小说》（1989.6～1990.12）优秀作品奖。

上海文艺出版社1991年4月版

5月，在龙口创作长篇小说《九月寓言》。

5月5日，《齐鲁晚报》刊载鲁村的《令人惊叹的琴声——读张炜新作有感》。后又刊载于《理论与创作》1996年第4期。

5月6日，《山东青年报》刊载鲁夫的《芦青河之谜——记作家张炜》。

5月11日，《山东工人报》刊载潘永修的《张炜印象》。

在龙口创作长篇小说《九月寓言》

5月14日，《济南日报》刊载自牧的《张炜那不倦的琴声》。

5月23日，被山东省委宣传部、山东省委高校工委、山东省教委授予"80年代优秀毕业生"称号。

6月，中短篇小说选集《张炜》被列入"中国当代作家选集丛书"，由人民文学出版社出版。

6月，完成长篇系列散文《望海手记》。

6月，山东省当代文学研究会编《当代文学四十年》由山东大学出版社出版。其中，任孚先和王光东的《国民灵魂的现代命运——论新时期小说中的农民形象》、李先锋的《"齐鲁青未了"——新时期山东中青年作家小说创作进程鸟瞰》、杨政的《齐鲁文化对当代山东作家的人格影响》、张达的《当代文学与农民文化》、杨守森的《中国当代文学中的"村支书"形象》，均论及了张炜的小说创作。

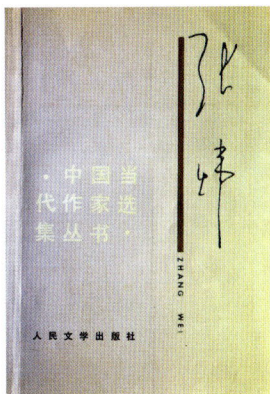

人民文学出版社1991年6月版

6月6日，《大众日报》刊载杨若的《才华·人格·追求》（记张炜）。

7月，开始写"大河小说"《你在高原》之四《鹿眼》。

7月，长篇小说《古船》繁体字版由台湾风云时代出版公司再版。

8月，中篇小说《田园》（上）在《风筝都》1991年第3期发表。10月，中篇小说《田园》（下）在《风筝都》1991年第4期发表。

9月，完成散文《失去的朋友》。后发表于10月10日《齐鲁晚报》。

9月，丁柏铨主编《中国新时期文学词典》由南京大学出版社出版。在作家、文学作品、文学形象条目中分别收录了"张炜""古船""秋天的愤怒""隋抱朴"词条。

10月，开始写"大河小说"《你在高原》之七《人的杂志》。

10月8日，完成随笔《刊物与新人与诗》。后发表于《山东文学》1991年第12期。

12月，随笔集《周末对话》、"大河小说"《你在高原》之六《我的田园》（上）被列入"八月丛书"，由江苏文艺出版社出版。

江苏文艺出版社1991年12月版　　　江苏文艺出版社1991年12月版　　　作家出版社1996年2月版

作家出版社2010年4月版　　　　　作家出版社2013年8月版　　　　　作家出版社2014年11月版

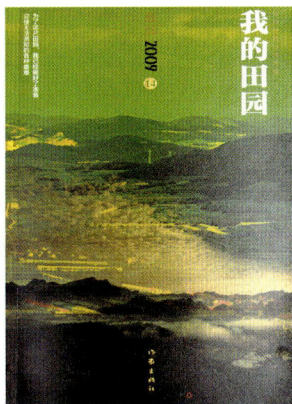

12月1～17日，完成随笔《第一本书的故事》，回顾短篇小说集《他的琴》的写作、编辑、出版经过。后发表于1992年5月1日《大众日报》。

本年，开始写"大河小说"《你在高原》之一《家族》。

本年，完成短篇小说《仙女》《烧花生》《许蒂》《晚霞中的散步》《山洞》等。

1992

1月，《作家》第1期推出"张炜作品小辑"，包括创作谈《羞涩和温柔》和短篇小说《逝去的人和岁月》《昨日风景》（包括《槐岗》《叶春》）。

1月，中短篇小说集《秋天的思索》繁体字版由香港天地图书有限公司出版。

香港天地图书有限公司1992年1月版

台湾风云时代出版股份有限公司1994年2月版

1月，在龙口完成长篇小说《九月寓言》。

1月，在龙口开始写"大河小说"《你在高原》之九《荒原纪事》。

1月13日，《文汇报》刊载杨羽的《龙口四年访张炜》。

3月，随笔《那时刻的激动、畅想和愤慨——在几次创作讨论会上的发言》在《文学评论家》1992年第2期发表，包括1982年3月在济南召开的张炜短篇小说讨论会上的发言，1986年6月在济南召开的长篇小说讨论会上的发言，1988年5月在济南召开的散文讨论会上的发言。

3月，散文《第一本书的故事》被收入"纪念毛主席《在延安文艺座谈会上的讲话》发表50周年"专辑《春华秋实》，由山东文艺出版社出版。

3月，在龙口完成"大河小说"《你在高原》之八《曙光与暮色》（当时名为《你在高原·西郊》）初稿。

3月，《文艺评论》第2期刊载靳原的《价值的迷津——读张承志、路遥、张炜的小说》，其中论述了短篇小说《一潭清水》。

4月，赵鹤翔著《赵鹤翔论文选》由春风文艺出版社出版，其中收录了《深邃的反思 奇异的光彩——〈古船〉思想艺术试论》等十多篇关于张炜的评论。

5月，长篇小说《九月寓言》在《收获》1992年第3期发表。

5月，在龙口开始写"大河小说"《你在高原》之二《橡树路》。

5月，魏绪玉主编《新时期小说思潮流派论》由百花文艺出版社出版，其中论述了长篇小说《古船》。

暮春，住院。在病房里修改长篇小说《九月寓言》清样。

6月，《山东青联通讯》第2期刊载《张炜又推出一部力作》，介绍长篇小说《九月寓言》。

6月，《齐鲁学刊》第3期刊载郭建磊的《病态与崇高——高觉新、祁瑞轩、隋抱朴悲剧人格纵论》。

6月9日，《大众日报》刊载宣文的《张炜的又一长篇力作——〈九月寓言〉问世》。

6月12日，完成随笔《校园的琴声——大学生与文学》。

6月15日，随笔《寂寞营建》在《文汇报》发表。

6月27日，《作家报》刊载晓东的《〈收获〉杂志发表张炜新作〈九月寓言〉》。

7月，短篇小说集《他的琴》由明天出版社第3次印刷，封面进行了重新设计。

7月，雷达著《民族灵魂的重铸》由中国工人出版社出版。其中收录了《论〈古船〉》（原题为《民族心史的一块厚重碑石——论〈古船〉》）、《人的觉醒与反封建主题的推衍》（其中论及了《秋天的思索》《秋天的愤怒》）、《民

在山东省立医院病房里修改长篇小说《九月寓言》清样

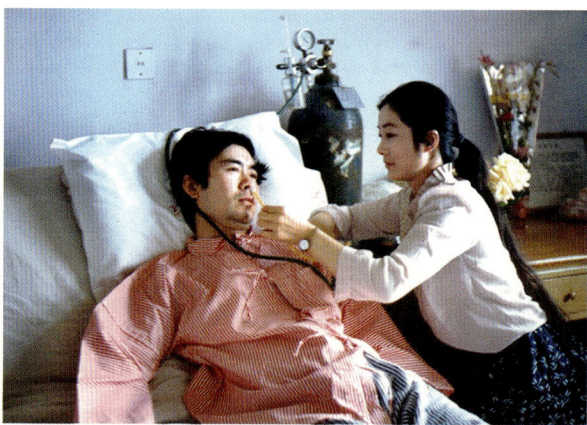

在山东省立医院病房

██████████ "他爸，他爷，他老爷爷……"有人叹着
气议论起来。他似懂非懂地听██。他更早的时候看见了什
么？██████████████████████████████████
看清了██！还有████他从黑暗中挣扎出来，████睁开眼
的那一刻████看见了什么？那时候的关发变的像白毛绒
绒一样███颜色吗？他在娘胎里怎么知道呢？███也许他投胎

后衣悔了 ████████████开始熬苦，直熬[过]九月怀胎的
漫长日子？也许是███████████一辈一辈分泌而熬汁
把他泡白了？████有母亲███泉海一样███而熬苦之汁啊……
龙眼发狠地撕下一绺绺白毛毛衣，██████直吞下肚子。
天哪，他好██饿！█████████████████████
██吃吧，这些白毛毛，█████████让我把你
嚼干精光。这是几辈人吞咽过的食物了，泉棉絮，泉白雪。
老爷爷挑着担子奔走在雪地上，拉拉着一千████████女
人██一千娃娃。白雪的反光快要刺瞎了老头子的眼睛，他
全靠那千大关娃娃牵引。向北向北，听说北边开满了千层
菊花。向北向北，娃娃妈██你忍住一口气。向北向北，听
说北边有███喷喷香的玉米饼。████████████
█████████让咱一泉三口咬住一块
██金莫██玉米饼好了。雪地上██████的脚印一会儿变成了
一溜儿不断线的银币，吸引越来越多的人跟上来，抱着，
追着██████████……那群人直追了两天两
夜，捂住破衣烂衫，低头一看██████银币全部化成了水，
他们懊恼得呼天号地，可这会儿已经回不去了。只有跟上

《九月寓言》手稿

族灵魂的发现与重铸》（其中论及了《一潭清水》《秋天的愤怒》）。

7月，《山东文学》第7期刊载王光东的《生命·自然——张炜近年中短篇小说论》。

7月4日，完成随笔《物质主义应该得到揭露》。

7月6日，完成随笔《尚未成熟的性格》。

7月7日，完成随笔《严整的精神和思想》《无足轻重的嬉戏者》。

7月15日，完成随笔《没有明天的人》。

7月17日，山东大学中文系主任孔范今召集在济南的部分学者座谈研讨长篇小说《九月寓言》。

7月18日，完成随笔《水流和泡沫》。

7月22日，《文汇报》以"关于小说《九月寓言》的争鸣"为题刊载方克强的《生活的陌生化与寓言化》、邹平的《乱花迷眼　得失俱在》。

7月23日，《新民晚报》刊载蒋丽萍的《这寓言是我们的？——读张炜长篇小说〈九月寓言〉》。

7月25日，完成随笔《遥远的悲怆和切近的爱情》。

同日，《光明日报》刊载左中一的《张炜又有长篇新作》，介绍长篇小说《九月寓言》。

7月26日，完成随笔《人性的历史》。

7月28日，完成随笔《社会的不公道以个人痛苦的形式出现》。

8月4日，完成随笔《纪实文学小议》。后修订改题为《纪实文学》。

同日，《齐鲁晚报》刊载本报记者的《文坛争相话"寓言"——张炜新力作〈九月寓言〉反响综述》。

8月6日，完成随笔《严肃认真对待自己的激情》。

同日，《大众日报》刊载杨修的《奇光异彩　美不胜收——读张炜新作

〈九月寓言〉》。

8月7日，完成随笔《自然的清福》。

8月8日，在龙口开始写中篇小说《瀛洲思絮录》。

8月10～13日，《齐鲁晚报》分别刊载王光东、王延辉的《〈九月寓言〉对话录》（上、中、下）。

8月14日，完成随笔《商业时代的损坏与恩惠》。

同日，《山东青年报》刊载李新宇、冯卫东的《〈九月寓言〉：对人类生存的思考——张炜长篇新著〈九月寓言〉讨论概要》，介绍山东青年报社组织的长篇小说《九月寓言》座谈会情况。

8月16～26日，在龙口完成散文《融入野地》。

8月19日，《文汇报》刊载南帆的《神话代码的意义》，评长篇小说《九月寓言》。

8月28日，完成散文随笔集《散文与随笔》序《一本书的形成》。

9月，在龙口继续写"大河小说"《你在高原》之一《家族》。至11月完成上卷，打印后与挚友讨论。

9月，散文《绿色遥思》被收入《名家经典散文选》，由四川文艺出版社出版。

9月2日，在济南接受山东省文联《文艺百家》编辑访谈。访谈先整理为《关于〈九月寓言〉答记者问》，后又修订定题为《难忘的诗意和真实——关于〈九月寓言〉答问》。张炜说："（《九月寓言》）在相当长的时间里都会是我最好的一部书。"当记者问"大家普遍认为《九月寓言》在艺术上比《古船》好，哲学含蕴也深，您自己怎么看"时，张炜回答："我自己默认了最好……写《古船》时我更年轻，起手之初刚刚二十七八岁。那时写出的东西当然比现在纯洁。我是指纯洁的感情。也许纯洁要影响'哲学'，可是纯洁本身就深不见底……纯洁就容易落下可挑剔之处，留下外部的残缺。而成熟却可以留下内部的残缺。""一部书大概不能分出'艺术'的部分和其他的部分。'艺术'来自综合。有人说《九月寓言》的社会负载量较《古船》减少了，但'艺术'却因之而更好。何等奇怪的评论。不过这样讲就通俗了，好接受了。"（张炜：《难忘的诗意和真实——关于〈九月寓言〉答问》，载《张炜文集》第30卷，作家出版社2014年11月出版，第227、237页。）

访谈《关于〈九月寓言〉答本刊记者问》曾在山东省文联《文艺百家》第3期刊载。此刊封面标明"1992年第3期"，首页标明的出版日期为"1993年1月15日"，并标明"双月刊""单月出版"。但实际出版时间为"1992年11月15日"。

同日，完成山东省徐福研究会、龙口市徐福研究会编，香港亚洲通讯出版社出版的《徐福传说》序，表达了对民间文学的看法："民间文学给人真正的滋养。任何一个人都会喜爱产生于本土的美丽传奇。民间文学既是一个品种，又是文学的总根源之一。它会给当代人的心灵注入一种活力，使他生气勃勃。怎样才能发掘出好的民间文学，使它保持原生性，恐怕不是一个简单的事情。""一个作者如果轻视了民间文学，那他就算彻底搞颠倒了。他无论怎样挣扎、蹿跳奔突，也还是逃不出民间文学的掌心。"张炜对民间文学的重视是一以贯之的，他受民间文学的滋养也是显而易见的。张炜认为，徐福研究这项"富有远见、具备超常意义的事业开始了"。此后，他一直关注徐福研究，并且倾注了极大的心血，也取得了丰硕的成果。

9月3日，完成赵岩长篇小说《箫中情》序《卓越的作品必须有一种

"气"》。

9月20日，《文汇报》刊载赵丁的《现代小说的魅力——兼谈〈九月寓言〉的得与失》。

10月，《求索》第5期刊载田中阳的《涅槃中的"阿Q"——对现当代文学中农民形象衍变一个侧面的审视》，其中论及了长篇小说《古船》。

10月2日，在济南主持召开王延辉作品讨论会并发言。发言后修订整理为《谈不沦为匠》。（此文初发表于《文学世界》1993年第3期，编者改题为《源于土地和命脉之气》。后恢复原题。）张炜说："我认为一个作家首先应该有一颗作家——诗人的心灵，而不是匠人或专门家的心灵。区别作家与匠人的重要指标就是心灵的性质。如果不关心巨大的事物，没有悲天悯人的情怀，不试图晓悟命运中的一份神秘，就不可能是个作家。"（张炜：《谈不沦为匠》，载《张炜文集》第31卷，作家出版社2014年11月出版，第261页。）

10月4日，完成随笔《致友人》。

10月12日，《山东青年报》刊载李新宇的《把作品讨论会从"庙堂"请出来：王延辉作品讨论会别开生面——没有虚假的誉美，尽是真诚的批评》，介绍10月2日张炜主持召开的王延辉作品讨论会情况。

10月17日，《文论报》刊载林为进的《秋风吹不尽　总是田野情——读〈九月寓言〉》。

10月31日，《作家报》刊载鲁枢元的《九月里的寓言——致张炜》、王光东的《叙述·生存·激情——读张炜的〈九月寓言〉》、谭好哲的《生命本真态的激情叙说》（评长篇小说《九月寓言》）。

11月，短篇小说《面对星辰》在《胶东文学》1992年第11期发表。

11月，《文学评论家》第6期刊载南帆的《历史与神话——评张炜的长篇小说〈九月寓言〉》、陈思和的《还原民间——关于〈九月寓言〉的叙事与意蕴》。

11月14日下午，在杭州三联书店参加"文学感想"座谈会。张炜认为，一个正直的作家必须在此慵懒、松弛的现状中绷紧自己，不被物欲之流吞没。11月20日《钱江晚报》刊载文敏的《商品潮中的文人惑》，介绍了座谈会情况。

12月，短篇小说《声音》选载于《名作欣赏》1992年第6期。同期刊载宗元的《深邃的意蕴 浓郁的诗情——读张炜的短篇小说〈声音〉》。

12月，散文《明天的笔》被收入《中学生阅读与品鉴》，由北岳文艺出版社出版。

12月，完成短篇小说《提防》。

12月，在龙口开始写"大河小说"《你在高原》之十《无边的游荡》。

12月，获中国作家协会、中华文学基金会1992年度庄重文文学奖。5日，在厦门参加第五届庄重文文学奖颁奖大会。

12月，《聊城师范学院学报》（哲学社会科学版）第4期刊载王辉的《简论新时期山东作家笔下的女性形象》，其中论及长篇小说《古船》中的张王氏。

12月1日，《杭州日报》刊载林煜的《张炜——谦恭的孤独者》。

12月16日，完成随笔《纯美的注视》。

12月21日，随笔《读〈徐市传说〉》在《瞭望周刊》1992年第51期发表。

本年，随笔《激情的延续》在《峨眉》创刊号发表。（此刊未标明创刊月份、刊期。）

本年，《张炜随笔选》在临沂市人民政府《洗砚池》1992年第1期刊载（此刊未标明刊期、出版月份），包括《作家分两类》《文学是忧虑的、不通俗的》。同时，还刊载张炜1992年9月15日为《洗砚池》的题词："拿起你的笔，刻出你的心迹，表达你自己的尊严。"

1993

周末在家中

1月，散文《融入野地》在《上海文学》1993年第1期发表。

"编者按"中写道："《融入野地》中不仅有反思，更有对于未来的心灵宣言：'这个世界的物欲愈盛，我愈从容'，'人需要一个遥远的光点，像渺渺的星斗。我走向它，节衣缩食，收心敛性'，'就为了精神上的成长，让诚实和朴素，让那份好德性，永远也不要远离我'，'那么，漫长的消磨和无声的侵蚀，我也能够陪伴'。张炜在这篇近作中为我们刻画了一个既充满理想情怀，又脚踏大地，坚持其精神劳作的我国新一代知识分子的人格形象。我们可以将这篇文字看作小说，也可以看成是散文，是议论，是诗，是一种超越文体界限的文体。"

1月，"小说二题"在《文艺百家》1993年第1期发表，包括短篇小说《四哥的腿》《晚霞中的散步》。

1月，《当代作家评论》第1期推出"张炜评论小辑"，包括程麻的《〈九月寓言〉解读》、王彬彬的《悲悯与慨叹——重读〈古船〉与初读〈九月寓言〉》、王光东的《还原与激情——读张炜的〈九月寓言〉》（此文又选载于《新华文摘》1993第6期）、张炜的《关于〈九月寓言〉答记者问》。

王光东指出："《九月寓言》对于张炜的创作来讲，是一次重大的变化，他由对于社会重大问题的重视转向了对于乡村本真生活状态和人类生存问题及文本自身问题的重视，他变得更加朴素也更加深刻了。相对于整个文坛来讲，他无疑也提供了许多新的东西，近年的长篇小说创作能够自始至终保持情感力度的作品并不多见，而《九月寓言》却能够做到这一点，在长篇小说的写法上是否有新的东西值得我们思考呢？另外，《九月寓言》还原了生活的本真状态，又保持了作家自身的情感力量，对目前的'新写实'小说是否有些新的启示呢？""对《九月寓言》的价值匆忙的评估显然有点草率，在时间的长河中它的意义会更加明晰。"

1月，金汉、冯云青、李新宇主编《新编中国当代文学发展史》由杭州大学出版社出版。该书在"'改革文学'的崛起与现实主义的开放性发展"一章中论述了山东作家群和张炜的作品。书中指出："在新时期文学的蔚为壮观的庞大队伍中，有一个颇为引人注目的作家群体，这就是山东作家群。他们大多是驰名文坛的新秀作家，如王润滋、张炜、矫健、李存葆、李贯通、尤凤伟、王兆军、左建明、尹世林、刘玉堂等。""民本思想、传统道德原则和现代意识的结合成为山东作家群创作的重要特色。"在论述《秋天的思索》《秋天的愤怒》时，书中指出："张炜是一个'思索'型的作家。他为改革的成就欢欣，更为改革中出现的问题焦虑。""《秋天的愤怒》具有十分独特的艺术个性。小说主要是写实，但又被充分地诗化和哲理化了。"在论述《古船》时，书中指出："《古船》以较大的生活容量，深刻的思想意蕴和独特的艺术表现，显示了我国当代长篇小说创作的新的美学风范。""《古船》在总体上的现实主义中自然贴切地融入象征主义，以象征的手法丰富了现实主义的表现力。"

1月，《文学世界》第1期刊载之光的《决绝与温柔——张炜印象》。

2月，随笔《经济巨人与精神侏儒》在《走向世界》1993年第2期发表。后修订改题为《儒学与变革》。

2月，小说《荒原的故事》在《天津文学》1993年第2期发表，包括短篇小说《消逝在民间的人》《武痴》《四哥的腿》《密友夜谈》。

2月，"小说二题"在《广州文艺》1993年第2期发表，包括短篇小说《晚霞中的散步》《山洞》。

2月，中篇小说《金米》在《小说界》1993年第1期发表。

2月，"大河小说"《你在高原》之六《我的田园》（上）在《峨眉》1993年第1期发表。4月，"大河小说"《你在高原》之六《我的田园》（下）在《峨眉》1993年第2期发表。

2月，《胶东文学》第2期刊载临风的《文学与人的秘史——读张炜〈九月寓言〉》。

2月10日，完成随笔《诗人，你为什么不愤怒》。此文在"新人文精神讨论"中引起争论。张炜说："在那个横行无忌的年代里，不少人在用一支笔去迎合。在如今的商品经济大潮中，又有不少人在用一支笔去变卖。不同的时代构成了不同的刺激，在这种种刺激中，总会有人跳起来。""不抵抗表现在很多方面。也可能是过多的、比比皆是的侵犯使人失去了敏感，文学已经没有了发现，也没有了批判。一副慵懒的混生活的模样，只有让人怜悯。乞求怜悯的文学将是最令人讨厌的东西。""文学已经进入了普遍的平庸状态，不包含一滴血泪心汁。在这种状态下，精神必然枯萎。""诗人，你在哪里？""诗人，你为什么不愤怒？你还要忍受多久？快放开喉咙，快领受原本属于你的那一份光荣吧！你害怕了吗？你既然不怕牺牲，又怎么能怕殉道？""我不单是痴迷于你的吟哦，我还要与你同行！"（张炜：《诗人，你为什么不愤怒》，载

《张炜文集》第29卷，作家出版社2014年11月出版，第235～237页。）

3月，散文随笔集《散文与随笔》由山东文艺出版社出版。书后附有自牧的《〈散文与随笔〉编后记》。

3月，在山东省作协文学讲习所演讲。演讲后修订整理为《精神的魅力》。张炜说："一个用笔的人怎么才算不寒酸、不可怜：这就是记住时代和人，好好地思想，始终站立，不能阿谀，不能把玩——把玩精神是非常可怕的！……思想与艺术之域，保留下来的只会是精神。艺术本身有魅力，是因为精神

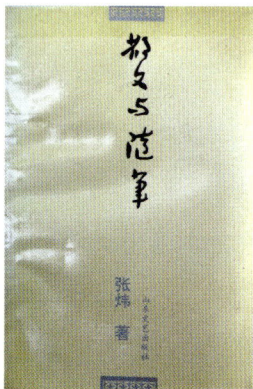

山东文艺出版社1993年3月版

有魅力。要用心灵去碰撞，要写出人的血性来，只有这样才能不使自己变得可怜。""除了可怜，还有一种让人讨厌的艺人。这在任何时期都有，一支笔无论怎样变化，总是跟一种强大的、社会上最通行最时髦的东西一个节拍。我们从一开始就应该跟这种人划清界限。一个思想者，唯一可以做的就是坚信真理和持守正义，不向恶势力低头，永不屈服，永远表达自己的声音：只要这样做了，就会生命长存……"（张炜：《精神的魅力》，载《张炜文集》第29卷，作家出版社2014年11月出版，第264页。）

3月，短篇小说《钻玉米地》获《山东文学》"景阳春"杯优秀小说奖。

3月，潘旭澜主编《新中国文学辞典》由江苏文艺出版社出版，其中收录了"张炜""张炜中篇小说集""古船"词条。

3月，《小说评论》第2期刊载亦云的《喧哗声中的沉思——读张炜〈融入野地〉》。亦云指出："这是一个作家的内心的独白，也是一代知识分子精神的写照。"

3月6日，《文论报》刊载刘火的《向往崇高与宁静的宣言——读张炜近作〈融入野地〉》。

3月12日，随笔《我的文学朋友》在《大众日报》发表。

3月13日，接受山东省政协《联合报》记者薛红专访。专访后修订整理为《心灵与物质的对话》，发表于3月27日《联合报》。后又选载于《风筝都》1993年第2期。

张炜说："我常常想，世界上有两种人劳动强度最大，即两种'掘进工'。一种我们熟悉，就是矿山掘进工；另一种是精神领域的掘进工，这一部分我们倒不太清楚。他们的求索和寻找与人类命运息息相关。没有他们的开掘，我们可能至今还处于黑暗之中。""一个人既然选择了寂寞的行当，又尝试着寻求世俗世界的认同，这最终只能讨来一场滑稽。要么是低头认输，要么是昂头做人，没有第三条道路。"

3月16日，《山东青年报》刊载郝永勃的《唤起共鸣——读张炜随笔集〈周末对话〉》。

3月20日，随笔《抵抗的习惯》在《文汇报》发表。后又发表于《小说界》1993年第3期，篇末注明写于"1993年2月10日"；选载于齐鲁石化文联主办的《新潮》1993年第2期，篇末注明"选自《小说界》"。

3月22日，就"刘烨园与散文"答《山东青年报》记者问。问答录《著名作家张炜应本报记者提问谈刘烨园与散文》发表于3月30日《山东青年报》。

同日，接受《农村青年》杂志记者采访。采访整理为《我的怀念与企盼——答农村文学青年》，发表于《农村青年》1993年第4期。后修订定题为《坚持写作的意义——答〈农村青年〉》。

同日，将有关文学访谈辑录整理为《散文及其他》。

3月25日，赵岩长篇小说《箫中情》序《卓越的作品必须有一种"气"》在潍坊市文联主办的《鸢都报》发表。后修订定题为《长篇的"气"与"力"》。

3月26日，完成随笔《一个人，一首长诗——读牟迅》。后发表于4月23日《大众日报》和《青年文学》1993年第8期。

4月18日，随笔《校园的琴声》在《齐鲁晚报》发表。

4月25日，《齐鲁晚报》刊载陈百吉的《一代作家的宣言——张炜近作〈九月寓言〉引起反响》。

4月27日，山东画报社主办的《新闻图片周报》创刊号刊载吴兵的《近读张炜》。

5月，散文《人生麦茬地》在《当代散文》创刊号发表，篇末注明写于"1989年2月8日"。

5月，随笔《源于土地和命脉之气》在《文学世界》1993年第3期发表。

5月，曹廷华、胡国强主编《中华当代文学新编》由西南师范大学出版社出版，其中论述了张炜的小说创作，并重点论述了长篇小说《古船》。

5月，《文艺理论研究》第3期刊载胡河清的《中国全息现实主义的诞生》，其中论及了长篇小说《古船》。

5月4日，散文《青春的印记（为五四青年节而作）》（写于4月29日）在《齐鲁晚报》发表。

5月5日，在济南东八里洼完成5卷本"张炜名篇精选"丛书的后记。后与1996年5月3日写下的"张炜名篇精选"再版后记合并为《唯有写作》，收入作家出版社2014年11月出版的《张炜文集》第30卷。

5月9日，完成随笔《随笔也是诗》。

6月，长篇小说《九月寓言》被列入"小说界文库·长篇小说系列"，由上海文艺出版社出版。

上海文艺出版社1993年6月版

上海文艺出版社1996年4月版

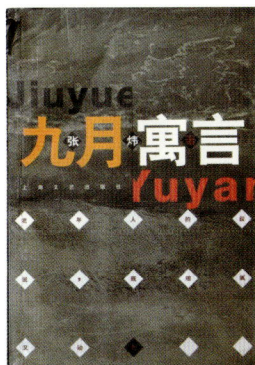
上海文艺出版社2001年6月版

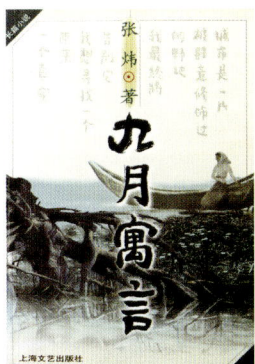
上海文艺出版社2001年9月版

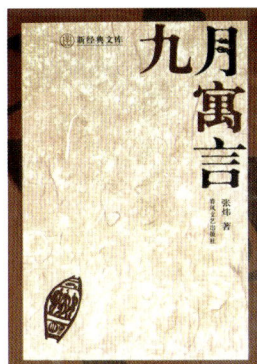
春风文艺出版社2003年9月版

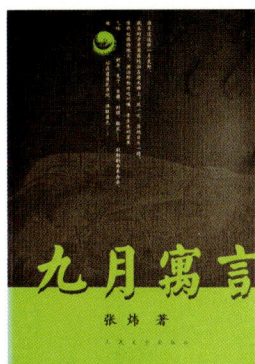
人民文学出版社2005年5月版

作家出版社2009年4月平装本

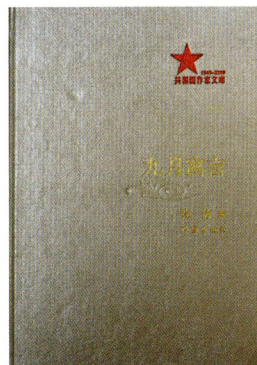
作家出版社2009年8月精装本

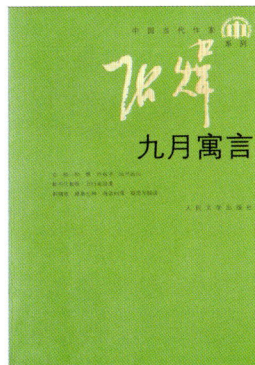
人民文学出版社2010年1月版

上海文艺出版社2012年6月版

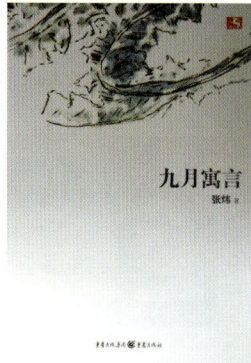

重庆出版社2013年4月版

作家出版社2013年8月版

作家出版社2014年11月版

山东教育出版社2016年3月版

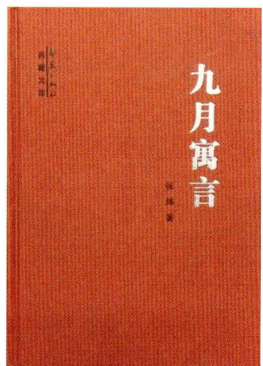

华夏出版社2016年8月版

香港天地图书有限公司1993
年8月版

台湾时报文化出版企业股份
有限公司1999年10月版

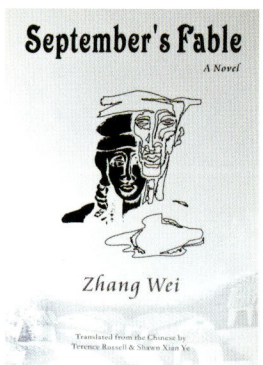

美国Homa & Sekey Books（海马书
业出版公司）2007年英文版

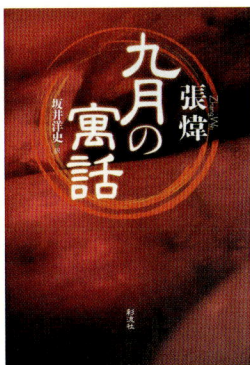

日本彩流社2007年1月日文版

瑞典Jinring International AB
2014年瑞典文版

6月，中篇小说《午夜思》（续《田园》）在《风筝都》1993年第3期发表。此篇是《你在高原·我的田园》中的一节，篇后附有陈镒撰写的《张炜简介》。

6月4日，完成随笔《忧愤的归途》。

6月16日，随笔《生命的刻记（谈书法艺术）》（写于1993年5月9日）在山东省文联《书法艺术报》发表。

7月，《文艺争鸣》第4期"讨论会"专栏开辟"文艺百家·张炜作品讨论会"，刊登郜元宝的《张炜论》、张业松的《张炜论：硬汉及其遭遇》、张炜的《忧愤的归途（外一篇）》，并附《张炜作品简目》。

7月，《小说评论》第4期刊载独木的《苦难命运的诗性隐喻——读〈九月寓言〉兼论张炜小说的艺术转向》。

7月，《世纪风》第4期刊载罗健、陈倩的《时代风云与〈古船〉沉浮——关于一位作家的传奇》，详细介绍了长篇小说《古船》的诞生过程、问世后引起的强烈反响和巨大争议，以及张炜在《古船》诞生过程及问世后毫不妥协的坚守。该刊封面、封二、封三有对张炜及其创作的图文介绍。

7月，《文学世界》第4期刊载王彬彬的《"请记住，世上还有我的文学"——有感于张承志、张炜对文学的执着》。

7月5日，在济南完成张新作品集《丝丝墨迹》（香港文化教育出版社1993年12月出版）序。

7月6日，《济南日报》刊载华清的《张炜印象》。

8月，散文《烟台有肖平》《火红的枫叶》和短篇小说《烟叶》被收入《山东画报50年·美文百篇》，由山东画报出版社出版。

8月，5卷本"张炜名篇精选"由山东友谊书社出版，包括《短篇小说精选》《中篇小说精选》《散文精选》《随笔精选》《问答录精选》。本丛书有精装和平装两个版本。

8月，长篇小说《九月寓言》繁体字版由香港天地图书有限公司出版。

8月3日，《齐鲁晚报》刊载亓人的《张炜〈散文与随笔〉出版》。

8月26日，完成随笔《心洁手灵》。

9月，完成随笔《九三年的操守》。张炜说："1993年好像是很特殊、很重要的一年，起码对于文学是这样。在新时期文学的短暂历史上，哪一年也没有这一年怪：像开端又像结尾，很匆忙又很迟缓。""为了信守，为了坚持和健康，我想在这样的年头也该有个操守了。这大约是：一、多读不时髦的书，因为这些书往往是更沉静的人写的，是反复淘洗才留在了架上的；二、少看或不看文学艺术方面的报道和评议，因为它们常常有害于人的心情；三、与某些机灵人物相逢只谈友谊，不谈艺术，因为他们现在又迷上了痞子创作……我对自己的这些规定，也许以后几年也用得上，不过它在1993年里特别需要。"

（张炜：《九三年的操守》，载《张炜文集》第29卷，作家出版社2014年11月出版，第270～271页。）

山东友谊书社1993年8月平装本

山东友谊书社1993年8月精装本

山东友谊出版社1996年6月增订版平装本

山东友谊出版社1996年6月增订版精装本

9月，接受《世纪风》杂志采访。访谈后修订整理为《心事浩茫——答〈世纪风〉》。

9月，完成系列随笔《冬天的阅读》。

9月，长篇小说《九月寓言》获山东省优秀农村题材小说奖。

9月，《文学评论》第5期刊载宋遂良的《评几部"新写实"长篇小说》，其中论及了长篇小说《古船》。

9月，山东省民政厅、山东省民政学会《当代社会》第9期刊载张清华的《野地上泣血的歌者——作家张炜印象》。

9月7日，香港《大公报》刊载张新颖的《乡村生活回忆录——张炜长篇〈九月寓言〉》。

10月，随笔《温柔与羞涩》《创作日记》被收入"当代散文潮流回顾·写作艺术借鉴丛书"《禁锢的火焰色——理性与反思》，由北京师范大学出版社出版。

10月，完成随笔《文学·时尚·灵魂的归宿》。

10月，完成随笔《六月拒绝了什么》。此文初发表于《山东文学》1994年第2期，后改题为《六月》。

10月1日，被聘为山东师范大学中文系兼职教授。

同日，被聘为烟台师范学院兼职教授。

10月4～25日，山东大学、山东师范大学、烟台大学、烟台师范学院联合举办"'93张炜文学活动周"。其间，张炜参加了四场对话会、两场座谈会。张炜在文学活动周上与大学生的一些对话、座谈，后修订整理为《与大学生的马拉松长谈》。

10月4日下午，在山东师范大学图书馆报告厅参加"'93张炜文学活动周"总开幕式并发言。发言后修订整理为《记住和强化青春的勇气》。

10月7日，在山东大学与大学生对话。对话后辑录整理为《你是艺术家，只要你不沉睡》。

10月9日，在山东师范大学与大学生对话。对话后辑录整理为《文学是生命的呼吸》。

同日，山东三联电子集团公司《三联报》刊载刘捷的《三联集团书刊公司钟情张炜——"'93张炜文学周"在济开幕》。

10月11日晚，在济南参加"'93张炜文学活动周"济南活动闭幕式并发言。发言后修订整理为《迎接日复一日的磨损》。

10月14日，在烟台参加"'93张炜文学活动周"烟台活动开幕式并发言。发言后修订整理为《思想上的援助》。

张炜的老师萧平在开幕式讲话中指出："中国新文学在新时期中有过一段空前的繁荣发展，现在正处在发展或衰弱、前进或倒退的关头。决定它的前途的是看还有多少人留在这块阵地上，更重要的是看留的是些什么人，是拜金主义者，还是真正为文学事业奋斗的。给人希望的是，现在还是有一批真正为了文学事业坚守在文学阵地上的人，张炜就是其中的一个，他不想下海去捞鱼，也没有坐在文坛上钓鱼。他想的、做的都是文学。""20世纪的中国发生了一系列巨大事变和深刻的社会变革。从社会历史方面来说，这是一个应该和能够产生伟大作品的时代，产生文学巨人的时代。如果确能产生，那么毫无疑问，他将从坚守在文学阵地上不是拜金而是为文学事业奋斗的一群青年作家中产生。我对张炜抱有深厚的期待。"〔萧平：《在"'93张炜文学周"开幕式上的讲话》，《烟台师范学院学报》（哲学社会科学版）1993年第4期。〕

10月15日，在烟台师范学院与大学生对话。对话后辑录整理为《我的忧虑和感奋》。

"张炜文学活动周"开幕式

在"张炜文学活动周"上发言

"文学活动周" 期间在烟台师范学院与学生交谈

10月16日，《烟台晚报》刊载王学娟的《'93张炜文学周在烟师举行》。

10月18日，在烟台大学与大学生对话。对话后辑录整理为《期待回答的声音》。

此后，把10月4～28日与大学师生的相关座谈记录辑录整理为《怀疑与信赖》；把10月15～28日与大学师生的相关座谈记录辑录整理为《仍然生长的树》。

10月20日，在龙口完成随笔《站在南方与北方之间——致周介人》。

10月23日，《烟台日报》刊载志勇、东海的《一场流动的文学盛宴——'93张炜文学周系列活动拾零》。

11月，短篇小说《狐狸和酒》在《文学世界》1993年第6期发表。同期，刊载刘明银的《迷人的砥砺和冷静的喧嚣——90年代长篇小说初潮滤贝》，其中论及了长篇小说《九月寓言》。

11月，在山东省作协文学讲习所演讲。演讲后修订整理为《冬令絮语》。

张炜说："恶俗和污浊的泛滥，对它的纵容，不能看成是什么'空前的自由度'。堕落与自由的精神恰恰背道而驰。它只能表明一个时期思想和意义的沉沦，表明操守的丧失。""思想者、艺术家，他们的劳动是具有道德感的。道德不是一种装饰，而是世界存在的依据，是生存的前提。""一个人时刻不能忘记的，只是怎样守住自己的内心。它们是自己的见解、分析、理想，是一己的感动。盯视自己内心，这是一种力量。如果尾随上去，跟着世风奔波，自尊必然就要受到伤害。当服从它的召唤时，属于心灵里的一切都要大打折扣。"

（张炜：《冬令絮语》，载《张炜文集》第31卷，作家出版社2014年11月出版，第226、229页。）

11月，担任中国国际徐福文化交流协会副会长。

11月，《文学自由谈》第6期刊载王安忆的《最诚实的劳动者》（记张炜）。

11月，《当代作家评论》第6期刊载郜元宝的《保护大地——〈九月寓言〉的本源哲学》。

11月1日，随笔《精神的魅力》在山东省文联《书法艺术报》发表。

11月6日，《三联报》刊载曾人的《纯文学者守住最后的家园——张炜文学周随感》。

11月20日，山东省政协《联合报》刊载滕连君的《一次文学的盛宴——记张炜文学周》。

同日，《浙江日报》刊载山佳的《流动的文学盛宴——'93张炜文学周小记》。

同日，《焦作矿工报》刊载吕秀芳的访谈《新时期文学的骄子——访著名青年作家张炜》。

12月,《烟台师范学院学报》(哲学社会科学版)第4期推出"'93张炜文学周特稿"专栏,刊载王荣纲、苗枫林、萧平、王兆山、张炜《在"'93张炜文学周"开幕式上的讲话》,以及宋遂良的《一个作家的境界与追求——在"张炜文学周"研讨会上的发言》、袁忠岳的《一种视角的转换——从〈古船〉到〈九月寓言〉》、姜岱东的《厚重深沉的历史责任感——在张炜创作研讨会上的发言》、李伟的《从传统人向现代人的蜕变——谈张炜的中篇小说〈秋天的思索〉和〈秋天的愤怒〉》、王东海的《芦青河底的人生积淀——浅谈张炜早期创作中的意识律动》、张炜的《关于我、我的忧虑与感奋——与烟师学生对话实录》(篇末注明"1993年10月15日,根据录音整理,经作者过目")。

宋遂良说:"张炜在写《古船》的时候,躲在军区第五招待所。那时他心里非常激动,他曾跟我说:'每天从宿舍到第五招待所距离很近,大约一二百米,我总是顺着墙根走,生怕碰见一辆车把我撞倒,或者碰见一个人喊我一声,我需要保持一种感觉、一种情绪,一点儿也不能受到破坏。'当他写到隋抱朴的苦难和他兄弟夜话的时候,他说眼里充满血丝,嘴角起了泡,蹲在椅子上写,钢笔下去像要把纸戳破。写完《古船》以后,他病了一场,感到整个身心都太劳累了。张炜对艺术就是这样的虔诚。"

宋遂良指出:"可以说,张炜的一个创作源泉来自于前人创造的文化成果。他曾经说过,要在东西方文化之间架一座'无梁殿',他要把东西方文化的优点融入一体而不着痕迹,这是个很大的'野心',是张炜在艺术上的最高追求。所以,人们很难把张炜划归到哪一个派哪一个主义,传统的人说他是现代派,也有人说他是'新写实',先锋派作家认为他是一个传统现实主义者,那些不关心政治的人说张炜的作品太贴近政治，而靠近政治的人又觉得张炜的政治不合格，是所谓'资产阶级人道主义'……的确，张炜确实很难被简单地概括，他是卓然独立的，随着他创作的日益丰富，我们会看到张炜的各种不同的面貌。"

12月7日，《山东青年报》刊载魏兴荣的《他有一颗关注苦难的心——张炜印象》。

12月8～10日，在济南参加山东省青年联合会八届一次会议，当选为副主席。

12月14日，《山东青年报》刊载吕志海的《张炜在大学生中间——'93张炜文学周拾零》。

12月24日，完成随笔《同一类声音》。

12月28日，完成随笔《独语》。

本年，一直在写"大河小说"《你在高原》之一《家族》，年底写毕，共41万字。复印数份分送六位挚友征求意见。杨亮在《我所看到的〈家族〉的创作》（《当代》1995年第5期）中写道："整个九三年张炜都在写。这部书让其全力以赴。写作处是个荒凉的小屋，常停电；后搬至楼上宿舍，两月后又搬回。白天屋门紧闭，入夜约三五朋友一起去西郊树林。朋友见其写作辛苦，送一条鱼，饲养几天不忍杀，夜间散步即放入林边河中。"

1994年的大学生"张炜作品朗诵会"

1994

　　1月，张志忠主编《中国当代文学主潮》由中国社会科学出版社出版。该书从一个新的角度论述了长篇小说《古船》，它没有将《古船》放入某一个潮流之中，而是把它看成作家"十余年间累积起来的艺术经验的融汇和总结"："在写作《古船》之前，张炜写过类似于刘绍棠运河风情的《一潭清水》等芦青河风情小说，写过反映时代变革中的艰难和惶惑的《秋天的愤怒》《秋天的思索》，这些作品的思索和蕴含，自然而然地沉积于《古船》之中。而且，《古船》几乎总括了新时期文学的全部思索：对于历史的反思，对于改革的切盼，对于生命的压抑与张扬，对于地域民情和传统文化，对于历史、自然、人的关系，对于切近的社会重大命题与对于形而上的终极价值，都有出色的描写和探询。在作品的表现力和作品框架上，既可以看到从艾特玛托夫的《一日长于百年》中吸取的立体的三维空间的结构，又在古船这一象征意象中见出马尔克斯《百年孤独》的某些寓意。这都帮助了玉成了作家，使《古船》成为文学的里程碑式的作品。"

　　1月，《文艺争鸣》第1期刊载陈思和的《民间的还原："文革"后文学史某种走向的解释》（后收入陈思和论文集《鸡鸣风雨》，学林出版社1994年12月出版），其中论及了长篇小说《九月寓言》。

1月1日，在济南完成长篇散文《夜思》。后发表于《收获》1994年第4期。

同日，随笔《“热”的制造者，自己倒冷静》在《中国青年报》发表。后选载于2月7日《鸢都报》，篇末注明“摘自《中国青年报》”。

1月28日，随笔《文学永不消亡——与大学生的一次长谈》在《大众日报》发表。此文是《与大学生的马拉松长谈》的节选。

2月，完成系列随笔《域外作家小记》，包括《索尔·贝娄》《米兰·昆德拉》《略萨》《厄普代克》《海明威》《福克纳》《尤瑟纳尔》《屠格涅夫》《陀思妥耶夫斯基》《列夫·托尔斯泰》《兰波》《普鲁斯特》《叶芝》《哈代》《毛姆》《萨特》《加西亚·马尔克斯》《阿斯图里亚斯》《博尔赫斯》《阿克萨科夫》《紫式部》《亚玛多》《乔伊斯》《卡夫卡》《艾特玛托夫》《阿斯塔菲耶夫》《聂鲁达》《劳伦斯》《普希金》《高尔基》《泰戈尔》《契诃夫》《歌德》《马雅可夫斯基》《雨果》《巴尔扎克》《阿勃拉莫夫》《茨威格》《莱蒙托夫》《马克·吐温》《西蒙》《波特》《川端康成》《伍尔夫》《杰克·伦敦》《欧·亨利》《汉姆生》《艾略特》《怀特》《索因卡》《托马斯·曼》《米斯特拉尔》《斯坦培克》《舍伍德·安德森》，以及《后记》。

张炜在《后记》中写道：“人生失去阅读伟大艺术、理解伟大人物的机缘是十分可惜的。人生失去了这种能力就更可悲。显然，具有这种能力的人将获得巨大的、特异的幸福。我们总是为了使自己能够始终拥有并不断获得和保持这一能力而努力不息。”（张炜：《域外作家小记·后记》，载《张炜文集》第31卷，作家出版社2014年11月出版，第211页。）

2月，系列随笔《域外作家小记》（部分篇章）在《比较文学》1994年第2期发表。

2月，春节期间，在龙口接待法国翻译家居里安·安妮一家。

2月，中短篇小说集《秋天的思索》繁体字版由台湾风云时代出版公司出版。

2月，《上海文学》第2期刊载张新颖的《大地守夜人——张炜论》。此论一出，"大地守夜人"成为张炜一个时期的标志性称号。

2月4日，接受济南电视台记者铁岩、丹萍采访。访谈后修订整理为《倾向和积累》。

2月14日，《青岛日报》刊载辛鹰的《乡村生活回忆录——张炜长篇〈九月寓言〉》。

2月17日，随笔《名著二题——张炜与大学生对话录》在《大众日报》发表。此文是《与大学生的马拉松长谈》的节选。

2月24日，随笔《人体艺术漫笔》在《中国医药报》发表。

2月27日，随笔《纪实文学小议》在《羊城晚报》发表。

3月，随笔《文学·时尚·灵魂的归宿——张炜答大学生问》在《文学世界》1994年第2期发表。此文是《与大学生的马拉松长谈》的节选。

同期，刊载吴秉杰的《纯文学的命运——93年中短篇小说创作印象》，其中把散文《融入野地》当作小说进行了论述。

3月，中篇小说《西行漫记》在《长城》1994年第2期发表。

3月，长篇小说《古船》（새벽강은이침을기디긴다）韩文版由韩国草光出版社出版。译者吴世京、金庆林（오세강·김강림）。

3月，《当代作家评论》第2期刊载《〈古船〉的道路——漫谈〈古船〉〈故乡天下黄花〉和〈白鹿原〉》，记述华东师范大学中文系教授王晓明与本系硕士研究生李念、罗岗、陈金海、倪伟、毛尖的一次漫谈。王晓明指出，《古船》"是第一部这样的小说：不再以一个或几个人物为主角，而是将一群人同时推到读者眼前；不再是单单凸出主人公的命运，而是匀开笔墨去写一群人的历史；不再去直接描写'重大'的历史事件，而只专心讲述乡村一角的故事，可这一角中的人事那样复杂，它到头来还是会被人看作整个社会的缩影；它也不再仅仅截取某个短暂的时间片段，而是从近代一直讲到当代，差不多整个一百年的历史。可以这么说，它的重心不再是人物，而是历史，20世纪中国的历史，也不再是图解某种权威的历史结论，而是表达作者个人的历史见解。这就是我所说的新道路，它或隐或显地贯穿在《古船》以后的许多小说中，而《故乡天下黄花》和《白鹿原》，则构成了它的两块最醒目的路标"。

同期，刊载李洁非的《长篇小说热的艺术评析》，其中论及了长篇小说《古船》《九月寓言》。

3月，《山东师大学报》（社会科学版）第2期刊载张清华的《野地神话与家园之梦——论张炜近作的农业文化策略》（此文又刊载于《小说评论》1994年第3期）、丁少伦的《寻找家园——关于〈融入野地〉的哲学思考》。

张清华在论述"张炜现象"时指出："这个现象，我以为至少应包含了这样几层意思：一、始终坚持崇高意义上的写作，关怀于巨大的历史和社会主题；二、自觉、鲜明、独特的文化意识、文化立场与文化策略；三、怀抱殉道者的理想，坚持与恶俗文化的悲壮抗争；四、激情投注的写作原则，在纯正的充满现代意识的写作中又从未有过'零度介入'。"

3月，《山东青年》第3期刊载符景浩的《如含甘饴的享受——谈张炜新著》，评述了5卷本"张炜名篇精选"和《九月寓言》。

3月6日，随笔《精神的魅力》在《青岛日报》发表。

3月10日，被共青团山东省委、山东省青年联合会聘为山东省第五届十大杰出青年评选活动特邀委员。

3月16日，随笔《长篇的"气"与"力"》在《辽沈晚报》发表。

3月19日，随笔《文学在坚持中前进——与大学生对话的一次长谈》在《大众日报》发表。此文是《与大学生的马拉松长谈》的节选。

4月，随笔《同一类声音》在《音乐爱好者》1994年第2期发表。

4月，小说《沙岛纪行》在《小说家》1994年第2期发表。

4月，随笔《文学是生命的呼吸——与大学生对话录》在《作家》1994年第4期发表。此文是《与大学生的马拉松长谈》的节选。

4月，散文随笔《你的树》《我的文学朋友》《散文感言》被收入《小说名家散文百题》，由长江文艺出版社出版。

4月，短篇小说《晚霞中的散步》获1993年度《广州文艺》"中达朝花文学奖"。

4月5日，随笔《写散文》在《湘泉之友》发表。

4月7日，随笔《呼吸——文学谈话录》在《新民晚报》发表。此文是《与大学生的马拉松长谈》的节选。

4月19日，完成随笔《时代：阅读与仿制》。后发表于《读书》1994年第7期。张炜说："如果一个小说家是一个真正的艺术家，那么他必定是一个'自我中心'论者。除此而外这个人还会是一个土地崇拜者，多少有些神秘地对待了他诞生的那片土地，倾听它叩问它，也吸吮它。土地的确是生出诸多器官的母亲。小说家只是土地上长出的众多器官之一。"（张炜：《时代：阅读与仿制》，载《张炜文集》第31卷，作家出版社2014年11月出版，第245页。）

4月23日，在济南东八里洼完成随笔集《生命的呼吸》后记。张炜说："这本书是我在特殊的时期以特殊的方式写成的。除了其中的一小部分，几乎都是面对听众和读者的大声疾呼。这个时刻我无法冷静，也没有了许多人叮嘱教导我的那种'宽容'了。""人总要发出自己的声音，即便嗓音嘶哑，也要有个声音。"（张炜：《生命的呼吸·后记》，载《张炜文集》第31卷，作家出版社2014年11月出版，第348页。）

5月，随笔《站在南方与北方之间——致周介人》在《当代作家评论》1994年第3期发表。

5月，短篇小说《消逝在民间的人》获1993～1994年《天津文学》优秀短篇小说奖。

5月，《萌芽》第5期刊载张新颖的《不绝长流——说张炜言及张承志》。

5月2日，《"热"的创造者，自己倒冷静》获世界风筝都文学创作院文学创作荣誉奖。

5月4～6日，在济南参加山东省作家协会第四次会员代表大会和第四届理事会，当选为副主席。

5月中旬，与挚友讨论《家族》，有人热烈赞扬，有人尖锐否定。大家的基本意见是要压缩到三十五万字左右。

5月19日，《文学报》刊载临风、马灵的《质朴而又浪漫的艺术品格——读张炜〈九月寓言〉》。

5月29日，《文汇报》刊载余秋雨、李子云、陈思和的《海派名家谈〈九月寓言〉》。

6月，随笔《与大学生的马拉松长谈（节选）》在《小说家》1994年第3期发表，篇末注明"1993年10月4～23日，根据录音整理，经作者订正"。

6月，散文《融入野地》、《安于回忆》（记王安忆）、《最终有人识文章》（记李杭育）、《站在南方与北方之间》（记周介人）被收入《中国当代作家面面观》，由时代文艺出版社出版。此书还收录了陈村的《我读〈古船〉》。

6月，中断《家族》修改，开始插入新的工作，写长篇小说《柏慧》。

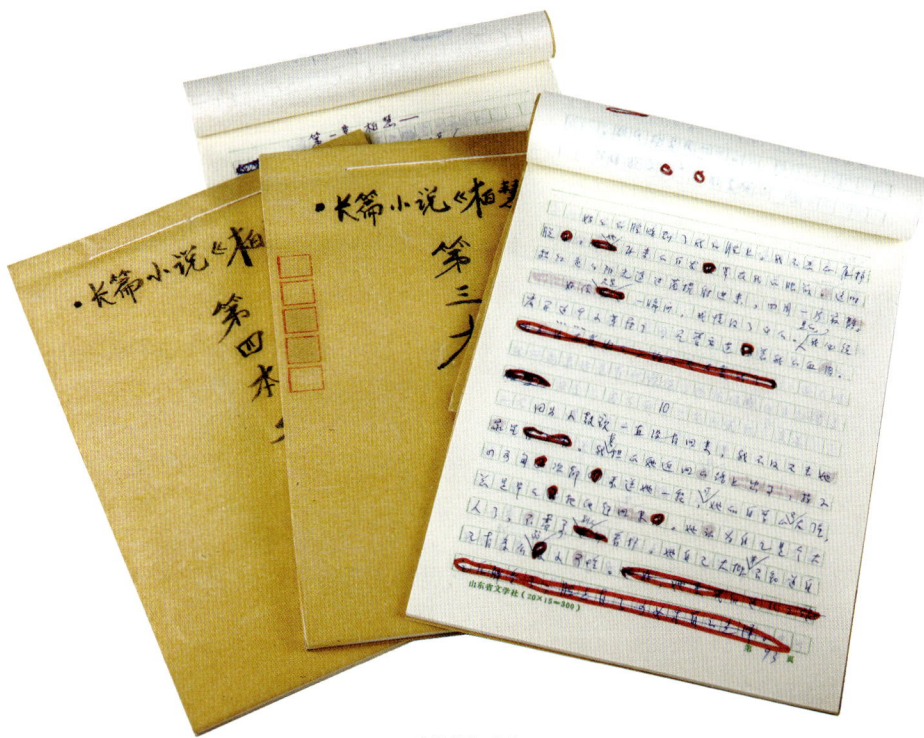

《柏慧》手稿

6月，长篇小说《九月寓言》获第二届上海长中篇小说优秀作品大奖长篇小说一等奖。

6月，吴三元主编《中国当代文学文体论稿》由山东大学出版社出版。该书从文体角度论述了长篇小说《古船》："张炜的《古船》，用象征性的构思来展示一个写实的世界，在小说的整体形态中，虚实两个世界互相渗透，由古船这个整体意象的象征性，造成了作品写实世界背后的虚拟世界，使洼狸镇的人、事均有了象征的意义。这种变异式的时空处理，是作品在写实中采用象征、魔幻的形式，造成了作品一种深邃神奇的艺术氛围。"

6月，《社会科学》第6期刊载陈思和的《从评奖看上海地区的文学创作》，其中论及了长篇小说《九月寓言》。

6月，《作家》第6期刊载陈思和、李振声、张新颖、郜元宝等的《张炜：民间的天地给当代小说带来了什么？——关于世纪末小说的多种可能性对话之二》。此文是1993年11月21日陈思和等在复旦大学讨论会上的发言记录。

6月，《语文报》刊载李亦的《丰收女神的赐予——评长篇小说〈九月寓言〉》。（具体日期不详。）

6月3日，随笔《男人的歌唱》在《现代女报》发表。

6月9日，《新民晚报》刊载项玮的《"上海是理解我的"——访山东作家张炜》。

6月13日，随笔《玉米的气息》《为什么喜欢葡萄园》在《辽沈晚报》发表。

6月15日，《人民权利报》刊载张莉莉的《张炜与〈徐福文化集成〉——访著名作家张炜》。后又刊载于6月17日《山东青年报》。

6月18日，《无锡日报》刊载赵统斌、张宗善的《营造自己的天空——著名作家张炜访谈录》。

6月23日，在上海参加第二届上海长中篇小说优秀作品大奖颁奖会并发表获奖感言。获奖感言后修订整理为《非职业的写作》。张炜说："一个优秀的艺术家总是以自我为中心，忠于他的感情、思索，忠于他所熟悉的一切。如果他这样做了，那么世界上没有任何一个角落能够替代作家的感悟、发现、表述。他最终是深刻的，是无可替代的，是重要的，所以他会有力量。""一个作家如果不能在他漫长的生活道路中找到其生命基调，那么就不能成为一个有意义的不可被取代的作家，就不能成为一个真正有力量的写作者。""现在都把作家当成一种职业去理解，这是我们文学衰弱和没有希望的根本原因。任何东西均可职业化，如政治家、化学家、建筑学家等等；而唯独一个作家却不能从职业的角度去理解自己的劳动。如果我们的每一分钟都打上'职业'的印记，那么我们的每一分钟的劳动也就失去了创作的意义，只是制作和操作了。""现在职业化的操作太多了，而真正以自己的生命去感悟的作家又太少。我自己也还不是这样的艺术家，但我愿意加入他们的行列。"

（张炜：《非职业的写作》，载《张炜文集》第31卷，作家出版社2014年11月出版，第251～252页。）

6月24日，《文学报》刊载李连泰的《回答疑惑和挑战——访著名青年作家张炜》、徐春萍的《成功：在抱朴守静中——记长篇小说一等奖获得者张炜》。

6月29日，《贵州日报》刊载《非学者型作家迟早被淘汰》，介绍张炜在《作家》发表的《文学是生命的呼吸——与大学生对话录（节选）》，篇末注明选自"6月16日《文学报》"。

7月，随笔《冬令絮语》在《当代作家评论》1994年第4期发表。同期，刊载徐中玉的《读近年小说九篇札记》，其中评述了长篇小说《九月寓言》。

7月，《小说界》第4期刊载《上海第二届"长中篇小说优秀作品大奖"初评、终评会议纪要》《初评委的发言》《终评委的发言》，其中均谈及了长篇小说《九月寓言》。

7月，长篇小说《古船》获1986～1994年度人民文学出版社长篇小说奖。

7月，曲阜师范大学新创造文学社《新创造》第1期（创刊号）刊载《上海评论家座谈〈九月寓言〉》（篇末注明"据1994年5月29日《文汇报》"）。此刊由该校研究生会主办，张炜为新创造文学社名誉社长之一。

7月，《文学评论》第4期刊载应其的《寻根文学的神话品格》，其中论及了长篇小说《古船》。

7月，《社会科学研究》第4期刊载王林的《论寻根文学的神话品格》，其中论及了长篇小说《古船》。

7月，《社会科学》第7期刊载郜元宝的《"意识形态"与"大地"的二元转换——略说张炜的〈古船〉和〈九月寓言〉》。

7月1日，《齐鲁晚报》刊载消息《张炜〈九月寓言〉获第二届上海长中篇小说优秀作品大奖长篇一等奖》。

同日，《上海文化报》刊载易平的《把生命的价值押在文学上——访获奖作家张炜》。后摘载于《电影文学》1994年第8期。

同日，《现代女报》刊载繁星的《著名学者评〈九月寓言〉》，刊载了余秋雨、陈思和的评论。

7月3日，《文摘报》刊载张新颖的《张炜与他的〈九月寓言〉》，篇末注明"摘自1994年6月24日《文汇报》"。

7月15日，《作家文摘》选载徐春萍的《张炜与〈九月寓言〉》，篇末注明"毕雪摘自6月24日《文学报》徐春萍文"。

7月16日，《大众日报》刊载张新颖的《生生不息——张炜与〈九月寓言〉》。

7月19日，《人民日报》（海外版）刊载张莉莉的《张炜执着于创作》。

7月25日，随笔《鲁迅》《大海》在《辽沈晚报》发表。

8月，随笔《域外作家小记》开始在《山东青年》1994年第8期选载，直到1995年第1期。

8月，完成随笔《释"宽容"》。

8月，《菏泽师专学报》第3期刊载王培元、陈传鲁的《〈九月寓言〉象征论》。

8月3日，在龙口开始写随笔《八月手记》，28日完成，回顾长篇小说《家族》《柏慧》的写作。

8月5日，《济南日报》刊载逢金一的《张炜谈〈九月寓言〉的解读》。

8月7日，随笔《时代：阅读与仿制》在台湾《联合报》发表。该报推介语云："当代小说家与文评家不能不读的一篇文章。"

8月13日，完成随笔《再谈学习鲁迅》。后发表于9月4日《文汇报》。

8月22日，在龙口完成长篇小说《柏慧》。张炜在《心中的交响——与编者谈〈家族〉》中说："（《家族》的写作）经历了一个大的停顿。因为不得不放下它。我开始写《柏慧》。""我知道，在这个时代，在良知的催逼下，人该留下他珍贵的声音。是的，这就是我又一次中断《家族》写作的原因。我实际上走出了所谓学术和艺术，直接面对一片目光一片耳廓。我并不指望那些人会理解我，它——《柏慧》，仅仅是属于我个人的声音。""通常，我对待自己一部较长的作品，写作中总不断地耽搁、停顿、间作；写成后再搁置，与朋友讨论，反复修改……唯有《柏慧》是一气呵成。打印稿出来后经历了两次传阅，综合意见再次改写。较快发表。"（张炜：《心中的交响——与编者谈〈家族〉》，载《张炜文集》第30卷，作家出版社2014年11月出版，第148~149页。）

8月24日，《中华读书报》刊载王延辉的《面对张炜的默想》。

8月31日，《齐鲁晚报》刊载伊凡的《张炜正在做什么》。文章介绍张炜在《九月寓言》获上海长中篇小说大奖后，又回到胶东大地深入生活、搜集素材，为计划中的几部系列长篇做准备，同时进行徐福文化集成的工作。

同日，《青岛日报》刊载记者王杰的《孤独地行走在大地上——访作家张炜》。

9月，散文随笔《融入野地》《精神的魅力》《缺少保守主义者》《抵抗的习惯》《绿色遥思》被收入《新随笔12家代表作》，由湖南文艺出版社出版。

9月，在龙口完成短篇小说《老人》初稿。

9月，《山东文学》第9期刊载郝永勃的《单向对话——阅读张炜》。

9月，短篇小说《消逝在民间的人》获1993~1994年度《天津文学》优秀短篇小说奖。

9月2日，《济南日报》刊载逄金一的《张炜谈书》。

9月3日，随笔《独语》在《羊城晚报》发表。此报将其列为"小说"。

9月5日，随笔《现在的艺术变小了》在《辽沈晚报》发表。

9月12日，完成随笔《存在的执拗》。张炜说："不是为了让人听到自己的声音、显示自己才发言，而是为了真实才发言。长期地存在一种朴素无华的求真之声，这个声音是无私的，所以它不会劳而无功；它的质地坚硬，消磨不掉。"（张炜：《存在的执拗》，载《张炜文集》第31卷，作家出版社2014年11月出版，第257页。）

同日，《新民晚报》刊载尚持的《"阅读"对创作的伤害》。

9月18日，《文汇报》刊载周介人的《争鸣不争吵　共处求共荣》、宫明亮的《久违了，诗人愤怒的声音》，评介张炜的人文精神和人文主张。

9月26日，随笔《沉思录——生命长存》在《瞭望周刊》1994年第39期发表。

同日，被菏泽教育学院聘为中文系客座教授。

10月，完成随笔《激动人心的真实》（读陈占敏）、《语言：品格和魅力》。

10月，随笔《必然写到的女性》被收入《新现象随笔：当代名家最新随笔精华》，由中央编译出版社出版。

10月15日，完成随笔《感动的能力》。

10月29日，《新闻出版报》刊载易木的《心灵中的张炜》。

10月30～31日，在济南参加齐鲁石化文联举办的"'94齐鲁笔会"。31日，在笔会上演讲。演讲后修订整理为《纯粹的人与艺术——在齐鲁笔会的演讲》。张炜说："文学不是一种职业，而是一种生命现象。只要是一个强盛的生命，就一定会有创造的欲望。""维护人的诗性、人的创造力，正是维护一个健康的生命，保留一个健康的生命。这是人类本身最可珍贵的一部分。这种维护差不多是一场战斗，是一生的奋斗。"（张炜：《纯粹的人与艺术——在齐鲁笔会的演讲》，载《张炜文集》第32卷，作家出版社2014年11月出版，第7～8页。）

11月，随笔《谈不沦为匠》（评王延辉小说）在《民族文学》1994年第11期发表。

11月，散文《融入野地》获第六届（1992～1993）《上海文学》奖。

11月1日，在济南完成随笔《沂蒙灵手——读刘玉堂》。

11月7日，完成诗歌《红叶树》。

11月9日，《青岛日报》刊载王杰的《中国文学距"诺贝尔"有多远》，其中有对张炜的采访。

11月13日，接受上海电视台采访。访谈后整理为《说"虚无"》。张炜说："某些作品所表现出的'虚无'对民族精神肯定具有腐蚀性。'虚无'可能会表现得非常深刻，但好多'虚无'其实是为了赶时髦，而不是真正意义上的'虚无'。'虚无'是入世之后的产物，如果从来也没有关心过这个民族和人类，没有入世，没有经历过什么，更没有为其痛心疾首过，他'虚无'什么？他还谈不上'虚无'。这充其量只是一种矫情，是没有根底的卖弄和游戏，是为了迎合世俗而推销自己的一种方法，是一种姿态和表演。"（张炜：《说"虚无"》，载《张炜文集》第32卷，作家出版社2014年11月出版，第16页。）

同日，著名诗评家和写作理论家、山东省作协主席冯中一去世，正在上海开会的张炜与刘玉堂联合发回唁电。16日，冒雨到济南粟山殡仪馆参加冯中一告别仪式。18日，写《风雨北郊路——悼冯中一先生》。此文后在11月24日《大众日报》、《黄河诗报》1995年第1期、《美文》1995年第3期发表，并收入民进山东省委文化教育工作委员会1997年7月编印的《冯中一纪念文集》。

11月19日，完成诗歌《痛楚》。

12月，长篇小说《柏慧》被列入"北京长篇小说创作丛书"，由北京十月文艺出版社出版。

北京十月文艺出版社1994年12月版

北京十月文艺出版社1995年
10月版

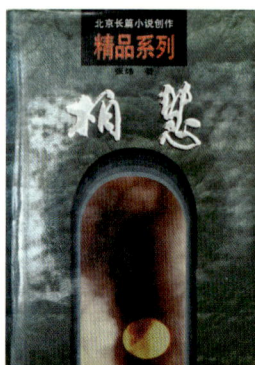

北京出版社、北京十月文艺出
版社1998年1月版

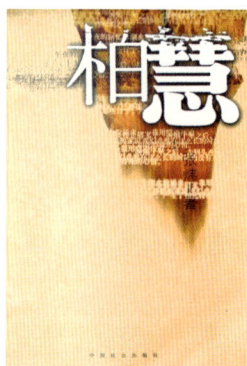

中国社会出版社2004年5月版

人民文学出版社2010年1月版

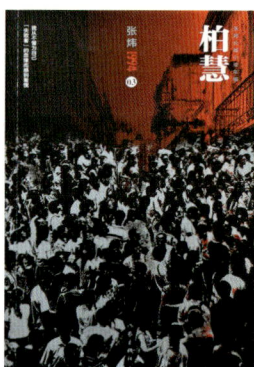

作家出版社2013年5月版

作家出版社2014年11月版

12月，随笔《域外作家小记》被收入《中国比较文学》1994年第2期，由上海外语教育出版社出版。

12月，在北京参加1986～1994年度人民文学出版社长篇小说奖，即"第二届人民文学奖"颁奖典礼并发表获奖感言。获奖感言后整理为《感谢的自语》，发表于《当代》1995年第1期。后修订更题为《感谢》。

12月，中篇小说《秋天的愤怒》获1986～1994年度《当代》中篇小说奖。

12月，郜元宝论文集《拯救大地》被列入"火凤凰新批评文丛"，由学林出版社出版。其中，在《命定视角·反讽基调——中国当代长篇小说的文化局限》《世纪末中国文学的四种苦难意识》《告别丑陋的父亲们》《走在技术时代相反的方向上——张炜论》《拯救大地——〈九月寓言〉的本源哲学》诸篇中，均论及或论述了张炜的小说创作。

12月，张新颖论文集《栖居与游牧之地》被列入"火凤凰新批评文丛"，由学林出版社出版，其中收录了《大地守夜人——张炜论》《不绝长流——再说张炜言及张承志》。

12月，《名人》第12期刊载雨林的《张炜：文学殿堂的苦行者》。

12月8日，接受《中华读书报》记者萧夏林采访。访谈整理为《冬月访谈——答萧夏林》，后又修订定题为《冬月访谈——答〈中华读书报〉》。张炜说："人的写作必须依赖信仰。人的写作是灵魂与世界的对话。灵魂不断地欣悦、挣扎，震颤不已，这就是人的状态。写作是记录和表达这一状态。有人说'人是会思索的芦苇'。这句话可以这样分解了说：'人是芦苇，但他会思索。'人应该有灵魂，人的全部力量、与其他生物的区别，都在这里了。"

（张炜：《冬月访谈——答〈中华读书报〉》，载《张炜文集》第32卷，作家出版社2014年11月出版，第20页。）

12月9日，完成随笔《珍品荐：〈手〉》，评介美国作家舍伍德·安德森的短篇小说《手》。

12月17日，在淄博文学座谈会上演讲。演讲后修订整理为《守望的意义——在淄博笔会的演讲》，发表于《新大陆》1995年创刊号。张炜说："让一个艺术家成为一个真正的劳动者，远离名利，不过是要求他们的心灵回归到最底层最普通的人那里去。这样的人，其创造力常常是不可思议的。有的作家写了那么多还总是写不完，有的写了上千万字，有的出了六十多卷书，直到生命的最后，底气仍非常充足。他们的创造物非常神奇，简直非人力所及。造成这些差异的原因当然很多，比如天才的因素、强大的生命力，等等。但还有一个重要原因，就是他们有一颗美好的心灵：不是一般的善，而是彻底的、巨大的、永久的善。这种灵魂对于一个艺术家而言是百发百中的。这种灵魂才会支持他长久地走下去，永不停歇。"（张炜：《守望的意义——在淄博笔会的演讲》，载《张炜文集》第32卷，作家出版社2014年11月出版，第35页。）

同日，《齐鲁晚报》刊载艺文的《作家张炜连获六项大奖》。

12月20日，《淄博晚报》刊载郝永勃的《我所认识的张炜》。

本年，完成随笔《朋友与书与出版社——我与人民文学出版社》。张炜说："《古船》的发表，后来听说有争执。出版单行本时也听说有争执。但书发表了也出版了，这其中体现了出版社和编辑部对文学的爱、他们的勇气。我非常感动。胡乔木对发表的《古船》有异议。而后文学界的几个人还写了一些信。两年之后胡乔木让人转来他的一封谈《古船》的信，信中说他当年那样做不对，说今天看来，《古船》'瑕瑜不能互掩''这样一部书更需要时间的检验'，等等。"（张炜：《朋友与书与出版社——我与人民文学出版社》，载《张炜文集》第32卷，作家出版社2014年11月出版，第40页。）

本年，《文艺百家》刊载郝永勃的《一个人的气节》（记张炜）。（此刊出版月份、刊期不详。）

1995

1月，散文《田野的故事》在《胶东文学》1995年第1期发表。

1月，《秋日随笔三题》《仍然生长的树》在《作家》1995年第1期发表。《秋日随笔三题》包括《感动的能力》、《语言、品格与魅力》和《激动人心的真实》（读陈占敏）。

1月，短篇小说《背叛》《阳光》在《山东文学》1995年第1期发表。

1月，散文《绿色遥思》被收入《名家散文精品选》，由山西摄影出版社出版。

1月，短篇小说《玉米》被收入《露水——当代小说家精选集》，由台北时报文化出版企业有限公司出版。

1月，《当代文坛》第1期刊载夏一鸣的《秋天的文学和文学的秋天》，由张炜早期的"秋天"系列小说论述了长篇小说《九月寓言》。

1月，《东方》第1期刊载董平的《社会思潮与文化现状述评》，其中论及了张炜的人文主张。

1月5日，随笔《激动人心的真实》（读陈占敏）在《大众日报》发表。

1月15日，接受山东人民广播电台采访。访谈后修订整理为《心上的痕迹》。张炜说："作家通常在做两个方面的工作。一是给所处的时代留下一点记录，这个比较重要。……有一个更重要的作用，就是给当代和后代提供思想。……他应该深深地左右和影响一个民族的文化趣味，把整个民族带入敏感多思的境界。虽然这是很难的，有时甚至是一厢情愿的，但作为一个作家应该有这个愿望和信念。舍此，他将没有什么价值。"（张炜：《心上的痕迹》，载

《张炜文集》第32卷，作家出版社2014年11月出版，第42～43页。）

同日，《中华文化报》刊载肖云儒的《被拷问的中国人文精神》，其中论及了张炜的人文思想。后又刊载于《社科信息文荟》1995年第5期。

2月，随笔《沂蒙灵手——读刘玉堂》在《上海文学》1995年第2期发表。后与随笔《再读刘玉堂》合并，修订更题为《再读沂蒙》。

2月，随笔《为了正义和希望》作为卷首语在山东省公安厅《山东公安》1995年第2期发表。

2月，《青年文学》第2期推出"封面人物作品·短篇系列"《如花似玉的原野》，包括短篇小说《王血》《蜂巢》《绿桨》《夜海》。张炜为本期封面人物。

2月，长篇小说《九月寓言》获山东省1994年精神文明建设"五个一工程"文艺精品工程奖。

2月6日，随笔《幽默》在《辽沈晚报》发表。

2月8日，随笔《两副笔墨　同样心灵》（评张新的绘画和文集《丝丝墨迹》）在《中国文化报》发表。后修订改题为《花鸟》。

同日，该报刊载尹昌龙的《"归来的"张炜》。

2月中旬，与挚友第二次讨论《家族》。书稿已压缩到三十五万字，大家的意见也趋于统一。

2月15日，《拒绝宽容——〈柏慧〉》在《中华读书报》发表。此文为编者节选的长篇小说《柏慧》的一节，题目为编者所加。

同日，随笔《同一类声音》在《闽西日报》发表。

2月20日，随笔《作家与"笨"》在《辽沈晚报》发表。

2月22日，《中华读书报》刊载肖夏林的《做一个精神上的不撤退者——

访作家张炜》。此访谈即1994年12月8日《中华读书报》记者萧夏林的访谈，原题为《冬月访谈》。

2月27日，随笔《"理想主义"》在《辽沈晚报》发表。

3月，文论《守望的意义》在法国《现代》杂志发表。

3月，长篇小说《柏慧》在《收获》1995年第2期发表。

3月，随笔《秋日随笔·感动的能力》选载于《散文海外版》1995年第2期，篇后注明"选自1995年第1期《作家》"。

3月，散文《融入野地》被收入《当代精典随笔》，由中国广播电视出版社出版。

3月，散文《绿色遥思》《融入野地》《男人的歌唱》被收入"中国现代散文精品文库"之《往事已然苍老》，由中国社会科学出版社出版。

3月，"大河小说"《你在高原》之一《家族》定稿。

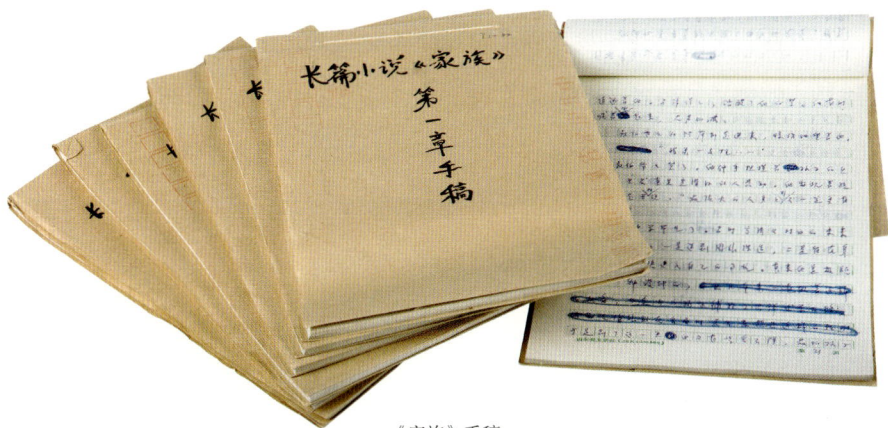

《家族》手稿

3月，开始写长篇系列散文《莱山之夜》。

3月，《烟台师范学院学报》（哲学社会科学版）第1期刊载韩日新的《在人生旅途艰难挣扎的轨迹——评〈九月寓言〉中农村女性系列》。

3月，《聊城师范学院学报》（哲学社会科学版）第1期刊载王辉的《张炜文学创作观论》。

3月8日，随笔《随笔也是诗》在《光明日报》发表。

3月10日，在枫庐完成随笔集《精神的丝缕——张炜的倾诉与欣悦》后记。其中写道："这本随感录是十多年时间积成的。有的取自我以往的作品，有的则是为本书特意写成的。我从事写作已有二十余年了，这期间可说是全力以赴。写作是倾诉，是转告和呼号，没有它，我将活得倍加艰难。手中的笔是心灵的指针，它当然标示了人的刻度和方向，也只能是对生命性质的鉴定和证明。"（张炜：《精神的丝缕——张炜的倾诉与欣悦》，载《张炜文集》第31卷，作家出版社2014年11月出版，第347页。）

3月21日，《山东青年报》刊载布衣的《文坛"二张"向媚俗开战》。

4月，随笔《纯粹的人与艺术》在《长江文艺》1995年第4期发表。后又发表于齐鲁石化文联《新潮》1995年第1期（总第25期），出版日期不详。

4月，随笔《心灵与物质的对话》选载于《书摘》1995年第4期，篇末注明"选自山东友谊出版社出版的《问答录精选》"。

4月，完成随笔《写作〈柏慧〉〈家族〉随感》。

4月，将1991年3月以来与编者谈长篇小说《家族》的文字辑录整理为《心中的交响——与编者谈〈家族〉》（一）；2004年10月27日，又将此后相关文字辑录整理为《心中的交响——与编者谈〈家族〉》（二）。后收入作家出版社2014年11月出版的《张炜文集》第30卷。

4月，"新人文精神讨论"在全国激烈展开，张炜与张承志被称为"二张"，其观点备受瞩目和争议。

4月，山东省作家协会创联部编、山东文艺出版社出版的《山东作家辞典》对张炜有如下介绍："张炜，中国作家协会会员。男。1956年11月生。山东栖霞人。现任山东省作家协会副主席、山东青联副主席、全国青联委员、山东师范大学名誉教授、烟台师范学院客座教授、河南社会科学院语言所研究员等职。1972年开始写作，1975年发表诗歌，1980年起发表小说……"

4月，《江西教育学院学报》（社会科学版）第2期刊载罗淑玲的《浅谈〈古船〉的结尾》。

4月，*OPENINGS*（《走向世界》）第4期刊载朗月的"WRITER WITH SENSE OF MISSION"（《张炜，一个充满使命意识的作家》）。

4月17日，随笔《清洁的思维》在《辽沈晚报》发表。

4月27日，《文学报》刊载李连泰的《守望心灵的〈柏慧〉——访著名作家张炜》。

4月29日，随笔《拒绝宽容》在《文学报》发表。

5月，随笔《纯美的注视》在《艺术世界》1995年第3期发表。

5月，长篇小说《古船》繁体字版由台湾风云时代出版公司再版。

5月，随笔集《期待回答的声音——'93张炜文学周》由明天出版社出版。该书《前言》说："为配合当代文学教学，山东大学、山东师范大学、烟台师范学院、烟台大学四高校于1993年10

明天出版社1995年5月版

月4日~25日，举行了''93张炜文学周'。文学周期间举办了二十余场学术讲座、四场对话会和作品朗诵会；山东师范大学和烟台师范学院分别授予了作家张炜'名誉教授'。""这里汇集张炜与四高校师生的对话录及部分学者的讲演稿。"另外，此书还收录了张炜这一时期的其他一些文学演讲和文学随笔。

此书"附录"部分收入的部分学者的演讲稿和论文有：宋遂良的《一个作家的境界与追求——在"张炜文学周"研讨会上的发言》、袁忠岳的《一种视角的转换——从〈古船〉到〈九月寓言〉》、朱德发的《简论张炜小说的美学品味》、韩日新的《在人生旅途艰难挣扎的轨迹——评〈九月寓言〉中的农村女性系列》、王光东的《生命·自然——张炜近年中短篇小说论》、刘烨园的《阅读张炜的基础——在张炜作品报告会上的谈话》、高旭东的《在融入野地的前后——张炜创作发展的断想》、张清华的《野地神话与家园之梦——论张炜近作的农业文化策略》、谭好哲的《张炜的意义》、张学军的《地狱门前的思想者》、赵洪明的《自然·生命·艺术——论张炜的自然哲学》、刘蕾的《从纯稚到厚重——从审美风格的演进看张炜的小说创作》、姜岱东的《厚重深沉的历史责任感——在张炜创作研讨会上的发言》、任孚先的《坚守·探索·前进——在张炜作品报告会上的讲话》。

5月，被明天出版社聘为儿童文学创作出版奖励基金评审委员会委员、理事会理事和副主任（聘期三年）。

5月，《海南师院学报》第2期刊载陈思和的《关于90年代小说的一些想法》，其中论及了长篇小说《九月寓言》。

5月8日，随笔《神来之笔》在《辽沈晚报》发表。

5月10日，《中华读书报》刊载《书荐：〈柏慧〉》。

5月11日，《文学报》刊载明月缩写的长篇小说《柏慧》故事梗概。

5月12日，《济南日报》刊载王银芝的《我为这个时代拥有你而庆幸——就〈柏慧〉致张炜》。

5月19日，《文学报》刊载临风、马灵的《质朴而又浪漫的艺术品格》，评介长篇小说《柏慧》。

5月22日，随笔《"世俗"的人……》在《辽沈晚报》发表。

5月25日，《齐鲁晚报》刊载陈力厚的《散文之精美 杂文之犀利——张炜长篇新作〈柏慧〉评介》。

5月26日，《烟台日报》刊载秋旻的《心灵的倾诉——读〈柏慧〉》。

5月27日，《作家报》刊载郜元宝的《张炜的愤激、退却和困境——评〈柏慧〉》、张颐武的《恐惧与逃避——关于〈柏慧〉"反现代性"辨析》，对长篇小说《柏慧》展开争鸣。郜元宝认为，《柏慧》是一次饱含了忌恨的写作，道德上的退却甚至也带来了艺术上的滑坡，算不上真正意义上的长篇小说，它只是作者的一份思想随笔。张颐武认为，《柏慧》是一部神秘的启示录式的文本，它以反时代的激进和逃避今天的狂躁加入了目前"后新时期"的文化语境之中。对于《柏慧》的认真解读与分析，不仅仅是理解张炜这位始终以隐士式的高蹈姿态处于媒体与流行文化中心的作家的必要途径，也是理解和切入当下纷纭复杂的文化状况的必要途径。

5月28日，《中国青年报》刊载于培明的《〈收获〉：我心中的玫瑰》，其中谈及了张炜在《收获》杂志首发的长篇小说《九月寓言》《柏慧》。

5月31日，《中华读书报》刊载王春林的《精神自白书》，评长篇小说《柏慧》。

5月30日~6月5日，在湖北三峡参加由长江文艺杂志社主办的"'95三峡

笔会"，并在座谈会上发言。发言
后修订整理为《"多元"与学习鲁
迅》。张炜说："文学仍然应该有
自己的立场，要保持自己的批判品
格。如果那些跟从、合唱、慵懒和呻
吟、嘲弄，的确应该算是不可或缺的
'元'的话，那么对这种'元'的充
满警觉的质疑和提问，甚至是严厉的
批评、分析和指责，也是自然存在的

在三峡笔会上

一'元'。现在特别需要学习鲁迅。鲁迅是民族之魂。没有忧虑、批判，没
有哀其不幸怒其不争，没有对国民性的针砭疗救，哪里还有鲁迅？"（张炜：
《"多元"与学习鲁迅》，载《张炜文集》第32卷，作家出版社2014年11月出版，第63
页。）

6月，"张炜小说二题"在《文艺百家》1995年第2期发表，包括短篇小说
《头发蓬乱的秘书》《造船》。

6月，"张炜小说三题"在《当代人》1995年第6期发表，包括短篇小说
《造船》《一个人的战争》《善良》，篇末附有作者简介。

6月，长篇小说《九月寓言》（存目）、创作谈《非职业的创作》被收入
《上海第二届（1992～1993）"长中篇小说优秀作品大奖"获奖作品集》，由
上海文艺出版社出版。

6月，被共青团山东省委、省文化厅授予"山东省十大青年文化名人"
称号。

6月，《青年文学》第6期刊载立春的《走进如花似玉的风景》，评张炜在

《青年文学》1995年第2期发表的《王血》等短篇新作。

6月，萧夏林编著的《忧愤的归途》（抵抗投降书系：张炜卷）由华艺出版社出版。此书上编为张炜的散文和文学随笔，下编为关于张炜及其作品（主要是长篇小说《古船》《九月寓言》）的评论。

6月9日，《三联报》刊载李华的《〈柏慧〉，母亲般的田园》。同时刊载了张炜著作目录。

6月16日，随笔《捕捉淳朴》（常跃强散文集《从故乡到远方》序）在《济南日报》发表。

华艺出版社1995年6月版

同日，完成随笔《我喜欢的小说》，评张继的小说《欢乐》等。

6月21日，《光明日报》刊载李文儒的《〈柏慧〉咏叹调》。同时，刊载《〈柏慧〉是一部失败之作》，引述了郜元宝发表于5月27日《作家报》文章的观点。

6月27日，在济南参加民间文学讨论会并发言。发言后修订整理为《伟大而自由的民间文学——为贺〈新聊斋〉创刊十周年而作》。

6月28日，《中华读书报》刊载戴纪尧的《〈柏慧〉：对张炜的挑战》。

6月30日，《山东青年报》刊载蔡世连、李新宇的《面对人类生存的悖论——读张炜长篇新著〈柏慧〉》。

6月底，寄出《家族》书稿。

7月，随笔《同一类声音（外一篇）》在《十月》1995年第4期（总100期）发表。外一篇为《〈庄子〉》。

7月，随笔《童年之梦——关于〈蘑菇七种〉》在《作家》1995年第7期发表。后又发表于8月16日《成都晚报》。

7月，《上海文学》第7期推出"守护青草地——张炜作品特辑"，包括随

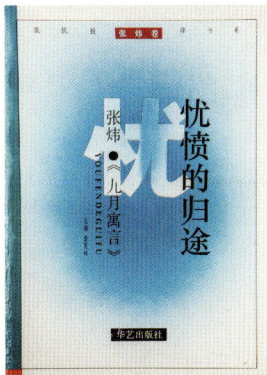

笔《怀疑与信赖》和短篇小说《一个故事刚刚开始》《怀念黑潭中的黑鱼》《头发蓬乱的秘书》。

此刊在《文学：需要新的生长点——编者的话》中指出："张炜是一个理想主义型的作家，他常常用自己坚守的那一份精神价值来对抗随着市场经济的活跃而滋生的种种心灵腐臭现象。他的精神价值观念主要来自两个方面：一是来自远离喧嚣都市、未遭污染的大地、大自然的启迪与人在本源生态条件下心灵的洁净；二是来自俄罗斯文学、中国现代文学巨匠所贡献的那一份人生品格与内心质地。"

7月，完成系列随笔《荒漠之爱——夜读鲁迅》。

7月，《文学自由谈》第3期刊载张颐武的《新神学：对于今天的恐惧》，评述了张炜、张承志的人文思想和文学创作。

7月2日，《文汇报》刊载王安忆、王雪瑛的《形象与思想——关于近期长篇小说创作的对话》，其中论及了长篇小说《九月寓言》。

7月5日，《中华读书报》刊载王彬彬的《〈柏慧〉：张炜与现实的一次短兵相接》。

7月8日，《作家报》刊载李洁非的《读〈柏慧〉感言》、蔡桂林的《对郜元宝评〈柏慧〉的赞成与补充》、马相武的《"人文精神"话语场中的三极独白——关于张颐武、郜元宝对〈柏慧〉的批评》。

同日，王蒙等发函邀请张炜参加11月1～5日由中国环境报社、环境文学研究会、中国作家杂志社、三联书店·《读书》杂志、威海市环境科学学会在威海举办的海峡两岸及海外华人学者、作家"人与自然——环境文学研讨会"。

7月10日，《中国青年报》推出"抵抗投降书系"专版，刊载陶东风的《道德理想主义：魅力与误区——读〈无援的思想〉与〈忧愤的归途〉》、陈晓明的《假想的抵抗》、许明的《历史不再等待》、萧夏林和尹昌龙的《抵抗的姿态与理想的精神——关于"抵抗投降书系"及相关问题的对话》。

7月12日，《中华读书报》刊载李晓林的《最后的守望者——〈柏慧〉论谈》。

7月16日，《文汇报》刊载贺嗣承的《良知催逼下的声音——关于长篇小说〈柏慧〉及其引起的争论》。

7月19日，《中华读书报》刊载朽木的《古船搁浅　骏马入库》，评张炜、张承志的人文精神。

同日，完成散文随笔集《纯美的注视》（上海远东出版社1996年版）后记。

7月20日，随笔《伟大而自由的民间文学》在《大众日报》发表。

7月23日，接受《光明日报》记者祝晓风采访。访谈后修订整理为《不能丧失的——答〈光明日报〉记者问》。张炜说："作家以及所有知识分子，他们那儿应该成为真正的现代思想的发源地，尤其不能人云亦云，不能仅仅止于移植和模仿，不能一味诠释和解释'世俗'的合理性。文学就尤其不能。一个人如果怕得罪人，什么都可以干，但就是难以当作家。""在时下，知识分子应该有起码的判断力和是非感，有关心底层和弱者的基本立场。"（张炜：《不能丧失的——答〈光明日报〉记者问》，载《张炜文集》第30卷，作家出版社2014年11月出版，第172页。）

7月30日，《中国青年报》刊载刘心武、邱华栋的《中国当代文学的多元化格局》，其中论及了长篇小说《九月寓言》《柏慧》。

8月，《塞风诗会贺辞》在《文艺百家》1995年第4期发表，篇末注明"1995年夏于湖北三峡"。此文后修订改题为《诗人》。

8月，雷达著《文学活着》由人民文学出版社出版，其中收录了《民族心史的一块厚重碑石——论〈古船〉》。

8月，《外国文学研究》第3期刊载耿传明的《张炜与俄苏文学》。耿传明指出："他从俄苏文学汲取的主要是俄苏作家那种崇高的人格力量、博大的人道情怀，以及对人类前途和命运的深沉关注。这种文学精神的影响使他对以'追寻自我'为主旨的现代主义文学精神相当隔膜，他的创作始终都是一种在群体主义价值观统领下，有鲜明的道德理想主义倾向的创作。他的这种古典的近乎保守的文化态度，使他在新时期作家中显得别具一格。"

8月，《临沂师专学报》第4期刊载耿传明的《天地境界与忧患精神——论张炜小说近作的主题演进》。

8月，《山花》第8期刊载王彬彬的《当代中国的道德理想主义》，其中论及了张炜的人文精神。

8月2日，《中华读书报》刊载刘金东的《〈柏慧〉：知识者的"扪心自食"》。

8月10日，《为您服务报》"文艺沙龙"专栏刊载张颐武、陈晓明、陶东风、乔卫的《"抵抗投降"：大旗还是虎皮》，对"抵抗投降书系"及其所表现的思想倾向提出批评。

8月16日，在济南完成"国风文丛·鲁豫卷"《黄河落日圆》序。"国风文丛"由汪曾祺总主编，张炜担任"鲁豫卷"主编，1998年1月由中国对外翻译出版公司出版。此序后修订改题为《土地，慨叹之余》。

8月21日，《北京青年报》刊载张颐武的《"共识"的破裂与选择的挑战》，评张炜、张承志的人文精神。

8月25日，完成散文随笔集《葡萄园畅谈录》（作家出版社1996年版）序。此书是1987年11月22日至1992年10月11日张炜有关文学谈话等的辑录。张炜说："有多少个夜晚，挚友们一起在林中、在田野和斗室、在海边，畅谈倾诉。这是沉浸和回忆、向往和拒绝、希望和企盼。这声音被我们播撒在葡萄园中。"（张炜：《葡萄园畅谈录·序》，载《张炜文集》第28卷，作家出版社2014年11月出版，第2页。）

9月，散文随笔《水手》《秋夜四章》《明天的笔》在《当代散文》1995年第5期发表。

9月，随笔《如花似玉的原野（随笔一束）》在《当代人》1995年第9期发表，包括《夜晚走向田野》《纯美的注视》《心洁手灵》《珍品荐：〈手〉》《儒学与变革》。

9月，《长江文艺》第9期刊载《90年代文学的现状与展望——〈长江文艺〉'95三峡笔会座谈纪要》。其中，刊载了张炜的发言摘要，重点谈论了学习鲁迅问题。

9月，"大河小说"《你在高原》之一《家族》由上海文艺出版社出版，篇末注明"1994年1月草于东八里洼，1995年3月改写于枫庐"。

上海文艺出版社1995年9月版

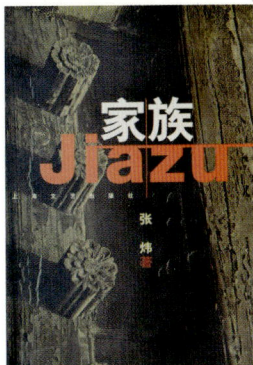

上海文艺出版社2001年3月版

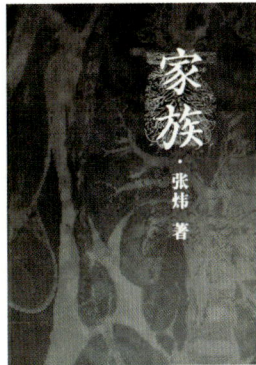

文化艺术出版社2005年4月版

作家出版社2009年4月版

作家出版社2010年4月版

作家出版社2013年10月版

人民文学出版社2014年3月版

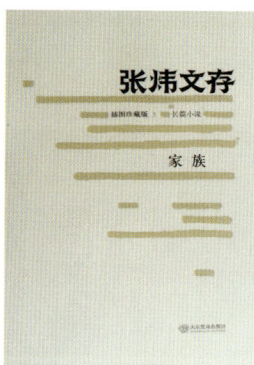

山东教育出版社2016年3月版

香港天地图书有限公司1996年9月版

9月，黎风著《新时期争鸣小说纵横谈》由四川大学出版社出版。黎风将新时期小说争鸣概括为三大主题：一是人性主题（或人道主题）；二是道德主题（包括爱情问题）；三是性爱主题。他将长篇小说《古船》归于第一大主题之中。

黎风在"'改革小说'：在理想与现实间的生长"一章中论述了《古船》，肯定了《古船》的史诗品格："在张炜之前，好像还没有一部长篇小说被誉为史诗性的作品，而他在《当代》1986年第5期发表的二十八万字的长篇小说赢得了众多评论者的这种赞誉。"同时，他也肯定了《古船》对于现实政治的超越性："《古船》对于四十年农村社会变革和农民的心路解放历程的描写、反思和批判是超政治的，它把人们从一种政治怨愤情结的狭隘的心理和视野中解放出来。这，才是《古船》对中国当代小说创作发展的真正贡献，其历史价值是不容低估的。"另外，他也对张炜的"泛人道主义思想"提出了质疑。

9月，《松辽学刊》（社会科学版）第3期刊载王红梅的《论张炜创作中的乡土"情结"及诗性回归》。

9月，《当代作家评论》第5期推出"张炜评论小辑"，刊载陈思和的《"声音"背后的故事——读〈家族〉》。陈思和指出：张炜的人文理想有其所守待的精神家园，那就是一种以自然哲学为理想的民间世界。而知识分子的岗位不应该建立在庙堂之侧，只有与朴素深沉、浩瀚的民间生活方式联系在一起，才会使道德理想纯粹起来，不沾上一点权力的虚伪和残暴，由此而发的文化批判与社会批评，才能体现出强烈的个人性质和知识分子立场。宋炳辉的《面对苦难的现身说法——论张炜的三部长篇小说》，论述了《古船》《九月寓言》《柏慧》等表现出的"苦难"意识。谢有顺的《大地乌托邦的守望者——从〈柏慧〉看张炜的艺术理想》，批评了《柏慧》相对于《九月寓言》

在抒情性上的衰微和张炜艺术理想的乌托邦性质。

同时，刊载张炜的《创作随笔三题》，包括《非职业的写作》（1994年6月23日，上海第二届"长篇小说大奖"感言。根据录音整理）、《存在的执拗》（1994年9月12日）、《八月手记》（1994年8月3日～8月28日记于龙口）。

9月，《小说评论》第5期刊载李建军的《坚定地守望最后的家园——评张炜的〈柏慧〉》。后又刊载于《陕西教育学院学报》1996年第2期。

同期，刊载赵洪明的《自然·生命·艺术——论张炜的自然哲学》。

9月1日，《文论报》刊载张颐武的《再说文化冒险主义：矫情与迷乱》，其中批评了张炜的人文主张。

9月5日，《武汉晚报》刊载董宏的《愤怒的倾诉》，评介长篇小说《柏慧》。

9月10日，完成随笔《文学马拉松》。张炜说："新时期文学发展到今天已近二十年的历史，这是中国文学从复兴、爆发，再到冷静和成熟的全过程。这期间涌现了众多的作家，产生了繁多的作品，使中国文坛有了相当丰厚的积累。对于任何一个作家而言，这都相当于一场'文学马拉松'，要坚持到底是极为困难的。""只有把文学创作当成是生命和灵魂的投入，其耐力和成就是资质、品格、才华等全部因素的综合——这一类作家才会走得很远。他们往往不属于新时期以来的各种流派，严酷的精神文化环境也只能使其吸取各种经验和营养，变得更加成熟和深刻。"（张炜：《文学马拉松》，载《张炜文集》第30卷，作家出版社2014年11月出版，第163页。）

9月15日，《青岛日报》刊载逄金一的《坚持，按自己的方式度过一生——著名作家张炜访谈》。

同日，《文论报》刊载祝晓风的《95文坛第一事——关于"抵抗投降书系"的一份备忘录》，其中评述了随笔集《忧愤的归途》。

9月21日，在济南接受《济南日报》记者逄金一采访。采访修订整理为《劳动与安宁——答〈济南日报〉记者问》，后又修订改题为《劳动与安宁——答〈济南日报〉》。张炜说："文学只好远离那些庸俗的炒作……一方面视文学为神圣，另一方面却要将其化为朴实的劳动。他们像农民的劳作一样坚持和平凡。他们认为通过劳动获得名利，那太可怜。好的作家几乎每天都在写作，恰与农民每天要到田地里去劳动一样。这已成为他们与生命相连的习惯了。"（张炜：《劳动与安宁——答〈济南日报〉》，载《张炜文集》第31卷，作家出版社2014年11月出版，第352页。）

9月27日，在枫庐完成"大河小说"《你在高原》之六《我的田园》（作家出版社1996年版）后记。后修订定题为《一份实践草图——关于〈我的田园〉》。

同日，完成散文随笔集《葡萄园畅谈录》（作家出版社1996年版）的后记。后修订定题为《不合时宜的书——关于〈葡萄园畅谈录〉》。

9月30日，在枫庐完成中短篇小说集《一潭清水》（作家出版社1996年版）的后记。后修订定题为《激扬出新的活力》。

10月，"大河小说"《你在高原》之一《家族——你在高原》在《当代》1995年第5期发表。同期刊载了张炜的《心中的交响——与编者谈〈家族〉》、李洁非的《圣者之诗——对〈家族〉的体味》、杨亮的《我所看到的〈家族〉的创作》。

李洁非指出，《家族》为我们塑造了一批追求理想的"殉道者"形象，因此形成了两个"家族"的概念：一个是在情节中经历着命运的拨弄和悲欢的家族，即血亲与人伦的"家族"，另一个则是抽象的、精神的。这部作品重点写的是后者，"他们活在不同的年代，彼此也未必有什么实际的联系，但你能看到其中具有一种'精神的接力者'的特殊的血缘；这精神的血缘终于使他们结成一个精神的家族，一个比建立在肉体生命联系上的家族更牢固更永恒的家族"。

张炜的创作谈和杨亮的文章，则介绍了《家族》创作的一些背后故事。

10月，长篇小说《柏慧》由北京十月文艺出版社再版。

10月，完成长篇小说《怀念与追记》初稿。11月9日，完成后记（作家出版社1996年版）。长篇小说《怀念与追记》后改名为《忆阿雅》，为"大河小说"《你在高原》之五，后记亦修订定题为《更多的忆想——关于〈忆阿雅〉》。

10月7日、14日，11月11日、18日，《湖北日报》分别刊载昌切的《论争热的冷思考》之《源起篇》《尺度篇》《层次篇》《前景篇》，其中评述了张炜的人文精神。

10月12日，《社会科学报》刊载耿法的《"宽容"与"敌意"》，对张颐武在《共识的破裂与选择的挑战》一文中对张炜的批评展开争鸣。

10月19日，《大众日报》"山东作家创作论"专栏刊载周海波、王光东的《张炜：艰苦的文学追求》。同时，刊载《张炜创作简介》和张炜的《新的创作与计划》。

11月，散文《人生麦茬地》在《中华散文》1995年第6期发表。

11月，系列随笔《远逝的山峦与彤云》在《钟山》1995年第6期发表，包括《伟大而自由的民间文学》（篇末注明写于"1995年6月27日"）、《秋夜四章》、《倾向和积累》、《心上的痕迹》、《明天的笔》。

11月，"大河小说"《你在高原》之一《家族——你在高原》选载于《中华文学选刊》1995年第6期，篇末注明"选自《当代》1995年第5期"。

11月，被山东省委、省政府选拔为山东省专业技术拔尖人才。

11月，《吉安师专学报》（哲学社会科学版）第4期刊载彭礼贤的《论〈古船〉的思想和人物》。

11月，《渤海学刊》第4期刊载徐冰的《90年代文学热点扫描》，其中论及了长篇小说《九月寓言》和张炜的散文。

11月，《小说评论》第6期刊载孙绍振的《〈柏慧〉：不成立的写作》。孙绍振认为："首先，张炜选择了一种他无力把握的方式来构筑这个长篇。《柏慧》是用大人生随笔的方式写成的，其中没有完整的故事、鲜明的人物，它所要表达的更多的是一种思想，一种感怀。也就是说，支撑《柏慧》的是作者的思想记录，而不是作者体验世界而有的丰富的感性表达。""其次，《柏慧》的写作不成立的原因，还在于支撑《柏慧》的思想基础——融入野地——是不成立的。"他认为张炜还没达到思想的丰富与深刻，"野地"还没有成为一种精神的象征，"这些方面决定了《柏慧》的写作是不成立的，是一个虚假的理想，是乌托邦"。

11月，《文艺评论》第6期刊载吴义勤的《绝望中诞生——论新潮长篇小说的崛起》，其中论及了长篇小说《九月寓言》。

11月，《当代文坛》第6期刊载陈吉猛的《喧嚣时代的温情与愤怒——长篇小说〈柏慧〉随谈》。

11月，《文艺争鸣》第6期刊载祁述裕的《时间和历史的重新解释——近些年中国文学中时间和历史观的变异》，其中论及了长篇小说《九月寓言》。

11月，《书海知音》第11期刊载单木的《一部传奇式的家族史——介绍张炜长篇新作〈家族〉》。

11月，《山花》第11期刊载昌切、刘继明的《〈柏慧〉与当下精神境况》。

同期，刊载张颐武的《此时此地：重新追问我们的"位置"》，其中论及了张炜的人文主张。

11月1～5日，在威海参加"人与自然——环境文学研讨会"并发言。

11月7日，随笔《亲近朴实　远离庸俗》在《济南日报》发表。

同日，《武汉晚报》刊载昌切、樊星、刘继明、袁毅的文学对话录《张炜是一面旗帜》。

11月8日，完成长篇小说《古船》（作家出版社1996年版）后记。后修订定题为《一些怀念和感慨》。张炜说："我不认为作家应该或必须是一位'小说家'——这个近乎常识的理解在今天却被越来越多的文学人士混淆了。他们自觉不自觉地将作家'等同于'小说家。这种混淆是非常不幸的。""'小说家'可以用通俗的、叙事的形式来传递心灵的那一份爱，来播撒心灵的声音，也可以仅仅讲一些合口入耳的故事。""而作家就不同了。人们有理由要求作家综合出更多、更新的东西。所以作家是人类的发声器官，他发声，他才有美，有真，有力量，有不绝的继承。""他们善意地要求我好好做一个'小说家'，是我所不能听从的。我这儿，永远也不会将叙事作品看得一定高于其他形式的作品。因为我只尊崇人的劳动、人的灵魂。"（张炜：《一些怀念和感慨》，载《张炜文集》第31卷，作家出版社2014年11月出版，第338～339页。）

11月9日，香港《明报》刊载记者戴平的专访《二张二王掀起人文精神争论——张炜指野蛮文化是改革隐患》。

同日，《大众日报》刊载消息《张炜〈家族〉：冲击文坛》。

11月10日，完成散文随笔集《融入野地》（作家出版社1996年版）后记。后修订定题为《我的偏爱》。

11月17日，《烟台日报》刊载临风的《读张炜长篇新作——〈家族〉》。

11月29日，《文汇报》刊载秦晓的《从"痞子革命"到"抗战文学"》，对"抵抗投降书系"提出批评。

12月，随笔《倾向与积累》在《风筝都》1995年第6期发表。该刊"编者按"介绍，对于沸沸扬扬的"人文精神"论争，"本刊主编韩钟亮曾于11月中旬拜会了著名青年作家张炜。他似乎对当前人们关注的这场论争并无思想准备，给人的感觉是身在漩涡而如隔岸观火。他谈到了对王蒙的尊敬（他们刚刚在一起出席了世界华人作家的威海聚会），因而觉不出他与王蒙'势不两立'的味道。张炜应约取出这篇题为《倾向与积累》的文字，同意在《风筝都》杂志发表。张炜冀望此文能引起人们的更大兴趣。"文下注明"1994年2月4日，作者接受济南电视台记者铁岩、丹萍采访。本文根据采访录音整理，作者作了订补"。

12月，随笔《伟大而自由的民间文学——为贺〈新聊斋〉创刊10周年而作》在山东省文联《新聊斋》1995年第6期发表。张炜说："不难设想民间文学与一个当代作家的关系。他如果向往更大的智慧和真实，那么就得学习永恒，就得返回民间。这个过程是心灵的过程，而不是操作的途径。是砂粒归漠，是滴水入川。一切淡掉了名利的艺术，才有可能变为伟大的艺术。"（张炜：《伟大而自由的民间文学——为贺〈新聊斋〉创刊10周年而作》，载《张炜文集》第32卷，作家出版社2014年11月出版，第61页。）

12月，散文《盼雪》《人生麦茬地》分别被收入"名家人生漫笔精品丛书"之《另一种柔情》《活着的滋味》，由青岛出版社出版。

12月，散文《融入野地》被收入"90年代中国小说佳作"（第4辑）《'93中国小说精粹》，由农村读物出版社出版。

12月，散文随笔集《生命的呼吸》被列入"独行者丛书"，由珠海出版社出版。

12月，短篇小说集《激动》被列入"希望书库"，由中国青少年发展基金会、中国青年出版社、中国少年儿童出版社出版。此书无定价，封底标为非卖品。

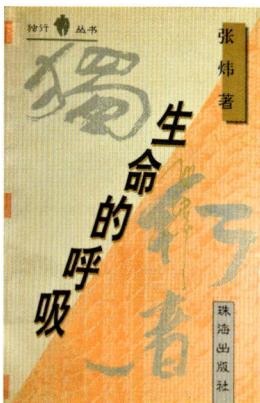
珠海出版社1995年12月版

希望书库编辑委员会1995年12月版

韩国Moonji Publishing Co., Ltd 2017年韩语版

12月，中短篇小说集《如花似玉的原野》被列入"探索者丛书"，由人民文学出版社出版。该书《内容说明》写道："这部由20多个短篇、两部中篇组成的长篇……分上下两大部分，上为'我'的记忆与传闻，下为'我'的亲历。"

12月，《汕头大学学报》（人文科学版）第4期刊载冯尚的《山野精神——诗意的限度》，评长篇

人民文学出版社1995年12月版

小说《九月寓言》。

12月，《杭州大学学报》第4期刊载吴秀明、陈一辉、苏宏斌、郑淑梅的《文学现代化与道德现代化——转型期文学四人谈》，其中谈及了张炜的道德理想追求。

12月，《今日名流》第12期刊载张英的《世纪末之争：知识分子与人文精神大讨论》。

12月，《瞭望新闻周刊》第49期刊载程青的《转型期：是否出长篇的时代？》，其中谈及了张炜的长篇小说创作。

12月4日，《齐鲁晚报》刊载孔昕的《生命的又一次变奏——近访著名作家张炜》，谈长篇小说《家族》的写作。

12月5日，《文汇报》刊载辛斤的《从家族兴衰折射社会变迁——张炜和他的长篇新作〈家族〉》。

12月6日，在上海参加由上海文艺出版社、文汇报社等四单位联合举办的长篇小说《家族》讨论会。

同日，《齐鲁晚报》刊载李洁非的《复调·对话·交响——张炜在〈家族〉中的艺术探索》。

12月7日，《文汇报》刊载张新颖的《〈家族〉研讨会在沪举行》。

12月8日，《齐鲁晚报》刊载书仓的《新书过眼录——〈家族〉》。

同日，接受《齐鲁晚报》记者王雪瑛采访。访谈整理为《战胜遗忘——关于〈家族〉的对话》，后修订改题为《战胜遗忘——关于〈家族〉的访谈》。张炜说："有人问：一个优秀作家对于他的民族意味着什么？我想，他们是……一个民族的梦想。"（张炜：《战胜遗忘——关于〈家族〉的访谈》，载《张炜文集》第30卷，作家出版社2014年11月出版，第172页。）

12月14日，在济南完成短篇小说《致不孝之子》。

12月15日，《大众日报》刊载沪艺、晓征的《张炜长篇小说〈家族〉讨论会在沪举行》。

12月19日，随笔《必然写到的女性》在《山东青年报》发表。

12月20日，《齐鲁晚报》刊载晓郑的《张炜新著〈家族〉讨论会在上海举行》。

12月21日，《文汇报》刊载记者张新颖的《外行可看热闹　内行已见门道——'95文坛新景观》，其中谈及了张炜的人文主张。

12月27日，《齐鲁晚报》刊载辛斤的《95文坛"热殳"》，其中评述了张炜的人文主张和长篇小说《柏慧》、随笔集《忧愤的归途》。

12月29日，《淄博日报》刊载记者周雁羽的《为心灵而写作——作家张炜印象》。后又刊载于《新潮》1996年第1期、1996年6月29日《中国石化报》。

同日，《济南日报》刊载文洁若的《我喜欢的文学作品》。

本年，随笔《域外作家小记》在《中华读书报》连载。

1996

1月，随笔《苛刻二题》在《鸭绿江》1996年第1期发表，包括《我喜欢的小说》《张继这三篇》。

1月，随笔《守望的意义》在《珠海》1996年第1期发表。

1月，随笔《商业时代的损坏与恩惠》《艺术的自尊与自在》《最危险的误解》《没有明天的人》在《环球企业家》1996年第1期发表。

1月，短篇小说《致不孝之子》在《金海岸》1996年第1期发表，篇末注明"1995年12月14日于济南东八里洼"。

1月，散文随笔集《精神的魅力》被列入"当代名家随笔丛书"，由群众出版社出版。

1月，完成长达3000余行的长诗《皈依之路》。

1月，《文学评论》第1期刊载吴炫的《张炜小说的价值取向》。

1月，《小说评论》第1期刊载吴义勤的《拷问灵魂之作——评张炜的长篇新作〈柏慧〉》。

群众出版社1996年1月版

吴义勤指出："也许，鲁迅的'杂文'和《柏慧》式近乎'思想随笔'的文字在有人看来并不是文学的'声音'，但无疑都是正义的声音，是精神的声音。对比于时下文坛那些所谓'纯文学'和'高雅文学'消解一切、调侃一切，视责任、使命为玩物的游戏态度，张炜式的'话语'才是真正关注人类命运的话语，才是真文学的话语，才是真正逼近和拷问作家自我和整个时代知识分子灵魂的话语，它既是作家不肯同流合污的宣言，也是检视我们时代精神的人文标尺。""张炜始终是一个有着人文主义的理想的作家和一个不肯与世俗合流的精神界的战士。他是一个文人，但他更是一个战士，而且首先是一个战士。这从本质上把他和我们世纪末文坛上的那些自命高蹈的文人雅士们区别了开来。他在没有崇高的时代言说崇高没有希望的时代言说希望的艺术勇气，无疑为我们世纪末的中国文学增添了崭新的思想深度和力度；而他为保卫信仰、道德、理想而进行的不懈呼号、呐喊，即使难免堂吉诃德式的悲壮，也仍能以其强大的人格和心灵力量逼向人类的灵魂。这就是张炜的魅力所在，也是《柏慧》的魅力所在。"

1月，《当代作家评论》第1期刊载潘凯雄的《实力派作家竞献长篇创作新因子——读1995年的部分长篇》，其中以"张炜修撰'家族'谱"为题进行了评述。

同期，刊载林为进的《显示成熟的自信与亮丽——1995年的长篇小说》，其中论及了长篇小说《家族》。

1月，《文学自由谈》第1期刊载张颐武的《〈家族〉：疲惫而狂躁的挣扎》。

1月，《现代传播》第1期刊载刘春的《理性的悖谬——关于1995年文化论争随感》，评述了1995年的人文精神论争。

1月，《文学世界》第1期刊载刘继明的《涉过理性和激情的河流——读张炜的〈散文与随笔〉》。

1月10日，《中华读书报》刊载张炜阅读三联书店版《美国读本》和里尔克《给一个青年诗人的十封信》、帕斯捷尔纳克《人与事》的体会。

同日，《济南时报》刊载沙琳的《张炜的眼睛》。

1月12日，《烟台日报》刊载郑岗的《〈家族〉在沪引起强烈反响》。

1月15日，《文论报》刊载张颐武的《告别1995：走向成熟的智慧》，回顾了1995年的人文精神论争。同期，刊载逄金一的《张炜访谈录：远离名利，远离庸俗的操作；亲近田野，亲近朴实的劳动》。

同日，《中国青年报》刊载刘汉鼎的《诗人与诗——读张炜〈家族〉随想》。

同日，《大众日报》刊载《王蒙：说文坛敏感话题》，谈所谓的"二王二张论争"。

1月19日，《文艺报》刊载熊元义的《焦点透视："政治标准唯一"重现文坛》。

1月20日，《淄博日报》刊载李士东的《向往崇高》、陶安黎的《冬天的火光》，评长篇小说《家族》。

1月23日，《武汉晚报》刊载郜元宝的《张炜：民粹主义者的困境》。

1月25日，随笔《升华到迫害所达不到的高度》在《羊城晚报》发表。

1月30日，随笔《严整的精神和思想》《没有明天的人》《水流和泡沫》《遥远的悲怆和切近的爱情》《社会的不公道以个人痛苦的形式出现》《严肃对待自己的激情》《自然的清福》《商业时代的损坏与恩惠》《埋藏起孤独和忧愁》等在上海《文汇报》发表。

2月，短篇小说《三想》在《湖南文学》1996年第2期发表。

2月，随笔《如花似玉的原野（随笔一束）》选载于《散文选刊》1996年第2期，篇末注明"选自95年9期《当代人》"。

2月，散文随笔集《纯美的注视》被列入"火凤凰文库"，由上海远东出版社出版。

2月，中短篇小说集《张炜小说精选》（精装本）被列入"中国当代实力派作家大系"，由太白文艺出版社出版。

2月，6卷本"张炜自选集"由作家出版社出版，包括长篇小说《古船》《我的田园》《怀念与追记》，短篇小说集《一潭清水》，散文集《融入野地》，随笔集《葡萄园畅谈录》。

2月，陈思和论文集《犬耕集》由上海远东出版社出版。其中，《良知催逼下的声音——关于张炜的两部长篇小说》分别以"《柏慧》及其引起的争论""《家族》"为题进行了论述。关于《柏慧》的评论曾独立成文刊载于1995年7月16日《文汇报》，关于《家族》的评论曾独立成文刊载于《当代作家评论》1995年第5期。陈思和指出："与许多当代作家不一样，张炜是个擅长用长篇

纯美的注视

上海远东出版社1996年2月版

作家出版社1996年2月版

小说来表达其思想观念和美学情感的作家。""有了《柏慧》的声音和《家族》自身所提出的知识分子精神接力问题，张炜才有可能超越一般家族故事，使这部小说成为当代呼唤人文精神的重要著作。"该论文集还有多篇文章论及了张炜的人文精神内涵。

2月，王庆生主编《中国当代文学辞典》由武汉出版社出版，其中收录了"张炜""一潭清水""古船""声音""秋天的愤怒"等词条。

同日，《大众日报》刊载陈占敏的《〈家族〉的浪漫》。

同日，《文汇报》刊载柯文的《〈家族〉中的倾诉》。

2月4日，《中国青年报》刊载朱向前的《多音齐鸣与多元并存——95文坛热点回眸》，回顾了1995年的人文精神论争。

2月7日，《文汇报》刊载许纪霖的《95文化批评回顾》，评述了1995年的人文精神论争。后又刊载于《东方》1996年第2期，改题为《既令人兴奋，又充满遗憾——近期文化批评回顾》。

2月9日，《通俗文艺报》刊载杨景贤的《我不敢说我是作家——张炜访谈录》。

同日，就陈占敏的长篇小说《沉钟》与陈对话。对话整理为《诗性的源流——关于长篇小说〈沉钟〉的对话》，后修订改题为《诗性的源流——谈〈沉钟〉》。

2月13日，随笔《内心与世界（外一篇）》在《武汉晚报》发表。外一篇为《受人民心情感染的能力》。

2月13日、26日，3月4日、11日，随笔《荒漠之爱——读鲁迅》在《长春日报》连载。

2月14日，《中华读书报》刊载谭湘的《爱的诺言——读张炜长篇小说

〈家族——你在高原〉》。

2月19日，《淄博日报》刊载陈倩的《〈柏慧〉的境界》。

2月28日，完成周雁羽散文随笔集《香在无心处》（远方出版社1996年出版）序。后修订定题为《感情和心愫》。

3月，散文《绿色遥思》在《天涯》1996年第2期发表。

3月，随笔《引起轰动的电视剧》在安徽省公安厅《警探》1996年第2期发表。

3月，散文《绿色遥思（节选）》在《沿海画报》1996年第3期发表。

3月，小说散文集《远行之嘱》被列入"跨世纪文丛"第4辑，由长江文艺出版社出版。

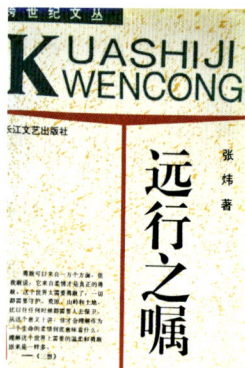

长江文艺出版社1996年3月版

长江文艺出版社1997年4月版

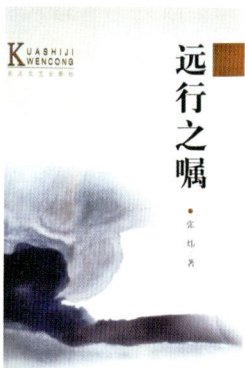

长江文艺出版社2001年5月版

《远行之嘱》盗版本

3月，《当代作家评论》第2期刊载洪治纲的《逼视与守望——从张炜、格非、余华的三部长篇近作看先锋小说的审美动向》，论述了张炜的《家族》、格非的《欲望的旗帜》和余华的《许三观卖血记》。

同期，刊载樊星的《北方文化的复兴——当代文学的地缘文化研究》，其中论及了长篇小说《古船》《九月寓言》《家族》等。

3月，《当代文坛》第2期刊载徐德明的《〈柏慧〉：当代知识分子的处境与选择》、颜敏的《苦难历程与精神定位——〈家族〉和〈柏慧〉对知识分子命运的思索》。

3月，《上海文化》第2期刊载郜元宝的《两个俗物　一对雅人——王朔、贾平凹、张承志、张炜合论》。

3月，《中华文学选刊》第2期刊载雷达的《论当今小说的精神走向》，其中论及了长篇小说《九月寓言》《柏慧》《家族》以及散文《融入野地》。

3月，《百花洲》第2期刊载陈墨的《90年代长篇小说概观》，其中论及了长篇小说《家族》。

3月1日，《文论报》刊载萧夏林的《95年风起云涌下的长篇小说》。

3月5日，随笔《野蛮的力量》在《武汉晚报》发表。

3月7日，《文学报》刊载《远离庸俗的操作》。

3月14日，《大众日报》刊载雷达的《坚守理想——"当今小说的精神走向"之二》，其中论及了长篇小说《九月寓言》《柏慧》《家族》等。

3月17日，随笔《验证美的本源》在《羊城晚报》发表。

3月20日，《青岛晚报》刊载蓬桦的《阅读张炜》。

3月26日，随笔《地方的失尊》在《武汉晚报》发表。

4月，《文艺百家》第2期推出"张炜小辑"，刊发张炜的《随笔16章》、红苇的《贵族的写作——评张炜新作〈家族〉》。

《随笔16章》包括《受人民心情感染的能力》《让人年轻和苍老的时代》《严整的精神和思想》《没有明天的人》《水流与泡沫》《人民的直率的激情》《遥远的悲怆和切近的爱情》《社会的不公道以个人痛苦的形式出现》《严肃认真地对待自己的激情》《自然的清福》《商业时代的损坏与恩惠》《埋藏起孤独和忧愁》《验证美的本源》《因"小"而"大"的世界》《野蛮的力量》《序〈香在无心处〉》。

4月，《长江文艺》第4期推出"张炜小辑"，包括短篇小说《致不孝之子》、散文《随笔16则》和文论《纯粹的人与艺术》。张炜为本期《长江文艺》封面人物，刊首"编者的话"——《文学的生命力》对其进行了重点介绍。

4月，随笔集《精神的丝缕——张炜的倾诉与欣悦》被列入"名家心迹丛书"，由上海人民出版社出版。

4月，《河北师范大学学报》（哲学社会科学版）第2期刊载刘明馨的《呼唤信仰的壮丽诗篇——谈张炜〈家族〉的思想底蕴》。

4月，《中国文学研究》第2期刊载田中阳的《论齐鲁小说的"好汉"精神——从区域自然地理环境对文学的影响观山东当代小说的一个侧面》，其中论及了《秋天的愤怒》《古船》《海边的雪》。

上海人民出版社1996年4月版

4月，《佛山文艺》4月上半月刊刊载陈虹的《精神的陷阱》，其中论及了张炜的人文主张。

4月，《天津文学》第4期刊载李运抟的《十年小说精神形态论》，其中论及了张炜的小说创作。

4月2日，《中华工商时报》刊载雷达的《关怀当代人的灵魂——读近期创

作中的哲理思考》，其中论及了长篇小说《九月寓言》《柏慧》《家族》等。

4月3日，随笔《艺术断想》（包括《讲述人类经验中的某一个方面》《因"小"而"大"的世界》《商业时代的损坏与恩惠》）在《羊城晚报》发表。

4月9日，散文《诚实的爱情》在《武汉晚报》发表。

4月17日，《齐鲁晚报》刊载何镇邦的《认真做人与认真做文——读张炜的〈精神的魅力〉》。

4月29日，《济南日报》刊载张炜阅读的照片及"名人书语"："比较而言，在阅读总量上，我还是觉得，我们读的时事性的文学作品太多，而读的经典太少。这就会把我们的口味弄坏。"

5月，随笔《写作〈柏慧〉〈家族〉随感——长篇小说创作札记》在《当代作家评论》1996年第3期发表。

同期，刊载周海波、王光东的《守望者的精神礼仪——张炜创作论》。周海波、王光东指出："我们知道，当人们疯狂地追逐金钱，创作在大讲消闲的时候，信仰就显得多么悲壮，多么令人激动。张炜坚守住了自己的信仰，并以自己对文学的理解和不懈的努力，向世人证实着信仰的力量。"

同期，刊载郜元宝的《豪语微吟各识帜——漫议1995年的几部长篇小说》（又刊载于4月2日《中华工商时报》），其中论及了长篇小说《家族》《柏慧》。

5月，随笔《捕捉淳朴》选载于《散文选刊》1996年第5期，篇末注明"本文系百花文艺出版社新近出版的常跃强散文集《从故乡到远方》序言"。

5月，随笔《精神的魅力》选载于《书摘》1996年第5期，篇末注明"摘自珠海出版社出版的张炜随笔集《生命的呼吸》"。

5月，完成诗歌《他们》。

5月，接受《山东青年报》记者杨景贤采访。采访整理为《"作家"及其他——访问张炜》，后修订改题为《"作家"及其他——答〈山东青年报〉》。张炜说："每个世纪、每个时代，都需要自己的作家。他应是记录者，是跳动的良心、永生的精灵。所有配得上'作家'这一称号的都是吗？我想都是。""也正因为如此，我们才不敢轻率到直称自己为'作家'。我们只是在敬仰的心情下，一些不能停歇的劳动者。"（张炜：《"作家"及其他——答〈山东青年报〉》，载《张炜文集》第30卷，作家出版社2014年11月出版，第186～187页。）

5月，《南京经济区域广播电视大学学报》第2期刊载丁帆的《乡土小说：多元化之下的危机》，其中论及了长篇小说《古船》《九月寓言》《柏慧》。

5月，《陕西教育学院学报》第2期刊载李建军、陈忠玲的《坚定的守望与忧愤的宣叙——〈柏慧〉论》。

5月，《海南师院学报》第2期刊载杨春时的《新保守主义与新理性主义——90年代人文思潮批判》，其中论及了张炜的人文思想。

5月，《文学自由谈》第3期刊载王一川的《王蒙、张炜们的文体革命》。王一川指出："张炜在不惑之年的文体尝试也应引起关注。我们在长篇《家族》中见到了不妨称为双体小说的新文体。通常的统一文体在这里分裂为两半：抒情体与叙事体交错、历史叙述与现实叙述分离、抒情人与叙述人竞现，也就是说形成诗体与小说体双体并立格局。全篇共13章108节，叙事体虽属主要部分，但其中镶嵌的抒情（诗体）部分竟达15节。"

5月，《小说评论》第3期刊载张清华的《历史话语的崩溃和坠回地面的舞蹈——对当前小说现象的探源与思索》，其中论及了长篇小说《古船》。

5月，《上海文学》第5期刊载段钢等的《批评的道德与道德的批评——关于王蒙、张承志现象论争的对话》，评述了"二张二王"的人文精神论争。

5月3日，在济南东八里洼完成5卷本"张炜名篇精选"（山东友谊出版社1996年增订版）再版后记。

同日，《齐鲁晚报》刊载金文的《双星文学大奖评选进展顺利——著名学者钱钟书选票领先》，张炜为得票较多者之一。

5月10日，《烟台日报》刊载王必胜的《'95文坛——驳杂而无主调的变奏》，其中谈及了张炜的小说创作与人文主张。

5月15日，《中华读书报》刊载邓帅萍的《理解张炜》，评述了1995年的人文精神论争。

同日，《作家报》刊载郜元宝的《我看95长篇》，其中论及了长篇小说《家族》。

5月17日，随笔《说"虚无"——答上海东方电视台记者问》在山东省政协《联合报》发表。

5月29日，《齐鲁晚报》刊载晓岗的《张炜6卷本自选集出版》。

6月，随笔《人民的直率的激情》在《长江文艺》1996年第6期发表。

6月，5卷本"张炜名篇精选"（增订版平装本、精装本）由山东友谊出版社出版，包括《中篇小说精选》《短篇小说精选》《散文精选》《随笔精选》《问答录精选》。

6月，《前线》第6期刊载高玉琨的《喜忧参半话"长篇"》，其中评介了长篇小说《九月寓言》。

6月10日，在龙口完成中篇小说《瀛洲思絮录》。

6月12日，《中华读书报》刊载梅疾愚的《狂躁的批评》。

6月18日，在龙口完成小说集《东巡》（山东友谊出版社1996年版）后记。张炜说："这是一部关于徐芾的书，是我七年来参与徐芾研究会工作的结果之一。七年来因工作关系与海内外一大批著名的秦汉史专家、古航海研究专家相处，使我获益很大。他们严谨的治学态度及渊博的知识，都将给我的写作生涯以长久影响。"（张炜：《东巡·后记》，载《张炜文集》第31卷，作家出版社2014年11月出版，第348～349页。）

同日，完成《陈全胜画集》（山东美术出版社1996年版）序。

同日，在龙口完成随笔集《心仪》（山东画报出版社1996年版）后记。

6月28日，《烟台日报》刊载郑岗的《长卷短简写田园——读〈张炜自选集（6卷本）〉》。

6月29日，在龙口完成《陈倩剧作选》（南京出版社1996年出版）序。1997年4月，以《根植民间　遵从心灵》为题发表于《文艺百家》1997年第2期，后修订定题为《独特的区邑文化》。

同日，《中国石化报》刊载雁羽的《为心灵写作——访作家张炜》。又刊载于齐鲁石化文联《新潮》1996年第1期。

7月，长诗《皈依之路》分上、下篇分别在《上海文学》《青年文学》1996年第7期发表。

7月，《张炜作品自选集》被列入"作家自选集系列"，由漓江出版社出版。

7月，完成诗歌《折笔之哀》。

7月，《当代作家评论》第4期刊载陈思和的《关于长篇小说的历史意义》，其中论及了长篇小说《九月寓言》《家族》。

7月，《小说评论》第4期刊载殷实的《危机写作：〈家族〉作为长篇小说写作失败的病例》。

漓江出版社1996年7月版

7月，《文学评论》第4期刊载樊星的《当代文学与地域文化》，其中论及了张炜的文学创作。

7月，《理论与创作》第4期"名家肖像"栏目推出张炜专辑，包括张炜的随笔《龙口手记》、刘烨园的《阅读张炜的基础——我所认识的张炜》、张清华的《历史的坚冷岩壁和它燃烧着激情的回声——读张炜的〈家族〉》。

《龙口手记》包括《纯粹的心境》（1992年7月10日）、《苦难在遗忘中积累》（1992年7月12日）、《农民最苦》（1991年5月19日）、《艺术家的一生……》（1990年11月19日）、《巴尔蒂斯的画》（1991年5月15日）、《巨大的或琐屑的》（1991年6月13日）、《阅读》（1988年9月15日）、《讲叙与不可讲叙》（1988年9月17日）、《无权告知的话题》（1988年9月19日）、《事物的极端状态》（1992年7月20日）、《重视行动性》（1990年11月21日）、《小说的第一笔》（1990年11月24日）、《主人公往往"平庸"》（1990年11月26日）。

7月，《理论学刊》第4期刊载王敏的《浓泼重洒　凄婉悲怆——读〈家族〉》。

7月，《吉林师范学院学报》第7期刊载王学谦的《生命与理性之间——关于人文精神讨论之我见》，评述了1995年的人文精神论争。

7月2日，随笔《个人的痛苦形式》在《羊城晚报》发表。

7月22日，在济南完成《张业松评论集》（山东友谊出版社1996年版）序。后修订定题为《批评的个人情景》。

7月23日，在济南完成周蓬桦长篇小说《野草莓》（山东文艺出版社1996年版）序。后修订定题为《鲜凉的潮水》。

7月25日，《大众日报》"作家近期动态"刊载《张炜写长诗》，介绍长诗《皈依之路》。此报同时刊载《作家张炜近作评》。

7月30日，随笔《艺术断想》（包括《地方的失尊》《遥远的悲怆和切近的爱情》）在《羊城晚报》发表。

8～12月，完成诗歌《马眼少女》。

8月，受美国出版索引协会主席罗伯特·鲍曼、《美国文摘》邀请访问美国，历时两个月。其间，参观纽约世贸中心及爱默生、艾略特、梭罗、惠特曼等著名作家旧居。美国《侨报》等多家媒体报道并发表专访。其中，8月3日《侨报》刊载《应〈美国文摘〉和出版公司邀，中国作家张炜抵美访问写作》、8月4日《世界日报》刊载《著名大陆作家张炜访美》。

与罗伯特·鲍曼在惠特曼纪念馆

8月，完成诗歌《人·黑夜——在纽约》。

8月，开始写长篇系列散文《深爱之章》，至2007年4月完成，包括《依偎》《想起了年轻的时候》《精致、脆弱、一尘不染》《每年都有四季》《时刻等待》《哭泣刚刚开始》《沧桑巨变》《我愿做一只小羊》《一朵萱草花》《整个展厅被它照亮》《辨认她的过去》《腊梅》《那是俗事一段》《这样一对夫妻》《像一只卧地羔羊》。

8月，苏光文、胡国强主编《20世纪中国文学发展史》（上、下卷）由西南师范大学出版社出版。该书下卷论述了张炜的小说创作，指出："张炜从写秋天的系列作品到《古船》《九月寓言》《家族》《柏慧》等力作的推出，始终执着地在艺术之路上追求着。虽然，他的小说所涉及的题材如城乡变革、家族兴衰等并不算新鲜，但因渗入了作者强烈的主体意识而具有撼人心魄的艺术魅力。""张炜是位富于激情且主体意识较强的作家。他的小说，不仅是'难以销蚀和磨损的激情'的产物，而且无疑凝聚着他对历史、现实以及未来的思索、感受和关切。""张炜是一位并不热衷于艺术形式探索的作家，但这并不影响他在艺术表现上独特风格的形成。由于要呈示苦难、宣泄愤怒、抒写激情，他在小说创作中选择了一种与之相适应的艺术表达方式，从而确立起显著的诗性抒情风格。"

8月，《济宁师专学报》第4期刊载宗元、姚明霞的《传统文化的雕像——论白嘉轩与隋抱朴》。

8月5日，《威海日报》刊载洪浩的《圣者之思——读张炜〈葡萄园畅谈录〉》。

同日，台湾《世界日报》刊载《张炜访美　离幽居探索新世界——在大陆"读者最喜爱作家"中排名第二·三部小说激起文坛正反争论》。三部小说指

《九月寓言》《柏慧》《家族》。此消息为"本报记者杨鸣镝纽约专访"。

8月25日，完成诗歌《费加罗咖啡馆》。

9月，中篇小说《瀛洲思絮录》在《钟山》1996年第5期发表，篇末注明"1992年8月8日～1996年6月10日于龙口—济南—龙口"，并特别注明"本文作者为中国国际徐芾研究会副会长"。

9月，长篇小说《家族》繁体字版由香港天地图书有限公司出版。

9月，《小说评论》第5期刊载方李珍的《秋天·黑夜·流浪：回望童年返归大地——张炜小说的时间经验》。

9月，《文学评论》第5期刊载毛崇杰的《理性的批判与批判的理性》，其中论及了长篇小说《古船》《柏慧》。

9月，《文艺评论》第5期刊载叶岗的《古典主义情怀与后新时期小说》，其中论及了张炜的人文主张和长篇小说《九月寓言》《柏慧》《家族》。

9月，《当代作家评论》第5期刊载孙郁的《当代文学与鲁迅传统》，其中论及了张炜的文学创作。

9月，《华中师范大学学报》（哲学社会科学版）第5期刊载一组关于构建新人文精神的笔谈，包括周晓明的《一种值得注意的思想文化倾向：新保守主义》、昌切的《新保守主义泛起的背景》、王又平的《新保守主义：当下的文化反讽》、邓晓芒的《鲁迅精神与新批判主义》。王又平指出："张炜在自己的作品中很喜欢用'守护'、'看护'之类的词，我觉得这倒是道出了新保守主义的精义。新保守主义的核心就在于'守'：个人以传统为'精神家园'，沉迷于其中作文化自慰，以养吾浩然之气，以避世全身，是一种'守'；在人们心中培植起深固的传统观念，不使它'失落'，不使它从人们精神上流失，是一种'守'；给传统以'创造性转换'，犹如古建筑的重新修整或饰以现代建筑以一派古风犹存的模样，也是一种'守'；弘扬传统的博大精深，以中华文化足可拯救世界自诩，还是一种'守'。以结果而论，'守'，既可能'守'出民族的自尊心、自信心、自豪感，也可能'守'出文化自恋主义、文化改良主义、文化专制主义，乃至文化霸权主义。"

9月，《上海文学》第9期刊载王彬彬的《一个沉重的话题——关于民粹主义的读书笔记》。

9月19日，《淄博日报》刊载吕鸿钧的《独行——致一位作家》（致张炜）。

9月20日，《山东青年报》刊载《独树一帜的张炜》。

10月，随笔《珍品荐：〈手〉》被收入《小说家喜爱的小说》，由北京十月文艺出版社出版。同时，还收录了美国作家舍伍德·安德森的短篇小说《手》（吴岩译）。

10月，中篇小说《秋天的思索》、长篇小说《古船》（节选）被收入《中国乡土文学大系》（当代卷·上卷），由农村读物出版社出版。

10月，随笔集《心仪——域外作家：肖像与简评》由山东画报出版社出版。

山东画报出版社1996年10月版

山东画报出版社1997年6月版

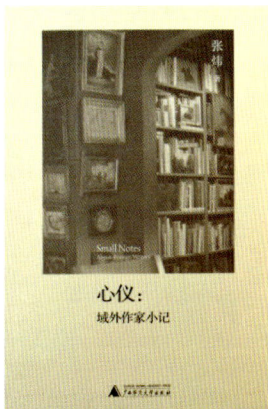
广西师范大学出版社2013年4月版

10月，散文随笔集《激情的延续》被列入"月亮岛文化随笔"丛书，由湖南文艺出版社出版。

10月，主编"徐福文化集成"5卷本由山东友谊出版社出版。其中，第4卷《东巡》全部是张炜关于徐福的原创小说。

湖南文艺出版社1996年10月版

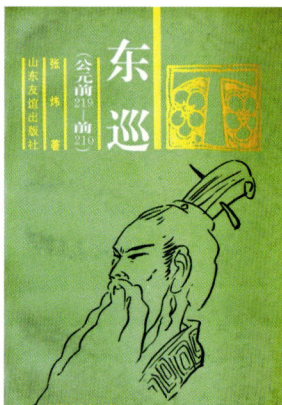

山东友谊出版社1996年10月版

10月，日本放送出版协会《中国语讲座》开始推出张炜作品专辑，从第10期到第12期共推出74篇。

10月，完成诗歌《有一种奇怪的液体》。

10月，开始写系列随笔《凝望——47幅图片的故事》。

10月，《临沂师专学报》第5期刊载熊元义、袁亮的《社会进步与道德批判——兼及张承志、张炜等作家的抉择》。

10月8日，完成诗歌《晨雨》。后作为散文随笔集《最美的笑容》（陕西人民出版社1998年版）代后记。

10月16日，随笔《醉心于别人的个性》在《羊城晚报》发表。

10月17日，《大众日报》刊载汪稼明的《张炜新作〈心仪〉小引》。后又刊载于11月6日《中华读书报》。

10月21日，《烟台日报》刊载郝慧民的《〈徐福文化集成〉近日将面世》，介绍了张炜主编的大型系列丛书"徐福文化集成"第1辑有关情况。

11月，随笔《龙口手记》在《理论与创作》1996年第6期发表。

11月，完成诗歌《瓦尔登湖》《长岛草叶》。

11月，珠海出版社出版的散文随笔集《生命的呼吸》获全国城市出版社优秀图书评审委员会第九届全国城市出版社优秀图书奖。

11月，《中华文学选刊》第6期刊载雷达的《近期短篇小说述评》，其中论及了短篇小说《致不孝之子》。

11月，《浙江社会科学》第6期刊载卢敦基的《当代小说家短评（七则）》，其中评述了长篇小说《古船》《九月寓言》《柏慧》《家族》。

11月，《艺术广角》第6期刊载彭云的《家族小说：历史的挽歌与寓言》，其中论及了张炜的小说创作。

11月，《山西文学》第11期刊载丁帆的《乡土文学：多元化之下的危机》，其中论及了张炜的文学创作。

11月10日，在龙口完成长篇小说《远河远山》。

11月30日，在济南参加致远书店开业典礼，并举办《心仪——域外作家：肖像与简评》签售活动。

12月，"随笔小辑"在长沙市文联《新创作》1996年第6期发表，包括《一部战争小说》《嫉妒者》《嫉妒者如果勤奋》《尚未成熟的性格》《无足轻重的嬉戏者……》《世道求助于绿色》《更深沉的灵魂》《节气》《责任和无奈》。

12月，"随笔四题"在《山花》1996年第12期发表，包括《匆忙搭起的布景》《尴尬》《弱者、体面人、尊贵人》《可怕的陋习》。

12月，完成组诗《午夜半岛》，包括《炕—雾》《梦意》《宿醉》《情书》《拐杖》《叹息》。

12月，完成诗歌《童砚》。

12月，完成诗集《皈依之路》（东方出版中心1997年版）后记《诗之源》。

12月，短篇小说《致不孝之子》获《山东文学》齐鲁作家小说精品大展优秀作品奖。

在致远书店

12月，长篇小说《我的田园》获山东省"精品工程"长篇小说奖。

12月，《淄博师专学报》第4期刊载葛福庆的《寻找民族的精魂——读张炜的〈柏慧〉〈家族〉》。葛福庆指出："《柏慧》与《家族》是张炜创作的新的里程碑。在这两部长篇中，张炜深深地拷问着知识分子的灵魂，寻找着民族的精魂。张炜以其抵抗'堕落'的执着展示了这两部作品的文化意蕴与时代意义。"

12月1日，《齐鲁晚报》刊载记者赵金庆的《"心仪"的张炜来了——"致远书店"开业第一天访著名作家张炜》。

12月3日，在济南完成随笔《感动与欣悦》（评赵德发长篇小说《缱绻与决绝》、陈占敏长篇小说《沉钟》）。后发表于12月25日《中华读书报》。

12月9日，《威海日报》刊载洪浩的《张炜：融入和皈依》。

12月16~20日，在北京参加中国作家协会第五次全国代表大会，当选为中国作协全国委员会委员。

12月24日，完成诗歌《故地之思》。

本年，系列随笔《域外作家小记》在《深圳商报》上以"名家点评"为题连载。

本年，短篇小说《三想》被收入"碧蓝绿文丛"（小说卷）《放生》，由中国环境出版社出版。

本年，随笔《作家的出场方式》法文版由法国Bleu de Chine出版。译者是居里安·安妮、尚德兰。

本年，人民出版社及其主办的《新华文摘》杂志发起评选"最喜爱的作家"活动，在入选的十位作家中，张炜名列第二。此次评选选票只发给文化知识界人士，具有较高的文化层次。

1997

1月，随笔《学习马一浮》在《鸭绿江》1997年第1期发表。

张炜说："90年代的许多人专注于写什么，而不是读什么。今后几年可能也是这样。这并不是一个吉兆。一个时期极有可能出现一大批盲目的书写者。这些行为完全偏离了心灵之需。即便是读，出发点也有极大不同。究其底，读书与写作无非是生命需要而已，不能功利性太强。读书不能像翻字典。它应该是一种嗜好。嗜好从来都很难讲功利。""读书写作，坚持不辍，既能葆有平常之心，又能具备守恒之志。这些看似容易，实际很难。它讲究一个'日久功圆'。一切都在一种积累之中，道德，学问，劳动，都在于积累。积累需要缄默，并且时间短了不行。20年，也太短。马一浮如此做了一辈子。"（张炜：《学习马一浮》，载《张炜文集》第32卷，作家出版社2014年11月出版，第205页。）

1月，随笔《尤凤伟的故事》（写于1996年12月5日）在《当代作家评论》1997年第1期发表。

1月，散文《绿色遥思》被收入"碧蓝绿文丛"（散文卷）《愿地球无恙》，由中国环境科学出版社出版。

1月，散文《水手》被收入《神之日：〈光明日报·文荟〉副刊作品精粹》，由光明日报出版社出版。

1月，随笔《利口酒》被收入"中国作家看世界丛书"《莱茵河的怀念》，由华夏出版社出版。

1月，随笔《龙口笔记》被收入"名家最新随笔精华"《新现象随笔》（二辑），由中央编译出版社出版。

1月，散文随笔集《时代：阅读与仿制》被列入"读译文丛"第3辑，由中央编译出版社出版。

1月，完成诗歌《献诗》《我的松林》。

1月，雷达著《缩略时代》由中央编译出版社出版。其中《关怀灵魂》一文论及了长篇小说《九月寓言》《柏慧》《家族》和散文《融入野地》。

1月，《漓江》第1期刊载何启治的《从〈古船〉到〈白鹿原〉》。封三刊载了一幅何启治与张炜1995年在办公室的合影。

中央编译出版社1997年1月版

1月，《青年文学》第1期刊载宋建英的《光荣与梦想》，评述了长诗《皈依之路》。

1月，《文艺争鸣》第1期刊载王彪的《面向灵魂的说话声》，其中论及了张炜的文学创作。

1月，《当代文坛》第1期刊载余亚梅的《对自然的歌唱与冥想——论张炜散文》。余亚梅指出："张炜散文深情委婉而又沉郁雄浑的美学风格正源于对大自然的一腔挚爱、对人的不绝思考，这也是张炜散文的两个主题，有时它们并行不悖，有时又融合为一，成为我们深入把握其散文精神内核的契机。"

1月，《菏泽师专学报》第1期刊载王培远的《走向精神和人格的高原——张炜〈家族〉〈柏慧〉读解》。

1月，《蒲峪学刊》（哲学社会科学版）第1期刊载周游的《生命与灵魂的拷问——论张炜、张承志、史铁生创作中的精神追求》。

1月，《山西大学学报》（哲学社会科学版）第1期刊载王春林、贾捷的《神圣家族——从〈家族〉看张炜的道德乌托邦理想》。后又刊载于《艺术广角》1997年第2期。

1月1日,《中华读书报》刊载张文华的《生命采蜜》,其中谈及了张炜及其创作。

1月8日,山东省政协《联合报》开设"张炜眼中的世界文豪"专栏,开始连载《心仪》。"编者按"写道:"《心仪》是张炜新创作的一部别具一格的读书随笔。是当代国内重要作家对200年来世界一些大作家及其重要作品的品味和评述。""在写作和读书两方面,张炜是文坛公认的求索和用功的先锋人物。该书行文优美,不时闪烁智慧和情感之光,精彩段落令人击节叹赏。鉴于此,本版将陆续刊登这些随笔,相信会给读者们带来一份欣喜和收益。"

1月9日,随笔《儒学与变革》在山东省政协《联合报》发表。

1月10日,随笔《"有用"和"心亏"的选择》在《羊城晚报》发表。

1月15日,《山东图书报》刊载虞静的《孤独之旅——读张炜的〈心仪〉》。

1月21日,随笔《艺术断想》在《羊城晚报》发表。

1月25日,随笔《读书致远》(记济南致远书店,写于1月19日)在《齐鲁晚报》发表。

1月31日,随笔《未知的命运》在《中国青年报》发表。

2月,散文《融入野地》被收入"布衣文丛"之《静夜功课》,由民主与建设出版社出版。

2月,完成散文随笔《山凹之月》《炉火》《大地的引力》《一路奔跑》《诗人的命数》《冬天的阅读》《荻火》《怜悯》等。

2月,散文《你在不为人知的田园中》在《散文天地》1997年第2期发表。

2月2日，完成诗歌《东去的居所》。

2月9日，在龙口完成随笔《我的创作——兼谈中国大陆新时期文学》。此文是应《美国文摘》之约而撰，后修订改题为《兼谈》。张炜写道："近三年来中国大陆开展的'新人文精神'讨论中，我的作品一直处于争论的漩涡。但我并未直接参与这场讨论。其中被激烈争论的有长篇小说《柏慧》和文论《诗人，你为什么不愤怒》。《柏慧》由于探讨了中国社会转型期知识分子的独特地位、责任及精神状态，与一系列传统价值观念发生冲突，引起了始料不及的争执。但我始终认为它是我面向这个时代的、理应留下的声音。""关于'人文精神'的讨论对于中国文化界无疑是非常重要的，它尽管掺杂了许多非学术非学理的扯皮、个人恩怨之憾，也仍然是几十年来的思想和文学论争中最具有实际内容的一次。目前这场争论还在继续，并转向深度发展。"（张炜：《兼谈》，载《张炜文集》第32卷，作家出版社2014年11月出版，第225页。）

2月22日，完成边振晋摄影集《峄山：生命的雕塑》（陕西旅游出版社1999年版）序《山石之爱》。后修订定题为《山石之爱——序峄山摄影集》。

2月26日，修订长篇小说《远河远山》。

3月，"随笔二题"在《广西文学》1997年第3期发表，包括《浪漫的时代》《怜悯》。

3月，3卷本散文随笔诗歌集《冬天的阅读》《大地的呓语》《羞涩与温柔》由东方出版中心出版。

3月，《中国图书评论》第3期刊载虞静的《生命之根、文学之根在哪里？——读〈张炜名篇精选〉》。

DONGTIAN DE YUEDU

冬天的阅读

张 炜著

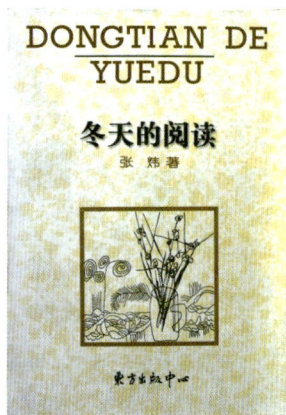

东方出版中心1997年3月版

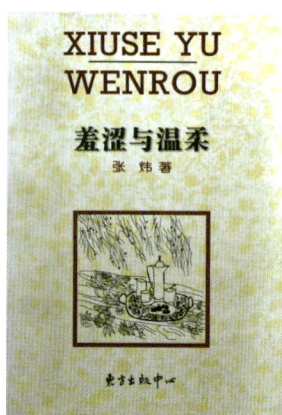

DADI DE YIYU

大地的呓语

张 炜著

东方出版中心1997年3月版

XIUSE YU WENROU

羞涩与温柔

张 炜著

东方出版中心1997年3月版

3月，《读书》第3期刊载李振声的《无时态背后的时间疑惧——〈九月寓言〉一解》。后又刊载于《当代作家评论》1997年第3期。

3月10日，完成随笔《有书的长旅》。张炜写道："从很早的时候起，我就知道：人这一生没有书会是很苦的。在未来的日子里，谁如果不怕苦，那他就拒绝书好了。人的一生好比一次长长的旅行——这个比喻差不多人人都会。人的一生有多少欢乐，多少困苦，又从中获取了多少思想和感悟——有人把这一切写下来，就是所谓的书。读书，就是读许多许多的人生。每个人因为只有一生，他要在一生中解决那么多的困惑，迎接那么多的挑战，进行那么多的尝试，时间不够了。于是只有读书。"（张炜：《有书的长旅》，载《张炜文集》第32卷，作家出版社2014年11月出版，第215页。）

3月12日，完成散文《自画像》《窗前》。

3月17日，随笔《埋藏起孤独和忧愁》在《羊城晚报》发表。

3月22日，在济南接受《中学生阅读》杂志记者采访。访谈后修订整理为《书的魅力——答〈中学生阅读〉》。

3月24日，在济南完成短篇小说集《芦青河纪事》序（1983年10月山东人民出版社初版，1984年11月山东文艺出版社出版的短篇小说集《芦青河告诉我》修订版更名为《芦青河纪事》）。此序曾题为《生命之河》，后又修订改题为《薄薄一册》。

3月25日，接受《海上文坛》记者王雪瑛采访。1998年1月21日，再次接受《海上文坛》采访。两次访谈后一并修订整理为《昨日里程——答〈海上文坛〉》。

3月26日，随笔《未知的命运》在《东方讯报》发表。

3月27日，《文学报》刊载张英的《长篇小说：让人欢喜让人忧》，其中论及了长篇小说《家族》。

3月30日，在济南完成张清华《中国当代先锋文学思潮论》（江苏文艺出版社1997年出版）序《穿行在历史中的诗情》。后修订改题为《真挚的诗声——序〈中国当代先锋文学思潮论〉》。该书在"'人文精神'论辩与'新保守主义'升温"一节中论及了1993年的"二张现象"。

4月，随笔《诗人，你为什么不愤怒》《怀疑与信赖》被收入《以笔为旗——世纪末文化批判》，由湖南文艺出版社出版。

4月，随笔《存在的执拗》被收入《感受那片森林——笔会文萃1996》，由文汇出版社出版。

4月，完成随笔《荒漠之爱》《走出梦呓》。

4月，小说散文集《远行之嘱》由长江文艺出版社再版。

4月，自牧著《抱香集》由华艺出版社出版，其中收录了《张炜那不倦的琴声》《〈散文随笔〉编后记》。

4月，宋彦、张光芒主编"大师·大智慧丛书"（文学大师卷）之《文心花雨》，由山东人民出版社出版，其中收录了王丽的《张炜：守护人类的精神家园》。

4月，《聊城师范学院学报》（哲学社会科学版）第2期刊载刘明的《大河的景象　战士的品格——张炜个性二题》。该文针对一个时期以来不同论者对张炜创作中坚守道德理想的赞美或质疑，指出："当然，也有人赋予张炜一个'当代的堂吉诃德'的称号，认为他执着地追求和捍卫着的只是一个虚无的'梦幻'，一个可笑的'乌托邦'。我由此而想到，人活着，大概总是要做梦的，一个不会做梦的人多少有些可怕。但在这个特别讲'实惠'的年头，没梦的人似乎越来越多了，有梦的人也变得羞于承认，或者对梦并不怎么在乎了。而张炜不但依然在做梦，而且迂执地相信着梦的美好和真实。并且为了捍卫他的'梦幻'，不惜冒着重重的危险。……我们笑他是狂妄的'自我夸大和自我幻想'，笑他是无可奈何的'疲惫而狂躁的挣扎'，都是无妨的。但是，对于他骑士的圣徒性格，对于他的恒心和道心，却不是任何人都有资格取笑的。智慧的爱因斯坦读遍了塞万提斯的小说，从没有笑谈堂吉诃德的头脑简单。这位伟大的人物始终敬重着疯傻的骑士，不是因为他有成就了的大勋业，而是因为他有一颗最纯洁的灵魂。"

4月，《汕头大学学报》（人文科学版）第2期刊载冯尚的《生命与道德的抗衡——张炜长篇小说批评》。

4月2日，随笔《没有明天的人》在《羊城晚报》发表。

4月6日，在济南市新华书店与邵燕祥等人共同举行签名售书活动。

4月7日，《济南时报》刊载记者隋煜的《张炜，耐得寂寞苦读书》。同时刊载隋煜的《张炜、邵燕祥等昨在济签名售书，场面不愠不火颇出人意料》。

同日，《齐鲁晚报》刊载张莹的《与作家对话——张炜、邵燕祥、草非、尤凤伟签名售书侧记》。同时，刊载访谈《张炜：应该有道"栅栏"》。

4月9日，《中华读书报》刊载虞静的《孤独之寻》（记张炜）。

4月10～11日，《齐鲁晚报》刊载记者赵金庆对张炜的访谈《催人泪下的〈车间主任〉》（上、下），谈张宏森的长篇小说《车间主任》。

4月14日，随笔《严肃认真地对待自己的激情》在《羊城晚报》发表。

4月19日，《淄博日报》刊载何镇邦的《书荐：〈精神的魅力〉》。

4月20日，散文《选择》（记苏联宇航员尤里·加加林）在《齐鲁晚报》发表。此文发表在齐鲁晚报社与老照片编辑部合办的"老照片"栏目，后又刊载于5月14日《今晚报》。

5月，随笔《一路奔跑》（附王雪瑛的《昨日里程——张炜访谈》）在《文学世界》1997年第3期发表。

5月，《莽原》第3期推出"张炜新作小辑"，包括散文《美生灵》《蓬勃》《依赖》，诗歌《折笔之哀》（篇末注明写于"1992年8月，改于1996年7月"），短篇小说《仙女》（篇末注明写于"1995年6月29日～1996年2月11日"）、《唯一的红军》，文论《诗之源》（篇末注明写于"1996年12月"）。

5月，散文《蓬勃》在河南省公安厅《公安月刊》1997年第5期发表。

5月，随笔《如火如荼》《排遣之地》《注视》《酷烈》《完美的信念》《洁净》《天生的彼岸》《异域之美》在《风筝都》1997年第5期发表。

5月，在济南完成"大河小说"《你在高原》之八《你在高原·西郊》（后改名《曙光与暮色》）第2稿。

5月，《枣庄师专学报》第2期刊载刘宏伟的《正义原则与道德"狂人"——张炜长篇小说评述之一》。刘宏伟指出："乡村理性，这是张炜小说世界中的阳光和空气；正义原则，则是张炜从乡村理性出发透视现实世界的重要途径之一。"

5月5日，《文汇报》刊载王雪瑛的《昨日里程——关于张炜写作的谈话》。

5月15日，《大众日报》刊载晨义的《真正的作家》（记张炜）。

5月19日，完成诗歌《走穿的红树林》《我的城堡》。

5月20日，完成诗歌《胡琴》。

5月22日，完成诗歌《白鳍豚》。

5月23日，完成诗歌《蓝花杯》《我正奔赴山岗》。

同日，《中国图书商报》刊载江铁的《解读另一种信息——读张炜的〈心仪〉》。

5月26日，完成诗歌《它们，无欺的目光》《周一的流》。

同日，随笔《荒漠之爱——读鲁迅》在《今晚报》发表。

5月28日，《济南时报》刊载刘烨园的《操劳的谱系》。此文是刘烨园为张炜中短篇小说集《致不孝之子》写的序，后又刊载于6月15日《山东图书报》。

5月29日，完成随笔《感激》（读董均伦）。

5月30日，完成诗歌《块根》《古书简》。

5月30～31日，完成诗歌《致六位友人》。

5月31日，在济南完成诗歌《给老太太点火》、随笔《智者之诗——悼孔孚》。

6月，散文《蓬勃》《美生灵》《依赖》在《莽原》1997年第3期发表。

6月，散文《美生灵》在河南省公安厅《公安月刊》1997年第6期发表。

6月，散文随笔《五月之歌》在《山东文学》1997年第6期发表，包括《在

风中》《选择》《陶醉》《西部传说》《费加罗咖啡馆》。其中，《在风中》
后选载于《散文海外版》1997年第5期。

6月，散文《荻火（外四篇）》、诗《故地之思》（篇末注明写于"1996年12
月24日"）在《鸭绿江》1997年第6期发表。"外四篇"为《学习马一浮》《窗
前》《美额之链》《安然与激越》。

同期，刊载蓬桦的《秋天的张炜》。

6月，《心仪——域外作家：肖像与简评》由山东画报出版社再版。

6月，随笔《有书的长旅》及《书的魅力——张炜答本刊记者问》在《中
学生阅读》1997年第6期发表。封二刊载张炜照片、简介，以及1997年3月12日
给《中学生阅读》的题词："一生手不释卷"。

6月，散文随笔《羞涩与温柔》《融入野地》被收入《王安忆选今人散文》，
由上海文艺出版社出版。

6月，短篇小说集《致不孝之子》被列入"双桨文丛·中国当代小说名作
名评"，由山东友谊出版社出版。

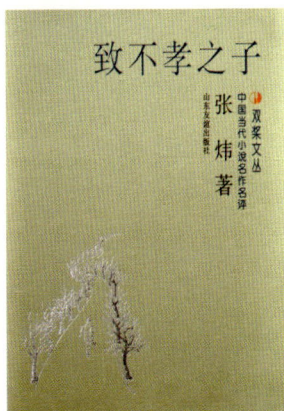

山东友谊出版社1997年6月版

作家出版社2014年11月版

在济南参加"双桨文丛"出版发行座谈会

6月，长篇小说《远河远山》被列入"金犀牛丛书"，由明天出版社出版。

6月，《惠州大学学报》第2期刊载伍世昭的《90年代乡土小说文化价值取向论》，其中论及了张炜的小说创作。后又改题为《文化价值取向的三个面向——中国90年代乡土小说一瞥》，刊载于《理论与创作》1997年第6期。

6月，《长沙电力学院社会科学学报》第2期刊载刘起林的《论当前长篇小说题材的历史化倾向》，其中论及了长篇小说《九月寓言》。

6月1日，完成诗歌《河流失去名字》。

6月9日，完成诗歌《滞留》。

6月12日，随笔《智者之诗》（记孔孚）在《大众日报》发表。后又发表于6月22日《济宁日报》。

6月15日，《山东图书报》刊载刘烨园的《操劳的谱系——〈致不孝之子〉序言》。

6月20日，完成随笔《荐摩罗〈巨人何以成为巨人〉》。后修订改题为《敬重》。此文作为"推荐人语"与摩罗的《巨人何以成为巨人》一同发表在《山东文学》1997年第9期。又发表于《东方艺术》1997年第3期。

6月23日，《济南时报》刊载陶纯的《田园守望者》（记张炜）。

7月，随笔《我的创作——兼谈中国大陆新时期文学》在美国文摘有限公司出版的《美国文摘》6～7月号（总第4期）发表。

7月，《远河远山》在《花城》1997年第4期发表，篇末注明"1996年11月10日写毕，1997年2月26日订"。该刊发表时注明为"中篇小说"。

7月，诗集《皈依之路》由东方出版中心出版。

7月，短篇小说集《芦青河纪事》（短篇小说集《芦青河告诉我》修订本）被列入"名家处女作系列"，由山东文艺出版社出版。

7月，《小说界》第4期刊载王安忆的《〈九月寓言〉的世界》。

明天出版社1997年6月版

南海出版公司2001年4月版

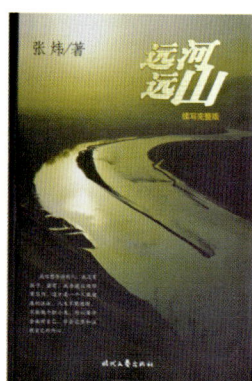

时代文艺出版社2005年5月续写
完整版

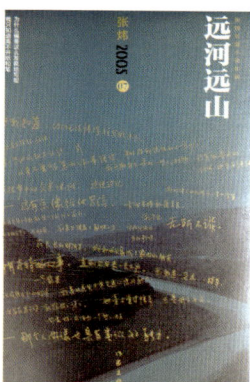

作家出版社2013年8月版

作家出版社2014年11月版

人民文学出版社、天天出版社
2016年1月版

台湾印刻出版有限公司2003
年2月版

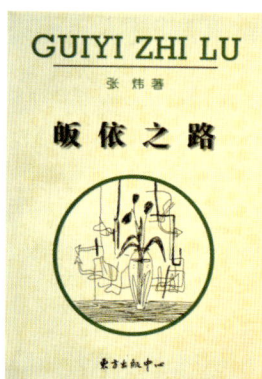

东方出版中心1997年7月版

山东文艺出版社1997年7月版

7月，《理论与创作》第4期刊载贾振勇、魏建的《形而上的悲怆与文化操守——从张炜小说看小说作为一种精神形式的价值》。贾振勇、魏建指出："阅读张炜小说，给人的文化冲动在于使人投入到思想者的行列，寻找思想的对话者。张炜小说，在现时代文化环境映衬下，最激动人心的还在于围绕小说所表现出来的道义和尊严：心灵的自由，责任感，形而上的冲动，思想的力量……诸如此类的范畴。这种强烈而执着的人文主义倾向，使我们进而坚信，普罗米修斯可以被缚，可以被严刑折磨，但是，由他从天庭盗来的火种永远不会熄灭。"

7月，《书缘》第7期刊载梅子的《守住自己的命运——写给张炜》。

7月16日，完成泰山出版社编辑出版的"十二月文丛"（1998年出版）前言。前言印入"十二月文丛"时题为《编者的话》，未署名。

7月28日，随笔《茨威格》在《新晚报》发表。

8月，随笔《走出梦呓》在《威海文艺》1997年第4期发表。

8月，短篇小说《唯一的红军》选载于《小说月报》1997年第8期，篇末注明"选自《莽原》1997年第3期"。

8月，短篇小说《仙女》选载于《小说选刊》1997年第8期。

8月，中短篇小说集《瀛洲思絮录：张炜中短篇小说新作集》被列入"中国当代作家文库"，由华夏出版社出版。

8月，沈苇、武红编《中国作家访谈录》由新疆青少年出版社出版，其中收录了张炜的《文学是生命的呼吸——与大学生对话录（节选）》。

华夏出版社1997年8月版

8月，《黄冈师专学报》第3期刊载沈嘉达、钟梦娇的《道德的或非道德的：对经济行为的价值判断——从一个角度看中国新时期小说》，其中论及了张炜的小说创作。后又修改刊载于《当代文坛》1997年第5期，署名沈嘉达。

8月1日，《烟台晚报》刊载孙文华的《心中的向往》（记张炜）。

同日，《烟台晚报》刊载李玉立的《百年文学经典与齐鲁作家》，其中谈及了张炜的文学创作与长篇小说《古船》《九月寓言》。后又刊载于8月11日《济南日报》。

8月11日，随笔《博尔赫斯》在《新晚报》发表。

8月15日，《山东青年报》"山东作家近况"栏目介绍张炜。

8月22日，接受《华商报》记者林子采访。访谈后修订整理为《怀旧与反思——答〈华商报〉》。张炜说："我的作品很少改编影视。过去有一部中篇被改编拍摄，大多数人，包括我，都没看过。不知怎样。文学作品与影视是两回事。文学仅是语言艺术。而电影更综合一些。在这种综合中，我重视文学性很强的影视作品。"（张炜：《怀旧与反思——答〈华商报〉》，载《张炜文集》第32卷，作家出版社2014年11月出版，第230页。）

8月24日，散文《炉火》在《济南日报》发表。

8月25日，随笔《陀思妥耶夫斯基》在《新晚报》发表。

9月，散文随笔《八月之光》在《风筝都》1997年第5期发表，包括《如火如荼》《排遣之地》《注视》《酷烈》《陪伴》《完美的信念》《洁净》《天生的傲岸》《异域之美》。

9月，散文《在风中》选载于《散文海外版》1997年第5期，篇末注明"选自1997年第6期《山东文学》"。

9月，《山花》第9期推出"张炜新作小辑"，包括中篇小说《孤竹与纪》、散文《土与籽》、长诗《梦意》。

9月，完成系列随笔《凝望——47幅图片的故事》，包括《自然的温馨》《依赖》《葡萄与靴》《美额之链》《她与顽皮》《宏巨》《动之余》《乡菇》《美生灵》《未知的命运》《最美的肖像》《漫漫》《荻火》《挑战的鼻梁》《在风中》《蓬勃》《昨日小猫》《如发的电缆》《荒原》《别一种童年》《安居的人生》《安然与激越》《最美的笑容》《淳朴和坚定》《选择》《古怪之美》《圣华金小狐》《陶醉》《自守与注视》《如火如荼》《排遣之地》《注视》《酷烈》《陪伴》《完美的信念》《洁净》《天生的傲岸》《异域之美》《生命的力量》《艺术和流浪》《琴声》《英雄挽歌》《公民激情》《梦的故乡》《森林之冬》《温柔的绿山》《他们》，以及《后记》。

9月，"张炜名篇精选"丛书获山东省优秀图书评选委员会组织的1995～1996年度山东省优秀图书奖。

9月，《当代作家评论》第5期刊载摩罗的《灵魂搏斗的抛物线——张炜小说的编年史研究》。该文将张炜的创作分为1973～1982、1983～1989、1990～1996三个时期。

9月，《莽原》第5期封二刊载张宇的《走向经典的作家——张炜》。张炜为本期封面人物。

9月15日，短篇小说《仙女》选载于《齐鲁晚报》，篇末注明"原刊于《莽原》1997年第3期、《小说选刊》1997年第8期"。

9月18日，散文《最美的笑容》在《今晚报》发表。

9月19日，短篇小说《唯一的红军》选载于《作家文摘》，篇末注明"原载《莽原》1997年第3期"。

10～11月，应韩国韩中友协和日本日中友协邀请访问韩国和日本，并在日本搜集《徐福在日本》一文资料。

10月，短篇小说《在族长与海神之间》在《新聊斋》1997年第5期发表。

10月，6卷本《张炜文集》由上海文艺出版社出版，包括长中篇小说卷4卷、中短篇小说卷1卷、散文·随笔·诗卷1卷。

10月，《沈阳师范学院学报》（社会科学版）第4期刊载刘明的《从〈古船〉到〈家族〉——张炜的现实主义探索及意义》。刘明指出，张炜与陀思妥耶夫斯基一样，"对于人的心灵具有共同的关注和思考。他们似乎都不太看重历史的发展——进步或倒退，而是始终关注着人的感受——欢乐还是痛苦。他们的作品所表现的都是人的心灵历程，而不是社会的历程"。"张炜和陀思妥耶夫斯基一样，也是一个心理诗人。……如果把他的作品连接起来，我们就会发现那正是一部民族的心灵史诗。"

在日本

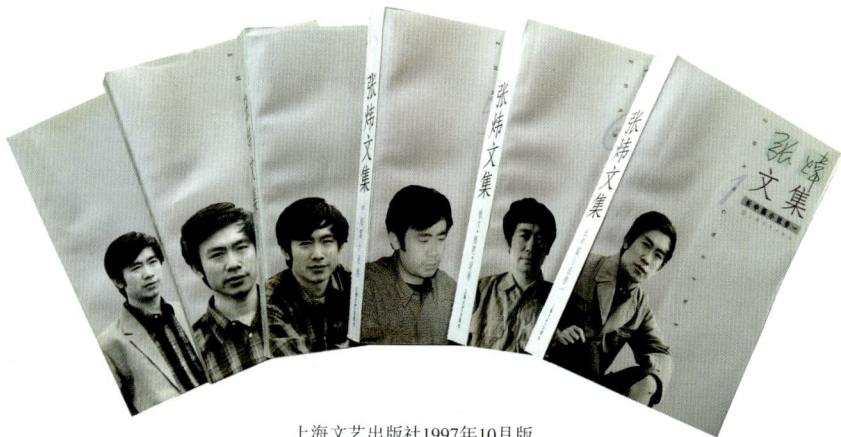

上海文艺出版社1997年10月版

在日本佐藤春夫馆

在韩国

10月，《淮阴师专学报》第4期刊载刘平、刘小华的《人的存在与乌托邦——读张炜〈融入野地〉》。刘平、刘小华指出："从张炜的思想履历来看，这是一部具有思想阶段性特性的作品。它表明张炜由以激情和呐喊为特质的青年时代走向以人生阐悟为特点的壮年时代，即由对人道主义的张扬深入到对人的理性主义思考，由为讨还公正和正义而抗议的愤怒提升到对超越世俗的心灵净地的关怀，由揭示现实的真实扩展到探寻心灵的真实。同时，这篇散文也是90年代初知识分子群对技术理性及其负面效应加以反思的一个典型。"

10月，《神州学人》第10期刊载剑非的《走近张炜》。

10月7日，《中国文化报》刊载小宁的《走进文字中的张炜》。

10月13日，《齐鲁晚报》刊载李亦缩写的长篇小说《远河远山》故事梗概。

同日，随笔《乔伊斯》在《新晚报》发表。

10月15日，《中华读书报》刊载青子的《青山绿水，百草红叶黄河》，评长诗《皈依之路》。

10月16日，随笔《安居的人生》在《今晚报》发表。

10月29日，散文《山凹之月》在《光明日报》发表。

同日，随笔《琴声——读郑立强摄影》在《齐鲁晚报》发表。

11月，散文《梦中的铁路》在《青年文学》1997年第11期发表。

11月，完成系列随笔《阅读的烦恼——关于25部作品的札记》初稿。

11月，《延边大学学报》（社会科学版）刊载李云霞的《黑夜大地的行吟诗人：张炜创作追思》。

11月6日，《文艺报》刊载何启治、盛元的《想望长篇小说的黄金时代——关于近年长篇小说创作现状的访谈录》，其中谈及了长篇小说《古船》《九月寓言》。

11月12日，完成随笔《魅力》（评陈占敏长篇小说《沉钟》）。

11月24日，完成随笔《日久功圆——读周峰23幅水浒画》。

12月，随笔《匆忙搭起的布景》《尴尬》《可怕的陋习》《弱者、体面人、尊贵人》在《山花》1997年第12期发表。

12月，短篇小说《唯一的红军》选载于《读者》1997年第12期，篇末注明"张旭摘自《莽原》1997年第3期"。

12月，散文《人生麦茬地》《同一种声音》被收入《1995年散文年鉴》，由漓江出版社出版。

12月，《威海文艺》第6期刊载洪浩的《精神的圣战者——"我看当代作家之一"》，其中记述了张炜。

12月，《艺圃》（吉林艺术学院学报）第S1期刊载孔朝蓬的《文学的悬浮状态——商品经济下文学现状扫描》，其中论述了张炜的人文主张。

12月9日，散文《葡萄与靴》在《今晚报》发表。

12月23日，随笔《自然的清福》在《羊城晚报》发表。

12月24日，《威海晚报》刊载洪浩的《同一类声音》。

12月30日，随笔《穿行在历史中的诗情——读〈中国当代先锋文学思潮论〉》在《齐鲁晚报》发表。

本年，散文《窗前》在《当代散文》1997年第3期发表，散文《安居的人生》《最美的笑容》《友谊》《如发的电缆》《葡萄与靴》在《当代散文》1997年第4期发表。（此刊未标明出版时间。）

本年，完成组诗《半岛札记》，包括《午后三点》《西郊的树林》《我在忧郁中欢歌》《带胡须的鱼》《月光》《雪忆》《去夜海》《童年广场》《堡中秘籍》《葡萄泉》《许多人把我供养》《猜测》《无情无意的远乡》。

本年，短篇小说《致不孝之子》日文版在日本《中国现代小说》（季刊）第11卷第3号发表，译者杉本达夫。

本年，主编的5卷本"徐福文化集成"获山东省精品工程奖和优秀外宣奖。

1998

1月，文论《原生性》《非情节小说》被收入"读书文萃丛书"《书人心语》，由中国友谊出版社出版。

1月，短篇小说《致不孝之子》被收入《1996年中国短篇小说精选》，由长江文艺出版社出版。

1月，主编并作序的散文随笔集《黄河落日圆》由中国对外翻译公司出版。此书为汪曾祺主编的"国风文丛"之鲁豫卷，收入的是部分中国现当代作家写山东、河南"风土人情、山川景色乃至瓜果吃食"的散文随笔作品。

1月，短篇小说《致不孝之子》获1996～1997年《长江文艺》优秀小说三等奖。

1月，长篇小说《柏慧》被列入"北京长篇小说创作精品系列"，由北京出版社、北京十月文艺出版社出版。

1月，《文学世界》第1期刊载宫达的《"一个人爱艺术多么美好"——张炜印象记》。

1月，《文艺争鸣》第1期刊载陈丽贞的《文化夹缝中缪斯家园的定位与守望——20世纪中国文学发展中的一种二律背反现象》。该文在"精神逃亡：终极价值关怀和世俗化倾向"部分指出："当代作家中部分人的创作就一直信守这样的信条，执着而昂扬地奏响了肃穆崇高的主题，向商业化、世俗化大潮展示了傲岸的姿态，以维护文学的精神属性。"其中，张炜倾向于对自然的追慕，张承志倾向于对宗教的膜拜，史铁生倾向于对世俗生命新的人文价值的呼唤。该文指出："张炜的创作总是使人'感到一个无时不在的人物，那就是大自然'，他'融入野地'的《九月寓言》中月辉照耀下的小村万物，后出的《柏慧》中美好和谐的葡萄园，《家族——你在高原》中那只飞翔的鸥鸟，自然在他的笔下如同海德格尔的'大地'，可'诗意的栖居'，是滋养人类精神的家园。"

1月，《当代作家评论》第1期刊载摩罗的《张炜：需要第四次腾跃》。摩罗认为："第一次腾跃发生在80年代前期，以《声音》《一潭清水》《秋天的思索》《秋天的愤怒》为代表性成果，张炜一步一步从当时被称为'帮八股'的文学套路中摆脱出来，艰难地寻找着自己的文学目标和精神价值。""第二次腾跃发生在80年代中期，他因这一腾跃而达到了他至今为止的文学顶峰。此间的主要作品是声名显赫的《古船》和几乎未引起人们关注的《远行之嘱》与《梦中苦辩》。""第三次腾跃是以90年代初《我的田园》和《九月寓言》为标志的，此后还有两部小说《柏慧》和《家族》。尽管从文学才能的展现而言，《九月寓言》也许是张炜最成功的小说，但我还是禁不住为张炜从精神哲学的领域跳进文化哲学的领地感到遗憾。""我在暗中还有一个愿望，就是希望张炜早一天从文化哲学中回到精神哲学中去，因为我敢断定，他要想取得新的突破，只会发生在精神哲学的畛域里。"

同期，刊载何启治、柳建伟的《五十年光荣与梦想——关于编辑、出版者与长篇小说创作关系的对话》，其中谈及了长篇小说《古船》《九月寓言》。

同期，刊载蔡翔的《90年代小说和它的想象方式》，其中将散文《融入野地》作为小说进行了论述。

1月，《学术交流》第1期刊载王妍的《人：在文化的掌心中》，其中论及了长篇小说《古船》。

1月，《开放时代》第1期刊载邓晓芒的《张炜：野地的迷惘——从〈九月寓言〉看当代文学的主流和实质》。

1月14日，随笔《生命之河——〈芦青河纪事〉序》在《联合日报》发表。

1月21日，完成随笔《关于重复》，谈作家重复出版作品集问题。

1月25日，《济南时报》刊载模仿足球队阵容评选的《中国文坛最佳阵容》，张炜入选"国家队主力阵容"。

2月，随笔《艺术和流浪》在《辽宁青年》（半月刊）1998年第3期发表。

2月，散文随笔《如花似玉的原野》《童年的梦——关于〈蘑菇七种〉》被收入"90年代文学书系·作家散文卷"《新时代的忍耐》，由社会科学文献出版社出版。

2月，散文《融入野地》被收入"90年代文学书系·主流小说卷"《融入野地》，由社会科学文献出版社出版。编选者蔡翔在《导言：90年代的小说和它的想象方式》中写道："收入张炜的《融入野地》，可能会在文本上引起歧义。的确，这篇作品更近于散文。之所以考虑收入，一方面是因为发表和转载都用了小说的名义；另一方面，在90年代，张炜的小说创作主要集中在长篇。当然，最主要的是这篇作品自身的重要意义，不仅对了解张炜，同时也对了解90年代的文化对抗，有一定的参考作用。同时，对当代文学来说，小说与散文的界限有时候已经不如以前那么明确。"

2月，随笔集《凝望——四十七幅图片的故事》由山东画报出版社出版。书后收录了1996年11月10日和1997年9月21日写下的两篇后记，后定总题为《凝望记》。前有汪稼明的《〈凝望〉小引》。

　　2月，散文随笔集《最美的笑容》被列入"中国当代名人随笔"，由陕西人民出版社出版。李锐在《我们的不同——代序》中说："毋庸讳言，张炜是一个理想主义者，而且是一个固执的、不动摇的、一往情深的理想主义者。这从张炜文章中使用频率很高的那些词汇中就可以明显地看出来，诸如：伟大，杰出，大地，爱，人民，永恒……与此相对的一些词汇是：卑微，平庸，凡俗……张炜在对理想大地一往情深的咏叹中，常常会被自己深深地打动，你有时甚至会在字里行间隐约听到他渐渐颤抖起来的呼吸。张炜在自己无所不包又无所不有的神圣'大地'上，撒下伟大和杰出的种子，除去卑微和平庸的杂草，一遍又一遍地收获了永恒——起码也是张炜在自己的眼睛和心灵里一遍又一遍地收获了永恒。"

凝望
四十七幅图片的故事
张炜 著

山东画报出版社1998年2月版

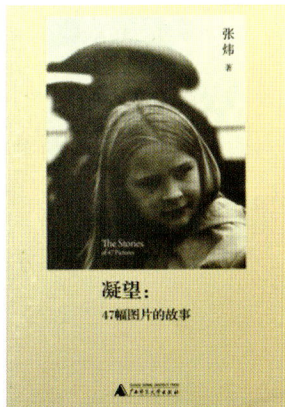

张炜 著
The Stories of 47 Pictures
凝望：47幅图片的故事

广西师范大学出版社2013年4月版

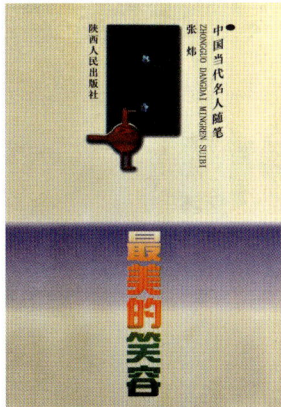

中国当代名人随笔
ZHONGGUO DANGDAI MINGREN SUIBI
陕西人民出版社
张炜 著
最美的笑容

陕西人民出版社1998年2月版

2月，被聘为《联合日报》联翼广告中心顾问。

2月，《创作评谭》第1期刊载张国功的《文化大散文的涨落与90年代文人群体的心路历程》，其中论及了张炜的人文思想。

2月，《云梦学刊》第1期刊载夏瑞虹的《诗意的叙述——张炜小说艺术二题》。该文分析了张炜小说中"河"的意象、"秋"的意象、"葡萄园"的意象以及"倾诉"的表达方式。

2月，《济宁师专学报》第1期刊载靳明立的《情感把握的失控与叙事文体的偏移——张炜"家族系列长篇小说"批评》。靳明立指出："故事情节的淡化与重复，人物形象的暗弱与错位，情感把握的失控与浮泛，使张炜90年代的小说创作偏离了叙事文体的规范，相对削弱了作品反映生活的厚度和力度。而这是以牺牲读者为代价的。读者心目中的张炜，是《古船》的作者，也是《家族》的作者，却不是《如花似玉的原野》《怀念与追记》《我的田园》这种'长篇小说'的作者。"（论者把《如花似玉的原野》作为长篇小说论述，令人困惑。）

同期，刊载王德领的《迷恋与抗拒下的孤独的守望——张炜长篇小说创作论》。王德领指出："从《古船》《九月寓言》到《柏慧》，张炜带着齐鲁文化特有的道德感，从厚重的历史氛围中挖掘人性的真善美，展示了作家孜孜不倦地进行探求的心路历程。对农业文明的迷恋与对畸形的工业文明的抗拒，决定了张炜的声音在这个日益向物质化迈进的喧嚣、浮躁的世界上是独特的。这种对于人性美的探求与坚守，任何有良知的知识分子都会对此肃然起敬。"

2月，《佛山文艺》2月号下半月刊刊载谭运长的《张炜与道德理想主义》。此文观点后选载于《当代作家评论》1998年第2期。

2月16日，随笔《做永不停歇的劳动者》在《烟台日报》发表。

3月，系列随笔《凝望》在《大家》1998年第2期发表。

3月，《山东当代散文作家论》由泰山出版社出版。其中，王洪岳以"守望与坦露"为题论述了张炜的散文。

3月，《文学评论》第2期刊载朱寨的《长篇小说与现代主义》，其中论及了长篇小说《古船》。此文观点后选载于《当代作家评论》1998年第3期。

3月，《当代作家评论》第2期刊载李永建的《寻找走近张炜的路径——从〈柏慧〉的家族观念看张炜的内心世界》。

3月，《今日名流》第3期刊载王又平、於可训、王先霈、童志刚等几位在武汉的当代文学专家对第四届茅盾文学奖的座谈纪要《本届茅盾文学奖是否有负重望》，其中谈及了长篇小说《古船》未获奖问题。此文观点后选载于《当代作家评论》1998年第3期。

3月，《美国文摘》（中文版）3～4月号刊载曾巩的《20世纪中华民族文学艺术大师系列回顾展（二）——张炜：跨世纪的伟大作家》。

3月4日，在龙口完成散文《回眸三叶》，包括《林与海与狗》《雪路》《小城风雨》。

3月17日，完成随笔《理性与浪漫》《稷下之梦》《浪漫的时代》《怜悯》《"幽默"之类》等。

3月24日，完成系列随笔《徐福在日本》，包括《正史与口碑》《佐贺》《新宫老人》《熊野》《黑瘦青年》《船队途经济州》《日本学者说》。以上诸篇分列《徐福在日本》之一、之二、之三、之四、之五、之六、之七，分别发表在4月27日、5月4日、5月11日、5月18日、5月25日、6月8日、6月15日《大众日报》。

3月26日，《文艺报》刊载王枫的《〈美国文摘〉向北美华人系统介绍20世纪中华民族优秀文化：张炜》。

4月，《青年文学》第4期推出"'98文学方阵·山东"，其中选载了短篇小说《在族长与海神之间》。

4月，《齐鲁安泰：张炜语丝》由上海书店出版社出版。此书是上海书店出版社"语丝画痕丛书"第2辑中的一种，由刘毅强编选张炜的文字，王震坤配以漫画。取此书名，是因为刘毅强将张炜比作齐鲁大地上古希腊神话中的安泰。

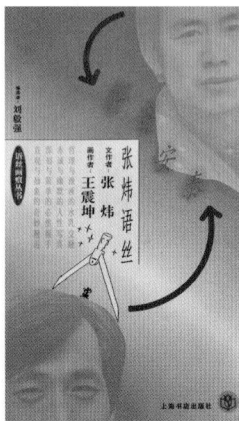

上海书店出版社1998年4月版

刘毅强在《编后记》中写道："心仪张炜久矣，因为他的正直，因为他的刚勇。面对世风日下，道德疲软，他敢于挺身而出，亢声疾呼《诗人，你为什么不愤怒》；面对荒谬流行，浊浪汹涌，他初衷依旧，直言不讳自己《缺少不宽容》；面对高楼林立，人心壅塞，亲近自然、《融入野地》是他开出的一纸良方。张炜并不自许为救世圣主，其所作所为全是人格自律使然。在当今世界中，坚持真理，坚持心目中远大永恒的目标，是要有非凡勇气的。张炜的确是一个真的猛士，是大自然最忠诚的卫兵，也是最亲密的朋友。"

4月，完成系列散文《闪烁的星光》，包括《请回答》《海的另一面》《无声无响》《语言》《急切的实质》《那个时刻》《早晨》《刻痕无墨》《要》《阶段性的思念》《水光溜滑的小孩》《田园深处》《不能，不能了》《邪魔与自我》《温柔》《月光》《狐》《青鱼和网》《不能停止的诉说》《嫉妒》《悄语》《老人的琴》《柔情》《与怪人对话》《有趣的羊》《悬挂》《对庸人的乞求》《爱的边缘》《失去了名词的动词》《思乡》《眼睛》《自语的特征》。

4月，长篇小说《九月寓言》（修订本）获中国作家协会、新闻出版署颁发的"八五"期间全国优秀长篇小说奖。

4月，《聊城师范学院学报》（哲学社会科学版）第2期刊载刘广涛的《论〈古船〉中的"准宗教"境界》。

4月，《中国文学研究》第2期刊载夏子的《本世纪中国乡土文学的主题变奏》，其中论及了张炜的文学创作。

4月6日，完成散文《一条有树的路》、随笔《小城春月——〈年末访谈〉》。

4月10日，完成散文《怀念》。

同日，完成系列随笔《八位作家待过的地方》，包括《苏东坡之波》《歌德之勺》《爱默生的礼帽》《佐藤春夫馆》《艾略特之杯》《梭罗木屋》《蒲松龄之道》《惠特曼的摇床》。

4月13日，在济南完成散文随笔集《流浪的荒原之草》后记。后修订定题为《倾吐和记录——关于〈流浪的荒原之草〉》。

4月18日，《市场报》刊载韩光智的《对"老照片"的说法——读张炜〈凝望〉》。后又刊载于《博览群书》1998年第5期。

4月20日，完成短篇小说《马颂》。后发表于《天涯》1998年第3期。

5月，散文《我的文学朋友》被收入《中国当代名家散文小品精选》，由上海人民出版社出版。

5月，散文《再读刘玉堂》被收入《文学报1000期：百家文萃》，由上海文艺出版社出版。

5月，完成随笔《心灵之果》。

5月，《枣庄师专学报》第2期刊载刘宏伟的《受难的故园情结——张炜长篇小说侧评》。刘宏伟指出："受难情结使张炜保持了一道对人生苦难持久的理性注视的目光；故园情结则使张炜的作品总有一种浪漫的怀想、一种热切的回归、一种茫然的失落的交织，张炜的小说常常是受难情结与故园情结丝丝缠绕的结晶。"

5月，《文学评论》第3期刊载段崇轩的《90年代乡村小说综论》，其中论及了张炜的小说创作。

5月，《文艺争鸣》第3期刊载苏桂宁的《紧贴着大地的一代——论50年代出生作家的精神背景》，其中论及了张炜小说的叙述方法和语言特点。同期，还刊载了张冠夫的《我与你：一种新的叙史语言的诞生——对〈心灵史〉〈纪实与虚构〉〈家族〉的一次集体解读》。

5月15日，《中华图书商报》刊载朱晨辉的《穿越目光的凝望——读〈凝望——47幅图片的故事〉》。

5月20日，完成随笔《散文非作文》。

5月21日，散文《如发的电缆》在《今晚报》发表。

6月，系列随笔《午夜采访》《八位作家待过的地方》在《百花洲》1998年第6期发表。

6月，於可训著《中国当代文学概论》由武汉大学出版社出版。该书论述了长篇小说《古船》的艺术取向："在所有反映现实变革的长篇作品中，《古船》是一部在思想和艺术方面都比较独特的长篇小说。""《古船》在艺术上受'寻根小说'的直接影响，不但主题的意向注重从民族的历史文化的根源上去寻找现实问题的答案，而且在艺术的传达方面也善于将凝聚了民族历史文化积淀的古老事物与现实社会的复杂变动联系起来，通过'魔幻'手法，在二者之间寻找思想的暗示和精神的关联，形成一个以局部的象征支撑整体的象征的意象系统。为这个庞大的意象系统所覆盖，整个作品的艺术描写因而都带有一种象征的意味。从这个意义上说，这个带有象征意味的意象系统，同时也使《古船》有别于一般意义上的现实主义小说，而带有若干现代主义小说的艺术特色。"

6月，《钦州学刊》第2期刊载陆衡的《〈家族〉与当代家族小说关系之探讨》。

6月3日，《联合日报》刊载郭廓的《小说家，为诗的风骨增加钙质》，此文为郭廓就张炜诗集《皈依之路》致张炜的信。

6月8～9日，系列随笔《八位作家待过的地方》在《今晚报》连载。

6月9日，完成随笔《流动的短章》。

6月23日，完成随笔《感激之余》。

6月30日，日本神奈川大学发函邀请张炜参加于10月17日在神奈川大学举行的"国际圆桌会议·亚洲的社会和文学研讨会"。张炜未能参加，但提供了书面发言《当代文学的精神走向》。张炜写道："在我看来，这二十余年来，新时期文学起码经历了三个阶段。这就是：最初的复兴期（1976～1985），接下去的高涨期（1985～1995），以及现在的疲惫期（1995～　）。""展望下个世纪，这里仍然有几种可能：文学与时代潮流共舞，使相当长的一个时期内精神变得平庸；坚守与抵御，产生卓然不群的文学；更有可能的，是在思想和文学界呈现空前的芜杂和多元，一片蜂鸣——其间有一些顽强者坚持下来，留下自己不灭的文字。当然，像过去一样，他们成为一个历史时期人类精神的代表。"（张炜：《当代文学的精神走向》，载《张炜文集》第35卷，作家出版社2014年11月出版，第89、96页。）

7月，《当代文坛》第4期刊载刘宏伟的《古典自我与现代他者的冲突——张炜长篇小说侧论之一》。

7月，《华北电力大学学报》（社会科学版）第3期刊载郭宝亮的《流浪情结与还乡梦想——张炜小说叙境的悖论之一》。

7月10日，接受《美文》杂志采访，谈散文写作。访谈先以《90年代散文写作随访》为题，发表在《美文》1998年9月号封三上，后修订改题为《走得遥远和阔大——答〈美文〉》。张炜写道："散文是一种更自由的文体，形式自由，内容和主题也不一定太刻意。散文的产生方式决定了它的一个特质：直接，真实。比如它常常是为一个具体的目的而写，像一个吁请、一次演讲；当然还有自语式的文字，它们这时是针对自己的心情……谈到散文，最好使用'写作'而不是'创作'这个概念。……'创作'出来的、'作文'气十足的散文反而不好，因为它们违背了散文发生发展的规律，往往给雕琢得毛病百出。听任散文的自然形成和自然积累，则能够从中更好地体味和理解散文的本质。"（张炜：《走得遥远和阔大——答〈美文〉》，载《张炜文集》第34卷，作家出版社2014年11月出版，第156页。）

7月15日，《威海日报》刊载洪浩的《希世之美和人间之爱——读张炜〈凝望〉》。又发表于1999年1月29日《青岛晚报》。

8月，"张炜新作二题"在《威海文艺》1998年第4期发表，包括《八位作家待过的地方》、《夏天的河流》（《流动的短章》《心灵之果》《感激之余》《学习马一浮》《走出梦呓》）。

8月，散文《夜思》被收入"《收获》文库"散文卷5《怀念大时代》，由文汇出版社出版。

8月11日，完成李亦小说集《雨天晴天都有风》（明天出版社1999年版）序《长路吟》。《长路吟——读李传敬小说集〈雨天晴天都有风〉》发表于9月21日《大众日报》。

8月14日，完成马知遥散文随笔集《走遍天涯——一个游子的内心独白》序（发表于8月24日《济南时报》，马知遥散文随笔集后由北京燕山出版社出版）。后修订定题为《自己上路》。

8月22日，《文汇读书周报》刊载青子的《张炜：创作的丰富多样》。

8月29日，《淄博晚报》刊载洪浩的《一个作家的情感世界——简评张炜的〈凝望〉》。

9月，孙振兴主编《随笔集粹》上卷，由济南市新闻出版局印行，其中收录了随笔《捕捉淳朴》。

9月，散文随笔集《流浪的荒原之草》被列入"当代作家散文新作"，由浙江文艺出版社出版。

9月，散文《融入野地》被收入《20世纪中国文学名作中学生读本：散文卷》（3），由广西教育出版社出版。文章附有罗岗的点评。

9月，随笔《怀疑与信赖》被收入《声音的闪电》，由上海远东出版社出版。

9月，《中国作家3000言》由新华出版社出版。张炜的言论是："用文学展现生命的河流。"

浙江文艺出版社1998年9月版

9月，《牡丹江师范学院学报》（哲学社会科学版）第3期刊载赵萍、战海鹏的《摹尽世相　看透本质——〈古船〉对家族意识的剖析》。

9月，《江苏社会科学》第5期刊载石高来的《追寻古老的精灵——中国20世纪文学原始主义研究之一》，其中以"张炜：当代精神夸父"为题论述了张炜的文学创作。

9月10日，完成山东画报出版社出版的"文化丛书"之《我们的家园》序《家园之书》。

10～11月，随中国作家协会访问团访问台湾，主要访问台北、高雄、新竹、花莲等地，以及南华管理学院、台湾大学。其间，在台北图书馆参加由南华管理学院、台湾《联合报》副刊联合主办的两岸作家展望21世纪中国文学研讨会并发言。

访台结束后，顺访香港。11月7日，在香港大学演讲。演讲后修订整理为《术与悟——在香港大学的演讲》。张炜说："艺术评论说到底不仅是一种判断，而且是一种充满了诗意的寻觅过程。在语言艺术面前不能陶醉和沉浸，也就不能进入；不能进入，也就失去了判断的资格。而我们通常看到的为数不少的文评，就是一些无资格的判断。"（张炜：《术与悟——在香港大学的演讲》，载《张炜文集》第34卷，作家出版社2014年11月出版，第148页。）

10月，随笔《淳朴和坚定——戴高乐和他的小女儿》选载于《中外书摘》1998年第10期，注明选自随笔集《凝望》。

10月，短篇小说《唯一的红军》被收入《1997年中国短篇小说精选》，由长江文艺出版社出版。

10月，修订系列随笔《阅读的烦恼——关于25部作品的札记》，包括《L.B的文本》《M.K的矫揉造作》《失去天真的孩子》《意淫者》《匆忙的媚俗》《落入》《可爱、不幸》《不再失去的自由》《与生命等值》《丑》《查无劳迹》《色盲之哀》《蓬蓬与谦谦》《质木无文》《安静赞》《怀疑》《封闭》《率性的K.L》《大玩家》《干净》《永恒的自语》《暗伤》《思想的表达》《没有一句诗》。

10月27日，随笔《山脉长存——当代文学的精神走向》在台湾《联合报》"两岸作家展望21世纪文学研讨会特辑（1）"发表。该报同时发布消息《"两岸作家展望21世纪文学研讨会"后天举行》。

11月，随笔《依赖》选载于《中外书摘》1998年第11期，篇末注明"选自山东画报出版社1998年2月版《凝望》"。

在台湾诚品书店

11月，《廊坊师专学报》刊载王矿清的《人物——漂泊在小说的河流上》，其中论及了张炜的小说人物。

11月1日，《文论报》刊载摩罗的《冷硬与荒寒——当代中国文学的根本特征》，其中论及了张炜的小说。后又刊载于《南方文坛》1999年第1期。

11月30日，随笔《佐藤春夫馆》在《青岛晚报》发表。

12月，长篇小说《古船》（节选）被收入《20世纪中国文学作品选读》（下卷），由西南师范大学出版社出版。

12月，散文《最危险的误解》被收入"《警探》文丛"之《〈警探〉文萃》，由安徽文艺出版社出版。

12月，当选为山东省青年联合会第九届副主席。

12月，《社会科学战线》第6期刊载吴义勤的《90年代的小说格局》，其中论及了长篇小说《九月寓言》《柏慧》《家族》。

12月1日，《烟台晚报》刊载杨松涛的《逃离与困守》（记张炜）。

12月16日，《齐鲁晚报》刊载袁坪的《张炜港大论"文评"》，评述张炜11月7日在香港大学演讲中关于"艺术评论"的看法。后又刊载于12月21日《青岛晚报》。

12月25日，《大众日报》刊载高荣华的《被触动的心弦——读张炜的〈凝望〉》。后又刊载于《当代小说》1999年第4期。

12月31日，随笔《"术"与"悟"》在《文汇报》发表。

本年，山东省社团管理办公室、山东省社团发展促进会《社团之友》第2期封二刊载图文介绍"著名作家张炜"。（此刊未标明刊期、出版时间。）

1999年在海南岛

1999

1月，短篇小说《鱼的故事》在《中国作家》1999年第1期发表。后选载于《小说选刊》1999年第3期。

1月，随笔《阅读的烦恼——关于25部域外作品的札记》在《长城》1999年第1期发表。

1月，随笔《当代文学的精神走向》在《天涯》1999年第1期发表，篇末注明"1998年10月，日本"，"本文系作者在神奈川大学'亚洲的社会和文学'研讨会上的演讲稿"。

1月，散文《林与海与狗——回眸三叶之一》《雪路——回眸三叶之二》《小城风雨——回眸三叶之三》分别被收入《中国作家人生历程·童年》《中国作家人生历程·我的大学》《中国作家人生历程·在人间》，由黑龙江少年儿童出版社出版。

1月，散文《梦一样的莱茵河（外一篇）》被收入"碧蓝绿文丛"（第2辑）散文卷《人类，你别毁灭自我》，由中国环境科学出版社出版。

1月，散文《你在不为人知的田园中》被收入《1997年中国散文精选》，由长江文艺出版社出版。

1月，散文集《张炜散文》被列入"中国当代散文精品文库"，由华夏出版社出版。

1月，《当代作家评论》第1期刊载《张炜谈作家与评论家》。

1月，《文艺评论》第1期刊载刘晓宁的《读张炜的〈古船〉》。

1月，《东方艺术》第1期刊载房广星的《旷野上的玫瑰——张炜作品中的人格精神》。房广

华夏出版社1999年1月版

星指出："这些年，几乎从张炜所有的作品中，我都读出了一个歌手的衷情，一个流浪者孤独而执着的身影。他们艰难，他们在沼泽里拼尽了生命中每一滴血奋斗、抗争，倒下了，就爬行，但从不屈服——这不正是人类精神中最可贵而我们正一点点丧失着的么？"

1月，《山东大学学报》（社会科学版）第1期刊载周国栋的《从"新历史小说"看近年来整个社会历史观念的变动》，其中论及了长篇小说《古船》。

1月，《福建论坛》（人文社会科学版）第1期刊载汪晓云的《90年代：抵抗和守护的一种写作》，其中论及了张炜及其文学创作。

1月6日，随笔《阅读的烦恼（2则）》在《石家庄日报》发表，文后注明"此文为著名作家张炜《阅读的烦恼——关于25部域外作品的札记》中的两则，全文将在《长城》1999年第1期刊出"。

1月8日，完成随笔《欣悦，遗憾和希望》。张炜写道："说到个人打算，由于个人写作活动不可能脱离时代情境，所以1999年我的创作将进一步体现道德感和责任感，尽管这常令时髦的评者所讥愤。其实纵观精神和艺术的历史，以谈道德和责任为耻者，也并不能使其更快地走入梦寐以求的思想和艺术核

心。"（张炜：《欣悦，遗憾和希望》，载《张炜文集》第35卷，作家出版社2014年11月出版，第68页。）

同日，散文《炉火》在《德州日报》发表。

1月15日，随笔《大地的引力》在《德州日报》发表。

1月18日，随笔《运河谈片——赏〈欢乐时光〉》（评左建明长篇小说《欢乐时光》，写于1998年11月28日）在《大众日报》发表。后又发表于5月16日《文汇报》。

1月25日，完成长篇小说《外省书》初稿；4月15日在龙口开始写第2稿，6月2日完成；7月16日在济南开始修订，20日定稿。

1月29日，散文《山凹之月》在《德州日报》发表。

1月30日，在龙口参观龙口港务局。

2月，《丽水师范专科学校学报》第1期刊载黄红日的《反叛与皈依：寻找精神家族——读张炜小说〈家族〉》、刘丹博和王雅的《个人生存状态的探求——〈家族〉的新历史主义表现》。

2月，《江西师范大学学报》（哲学社会科学版）第1期刊载刘宏伟、钟鸣、曹新伟的《贵族的写作——评张炜长篇小说〈家族〉》。

2月3日，《龙口市报》刊载记者胜坪的《张炜：行色匆匆98年》。

2月11日，接受《齐鲁晚报》记者张荣东采访。访谈《张炜：文学10问》（上、下）分别刊载于2月21～22日《齐鲁晚报》。访谈后修订定题为《新春10问——答〈齐鲁晚报〉》。张炜说："民间蓄藏一种生力，像土地一样有繁生茂长的可能。文学离开民间就只能相互模仿，在已成的作品之林里反射投影，尽管这也可以做得不错。但这种不错只能兴于一时，唬唬学生。杰出的作品总是洋溢出强烈的原生气息。这些，在有悟性的读者那儿是不成问题的。"（张炜：《新春10问——答〈齐鲁晚报〉》，载《张炜文集》第35卷，作家出版社2014年11月出版，第70~71页。）

同日，山东省青年联合会下发关于设立省青联委员界别工作委员会的决定，张炜任文体界别工作委员会主任。同时，下发关于主席、副主席分工情况的通知，张炜联系文化体育界别组。

2月12日，《山东交通报》刊载相惠的《深深的海洋——著名作家张炜回乡小记》。

2月27日，在龙口接受《烟台日报》记者胡文君的采访。访谈《文学与家园——张炜访谈录》刊载于3月5日《烟台日报》。后修订定题为《龙口访谈——答〈烟台日报〉》。

3月，散文《荻火——窗前》在《当代散文》1999年第3期发表。

3月，随笔《八位作家待过的地方》选载于《散文选刊》1999年第3期，篇末注明"选自1998年6期《百花洲》"。

3月，长篇小说《古船》被法国文化科学中心确定为法国高等教育考试教材。

3月，陈思和、虞静主编《艺海双桨——名作家与名编辑》由山东画报出版社出版，其中收录了何启治的《从〈古船〉到〈白鹿原〉》（附：关于《古船》致张炜的信等）。

3月1日，《烟台晚报》刊载尹浩洋对张炜的专访《张炜的滋润》。

同日，香港作家联会主办的《作家通讯》第1期刊载罗强烈的《当代中国有没有文学大师》。该文介绍了《当代作家评论》《佛山文艺》推出的"候选大师"，并引述了摩罗在《张炜：需要第四次腾跃》一文中的观点。

3月2日，《联合日报》刊载张清华的《阅读：说破的难度——关于张炜的一组读书札记》，评介张炜发表于《长城》1999年第1期的随笔《阅读的烦恼——关于25部域外作品的札记》。同时还介绍了张炜散文新作《流浪的荒原之草》。

3月11日，在龙口接待德国学者提罗·蒂芬巴赫，回答关于创作的几个问题。问答后修订整理为《关于4个短篇——答提罗·蒂芬巴赫》，谈到了《自语》《怀念黑潭中的黑鱼》《梦中苦辩》《海边的雪》。张炜在谈到道家思想时说："道家思想，一般人会说它消极遁世，或是一种生活的智慧。而我认为它最重要的，还是表达了人对未知世界的相当顽强的态度。生命是短促的，道家企图与这种命运的捉弄对抗。所以从大的方面来说，它与儒家的'入世'何等相似。由此理解，道家并不消极。""有人说我对大地的情感可以看成道家的'天人合一'的思想，这我并不知道。我对大地的情感是自然的，因为我生活在大地上，我依赖它犹如生母。"（张炜：《关于4个短篇——答提罗·蒂芬巴赫》，载《张炜文集》第35卷，作家出版社2014年11月出版，第86页。）

同日，完成随笔集《悲愤与狂喜——〈楚辞〉笔记》初稿，6月20日在济南完成第2稿，7月12日在济南完成第3稿。

3月15日，《济南日报》刊载李心田的《张炜读书》。

3月26日～4月5日，完成组诗《1999年的春天》，包括《目光》《最寂寞最寂寞》《需要》《去松林再去松林》《悲悼》《我惧怕》《从半岛到半岛》《绳索》《有梦想》《麦田上有什么》《看过来》《你不停地鸣叫》《浪》《小港与小岛》《三诗人》《牛的消息》。

3月27日，《文汇报》刊载胡文君的访谈《我不悲观——张炜如是说》。

4月，系列随笔《徐福在日本》在《寻根》1999年第2期发表。

4月，李掖平著《新时期文学综论》由中国文联出版社出版。李掖平在

《"忠于地"的真诚歌吟——山东青年作家小说巡礼》一文中指出："山东青年作家群中在挖掘批判国民灵魂的负面因素和历史劣质积淀方面，最为用力也最有深度的是张炜。这位作家在《秋天的愤怒》《秋天的思索》《古船》等小说中，将深省检视国民精神病弱的聚焦点，从一般农民形象转向了农村基层领导干部形象，细致而深刻地揭示批判了国民灵魂的种种病弱点在与政治权力联姻后，更为可怕也更为恶劣的破坏性与顽固性。"在《善与美的永恒之梦——张炜小说解读》一文中，解读了短篇小说《他的琴》《玉米》。

4月，《黑龙江社会科学》第2期刊载王学谦的《新时期小说与自然文化》，其中论及了长篇小说《九月寓言》。

4月，《上海师范大学学报》（哲学社会科学版）第4期刊载秦逸的《转型期知识分子文艺的实现问题》，其中论及了长篇小说《古船》《九月寓言》。

4月，《中国图书评论》第4期刊载刘恩波的《站立潮头看风景——品味张炜的〈心仪〉》。

4月1日，与中国之蓝出版社签署"出版授权书"，将《冬景》《拉拉谷》《山楂林》《逝去的人和岁月》的法文翻译（包含欧洲所有国家在内）出版和复制成书的权利全权交给中国之蓝出版社。

4月8日，为表彰张炜为发展我国文化艺术事业做出的突出贡献，国务院决定发给政府特殊津贴并颁发证书。

4月10日，完成诗歌《勇士》。

4月12日，将近期有关文学访谈辑录整理为《小城春月——年末访谈》。

4月17日，《邹城市报》刊载孙继泉的《张炜：为自己画像——读张炜〈流浪的荒原之草〉》。

4月20日，完成诗歌《杯》《心中的歌剧》。

4月21日，完成诗歌《白色的睫毛》《奥秘》。

4月24日，完成诗歌《一只死于难产的兔子》。

5月，随笔《一路奔跑》在《文学世界》1999年第3期发表。

5月，在济南改定短篇小说《老人》，9月再次修订。

5月，《东岳论丛》第3期刊载李茂民的《苦难及其救赎：张炜创作中的文化主题》。

5月，《学问》第3期刊载南帆的《个人姿态与对话》，论述了张炜、张承志、韩少功等的"知识分子""人文精神"观。

5月，《华东师范大学学报》（哲学社会科学版）第3期刊载马以鑫的《"史诗"意味的追求与表现——新时期长篇小说创作的艺术成就》，其中论及了长篇小说《古船》《柏慧》《家族》。

5月4日，完成长诗《松林——龙口海滨，一片松林无边无际》第1稿；7月10日在万松浦书院完成长诗第2稿，后发表于《作家》1999年第11期。

5月8日，完成诗歌《土壤》。

5月9日，完成诗歌《阳光》。

5月11日，完成诗歌《饥饿散记》《我等你》。

5月27日，散文《色盲之哀》在《燕赵晚报》发表。

6月，短篇小说《赶走灰喜鹊》在新加坡作协《新华文学》（季刊）1999年第46期（革新号第6期）发表。

6月，《胜利油田师范专科学校学报》第2期刊载刘圣红的《从纯美注视到文化坚守——张炜小说创作道路略论》。刘圣红指出，张炜的小说创作经历了从纯美的注视、文化批判到文化坚守等三个富有逻辑意义的时期。

6月，《中国图书评论》第6期刊载楼剑刚的《记录一种流动——读〈凝望〉有感》。

6月1日，在济南完成长篇系列散文《犄角，人事与地理》初稿；6月24日完成第2稿，包括《黑松林》《夜哭》《两个岛屿》《蓝眼老人》《大写家》《南山四月》《水怪》《高山水库》《沙》《地有三分》《月主》《半岛》《昔日花》《农民诗人》《失冬雪》《祷告》。

6月11日，在济南开始写长篇小说《外省书》第3稿，6月29日完成。

6月18日，贺词《确立和形成自己的品质——贺〈山东青年报〉创刊50周年》在《山东青年报》发表。

同日，《参考消息》刊载《百年的"呐喊""传奇"的世纪——香港〈亚洲周刊〉20世纪中文小说100强揭晓》，长篇小说《古船》入选。

6月22日，完成散文《台港小记》。后发表于7月17日《今晚报》、《山东青年》1999年第10期。

6月24日，完成随笔《存在与品质》。

6月25日，《参考消息》刊载《20世纪中文小说100强排行榜》，长篇小说《古船》名列第71位。

7月，《山东文学》第7期推出"张炜小辑"，包括短篇小说《老人》，散文随笔《回眸三叶》《理性与浪漫》《稷下之梦》《浪漫的时代》《怜悯》《"幽默"之类》《学习马一浮》《失去了名词的动词》《一条有树的路》，诗歌《饥饿散记》。

同期，刊载王光东、张清华、吴义勤、施战军、崔苇的《历史·现状·新的增长点——山东新时期小说创作五人谈》，其中论及了张炜的小说创作。

7月，随笔《诗人的命数》在《诗神》1999年第7期发表。

7月，《成都大学学报》（社科版）第3期刊载刘圣红、黄葳的《挽歌与乡愁——试论张炜的道德理想》。刘圣红、黄葳指出："坚守精神家园的张炜的道德理想在现实社会中的失败是不可避免的。张炜所奏响的只能是一曲日渐远去的传统的挽歌，只能是一份文化乡愁的抒发和表达。"

7月，《江西广播电视大学学报》第3期刊载耿庆伟的《国民性：一个挥之不去的话题——〈芙蓉镇〉〈古船〉〈爸爸爸〉的国民性分析》。

7月，《职大学报》第3期刊载朱尧耿的《90年代中国文学中的人文精神》，其中论及了张炜的人文思想。

7月，《襄樊学院学报》第4期刊载叶芳的《张炜小说之人文精神》。叶芳指出："尽管张炜的作品无论思想还是艺术都存在着不小的缺陷，但应看到，张炜从未放弃一个知识分子的生活原则和社会准则，从未放弃对精神性和诗性的坚持和追求。无论是《古船》对苦难的控诉，对人的尊严的追求，还是《九月寓言》对苦难的超越，对理想生存方式的思考，或是《柏慧》《家族》对理想、信仰的坚守与捍卫，自始至终流贯着人文精神，保持着高贵的知识分子的气质。我们期待着，张炜以一个知识分子的真诚和信仰，以一个作家的敏感和才情，呈现给读者更完美的作品。"后又刊载于《湖北文理学院学报》1999年第4期。

7月，《当代作家评论》第4期刊载束学山的《认同与抉择：民间话语的价值取向》，其中以"张炜：叩问历史与融入大地"为题论述了长篇小说《古船》《九月寓言》。

7月，《文艺理论研究》第4期刊载王岳川的《当代文化研究中的激进与保守之维》，其中论及了张炜的人文思想。同期，刊载王铁仙的《从回归走向辉煌——略论新时期文学20年》，其中论及了长篇小说《古船》。

7月2日，香港《明报》刊载《当代文坛翘楚荟萃2000年文库》，介绍由明报月刊、明报出版社联合推出的"2000年度文库——当代中国文库精读"。《张炜卷》列入第2辑。

7月5日，散文《水手》在《光明日报》发表。

7月10日，完成散文《有个依岛》。

7月20日，《扬州时报》刊载高蓓的《生命中的回眸——读〈凝望〉》。后又刊载于10月17日《文汇报》。

7月21日，《济南时报》刊载鲁文的《〈亚洲周刊〉20世纪中文小说百强揭晓——张炜长篇小说〈古船〉榜上有名》。

8月，随笔"张炜新作三题"在吉林省社科联《华章》（双月刊）1999年第4期发表，包括《簇拥和掩藏的九月》《荻火》《世纪问答》。

8月，《忆苦》（长篇小说《九月寓言》节选）、《融入野地》被收入《20世纪中国文学精品·当代文学100篇》，由学林出版社出版。

8月，《山东新文学大系》由山东文艺出版社出版。其中，"小说卷一"收录了中篇小说《秋天的愤怒》（节选）和长篇小说《古船》《九月寓言》存目，"小说卷三"收录了短篇小说《声音》《一潭清水》，"散文卷"收录了散文《融入野地》。同时，该大系《导言》和当代部分"文学评论卷"收录的李先锋的《齐鲁青未了——新时期山东中青年作家小说创作进程鸟瞰》（原载《文学评论家》1988年第2期），均论及了张炜的小说创作。

8月，洪子诚著《中国当代文学史》由北京大学出版社出版。该书将张炜等列入"80年代后期的小说·其他重要小说作家"中论述，指出："韩少功、史铁生、张炜、张承志等，在八九十年代的评论和文学史叙述中，常有多种'归属'。他们有时会被放进'知青作家'行列，有的则曾在'寻根作家'名下生存一段时间。在90年代的文学语境下，他们创作的倾向的某些相似点又会被突出，为有的批评家看作是追求和捍卫精神性理想的一群。"

8月，特·赛音巴雅尔主编《中国当代文学史》由民族出版社出版，其中专节论述了中篇小说《秋天的愤怒》。

8月，《廊坊师专学报》第3期刊载王泉的《精神之旅中的点点繁星——论张炜小说中的几个主要意象》，论述了张炜小说中的"黑色""野地""大海"等意象。

8月25日，《中华读书报》推出"新中国50年文学作品回眸（之一）——当代作家谈自己喜欢的当代作品"专栏。张炜写道："我自认为有一点唯美主义的倾向，而且从高中起别人就一直因此批评我。所以我个人喜欢的也是有些唯美的，比如我高中前后读的柳青的《创业史》，还有孙犁的东西。当然柳青的写作有时代的痕迹，但如果你认真读，会发现他写得很诗意，这是理解柳青和孙犁的一个要害。""要问我喜欢和影响我的作家，我一定还得提一下鲁迅，他不是建国后的作家，但他一个人抵得上五四以后和建国以后的所有作家，他是常人根本无法企及的天才，那文字的灵动，超拔的才华，巨大的幽默，还有他调动文字的能力，实在太……他具有一种魔力，不是魅力，是魔力！而且鲁迅很善良，你读他的诗会发现他很软，很柔性，有的人写得太硬，生硬是不好的。"

9月，《散文随笔九篇》在《山东文学》1999年第9期发表。

9月，散文《融入野地》、短篇小说《一潭清水》分别被收入《中国当代文学作品精选（1949~1999）·散文卷》《中国当代文学作品精选（1949~1999）·短篇小说卷（上）》，由北京十月文艺出版社出版。

9月，散文《融入野地》被收入"名家人生漫笔精品丛书"《生命的天平》，由青岛出版社出版。

9月，散文《绿色遥思》被收入"中国当代作家、诗人及知名学者回首自己在20世纪最难忘的经历"（卷2）《百年烟雨图》，由中国文联出版社出版。

9月，随笔《读鲁迅二题》、短篇小说《怀念黑潭中的黑鱼》分别被收入"90年代文学潮流大系"《学者随笔》和《乡镇世态小说》，由北京师范大学出版社出版。

9月，陈思和著《中国当代文学史教程》由复旦大学出版社出版。该书以"在民间大地上寻求理想"为题论述了长篇小说《九月寓言》，指出："张炜的长篇小说《九月寓言》可以说是20世纪中国文学的殿军之作，它所描写的是一组发生在田野里的故事，具有极其浓厚的民间色彩。"

9月，樊星著《世纪末文化思潮史》由湖北教育出版社出版。该书多处谈到了张炜的文学创作对民族苦难历史的思索、对人生终极意义的追寻和对文化不朽价值的守卫。

9月，《当代作家评论》第5期刊载洪治纲的《无边的质疑——关于历届"茅盾文学奖"的22个设问和一个设想》，其中论及了长篇小说《古船》《九月寓言》。

9月，《西北师大学报》（社会科学版）第5期刊载邵宁宁的《牢笼抑或舟船——20世纪中国文学中"家"的形象演变》，其中论及了长篇小说《古船》。

9月，《吉林大学社会科学学报》第5期刊载王学谦、张福贵的《回归自然：20世纪中国意境小说的思想流脉》，其中论及了长篇小说《九月寓言》。

9月18日，随笔《"幽默"之类》在《青岛晚报》发表。后又发表于11月19日《今晚报》。

10月，系列散文《犄角，人事与地理》在《广州文艺》1999年第10期发表。此刊将其列入"独家小说"栏刊出。

10月，散文《绿色遥思》被收入《边缘思想：〈天涯〉随笔精品》，由南海出版公司出版。

10月，长篇小说《九月寓言》繁体字版由台湾时报文化出版企业股份有限公司出版。

10月，完成随笔《关于唯美》《我看〈时代美术〉》。

10月，在海南参加"生态与文学"国际研讨会并做题为《想象的贫乏与个性的泯灭——对世纪末文学潮流的忧思》的演讲。演讲稿后修订整理并发表于《天涯》2000年第1期。

10月1日，香港作家联会《作家通讯》第8期刊载《中国文学"百年百优"评出》，介绍人民文学出版社和北京图书大厦邀请专家学者评选出的"百年百种优秀中国文学图书"，长篇小说《古船》名列其中。

10月5日，法国国家图书馆发函邀请张炜赴法参加2000年3月9～10日举办的"中国文学：继承与创新"学术讨论会。

10月11日，在济南完成随笔《冷寂之余》。后发表于《今日名流》12月号、12月7日《半岛都市报》。

10月15日，《大众日报》刊载李掖平的《艰辛而圣洁的精神求探——再读张炜》。

10月31日，完成《邵好学文集》（山东文艺出版社2000年出版）序《萦回的声音》。

11月，随笔《11家小札》在《世界文学》1999年第6期发表。文章介绍了尤瑟纳尔、阿斯图里亚斯、索因卡、托马斯·曼、加夫列拉·米斯特拉尔、斯坦贝克、普鲁斯特、紫式部、亚马多、乔伊斯、卡夫卡。

11月，长诗《松林——龙口海滨，一片松林无边无际》在《作家》1999年第11期发表，篇末注明"1999年5月4日1稿，1999年7月10日2稿"。

11月，散文《枫庐四章》在《青岛文学》1999年第11期发表，包括《感激之余》《存在与品质》《兼谈》《家园之书》。

11月，散文《有个笠岛》在《故事会》1999年第11期发表。同时刊载张炜简介和张炜的题词："好故事迷人、清新，能让人在回味中沉静下来。"

11月，作品集《张炜》被列入"2000年度文库——当代中国文库精读"，由香港明报月刊、明报出版社出版。

11月，《文艺争鸣》第6期刊载陈思和、张新颖、王光东的《张炜：民间的天地带来了什么》，论述了张炜的"民间立场"和"大地情怀"。

同期，刊载王光东的《民间的当代价值——重读〈九月寓言〉》。

香港明报月刊、明报出版社1999年11月版

11月，《山东文学》第11期刊载"张炜专论"专辑，包括张清华的《张炜专论》、王光东的《重读张炜》、崔苇的《从〈古船〉到〈九月寓言〉》、周海波的《家园守望的文学意义——张炜作品随想》。

11月9日，完成随笔《有一个梦想》（后发表于《焦点》2000年4月号）。张炜写道："杜甫在当年有两个悲叹让我难忘，因为他看到和感到的哀伤愁苦都是人世间最基本最常见的东西。一是他的'朱门酒肉臭，路有冻死骨'，二是他的'布衾多年冷似铁，娇儿恶卧踏里裂……安得广厦千万间，大庇天下寒士俱欢颜'。""我有一个梦想，梦想在未来的世纪里，中国出现了大悲悯，真人道，把最古老的牵挂去掉，除却杜甫当年悲。"（张炜：《有一个梦想》，载《张炜文集》第34卷，作家出版社2014年11月出版，第292、294页。）

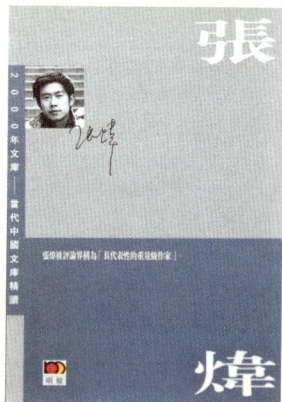

11月17日，《威海日报》刊载孙鸳翔的《双子星座》，记张炜、贾平凹。

11月17～19日，在济宁市微山县参加《山东文学》优秀小说奖和优秀散文诗歌奖颁奖会。发表于《山东文学》1999年第7期的《散文随笔九篇》获优秀散文奖。

11月21日，接受《中华读书报》记者采访。访谈后修订整理为《做人如做树——答〈中华读书报〉》。张炜说："（我）没有什么太突出的特点。可能我有一点偏强。这份偏强其实在暗中护佑我，而不是损伤我，如果我要写作的话。""我希望自己成为一个冷静和安静的人。这样的人会有原则和勇气。潮流来了，先是站住。有原则的人才能谦虚，而不是相反。要写作，就必须永远警惕那丝'精明'之念，当然也不必装傻。"（张炜：《做人如做树——答〈中华读书报〉》，载《张炜文集》第34卷，作家出版社2014年11月出版，第277页。）

11月23日，《作家文摘》刊载《作家出版社隆重推出〈中华人民共和国50年文学名作文库〉丛书》。其中，《一潭清水》被列入"短篇小说卷"。

12月，小说《老隋家》（《古船》节选）被收入《中国当代文学作品选》，由学林出版社出版。

12月，长篇小说《古船》入选由人民文学出版社和北京图书大厦发起、组织评选的"百年百种优秀中国文学图书（1900～1999年）"。

12月，雷达著《雷达散文》由浙江文艺出版社出版，其中收录了《民族心史的一块厚重碑石——论〈古船〉》（节选第1、2、4、8部分）。

12月，《社会科学》第12期刊载赵德利的《家族小说的搁浅与展望》，其中论及了长篇小说《古船》。

12月2日，在山东省实验中学与中学生对话。对话后修订整理为《中学生与文学》。12月12日，山东省实验中学《空间》第4期刊载王晓箴的《爱文学的朋友看过来——作家张炜与我校同学座谈纪实》、李璐的《了解张炜》。此刊封二还刊载了"著名作家张炜应邀来到我校"的图文报道，以及张炜给《空间》的题词："我们在中学时代，也非常爱文学，也办刊物。"

12月6日，完成随笔《世纪末感言/关于技术时代》、《小说：区别和判断》（答《中华读书报》记者问）。

12月7日，接受《山东青年报》记者采访。访谈后修订整理为《生存方式——答〈山东青年报〉》。张炜说："我只是一个专业写作者，我还不能说是一个作家。我的主要时间都用来读书和写作，这是我的快乐，劳动的快乐。有了自己喜爱的劳动方式，人就有幸福感。我不知道还有什么比从事自己喜爱的劳动更好、更充实。""如果重新选择，也还是一样：从事写作。因为我觉得这是人类最重要，也是最艰难的工作之一。"（张炜：《生存方式——答〈山东青年报〉》，载《张炜文集》第34卷，作家出版社2014年11月出版，第289、291页。）

12月14日，随笔《永恒的诗章——关于〈楚辞笔记〉》在《半岛都市报》发表。

12月21日，随笔《走出梦呓》在《半岛都市报》发表。

12月27日，随笔《有书的长旅》在《扬州晚报》发表。

12月29日，《中华读书报》刊载陈洁的《让我慢下来，越慢越好——访思想者张炜》。

本年，随笔《独立的品格与勇气》在临沂市作家协会《作家信息报》1999年第3期发表。（此报未标明出版时间。）

本年，《古船》和《九月寓言》入选由北京大学编订、谢冕主编的《百年中国文学经典》。

本年，短篇小说《一潭清水》日文版在日本《中国现代小说》（季刊）1999年第11卷第13号发表，译者杉本达夫。

本年，法国《诗杂志》第2期刊载尚德兰的《张炜诗论》。（出版时间不详。）

本年，完成诗歌《饥饿散记》《榆树》《失传的酒》《食土者》《棉花》《永远的追赶》《挖掘》《想》《离它有多远》《最苦的叶子》《送别》《哭泣的柳树》《化学》《哲学》《黑三月》《浸泡》。以上诗章亦统称组诗《饥饿散记》。

2000

1月，随笔《小说：区别与判断》在《山东文学》2000年第1期发表。张炜提出"好小说"的五个条件：一是有比较明显的、强烈的诗性；二是有比较明显的本土性、原生性；三是有较强的内向性、稍稍矜持的品格；四是有较强的当代性；五是有朴素自然的形式。

1月，随笔《悲愤与狂喜——读〈天问〉》在《文学世界》2000年第1期发表。

1月，随笔《怀疑与信赖》被收入《守望灵魂：〈上海文学〉随笔精品》，由中华工商联合出版社出版。

1月，《张炜短篇小说选》法文版由法国巴黎Éditions Bleu de Chine出版社出版，收入短篇小说《冬景》《拉拉谷》《山楂林》《逝去的人和岁月》。

1月，颜敏著《审美浪漫主义与道德理想主义——张承志、张炜论》由华夏出版社出版。

1月，《文艺评论》第1期刊载李咏吟的《文化还原与创作取向——关于近20年来的中国小说的一种文化诗学判断》，其中论述了长篇小说《古船》《九月寓言》。

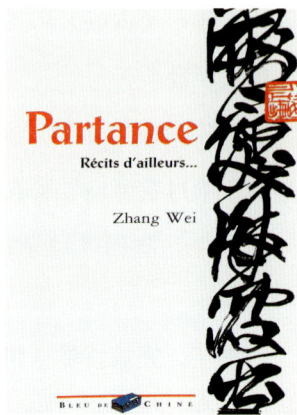

法国巴黎Éditions Bleu de Chine出版社2000年1月法文版

1月1日，随笔《智识者要承担责任》在《生活日报》发表。

同日，散文《融入野地（第6、7节）》被选入《作家文摘》世纪经典珍藏版，篇末注明"选自作家出版社1990年2月出版的《融入野地》"。

1月4日，散文《盼雪》在《半岛都市报》发表。

1月13日，《文学报》刊载王光东的《寻找民间的精灵》，其中论及了长篇小说《九月寓言》《柏慧》《家族》。

1月17日，随笔《由世纪末中国文学潮流说起》在《瞭望新闻周刊》2000年第3期发表。

同日，《中国青年报》刊载桂杰的《茅盾文学奖：热辣辣的大奖静悄悄地评》。报道中说，第四届茅盾文学奖初选入选篇目有长篇小说《古船》《九月寓言》，获奖作品为《白鹿原》《白门柳》《战争和人》《骚动之秋》。

1月20日，《文学报》刊载张炜的《〈源氏物语〉是一部有益于养生的书》，文末注明"摘自1999年第6期《文学世界》"。

1月26日，《中华读书报》刊载张毓强的《中国作家谈——中国文学的过去现在与未来》。张炜认为："未来的作家可能面临三种选择：一种是更保守，更激烈地抵抗西方文化；二是在激烈抵抗过程中走向冷静的思考，寻找自己的思想；三是慢慢跟上去，但是又不能够跟上去，这是最不好的一种。"

2月14日，完成随笔《悲观与喜庆之间》。

同日，接受《齐鲁晚报》记者采访。访谈后修订整理为《回顾与畅想——答〈齐鲁晚报〉》。

2月19日，完成高维生散文集《俎豆》序《书是什么》。

3~4月，应法国文化部和国家图书馆邀请，参加中国作家代表团访问法国。3月9日在法国国家图书馆演讲，演讲后修订整理为《想象的贫乏与个性的泯灭——对世纪末文学潮流的忧思》。3月12日在法国作家协会演讲，演讲后修订整理为《自由：选择的权力，优雅的姿态——在法国作家协会的演讲》。访问法国结束后，应意大利那不勒斯东方大学邀请，访问意大利。

3月，《小说评论》第2期刊载郭宝亮的《弑父的恐惧与家族血脉的纠结——张炜小说叙境的存在性悖论》。

3月1日，《中华读书报》刊载记者陈洁的《中国作家谈自己喜欢的20世纪文学作品（之三）》。其中，张炜介绍了鲁迅的《故事新编》、托尔斯泰的《复活》、索尔·贝娄的《洪堡的礼物》、舍伍德·安德森的《小城畸人》、《高尔基短篇小说选》、《雨果论文选》、米兰·昆德拉的《玩笑》。

3月5日，《齐鲁晚报》刊载张向阳的《"我不会参与喧嚣"——访作家张炜》。

在巴黎雨果故居

在意大利古罗马斗兽场

3月9日、4月13日、5月11日、6月8日，随笔《我心仪的域外作家》在《深圳法制报》连载。

3月14日，随笔《重读戴高乐》在《深圳法制报》发表。

4月，随笔《世纪末感言/关于技术时代》《小说：区别与判断》被收入《1999中国最佳随笔》，由辽宁人民出版社出版。

4月，随笔《有一个梦想》被收入《1999中国最佳散文》，由辽宁人民出版社出版。

4月，散文《同一类声音》被收入"音乐爱好者丛书·音乐散文篇"《音乐与我》，由上海音乐出版社出版。

4月，完成随笔《名家批作文》，分别评点了中学生苗春旺的《保护鸟类刻不容缓》、刘晓菲的《我与父亲的情结》、郝壮的《一个不值得学习的人——对〈宋定伯捉鬼〉的另一种认识》、王婧婧的《不打伞的日子》、杨云的《心动》、李田桑的《梦》。其中，对苗春旺、郝壮、杨云的作文点评，分别发表于4月20日、5月4日《齐鲁晚报》。6篇点评及学生作文均被收入《著名作家学者点评全国中学生作文选粹》，2000年5月由山东画报出版社出版。

4月，金汉著《中国当代小说艺术演变史》由浙江大学出版社出版。该书在"乡村叙事"中纵向勾勒了张炜小说创作的演进过程，指出张炜小说在中国当代小说的"传统叙事"阶段呈现出"命运、伦理、道德、风俗化的乡村叙事"特点，如《一潭清水》等短篇小说和《秋天的思索》《秋天的愤怒》等中篇小说；在中国当代小说的"现代叙事"阶段则呈现出"从文化哲学到人本、生命哲学"的特征，如《古船》《九月寓言》等长篇小说。

4月19日，随笔《悲愤与狂喜——读〈离骚〉》在《齐鲁晚报》发表。

4月22日，完成随笔集《流动的短章》序《猜悟使命》。

4月23日，《齐鲁晚报》刊载张清华的《缘何悲愤　缘何狂喜——读张炜的〈悲愤与狂喜〉》。

5月，随笔《作家在今日社会的作用》《小序两则》在《华章》2000年第3期发表。《小序两则》分别是《萦回的声音——〈邵好学文集〉序》《书是什么——〈高维生散文集〉序》。

5月，随笔《世界与你的角落——在苏州大学"小说家讲坛"上的演讲》分别在《当代作家评论》《天涯》2000年第3期发表。

5月，随笔《悲愤与狂喜——读〈楚辞—九歌〉》在长沙市文联《创作》2000年第3期发表。

5月，随笔《悲愤与狂喜——读〈招魂〉》在《青年文学》2000年第5期发表。

5月，短篇小说《怀念黑潭中的黑鱼》被收入《中国现当代小说选》，由中国友谊出版公司出版。

5月，《文艺争鸣》第3期刊载贺仲明的《否定中的溃退与背离：80年代精神之一种嬗变——以张炜为例》。

5月，《当代文坛》第3期刊载吴三冬的《渴望逍遥——解读〈九月寓言〉》。

5月，朱光云在山东科技大学团委《科大学子》2000年第5期撰文推介长篇小说《怀念与追记》。

5月30日，散文《乡村的麦秸垛》在《深圳法制报》发表。

6月，散文《运河谈片》（评左建明长篇小说《欢乐时光》）被收入《默守崇高：99笔会文萃》，由文汇出版社出版。

6月，散文《台港小记》被收入《1999年中国散文精选》，由长江文艺出版社出版。

6月，随笔集《流动的短章》由作家出版社出版。

6月6日，散文《有个笠岛》在《中国海洋报》发表。

同日，《联合日报》刊载张清华的《追寻那不朽血脉——关于张炜的散文新作〈悲愤与狂喜〉》。后又刊载于《华章》2000年第4期。

6月20日、7月4日、7月18日，散文《犄角、人事与地理》之《黑松林》《夜哭》《两个岛屿》分别在《中国海洋报》发表。

6月22日，《龙口报》刊载刘彦鹏的《雨夜聆歌——读张炜小说集〈美妙雨夜〉杂记》。

7月，随笔集《楚辞笔记》被列入"经典丛话·经典今读系列"，由江西教育出版社出版。张炜在《序》中写道："这是关于屈子的一些手记。""我不断记下自己的叩问和低吟，甚至是呼唤。我在难以企及的美与崇高面前，在使人忘情的冲动之下，一次次回到冷静的遏制和现实的淳朴。想象的思绪盘绕千回，设身处地，在磬与箫当中，在楚声的回荡里，去辨析那个人的呼吸。"

7月，长篇小说《古船》被列入"百年百种优秀中国文学图书"，由人民文学出版社出版。

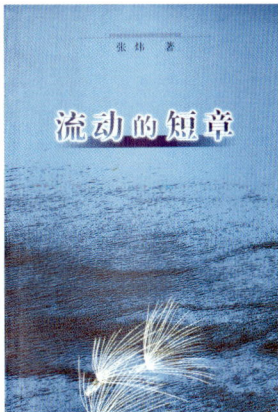

上海三联书店2006年1月版　　上海人民出版社2008年8月版　　中国青年出版社2011年12月版

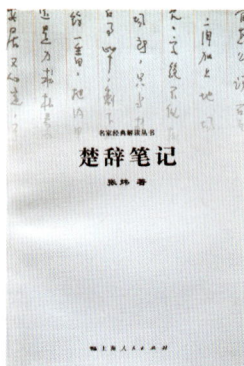

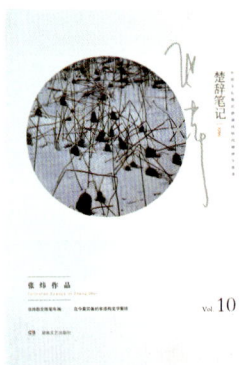

湖南文艺出版社2013年2月版　　作家出版社2014年11月版　　台湾时报文化出版公司2002年
　　　　　　　　　　　　　　　　　　　　　　　　　　　　　　3月版

　　7月，《广州文艺》第7期封二刊载剑平的《张炜访谈录》（赵剑平5月20日
在龙口对张炜的访谈）。赵剑平的《我的生活不在别处——张炜访谈录》又刊载
于中国文联《中国文艺家》2000年第4期。

　　7月，《当代作家评论》第4期刊载摩罗的《寻找文学的尊严》，其中论述
了长篇小说《古船》。

　　7月12日，日本一桥大学发函邀请张炜赴日进行学术交流。

7月26日，《中华读书报》刊载记者舒晋瑜的《中学生暑期读什么》。张炜推荐了中国青年出版社出版的《阿蒙德森》。

7月31日，《生活日报》刊载《作家动作——张炜：读书行路修改长篇》。同时还刊载了洪子诚的《90年代的阳光》，介绍洪子诚、李庆西主编的"90年代文学书系"，第1辑为蔡翔选编的《融入野地》（非主流小说）。

8月，随笔《伟大而自由的民间文学》被收入《20世纪90年代散文选》，由上海文艺出版社出版。

8月，短篇小说《海边的雪》被收入《中国现当代文学名篇佳作选》（小说卷5），由中国少年儿童出版社出版。

8月，与汪稼明共同主编的文艺杂志《唯美》第1辑由山东画报出版社出版。发表随笔《珍品荐：〈手〉》，推介美国作家舍伍德·安德森的短篇小说《手》。此杂志仅出了一期。

8月4日，《中国城乡金融报》刊载郭银田的《纯美的注视》（记张炜）。

8月10日，完成诗歌《短诗三首：一位感冒的少女·补白·床》。

8月15日，随笔《流动的短章（节选）》选载于《作家文摘》。

8月20日，在济南开始写系列随笔《远逝的风景——读域外现代画家小记》。

8月28日，随笔《我没法无动于衷》在《生活日报》发表。

8月29日，《江西日报》刊载龚金平的《未来是怎样——读颜敏〈张承志、张炜论〉》。

9～11月，《远逝的风景——读域外现代画家小记》在《大众日报》连载。

9月，长篇小说《外省书》在《收获》2000年第5期发表。篇末注明"1993年3月/1996年11月，济南；1999年1月5日～25日/2000年4月15日～6月2日，龙口；2000年6月11日～29日/7月16日～20日，济南"。

卷一　史珂

一

　　史珂每一次走在路上都想：我是最后一次
到这里来了。前边，一抬头就是那座孤另另的
房子，乌黑，沉重，湿漉漉的，压在一片疏朗而
杂树林子里。他一看到这的影子就开始骂自己，
就这么骂着走进去。屋里是一个行动不便的巨
人，半坐半卧在大得出奇的土炕上，旁边是服
侍他的外甥女。他们对视着，好像又一次猜对
了他的心思。史珂厌恶这种眼神，心里说：我
是来告别的，我随时都可以离去，你们这对可
怜的人。他有时觉得这个杂乱空旷的屋子汇集
了全世界的肮脏，有时又在心里把"肮脏"二

9月，《作家待过的地方》选载于《读者》（半月刊）2000年第17期，篇末注明"赵曜摘自《百花洲》"。

9月，散文《在风中》被收入"十年艺术散文精粹"《永远追求不到的情人》，由百花文艺出版社出版。

9月，散文《激情》被收入"《中外书摘》精品丛书"《在心灵最美妙的地方》，由上海人民出版社出版。

9月，随笔集《心灵的飞翔》（李运江绘插图）被列入"中国当代名人语画书系"，由西苑出版社出版。自序写于2000年4月1日。

西苑出版社2000年9月版

9月，接受《中华读书报》记者采访。访谈后修订整理为《做什么，不做什么——答〈中华读书报〉》。

9月，接受《收获》杂志采访。访谈后修订整理为《把自己准备好——答〈收获〉杂志》。

9月，山东省人文自然遗产保护与开发促进会《人文与自然》2000年第3期封三刊载图文报道《齐鲁名人：张炜》。

9月，《辽宁师范大学学报》（社会科学版）第5期刊载龚举善的《文学的焦虑：重审20世纪80年代文化意识小说》，其中论及了长篇小说《古船》《九月寓言》。

9月，《小说家》第5期推出100期回顾专辑。张炜曾在此刊发表《护秋之夜》（1984年第2期）、《三想》（1988年第4期）、《橡树的微笑》（1988年第4期）。

9月5日，《中国青年报》刊载孙晓玲的《张炜六年磨一剑——新作近日杀青，书名尚未公布》。后又刊载于9月9日《山东青年报》、9月13日《生活日报》、9月18日《齐鲁晚报》。

9月12日，完成随笔《喜欢山东作家》。后又刊载于9月30日《生活日报》、10月25日《齐鲁周刊》和《山东文学》2000年第10期。张炜写道："比较起来，我还是喜欢山东作家。为什么？就因为他们扎实，有责任感，做事认真，风气正。现在不是过去，名和利把国内不少从事写作的人快逼疯了，逼得什么禁忌都没有了，什么都敢卖，什么都敢做。山东作家并没有跟上风头走，本分自守。这多么不容易。""山东作家没有人骂鲁迅。你看看从过去到现在，有哪个好人骂过鲁迅？山东作家知道该骂什么不骂什么。山东今天骂鲁迅的也可能有，但那不会是作家。山东作家也没有油嘴滑舌的人，没有一张口就是痞子腔的人。这样的人在山东立不住。"（张炜：《喜欢山东作家》，载《我跋涉的莽野》，春风文艺出版社2001年9月出版，第116～117页。）

9月14日，《文艺报》刊载青子的消息《艺术丛刊〈唯美〉亮相》。

9月18日，《生活日报》刊载记者王洪夫的《不染是生命获得的最大奖赏——张炜访谈录》。

同日，《齐鲁晚报》刊载项玮的《90年代作家谁称雄》，其中介绍了张炜及其长篇小说《九月寓言》。

9月22日，随笔《文学泰山下》（写于2000年9月11日）在《生活日报》发表。后又刊载于《山东文学》2000年第10期。

同日，被山东省实验中学时钟文学社聘为顾问。

9月25日，《生活日报》刊载王洪夫的《我只是从心里把它抄出来——张炜谈〈外省书〉的写作及其他》。

10月，长篇小说《外省书》由作家出版社出版。

作家出版社2000年10月版

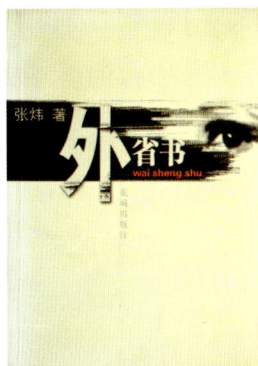

花城出版社2005年1月版

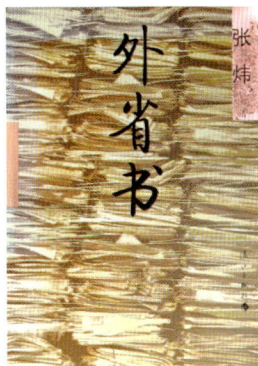

漓江出版社2007年4月版

作家出版社2013年8月版

作家出版社2014年11月版

河南文艺出版社2017年8月版

香港天地图书有限公司2001年6月版

台湾联合文学出版社2001年11月版

10月，长篇小说《九月寓言》获台湾时报出版公司好书奖。

10月，在上海社科院、文学报社举办的全国百名评论家评选90年代最具影响力十作家十作品活动中，张炜和《九月寓言》入选。

10月，接受《文艺报》记者采访。访谈后修订整理为《秋天漫谈——答〈文艺报〉》。张炜说："古今中外比较优秀的作家，都应该是理性比较强的。认为理性强会影响创作想象，是一种误解。作家首先应该是个思想家。他在写作，他在思想。用脑，有时日夜冥想。这一点也不让人奇怪。不这样才让人奇怪。'作家是思想家'这句话，并不因为说的人多了就成了一句废话。""作家要做的就是写下去，慢慢写。一个'慢'字，不是数量和发表的频率，而是状态。让写作脱离竞技、脱离名利、脱离焦灼、脱离喧哗、脱离冷眼白眼……如此而已。"（张炜：《秋天漫谈——答〈文艺报〉》，载《张炜文集》第36卷，作家出版社2014年11月出版，第313～314页。）

10月11日，撰文评述中学生赵夏挚的小说《狼》《一个杀狗的人》。

10月12日，《外省书》卷2《史东宾》在《文学报》发表。

同日，《新书报》刊载立川的《我读〈外省书〉》。

10月14日，《文艺报》刊载胡殷红的访谈《张炜：永远在"抄书"》，介绍长篇小说《外省书》。后又刊载于11月10日《北京晚报》、11月17日《中国民航报》、11月20日《太原日报》。

同日，随笔《做什么，不做什么——就长篇新作〈外省书〉答朋友问》在《北京青年报》发表。后又刊载于10月16日《青岛晚报》、10月25日《齐鲁周刊》、11月3日《科学时报》、11月17日《新报》、11月20日《深圳周刊》、11月22日《杭州日报》和《扬州晚报》、11月30日《光明日报》、12月4日《成都晚报》、12月15日《河南日报》、烟台日报社《资料文萃》2000年第12

期和《文学自由谈》2001年第1期、2001年2月6日《中国青年报》、2001年2月10日《人民日报》。副标题和文字略有差异。《杭州日报》还同时刊载了《外省书》缩写片断。

张炜说："我要不停地读书。但是我现在越来越不急着读外国书了。因为回头一看这么多必读的中国书没读，没有好好读。时间真紧，紧得怎么想都不过分。在这个年头，如果西方的兴趣覆盖了我，学得唯恐不像，我就可耻了。再说句实在话，时下我如果用西方、用西方的书唬人唬己，我就浅薄了，我的文学就是竹篮打水一场空。文学当然需要交流，可是起码讲，每个民族都有自己的文学。哪有跳离自己民族十八丈远、十八竿子都够不到的文学？说白了不过是纸老虎，虚幻之物……这些都是我中年之后才明白的道理。屈原、李白和杜甫，诸子散文，他们要在心里扎下根来。文化吸取比作养生，微量元素是重要的，可是主食呢？主食里也含微量元素。主食不足，我吞服了再多花花绿绿的药丸，还是要手无缚鸡之力。"（引文据2000年11月30日《光明日报》。）

10月17日，在上海参加"走向新世纪小说研讨会"并发言。10月18日《文汇报》刊载记者邢晓芳对本次研讨会的报道《部分作家就文坛存在游戏性写作和批评"失语"现象指出：中国文学应多一些质朴感》。其中张炜认为，由于一味地模仿西方20世纪文学潮流，特别是游戏性写作的大量出现，使得文学创作泡沫现象严重，"中国文学丧失了质朴的感情，真实的力度以及我认为最宝贵的那种深刻的绝对的浪漫"。

10月19日，《齐鲁晚报》刊载李掖平和刘玉秋、张克、朱敏、范维山、张明、查玉喜等的《抒情·思索·守望——关于张炜〈外省书〉的对话》（后又发表于2001年1月2日《龙口报》、《当代小说》2001年第1期）。

同日，《生活日报》刊载徐颖的《众名家沪上会诊——中国当代文学没"精神"》，介绍收获杂志社举办的世纪之交的中国当代文学讨论会情况。其中张炜谈到"中国的文学缺乏浪漫和精神力度"。

同日，《文学报》刊载陆梅的《相逢在〈收获〉 收获在金秋——〈收获〉举办小说朗诵会》，介绍收获杂志社举办的小说朗诵会情况。张炜在会上朗诵了《外省书》片断。

10月21日、23日，系列随笔《远逝的风景——读域外现代画家小记》（雷诺阿）（列宾、米勒）分别在《今晚报》发表。

10月22日，《青岛晚报》刊载杨新辽的《〈外省书〉：充满魅力之书》。

10月24日，随笔《苏东坡之波》在《新报》发表。

10月25日，完成长篇小说《柏慧》再版序言。张炜写道："想想看，在海边，一条河的旁边，在葡萄园里，有一个哈姆雷特式的'我'在思念徘徊，表达着他对这个世界的无尽的感激和忧思，同时也在挣扎和准备——他的身边有老人和少女，有一条忠实的大狗，更有生存的全部艰辛。他能够守在葡萄园里，能够驱逐心界内外的魔障，就已经是一位具备大勇的人了。他在我心中其实已经是等同于神话中的英雄和王子一类的人物了。""我相信，并且永远相信，人类即便在未来移居到另一个星球上，也仍然需要拥有自己的童话——它仍然要由恶魔和英雄、由大灰狼和小白兔们构成。不过与以往的童话不同的是，这一切或许都要带上现代的因子，比如大灰狼可能是转基因的狼，等等。""时光荏苒，童话相伴。我将继续《柏慧》的故事。"（张炜：《〈柏慧〉再版序言》，载《张炜文集》第36卷，作家出版社2014年11月出版，第316页。）

10月26日，将有关文学访谈辑录整理为《"大地"及其他——文学访谈》。

同日，《文学报》刊载陆梅的《作家的困惑与思索》，介绍收获杂志社举办的世纪之交的中国当代文学讨论会情况。

同日，《生活日报》刊载《本报俱乐部将举办名家名篇朗诵会》，预告将由省话剧院著名演员朗诵长篇小说《外省书》片断。

10月28日，《生活日报》刊载文欣的《〈外省书〉昨日亮相省城——读者争相以先睹为快》。

10月29日，《齐鲁晚报》刊载曼宁的《"神话作家"张炜》。后又刊载于2001年4月7日《扬州晚报》。

10月30日，《生活日报》刊载本报记者的《巨石入水　浪涌如潮——专家谈〈外省书〉》，刊载何西来、李敬泽、石枫、宫达、临风、李亦、赵自、沙利哈尔、张犁等对《外省书》的评论。

10月31日，《作家文摘》刊载《张炜又有新作〈外省书〉》，注明"据10月23日《齐鲁晚报》"。

同日，《中国文化报》刊载青子的《文坛之奇葩：〈唯美〉》。

11月，随笔《悲愤与狂喜——读〈九章〉》在《清明》2000年第6期发表。

11月，被《中国文化报》评为中国最受读者欢迎的作家。

11月，《钟山》第6期刊载李洁非的《张炜的精神哲学》。《当代作家评论》2001年第1期摘发其主要观点。李洁非指出："我一再从张炜文中读到'大心'一词，这是一个很有他思想特色的词，是一个融合了他理想的词。在这个变色龙般的文坛，他是仅有的几个在艺术哲学和精神哲学上保持了连贯性的作家之一，并且是在格物致知、反心为诚的真正个人化意义上。"

11月，《当代作家评论》第6期"印象点击"专栏刊载张新颖、老高对长篇小说《外省书》的点评。

11月1日，《中华读书报》刊载张隽的《沉寂六年交出一本小书——〈外省书〉托出张炜的迷惘和痛苦》。

同日，《生活日报》刊载《上海90年代文学研究讨论会为90年代文学定位——名家佳作不少　大师名著难寻》，其中谈及了张炜及其长篇小说《九月寓言》。

11月3日，《鲁中晨报》刊载千夫的《阅读者的解放——张炜著〈外省书〉》。后又刊载于11月5日《齐鲁晚报》、11月11日《三湘都市报》、11月22日《济南日报》。

11月4日，《山东青年报》推出"未看《外省书》，怎算得上邂逅文学之美"评论专版，刊载刘玉秋的《无处游弋的人生》、张克的《道德：持守与位移》（后又刊载于2001年1月2日《龙口报》）、刘永春的《文本：历史与现实互映》（后又刊载于2001年1月2日《龙口报》）。

11月5日，《北京青年报》刊载尚晓岚、贾婷的访谈《张炜：思想者的最新供词》，谈长篇小说《外省书》。

同日，《北京晨报》刊载李敬泽的《找一找"外省"在哪儿》，评介长篇小说《外省书》。后又刊载于11月14日《联合日报》、11月17日《中国民航报》、11月25日《文汇报》、12月11日《北京晚报》。

11月5～18日，受日本一桥大学邀请，出访日本。访问期间，在一桥大学演讲，演讲后修订整理为《我跋涉的莽野——我的文学与故地的关系》；在九州博多西南学院大学演讲，演讲后修订整理为《焦虑的马拉松——对当代文学的一种描述》。

11月7日，《中国文化报》刊载罗云川的《两部北方的书》，介绍了长篇小说《外省书》和铁凝的长篇小说《大浴女》。

同日，《中国青年报》刊载徐虹的访谈《张炜：文学会比太阳长久》。后又刊载于12月22日《滨州日报》。

11月8日，《北京日报》刊载张伯存的《边缘的声音》，评长篇小说《外省书》。

11月9日，《文学报》刊载陆梅的《张炜：与时尚和喧嚣保持距离》，介绍长篇小说《外省书》及张炜的文学创作。

同日，石家庄日报社《精品导报》刊载潘宪立、赵虹的《关于〈外省书〉》。

同日，《鲁中晨报》刊载《90年代最具影响力的十作家十作品评选揭晓——张炜及〈九月寓言〉双双入选》。

11月10日，随笔《我看〈时代美术〉》在《今周末》发表。

同日，《烟台日报》刊载张洪浩的《心史·心情·心篱——读张炜长篇新作〈外省书〉》。

同日，《大众日报》刊载何西来的《真实的痛苦和痛苦的真实——读张炜〈外省书〉》。后又刊载于11月18日《邹城日报》。

11月13日，随笔《作家，什么才是最重要的》在《新民晚报》发表。

11月14日，《中国图书商报》刊载肖鹰的《生命寓言：从土地到心田》，评介长篇小说《外省书》及张炜的文学创作。

同日，《联合日报》刊载张光芒的《〈唯美〉的姿态与力量》，评介张炜、汪稼明主编的文艺杂志《唯美》。

11月15日，《中华读书报》刊载周政保的《〈外省书〉：人性与人的处境》。

11月17日，《德州日报》刊载张克的《道德：坚守与位移》，评长篇小说《外省书》。

11月19日，接受《南方周末》记者采访。访谈后整修订理为《外省及其他——答〈南方周末〉》。

11月20日，接受《北京晚报》记者孙小宁采访。访谈《张炜：每一个地方都是外省》发表于12月11日《北京晚报》。后修订整理为《到处都是外省——答〈北京晚报〉》。

同日，接受《北京晨报》记者采访。访谈后修订整理为《还有玫瑰花——答〈北京晨报〉》。

同日，《太原日报》刊载胡炜、潘曼虹的《张炜：永远在"抄书"》和钟红明的《不写出来心里不安分——张炜访谈录》，介绍长篇小说《外省书》及张炜的创作。

11月21日，接受《北京青年报》记者采访。访谈后修订整理为《还是"不要慌"——答〈北京青年报〉》。

同日，随笔《距离与美》（记高更）在上海《文汇报》发表。后又发表于12月23日《美术报》。

同日，《作家文摘》刊载潘宪立、赵虹的《凝重·紧密·扎实——〈外省书〉编辑手记》。同时刊载《外省书》片断。

11月22日，完成随笔《自尊与确定》。张炜写道："我个人面临的大问题也许与人不同。我现在最需要做的事情六个字即可概括：读古典，下农村。""这六个字既是我的任务，也是对自己的警醒。我希望自己能够有勇气，不倦地寻找真实。"（张炜：《自尊与确定》，载《张炜文集》第34卷，作家出版社2014年11月出版，第322页。）

11月23日，随笔《时代的记录者》（记列宾）在上海《文汇报》发表。

同日，《文学报》刊载周政保的《卷入现实与探寻人的奥秘——关于长篇小说〈外省书〉》。

同日，《大连日报》刊载何西来的《〈外省书〉：感受真实的痛苦》、张炜的《做什么，不做什么》。同时刊载由上海市作协和文学报社联合发起组织的全国百名评论家推荐90年代最有影响力的作品10部长篇小说名单，《九月寓言》名列其中。

11月24日，《中国税务报》刊载杨志芳的访谈《张炜：好的作品可以帮助人们寻找信仰》。

同日，随笔《酷爱生命》（记雷诺阿）在上海《文汇报》发表。后又发表于12月14日《大连日报》，改题为《雷诺阿》。

11月25日，随笔《不屈的灵魂》（记梵高）在上海《文汇报》发表。

同日，《西海都市报》刊载洪浩的《当下的杰作——读张炜〈外省书〉》。

11月26日，《齐鲁晚报》刊载李掖平和刘玉秋、张克、朱敏、刘永春、范维山的《预约经典——关于〈东岳文库〉的对话》，其中以"思索的抒情者：张炜"为题进行了对话。

11月27日，12月11日、18日，随笔《焦虑的马拉松——对当代文学的一种描述》在《生活日报》连载。

12月，散文《人生麦茬地》《绿色遥思》《融入野地》被收入《新艺术散文精品选》，由中国文联出版社出版。

12月，被新浪网评为中国十大最受欢迎的作家。

12月，《人民论坛》第12期刊载王平的《点击百年中国小说经典》，其中以"《古船》：揭示历史本质的企图"为题评述了长篇小说《古船》。

12月，《阜阳师范学院学报》（社会科学版）第6期刊载刘卫英的《张炜〈古船〉复仇意识的文化反思意义》。

12月1日，完成随笔《"情豪"及其他》，谈《外省书》中的"鲈鱼"。

同日，《作家文摘》刊载孙昌建的《作家朗读会上成"读"者》（介绍《收获》杂志朗诵会情况。注明"摘自11月11日《新疆经济报》"）、徐颖的《小说没人看——读者有问题还是作家有问题》（介绍收获杂志社举办的世纪之交的中国当代文学座谈会情况。注明"摘自10月25日《扬子晚报》"）。

12月3日，完成祝词《致张继作品研讨会》。

12月5日，随笔《飞舞的精灵》（记马蒂斯）在上海《文汇报》发表。

12月8日，《烟台晚报》刊载王一惟的《"外省"故事牵动文坛》，介绍评论界和网络对《外省书》的评论情况。

12月9日，《山东青年报》刊载《东岳文库——重铸文学经典》，介绍山东文艺出版社将要推出的"东岳文库"，首批入选作家为张承志、史铁生、张炜、韩少功。

12月12日，《人民铁道》刊载曼宁的《读张炜〈外省书〉》。

同日，《作家文摘》刊载《近期文坛动态》。消息说，在《中国文化报》日前刊登的《关于大众读书状况的调查问卷》抽样统计中，在回答"你最喜爱的中国当代作家"时，张炜为被提到最多的中国当代作家之一。消息注明"据11月30日《中国文化报》"。

12月13日，《工人日报》刊载潘宪立、赵虹的《六年张炜磨一剑》，介绍长篇小说《外省书》。

12月16日，《青岛晚报》刊载高伟的《张炜六年铸成〈外省书〉》。

12月17日，《齐鲁晚报》刊载左建明的《爱不释手的"外省书"》。

12月20日，《中华读书报》"东岳文库'走向经典'"专栏刊载李掖平的《预约经典的〈东岳文库〉》、张新颖的《建立文学和社会息息相通的联系》、贾振勇的《文选情结与经典意识》，其中均论及了张炜及其文学创作。

12月24日，在龙口开始写长篇小说《能不忆蜀葵》。

12月26日，《中国图书商报》刊载翟业军的《张炜：无家之游——再评〈外省书〉》。

12月27日，《北京日报》刊载李洁非的《2000年中国文坛便览》。在谈及茅盾文学奖时，李洁非写道："当人们查阅该奖历届获奖名单的时候，不得不像有人所说，生出遗珠之憾：《活动变人形》（王蒙），《古船》、《九月寓言》（张炜），《许三观卖血记》（余华），《马桥词典》（韩少功），《洗澡》（杨绛），《羊的门》（李佩甫），《无风之树》（李锐），《丰乳肥臀》（莫言），《高老庄》（贾平凹）。这些作品是否足以获奖固未可遽论，但它们同一大批已获奖的作品相比，艺术分量的强弱对比是有目共见的。有这么一番对比，茅盾奖存在的问题事实上已不能以遗珠之憾一笔带过。"

同日，《中华读书报》刊载舒晋瑜的《什么书让你一读再读——著名作家点击中外文学一本书》。张炜说："张承志的《心灵史》有可能是50年来中国最好的长篇之一，花城出版社出版第一版的时候我就开始看。"舒晋瑜在"作家动态"中还以《张炜：大海边休身养病》为题介绍了张炜近况。同时，陈洁的《新世纪首届图书订货会：文学阵容检阅》中，介绍了山东文艺出版社推出的"东岳文库"，其中有张炜著作8种10卷。

12月28日，随笔《读古典，下农村》在《文学报》发表。

同日，诗《阳光》在《大连日报》发表。

12月31日，《大众科技报》刊载肖敏的《〈外省书〉——让人的灵魂弓起来》。

同日，《齐鲁晚报》刊载向阳的《2000：读书的感觉——点击畅销书》，其中介绍了长篇小说《外省书》，并称之为"世纪末最后一道文学盛宴"。

本年，随笔《悲愤与狂喜——读〈九歌〉》在临沂市文化局、兰山区文化局《洗砚池》2000年第1期、第3期连载。（此刊未标明出版时间。）

本年，完成随笔《世纪梦想》。张炜写道："我希望进入的新世纪，是中国人的一个冷静的世纪。我害怕一窝蜂地学美国、追时髦。新成长的一代应该是热爱中华文化、吸取其伟大精华的一代，不然就没有希望。商业扩张主义、封建专制主义，分别是洋野蛮和土野蛮。我们的真正的幸福，有赖于我们亲手去打造一个知书达理的社会。""真正的社会整体化科学思维大概是：社会科学第一，理论科学次之，应用科学再次之。没有社科工作者，特别是大量艺术家、诗人来平衡这个社会强大的技术主义，我们的民族就会跟随西方，盲目走进一场危险的现代游戏中。"（张炜：《世纪梦想》，载《张炜文集》第36卷，作家出版社2014年11月出版，第265、268页。）

本年，短篇小说《鱼的故事》被收入"碧蓝绿文丛"第3辑小说卷《大绝唱》，由中国环境科学出版社出版。

2001

　　1月，随笔《我跋涉的莽野——我的文学与故地的关系》《焦虑的马拉松——对当代文学的一种描述》在《作家》2001年第1期发表。

　　1月，随笔《突围前后——域外现代画家小记》在《花城》2001年第1期发表，篇末注明"2000年8月10日至20日于济南"。

　　1月，长篇小说《外省书》（节选）在《中篇小说选刊》2001年第1期发表，篇末注明"节选自作者长篇小说《外省书》，选自《收获》2000年第5期"。同期，发表创作谈《"情豪"及其他》（篇末注明"2000年12月1日记于龙口"），谈《外省书》中的"鲈鱼"。

　　1月，散文《融入野地》被收入《20世纪末中国文学作品选·散文卷》，小说《一潭清水》、《古船》（存目）被收入《20世纪末中国文学作品选·小说卷》（上），由北京大学出版社出版。

　　1月，完成中篇小说《蘑菇七种》再版序。

　　1月，吉林省社科联《学问》第1期刊载胡俊华的《我读〈外省书〉》。同期，发表李亦的《我读〈外省书〉》。

　　1月，《小说评论》第1期刊载雷达的《张炜的〈外省书〉》。

　　1月，《当代文坛》第1期刊载郭艳的《守望中的自我确认——张炜小说论》。

　　1月，《文艺评论》第1期刊载李咏吟的《小说解释向作家的挑战——21世纪中国小说作家面临的四大艺术难题》，其中论述了长篇小说《古船》。

　　1月，《当代作家评论》第1期刊载李洁非的《张炜的哲学精神》。

同期，刊载石曙萍的《民间和90年代小说（摘要）》。此文是上海大学研究生石曙萍的硕士学位论文摘要，其中论及了长篇小说《九月寓言》。

1月，《观察与思考》第1期刊载徐红萍的《外省之外省——读张炜的〈外省书〉》。

1月，《山东师大学报》（人文社会科学版）第1期刊载魏建的《20世纪山东作家对齐鲁文化传统的继承与再创造》，其中论及了张炜的文学创作。

1月，《苏州铁道师范学院学报》（社会科学版）第1期刊载何清的《民间大地上的精神漫游——〈九月寓言〉细解》。

1月，《荆州师范学院学报》（社会科学版）第1期刊载黄忠顺的《解释系统的神话性——〈九月寓言〉研究之二》。

1月，《华中师范大学学报》（人文社会科学版）第1期刊载樊星的《俄苏文学与20世纪中国文学》，其中论及了张炜受到的俄苏文学影响。

1月，《厦门大学学报》（哲学社会科学版）第1期刊载朱水涌的《论90年代的家族小说》，其中论及了长篇小说《家族》《柏慧》。

1月，山东省委宣传部《宣传月报》第1期刊载孔范今的《山东文学事业的发展现状与评估》，其中论及了长篇小说《古船》《九月寓言》《外省书》和散文《融入野地》。

1月1日，随笔《希望新世纪》在《太原日报》发表。

1月3日，《文化时报》刊载夏榆的《物质时代的家园之梦：本报2000年度新闻人物回访》，其中有对张炜的专访。

1月6日，《山东青年报》刊载《中国文化报评出你最喜爱的中国当代作家——我省张炜颇受欢迎》。

1月8日，《北京晚报》刊载《谁有资格进入新世纪？——50位作家获得资格认证，专家评选能否得到广大读者认可：专家如是说》，其中论及了张炜及其文学创作。

同日，《中华读书报》刊载《名作经典"东岳文库"书目首批》，张炜作品入选。

1月16日，《中国文化报》刊载丁国强的《迎视屈子的美目》，评介随笔集《楚辞笔记》。后又刊载于2月15日《中国图书商报》。

1月23日，《中华读书报》刊载陈洁的《中国作家在世纪之交那一刻》（其中介绍了张炜的情况）、舒晋瑜的《盘点2000年》（其中介绍了长篇小说《外省书》）。

1月30日，《中国青年报》刊载秦俭、徐虹的《50名作家盘点世纪文学》，其中有张炜的自述。后又刊载于2月2日《生活日报》。

1月31日，《中国国土资源报》刊载夏榆的《沉潜的气质——张炜访谈录》。

2月，随笔《我跋涉的莽野——我的文学与故地的关系》被收入《2000中国最佳散文》、《焦虑的马拉松——对当代文学的一种描述》被收入《2000中国最佳随笔》，由辽宁人民出版社出版。

2月，《创作评谭》第1期刊载颜敏的《90年代"最有影响的十部作品"二题》，其中论及了张炜及其长篇小说《九月寓言》。

2月，《阅读与写作》第2期刊载席扬、温左琴的《历史与生命的沉重交响——重读张炜长篇〈家族〉》。

2月，南通市文联《三角洲·校园文学选粹》第1期刊载姜刚的《纯粹的思想者——张炜访谈录》，篇末注明"选自江苏南通师范学院《声音》报"。采访时间为2000年10月26日，地点济南。

2月3日，《生活日报》"聊天室"栏目刊载凉萧等网友对长篇小说《外省书》的评论。

2月7日，在龙口完成随笔《朋友与书与出版社——记〈秋天的愤怒〉〈古船〉〈九月寓言〉〈家族〉的出版和写作》。

2月9日，《生活日报》刊载雷达的《激愤过后的沉思》，评长篇小说《外省书》。

2月12日，香港《亚洲周刊》刊载张海陵的《张炜〈外省书〉泪透纸背》。

2月26日，《中华读书报》"好书告诉你"专栏刊载雷达对长篇小说《外省书》的推介语："《外省书》是一部人之书，它紧张思索的核心，是人的境遇和人性的变异问题，是人的精神价值，精神平衡，精神追求问题。"

同时，刊载赵彤宁的《孤篇自荐之自荐缘由：作家言说——我为何推荐这部作品》，张炜自荐的是中篇小说《蘑菇七种》。张炜说："这是我十几年前的一部中篇小说，是我的中篇作品中最长的一部。它写在我的长篇小说《九月寓言》之前。""现在看，这部书中所表现的激情，思维的自由，想象的能力，都是我今天极为羡慕的。"

3月，随笔《满目新鲜》（评谢宗玉的散文）在《天涯》2001年第2期发表。后选载于《散文选刊》2001年第8期。

3月，《张炜散文新作》在《雪莲》2001年第3期发表。

3月，随笔《心灵的飞翔——关于读书》在《书摘》2001年第3期发表。

3月，随笔《我跋涉的莽野——我的文学与故地的关系》选载于《散文海外版》2001年第2期。

3月，随笔《荒漠之爱——夜读鲁迅》被收入《21世纪：鲁迅和我们》，由人民文学出版社出版。

3月，8卷10册"东岳文库·张炜"由山东文艺出版社出版，包括《古船》

（上、下）、《家族》（上、下）、《海边的风》、《蘑菇七种》、《请挽救艺术家》、《黄沙》、《金米》、《葡萄园》。

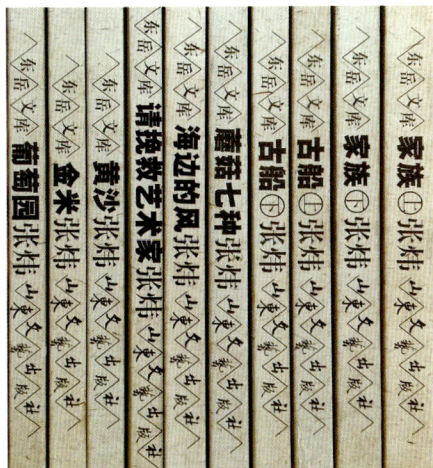
山东文艺出版社2001年3月版

3月，完成随笔《从"辞语的冰"到"二元的皮"——长篇文体小记》。后发表于3月7日《中华读书报》、4月7日《大连日报》、4月23日《生活日报》、《当代作家评论》2001年第3期。

3月，《小说评论》第2期刊载雷达的《长篇小说笔记之六》，其中有《张炜的〈外省书〉》。

3月，《当代作家评论》第2期刊载孙郁的《旁观者的叙述》，评长篇小说《外省书》。孙郁指出："张炜是我们这个时代少有的优秀的作家，我曾感动于他的许多文字。但现在的问题是：仅仅有爱的冲动，忧患的冲动，以及史诗的冲动就够了吗？我们的作家，究竟在哪里出了问题？我相信张炜这一代人的得失成败，将给后人带来许多的警示。至少是我，在阅读他的文字时，便在兴奋里思考了些什么，在不满里内省了些什么。这样的机会，不是每个作家都可提供的。"

同期，刊载周立民的《突围前后》，评随笔《远逝的风景——读域外画家小记》。

3月，《长沙铁道学院学报》（社会科学版）第1期刊载林涛、彭亚静的《"当代上帝"与道家智慧——〈断头台〉与〈古船〉比较论》，从文化的角度论述了艾特玛托夫的《断头台》与张炜的《古船》表现出的"原罪"感，以及作家的文化指向和面临的精神困惑。

3月，《山东青年管理干部学院学报》第3期刊载胡艺珊的《小说家散文，精神话语的转换》。胡艺珊指出："我这里说的小说家散文，指的是以张承志、张炜、史铁生、韩少功为代表的散文。在他们的作品里，读者听到的是一种来自于灵魂深处的声音，是对于现实的峻急的批判，是出离愤怒的呐喊，是面对自然、生命以及生命的精神性存在的深刻的上升到形而上的思索，说出的是关于这个世界的诚实的体会。这就与一般的小说家所写的散文不同。"

3月2日，《人民铁道》刊载夏榆的专访《张炜：文学或心灵的寓言》，谈长篇小说《外省书》。后又发表于3月4日《家生活》，修订改题为《张炜与〈外省书〉》。

3月20日，《作家文摘》刊载谢娟的《作家的最爱　评论家不服》，其中谈及了张炜自荐的中篇小说《蘑菇七种》，篇末注明"摘自3月3日《文汇报》"。

3月21日，《联合日报》刊载媚灶的《读张炜的〈外省书〉》。

同日，《湖北日报》刊载丁国强的《永不腐朽的力量》，评随笔集《楚辞笔记》。

3月22日，随笔《有书的长旅》在《新晚报》发表。

3月23日，《滨州日报》刊载雷达的《执着的追问　成功的超越——读〈外省书〉》。后又刊载于《读书》2001年第5期。

4月，诗歌《三诗人》在《作家》2001年第4期发表。

4月，诗歌《张炜诗歌新作》在《雪莲》2001年第4期发表。

4月，散文《折叠的春光》被收入《灵魂的窗口：名家文化散文、思想随笔精品集》，由北京图书馆出版社出版。

4月，散文《台港小记》被收入《日月潭情思》，由重庆出版社出版。

4月，随笔《感动的能力》被收入《谁解风情：十年精短随笔100篇》，由百花文艺出版社出版。

4月，长篇小说《远河远山》由南海出版公司出版。

4月，《三角洲·校园文学选粹》第2期刊载姜刚的《农夫张炜》，篇末注明"选自江苏南通师范学院《雏凤》杂志"。

4月，《今日东方》第4期刊载刘永春的《〈外省书〉：历史与现实之镜——这是著名作家的最新的文学发言》。

4月，《江西社会科学》第4期刊载张国功的《理解与批判——读颜敏〈审美浪漫主义与道德理想主义：张承志、张炜〉》。

4月10日，在龙口完成长篇小说《能不忆蜀葵》初稿。5月18日在济南开始写第2稿，6月3日完成。7月20日起，在济南修改《能不忆蜀葵》，8月11日改定。

4月11日，《作家文摘》以"谁错过了《外省书》"为题推出专版，包括长篇小说《外省书》梗概，张炜的《从心里"抄"出的一本书》，以及雷达的《〈外省书〉：一部人之书》、何西来的《〈外省书〉：一部痛苦之书》、李敬泽的《〈外省书〉：一部思想之书》、洪夫的《〈外省书〉：一部冒险之书》、潘宪立和赵虹的《凝重　紧密　扎实》（编辑谈）。

同日，《中华读书报》刊载舒晋瑜的《中国作家给高科技"打分"》，其中论及了张炜对于社会科学、理论科学、应用科学的观点。

4月13日，随笔《苏东坡之波》在《中国建设报》发表。

4月15日，《大众日报》刊载舒晋瑜、宋喜岷的《中国作家畅谈高科技》，其中有张炜对高科技的看法。

4月17日，《烟台日报》刊载勾勾的《文学的又一道盛宴——推荐张炜新作〈外省书〉》。

4月20日，《烟台晚报》刊载袁丰雪的《写书是我生命中最重要的事情——张炜访谈录》。

同日，随笔《歌德之勺》在《中国建设报》发表。

4月24日，在济南完成《文学的村庄——序张继小说集》，后发表于5月12日《齐鲁晚报》、9月12日《济南日报》。同时，在济南完成《随海风流转——序凌可新小说集》，后发表于5月19日《齐鲁晚报》、10月16日《烟台日报》。

4月25日，随笔《朋友·书·出版社——记〈秋天的愤怒〉〈古船〉和〈九月寓言〉〈家族〉的写作和出版》选载于《中国新闻出版报》，篇末注明"选自人民文学出版社出版的《我与人民文学出版社》"。

同日，答法文译者尚德兰（Chantal Chen-Andro）问。答问后修订整理为《传统与现代》。

4月27日，随笔《爱默生的礼帽》在《中国建设报》发表。

5月，杭州大元读书台主办的《耕读》第5期刊载夏榆对张炜的访谈《关于〈外省书〉》。

5月，随笔《作家不能亦步亦趋》在《热风》2001年第5期发表，篇末注明"摘自《作家》"。

5月，随笔《距离与美》（记高更）被收入《志存远山：2000年笔会文萃》，由文汇出版社出版。

5月，散文《美生灵》被收入《美丽如初：十年精短散文100篇》，由百花文艺出版社出版。

5月，散文《我的文学朋友》被收入《中国当代散文名家名篇赏读》，由上海教育出版社出版。

5月，散文《低语》被收入《当代著名作家短文示范精品·人物卷》，由湖南少年儿童出版社出版。

5月，长篇小说《外省书》梗概（晓赵缩写）选载于《书摘》2001年第5期和《小说选刊》长篇小说增刊·上半年号。

5月，小说集《走向诺贝尔·张炜卷》（当代中国小说名家珍藏版）由文化艺术出版社出版。

5月，中短篇小说集《怀念黑潭中的黑鱼》被列入"涨潮丛书"，由北岳文艺出版社出版。

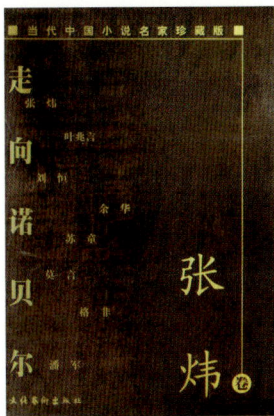

文化艺术出版社2001年5月版　　　文化艺术出版社2003年10月版　　　北岳文艺出版社2001年5月版

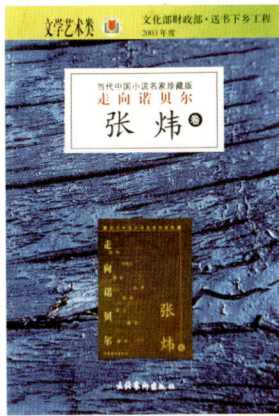

5月，中篇小说《蘑菇七种》由南海出版公司出版。此书版权页将其列为"长篇小说"。此书同时附录"周边故事"——《生长蘑菇的地方》《钻玉米地》《拉拉谷》《激动》。

5月，小说散文集《远行之嘱》（精装本、平装本）被列入"跨世纪文丛·当代中国当红作家名作"，由长江文艺出版社出版。

南海出版公司2001年5月版

作家出版社2009年1月版

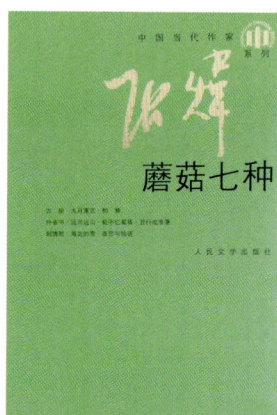

人民文学出版社2010年1月版

台湾印刻出版有限公司2002年5月版

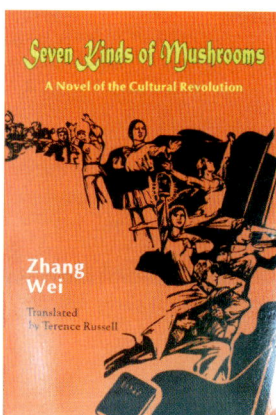

美国Homa & Sekey Books出版公司2010年英文版

塞尔维亚Geopoetika出版社2015年塞尔维亚文版

5月，何启治著《文学编辑四十年》由人民文学出版社出版，其中收录了《从〈古船〉到〈白鹿原〉》（附：关于《古船》致张炜的信等）、《关于张炜的〈九月寓言〉和我读后的印象》。

5月，《小说评论》第3期刊载吴义勤等的《道德理想与艺术建构》。此文是吴义勤与山东师范大学中文系部分现当代文学专业研究生进行的一次"新长篇小说讨论"纪要，专题讨论了长篇小说《外省书》。

5月，《当代文坛》第3期刊载陈正敏、鲁克兵、吴乐晋的《最后的先知与上帝的遗嘱》，评长篇小说《外省书》。

5月，《文艺评论》第3期刊载牛宝凤整理的《间歇期的沉稳——世纪交会中的一次长篇小说讨论会》。此文是2000年11月11日黑龙江大学教授张景超与哈尔滨师范大学、黑龙江大学部分现当代文学研究生讨论会的纪要，其中论及了长篇小说《外省书》。

5月，《宣传月报》第5期刊载张明的《续写新的神话——评张炜的长篇小说〈外省书〉》。

5月，《山东文学》第5期刊载王琳的《生命的崇高和灵魂的拷问》，评长篇小说《外省书》。

5月1日，台湾时报文教基金会发函邀请张炜赴台北艺术村担任驻市作家。

5月10日，在济南完成系列随笔《远逝的风景——读域外现代画家小记》，包括《怀斯》《雷诺阿》《卢梭》《高更》《马蒂斯》《达利》《列宾》《米勒》《杜菲》《梵高》《马奈》《莫奈》《勃拉克》《柯罗》《德加》《康定斯基》《毕加索》《塞尚》《蒙德里安》《夏加尔》《米罗》《蒙克》《莫迪利阿尼》《劳特累克》《克利》《库尔贝》《康斯太布尔》《大卫》《透纳》《德拉克洛瓦》《弗洛伊德》《毕沙罗》《蔡斯》《恩斯特》《卡萨特》。

5月11日，完成随笔《野地文思》，回忆散文《融入野地》的创作过程。

同日，完成散文《校园忆》，回忆在烟台师范专科学校时的学习生活。后发表于5月30日《烟台晚报》、8月4日《深圳法制报》、《小说家》2001年第5期、9月2日《青岛晚报》和2002年8月27日《北京青年报》。

同日，随笔《佐藤春夫馆》在《中国建设报》发表。

5月15日，完成散文随笔集《我跋涉的莽野——我的文学与故地的关系》序《临场的真实》。

5月20日，随笔《马拉松的胜者》在《青岛晚报》发表。后摘登于《当代作家评论》2001年第4期"文论下载"栏目，注明摘自"2001年5月20日《青岛晚报》"。

5月25日晚，在济南参加由山东师范大学团委与中文系团总支、陀螺文学社联合主办的"新世纪讲坛·著名作家张炜与大学生关于纯文学的对话"。对话以《交流的期待和欲望》为题发表于《鸭绿江》2001年第9期。后又以《交流的期待和沟通的欲望——作家张炜谈文学创作》为题发表于《学问》2002年第1期。后修订定题为《交流的期待和欲望——在山东师范大学的演讲》。

张炜说："如同许多作者一样，创作初期受俄罗斯文学的影响较大，托尔斯泰、陀思妥耶夫斯基，特别是屠格涅夫，这些在较早的作品中表现得明显。后来大家一起接受北美、拉丁美洲作家的影响，最熟悉的如美国的海明威、福克纳、杰克·伦敦、索尔·贝娄，还有后来的马尔克斯等等一批作家。欧洲作家如雨果等也读得比较多。总之前二三十年吞食了大量外国文学作品。写《外省书》的前五六年我开始意识到了一个问题，觉得中国作家，特别是五六十年代出生的人如果受外国文学影响过大，慢慢会失去民族的根性，在整体上陷入一种文化的、文学的焦虑。我在自己身上看到了这种焦虑。而一个真正有成就的作家和学者，必然会在一定程度上摆脱这种焦虑，这样才能自信和强大。大约在这前后十年中，我花大量时间研读中国古典，并用白话翻译了一些《诗经》，还写了一部《楚辞笔记》，等等。这不过是努力的开始。《外省书》的章法、谋篇布局、结构，都有回到中国传统的强烈愿望。它以人物列传的方式来结构小说，以此浓缩历史，这都是古典的方式。"

张炜说："我一直阅读鲁迅，他是上一代作家，也许是未来的好作家们永远的精神导师。鲁迅的作品存在下来，并将继续存在下去。他的作品常常让当代作家感到羞愧，因为当代的优秀作家也未能做到鲁迅的百分之一。他的倔强和顽强、冷静和清晰，特别是前后一贯的分析能力，与恶俗浊流斗争的不妥协性，都令人敬畏。一般的作家面对他时有自卑才是正常的。"

张炜说："我的日常生活状态就是写作和阅读。我有一万多本精心挑选的藏书，分放几处。它们是我全部积累中最重要的部分。我的视界里有自己喜欢的书，就有了幸福。我现在常读许多年以前读过的好书，因为我知道它们好。此外，我的许多时间用于游走，去的最多的地方就是胶莱河以东。我在城市和乡村做过大量调查，有许多朋友。当我住在一个地方时，大多数时间都在户外，以便体味和认识。这也是一种阅读，它对我非常重要。"（张炜：《交流的期待和欲望——在山东师范大学的演讲》，载《张炜文集》第35卷，作家出版社2014年11月出版，第329～333页。）

5月29日，《闽南日报》刊载绿笙的《直达心灵的深处和情感末梢》，评长篇小说《外省书》。

6月，随笔《读赵夏擎短篇小说三题》在《广州文艺》2001年第6期发表。同期，发表《赵夏擎小说三题》（《一个杀狗的人》《A君之死》《小镇上的无名夫妇》）。

6月，随笔《台港小记》在山东省地税局《地方税务》2001年第6期发表。

6月，长篇小说《外省书》繁体字版由香港天地图书有限公司出版。

6月，《北京纪事》第11期刊载夏榆的《硬度：判断的勇气和不妥协精神——访作家张炜》，重点谈长篇小说《外省书》。此文是2000年11月19日夏榆在张炜从日本出访归来在北京中转时对张炜的访谈。

6月1日，随笔《蒲松龄之道》在《中国建设报》发表。

6月2日，《齐鲁晚报》刊载刘玉秋、张克整理的《文学对话：著名作家张炜VS大学生》，内容为2001年5月25日晚张炜与山东师范大学学生的对话。

6月16日，完成随笔《源于文心——读顾亚龙书》。后发表于8月9日《济南日报》。

6月17日，完成随笔《出走与归来——读李勇画》。

6月20日，法国梅叶人类进步基金会主席卡兰默发函邀请张炜赴法参加将于12月2～10日在里尔举行的第一届世界公民大会。

6月25～28日，在大连参加由当代作家评论杂志社和收获编辑部联合主办的长篇小说文体对谈会并发言。发言后修订整理为《作家的出场方式》。

7月，散文《昔日花》在湖南省公安厅《当代警察》2001年第7期发表。

7月，散文《梦一样的莱茵河——西德散记之一》《盼雪》被收入《当代著名作家短文示范精品·游记卷》，散文随笔《必然写到的女性》《珍品荐：〈手〉》《秋日二题》《作家的温柔》《人生麦茬地》被收入《当代著名作家短文示范精品·议论卷》，由湖南少年儿童出版社出版。

7月，《当代文坛》第4期刊载王凤仙的《世纪末的回眸——读〈外省书〉》。

7月，《东北师大学报》（哲学社会科学版）第4期刊载王学谦的《还乡文学：20世纪中国乡土文学的自然文化追求》，其中论及了长篇小说《九月寓言》。

7月5日，随笔《心中抄出的书》（谈长篇小说《外省书》）在《新晚报》发表。后又改题为《从心里"抄"书》，分两部分刊载于7月8日、28日《扬州晚报》。

7月12日，《光明日报》刊载洪亮的《伟人的迷惘者》，评随笔集《楚辞笔记》。

7月29日，《深圳商报》刊载丁国强的《张炜与屈原的对话》，评介随笔集《楚辞笔记》。

8月，《上海文学》第8期封二刊载《〈上海文学〉经典回顾》，介绍张炜及其在《上海文学》发表的作品，包括《黄烟地》（1981年10月号）、《夏天的原野》（1985年7月号）、《请挽救艺术家》（1988年10月号）、《融入野地》（1993年1月号）、《一个故事刚刚开始》（1995年7月号）、《怀念黑潭中的黑鱼》（1995年7月号）、《头发蓬乱的秘书》（1995年7月号）、《怀疑与信赖》（1995年7月号）、《最终有人识文章》（1995年7月号）。

8月，《鸭绿江》第8期刊载秦朝晖的《静听张炜的倾诉》，评随笔集《精神的丝缕》。秦朝晖指出："张炜可以不'轰动'，但他应该存在——执拗的存在。他的存在，于我，是一个遥远而切近的慰藉；于偌大的中国文坛，他是一种'尺度'，一种证明。"此文后收入秦朝晖著《手稿消逝的年代》，哈尔滨出版社2007年12月出版。

同期，刊载南翔的《敞放与沉潜——几部长篇小说的精神解构》，其中论及了长篇小说《外省书》。

8月16日，《文学报》刊载于新超的《突破口：文体 语言 故事》，报道由《收获》和《当代作家评论》联合主办的2001长篇小说文体对谈会情况。

其中以"不做精神上的跟从者"为题介绍了张炜的观点。

8月17日，《山东青年报》刊载舒晋瑜的《当代作家豪华阵容走向世界第一方阵——我省作家张炜入选》，介绍由文化艺术出版社出版的"当代小说名家珍藏版"。张炜入选的是长篇小说《柏慧》。

8月25日，《文艺报》刊载陈美兰的《这个时代会写出什么样的长篇小说》，其中谈及了张炜的小说创作。

8月31日，散文《父辈的视角》在《邹城晚报》发表。后又刊载于2002年5月3日《青岛晚报》、2002年12月4日《解放日报》、2003年3月17日《今晚报》。

9月、11月，随笔《远逝的风景——读域外现代画家小记》（上、下）分别在《天涯》2001年第5期、第6期发表。

9月，随笔《作家的出场方式》（谈长篇小说文体）在《当代作家评论》2001年第5期发表。又刊载于9月11日《北京青年报》。

同期，还刊载了王一川的《我看90年代长篇小说文体新趋势》、严锋的《诗意的回归》、张新颖的《说"长"》。三篇文章均为作者在6月25～28日当代作家评论杂志社、收获编辑部联合举办的长篇小说文体对谈会上的发言，均论及了张炜的长篇小说。

9月，散文随笔集《我跋涉的莽野》由春风文艺出版社出版。张炜在《序》（2001年5月15日定题为《临场的真实》）中写道："这是我1999年下半年至2001年初的散文的全部，系第一次结集出版。""两年的时间不算漫长，可是对于迅疾改变的社会生活，特别是愈发催逼的风尚潮流，已经足够了。一个人活着，总是要与外部世界有一

张炜 著

我跋涉的莽野

春风文艺出版社2001年9月版

个对应，有一个回答。我的行为和踪迹，今后将不可避免地成为我的鉴定。我一直没有写日记的习惯，因为我的全部文字就是我的日记。"（张炜：《临场的真实》，载《张炜文集》第37卷，作家出版社2014年11月出版，第10页。）

9月，散文《融入野地》被当作"短篇小说"收入《〈小说月报〉第六届百花奖入围作品集》，由百花文艺出版社出版。

9月，《张炜小说精选》（精装本）被列入"走向诺贝尔·中国当代实力派作家大系"，由太白文艺出版社再版。

9月，《理论与创作》第5期刊载唐朝晖的访谈《神话的毁灭与创建——关于张炜的〈外省书〉》。后又刊载于《出版广角》2002年第2期。

9月7日，随笔《相信文学》在《邹城日报》发表。

9月8日，随笔《存在与品质》在《扬州晚报》发表。

10～11月，受台湾台北文化局邀请，到台湾做为期一个月的台北住市作家。其间，接受《台湾新闻》记者采访，访谈后修订整理为《在时髦的边缘——答〈台湾新闻〉》。张炜说："我关注中国知识分子走向全球化的过程中，他们所扮演的角色和所处的地位。他们怎样确立自我，保持自尊。知识分子在任何时代里都会有自己的坐标。这种参照对于思想很重要。我无法简单地写现实或历史，我只能把不同的现实在一个较大的时空中立体地结构起来。这里面会有各种生活、人物，有不同的身份。我关心知识分子，不论他们在城市还是农村。"（张炜：《在时髦的边缘——答〈台湾新闻〉》，载《张炜文集》第37卷，作家出版社2014年11月出版，第22页。）

10月，长篇小说《能不忆蜀葵》被列入"中国当代作家文库"，由华夏出版社出版。此书版权页标明"2001年10月北京第1版，2002年1月北京第1次印刷"。

华夏出版社2001年10月版

长江文艺出版社2005年4月版

人民文学出版社2010年4月版

作家出版社2013年8月版

作家出版社2014年11月版

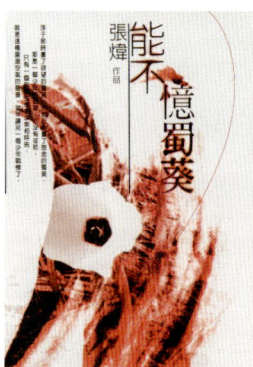
台湾麦田出版公司2003年版

10月，长篇小说《古船》被列入"回顾经典文丛"，由花山文艺出版社出版。

10月，中短篇小说集《鱼的故事》被列入"中国小说50强第2辑（1978～2000）"，由时代文艺出版社出版。

10月，王光东著《现代·浪漫·民间——20世纪中国文学专题研究》由世纪出版集团出版。该书

时代文艺出版社2001年10月版

以"民间的当代价值——重读《九月寓言》"为题，论述了张炜在《九月寓言》中以"民间叙事"立场展示的那种富有活力的自由精神和精神生长的快乐，以及由此展现的"诗性"境界和对人的存在的诗意关怀。同时，以"生命·自然——张炜近年中短篇小说论"为题，论述了张炜在《梦中苦辩》《我的老椿树》《三想》《美妙雨夜》《采树鳔》《蘑菇七种》《海边的风》等中短篇小说中对自然与生命的探寻和思考。

10月，《烟台大学学报》（哲学社会科学版）第4期刊载张明的《创造力永无止境——评张炜的长篇小说〈外省书〉》。

10月，《法国新杂志》10月号（总第559期）刊载《自由：选择的权利，优雅的姿态——张炜》。

10月3日，在济南完成《张小雨散文集》序《推荐和祝愿》。《张小雨散文集》收入的是张小雨从小学到初中的作文。

10月15日，《信息时报》刊载洪浩的《圣者之思——读张炜〈葡萄园畅谈录〉》。

10月30日，随笔《我的日常生活——答山东师范大学同学问》在《北京青年报》发表。

10月31日，被济南市委宣传部、市建委等九部门联合聘为开展济南"五年大变样"十佳建设工程（景观）评选活动评委会成员。

11月，长篇小说《能不忆蜀葵》在《当代》2001年第6期发表。篇后注明"1997年5月至1999年3月，济南、龙口；2000年12月24日至2001年4月10日，龙口；2001年5月18日至6月3日、7月20日至8月11日，济南"。

11月，随笔集《远逝的风景：读域外画家》被列入"新视角书坊"，由学林出版社出版。

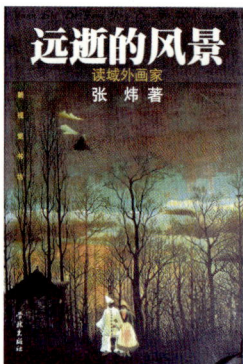

学林出版社2001年11月版　　北京大学出版社2005年1月版　　四川文艺出版社2016年11月版

11月，长篇小说《外省书》繁体字版由台湾联合文学出版社有限公司出版。

11月，《首都师范大学学报》（社会科学版）第6期刊载王爱松的《新历史小说与现代史的另一面》，其中论及了长篇小说《古船》《家族》。

11月，《鲁行经院学报》（山东行政学院、山东经济管理干部学院）第6期刊载张炜炜、周曙光、刘煦的《守望的孤独——解读张炜〈外省书〉》。文中指出："张炜是一位不断开拓不断蓬勃的作家。他以清新的《声音》走来，又以《秋天的思索》《秋天的愤怒》引人注目，以《古船》引起轰动，又以《九月寓言》《家族》树立了自己的坚实品格，而《外省书》的出现又让人品味到'世纪末的最后一道文学盛宴'。""近看《外省书》，在感觉张炜在创作上不断张扬的同时，又能感觉到作者永远恪守的理想。……他没有热衷于表现热火朝天的现实生活，而是沉潜到自己的内心。在一定意义上，一位作家下潜的深度与他上扬的高度是成正比的。正因如此，张炜执着于内心的召唤，远离一些喧哗，保持自己的那份清纯，坚定地脚踏足下的大地，成为大地永远的守望者。"

11月，《东岳论丛》第6期刊载李少群的《20世纪山东文学的总体特征》，其中论及了张炜的文学创作。

11月，《南方文坛》第6期刊载郜元宝的《90年代中国文学之一瞥》，其中论及了长篇小说《古船》《九月寓言》《外省书》。

11月1日，《大众日报》刊载《站在现代与传统的边缘——张炜、陈全胜、杨枫对话录》。

11月4日，随笔《蒙巴纳斯的王子——记画家莫迪利阿尼》在《大众日报》发表。

11月7日，《北京晚报》"作家进行时"栏目刊载《张炜：低调的写作与来来往往的交流》。

11月14日，台湾《中国时报》刊载陈文芬的《边缘人的自由——专访张炜与肖复兴》，其中评介了长篇小说《外省书》。

11月15日，短篇小说《鲈鱼》在台湾《中国时报》发表。该报同时发布当晚由台北文化局主办的当代大陆文学风貌座谈会预告，座谈嘉宾张炜、肖复兴，主持杨泽，座谈地点在台北市徐州路46号市长官邸。

同日，台湾《民生报》刊载王兰芬的《两岸文学交流　张炜肖复兴扮先锋》。

11月17日，短篇小说《钻玉米地》在台湾《联合报》发表。此报同时刊载宇文正的访谈《松林里的诗人——张炜》。

11月20～22日，短篇小说《梦中苦辩》在台湾《自由时报》连载。

11月22日，完成随笔《精神的去处——关于〈我的田园〉》，谈《我的田园》不断修改和重写的经过，以及"大河小说"《你在高原》的构想："它们总括起来可以命名为《你在高原》——心的高原，精神与梦想的高原，永恒的高原。构成它的是一部部书，一个个片段；它们无论有多么完整，有多少头尾相衔的故事，在我漫长的心史之章里，也仍旧像断断续续的自语或日记，恍惚，内向，琐屑，芜杂……"（张炜：《精神的去处——关于〈我的田园〉》，载《张炜文集》第37卷，作家出版社2014年11月出版，第13页。）

11月27日，《烟台日报》刊载勾勾的《注目〈凝望〉》。

12月，王万森、吴义勤、房福贤主编《中国当代文学五十年》由青岛海洋大学出版社出版。该书将张炜的中篇小说《秋天的思索》《秋天的愤怒》和长篇小说《古船》列入"改革小说"论述，指出"作品流露着作家的人道主义情怀，在艺术上又点染着一种浪漫主义色彩"；将长篇小说《家族》列入"历史小说"论述。

12月，《闽西职业大学学报》第4期刊载段金柱的《沉静与忧愤——90年代张炜长篇小说代表作浅论》，论述了张炜长篇小说《九月寓言》《柏慧》《家族》中的"精神性思考"。

12月，《文学报·大众阅读》（月末版）刊载雷世文缩写、陈楠插图的长篇小说《能不忆蜀葵》故事梗概。

12月，受梅叶基金会邀请，以作家代表身份赴法国里尔参加第一届世界公民大会，并访问荷兰、卢森堡、比利时、德国。2日下午，在法国北部工业城市里尔国际会展中心会议厅参加大会开幕式。会议历时8天，其间做题为《责任、理性和浪漫》的演讲。3日，完成诗歌《里尔里尔——记第一次世界公民大会》《猫和黄鼬的故事——会间朋友说》。7日，完成诗歌《从小于连到皇宫——布鲁塞尔街头》《当我腰疼的时候》《俺》。12日，在法国里昂第三大学演讲，演讲后修订整理为《纸与笔的温情——在法国里昂第三大学的演讲》。同日，完成诗歌《从里尔到巴黎——一路风景及人物志》《粉细的雨——里昂小记》。20日，完成诗歌《高地丽城——卢森堡》。22日，完成诗歌《风车——荷兰小记》。23日，完成诗歌《科隆—波恩—特里尔》。24日，完成诗歌《东部乡野——去莱斯酒城》。25日，完成随笔《责任，理性和浪漫——第一届世界公民大会有感》。

12月1日，短篇小说《钻玉米地》在《世界日报》发表。

12月5日，《中华读书报》刊载赵彤宇的《张炜新作〈能不忆蜀葵〉落入华夏之手》。

12月6日，《生活日报》刊载千夫的《〈外省书〉健步走向"外省"》。

12月12日，《龙口报》刊载赵彤宇的《张炜新书出版》，介绍长篇小说《能不忆蜀葵》。

12月14日，《人民日报》刊载王洪夫的《〈外省书〉颇受关注》。后又选载于2002年1月1日《作家文摘》。

同日，《山东青年报》刊载赵彤宇的《张炜新作〈能不忆蜀葵〉近期出版》。

12月18日，《烟台日报》刊载王永改的《精神是向上的一棵树——读张炜〈冬天的阅读〉》。

12月18~22日，在北京参加中国作家协会第六次全国代表大会，当选为中国作家协会全国委员会委员。

12月20日，《生活日报》刊载雷世文的《一曲薪火失传的哀歌》，评长篇小说《能不忆蜀葵》。后又选载于2002年1月25日《作家文摘》、《全国新书目》2002年第2期。

12月22日，《文汇报》刊载周政保的《于荒诞中见人生百相——读张炜的长篇新作〈能不忆蜀葵〉》。

12月23日，《中国电力报》刊载舒迅的《〈能不忆蜀葵〉问世》。

12月24日，《西部商报》刊载王洪夫的《〈外省书〉健步走向海外》。文章介绍："据海外媒体报道，著名的台湾联合出版公司于2001年11月隆重推出了繁体字本《外省书》，并举办了由台湾主流媒体和众多文化界人士出席的新书发布仪式，著名作家龙应台亲自主持，并发表了热情洋溢的演讲。同时，该书的主要章节也在此间极具影响力的《中国时报》上开始连载。""半年来，台湾的十余家主要报刊及电台，都相继报道了《外省书》的出版及各方反响。""香港出版界的行动更加迅捷。早在今年6月，《外省书》就被香港天地图书出版公司推出，《香港文学》今年11月号发表了长篇专访……亚洲著名媒体《亚洲周刊》则编发了《外省书》的'作品警句'，并发表了《张炜〈外省书〉泪透纸背》的长文。""据悉，《外省书》的法英韩文本，也已开始运作。法国历史悠久的纯文学季刊《诗》今年第2期发表了'张炜作品专辑'，配发了著名学者玛蒂兰对张炜的专访，并译介了《外省书》。"

12月28日，《中国保险报》刊载圣泉的《走向自己的莽野》。

12月30日，《齐鲁晚报》刊载李梦瑶的《构思七年，修改四年，著名作家张炜推出力作：〈能不忆蜀葵〉》。同时刊载由李梦瑶缩写的长篇小说《能不忆蜀葵》梗概。

本年，《远逝的风景——读域外现代画家小记》有关篇章分别在《文汇报》《青岛晚报》《今晚报》《深圳法制报》连载。

本年，随笔《台港小记》在龙口市文学创作室《龙口文学》2001年专刊发表。

本年，短篇小说《美妙雨夜》在日本《螺旋》杂志发表。

参加第一届世界公民大会

2002

2002年冬在万松浦书院

　　1月，随笔《纸与笔的温情》《中年的阅读》在《读书》2002年第1期发表。《纸与笔的温情》后又分两部分发表于1月8日、15日《生活日报》；其后又发表于2月25日《西部商报》。

　　1月，随笔《想象的贫乏和个性的泯灭》在《天涯》2002年第1期发表。

　　1月，随笔《武侠小说的个性》在深圳证券交易所《深交所》1月号发表。

　　1月，散文《夜思》被收入"金收获丛书"《收获散文精选》，由云南人民出版社出版。

　　1月，诗歌《三诗人》被收入《21世纪中国文学大系·2001年中国最佳诗歌》，文论《从"辞语的冰"到"二元的皮"——长篇文体小记》被收入《21世纪中国文学大系·2001年中国最佳文论》，由春风文艺出版社出版。

　　1月，散文《融入野地》被收入"中国现代文学名作互动点评本·散文卷"《野地里，听听那冷雨》，由广西教育出版社出版。

　　1月，随笔《苏东坡之波》《蒲松龄之道》《台港小记》被收入《名人文化游记》（国内卷），由新世界出版社出版。

　　1月，散文《沉默悟彻》被收入少林寺禅露杂志编辑部编辑的《禅思集》，由人民文学出版社出版。

1月，随笔《八位作家待过的地方》（节选）被收入"九年义务教育初中语文补充教材"《阅读》（初中三年级用），由北京师范大学出版社出版。

1月，小说散文作品集《张炜读本》被列入"中国当代名作家读本书系"，由花山文艺出版社出版。

1月，长篇小说《古船》被列入"人民文学奖获奖书系"，由人民文学出版社出版。

1月，《益阳师专学报》第1期刊载王泉的《〈外省书〉的"游"与忏悔意识》。

花山文艺出版社2002年1月版

1月，《深圳大学学报》（人文社会科学版）第1期刊载南翔的《敞放与沉潜——几部长篇小说的精神解构》，其中论及了长篇小说《外省书》。

1月，《文艺理论与批评》第1期刊载刘海波的《悖离民间的尴尬——从〈外省书〉看知识分子处境》。

1月，《当代作家评论》第1期刊载周立民的《印象点击：〈能不忆蜀葵〉》。

1月18日，《大众日报》刊载李洁非的《瞧！这个人》，评长篇小说《能不忆蜀葵》中的淳于阳立。后又发表于2月10日《深圳特区报》、3月4日《西部商报》。

1月22日，《文艺报》刊载杨经建的《浮光掠影话长篇》，其中论及了长篇小说《能不忆蜀葵》。

同日，《烟台日报》刊载勾勾的《渴望一种灵魂去引领》。

1月23日，《中华读书报》刊载虞静、战英的《〈能不忆蜀葵〉的惊叹》。后又发表于2月20日《烟台日报》。2月20日《济南日报》亦载此文，署名虞静。

1月24日，《文学报》刊载彭生的《张炜〈能不忆蜀葵〉举行研讨》，介绍了此前中国社会科学院文学研究所当代文学研究室与华夏出版社联合举办的长篇小说《能不忆蜀葵》作品研讨会情况。

1月29日，《中国青年报》"文坛动静"栏目刊载《张炜新作〈能不忆蜀葵〉》，介绍中国社会科学院与华夏出版社联合举办的长篇小说《能不忆蜀葵》研讨会情况，以及李洁非、孟繁华、周政保的评论观点。

1月30日，在龙口完成随笔《文学的兄长》（怀王润滋）。后又发表于3月4日《烟台日报》、《山东文学》2002年第3期、《鸭绿江》2002年第7期。

1月31日，《中国图书商报》刊载《一场艺术热病能烧多久》，辑录曾镇南、何镇邦、何西来、雷世文、胡平、周政保、王富仁、陈晓明、孟繁华、雷达等对长篇小说《能不忆蜀葵》的评论。

2月，随笔《我跋涉的莽野——我的文学与故地的关系》被收入《2001年中国散文精选》，由长江文艺出版社出版。

2月，《中国当代作家面面观》由华东师范大学出版社出版，其中收录了张炜的《时代：阅读与仿制》、王延辉的《张炜三说》、摩罗的《张炜：需要第四次腾跃》等。

2月2日，随笔《岁月深处的眼睛》（记康斯太布尔）在《深圳法制报》发表。

同日，完成随笔《纸与笔：中年的阅读》。后发表于《读书》2002年第4期。

2月6日，《光明日报》刊载陈晓明的《"绝对"的美学力量——评张炜的〈能不忆蜀葵〉》。

同日，《中国文化报》刊载虞静的《像一棵树那样抓牢泥土》，评述了山东文艺出版社2001年3月出版的"东岳文库·张炜"。

2月13日，完成诗歌《无花果的花》。

2月19日，《中国图书商报》刊载阿青的《抒情兼幽默的张炜》。

2月21日，《文学报》刊载雷达的《唤不醒的梦》，评长篇小说《能不忆蜀葵》。后又发表于3月22日《新晚报》、4月7日《烟台晚报》。

2月24日，《西藏日报》刊载从玉华的《张炜的〈能不忆蜀葵〉、王安忆的〈上种红菱下种藕〉、李洱的〈花腔〉等在2002年图书订货会上炙手可热，那么文学的半径有多大》，介绍2002年北京图书订货会情况。

2月26日，《羊城晚报》刊载张柠的《自找没趣》，评北京评论界和出版社召开的长篇小说《能不忆蜀葵》研讨会。

2月27日，《中华读书报》刊载赵晋华的《2002年中国作家做什么》（下），其中介绍张炜的愿望是想编一本诗集、一定要到农村看看。

3月，完成"大河小说"《你在高原》之八《你在高原·西郊》（后改名《曙光与暮色》）第3稿。

3月，接受《大众日报》记者采访，谈长篇小说《能不忆蜀葵》。访谈后修订整理为《艺术和友谊的悲悼——答〈大众日报〉》。

3月，随笔集《楚辞笔记》繁体字版由台湾时报文化出版公司出版。

3月，《烟台师范学院学报》（哲学社会科学版）第1期刊载张静、于海英的《对历史嬗递过程中的道德心理审视——〈喧哗与骚动〉与〈古船〉的主题思想比较》。

3月，《沧州师范专科学校学报》第1期刊载王国洪的《试论〈古船〉中的人性及人道主义》。

3月，《小说评论》第2期刊载雷达的《长篇小说笔记之十一》，评述了长篇小说《能不忆蜀葵》。

3月，《文艺评论》第2期刊载罗小东的《当代小说线性叙事的类型分析》，其中论及了中篇小说《秋天的愤怒》。

3月，《理论与创作》第2期刊载龚伯禄的《从悲壮的坚守到主动的放弃》，评述了长篇小说《柏慧》和阎真的长篇小说《沧浪之水》。后又刊载于《文艺理论与批评》2002年第3期。

3月，《湖南社会科学》第2期刊载何宇宏的《历史语境中的世纪末文化保守主义》，其中论及了张炜的人文主张和文学创作。

3月，《南京晓庄学院学报》第3期刊载曹蕾的《近年家族小说文化内涵探讨》，其中论及了长篇小说《古船》。

3月5日，《中国青年报》刊载雷达的《诗意的乌托邦　残忍的伤心之地》，评长篇小说《能不忆蜀葵》。

3月6日，在山东大学演讲。演讲后修订整理为《文学的现代性——在山东大学的演讲》。

3月8日，在苏州大学演讲。演讲后修订整理为《世界与你的角落——在苏州大学的演讲》。演讲结束后，与苏州大学学生对话。对话后修订整理为《遥远的我》。

3月10日，在济南参加刘焕鲁随笔作品讨论会并发言。

3月11日，随笔《自尊与确定》在《西部商报》发表。

同日，《齐鲁晚报》刊载《一周图书排行榜》，随笔集《远逝的风景》上榜。

3月12日，随笔《莽撞的告别》在《北京青年报》发表。

3月16日，完成《村路今生漫长——序杨枫画集》。

3月20日，《燕赵都市报》刊载记者侯鑫辉的《守望精神的家园——与作家叶兆言、方方、韩少功、张炜对话》，内容为侯鑫辉就花山文艺出版社出版的四位作家读本对他们的专访。对张炜的访谈，后修订整理为《读本，新作及其他——答〈燕赵都市报〉》。

同日，《中国文化报》刊载讴阳北方的《飞扬跋扈为谁雄？——读〈能不忆蜀葵〉》。后又刊载于3月25日《西部商报》，署名北方。

3月21日，《文学报》刊载陆梅的《张炜：完成长诗〈无花果的花〉》。

3月22日，《文汇报》刊载吴俊的《另一种浮躁——从〈能不忆蜀葵〉略谈张炜的小说写作》。

4月，随笔《我跋涉的莽野——我的文学与故地的关系》被收入《2001年中国散文年选》，由花城出版社出版。

4月，完成长篇小说《九月寓言》英译本序《解开缆绳》。

4月，张钟等编著《中国当代文学概观》（修订本）由北京大学出版社出版。该书将张炜列入"知青作家的小说创作"一节论述；将《如花似玉的原野》列入长篇小说之中。

4月，《中国文学研究》第2期刊载吴培显的《英雄主义·人道主义·文化人格主义——从〈红旗谱〉〈古船〉〈白鹿原〉看当代"家庭叙事"的演进及得失》。

4月，《济宁师范专科学校学报》第2期刊载宗元的《张炜小说中的民间文化趋向》。其后，此文略加修改又以《张炜小说的民间情怀》为题刊发于《山东师范大学学报》（人文社会科学版）2002年第4期。

4月1日，完成刘继明选编、中国少年儿童出版社出版的《青少年读本》序《矜持与足信》。张炜写道："一个时代的编者应该有自己的欣喜与痛苦。他不可能对当代生活无动于衷。注目于青春未来，就是最大的关切。在铺天盖地的网络、豪声动地的演唱、遍地风流的武侠——这一切的围堵追逼之下，该有人发出慈爱的提醒和叮嘱了。我们提倡真正的、深入的、通向自尊之路的阅读。在所有美好文字的召集之下，会有一片生气勃勃的面孔在阳光下闪亮。"（张炜：《矜持与足信》，载《张炜文集》第37卷，作家出版社2014年11月出版，第45页。）

同日，随笔《焦虑的马拉松——对当代文学的一种描述》在《西部商报》发表。

4月4日，完成随笔《爱与同情》。

4月5日，开始写长篇小说《丑行或浪漫》，9月18日完成初稿。

4月12日，随笔《自由地命名》在《青岛晚报》发表。后又发表于11月15日《今晚报》。

同日，《烟台日报》刊载洪浩的《迷失之惑与分裂之痛——读张炜〈能不忆蜀葵〉》。后又刊载于5月10日《威海日报》。

4月15日，随笔《从"辞语的冰"到"二元的皮"——长篇文体小记》在《西部商报》发表。

4月26日，《新晚报》刊载王尧的《张炜先生访谈录——关于鲁迅》。

4月29日，随笔《张炜谈〈能不忆蜀葵〉》在《烟台日报》发表。

4月30日，在龙口完成随笔集《纸与笔的温情》序。

5月，随笔《世界与你的角落》在《天涯》2002年第3期发表。后又发表于6月3日《经济导报》，7～9月又在《邹城日报》（周末版）连载。

此刊同时发表随笔《相信文学》，后摘登于6月14日《作家文摘》，注明"摘自《天涯》2002年第3期"。后又发表于10月10日《武汉晚报》。

5月，随笔《世界与你的角落——在苏州大学"小说家论坛"上的演讲》《伦理内容与形式意味——与王尧的文学对话录》在《当代作家评论》2002年第3期发表。

其中，《世界与你的角落——在苏州大学"小说家论坛"上的演讲》刊载于"小说家讲坛"栏目。主持人栾梅健在"主持人的话"中说："内敛性可能是张炜文学创作的一个重要特征。他曾不止一次地表明，在文学长廊中绝大多数的优秀小说都有内敛的品质，并明确声明自己将把内敛性作为自己文学风格的一种追求。""其实，这不仅仅是一个作家的写作风格，而更多是由一个写作者的心态决定的。在张炜看来，文学作品的坚韧、拙讷和沉着，以及由此而产生的引而不发的较大张力，与那种唯恐读者不注意、聒噪、追求夸张的作品相比，前者对作者无疑有着更强的吸引力。""这次，张炜先生应邀到苏州大学'小说家讲坛'，面对着那一双双求知若渴的纯真目光，他自然忘不了他的理想、他的追求、他的略带悲壮的文学梦。在这篇《世界与你的角落》的演讲中，我们将能再一次强烈感受到他的喜悦与忧伤，他的兴奋与孤独。"后又分两部分发表于《学问》2002年第9期、第10期。

同期，刊载王光东、李雪林的《张炜的精神立场及其呈现方式——以90年代长篇小说为例》。

5月，《鸭绿江》第5期刊载逄春阶对张炜的访谈《关于〈能不忆蜀葵〉的问答》。

5月，《能不忆蜀葵》梗概（雷世文缩写）在《书摘》2002年第5期刊载。同时，刊载白烨的评论《理想主义的挽歌》。

5月，散文《融入野地》被收入《20世纪中国名家美文100篇》，由中国广播电视出版社出版。

5月，随笔《特立独行者》被收入《卧听风雨：2001年笔会文萃》，由文汇出版社出版。

5月，随笔《有书的长旅》《书的魅力——张炜答本刊记者问》被收入《〈中学生阅读〉精华本》（高中版，下），由漓江出版社出版。

5月，中篇小说《蘑菇七种》繁体字版由台湾印刻出版有限公司出版。

5月，"大河小说"《你在高原》之六《你在高

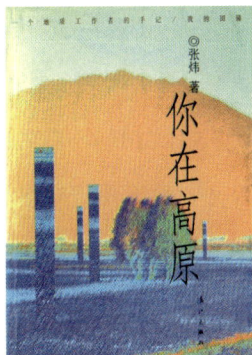

漓江出版社2002年5月版

原——一个地质工作者的手记/我的田园》由漓江出版社出版。

5月，《甘肃社会科学》第3期刊载杨万寿、朱卫国的《边缘与中心的文化整合——关于〈外省书〉的文化解读》。

5月，《文艺理论研究》第3期刊载李扬的《论90年代的知识分子立场写作》，其中论及了张炜及其文学创作。

5月，《文艺研究》第3期刊载陈晓明的《挪用、反抗与重构——当代文学与消费社会的审美关联》。在论及长篇小说《能不忆蜀葵》时，陈晓明指出："消费社会在很大程度上刺激了一些坚守理想主义阵地的作家，他们把消费社会作为一个对立面来表现，以此建立一种超越性的社会理念和美学信条。作为当代少数几个坚定的理想主义者，张炜蛰伏数年，突然出手《能不忆蜀葵》，还是一样的激情，一样的锐气，一样的肯定与否定。小说显然是以当代消费社会为对立背景，刻意运用诗意的荒诞感来描写一个绝对的理想主义者失败的故事。""张炜在与商业主义尖锐的对抗中，建立了独特的立场，并且获得了艺术表达的另一种自由。"

5月，《中国图书评论》第5期刊载唐慧凡的《人性、智性和诗性的光彩——读张炜散文随笔集〈我跋涉的莽野〉》。

5月10日，完成厉彦林诗集《灼热乡情》序。

同日，《新晚报》刊载王尧的《张炜先生访谈录——关于知识分子》。

5月11日，《文汇报》刊载陈思和、王光东的《文学能否面对当下生活——关于几位知名作家近期创作变化的对谈》，其中谈及了张炜的文学创作，重点评论了长篇小说《能不忆蜀葵》。

5月20日，完成郭春燕散文集《简单的寂寞》（*时代文艺出版社2002年10月出版*）序《温暖的怀念》。后发表于9月16日《联合日报》、10月11日《滨州日报》。

5月24日，《大众日报》刊载杨润勤、逄春阶的《张炜：求索不倦》。同时刊载张炜简介和张炜题词："为了写出一本好书，可以耗上一生。"

5月27日，随笔《脑体结合》在《解放日报》发表。

6月，雷达著《思潮与文体：20世纪末小说观察》由人民文学出版社出版，其中收录了《愤激过后的沉思——读〈外省书〉》《诗意的乌托邦 残忍的伤心之地——读〈能不忆蜀葵〉》。同时，在《第三次高潮——90年代长篇小说述要》中论及了长篇小说《古船》《家族》《九月寓言》，在《论当今小说的精神走向》中论及了长篇小说《九月寓言》《柏慧》《家族》。

6月，于润琦总主编《插图本百年中国文学史》（上、中、下）由四川人民出版社出版。该书下卷将长篇小说《古船》列入"改革小说"论述，指出："'改革文学'的开放性发展，则促使作家把现实变革放到一定的文化背景中，在反映现实变革的同时，对复杂的民族文化传统、文化心理以及人的深层文化性格进行高层次的审美观照，从而更广阔更深入地反映了这场社会变革的深层本质，也将'改革文学'从社会层面、历史层面、心理层面推进到文化层面，使它获得了更高的哲学、美学价值。贾平凹的长篇小说《浮躁》和张炜的长篇小说《古船》就标志了'改革小说'审美上的这种走向。"十分难得的是，该书收录了大量书影，图文并茂。

6月，《南通师范学院学报》（哲学社会科学版）第2期刊载张妙文的《张炜〈家族〉的人文主义悲歌》。张妙文指出："张炜带着我们重新回归沉重的历史和现实人生，既不是为了重建历史，更不是要人们纠缠于历史的恩怨或以恶抗恶的复仇上。从中我们可以感受到的是作者呼唤人性复归的强烈愿望，对未来如何摆脱人为的历史苦难的努力探问。"

6月，《江南大学学报》（人文社会科学版）第3期刊载金文兵《故乡何谓：论"寻根"之后乡土小说的精神皈依》，其中论及了长篇小说《古船》《九月寓言》。

6月，《山东文学》第6期刊载姜智芹的《〈能不忆蜀葵〉解读》。

6月3~7日，在济南参加中国共产党山东省第八次代表大会。

6月8日，《文汇报》刊载杨扬的《中年写作期待造就更大的艺术气象》，其中谈及了张炜的文学创作。

6月25日，《山东青年报》刊载何亚宁的《哀痛和感伤》。

6月28日，随笔《宁静与从容不迫》在《青岛晚报》发表。

6月29日，完成诗歌《在慌促的迷宫中》《智慧》《暮年颂》。

7月，散文《美妙的雨夜》在《作文大王》（初中版）7月号下半月刊发表。同时，该刊"会客室"栏目刊载主持人阿木老叔与张炜的对谈，张炜就中学生阅读、写作等谈了自己的看法。

7月，随笔《银城故事》在《当代作家评论》2002年第4期"印象点击"栏目发表，评介李锐的长篇小说《银城故事》。

7月，随笔《小说家谈诗》在《扬子江诗刊》2002年第4期发表。

7月，随笔《努力创作与文化大省相匹配的精品力作》在山东省委宣传部《宣传月刊》2002年第7期发表。

7月，散文《融入野地》被收入《中国当代文学作品精选（1949~1999）》，由北京大学出版社出版。

7月，山东省作家协会《山东作家》季刊复刊。复刊第1期"作家在线"栏目刊载杨润勤、逄春阶的《张炜：做不倦的求索者》。

7月，《南方文坛》第4期刊载张光芒的《天堂的尘埃——对张炜小说道德精神的总批判》。张光芒认为，张炜从"秋天"系列、《古船》时期到《九月寓言》，再到《柏慧》《家族》，以至《外省书》，"在反抗现代文明的征途上一退再退，从形上道德的追索者坠落为传统文化道德实用主义直至成为封建性道德的牺牲品，实在令人惋惜。张炜文本的道德精神本系其审美天空中最亮丽的一道风景，其衰弱过程——一条看似美丽的弧线——无论对作家本人还是对读者来说都充满了太多的唏嘘和无奈"。

7月，《山东师范大学学报》（人文社会科学版）第4期刊载宗元的《张炜小说的民间情怀》。

7月，《当代作家评论》第4期刊载严锋的《张炜的诗、音乐和神话》，论述了张炜小说的诗性、音乐性和神话结构。

同期，刊载吴义勤的《难度·长度·速度·限度——关于长篇小说文体问题的思考》，其中论及了长篇小说《九月寓言》《柏慧》。

7月，《文艺争鸣》第4期刊载赵德利的《论20世纪家族小说母题模式的流变》，其中论及了长篇小说《古船》。

7月，《艺术广角》第4期刊载孙国亮的《文坛狼来了：也说当下的媚雅与媚俗》，其中论及了长篇小说《九月寓言》《柏慧》《家族》《外省书》《能不忆蜀葵》。后又刊载于《粤海风》2003年第2期，改题为《名家的媚雅与媚俗》。

7月6日，《文艺报》刊载名家"真言妙语"。张炜写道："头号农民大国的知识分子竟然对农民一无所知，甚至漠不关心，农民问题基本上没有构成其理解事物的基础，这就让人怀疑他的身份和性质了。"文末注明"摘自《当代作家评论》2002年第3期"。

7月13日，在青岛参加山东出版集团举办的出版咨询年会并发言。发言后修订整理为《文学三极与一次性出版——在青岛"出版论坛"的演讲》。

7月25日,随笔《文学不应是一种职业》在《文学报》发表。

8月,散文《爱与同情》在《中国福利彩票》2002年第8期发表。

8月,短篇小说《海边的雪》被收入《高中语文自读课本》(第5册),由中华工商联合出版社出版。

8月,接受《南方周末》记者采访。访谈后修订整理为《对世界的感情——答〈南方周末〉》。

8月,庞守英著《新时期小说文体论》(增订版)由山东大学出版社出版。该书"长篇小说文体论"部分有"献给大地的诗——张炜《九月寓言》文体论",从浪漫化的故事、宣泄式的叙述、流浪型的结构、意象化的语言等几个方面论述了《九月寓言》的诗性特征。

庞守英指出:"长篇小说原本是以叙事为主的文体,讲述一波三折的故事情节曾是它吸引读者的看家本领。张炜《九月寓言》中的故事却是只可意会不可言传的,无法转述恰恰是作家对故事的刻意追求。在故事的框架里填充进去的是荡漾的激情,盎然的诗意,一部长篇小说实际上是一首献给大地的长诗。"

庞守英进而指出,张炜"从早期的短篇小说'芦青河'系列到80年代中期的中篇小说'秋天'系列,再到长篇小说《古船》《我的田园》《九月寓言》《柏慧》《家族》《外省书》,他的创作从单纯到繁复,从清新到浑厚,但是个中不变的则是对小说诗化的追求。"

8月,《邹城文学》第3期刊载王尧的《伦理内容与形式意味——张炜先生访谈录》。

8月，《西南民族学院学报》（哲学社会科学版）第S3期刊载陈连锦、艾晶的《论张炜创作心态的矛盾》，论述了张炜创作中启蒙与反启蒙、现代文明与传统文明、道德乌托邦理想与实践理性入世情怀之间的矛盾。

8月，《荆州师范学院学报》第4期刊载黄忠顺的《〈九月寓言〉："代后记"与神话的寓言化》。

8月，《长城》第4期刊载陈晓明的《道德可以拯救文学吗？——对当前一种流行观点的质疑》，其中论及了张炜的文学创作。

8月13日，随笔《世界观》在《青岛晚报》发表。

同日，《作家文摘》选载《作家印象》，其中有《张炜》，篇末注明"摘自7月17日《中华读书报》虞静文"。

8月14日，随笔《写作工具》在《解放日报》发表。后又发表于10月8日《今晚报》。

8月20～24日，首届齐鲁文学奖评奖经过总评委会确认，长篇小说《外省书》获文学创作奖。齐鲁文学奖是2001年12月26日经山东省委宣传部批准设立的，由山东省作家协会主办并组织实施。

8月28日，完成散文《三次同行小记》。

9月，随笔《艺术和流浪》被收入"布谷鸟青春美文丛书"《世纪末的情书·历史文化卷》，由湖北少年儿童出版社出版。

9月，《当代小说》第9期刊载邹强的《人，何处是你诗意的栖居？——对张炜新作〈能不忆蜀葵〉的一种解读》。

9月，《河池师专学报》（社会科学版）第3期刊载韦器闳的《心灵的独语与理想主义的追寻——评张炜的散文创作》。韦器闳指出："他的散文大致分为三类：一类是他的读书笔记，主要记叙了张炜对文学大师及优秀作品的独特感悟。另一类是以独语的方式表达作者对社会、道德、文学、文化等人生诸多方面的思考和见解。第三类是作者人生经历的深情回忆。所有这些散文均借助于随笔的形式，其中我们看不到琐屑生活的记述，也看不到山水风景的描写，有的只是作者心灵的展示。其中的独语散文，是张炜散文中最有价值的部分，它展示了一个理想主义者对现实的忧愤、苦闷及孤寂中不绝于追求的情志。"

9月7日，《齐鲁晚报》刊载记者张洪波的《首届齐鲁文学奖揭晓》，长篇小说《外省书》获奖。

9月11日，《羊城晚报》刊载张懿的《张炜：坚守精神家园的严峻挑战》。

9月12日，《南方周末》刊载夏榆的《"我惧怕自己对世界没有感情"——张炜访谈》。

9月14日，在济南参加山东省第一届齐鲁文学奖颁奖大会暨全省青年作家创作会议，长篇小说《外省书》获第一届齐鲁文学奖。

9月20日，《齐鲁晚报》刊载李掖平与韩琛、陈文亮、许大昕、李梦瑶、崔凯璇、孙谦、李海燕的《寻找历史真实——关于首届齐鲁文学奖五部长篇小说的对话》，其中论及了长篇小说《外省书》。

9月24日，随笔《两种故事》在《北京青年报》发表。

9月25日，《中华读书报》刊载舒晋瑜的访谈《专业作家：作品优劣与体制无关》。张炜认为："作品的优劣与生命品质有关。"

9月27日，《济南日报》刊载李心田的《张炜的无糖月饼》。

10月，散文《在风中》被收入"中学生课外诵读文库"《精读文萃：中国现当代散文》，由北京师范大学出版社出版。

10月，随笔《"我们需要光"》（记莫奈）被收入《思想者说：当代散文随笔名家名篇》（上），由青岛出版社出版。

10月，随笔集《纸与笔的温情》被列入"小说家讲坛"系列，由春风文艺出版社出版。

春风文艺出版社2002年10月版

二十一世纪出版社2012年10月版

10月，《青岛海洋大学学报》（社会科学版）第4期刊载姜智芹的《张炜与外国文学》，重点论述了张炜与屠格涅夫、托尔斯泰、海明威、马尔克斯的关系。

10月，《西南民族学院学报》（哲学社会科学版）第10期刊载陈连锦、艾晶的《由批判到哀挽——张炜现象分析》。

10月5日，完成随笔《人的用具》，包括《鞋拔子》《火镰》《电脑》《手机》。

10月6日，完成刘焕鲁杂文集《悲怆之旅》（山东友谊出版社2002年11月出版）序《一支坚韧的理性之笔》。后发表于11月2日《齐鲁晚报》、《当代小说》2002年第12期、《海燕·都市美文》2003年第1期。

10月9日，《齐鲁晚报》刊载《当代文学中惟一入选大学必读文学书目〈白鹿原〉引争议》。有专家学者更倾向于《古船》《九月寓言》。

10月10日，《文学报》刊载俞小石的《走出书斋　贴近生活——作家挂职硕果累累》，其中介绍了张炜在龙口挂职期间的文学创作。

10月18日，完成随笔《北国的安逸》。后发表于11月12日《文汇报》、11月15日《北京青年报》。

10月22～23日，在济南参加山东省作家协会第五次代表大会，当选为山东省作协主席。23日下午，在大会闭幕式上致闭幕词。10月22日《齐鲁晚报》、10月23日《大众日报》、10月24日《大众日报》《生活日报》《齐鲁晚报》《山东商报》《济南时报》、10月25日《龙口报》、10月29日《文艺报》、10月31日《文学报》等均有报道。

10月25日，《太仓日报》刊载孙继泉的《张炜：为自己画像——读张炜〈流浪的荒原之草〉》。

10月27日，随笔《山脉长存——当代文学的精神走向》在台湾《联合报》发表。

10月28日，在青岛海洋大学做题为"文学的自我提醒"的演讲。演讲后修订整理为《文学的自我提醒——在中国海洋大学的演讲》。张炜说："作家对于读者的想象和要求，决定了他的写作品质。""作家心目中的理想读者当然千差万别。一般而言，作家会不断提醒自己：他并没有一个为很多人写作的成见，因为那样只会不断地削减自己的艺术、改变自己的立场，以求得多数人能够接受的表达。于是，别无选择，他只能为自己的同类写作。无论是'浪漫'还是'现实'，他都必会期待这样的读者，与他们发生心底的共鸣。""到最后，他甚至觉得只是在为自己写作：不是正在持笔的'我'，而似乎是那个更加遥远的'我'。那是一个充满期待的、高贵的灵魂。那个遥远的'我'始终在注视自己的劳作。"（张炜：《文学的自我提醒——在中国海洋大学的演讲》，载《张炜文集》第37卷，作家出版社2014年11月出版，第67页。）

10月29日，被中国海洋大学聘为"驻校作家"。

同日，参加中国海洋大学文学院举办的"文学朗诵会"。会上，朗诵者朗诵了散文《盼雪》（片断）、随笔《尤凤伟的故事》（片断）、长篇小说《古船》（片断）。

同日，《青岛早报》刊载单蓓蓓的《"作家周"学术报告会吸引岛城上千学子——张炜毕淑敏解读文学》。同时，刊载单蓓蓓的访谈《张炜：用文学提醒自我》。

同日，《青岛晚报》刊载《春华秋实　重振人文——海大人文学科名家荟萃》，其中刊载了张炜简介和张炜10月28日在中国海洋大学演讲时的照片。同时，刊载马兵的《再造人文学科辉煌——海大今聘"驻校作家"》。

10月30日，《大众日报》刊载薄克国的《中国海洋大学聘任驻校作家》，《生活日报》刊载马兵的《再造人文学科辉煌——海大聘请"驻校作家"》，《齐鲁晚报》刊载于健和姜淑芹的《留下文化名人的影子　塑造学生健康的心灵——海大首创"驻校作家"制》。

11月，随笔《读本，新作及其它——关于〈读本〉答问》及"外一篇"《世界与你的角落——在苏州大学的演讲》在《芙蓉》2002年第6期发表。

11月，随笔"相信文学三题"《看老书》《背诵和阅读》《相信文学》选载于《新世纪文学选刊》2002年第11期。

11月，短篇小说《父亲的海》在《上海文学》2002年第11期发表。

11月，完成"大河小说"《你在高原》之八《你在高原·西郊》（后改名《曙光与暮色》）第4稿。

11月，《文学评论》第6期刊载陈思和的《欲望：时代与人性的另一面——试论张炜小说中的恶魔性因素》，论述了《蘑菇七种》《外省书》《能不忆蜀葵》中表现出的人的普遍欲望与人物性格中的恶魔性之间的关系。此文观点后摘登于《当代作家评论》2003年第2期。

11月，《青海社会科学》第6期刊载赵德利的《民族文化心史的剖视与建构——当代家族小说母体模式论之一》，其中论及了长篇小说《古船》。

11月，《青春阅读》第11期刊载逄春阶对张炜的访谈《〈能不忆蜀葵〉访谈录》。

11月1日，《济南大学报》刊载夕林的《葡萄园的守望者》，评长篇小说《柏慧》。

同日，《大众日报》刊载薄克国的《著名作家驻校"海大"》。

11月3日，随笔《时代的恩惠》在《大众日报》发表。

11月8日，在济南开始修改长篇小说《丑行或浪漫》。

同日，《齐鲁晚报》刊载吴伟、康鹏的《张炜向图书馆捐书》，报道张炜向济南市图书馆捐书情况。

11月11日，《青岛晚报》推荐随笔集《纸与笔的温情》。

11月12日，随笔《上山下乡》在《今晚报》发表。

11月20日，接受《文汇报》记者采访。访谈后修订整理为《方式和内心需要——答〈文汇报〉》。

11月22日，随笔《背诵和朗读》在《解放日报》发表。

11月26日，随笔《看老书》在《青岛晚报》发表。

11月27日，接受《芙蓉》杂志采访。访谈后修订整理为《你在哪里——答〈芙蓉〉杂志》。张炜说："人的内心是不安的，这种不安源于什么？可能是另一个'我'的注视，是他的悄悄注视。是的，人是分离的，人在自我斗争。我们的确非常矛盾。不言而喻，有的人因这种矛盾而升华，有的人却因此而衰败下来。我倒希望人是往前走的，无论他的内心世界有多么苦。"（张炜：《你在哪里——答〈芙蓉〉杂志》，载《张炜文集》第35卷，作家出版社2014年11月出版，第245页。)

同日，《新闻午报》刊载刘江涛对张炜的访谈《作家张炜开讲：读鲁迅一个就够了》。

11月29日，《齐鲁晚报》刊载霍晓蕙的《山东文艺出版社为读者准备丰美书宴——五部长篇将重点推出》，其中介绍有张炜的《成长》。

秋，改定短篇小说《我弥留之际》。

12月，随笔集《人的魅力：读域外作家》被列入"文汇原创丛书"，由文汇出版社出版。

12月，亲自筹划并参与建设的国内第一座现代书院——万松浦书院在龙口建成。本月完成散文《筑万松浦记》。

12月，《南昌航空工业学院学报》第4期刊载季俊峰的《超越与回归——张炜创作中恋母倾向的深层解读》。

文汇出版社2002年12月版

12月，《山东文学》第12期刊载李海燕、陈文亮的《道德的位移与人性的守望》，评长篇小说《外省书》。

12月4日，随笔《父辈的视角》在《解放日报》发表。

12月12日，完成王树理中短篇小说集《一生清白》（作家出版社2002年12月出版）序《来不及的哀伤》。

12月15日，随笔《脑体结合》在《今晚报》发表。

12月17日，随笔《存在的执拗》在《现代交通报》发表。

12月24日，完成系列随笔《冬夜笔记》。

12月25日，《中华读书报》刊载记者舒晋瑜的《作家赠书保存状况随

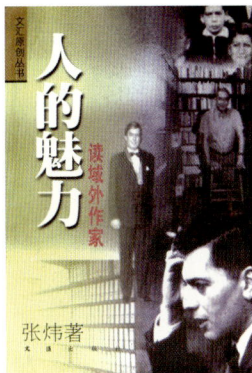

机调查》，其中介绍了山东省档案馆对张炜手稿及其他书籍、资料的保存情况。

12月27日，《北京晚报》刊载孙小宁的《2002：文学时刻》，其中介绍张炜2002年主要是在济南、龙口两地改写长篇小说《你在高原》之六《我的田园》。

12月28日，完成随笔《诗是我的最爱》。

本年，《远逝的风景——读域外画家》在《深圳晚报》连载。

本年，长篇小说《古船》在日本《螺旋》杂志第2期开始连载，直至2004年第5期。

本年，接受春风文艺出版社采访，谈长篇小说《远河远山》、中篇小说《蘑菇七种》。访谈后修订整理为《远河——蘑菇——答春风文艺出版社》。

2003

1月，随笔《中学生与文学》在《语文世界》（高中版）2003年第1期发表。

1月，随笔《〈纸与笔的温情〉自序》在《当代作家评论》2003年第1期发表。同时，选载夏榆对张炜的访谈《"我惧怕自己对世界没有感情"》。

1月，《山东文学》第1期推出"张炜作品专辑"，包括短篇小说《我弥留之际》（篇末注明"2002年冬改毕"）、文论《世界与你的角落——在苏州大学的演讲》（篇末注明"2002年3月8日于苏州大学，根据录音整理"），以及王尧的《伦理内容与形式意味——张炜先生访谈录》（篇末注明"2002年3月于苏州"）。

1月，"大河小说"《你在高原》之八《你在高原·西郊》（后改名《曙光与暮色》）在《芙蓉》2003年第1期发表。

1月，散文《盼雪》被收入《新世纪艺术散文选粹》，由中国文联出版社出版。

1月，散文《人生麦茬地》被收入《中国当代散文经典》、短篇小说《一潭清水》被收入《中国当代短篇小说经典》，由春风文艺出版社出版。

1月，散文《北国的安逸》被收入《2002中国散文年选》，由花城出版社出版。

1月，散文《自守与注视》被收入散文精选集《大自然与大生命》，由百花文艺出版社出版。

1月，随笔《纸与笔的温情》《中年的阅读》被收入《2002年中国散文精选》，由长江文艺出版社出版。

1月，随笔《没有围墙的学校》被收入"中国当代文学·新作家文丛"《我与名人牵手》，由中国文联出版社出版。

1月，随笔《我跋涉的莽野——我的文学与故地的关系》被收入"新世纪散文精品"《升沉不过一阵秋风》，由百花文艺出版社出版。

1月，短篇小说《一潭清水》被收入《中国短篇小说百年精华》，由人民文学出版社出版。

1月，中篇小说《庄周的逃亡》被收入《布老虎中篇小说》（2002·冬之卷），由春风文艺出版社出版。

1月，"大河小说"《你在高原》之八《你在高原·西郊》被列入"春风小说文库"，由春风文艺出版社出版。

1月，《当代文坛》第1期刊载刘恋的《黄粱梦与"野地记忆"——解读〈能不忆蜀葵〉》。

1月，《语文教学与研究》第1期刊载余琴的《失去铸就的悲哀》，评长篇小说《古船》。

春风文艺出版社2003年1月版

1月2日，随笔《美从中来》（郭春燕散文集《简单的寂寞》序）在《人民日报》发表。后又发表于2月23日《武汉晚报》，改题为《温暖的怀念》。

1月3日，《生活日报》刊载王洪夫的《张炜十年谱就"心灵"巨著——〈你在高原·西郊〉近日推出》。

同日，随笔《我的写作工具》在《北京青年报》发表。

1月10日，随笔《来不及的哀伤》（王树理中短篇小说集《一生清白》序）在《大众日报》发表。

同日，在济南改定长篇小说《丑行或浪漫》。

1月15日，《中华读书报》刊载大智的《出书的 写书的 看书的——一年到头忙活啥》，其中介绍了长篇小说《你在高原·西郊》。

同日，《太原日报》刊载陈洋的《简朴与自然之美》，评中短篇小说集《怀念黑潭中的黑鱼》。

1月16日，《中国文化报》刊载唐朝晖的《张炜：因爱而告别》，评长篇小说《你在高原·西郊》。

1月20日，《半岛都市报》刊载望民的《知识分子心灵的长卷 时代生活的百科全书——张炜新作〈你在高原·西郊〉面市》。

1月24日，随笔《冬夜访谈笔记》在《文汇报》发表，注明"此文根据上海大学王光东教授的采访整理"。

同日，随笔《看老书》在《解放日报》发表。

2月，随笔《北国的安逸》在《芳草》2003年第2期发表。

2月，散文《北国的安逸》被收入《2002笔会精粹：你可以信赖他》，由文汇出版社出版。

2月，随笔《纸与笔的温情》《中年的阅读》被收入《2002中国最佳随笔》，由辽宁人民出版社出版。

2月，随笔《寂寞营建》被收入《语文报精华本》（《语文报》专号精华），由北岳文艺出版社出版。

2月，长篇小说《远河远山》繁体字版被列入"文学丛书"，由台湾印刻出版有限公司出版。

2月，王庆生主编《中国当代文学史》由高等教育出版社出版。该书在"20世纪70年代中期以来的文学·乡土小说"中论述了张炜的小说创作，指出："张炜是一位充满理想主义和浪漫情怀的作家。故乡胶东半岛的芦青河与葡萄园是他创作视阈中的理想乡土，也是贯穿于他作品中的审美意象，诸如'土地''田园''野地'的概念不断在他笔下被深化，成为他创作的动力和倾诉的源头。而乡土人情观念在他的作品中更是无所不在，尤其是深固的道德意识成为他难以走出理想主义和浪漫情怀的有力制约。正因为对道德立场的坚守，张炜才以充满忧患的眼光关注当代人的道德危机，关心人的价值和尊严，思考人的自我拯救之路，在一系列作品中完成其道德蓝图的描画。"

2月，《乐山师范学院学报》第1期刊载陈义报的《乌托邦的疑惧与破毁——以〈边城〉〈九月寓言〉为例》。

2月5日，随笔《背诵和朗读》在《今晚报》发表。

2月12日，《青岛晚报》刊载金理的《饶舌的海明威和非形式的卡夫卡——张炜〈人的魅力——读域外作家〉读后》。

2月13日，在龙口完成诗歌《中年的午夜》。

2月16日，在龙口完成诗歌《爱屋及乌》《一只老成持重的狗》《童年的沙》。

2月24日，《联合日报》刊载马玉韬的《寻找精神的归宿——读张炜新作〈你在高原·西郊〉》。

2月25日，中共阳信县委《梨乡报》刊载马玉韬的《我和经典有个约会——春风文艺悄然打造"春风小说文库"》，介绍长篇小说《你在高原·西郊》入选"春风小说文库"。后又刊载于2月26日《生活日报》、2月27日《渤海早报》、3月1日《邹城晚报》。

3月，系列随笔《冬夜笔记》在《天涯》2003年第2期发表，篇后注明"此文根据上海大学王光东教授的采访整理"。

3月，随笔《方式和内心需要》在《海燕·都市美文》2003年第3期发表。

3月，随笔《看老书》在《青春阅读》2003年第3期发表。

3月，随笔《筑万松浦记》在台湾《明道文艺》3月号发表。

3月，长篇小说《丑行或浪漫》在《大家》2003年第2期发表，篇后注明"2002年4月5日～9月18日写于龙口、济南，2002年11月8日～2003年1月10日改于济南"。

同时，刊载宫达的《在八百万台阶之上》，指出："一部经典小说大致具备以下因素：语言渗透着强烈饱满的诗性，艺术探索上的先锋气质，强大的人伦与社会伦理内涵，以及对时代精神诸元的深刻揭示并提出启示录般的论断。我认为《丑行或浪漫》正是这样一部小说。""张炜的创作历史长达三十年，

（的男下级）
己当成了"金子"，而且～～有点"拾金不昧"
的豪爽。她对他～～～～～的一句话就是："你
以为自己有两下子，那就拿出来看看嘛。"开
始他还～当成了工作方面的讥～～和勉励，后
来随她～去基层搞调研，才明白这～～是一
句～～危险的双关。

　　中秋时节是各大机关到下边搞调研的最好
季节。天气晴和，所谓的秋高气爽。不冷不热
～～～，牟饶～～～物产，部～～～时～～～
～～～水果之乡的董香，海滨城市的虾蟹
肥鱼，都给人留下难忘的印像。下～机关对于
上级来人的慷慨，特别是中秋时节的热情，一
个没解来临芝境的人是无法想像的。吃呀，喝
呀，图后是走走瞧瞧，适当的娱乐，以及临行
前～～精的土特产。就是这一切让久居办公室

20×15=300　　　　山东省档案馆稿纸　　第 67 页

《丑行或浪漫》手稿

317

云南人民出版社2003年3月版

漓江出版社2007年4月版

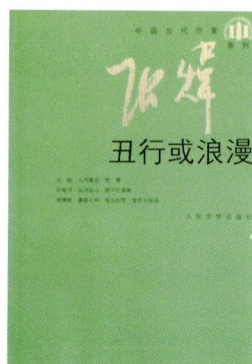

人民文学出版社2010年1月版

作家出版社2013年8月版

作家出版社2014年11月版

台湾印刻出版有限公司2003年
11月版

瑞典Jinring International AB
2015年4月瑞典文版

《丑行或浪漫》盗版本

至今已发表了超过八百万字的作品。""站在八百万的台阶上，再往上攀登就会小心翼翼寸步难挪，可在张炜这儿却是大幅度跃进，看上去毫无倦容。这不能不说是中国当代文坛上一个意外的惊喜。这种现象源于一种强盛的生命力或特别的个人经历，当然也会有艺术潜质一类因素；但不可忽视的是作家所一贯保持的朴素的劳动者的人格素质，还有过人的勤奋和谦虚吸纳，是这些综合起来的结果。"

同期，还刊载了石峰的《行驶与抵达——关于〈丑行或浪漫〉的对话》，摘要刊发了廖志平、陈百吉、赵如雪、临凤宁、石峰、王东林等中青年批评家、作家关于《丑行或浪漫》的对话。后又刊载于4月6日《齐鲁晚报》。

3月，长篇小说《丑行或浪漫》由云南人民出版社出版。

3月，访问意大利。其间，参观庞贝古城遗址，于东方大学演讲。

3月，在济南参加山东省散文学会散文创作研讨会并发言。

3月，《山东作家》第1期"我写我说"栏目刊载王树理的《腌不成腊八蒜就生蒜苗》，回忆了2000年春天张炜在龙口对他文学创作的鼓励和指导。

3月，《岱宗学刊》（《泰安教育学院学报》）第1期刊载王凤仙的《回顾与质疑：张炜〈外省书〉的文化反思》。

3月，《湖南城市学院学报》（人文社会科学版）第2期刊载李劲松的《从〈九月寓言〉〈柏慧〉看张炜文学创作中的保守主义倾向》。

3月，《山东理工大学学报》（社会科学版）第2期刊载唐长华的《道德理性与生命理想的抗衡——试论张炜小说的两个精神向度》、武新军的《全球化语境中的焦虑——解读张炜的〈外省书〉》。

唐长华指出："张炜小说的理性向度主要表现在对社会、历史、文化的反思上。《古船》《外省书》是这方面的代表作。"而在《九月寓言》《能不忆蜀葵》中，"张炜的生命理想更亲和道家的精神境界，在其小说塑造的精神世界里，他经常越出社会包括道德的屏障，将心灵直接投入自然当中，谛听大自然的风声涛语，领略无处不在的生命的自由与欢乐。张炜有一种可以说神秘的与自然万物沟通的能力，他说'敬畏生命'，这不仅是一种爱惜生命的道德诉求，更是一种站在万物平等基础上与一切生命交流、沟通的渴望"。

3月，《山东社会科学》第3期刊载姜智芹的《张炜与海明威之比较》，论述了海明威小说的"硬汉"形象和简约、精练的语言对张炜文学创作的影响。

3月，《吉林画报》第3期刊载李骞对长篇小说《丑行或浪漫》的推介。

3月2日，《济南时报》刊载邓荫柯的《谛听庄严的声音》，评长篇小说《你在高原·西郊》。后又刊载于《学问》2003年第4期。

3月5日，《文学报》刊载朱慧君的《一首呼唤人性的悲歌》，评长篇小说《丑行或浪漫》。后又刊载于5月8日《文学报》。

3月7日、21日，散文《筑万松浦记》（上、下）分别在《大众日报》发表。后又发表于3月14日《文汇报》、《天涯》2003年第3期；又选载于《新华文摘》2003年第7期（篇末注明选自"2003年3月14日《文汇报》"）。

3月8日，在山东省作协接待来访的美籍华人作家、海外华人女作家协会会长喻丽清女士，向客人介绍了国内文学创作的新进展，尤其是山东作家的创作实绩。

同日，《中国邮政报》刊载臧永清的《一部等待了很久的小说》，评长篇小说《你在高原·西郊》。后又刊载于4月12日《邹城日报》，改题为《这是一部我等待了很久的小说——张炜〈你在高原·西郊〉编后谈感》。

3月9日，在烟台大学演讲。演讲后修订整理为《从创作到批评——在烟台大学的演讲》。

同日，完成诗歌《家住万松浦》。

3月10日，完成诗歌《来龙口的火车》。

3月11日，《文汇报》刊载陈熙涵、王磊的访谈《"三条线"书写欢乐和悲哀——著名作家张炜谈新作〈你在高原·西郊〉》。后又刊载于3月18日《文汇读书周报》。

3月16日，《滨州电视报》刊载汪政的《苦难世界的乡村传奇》，评介长篇小说《丑行或浪漫》。后又刊载于5月23日《黄河口晚报》。

3月17日，随笔《父辈的视角》在《今晚报》发表。

3月18日，《山东青年报》刊载陈熙涵、王磊的《张炜：一次淋漓尽致地表达欲望》，评长篇小说《你在高原·西郊》。

同日，《人民铁道》刊载臧永清的《秘密返回的灯——读张炜》，评长篇小说《你在高原·西郊》。

3月20日，《黄河口晚报》刊载马玉韬的《寻找灵魂的安放之地——张炜长篇新作〈你在高原·西郊〉阅读》。后又刊载于3月22日《邹城日报》。

3月22日，《齐鲁晚报》刊载海惠的《与张炜约〈丑行或浪漫〉》，介绍《大家》杂志向张炜约长篇小说《丑行或浪漫》情况。后又刊载于4月22日《云南日报》、5月23日《东营日报》、6月11日《读书时报》、7月26日《聊城日报》。

3月23日，《济南时报》刊载雷达、陈思和、陈晓明、舒晋瑜等的《生命根柢的浪漫——评张炜新作〈丑行或浪漫〉》。后又刊载于云南人民出版社《出版者》2003年第2期，改题为《享受思想智慧和语言快感的盛宴——关于〈丑行或浪漫〉的评论》。

3月27日，《青岛晚报》刊载多人的《行驶与抵达——读张炜新作〈丑行或浪漫〉有感》。后又刊载于4月6日《齐鲁晚报》，署名石峰。

4月，随笔《纸与笔的温情》《中年的阅读》被收入《2002年文学精品·散文卷》，由敦煌文艺出版社出版。

4月，林建发、徐连源主编《中国当代作家面面观——寻找文学的灵魂》由春风文艺出版社出版，其中收录了张炜的随笔《世界与你的角落》、陈思和的评论《试论张炜小说里的恶魔性因素》。

4月4日，中共阳信县委《梨乡报》刊载陈晓明的《对人性的绝对叩问——评张炜〈丑行或浪漫〉》。后又刊载于4月16日《聊城广播电视报》、4月18日《烟台晚报》、4月23日《淄博声屏报》、5月3日《邹城日报》、5月15日《邯郸日报》、5月23日《消费周刊》。

4月7日，《齐鲁晚报》刊载李梦瑶缩写的长篇小说《你在高原·西郊》故事梗概；李梦瑶的《从守望家园到烛照心灵》，评《你在高原·西郊》。

4月8日，《文艺报》刊载吴义勤的《心灵与艺术的双重跨越——析张炜长篇新作〈你在高原·西郊〉》。

同日，《东营电视周刊》第16期刊载高维生的《寻求人性的恬美》，评长篇小说《丑行或浪漫》。

同日，在济南接受《大众日报》记者刘君、春阶采访。访谈《张炜：跋涉不倦》刊载于4月18日《大众日报》。

4月16日，《龙口日报》刊载木目的《张炜著文万松浦——最新动态》（介绍长篇散文《筑万松浦记》）。

同日，在济南参加山东文学社举办的座谈会并发言。发言后修订整理为《"煮蛋"及其他》。

4月16～17日，在济南参加全省作协工作会议和省作协五届三次主席团会议并讲话。

4月17～22日，陪同中国作协党组副书记王巨才率领的赴鲁调研组，就实施精品战略、繁荣文学创作进行调研。

4月19日，《文艺报》刊载胡殷红的《我想抓住"真正的语言"——访山东作协主席张炜》。

同日，将有关长篇小说《刺猬歌》的访谈辑录整理为《奔跑女神的由来——关于〈刺猬歌〉的访谈》。

4月20日，《齐鲁晚报》刊载李梦瑶缩写的长篇小说《丑行或浪漫》梗概。同时，刊载李梦瑶的评论《逃离与皈依》。

4月24日，完成散文《济南的泉水、钟楼和山》。

同日，《光明日报》刊载庞守英的《纷繁的长篇小说文体》。此文为庞守英著、山东大学出版社出版的《新时期小说文体论》的前言。

同日，《新快报》刊载记者董彦的《追逐奔跑的女神——本报记者独家专访著名作家张炜》、刘铮的《我们为什么看重张炜》。同时刊载张炜简介和《丑行或浪漫》故事梗概。

4月29日，随笔《万物之间》在《青岛晚报》发表。

同日，《济宁广播电视报》刊载燕霁人的《〈丑行或浪漫〉的随想》。后又刊载于《全国新书目》2003年第9期，并以《读张炜新作〈丑行或浪漫〉》为题刊载于5月20日《延边日报》。

4月30日，《中华读书报》《新快报》分别刊载陈晓明的《好书告诉你》，介绍长篇小说《丑行或浪漫》。

5月，诗歌《致六位友人（外二首）》在《雪莲》2003年第5期发表。

5月，散文随笔集《世界与你的角落》被列入"理想者文丛"，由昆仑出版社出版。

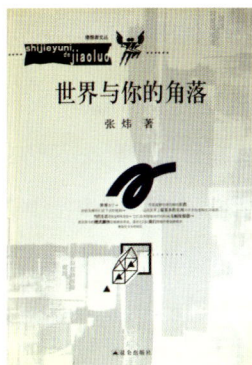

昆仑出版社2003年5月版

5月，完成随笔《匆促的长旅——文学访谈录》。张炜说："'芦青河'是我作品中的一个指代，它实际上指了所有的北方河流或胶东的河流。但最早的印象只是龙口的泳汶河。这条河发源于莱山，那是龙口境内最有名的山，秦始皇三次东巡都去祭过上面的月主祠，当时算是天下名山。莱山上直到现在还有月主祠的遗址。泳汶河流入渤海湾。"（张炜：《匆促的长旅——文学访谈录》，载《张炜文集》第37卷，作家出版社2014年11月出版，第148页。）

5月，《当代作家评论》第3期刊载房伟的《印象点击：〈你在高原·西郊〉》、选载吴义勤的《心灵与艺术的双重跨越——析张炜长篇新作〈你在高原·西郊〉》。

5月，浙江图书大厦《轨迹》介绍长篇小说《丑行或浪漫》。

5月，《当代文坛》第3期刊载王凤仙的《迷失与寻找——评张炜长篇小说〈能不忆蜀葵〉》。

5月，《文艺理论与批评》第3期刊载熊元义的《现存冲突与文学批判》，其中论及了长篇小说《柏慧》。

5月，《美与时代》第5期刊载李劲松的《20世纪90年代以来文学中怀旧情结》，其中论及了长篇小说《古船》《九月寓言》《柏慧》《家族》。

5月2日，《生活日报》刊载泰娟的《〈丑行或浪漫〉：一曲现代民间叙事诗》。

5月14日，《燕赵都市报》推出专版"驾驭命运的奔跑女神——张炜长篇新作《丑行或浪漫》轰动文坛"，刊载郝雨的《"出逃"和"寻找"》、刘晓蕾的《来自大地的声音》、云飞扬的《人性的叩问》。

5月22日，完成随笔《半岛的灵性——读张新颖有感》。张炜写道："谈到地域文化，人们常常说到'齐鲁文化'等等。其实齐和鲁是不一样的，起码是有很大区别。治古史的人都知道，齐在哪里，鲁又在哪里。鲁紧连中原，鲁文化是中国的正宗。齐是夷地，沿海地区，特别是齐征服兼收了东莱之后，齐的中心进一步东移，腹地在今天的胶东半岛上。我们常说的山东半岛，包括了胶东半岛。其实后者是半岛上的半岛，从历史上看是最偏远最开放最繁荣之地。战国时期、秦代，仅就物质和精神的花样上看，从其他地方到一次胶东，等于是从今天的第三世界到了一次曼哈顿。历史上的'百花齐放'之都、著名的稷下学派，就在齐国。当年的齐国是天下的文心。""齐与鲁的不同，在于多了一份岛国的灵性。"（张炜：《半岛的灵性——读张新颖有感》，载《张炜文集》第40卷，作家出版社2014年11月出版，第17页。）

同日，《青岛晚报》推介长篇小说《丑行或浪漫》。

5月23日，《报刊文摘》刊载《作家张炜提出——人要拥有大视野》，注明"选自5月16日《解放日报》"。

5月27日，完成随笔《最大的诱惑和传奇——关于〈曙光与暮色〉》。

同日，中共阳信县委《梨乡报》刊载张新颖的《〈丑行或浪漫〉方言之美》。

5月29日，完成诗歌《火药》。

6月，随笔《文学三极与一次性出版》在《书评周刊》2003年第2期发表，篇后注明"2002年7月13日在山东出版集团'出版论坛'的发言，虞静根据录音整理。已经作者本人审定"。张炜说："一般来说文学写作呈现出'三极'状态，这在较长时期内都是如此：一、社会问题写作，即一般的现实小说和纪实文学等；二、娱乐性写作，包括武侠言情、演义和侦探小说、副刊散文和智性小品等；三、诗性写作，即通常称为纯文学和高雅文学的那一类。"

6月，随笔《未来的文学》作为卷首语在《邹城文学》（季刊）2003年第2期发表。同期，刊载李梦瑶缩写的长篇小说《丑行或浪漫》故事梗概、廖志平等的《行驶与抵达——关于张炜长篇新著〈丑行或浪漫〉的对话》。

6月，随笔《中学生与文学》选载于《中学语文教与学》（中国人民大学复印报刊资料）2003年第6期，注明"原载《语文世界》（高中版）2003年第1期"。

6月，短篇小说《声音》被收入《超越时空的辉煌——20世纪中国小说精品鉴赏》，由山东教育出版社出版。

6月，短篇小说《一潭清水》被收入《语文大阅读》（初中卷2）、《怀念黑潭中的黑鱼》被收入《语文大阅读》（初中卷6），由广西师范大学出版社出版。

6月，完成随笔《经典小记二题》（后改题为《诗歌会消亡吗？》）。张炜在雨果《诗歌会消亡吗？》阅读札记中写道："这就是一个浪漫主义大师对于艺术、对于诗的本质理解。在他看来，如果说诗歌消亡了，那就等于说太阳不再从东方升起，母亲不再爱孩子，没有玫瑰花了，天空暗淡，人心死亡……是的，艺术的法则就是自然的法则。"他在《论语·荷蓧丈人》阅读札记中说："子路是真正理解孔子的好学生。他懂得'知其不可为而为之'的坚忍精神显示了更伟大的人格。古往今来，先当一个所谓的超脱者、一个隐士，再转而对奋斗者来几句冷嘲热讽，这不仅容易，而且还往往能博得他人的激赏。几千年后，我们就是一再地引用这位隐者的话，作为批判孔子的利器。其实文中的这位隐者，说白了不过是任何时代里都有的人物，他们聪明，但绝不会是第一流的人物。"（张炜：《诗歌会消亡吗？》，载《张炜文集》第39卷，作家出版社2014年11月出版，第317~318页。）

6月，《天中学刊》第3期刊载武新军的《内在焦虑的衍变——张炜小说论》。

6月，《山东作家》第2期刊载吴义勤的《难度·长度·限度——关于长篇小说文体问题的思考》。吴义勤指出：张承志的《心灵史》、张炜的《九月寓言》、史铁生的《务虚笔记》、韩少功的《马桥词典》等，"是把史诗追求落实在哲学品格和思想性、精神性上的作品"。

6月1日，《人民日报》刊载《张炜新作〈丑行或浪漫〉》。

6月2日，《青岛广播电视报》刊载《丑行或浪漫》故事梗概和推荐理由。

6月4日，《读书时报》刊载张炜、董彦的《奔跑女神的由来——关于〈丑行或浪漫〉的对话》。后又改题为《追逐奔跑的女神——关于〈丑行或浪漫〉的对话》，刊载于9月24日《太原日报》。

同日，《中国青年报》刊载王兆胜的《柔弱力量的歌者——读张炜的小说〈丑行或浪漫〉》。后又刊载于6月15日《滨州广播电视报》。

6月6日，《中国图书商报》刊载洪浩的《流浪或飞翔的传奇——读张炜长篇新著〈丑行或浪漫〉》（后又刊载于6月27日《金融时报》）、吴义勤的《向"葡萄园"情结真正告别》（评长篇小说《丑行或浪漫》）。

6月10日，随笔《作品与人的奇特》在《青岛晚报》发表。

同日，《生活新报》刊载雷达、陈晓明、陈思和等对《丑行或浪漫》的评论。

6月12日，《中国文化报》刊载南帆的《大地的血脉》，评介长篇小说《丑行或浪漫》。后又刊载于6月16日《珲春日报》、6月19日《社会科学报》、7月7日《福建日报》、《博览群书》2003年第10期。南帆指出："张炜的心目中，一边是大地，植物，常识，传统，血缘亲情；另一边是城市，人工制品，刁钻古怪的理论，莫名其妙的时尚，人与人的相互算计。现代社会的后果之一是，愈来愈多的人不可避免地投入后一个系统。但是，张炜执拗地把前者作为最终的归宿。从《古船》的隋抱朴开始，张炜的一个个主人公都扎根于大地，血脉相连——《丑行或浪漫》之中的刘蜜蜡是这个系列的最新一员。"

6月15日，《滨州师专报》刊载陈占敏的《刘蜜蜡能跑多远》。

6月16日，随笔《书是什么——序高维生散文集》在《珲春日报》发表。

6月20日，《世纪中国》刊载郑崇选的《逃寻与抵达》，评长篇小说《丑行或浪漫》。

6月21日，《中国书报刊博览》刊载严锋的《漂泊的精魂》，评长篇小说《丑行或浪漫》。后又刊载于7月24日《文汇报》、7月24日《羊城晚报》、7月31日《青岛晚报》、《中国图书评论》2003年第8期。

6月25日，随笔《自由地命名》在《健康时报》发表。

6月28日，《中国书报刊博览》刊载韩晓东对张炜的访谈《张炜直言恐惧囿于城市　寻根写作质疑工业文明》。

6月29日，《齐鲁晚报》推介随笔集《世界与你的角落》。

7月，随笔《读张清华的评论》《半岛的灵性——读张新颖有感》在《当代作家评论》2003年第4期发表。同期，刊载汪政的《印象点击：〈丑行或浪漫〉》。

7月，短篇小说《许蒂》在《上海文学》2003年第7期发表。

7月，散文随笔集《守望于风中》被列入"大视界"丛书，由上海三联书店出版。

7月，《湖南大学学报》（社会科学版）第4期刊载陈思和的《我看张炜的近作》、郑坚的《"慌"的道德美学与"慌"的文体——读张炜的近作》、

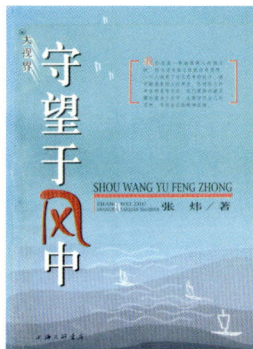

上海三联书店2003年7月版

李娜的《"野地"的重生——论张炜近年小说创作思想的演变》、张懿的《理想化形象和神经症自尊——〈外省书〉和〈能不忆蜀葵〉的两例心理学解读》、聂伟的《"民间"的"地气"断了之后——试论〈外省书〉与〈能不忆蜀葵〉的精神诉求》、〔韩〕徐闰祯的《〈能不忆蜀葵〉：现代知识分子的神话》、孙燕华的《你往何处去——〈能不忆蜀葵〉的两难处境》。文章均来自复旦大学陈思和教授组织的中文系博士研究生对张炜《外省书》和《能不忆蜀葵》的研讨。

7月，《文学评论》第4期刊载周海波的《论20世纪中国乡土文学的理性精神》。周海波指出，20世纪中国乡土文学的民间理性精神在不同时期呈现为多元化的特征，一是以鲁迅、沈从文为代表的乡土文化形态，这一形态的乡土文学坚持知识分子立场，沉入乡土民间的人生哲学，体现了其超越现实、超越乡土的价值意义；二是以赵树理、柳青为代表的乡土现实形态，意识形态化是其显著特征，表现为对乡土民间生活和人生哲学的无条件认同；三是以高晓声、贾平凹、张炜为代表的乡土反思形态，它在对所有范式怀疑基础上，对被修改过的民间理性进行批判和还原。近二十年来，经过政治批判理性、文化批判理性和审美批判理性三个阶段后，在更高层次上达到对民间理性的诗性整合。

7月，《黄河》第4期傅书华主持的"博士论坛"专栏，刊载陈离的《恶魔性：文学批评和研究的一个新维度》、咸立强的《性、生命与恶魔性因素》、郑坚的《文学的阐释方式及其有效性》、陈思和与周立民的《关于恶魔性因素的对话》，均论述了张炜、阎连科小说中的"恶魔性因素"。

7月，《江西社会科学》第7期刊载周龙的《沈从文、汪曾祺及张炜诗性意境通论》。周龙指出，中国现当代文学史上有一个若隐若现的"现代抒情小说"传统，从鲁迅的《故乡》《社戏》，到废名的《竹林的故事》、沈从文的《边城》及至萧红的《呼兰河传》等，都充满了浓郁的乡土气息和抒情特征。其中，沈从文将"现代抒情小说"中的牧歌情调发展到了极致。此后，真正承续和发扬诗性写作特征的应是汪曾祺和张炜。

7月2日，《太原日报》刊载张新颖的《从〈丑行或浪漫〉谈方言之美》。

7月7日，完成诗歌《第一次见菊芋花》。

7月11日，随笔《走入底层》在《解放日报》发表。

7月13日，《天府早报》刊载冯至诚的《张炜：大地上的长跑》，评长篇小说《丑行或浪漫》。

7月16日，《人民铁道》刊载燕霁人的《文学漫游的灯》，评长篇小说《丑行或浪漫》。

7月19日，《吉林日报》刊载林晓莉的《来自大地的灵感——有感于张炜的土地情结》。

7月24日，《青岛晚报》推介随笔集《世界与你的角落》。

7月29日，随笔《自然与人的意义》在《青岛晚报》发表。

8月，随笔《当代文学的精神走向》《想象的贫乏和个性的泯灭——对世纪末文学潮流的忧思》《自由：选择的权利，优雅的姿态》《我跋涉的莽野——我的文学与故地的关系》《焦虑的马拉松——对当代文学的一种描述》被收入《文学立场：当代作家海外、港台演讲录（1985～2002）》，由河北教育出版社出版。

8月，《淮北煤炭师范学院学报》（哲学社会科学版）第4期刊载武丽霞的《从土和水意象透视张炜的审美追求》。武丽霞指出："水——芦青河、土——葡萄园和人是三位一体、物我交融的，张炜是在以上述两组意象为主的大自然具象的感悟、吟哦和描述中以审美移情的方式寻找和对应心灵情感和理想追求的，并由此而进入物我一体、你我两忘之境。"

8月，《株洲师范高等专科学校学报》第4期刊载郑坚的《消费时代的欲望游荡和人性挣扎——世纪初小说的精神维度一瞥》，其中论及了长篇小说《能不忆蜀葵》。

8月2日，《生活日报》刊载王洪夫的《首届全国环境文学优秀作品奖颁奖——作家张炜获小说类奖》，介绍由中国作协、国家环保局联合颁发的首届全国环境文学优秀作品奖情况。张炜的获奖作品为短篇小说《鱼的故事》。

8月8日，《烟台日报》刊载孙美玉的《单枪匹马的勇士》，评长篇小说《丑行或浪漫》中的刘蜜蜡。后又刊载于10月6日《城市信报》。

8月8～10日，在烟台参加山东出版集团主办的第二届出版专家咨询委员会会议并发言。发言后修订整理为《精神的背景——消费时代的写作和出版》。张炜说："从某种意义上讲，文学是商品时代的敌人。但商品时代作为一个大背景，又是文学的母体和悲凉的恩师。正是因为它，一种物质和欲望筑成的不可穿凿的壁垒，才使精神和文学有了另一种可能性：一次彻底的决绝。""从文学和精神的历史上看，所有真正意义上的独行者，都是尽可能地把一个时期芜杂的精神现象作为背景意义来对待，而不是急欲化进这一背景、融进这一背景。""作家和思想者——这里指真正意义上的精神的个体，一定是站在背景前面的个人。"（张炜：《精神的背景——消费时代的写作和出版》，载《张炜文集》第35卷，作家出版社2014年11月出版，第321～322页。）

8月13日，《诗二首》（《有一种奇怪的液体》《块根》）在《解放日报》发表。
同日，《中华读书报》刊载孙郁的《写给谁的书》，其中谈及了长篇小说

《你在高原·西郊》。

8月18日，《中国妇女报》刊载陈占敏的《跑来跑去的人——读张炜新作〈丑行或浪漫〉》。

8月26日，随笔《背叛是一种时髦》在《青岛晚报》发表。

同日，《羊城晚报》刊载陈占敏的《丑行或浪漫，逃离或追赶》。后又刊载于10月22日《中华读书报》。

8月27日，《中华读书报》刊载孟繁华的《世纪初长篇小说中知识分子的出走现象》，其中论及了长篇小说《能不忆蜀葵》。

同日，完成随笔《面对全部的欣悦和痛苦——序〈非常初三〉》。

9月，《欧洲组诗》在《扬子江诗刊》2003年第5期发表，包括《里尔里尔——记第一次世界公民大会》《风车——荷兰小记》《从里尔到巴黎——一路风景及人物志》《粉细的雨——里昂小记》《高地丽城——卢森堡》《科隆—波恩—特里尔》《东部乡野——去莱斯酒城》。

9月，随笔《十一家小札》被收入《寻找另一种声音——我读外国文学》，由外国文学出版社出版。

9月，长篇小说《九月寓言》被列入"新经典文库"，由春风文艺出版社出版。

9月，邱勋为短篇小说集《他的琴》所作序言《张炜的河》被收入邱勋作品集《五味杂俎》，由明天出版社出版。

9月，唐金海、周斌主编《20世纪中国文学通史》由东方出版中心出版。该书在小说部分论述了张炜的小说创作及长篇小说《九月寓言》："张炜的作品往往取材于他所熟悉的乡土生活，山东大地特有的灵性与文化积淀给了他无穷的灵感。早期的创作主要描绘田园之美，风格清新自然，充满诗意和乡愁；进入80年代以后，作者将注意力集中到现实中的农村改革，在此基础上对人性与工业文明进行了深入思考，强烈的社会责任感和博大的人道主义情怀使他的作品获得了更为丰厚的内涵。自《九月寓言》始，张炜对于民间立场的坚持逐步明晰，并对处于文明转折之中的传统文化和人类前途表达了深切的关注。"

9月，《延边大学学报》（社会科学版）第3期刊载佟文娟的《传统价值取向与现代精神拯救——谈张炜的"归来"及其意义》。

9月，《萍乡高等专科学校学报》第3期刊载朱丽萍的《不是寓言——〈古船〉〈九月寓言〉中关于生存的苦难》。

9月，《书评》第5期刊载房留祥的《烧灼的文字》，评介长篇小说《丑行或浪漫》。后又刊载于9月4日《中国新闻出版报》，署名云飞扬。

9月，山东出版集团《山东出版集团专家咨询委员会工作情况简报》第5期刊载山东出版集团第二届专家咨询委员会会议情况，其中有张炜的发言《文学的背景——消费时代的写作和出版》。

9月，《当代作家评论》第5期刊载王蒙、郜元宝的《谈谈我们时代的文学》，其中论及了张炜及其文学创作。

9月，《安庆师范学院学报》（社会科学版）第5期刊载江飞的《背负苦难的奔跑：张炜〈丑行或浪漫〉解读》。江飞指出："《丑行或浪漫》理所当然地具备了一部经典小说所应具备的一系列因素：宏大的叙事，饱含个体的生命体验，震撼人心的道德伦理，昭示当代甚至之后的民众精神，当然还有诗意盎然的语言，以及存在多种解读可能的形象群落和内在意蕴。"

9月，《山东画报》第9期刊载《群英荟萃　高朋满座——山东出版集团第二届专家咨询委员会会议剪影》。其中有张炜照片。

9月6日，随笔《那片无边的松林》在《济南时报》发表。

9月13日，在济南参加由山东天辉齐文化艺术研究中心主办的蒲松龄著作维权会并发言。

9月19日，随笔《永远的鲁迅》在《北京青年报》发表。

9月23日，《珲春日报》刊载高维生的《触摸文学的全部梦想》，评长篇小说《丑行或浪漫》。后又刊载于9月25日《长江日报》、9月27日《中国书报刊博览》、10月22日《中华读书报》、11月5日《读书时报》、12月29日《江淮晨报》、湖北电视台主办《电视时代》2003年第12期。《珲春日报》《长江日报》《读书时报》署名高维达。《中国书报刊博览》改题为《民间的雅歌》。还刊载于《滨州广播电视报》2003年第37期，署名维达。

9月25日，《青岛晚报》刊载高伟的《让文字喷出火焰——感悟张炜》。

9月27日，《青岛晚报》刊载王衍芬、高伟的《跨越七十年的心灵之约——四位作家青岛文化名人旧居纪行》，其中记述了张炜在青岛的活动。

9月28日，《春城晚报》刊载周立民的《寻找丰沛的民间世界》，评长篇小说《丑行或浪漫》。

9月29日，在龙口参加万松浦书院开坛仪式并致辞。同时，举行书院与有关高校合作成立的研究中心和研究所挂牌仪式，分别是山东大学艺术批评研究所、复旦大学世界华人文化研究中心、上海大学当代文化研究中心、烟台师范学院现当代文学研究所、齐鲁文化研究中心。

9月30日，《大众日报》刊载逄春阶的《万松浦书院在龙口落成》。

同日，《齐鲁晚报》刊载逄春阶的《我国首座现代书院在龙口落成——作家张炜任院长》。

同日，《龙口日报》刊载蓓蕾、志广的《我国首座现代书院——万松浦书院开坛》。

10月，随笔《文学的现代性——在山东大学的演讲》在《作家》2003年第

在开坛仪式上讲话

10期发表，篇末注明"本文为2002年3月在山东大学的演讲，洪夫整理"。

10月，散文随笔《校园忆》《北国的安逸》《我的写作工具》被收入《自由呼吸：北京青年报〈专栏作家〉精品集》，由台海出版社出版。

10月，中短篇小说集《庄周的逃亡》被列入"20世纪作家文库"，由江苏文艺出版社出版。

10月，小说集《走向诺贝尔·张炜卷》被列入"文化部财政部·送书下乡工程·2003年度"，由文化艺术出版社再版。

江苏文艺出版社2003年10月版

10月1日，在万松浦书院参加现代书院与当代文化研讨会并发言。发言后修订整理为《从国际艺术村谈起》。

10月3日，在万松浦书院参加万松浦书院讨论会并发言。发言后修订整理为《书院的思与在》。

10月5日，接受《深圳晚报》记者刘晓文采访。访谈《在昨与今的滔滔汇流之中——著名作家张炜访谈》刊载于10月19日《深圳晚报》，后修订定题为《在滔滔汇流之中——答〈深圳晚报〉》。

10月7日，在万松浦书院参加书院立场与边缘声音笔会及研讨会并发言。

10月10日，在万松浦书院参加应试教育讨论会并发言。发言后修订整理为《课堂：文学的盛宴》。

10月10～20日，在万松浦书院接待吉林省文联主席、作协主席、著名作家张笑天为团长的吉林省作家代表团。

10月17日，随笔《从上游流过来的现实》在《北京青年报》发表。

10月22日，《中华读书报》刊载一组关于长篇小说《丑行或浪漫》的评论文章，包括林为进的《寓丰富于单纯》、王一川的《换性别叩问及其张力》、李洁非的《逃离野蛮》（后又刊载于11月14日《河北日报》、《滨州广播电视报》2003年第46期）、洪治刚的《历史与人性的双重审视》、高维生的《触摸文学的全部梦想》、陈占敏的《刘蜜蜡能跑多远》和《逃离与追赶——读张炜新作〈丑行或浪漫〉》。

11月，随笔《文学三极和一次性出版》在《钟山》2003年第6期刊载。

11月，随笔《有一类作品我不喜欢》在《山西文学》2003年第11期发表。

11月，短篇小说《父亲的海》《烧花生》在《上海文学》2003年第11期发表。同期，刊载王光东、隋萍萍、武春野、刘子杰的《丰富的纯真——关于张炜近期短篇小说创作的一次谈话》（王光东主持）。

11月，长篇小说《丑行或浪漫》繁体字版由台湾印刻出版有限公司出版。

11月，长篇小说《丑行或浪漫》获2003年"中国最美的书"奖。

11月，《阜阳师范学院学报》（社会科学版）第6期刊载孙海涛的《家园的守望与咏叹——析张炜〈九月寓言〉的精神旨向》。

11月，《河南商业高等专科学校学报》第6期刊载毛高杰的《回望的妥协——从〈古船〉到〈怀念与追记〉》。

11月，《理论与创作》第6期刊载彭在钦、杨经建的《世纪之交的中国乡土小说创作》，其中论及了长篇小说《九月寓言》。

11月，《河北社会科学》第11期刊载张柱林的《母亲的放逐、重构和复归——当代文化和小说中的自然》，其中论及了长篇小说《九月寓言》。

11月9日，《济南时报》刊载孟繁华的《历史是一个女人的身体》，评长篇小说《丑行或浪漫》。

11月10~11日，在济南参加全省青年作家创作座谈会并发言。发言后修订整理为《勤奋与敬畏》。

11月12日，散文《上山下乡》在《今晚报》发表。

同日，完成散文《美丽的万松浦》。

同日，《太原日报》刊载陈占敏缩写的《丑行或浪漫》故事梗概。

11月13日，完成诗歌《白色》。

11月14日，完成诗歌《关于花的约定》《怀念黑松林》《失望》《眼睛》。

11月21日，《河北日报》刊载李世琦的《杰作的标高——我读〈丑行或浪漫〉》。

11月21日、28日，12月5日，《龙口日报》分别刊载王亮的《走进万松浦书院（上）——海边林中　别有洞天》《走进万松浦书院（中）——贯古通今　面向未来》《走进万松浦书院（下）——作家　学者　别样情怀》。

11月23日，完成诗歌《回忆太鲁阁》。

11月26日，在济南参加山东省档案馆名人档案库建立暨张炜手稿捐赠仪式并发言。张炜向山东省档案馆捐赠和寄存4000余件手稿、著作版本等资料，建立"名人档案室·张炜"。张炜发言全文刊载在《山东档案》2003年第6期，后修订整理为《我和档案馆》。

张炜在发言中深情回忆了他在省档案局的工作生活，并谈了对档案的认识："档案的确具有伟大的见证力，它有时候是唯一能够穿越时空的出场者，是历史、是生命的刻记。当我打开一册尘封的历史档案，看到只有在传说中才活着的人物留下的真实笔迹，简直是又好奇又兴奋，还多少有点慌张。这一切就像梦境一样。其实档案就是让梦想复活，让历史发声，让现实变得更加真实，让浪漫主义找到自己想象的归宿。"（张炜：《我和档案馆》，载《张炜文集》第37卷，作家出版社2014年11月出版，第135页。）

同日，被CCTV感动中国之感动烟台2003年度人物评选活动组委会聘为评委会委员。

11月27日，《济南时报》刊载钱欢青的访谈《张炜：巴金是我心中的文学星斗》。

11月28日，随笔《我和档案馆》在《齐鲁晚报》发表。

同日，《济南时报》刊载王延辉的《为了尊严——万松浦书院归来怀想》。后又刊载于12月17日《文汇报》，题为《万松浦书院归来》。

12月，随笔《我跋涉的莽野——我的文学与故地的关系》被收入《新时期中国散文精选（1978～2003）》，由花城出版社出版。

12月，长篇小说《远河远山》（节选）被收入《心灵的日出——青年心智生活读本》（1），由商务印书馆出版。

12月，长篇小说《能不忆蜀葵》繁体字版由台湾麦田出版公司出版。

12月，《张炜王光东对话录》被列入"新人文对话录丛书"，由苏州大学出版社出版。张炜与王光东纵论"知识分子与当代""作家应是怎样的人""自然、女性的意义""思潮、现代与传统""文化、文学与个性"，指出："知识分子的独立思考精神比什么都重要。只要有了这种精神，他就有了自己的声音。但这种声音通常并不等于谩骂，更不等于溢美之词。真正的知识分子要谈问题

苏州大学出版社2003年12月版

必有强大的根据，这种根据可能是数字，也可能是其他。当然，最重要的根据只能是人的良知。"

12月，张炯主编《中华文学发展史》（上、中、下）由长江文艺出版社出版。该书"近世史"卷在"当代乡土小说"中论述了"张炜与齐鲁乡土小说家"，指出："作家还采用了古船、城墙、算账等多种象征，给作品的主要人

物皴染上不同趋向的道家文化色彩，丰富了作品的文化内涵和艺术表现力。"

12月，《上海文学》第12期刊载张新颖的《行将失传的方言和它的世界——从这个角度看〈丑行或浪漫〉》。

12月，《传记文学》第12期刊载夏榆的访谈《张炜：忧愤与归途》。

12月3日，《生活报》刊载讴阳北方的《精神废墟上的人性之光》，评长篇小说《丑行或浪漫》。

12月4日，完成随笔《一颗童心画吉祥》（记一位画家）。

12月8日，《中国档案报》刊载蒙青礼、洪升的《山东省馆建立名人档案库　著名作家张炜捐赠作品手稿》。

12月10日，《中华读书报》刊载王琨的《济南：齐鲁名人档案库成立　作家张炜捐献手稿》。

12月14日，完成丁圣光散文集序《回忆的芬芳》。

12月23日，在济南参加中国作协儿童文学委员会、山东省作协儿童文学委员会、明天出版社联合召开的邱勋文学创作50年座谈会并发言。

12月26日，《新京报》刊载《非虚构激情与畅销的想象》，推介2003年的小说。其中有长篇小说《丑行或浪漫》。

本年，随笔《散文与作文》作为卷首语在《当代散文》2003年第1期发表。此刊为山东省散文学会会刊，未标明出版时间。

本年，散文《盼雪》在《散文世界》2003年第1期（创刊号）发表。此刊由中国散文学会、菏泽市散文学会主办，未标明创刊时间。

本年，长篇小说《你在高原·西郊》在《大连日报》连载。

本年，长篇小说《丑行或浪漫》获中国书刊协会年度畅销书奖。

2004

1月、2月，短篇小说《父亲的海》分别选载于《中华文学选刊》2004年第1期、《新华文摘》2004年第2期，篇末均注明"选自《上海文学》2003年第11期"。

1月，随笔《文学的现代性——在山东大学的演讲》在《时代文学》2004年第1期发表。

同期，刊载杨春忠、石兴泽的《乌托邦理想与浪漫主义》，石兴泽、杨春忠的《转型时期中国浪漫主义文学的流变》，均论及了张炜的人文思想和人文精神。

1月，随笔《真诚的回报》（编者根据《我和档案馆》改此题）在《中国档案》2004年第1期发表。

同期，刊载《齐鲁名人的风采在这里展现——山东省档案馆建立名人档案库》，其中介绍了张炜向省档案馆捐赠著作手稿情况。

1月，诗歌《三诗人》被收入《中国新诗白皮书（1999～2002）》，由昆仑出版社出版。

1月，随笔《冬夜笔记》（节选）被收入《2003中国最佳随笔》，由辽宁人民出版社出版。

1月，随笔《文学的现代性——在山东大学的演讲》被收入《名家推荐2003年最具阅读价值演讲谈话》，由上海社会科学院出版社出版。

1月，李赣、熊家良、蒋淑娴主编《中国当代文学史》由科学出版社出版。该书将长篇小说《古船》列入"改革小说"论述。

1月，孟繁华、程光炜著《中国当代文学发展史》由人民文学出版社出版。该书在论及张炜及其《九月寓言》时指出："他早期的著作偏于朦胧的乡村记忆，和两性之间的柔情。从《古船》开始，转入对历史文化深厚沉郁的思索，其作品具有了某种精神思辨的倾向。90年代以来，他固守知识分子的价值立场，坚持纯文学创作，提出了一些反抗世俗和物化文化的主张。""在《九月寓言》中，作者所叙述的是乡村表面的人物和场景，但他的思想早已飞越出作品文本，而进入他个人更广大的精神世界当中。作者这种'思想'大于'文本'的小说叙述方式，在同龄作家中是比较少见的，所以一般评论者认为，他的小说氛围厚重，视野开阔，有思想者的气度和胸襟。但这类作品，有时候阅读起来，也让人产生某种疲惫之感，在叙述节奏上显得拖沓。尤其是大量哲学、社会学著作的引用，一定程度上损害了小说本身的叙述特色，对作品有一种游离的迹象。"

1月，《山东文学》第1期推出"当代名家的学院派批评·张炜卷"，刊载戴明朝的《叙述作为一种意识形态》，李波、郭玉华的《跋涉：思想的过程》，评张炜的文学创作。

1月，《当代作家评论》第1期刊载郜元宝的《二十二今人志》，其中以"张炜：民粹主义者的批判及其困境"为题论述了张炜及其创作。

1月，《当代文坛》第1期刊载唐长华、陈红兵的《试论张炜小说的两个精神向度——从〈外省书〉〈能不忆蜀葵〉谈起》。

同期，刊载张晓平、姜向东的《生命活力的寻找——新时期小说主题研究之一》，其中论及了长篇小说《九月寓言》。

1月，《小说评论》第1期刊载王春林的《走向个性　走向成熟——2003年长篇小说印象》，其中评述了长篇小说《丑行或浪漫》《你在高原·西郊》。

1月，《徐州师范大学学报》（哲学社会科学版）第1期刊载张卫中的《张炜小说中的道家精神》。张卫中指出："在新时期文坛上，张炜与汪曾祺、阿城、贾平凹等作家相似，都较多地受到了道家思想的影响，而张炜的特殊之处在于其作品的道家意蕴显示了较隐蔽的特点。即他的作品从表面上看道家精神并不十分明晰，但如果抓住张炜审视生活的思路作一个反向的探索，可以发现，越是往深处追溯越能看到他与道家思想的相通之处。其特殊性就在于，他的心理结构中积蕴了丰厚的道家精神，而这一点对他的创作产生了决定性的影响。"

　　1月，《山东青年管理干部学院学报》第1期刊载刘进军的《乡村的都市——90年代山东都市小说概论》，其中论及了长篇小说《外省书》《能不忆蜀葵》。

　　1月，《克山师专学报》第1期刊载张海志的《暮年的情怀——试论〈外省书〉和〈古船〉中的老人形象》。

　　1月1日，随笔《大言即是大写的人的语言》在上海社会科学院《社会科学报》发表。

　　1月4日，散文《泉水、钟楼和山》在《深圳晚报》发表。

　　1月5日，《昆明日报》刊载讴阳北方的《现代精神废墟上的一束人性之光——解读〈丑行或浪漫〉》。

　　1月6日，《山西日报》刊载王春林的《走向个性　走向成熟——2003年长篇小说印象》，其中论及了长篇小说《丑行或浪漫》《你在高原·西郊》。

　　1月7日，《中华读书报》刊载舒晋瑜的《九位作家这样走过2003》，其中以"张炜：沉默在胶东半岛"为题进行了介绍。

　　1月14日，随笔《男性作家中的女性——〈冬夜随笔〉之一》在《解放日报》发表。

1月19日，《淄博晚报》刊载郝永勃的《寻找榜样的力量》（记张炜）。同时，刊载张炜作品手迹和主要著作目录。

1月28日，台湾《中国时报》刊载蔡振丰的《艺术家的屈辱与应对之道》，评长篇小说《能不忆蜀葵》。

2月，诗歌《张炜短诗六首》、创作谈《诗是我的最爱》在《诗刊》2月号上半月刊发表。短诗为《从小于连到皇宫——布鲁塞尔街头》《当我腰疼的时候》《俺》《粉细的雨——里昂小记》《来龙口的火车》《暮年颂》。

2月，随笔《冬夜笔记》在《海燕·都市美文》2004年第2期发表。

2月，散文《筑万松浦记》被收入《2003年中国散文精选》，由长江文艺出版社出版。

2月，随笔《冬夜笔记》（节选）被收入《2003年文学精品·散文卷》，由人民文学出版社出版。

2月，短篇小说《父亲的海》被收入《2003中国最佳短篇小说》，由辽宁人民出版社出版。

2月，短篇小说《许蒂》被收入《2003中国短篇小说经典》，由山东文艺出版社出版。

2月，张新颖的《行将失传的方言和它的世界——从这个角度看〈丑行或浪漫〉》被收入"21世纪中国文学大系"《2003年文学批评》，由春风文艺出版社出版。

2月，李平、陈林群著《20世纪中国文学》由上海三联书店出版。该书将《秋天的愤怒》列入"改革文学"、将《古船》列入"寻根文学"论述。

2月，《常州师范专科学校学报》第1期刊载杨俊国的《寻根与无根的困境——重读张炜的〈九月寓言〉》。杨俊国指出："张炜说，《九月寓言》这本书花了五年时间。写完之后，'觉得自己身上被挖掉了一块，而且很难补上了'。它是那样的朴素、浑厚，元气淋漓。十年过后重读，仍能直达人的心灵，仍能感觉到扑面而来的山野的风。十年时间，许多追赶时风、热火一时的作品，如今早被遗忘，而《九月寓言》经住了时间的考验。文本中的追忆、憧憬、忧虑、困惑，非但没有过时，反而在当下的境况中更加耐人寻味。"

2月，《语文建设》第2期刊载桑哲的《文学，使人类避免自毁的命运——访山东省作协主席、著名作家张炜》。张炜指出："广义的文学可分为两类：一种是纯粹意义上的高雅的艺术，另一种是流行的通俗读物，武侠小说就属于第二类，有些类似于评书、相声什么的。把武侠小说与纯粹的文学拿到一起，其可比性很小。好的武侠小说同样是好的，不能说是糟粕。问题是武侠小说的本质是对一些丑陋东西的颂扬。所谓的'侠客'，即是稍稍经过伪装的流氓，是流氓的一个变种，一个流派。这一点必须界定。""科学容易走向技术主义，容易与商业社会结合，其一望而知的实用性弄不好就会把人类的前途毁掉。科学是把双刃剑，可以造福于人类，也可以毁灭人类。只有人文精神可以用来平衡一个倾斜的世界，使人类避免自毁的命运。""文学不能进步，而科学能。……作家的相互影响是有的，今天的作家受昨天的作家影响，并且要多多少少有所继承，这也是事实。但就文学的总体来看，基本上还是没有多少进步性和连续性可言。我们没有发现今天抒写月亮的诗章中，有多少超过了当年的李白。在写月亮这个问题上，没有进步。即便是最新的、最先进的世界观，也帮助不了后来的作家去超越前一个世纪的作家。在面对灿烂的先秦文学时，被各种所谓的现代思想武装到牙齿的新锐们，也只能望洋兴叹。"

2月，《中国出版》第2期刊载谢刚的《来自大地的声音——〈丑行或浪漫〉评介》。

2月5日，随笔《感动的心灵——〈冬夜随笔〉之二》在《解放日报》发表。

2月7日、21日、28日、3月6日，随笔《匆促的长旅——张炜谈创作》（1~4）分别在《大连日报》发表。

2月8日，随笔《乡土之诗——序〈灼热乡情〉》（厉彦林诗集《灼热乡情》，明天出版社2003年出版）在《人民日报》发表。

2月22日，在万松浦书院完成中篇小说《风姿绰约的年代》（长篇小说《家族》的《缀章》）。

3月，完成随笔《"乖孩子"及其作品》。张炜说："一谈到'新锐'和'反叛'，人们都要想到某一类作者，虽然这其中笔调文风各有不同，但还是有许多共同拥有的某些东西。他们热衷于写性、欲望与色情、城市与酒吧等。……他们的创作给当代文学注入了新的活力，提供了新的认识价值，但其中一些重大的难以回避的缺憾却不能忽视。我们通过分析他们的作品和言论，至少可以发现其中的三个共同的特质：一、无根和模仿。……二、肤浅和陈旧。……三、顺从和依附。"（张炜：《"乖孩子"及其作品》，载《张炜文集》第39卷，作家出版社2014年11月出版，第321~322页。）

3月，《殷都学刊》第1期刊载张中锋、孙世军的《张炜创作中的托尔斯泰"痕迹"》，从贵族意识、忏悔意识、平民化思想、宗法制田园生活、道德理想主义、自然神论等方面进行了论述。

3月，《齐鲁学刊》第2期刊载薛忠文的《"新历史小说"历史观刍议》，其中论及了长篇小说《古船》。

3月，《内蒙古师范大学学报》（哲学社会科学版）第2期刊载刘绪才的《论张炜小说的民粹主义倾向》。

3月，《山花》第3期刊载吴炫的《穿越当代"经典"——〈心灵史〉和〈九月寓言〉局限述评》。

3月1日，《新京报》《南方都市报》分别刊载刘炜茗、廖文芳的《华语文学传媒大奖"年度小说家"提名名单》，张炜因长篇小说《丑行或浪漫》《你在高原·西郊》名列其中。

3月5日，散文《美丽的万松浦》在《羊城晚报》发表。

3月7日，在济南参加中国小说学会主办、齐鲁晚报社承办的2003年度中国小说排行榜评定会和新闻发布会。《丑行或浪漫》进入长篇小说排行榜。

3月8日，《大众日报》刊载郝东智的《2003年度中国小说排行榜在济发布》。

同日，《齐鲁晚报》刊载孟猛的《中国小说学会主办、齐鲁晚报承办2003年度中国小说排行榜揭晓》。

3月11日，完成随笔《一个激越不安的灵魂》，记述20世纪80年代末第一次见到巴金、90年代初第二次见到巴金和其后在医院里见到巴金的经过。张炜说："巴老作为一个杰出的文学家，给我诸多启示。我想，一个作家的善良和勤奋不仅是一种道德，而且直接就是——一种才华。"（张炜：《一个激越不安的灵魂》，载《张炜文集》第40卷，作家出版社2014年11月出版，第20页。）

3月17～29日，应法国文化部邀请，随中国作家代表团赴法国参加中法文化年2004图书沙龙中国主宾国活动。法国总统希拉克及文化部官员接见了中国作家代表团全体成员。其间，在法国国际会展中心中国厅及孔子厅分别做了三场演讲：《鲁迅与中国当代文学》《齐鲁文化与山东作家》《创作漫谈》。活动周结束后，接受马赛大学邀请赴法国南部马赛大学讲学一周，并游览普罗旺斯地区。

3月19日，完成随笔《再思鲁迅》。

4月，散文《筑万松浦记》被收入《每条鱼都在乎：2003年笔会精粹》，由文汇出版社出版。

4月，散文《人生麦茬地》被收入《中华散文百人百篇》，由人民文学出版社出版。

4月，随笔《半岛的灵性——读张新颖有感》《读张清华的评论》被收入《中国当代作家面面观——灵魂与灵魂的对话》，由浙江文艺出版社出版。

4月，将有关文学访谈辑录整理为《作家的不同房间》。后收入2014年11月作家出版社出版的《张炜文集》第38卷。

4月，《出版史料》第2期刊载何启治的《是是非非说"寓言"——张炜著〈九月寓言〉缘何与〈当代〉失之交臂？》，详细介绍了《九月寓言》的写作过程、组稿经过和最终被《当代》主编秦兆阳"枪毙"，以及自己因此被迫离开当代杂志社的往事。其中写道："《九月寓言》，是张炜继获得广泛好评的长篇小说处女作《古船》之后的第二部长篇小说。此作从1987年11月起笔，到1992年1月改定，历时五个年头。五年里，为完成这部重要的作品，张炜绝大部分时间是躲在山东龙口市郊区一个朋友待拆的小平房里。那是远离城市尘嚣的地方。小平房里不但没有电视，连一部收音机也常常成了没用的摆设。在这里和他朝夕相守的是已届七十六岁的老母亲，每天在无雨的黄昏还会有四五个追随他学习写作的年轻人伴他作十里路的散步——走出小平房往西，不远就是无边的田野和林子。""在抱朴守静中，张炜一笔一画地在格子纸里，写成了32万字的一稿，又压缩到29万字的二稿，第三稿已压缩到26万字，正式发表之前，又下决心在八章30节的稿子中抽调《忆苦》（二）这一章，最终成为包括《夜色茫茫》《黑煎饼》《少白头》《忆苦》《心智》《首领之家》和《恋

在法国依传夫岛

在法国普罗旺斯毕加索城堡

村》共七章25节只有23万字的定稿。……可见，为了使《九月寓言》成为精致的可以传世的佳作，张炜下了多大的功夫。"

4月，《滨州广播电视报》第13期刊载维达的《一次灿烂辉煌的书写》，综述评论家们对长篇小说《丑行或浪漫》的评论。

4月4日，在济南主持召开山东省作协五届五次主席团会议。

4月5~6日，在济南参加山东省作家协会工作会议，就文学创作问题阐述意见。

4月7日，山东省人民政府下发关于授予崔大庸等100名同志山东省有突出贡献的中青年专家荣誉称号的通报（鲁政字［2004］271号），张炜为其中之一。

4月9日，完成随笔《从沙龙到小屋》。后发表于4月18日《文汇报》、《滨州广播电视报》2004年第32期。

4月10日，《文艺报》刊载邓楠的《当前文学中的历史观问题》，其中论及了长篇小说《古船》。

4月17日，在济南完成"大河小说"《你在高原》之一《家族·缀章》部分的改写。

5月，随笔《〈暗示〉阅读笔记》（读韩少功《暗示》）在《当代作家评论》2004年第3期发表。后修订定题为《智慧的快意》。

5月，随笔《匆促的长旅》在《青年文学》2004年第5期发表，篇末注明"本文为2003年5月答周立民先生问"。

5月，中篇小说《我和女医师》在《长城》2004年第3期发表。

5月，散文《筑万松浦记》被收入《中国散文最新读本》，由山东文艺出版社出版。

5月，短篇小说《父亲的海》《烧花生》被收入《月月小说》（第1卷），由广西师范大学出版社出版。该书同时收入王光东等的《丰富的纯真——关于张炜近期短篇小说创作的一次谈话》。

5月，"大河小说"《你在高原》之五《怀念与追记》（后改名为《忆阿雅》）由花城出版社出版。

花城出版社2004年5月版

5月，长篇小说《柏慧》由中国社会出版社出版。

5月，完成随笔《方言与转译》。张炜写道："好的作家应该对语言本身极其敏感。""用地方语言，绝不是排斥普通话，而是要激活普通话中的诗性因素。失去了普通话的框架（语法和句式等），就没法进行、没法完成从甲地到乙地的有效交流。这之间有个'度'的掌握，靠心细的写作者在具体的语境中平衡。只要是在一个相当阅读范围的人可以意会或领会的方言，并且这方言又极有穿透力极生动极有生命活力（往往如此），那就要大胆使用。是否好的、原生性极强的文学语言，关键不是看用了多少'方言'，而是要看整体上是否被这种生气勃勃的语言所统领，是否洋溢着它的精神。"（张炜：《方言与转译》，载《张炜文集》第39卷，作家出版社2014年11月出版，第319～320页。）

5月，王光东著《朴素之约》由山东文艺出版社出版。其中的《民间文化形态与80年代小说》《民间与启蒙——关于90年代民间争鸣问题的思考》《民间的当代意义——重读张炜的〈九月寓言〉》，均论及或专论了张炜的文学创作。

5月，王爱松著《当代作家的文化立场与叙事艺术》由南京大学出版社出版。该书以"张炜：秋天的愤怒与思索"为题进行了专章论述。著者从张炜的早期小说创作谈起，指出张炜作为一个"积累型"作家，小说创作经历了

1983～1984年以《一潭清水》《秋天的思索》《秋天的愤怒》等为代表的第一个高峰期，1986年以发表长篇小说《古船》为标志的第二个高峰期，进入20世纪90年代以《家族》《九月寓言》为代表的第三个高峰期。王爱松认为："迄今为止，张炜的小说创作虽然有一些些微的变化，但其基本的主题形态、审美追求和价值立场却没有变。自《秋天的思索》和《秋天的愤怒》的创作以来，他纠结于苦难与自由、洁净与污浊、背叛与宽容等等主题形态，采用浪漫主义的主观抒情手法，表现出了对一种以回归自然和内心生活为特征的伦理化、道德化的生存形态的迷恋和向往。"该书还论述了张炜小说"典型的独白型的艺术"特点。

5月，《江苏社会科学》第3期刊载何言宏的《20世纪90年代以来中国小说的民间话语》，其中论及了长篇小说《九月寓言》《家族》《我的田园》《远河远山》。

5月，《潍坊学院学报》第3期刊载俞春玲的《荆棘中的行走——张炜笔下的"孤独者"及"反现代性"》。后又刊载于《贵州师范大学学报》（社会科学版）2004年第3期，题为《荆棘中的行走——张炜笔下的孤独者与现代性》。

5月，《山东教育学院学报》第3期刊载宋桂花的《"妻妾成群"的建构与解构——评张炜五部长篇小说的两性叙事模式》，论述了《古船》《家族》《外省书》《能不忆蜀葵》《丑行或浪漫》中男主人公与女性的关系。

5月，《当代文坛》第3期刊载储双月的《家族历史叙事探索》，其中论及了长篇小说《古船》《家族》。

5月12日，《中华读书报》刊载崔雪芹的《作家亲历图书市场升温》，其中以"写作者是幸福的"为题记述了对张炜的专访。

5月13日，《人民日报》刊载徐怀谦的《文学是生命中的闪电——访作家张炜》，罗雪村配图。后又刊载于5月18日《山东青年报》。

5月15日，《齐鲁晚报》刊载《我选择，我向往——著名作家张炜新著节选：〈山屋〉〈三线老屋〉〈老农舍〉》。

5月26日，完成散文《穿行于夜色的松林》。后发表于《天涯》2004年第6期。

同日，接受《中国城乡建设》杂志昊昱专访，谈对当今城市规划与建设的忧虑。专访《张炜的忧虑》刊载于《中国城乡建设》2004年第6期。后修订改题为《城市与现代疾患——答〈中国城乡建设〉》。

6月，随笔《勤奋与敬畏——与青年作家一席谈》在《山东作家》2004年第1、2期合刊发表。此文根据张炜2003年11月11日在全省青年作家座谈会上的讲话整理而成。

6月，吕家乡与宋遂良的《谈〈秋天的思索〉》被收入吕家乡论文集《品与思》，由中国戏剧出版社出版。此文写于1985年2月。

6月，《新余高专学报》第3期刊载江腊生的《试论〈古船〉的性意识》。

6月，《西南民族大学学报》（人文社科版）第6期刊载李莉的《论张炜长篇小说的"家族"化写作》。

6月8日，完成系列散文《万松浦纪事》。

6月11日，在万松浦书院参加"简朴生活书系"研讨会并发言。发言后修订整理为《谈简朴生活》。

6月16～27日，完成随笔《仅有一个旅途——答〈文汇读书周报〉》。

6月18日，完成系列随笔《品咂时光的声音——读日本散文小记》。

6月21日，完成随笔《诗意及其背景——答台湾〈30〉杂志》。

6月26日，《中国书报刊博览》推介长篇小说《柏慧》。

6月29日，随笔《课堂：文学的盛宴》在《文艺报》发表。

6月30日，完成系列散文《它们——万松浦的动物们》。

7月，随笔《文学的自我提醒——在中国海洋大学的演讲》在《山西文学》2004年第7期发表，篇后注明"本文根据2002年11月在中国海洋大学的演讲整理改写，整理者刘小杰"。

7月，短篇小说《在族长与海神之间》在《运河》（季刊）2004年第3期发表。同期，刊载杨英国的《追求完美的自在精灵——张炜短篇小说〈在族长与海神之间〉赏析》、王延辉的《万松浦书院归来》（记张炜及万松浦书院）。

7月，中篇小说《风姿绰约的年代——曲府与宁府人物志》（长篇小说《家族》的《缀章》）在《大家》2004年第4期发表，篇末注明"2004年2月22日写于万松浦，4月17日改写于济南"。

7月，长篇小说《古船》被列入"中国当代名家长篇小说代表作"，由人民文学出版社再版。

7月，《绥化师专学报》第3期刊载何玉玲的《家族主义精神在〈古船〉中的运行轨道》。

7月，《当代文坛》第4期刊载李生滨的《展现生命诗意和大地浪漫的文学——关于张炜创作的回眸与述评》。

同期，刊载黄书泉的《论当代长篇小说的文学经典性》，其中论及了长篇小说《九月寓言》。

7月，《海南师范学院学报》（社会科学版）第4期刊载黄忠顺的《历史神话化叙事的时间构成——〈九月寓言〉个案观察》。

7月，《语文学刊》第4期刊载赵锡钧、张连义的《就恋这把土——农村作家"土地情结"的心理探寻》，其中论及了长篇小说《古船》《能不忆蜀葵》《丑行或浪漫》。

7月2日，《文汇读书周报》刊载蒋梦婷的访谈《张炜：我有一个梦想》。

7月31日，完成随笔《因为绝望而哭泣——关于〈我和女医师〉》。中篇小说《我和女医师》节选于长篇小说《鹿眼》。

8月，散文《绿色遥思》《北国的安逸》被收入《百年中国性灵散文》，由花城出版社出版。

8月，散文《美生灵》被收入《读者人文读本》（初三下册），由甘肃人民出版社出版。

8月，王嘉良、颜敏主编《中国现当代文学史》（上、下）由上海教育出版社出版。该书下册简述了起于1993年、延续到1995年夏秋的"人文精神大讨论"，指出："其时，文坛上的张承志、张炜的'以笔为旗'、为'理想'而战的'抗战文学'行为也纳入到了这场论争之中，而在'知识分子的沉沦与拯救'中一时被视为精神英雄，并被认为是人文精神张扬下的精英式写作的典范体现。""'二张'成为一个立于当今潮流异端的'以笔为旗'的'精神圣战'者。精英式写作的文本模式是深度性的，具有人文关怀的底蕴、诗性的灵光和智性的思考。这两位作家，在美文中也分别表现出诗性、智性乃至神性的超拔。但他们也受到一些质疑和批评，如认为二者的人文激情多于人文理性，认为他们的写作更多地体现了'审美乌托邦'和'道德理想国'的色彩。精英式写作，自身也包含着深刻的精神矛盾。"

该书专节论述了"张炜的《古船》和《九月寓言》"，指出："张炜是一位长篇小说的多产作家，而迄今最重要的作品是《古船》（《当代》1986年第5期）和《九月寓言》（《收获》1992年第3期），前者在80年代的长篇小说中是一大突破，获得很高评价也招致严厉非议；后者在其创作中被普遍看好，曾获上海文学奖长篇小说一等奖。""《九月寓言》的发表，既标志着张炜创作上的又一超越性进展，也显示了当代长篇小说创作新的美学追求。"该书还分析了

《九月寓言》寓言性、诗化性、"组合式"场型结构的特征。

8月，《西南民族大学学报》（人文社科版）第8期刊载李莉的《人生苦旅中的固守与突围——论张炜新作〈丑行或浪漫〉》。

8月，《中国图书评论》第8期刊载舒晋瑜的专访《文学是长跑——访作家张炜》。

8月，《当代散文》8月号刊载许评、耿立的《张炜散文的精神力度与品格》。

8月15日下午，在济南粟山殡仪馆参加山东省作协名誉主席董均伦告别仪式。

8月18日，山东省委宣传部、山东省作家协会、烟台市委宣传部主办，山东省作协诗歌委员会承办的省文学界纪念邓小平100周年诞辰暨长诗《百年小平》（庄永春创作）座谈会在济南举行。张炜做书面发言。

8月21日，《中国书报刊博览》推介长篇小说《怀念与追记》。

9月，中篇小说《我和女医师》选载于《中篇小说选刊》2004年第5期，篇末注明"选自《长城》2004年第3期"。同时，刊载创作谈《因为绝望而哭泣——关于〈我和女医师〉》，篇末注明"写于2004年7月31日"。

9月，散文随笔集《旅行笔记》由山东画报出版社出版。

9月，鲁东大学（筹）汉语言文学院编辑的《校园美文集》由香港国际炎黄文化出版社出版。张炜作序。

9月，吴秀明主编《当代中国文学五十年》由浙江文艺出版社出版。该书在"张炜的《古船》"题

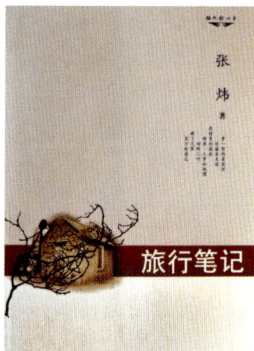

山东画报出版社2004年9月版

下概述了其小说创作："张炜80年代早期创作的小说，如《芦青河告诉我》《一潭清水》等，大多以美好的童年记忆和浓郁的田园风味表现男女青年的浪漫情感，表现芦青河畔的劳动之美和风物之美；80年代中期，从中篇小说《秋天的思索》和《秋天的愤怒》开始，张炜小说加强了对生活复杂性的展示，他常把故事置于开阔的历史背景中，通过家族、阶级等矛盾和复杂的人物关系，展示山东半岛历史变革中政治、经济、伦理的冲突，显示了作家对'苦难'的正视和关注，《古船》是这个阶段最具有代表性的作品；而90年代以后，张炜以《九月寓言》《我的田园》为代表的一系列创作改变了此前作品的写实风格，代之以浓厚的寓言色彩和'诗化'风格，并以告别城市而'融入野地''融入自然'的方式，启迪人们对生命本质的思考。""苦难和不幸在张炜小说中俯仰皆是，但作家对苦难的书写并不局限于对苦难的控诉、揭露、讽刺或批判，最终导致'以恶抗恶'的结果，而是将苦难所激起的对于苦难的憎恨转化为一种向善的力量，使人们在苦难中学会真诚和善良，懂得宽容和互爱。张炜是一个用'心'来写作的道德理想主义者。"

9月，《南京师范大学文学院学报》第3期刊载俞春玲的《论张炜小说现代性的张力》。俞春玲指出："张炜的作品呈现出某些与现代社会格格不入的取向，他对工业化以及日常平庸的激愤与批判一度被作为其反现代性的论据；然而，随着对现代性的认识，我们换个层面来解读张炜的作品就会发现，他对自然情感的强调，对人类终极价值的关怀，对艺术乌托邦的崇尚，无疑是对现代性进行深入思考后的另一种关注。"

9月，《沈阳教育学院学报》第3期刊载杨慧的《水·疯癫·现代性——解读〈小鲍庄〉〈古船〉和〈米〉》。

9月，《荆门职业技术学院学报》第5期刊载上官政洪的《无尽的跋涉——张炜小说的精神世界》。上官政洪认为，对土地的迷恋，对城市化、商业化的拒斥；对家族苦难的深刻记忆；对流浪的永无厌倦的叙述，是构成张炜小说精神世界的三个要素。

9月，《阜阳师范学院学报》（社会科学版）第5期刊载吴颖的《当代语境下新历史小说的文本写作和民间立场》，其中论及了长篇小说《九月寓言》。

9月，《江苏社会科学》第5期刊载何言宏的《抵抗与批判——近年文学的民间意识与文化政治问题》，其中论及了张炜的小说创作。

9月，日本《东方》第9期刊载〔日〕坂井洋史的《寓言世界的语言状况》，评长篇小说《九月寓言》。

9月4日，《半岛都市报》刊载杜晗的访谈《张炜：纯粹写作不关名利》。

9月10日，《山东理工大学报》刊载预告《不同的人格魅力　同样的文化震撼——"校园文化建设工程——文化名人报告"之张炜专场》。

9月12日，在山东理工大学稷下大讲堂演讲。演讲后修订整理为《纯文学的当代境遇》。张炜说："我们的知识分子从数量上看是非常少的，从力量上看是非常弱小的。就像当年缺少工程师一样，我们今天缺少知识分子。这一部分人是指有关怀力有批判力的人士，不是我们平时所说地接受了大学教育或更高教育的某些专家。不是这个概念。知识分子不是只知道为潮流唱赞歌的人，不是某些方针计划的附庸和补充，而是对社会和人类的未来抱有良好愿望的挑剔者和发现者，更是提醒者。""纯文学作家中的绝大部分当然具有知识分子的属性，文学让他们存在，有不同的声音。独立的精神，坚守的个性，这就是商业时代最重要的东西。"（张炜：《纯文学的当代境遇》，载《张炜文集》第38卷，作家出版社2014年11月出版，第101～102页。）

9月15日，在济南接待广东省作协党组书记、专职副主席廖红球率领的广东省作家协会学习考察团。

9月27日，在济南接待以马来西亚华文作家协会会长戴小华为团长的马来西亚华文作家代表团。

9月30日，《科学时报》刊载崔雪芹的《边缘：一所现代书院的立场》，介绍万松浦书院成立一年来的情况。

10月，随笔集《艾略特之杯》被列入"走近大师系列丛书"，由华东师范大学出版社出版。

10月，主编《中学生手中的金玫瑰·初中卷》、《中学生手中的金玫瑰·高中卷》（文学欣赏读物），由山东画报出版社出版。

华东师范大学出版社2004年10月版

10月，《辽东学院学报》第2期刊载刘卫英的《〈古船〉对传统复仇意识的继承和改造》。

10月，《东疆学刊》第4期刊载刘彦明的《文以载人功能在〈古船〉中的体现》。

10月11～13日，在青岛参加中国海洋大学举办的"科学·人文·未来"论坛。11日下午，主持第二单元"科技与社会进步"论坛；12日下午，做题为"大学课堂与文学教育"的演讲（后修订整理为《大学课堂与大学教育》）。

10月14日，随笔《大学课堂与文学教育》在《光明日报》发表。

10月17日，在济南主持山东省文联、山东省作协、山东省出版总社举办的苗得雨创作60年座谈会，并介绍苗得雨的文学经历和创作成就。

10月27日，随笔《一切皆被代替》在上海《文汇报》发表。

同日，短篇小说《老人》在《太原日报》发表。

11月，散文《穿行于夜色的松林》在《天涯》2004年第6期发表。

11月，"散文二题"即《书院的思与在》《万松浦纪事》在《大家》2004年第6期发表。

11月，散文《美丽的万松浦（外一篇）》在《山花》2004年第11期发表。外一篇为《从国际艺术村谈起》。

11月，随笔《再思鲁迅》在《红豆》2004年第11期发表。

广西师范大学出版社2004年11月版

11月，散文随笔集《书院的思与在》被列入"贝贝特名家新作馆"，由广西师范大学出版社出版，主要收入2003年下半年至2004年上半年的作品。

11月，《文艺争鸣》第6期刊载李莉的《徘徊在文化厚土上的幽灵——论张炜长篇小说的文化意蕴》。

同期，刊载吴义勤的《现状与问题：1990年代山东文学》，其中论及了张炜及其文学创作。

11月，《长春师范学院学报》第6期刊载蔡茂、王明强的《二元对立下的邪恶与崇高——张炜小说男性人物形象论》。该文将张炜小说中的男性形象分为"施暴族"和"受虐族"进行了论述。

11月，《中文自学指导》第6期刊载晓南的《看〈大家〉》，评发表于《大家》2004年第4期的中篇小说《风姿绰约的年代——曲府与宁府人物志》（长篇小说《家族》的《缀章》）。

11月，《求实》第S4期刊载杨毓敏的《读张炜中篇小说〈秋天的愤怒〉后的思考》。

11月5日，完成马咏梅、张保常书信体散文集《两地书》（山东友谊出版社2011年6月出版）序《生活纪事》。

11月23日，完成系列散文《山水情结》。

12月，随笔《精神的背景——消费时代的写作和出版》在《山东作家》2004年第4期发表。张炜把中国知识分子近20年来的精神状态描述为"沙化"时期（与20世纪50～70年代的"板结期"相比），认为中国知识分子在这个时期失去了自己的精神传统和文化标准，与商品社会"合谋"，导致市场权威的生成以及知识分子自身声音的丧失，呼吁"最杰出的创作者和思想者"要从当下这个大的文化精神背景"脱离"出来。

12月，散文《美丽的万松浦（外一篇）》被收入《2004年文学精品·散文卷》，由人民文学出版社出版。外一篇为《从国际艺术村谈起》。

12月，朱宝清主编《中国文学史》（小学教师教育本科段教材）由首都师范大学出版社出版。该书在"改革小说"中论及了《秋天的愤怒》《古船》，在"历史叙事小说"中论及了《家族》，在"对精神家园的探求"中论及了《九月寓言》。

12月，《枣庄师范专科学校学报》第6期刊载李莹的《新旧文明冲突——〈百年孤独〉与〈九月寓言〉的共同主题》。

12月，《沙洋师范高等专科学校学报》第6期刊载卢丽华的《从纯粹走向浑重——从张炜小说看其精神立场的衍变》。

12月3日，订补长篇小说《远河远山》，开始写《缀章：碎片》。12月28日定稿。

12月7日，随笔《苏东坡之波》在《成都晚报》发表。

12月16日，《中国海洋大学报》刊载吕小霞、小丁、欧阳遐的《王蒙与名家课程体系》，其中介绍张炜等被聘为海大"驻校作家"的情况。

本年，完成随笔《翱翔于云端的精灵——答〈人民日报〉》。

2005

1月，散文《它们——万松浦的动物们》在《天涯》2005年第1期发表，篇末注明"2004年6月30日于万松浦书院"。

1月，随笔《品咂时光的声音——读日本散文小记》在《十月》2005年第1期发表。

1月，随笔《精神的背景——消费时代的写作和出版》在《上海文学》2005年第1期发表。此文随即摘登于《当代作家评论》2005年第1期，注明选自"《上海文学》2005年第1期"。

1月，散文《穿行于夜色的松林》选载于《青年文摘》2005年第1期（绿版），篇末注明"杜真摘自《天涯》2004年第6期"。

1月，散文《穿行于夜色的松林》被收入《21世纪年度散文选：2004散文》，由人民文学出版社出版。

1月，散文《从沙龙到小屋》被收入《2004年中国散文精选》，由长江文艺出版社出版。

1月，短篇小说《父亲的海》被收入《小说月报2004年精品集》，由百花文艺出版社出版。

1月，随笔集《远逝的风景：读域外现代画家》由北京大学出版社出版。

1月，散文集《遥远的我：张炜散文集》被列入"金蔷薇散文名家新作文库"第三辑，由新华出版社出版。

1月，中短篇小说集《风姿绰约的年代》由昆仑出版社出版。

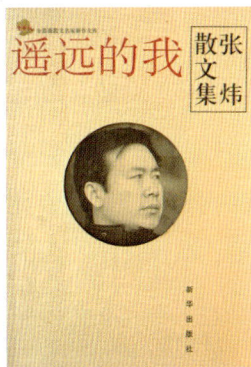

新华出版社2005年1月版

昆仑出版社2005年1月版

1月，长篇小说《外省书》由花城出版社出版。

1月，"大河小说"《你在高原》之一《家族》（插图本增订完整版）由文化艺术出版社出版。代大权插图。

1月，《文学评论》第1期刊载南帆的《启蒙与大地崇拜：文学的乡村》，其中论及了长篇小说《古船》《九月寓言》《柏慧》《家族》《外省书》《能不忆蜀葵》《丑行或浪漫》和散文《融入野地》等。

1月，《济南大学学报》（社会科学版）第1期刊载彭维锋的《狂欢书写与修辞隐喻——以张炜〈九月寓言〉为个案》，运用俄国学者巴赫金的"狂欢化"理论分析了《九月寓言》的叙事技巧。

1月，《聊城大学学报》（社会科学版）第1期刊载王辉的《"发现"与"追思"——论张炜小说中"个体"存在的意义》。王辉认为张炜对个体、个体价值的关注，实际上就是对于人、人类发展历史命运的终极关怀，体现了他的人文精神。

1月，《湘潭师范学院学报》（社会科学版）第1期刊载王菊玲的《一个将灵魂钉在十字架上的殉道者——论〈古船〉中的隋抱朴形象》。

1月，《名作欣赏》第2期刊载马春花的《流浪与栖居——评张炜的长篇新作〈丑行或浪漫〉》。

1月，徐怀谦著《智慧的星空：与思想者对话录》由昆仑出版社出版，其中收录了《张炜：文学是生命的闪电》。

1月4日，随笔《地方文化与地方老人》在《科学时报》发表。此报将题目误标为《地方文学与地方老人》。后又连载于2月23日、3月23日《太原日报》。

1月8日，随笔《要爱，要劳动，要敬畏和勤奋》在《文艺报》发表。后又刊载于1月19日《齐鲁晚报》。

1月17～18日，在宁波参加中国作协六届五次全体会议。

1月23日，《成都晚报》刊载高维生的《自然与沉思之书》，评随笔集《书院的思与在》。

1月30日，随笔《爱与当代文学伦理》在《成都晚报》发表。

2月，诗歌《来龙口的火车》《暮年颂》被收入《2004中国最佳诗歌》，由辽宁人民出版社出版。

2月，散文《美丽的万松浦》被收入《2004中国最佳散文》，由辽宁人民出版社出版。

2月，随笔《再思鲁迅》被收入《2004年中国最佳随笔》，由辽宁人民出版社出版。

2月，散文随笔《书院的思与在》《筑万松浦记》《课堂：文学的盛宴》被收入万松浦书院编《边缘的声音》，由山东画报出版社出版。

2月，完成长篇系列散文《莱山之夜》。

2月，《上海文学》第2期刊载陈思和、严锋、毛尖的《关于〈精神的背景〉的反响》。

2月，《创作评谭》第2期刊载张晨怡的《道德理想主义的现实困境——论张炜笔下的"文化寻根"》。

2月1日，随笔《惠特曼的摇床》在《成都晚报》发表。

2月6日，随笔《狭窄地带的洪流》在《成都晚报》发表。

2月7日，《中国文化报》刊载渊默的《好书即天堂——1月份新书回顾》，其中介绍了随笔集《书院的思与在》。

2月21日，随笔《帐篷》在《北京青年报》发表。

2月22日，随笔《老农舍》在《北京青年报》发表。

2月24日，随笔《水畔》在《北京青年报》发表。

2月26日，《中国书报刊博览》推介散文随笔集《旅行笔记》。

2月27日，随笔《网络腐质层》在《成都晚报》发表。

同日，《日照日报》刊载南方的访谈《声音——张炜访谈录》。

3月，短篇小说《父亲的海》被收入《小说月报第十一届百花奖入围作品集》，由百花文艺出版社出版。

3月，长篇小说《丑行或浪漫》由云南人民出版社出版。

3月，《当代作家评论》第2期刊载陈思和、王晓明等的《文学创作与当下精神背景——关于张炜〈精神的背景〉的讨论》。讨论会于2004年12月10日进行，主持人陈思和，参加者有王晓明、王鸿生、严锋、罗岗、王光东、张新颖、毛尖等。

3月，《现代中国文化与文学》第2期刊载张志云的《梦醒了的"知识分子"何去何从？——从张炜〈精神的背景〉的讨论谈起》，借陈思和主持的讨论会谈了自己的看法。

3月，《西南师范大学学报》（人文社会科学版）第2期刊载谷海慧的《理想主义散文作家群落创作论析》，其中以"神圣的'故地'情结"为题论述了张炜的散文。

3月，《理论与创作》第2期刊载李生滨的《回顾与透视：〈古船〉社会影响的再批评解读》、郭玉华和李波的《追寻精神品性的家族叙事——〈古船〉的现代性意义解读》。

3月，《语文世界》（高中版）第3期刊载耿俊敏的《张炜：守园的拓荒者》。

3月，《语文学刊》（高教版）第5期刊载杨蓉蓉的《20世纪90年代"人文精神"大讨论述评》，其中论及了张炜的人文主张。

3月1日，随笔《我的小小山屋》在《北京青年报》发表。

3月2日，随笔《岛主》在《北京青年报》发表。

3月6日，完成韦锦诗集《结霜的花园》（作家出版社2005年7月出版）序《只有诗才能引领》。

同日，随笔《沉默者的言说》在《成都晚报》发表。

3月9日，随笔《波斯地毯》在《北京青年报》发表。

3月13日，随笔《置身于风中》在《成都晚报》发表。

3月15日，随笔《东去的居所》在《北京青年报》发表。

3月17日，《南方周末》刊载夏榆的《这是一个"精神沙化"的时期？》。文章综述了随笔《精神的背景——消费时代的写作和出版》发表后引起的争论，以及夏榆对张炜和批评者吴亮的访谈。对张炜的访谈后修订整理为《精神背景之争——答〈南方周末〉》。

3月20日，随笔《发言方式》在《成都晚报》发表。

3月27日，随笔《希望出现这样的人》在《成都晚报》发表。

3月31日，《文艺报》刊载邓楠、陈仲庚、伍建华、杨增和、周甲辰、罗谩的笔谈《传统文化与中国作家精神寻根》，其中以"'融入野地'的精神追寻"为题论述了张炜的文学创作和精神追求。

4月，长篇小说《能不忆蜀葵》由长江文艺出版社再版。

4月，中国文学出版社出版发行的《长风文学》第1期刊载徐磊的《守住家园》，评随笔《精神的背景——消费时代的写作和出版》。

4月，《东疆学刊》第2期刊载刘彦明的《论〈古船〉中的人格理想》。

4月，《乐山师范学院学报》第4期刊载常清、乔东义的《在浪漫与守成之间——张承志、张炜文化审美心理考察》。

4月10日，《文汇报》刊载王鹏的《〈精神的背景〉及其争论》、徐俊西的《关于"文学天敌和精神沙化"》（对张炜的《文学的天敌及其他》《精神的背景》两文展开争鸣）。

4月12日，随笔《三线老屋》在《人民日报》发表。后又发表于5月12日《北京青年报》。

4月13日，《中华读书报》刊载《他们没有隐居》，分别介绍张承志、张炜、韩少功的文学活动，其中有舒晋瑜的访谈《张炜：一天到晚跑着干活》。

4月28日，《社会科学报》刊载湘君的访谈《张炜："还是从头读读四书五经吧"》，谈万松浦书院。同时，刊载高维生的《书院——读·写·悟》，评随笔集《书院的思与在》。

5月，散文《它们——万松浦的动物们》选载于《散文海外版》2005年第3期，篇末注明"选自2005年第1期《天涯》"。

5月，系列散文《山水情结》在《大家》2005年第3期发表，篇末注明写于

"2004年11月23日"。

5月，散文《从沙龙到小屋》被收入《谁能叫世界停止三秒：2004笔会文萃》，由文汇出版社出版。

5月，随笔《精神的背景——消费时代的写作和出版》被收入《作家·学者·出版人：三方纵论出版大格局》，由山东人民出版社出版。

5月，随笔《无为而有为之书》（记紫式部）、《大卫》分别被收入《解读大师——教科文读本·文学卷》《解读大师——教科文读本·美术卷》，由中国文联出版社出版。

5月，散文随笔集"唯美主义文本系列"之一《绿色的遥思》、之二《批评与灵性》、之三《永恒的自语》，由文汇出版社出版。

文汇出版社2005年5月版

文汇出版社2005年5月版

文汇出版社2005年5月版

5月，随笔集《我选择，我向往》被列入万松浦书院"简朴生活丛书"，由山东画报出版社出版。

5月，长篇小说《九月寓言》由人民文学出版社出版。

5月，长篇小说《远河远山》（续写完整版）由时代文艺出版社出版。

5月，孔范今、施战军主编，黄轶选编《张炜研究资料》被列入"中国新时期文学研究资料汇编·乙种"，由山东文艺出版社出版。全书分为"生平与创作自述""研究资料""附录"三个部分。

山东画报出版社2005年5月版

5月，《小说评论》第3期推出"张炜专辑"，包括於可训的《主持人的话》、张均的《"劳动使我沉静"——张炜访谈录》、张炜的《自述》、张均的《张炜与现代中国的仇恨美学》，并附有《张炜主要作品目录》。

在《"劳动使我沉静"——张炜访谈录》中，针对一些论者对《古船》结尾隋抱朴"重新出山"的解读，张炜指出："谈作品中人物的'出山'，或者用另一种说法叫'站起来'，却是我不能同意的。我在书中是写了一个彻底的悲剧。有的人面临一种境况，只能'知其不可为而为之'，即走向自己的悲剧。这才是真正的悲剧。""听了《二泉映月》，知道阿炳在处理绝望时，是积极的。因而它才是真正的悲剧。""如果消极地处理绝望，不能自己走向悲剧，极有可能是次一等的悲剧。"

同期，刊载周水涛的《90年代乡村小说创作的文化守成》，其中论及了《九月寓言》《怀念黑潭中的黑鱼》。

5月，《文学评论》第3期刊载倪伟的《农村社会变革的隐痛——论张炜早

期小说》。

5月，《和田师范专科学校学报》（汉文综合版）第3期刊载臧海涛的《总结还是超越——读张炜的〈外省书〉》。

5月，《武汉大学学报》（哲学社会科学版）第3期刊载叶君的《诗意地栖居——论乡村家园想象中的客居者"回家"之旅》，其中以"回到大地"为题论述了《我的田园》《柏慧》《家族》《怀念与追记》等。

5月，《广州大学学报》（社会科学版）第5期刊载周林妹的《回归自然——论张炜小说审美价值观》。

5月，香港世界华文文学家协会《世华文学家》第7期介绍"本刊顾问张炜"。

5月14日，完成《闫平画集》（人民美术出版社2006年5月出版）序《心蕾的怒放》。

5月15日，从随笔集《我选择，我向往》中节选的《山屋》《三线老屋》《老农舍》选载于《齐鲁晚报》。

5月16日，完成《赵剑平诗集》序《在海滨吟咏不息》。

同日，《信息时报》刊载高维生的《大地上的独行者》，评随笔集《书院的思与在》。

5月17日，完成《方林散文集》序《平原的吟唱》。

5月20日，《作家文摘》推介随笔集《我选择，我向往》。

6月，中篇小说《燃烧的李子树》在《中国作家》2005年第6期发表。

6月，李心田著《用笔之难》由明天出版社出版，其中收录了《张炜读书》《诗相册——济南名士多·张炜》。

6月，《长沙铁道学院学报》（社会科学版）第2期刊载何璐的《论张炜笔下的女性形象的嬗变——以〈古船〉〈九月寓言〉〈丑行或浪漫〉为例》，论述了《古船》中"标准的传统女性"、《九月寓言》中"裂变中的女性"和《丑行或浪漫》中"全新的女性形象"。

6月，《烟台教育学院学报》第2期刊载靳瑞霞的《张炜小说中的自然、男性和女性》。

6月，《现代中国文化与文学》第2期刊载"人文精神与中国现当代文学"专辑。其中，毛迅的《人文精神：问题究竟出在哪里？——主持人语》、陈祖君的《略谈当前中国文学创作和研究中的人文精神》、张志云的《梦醒了的"知识分子"何去何从？——从张炜〈精神的背景〉的讨论谈起》、王劲松的《苦难意识与知识分子的道德实践》、朱美禄的《市场背景下的知识分子精神》，均论及了张炜的人文精神和文学创作。

6月，《山东社会科学》第6期刊载王辉的《论张炜小说创作的精神哲学》，从"道德的自我完善与内在自由的热切追求""'流浪者'形象与对外在自由的渴望""生命的物化存在与精神自由的对抗"等角度进行了论述。

6月，《名作欣赏》第12期刊载廖高会的《宿命的出走和艰难的回归——浅析张炜小说中知识分子的流浪意识》。

6月，《烟台晚报》刊载陈占敏的《守住剩下的这片林子》。（具体日期不详。）

6月2日，《楚天都市报》刊载王延辉的《张炜：独步苍茫》。

6月6日，在万松浦书院主持国际诗歌节"万松浦之旅·诗歌时段"开幕式并致辞。致辞后修订整理为《诗歌时段》。

6月10～11日，在济南参加全省繁荣文学艺术创作座谈会并发言。发言后修订整理为《繁荣、珍惜和创造》（后摘发于6月17日《大众日报》）。

6月26日，在济南主持召开文学评论家陈宝云作品研讨会。

7月，长篇小说《远河远山》在《十月》2005年第4期发表。篇末注明

"2004年12月3日写于万松浦，12月28日改于济南"，发表时标明"中篇小说"。

7月，中短篇小说集《头发蓬乱的秘书》被列入"当代名家自选精品丛书"，由中国社会出版社出版。

7月，《南昌航空工业学院学报》（社会科学版）第3期刊载季俊峰的《张炜小说中的审父主题》。

7月，《玉溪师范学院学报》第7期刊载胡永吉的《难以摆脱的阴影——论张炜〈古船〉中的家族观念》。

中国社会出版社2005年7月版

7月，《名作欣赏》第14期刊载王秀芹的《理想主义的二人追寻叙事——解读张炜的〈丑行或浪漫〉》。

7月16日，在诸城市马耳山风景区参加马耳山文学笔会并发言。发言后修订整理为《马耳山文谈》，在山东省当代文学院《当代文苑》2005年第2期（9月出版）发表，篇末注明"2005年7月16日马耳山笔会，王良葆根据录音整理"。

同日，为山东省当代文学院主办的文学双月刊《当代文苑》创刊题词。张炜为该刊顾问之一。

7月18日，《中国国土资源报》刊载陈思和的《愤怒之后的完美与优雅——读〈家族〉》。陈思和指出："有了《柏慧》的声音和《家族》自身所提出的知识分子精神接力问题，张炜才有可能超越一般家族故事，使这部小说成为呼唤人文精神的重要著作。现在关于人文精神的思考已经被人误解或者曲解，好事者又把当下知识分子对现实的批判概括为'道德理想主义'。事实上，'道德理想主义'是一个很含混的称谓，拒绝宽容也好，批判现实也好，

"万松浦之旅"留影

都不能作抽象的理解。""知识分子的岗位不应该建立在庙堂之侧，只有与朴素、深沉、浩瀚的民间生活方式联系在一起，才会使道德理想纯粹起来，不沾上一点权力的虚伪和残暴，由此而发的文化批评与社会批评，才能体现出强烈的个人性质和知识分子立场。《家族》和《柏慧》的叙事者是个隐居在民间的葡萄园主，尽管他身上含有强大的知识分子背景，但他完全改变了他的前辈们所走的道路，这是值得研究当代文化者所重视的。"

7月29日，《济宁日报》刊载孙继泉的《张炜：一直向东走》。后又刊载于山东青年作家协会《新山东》2005年第8期。

8月，长篇小说《远河远山》选载于《北京文学·中篇小说月报》（选刊版）2005年第8期，篇末注明"原载《十月》2005年第4期"。

8月，主编的随笔作品集《背景（1）》由时代文艺出版社出版，其中收录了随笔《筑万松浦记》。

8月，陆梅著《文学家的星空——当代中国作家地图》由上海少年儿童出版社出版，其中收录了《张炜：拒绝和守望》。

8月，《陇东学院学报》（社会科学版）第3期刊载苏永前的《〈九月寓言〉：传奇传统的民间复归》。

8月5日，接受《郑州晚报》记者采访。访谈后修订整理为《文学写作的神秘性——答〈郑州晚报〉》。

8月27日，《中国书报刊博览》推介中短篇小说集《风姿绰约的年代》。

9～10月，赴英格兰参加国际诗歌节。顺访伦敦大学，参加诗歌朗诵会。9月24日，完成诗歌《夜宿湾园——苏格兰Cove Park印象》。9月27日，完成诗歌《爱丁堡大风》。9月29日晚，在苏格兰湾园艺术中心主持"万松浦书院论坛·首次中英诗人大对话"。10月1日，完成诗歌《岛上传奇——伦敦有感》。

9月，中篇小说《秋天的愤怒》（节选）被收入《新课程初中语文读本》（九年级上册），由山东教育出版社出版。

9月，诗集《家住万松浦》由时代文艺出版社出版。

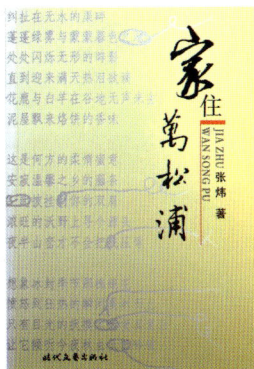
时代文艺出版社2005年9月版

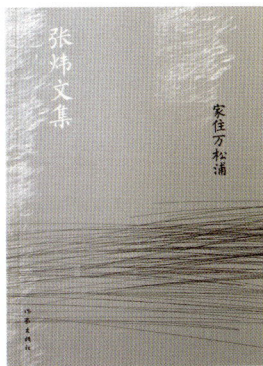
作家出版社2014年11月版

9月，随笔《再思鲁迅》《城市与现代疾患》在济南铁路局文联《先行者》（季刊）2005年第3期发表。

9月，眉山市东坡区文体局、作协主办的《百坡》（文学季刊）第3期"本刊特稿"专栏刊载"张炜作品选"，包括《地方文化与地方老人》《酒窝》。同期，刊载刘小川的《张炜在中国的意义》、胡正清的《夜行与独翔之鹏——〈丑行或浪漫〉及其他》。

9月，《齐鲁学刊》第5期刊载王辉的《多元融合与自由超越：张炜创作的思想资源》，从"入世情怀与仁爱思想——儒家文化的影响""天人合一与自在自为——道家思想的影响""启蒙观念与理性精神——对鲁迅的推崇""道德理想与苦难意识——俄国文学的浸染""乡土情结与自由情怀——民间文化的熏陶"等角度进行了论述。

9月，《理论与创作》第5期刊载刘超的《遥相张望　观之如炜——遥望张炜，走近张炜》。文中写道："有大才华者可敬，有真性情者可爱。可敬的人很多，可爱的人不少，可敬且可爱者却不多。而张炜，就是其中之一。""在张炜落笔之初，就已与众不同。他注定只能是他自己。首先是落脚于民间题材，说的是民间哀乐，是'大我'的歌哭悲喜，而非'小我'的风花雪月。……其次是叙事的从容与节制，不可思议的流畅，完全是大的气派。其三是写作姿态的中和，既非冷眼红尘，亦非狂热执迷，既温情关爱又冷峻深锐，入得其内又出得其外，入世抑且出世，显然有着很深的哲学背景。……其四，支配和滋养张炜写作的，也就远不是青春的骚动和表现欲，而是更深的历史和人格的内涵。"

9月，《海南大学学报》第3期刊载王泉的《论张承志、张炜及阿来小说的诗意叙述》。

9月，《南都学坛》第5期刊载黄静的《张炜20世纪90年代长篇小说的反现代性叙事》。

9月，《现代交际》第9期刊载康志刚的《站着还是跪着》，评长篇小说《能不忆蜀葵》。

9月9日，济南铁路局文联在济南举行《先行者》（季刊）第50期座谈会。张炜致信祝贺。

9月20日，完成《王方晨小说集》序《琐碎隐秘的生活》。

9月26日，随笔《和泉式部日记》在《信息时报》发表。

10月，散文《盼雪》选载于《新世纪文学选刊》2005年第10期，篇末注明"选自张炜著《激情的延续》"。

10月，随笔《纯文学的当代境遇——在山东理工大学的演讲》在《长江文艺》2005年第10期发表。12月，此文上篇在《山东作家》2005年第4期发表；下篇发表于《山东作家》2006年第1期。

10月，《时代文学》（双月版）第5期刊载李掖平的《"忠于地"的行吟诗人——张炜印象》。

10月，《创作评谭》第10期刊载唐云的《荒芜大地上的凄美之花——从"精神的背景"的论争中得到启示》。

10月12日，人民文学杂志社、山东省作家协会、东营市委宣传部在东营举办王方晨作品研讨会。张炜致信祝贺。

10月18日，《齐鲁晚报》刊载倪自放《云水巴山雨　文章金石声——山东学者悼巴金》，其中有记者对张炜的采访。

11月，开始写长篇小说《刺猬歌》。

11月，《合肥师院学报》（社会科学版）第4期刊载丁增武的《不知所终的旅行——评张炜的长篇新作〈丑行或浪漫〉》。

11月，《山东文学》第11期刊载赵亮的《沿着现代性的向度望去——张炜、张承志之于当代文坛的意义》。

11月8日，《济南时报》刊载李掖平的《诗与张炜同行》。

12月，中短篇小说集《张炜作品精选》被列入"跨世纪文丛精华本"，由长江文艺出版社出版。

12月，庄汉新编著《中国20世纪散文思潮史》由学苑出版社出版。该书在论述王蒙、汪曾祺、张承志、史铁生、韩少功、张炜等一批小说作家的散文创作时指出："他们的作品往往保持一种'精英'立场，具有批判现实的强烈意识，试图寻求反抗商业社会的实用主义和功利主义的精神资源，因

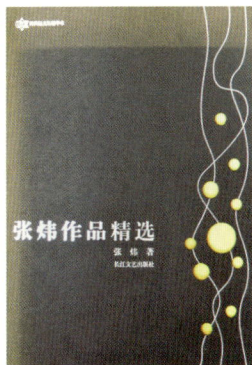

长江文艺出版社2005年12月版

而他们的作品中，人的生存意义与价值等主题得到强化，生存哲理、宗教、历史传统以及民间文化等成为所追寻和挖掘的对象。"

12月，《沧州师范专科学校学报》第4期刊载江华的《流浪："生活在别处"——张炜小说的存在主义精神初探》。

12月，《贵阳金筑大学学报》第4期刊载张昭兵的《怀念与追忆：与历史对话——论张炜小说历史叙事的诗性追求》。

12月，《社会观察》第12期刊载王鹏飞的《喧嚣下的寂寞——2005年的中国文坛》，其中论及了文坛对张炜《精神的背景》的争论。

本年，系列随笔《冬夜笔记》在《解放日报》连载。

本年，欧洲大学出版社出版的《汉学论坛》刊载泰勒·迪芬巴赫、波鸿的《张炜和刘庆邦》。

2006

1月，诗歌《张炜的诗》在《时代文学》2006年第1期发表，包括《阳光》（1999年5月9日）、《短诗三首》（2000年8月10日）、《无花果的花》（2002年2月13日）、《智慧》（2002年6月29日）、《家住万松浦》（2003年3月9日于龙口）、《河流失去名字》（1997年6月1日）、《滞留》（1997年6月9日）、《勇士》（1999年4月10日）、《心中的歌剧》（1999年4月20日）、《白鳍豚》

（1997年5月22日）、《蓝花杯》（1997年5月23日）、《走穿的红木林》（1997年5月19日）、《给老太太点火》（1997年5月31日）、《白色的眼睫》（1999年4月21日）、《一只死于难产的兔子》（1999年4月24日）、《土壤》（1999年5月8日）、《童年的沙》（2003年2月16日于龙口）、《火药》（2003年5月29日）、《白色》（2003年11月13日）、《关于花的约定》（2003年11月14日）、《1999年的春天》（1999年3月26日~4月5日）。

1月，散文《山屋》被收入《2005年中国散文年选》，由花城出版社出版。

1月，散文《它们——万松浦的动物们》被收入《2005中国最佳散文》《21世纪年度散文选：2005散文》，由辽宁人民出版社、人民文学出版社出版。

1月，随笔《品咂时光的声音——读日本散文小记》（节选）被收入《2005中国最佳随笔》，由辽宁人民出版社出版。

1月，随笔《焦虑的马拉松——对当代文学的一种描述》被收入《中国当代作家面面观——汉语写作与世界文学》，由春风文艺出版社出版。

此书还收录了王安忆的《〈九月寓言〉是一个奔跑的世界》，指出："故事讲完了，就此可看出《九月寓言》是怎样一个心灵世界。我以为它是一个奔跑的世界。这里的人必须要奔跑，这个世界必须要奔跑，一奔跑就有生命，一停下来就没有生命。可是为了奔跑，却要付出身心两方面的代价，这种代价几乎就是九死一生，牵肠挂肚的，但它必须奔跑，不奔跑就要死亡，牺牲是不可避免的。《九月寓言》就是这么一个火热的、奔跑的世界。"

1月，随笔集《楚辞笔记》由上海三联书店出版。龚鹏程作《推荐序》。

1月，散文随笔集"唯美主义文本系列"之四《存在与品质》、之五《生命的刻记》、之六《诗性的源流》，由文汇出版社出版。

文汇出版社2006年1月版

文汇出版社2006年1月版

文汇出版社2006年1月版

　　1月，短篇小说集《黑鲨洋》被列入"新经典文库·短篇系列"，由春风文艺出版社出版。

　　1月，中短篇小说集《张炜小说》被列入李晓明主编的"学生版·名家精品阅读之旅"，由吉林文史出版社出版。

春风文艺出版社2006年1月版

人民文学出版社2018年2月版

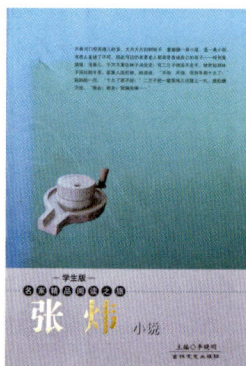

吉林文史出版社2006年1月版

　　1月，选编的《巴金箴言录》由时代文艺出版社出版。全书分"燃烧的心""青春是美丽的""把心交给读者""艺术的良心""讲真话""没有神""杂感"七个部分，共15万字，并附有巴金不同时期的照片6幅。

1月，田中阳、赵树勤主编《中国当代文学史》由南海出版公司出版。该书将《古船》列入"反思小说"论述，指出："张炜的《古船》、陈忠实的《白鹿原》，则以当代眼光和当代意识重新审视近半个世纪的中国历史，将反思之犁头伸进家族文化层。"在"寻根小说"部分则说："依据寻根作家对民族传统文化的不同理解和态度，寻根小说可分为文化批判型、文化认同型和原始生命型三种基本形态。""文化批判型以贾平凹、郑义、张炜、王安忆和韩少功等人这时期的创作为代表。"在"新历史小说"部分又说："此外还有一批追求文化反思的作品也具有新历史小说的意味，张炜的《古船》《九月寓言》和陈忠实的《白鹿原》就是这方面的作品。"

1月，《当代文坛》第1期刊载王辉的《童年记忆对张炜小说创作的影响》。王辉指出："据统计，张炜小说所描绘的花草树木的种类在40～50种，动物（包括海洋鱼类）约60种，自然景观如海啸、彩虹等也有30多种。"

1月，《名作欣赏》第2期刊载王泉、代天善的《20世纪中外小说的海洋书写——以海明威、劳伦斯、邓刚、无名氏、徐小斌、张炜为例》，其中论及了张炜的《鱼的故事》《在族长与海神之间》。王泉、代天善指出："受中国传统的道家文化影响，张炜则将'大海'刻画得颇为神圣和不可侵犯。"

同期，刊载赵亮的《理想、浪漫与现实——从〈丑行或浪漫〉的困惑谈起》。

1月11日，《中华读书报》刊载记者崔雪芹的《诗歌图书馆诞生记》，记即将建成的国内第一家诗歌图书馆——万松浦书院诗歌图书馆。

1月15日，《中日新报》刊载消息《中国第一家诗歌图书馆将在"万松浦"书院建成》，文章来自《中日新报》记者对张炜的采访。

1月21日，接受《中学时代》杂志采访。访谈后修订整理为《写得更多更久而已——答〈中学时代〉》。

同日，《中国书报刊博览》刊载周媛的《张炜评美术有一套　郭敬明〈无极〉不忽悠》，其中评介了随笔集《远逝的风景》。

1月25日，《中华新闻报》刊载车前草的《用挚爱揭示艺术的奥秘》，评随笔集《远逝的风景》。

2月，随笔《气质与心地》作为卷首语在《青年文学》2月号上半月刊发表。

2月，"张炜散文二题"在《山东文学》2006年第2期发表，包括《马耳山文谈》（篇末注明"2005年7月16日马耳山笔会，王良葆根据录音整理"）、《心中的交响》（篇末注明"本文为与责任编辑谈再版《家族》，2004年10月27日"）。

2月，诗歌《无花果的花》《家住万松浦》《半岛札记》《勇士》《蓝花杯》《我正奔赴山岗》《我的城堡》《第一次见菊芋花》总题为《家住万松浦》被收入《高处的玫瑰》，由华龄出版社出版。

2月，《当代小说》第2期刊载彭维锋的《张炜小说研究的新路径》。

2月11日，完成诗歌《更强烈的光——煤与电的故事》。

2月25日，完成《九月寓言》日文版序《不绝如缕的诗声》。

3月，《北京文学·中篇小说月报》第3期刊载编辑访谈《他始终未得到过公正的评价——与张炜谈美国作家舍伍德·安德森》。同时，刊载舍伍德·安德森的短篇小说《手》及张炜的批注、评点。

3月，完成长篇小说《刺猬歌》初稿。

3月，黄发有著《文学季风——中国当代文学观察》由山东大学出版社出版。该书论及了张炜在《九月寓言》《柏慧》《家族》《外省书》等长篇小说中，面对物化现实发出的激越悲壮的声音，在家族叙事中对大地田园的深情拥抱，以及由此体现的作家的现实焦虑和理想追求。

3月，《山东师范大学学报》（人文社会科学版）第2期刊载冯晶的《张炜、莫言小说中的民间取向之比较》。冯晶指出："在对民间世界的探寻、描绘上，张炜与莫言的创作呈现着相当不同的价值取向：张炜采取了更加知识分子化、更加理性化的视角，有着鲜明的形而上色彩的精神性内容的追求；莫言更多的是放纵着生命的本能的艺术的感觉。"

3月，《湖北成人教育学院学报》第2期刊载江华的《拒绝俗世的泅渡者——张炜的理想主义情结》。

3月，《兰州大学学报》（社会科学版）第2期刊载李文琴的《当代家族书写与传统文化内质》，其中论及了长篇小说《古船》。

3月2日，《联合日报》刊载王川的《大地上的行走：守望人类的精神家园——谈张炜〈古船〉之后的长篇小说创作》。

3月9日，《中国新闻出版报》刊载肖黎的《美丽的选择——记职业文学编辑何启治》，其中记述了长篇小说《古船》的编辑出版经过。

3月26日，完成编选的《小说散文选》序《理想的阅读》。后发表于4月15日《人民日报》。张炜指出："真正的艺术始终具有直抵人性深处的力量，必会因独特而触目，并进而根植于人的心灵。从作品的规模上看，她不会因为篇幅的短小而显得单薄，也不会因为字数的累叠而变得冗长，而总是给人饱满丰腴的感觉。过分精巧的、卖弄类似于曲艺那样的噱头的，容易为某些读者所注意，在我这里，肯定不会将其当成优秀之作来选取。""那些在文学史中特别具有'史的意义'，被反复从'思想'上加以赞扬和强调的作品，往往是最经不住阅读之物。我们选择和接受的，是文学的魅力，而非从活的艺术肌体上割裂出来的一块

'进步的排骨'。我们需要面对整个生命的感动。"（张炜：《理想的阅读》，载《张炜文集》第38卷，作家出版社2014年11月出版，第216～217页。）

3月27日，随笔《紫式部日记》在《信息时报》发表。

4月，《玉溪师范学院学报》第4期刊载蔡茂的《"大地伦理"的践行者——对张炜作品意象的研究》，从张炜作品中选取石磨和碾盘、葡萄园、芦青河以及众多的动物意象进行了论述。

4月14～15日，在济南出席全省繁荣文学创作座谈会并发言。

5月，随笔《纯文学的当代境遇——在山东理工大学的演讲》在四川省眉山市作协《诗书城》2006年第2期发表。

5月，中短篇小说集《张炜精选集》被列入"世纪文学60家"，由北京燕山出版社出版。李洁非在收入其中的《张炜的精神哲学》中指出："能在历史上立足的作家，是有能力提出和坚持一种精神哲学的人，古今中外，庶几如此。""20世纪后50年，中国文学萎靡不振，跟这样的作家屈指可数，关系颇深。在这'屈指可数'的作家行列，我认为张炜拥有一个属于他的位置。"

北京燕山出版社2006年5月版

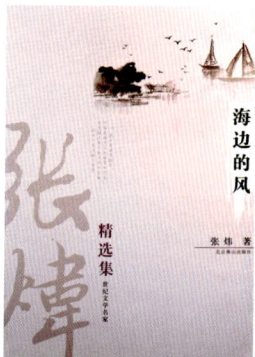

北京燕山出版社2009年4月版

5月，完成诗歌《狗鱼》。

5月，作为文学总顾问，为山东省文联、山东省美术家协会、山东人民广播电台、济南市广播电视局、美术馆影视工作室组织的"三庆青海行——'走进奥运　走进青海'中国画家赴青海采风考察"活动题词："'美术馆'栏目组织的'走进青海，走进奥运，百名艺术家赴青海写生'——这是一个行动，一个浩举，一场艺术与自然的大交汇。"

5月，《当代作家评论》第3期刊载［日］坂井洋史的《致张新颖谈文学语言和现代汉语的困境》。在谈到长篇小说《丑行或浪漫》时，坂井洋史认为这部小说有两层叙述："第一层叙述以刘蜜蜡为主人公，叙说她冒险跋涉的故事。这个叙述具有明确的情节，所以能够给全篇以稳定的形式性和脉络感。第一层叙述所描述出来的'世界'可以概括为'梗概'。……第二层叙述是指第二章至第五章之间开展的寓言世界……开展在那里的每一个事件，均为荒诞的，并不构成读者能在理智层面理解的情节。因此，这些叙述究竟不像第一层叙述，我们也不能将它整理为梗概。"

5月，《通化师范学院学报》第3期刊载盛晓雯的《古老航船的悲叹：论〈古船〉》。

5月，《湖南城市学院学报》第3期刊载赵树勤、刘倩的《从"浅绿"到"深绿"——新时期生态文学研究综述》。赵树勤、刘倩指出："张炜的《三想》《九月寓言》都是生态文学的经典名篇。"

5月，《南方文坛》第3期"重读经典"专栏推出"张炜专辑"，包括张炜的《难忘的诗意和真实——关于〈九月寓言〉》（作者谈）、刘玉栋的《芬芳四溢的原野——读〈九月寓言〉》（作家评点）、程亚丽和吴义勤的《痛失前现代乐园的怀旧性神话——重读〈九月寓言〉》（批评家评论）。

5月，《山东文学》第5期刊载赵雪梅的《向美的浪漫——解读〈丑行或浪漫〉中的刘蜜蜡》。

5月，《语文学刊》（教育版）第9期刊载周序华的《对苦难的不同阐释——试比较张炜、李锐文学作品中的苦难意识》。

5月，《文教资料》第13期刊载孙波的《论张炜笔下的"民间英雄"系列》。

5月1日，参加万松浦书院莱西湖会馆落成剪彩仪式并致辞。

5月13～14日，在青岛参加青岛市作家协会2006年文学创作交流会并发言。

5月15日，《青岛晚报》刊载刘涛的《市作协召开创作交流大会》，其中报道了张炜的发言情况。

同日，《青岛早报》刊载单蓓蓓的专访《垃圾文学已经包围大众——知名作家张炜认为市场化生产了太多不好的作品》。

5月17日，《联合日报》刊载徐磊的《生活在别处——夜读张炜〈书院的思与在〉》。

5月28日，《半岛都市报》刊载中国小说学会第二届学会奖颁奖的消息。同时发布2003～2005年度小说排行榜，长篇小说《丑行或浪漫》进入长篇小说榜。

6月，散文随笔《更无顾惜青春》《人生麦茬地》《我跋涉的莽野——我的文学与故地的关系》分别被收入《百年中国经典散文·青春卷》《百年中国经典散文·挚爱卷》《百年中国经典散文·哲理卷》，由内蒙古文化出版社出版。

6月，小说集《张炜小说》（学生版）被列入"名家精品阅读之旅"，由吉林文史出版社出版。

6月，完成"大河小说"《你在高原》之四《鹿眼》第6稿。

6月，《西南科技大学学报》（哲学社会科学版）第2期刊载孙正华的《悲怆壮美的生命剖析——读张炜〈丑行或浪漫〉》。

6月，《烟台师范学院学报》（哲学社会科学版）第2期刊载彭维锋的《历史与现实之间的思想突围——试论张炜〈你在高原·西郊〉中创作立场的转换》。

6月，《淮北职业技术学院学报》第3期刊载汪志彬、翟华兵的《苦难、权力与文化困惑——张炜小说主题建构》。

6月，《枣庄学院学报》第3期刊载冯雪的《从〈柏慧〉看张炜小说中的"民间世界"》。

6月，《湖北社会科学》第6期刊载周林妹的《论张炜小说中的和谐》。

6月6日，《中国图书商报》刊载洪浩的《流浪或飞翔的传奇》，评长篇小说《丑行或浪漫》。

6月17日，在济南参加山东省作家协会诗歌创作委员会举办的韩喜凯叙事长诗《妈妈的脚印》研讨会。

6月25日，在上海大学文学圆桌会议上发言。发言后修订整理为《"个性"和"想象力"》。

6月28日，在上海参加首届上海文学周并在上海大学演讲。演讲后修订整理为《今天的遗憾和慨叹——在上海大学的演讲》。

同日，《齐鲁晚报》刊载肖岭的《作家张炜和书院、会馆、诗歌图书馆》。

7～9月，在济南、万松浦书院修改长篇小说《刺猬歌》。9月，在万松浦书院改定。

第一章

泪水横流

　　"棒小伙儿叫廖麦，一生一世把你爱，爱啊，往死里爱啊，使牙咬，用脚踹，咪楞~搂进咱的怀~！廖麦！廖麦！"美萼念着顺口溜，可对方还像死人一样躺着，差不多连呼吸也没有了。一会儿廖麦动了一下，蜷了身子，呼哧呼哧喘气了，鼻孔张大，两股热辣的气流刮扫过她的脸，她的喉咙，她鼓胀的乳房。她忍不住，再次念着顺口溜，伸手去抚摸他。

《刺猬歌》手稿

7月，《贵州文史丛刊》第3期刊载罗良金的《在流浪中寻找精神的家园——论张炜的小说》。罗良金指出："在近三十年的创作生涯中，他向我们展示了一条知识分子孜孜不倦执着地追随着自己精神理想的流浪——皈依——流浪之路。……从上世纪80年代以来，张炜就一直不停地在流浪中寻找，在寻找中流浪，我们看到，他不仅向着苍茫的大地寻找着生命的皈依，还向着家族的精神血脉顺流追溯，赋予流浪更深层的文化意蕴，最后他似乎找到了他流浪中要寻找的精神的家园并且建构了'我的家园'。"

7月，《烟台大学学报》（哲学社会科学版）第3期刊载王辉的《论张炜小说创作中的阈限性因素》。

7月6日，《文学报》刊载傅小平的《张炜：谁在与"妖怪"联手？》，介绍6月28日张炜在上海大学的演讲情况。

7月11日，《新京报》刊载何启治口述、张弘采写的《原〈当代〉主编何启治回顾编发、出版〈白鹿原〉〈古船〉的坎坷经历——〈当代〉和〈九月寓言〉擦肩而过》。

7月12日，《潍坊晚报》刊载高文的《诗歌张炜》。

7月14日，《淄博晚报》刊载郝永勃的《张炜：途中的向导》。

7月19日，随笔《文学能否消亡和鲁迅当年的慨叹》在《齐鲁晚报》发表，篇末注明选自张炜在首届上海大学文学周上的演讲，文字有删节。

8月，随笔《文学阅读永远不会消亡》在上海市社科联《探索与争鸣》2006年第8期发表。

8月，完成"大河小说"《你在高原》之七《人的杂志》第1稿。

9月，随笔《今天的遗憾和慨叹——在上海大学的演讲》在《诗书城》2006年第3期、《海燕·都市美文》2006年第9期发表，篇末均注明"2006年6

月28日下午于上海大学，根据录音整理，题目为整理时所加"。后又刊载于8月13日《解放日报》。

9月，《井冈山医专学报》第5期刊载姚春光的《论张炜小说的艺术特质》，论述了张炜小说浪漫的诗性特质、淳朴的民间特质、正义的道德伦理批判特质。

9月，《荆门职业技术学院学报》第5期刊载上官政洪的《张炜塑造人物的法宝：圣洁化与妖魔化》。

9月，《当代小说》9月号上半月刊刊载王延辉的《张炜的故事》。

9月，《名作欣赏》第18期刊载高山的《张炜小说的人称问题》。

9月18日，随笔《北望立交桥》在《信息时报》发表。

9月21日，在济南参加山东省作协领导干部大会。会议宣布李敏任山东省作家协会党组书记、副主席。

9月23日，在枣庄参加海峡两岸文学艺术高端论坛暨枣庄笔会。

10月，短篇小说《冬景》在日本《火锅子》杂志秋卷第68号发表。

10月，散文随笔集《回眸三叶：张炜散文精选集》被列入"品读名家系列"，由中国社会出版社出版。此书是张炜应中央文明办、民政部、新闻出版总署、国家广播电影电视总局联合主办的"万家社区图书室援建和万家社区读书"活动特别编选的。

中国社会出版社2006年10月版

10月，哈珀柯林斯出版公司在法兰克福书展举行新闻发布会，宣布"拥抱中国"计划将出版三部中国现当代文学经典作品，分别是长篇小说《古船》和沈从文的《边城》、老舍的《骆驼祥子》。

10月，雷达著《雷达自选集·文论卷》由山东文艺出版社出版，其中收入

了《独特性：葡萄园里的"哈姆雷特"——关于农村题材创作的一封信》（致张炜）。同时，在《民族灵魂的发现和重铸——新时期文学主潮论纲》《第三次高潮——90年代长篇小说述要》《人的觉醒与反封建主题的推衍》《动荡的低谷》《论当今小说的精神走向》诸文中，均论及了张炜的小说创作。

10月9日，随笔《帐篷》在《信息时报》发表。

10月18日，《齐鲁晚报》刊载晓风的《全球最大英文书商哈珀柯林斯启动拥抱中国计划——张炜〈古船〉与〈边城〉〈骆驼祥子〉首批入选》。

10月22日，接受《少年写作》杂志采访。访谈后修订整理为《少年的读与写——答〈少年写作〉杂志》。张炜写道："鲁迅给我影响最大。孙犁也有影响，孙犁晚年的思想、他对现代社会的看法，给我极大影响。最近我一再想推荐的，就是孙犁晚年对现代社会的批判言论。""孙犁的作品，是中国那一茬作家中极珍贵的创作。他学习和继承了鲁迅。他对待和处理中国当下问题时，学习了鲁迅。"（张炜：《少年的读与写——答〈少年写作〉杂志》，载《张炜文集》第38卷，作家出版社2014年11月出版，第221页。）

10月26日，《文艺报》刊载雷达的《新世纪以来长篇小说概观》，其中论及了长篇小说《丑行或浪漫》。

10月28日，答意大利学者伊拉利娅·辛芳蒂问。答问后修订整理为《写作，办杂志和行走》。张炜写道："屠格涅夫早期的小说，如他的短篇集《猎人笔记》，其中的几乎每一篇都让我十分喜欢。托尔斯泰整个的人与他的史诗般的创作对我影响也很大。说他'整个的人'，是指他一生的执拗探求、他在道德上苛刻要求自己的坚韧精神。""海明威的代表作品简洁有力，对比19世纪的作家，他的写作给予了我全新的趣味和感受。美国的另一个同时期作家福克纳，也让我十分喜欢。""还有契诃夫，他的短篇令我着迷。他的作品饱满、精确，而且极为幽默。俄罗斯作家的辽阔与苍凉，在许多时候是让中国作家格外动心的。""当然，我受到的更大的影响，还是中国作家。如鲁迅，如伟大的诗人屈原和李白杜甫。"（张炜：《写作，办杂志和行走》，载《张炜文集》第38卷，作家出版社2014年11月出版，第222页。）

11月，随笔《关于"个性"和"文学想象力"——在上海大学文学圆桌会议上的发言》在《山花》2006年第11期发表。

11月，王万森主编《新时期文学》（第2版）由高等教育出版社出版。该书将中篇小说《秋天的思索》《秋天的愤怒》列入"社会问题小说"论述，将长篇小说《九月寓言》列入"新历史小说"论述。

11月，张炯、白烨主编《中国当代文学研究·2006卷》由河北教育出版社出版。其中，何西来的《我对当前文艺创作状况的若干认知与思考》论及了长篇小说《外省书》《能不忆蜀葵》。

11月1日，将有关文学随笔整理为《文苑三探》，包括《湖边会馆》《雅艺术的推介》《大海的馈赠》。

11月10～14日，在北京参加中国作家协会第七次全国代表大会并当选为主席团委员。11月13日《文艺报》《光明日报》《齐鲁晚报》等均有报道。

11月16日，《文学报》刊载《号召与希望　激励与鞭策——全国第七次作代会部分省市自治区代表团团长感言》，其中有张炜的感言。

11月22日，在济南主持召开山东省作协全体人员会议并讲话，传达中国作协第七次全国代表大会精神。

11月25日，主编的万松浦书院院刊《背景》（电子版）首辑出刊。

秋，"张炜诗歌选"在高唐县文联、作协主办的《文泉》秋之卷发表，包括《家住万松浦》《阳光》《康科德一日》。

12月，《山东教育学院学报》第6期刊载李荣秀的《记忆与言说——论张炜小说对"文革"时期苦难的叙写》。

12月，《河北北方学院学报》第6期刊载吴凤翔、沈琛、胡佳琪的《高蹈·漂泊·本真——从张炜小说知识分子形象入手谈其小说创作的变化》，论述了张炜小说中知识分子形象从《古船》中的"高蹈的理想者"到《家族》中的"田园的守望者"，再到《丑行与浪漫》中的"本真意义的人"的变化轨迹。

12月5日，在济南参加山东省第二届齐鲁文学奖颁奖大会暨青年作家高级研讨班开学典礼，介绍第二届齐鲁文学奖评奖情况，并对获奖作家、青年作家提出希望和要求。

12月6日，在济南为山东省作协文学讲习所举办的山东青年作家高级研讨班授课。授课稿后修订整理为《想象·功课·气象》。

本年，完成随笔《那个时代的名著》（谈柳青的《创业史》）。

2007

1月，随笔《城市与现代疾患》在《山花》2007年第1期发表。

1月，散文《山水情结》（节选）被收入《2006中国最佳散文》，由辽宁人民出版社出版。

1月，随笔《今天的遗憾和慨叹——在上海大学的演讲》被收入《2006中国年度随笔》，由漓江出版社出版，篇末注明"2006年6月28日下午于上海大

学，根据录音整理，题目为整理时所加"，"选自《海燕·都市美文》2006年
第9期"。

1月，随笔《品咂时光的声音——读日本散文小记》被收入《我的秘密书
架：58位名家推荐的58本书》，由中国青年出版社出版。

1月，长篇小说《刺猬歌》由人民文学出版社出版，篇末注明"2005年11
月至2006年3月写于济南、万松浦；2006年7月至9月改于济南、万松浦"。

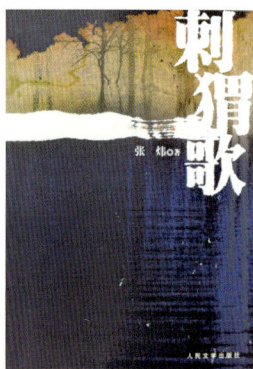

人民文学出版社2007年1月版

人民文学出版社2010年1月版

作家出版社2013年8月版

作家出版社2014年11月版

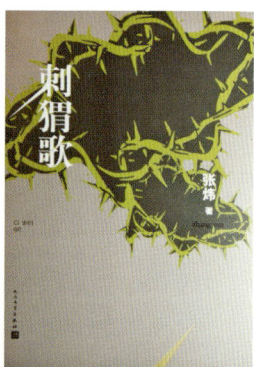

人民文学出版社2017年1月版

1月，长篇小说《古船》由漓江出版社出版。

1月，长篇小说《古船》被列入"中国当代名家长篇小说代表作"，由人民文学出版社重印，并重新设计封面。

1月，长篇小说《九月寓言》日文版由日本彩流社出版，译者坂井洋史。

1月，《当代文坛》第1期刊载何宇宏、段慧如的《只重存在 不问成败——论张炜的保守主义》。

1月，《通化师范学院学报》第1期刊载洪永春的《对民间生存历史的诗意关怀——重读张炜的长篇小说〈九月寓言〉》。

1月4日，受聘为中国石油大学兼职教授及人文社会科学学院名誉院长。聘任仪式结束后，为师生做学术报告，回顾自己的成长和创作历程，并就什么是纯文学、如何看待目前的文学边缘化等问题回答了师生的提问。

1月6日，《新京报》刊载曹雪萍的《张炜唱〈刺猬歌〉反"理想主义"》。

1月10日，《中华读书报》刊载记者舒晋瑜的《书院：中国文化人心中抹不去的记忆》，其中以"张炜与万松浦书院"为题进行了介绍。

1月12日，《济南日报》刊载逄金一的《中国当代文学缺少什么——访著名作家、省作协主席张炜》。

1月19日，《大众日报》刊载刘易成的《刺猬：分不清是现实还是童话？》。

1月20日，在山东省图书馆大众讲坛演讲。演讲修订整理为《把文字唤醒——在大众讲坛的演讲》，发表于《上海文学》2007年第7期；后又修订改题为《时代，生活与创作》，收入山东省图书馆、齐鲁晚报社编选的《大众讲坛》第1辑，2008年3月由山东教育出版社出版。

1月21日，《烟台晚报》刊载肖程的《刺猬之歌：三星逼人——读〈刺猬歌〉》。

1月23日，《中国图书商报》刊载谢迪南的专访《野地生灵：人间闹剧最大的旁观者》，谈长篇小说《刺猬歌》。

1月29日，《藏书报》刊载孙永庆的《张炜先生的读书长旅》。

2月，长篇小说《刺猬歌》在《当代》2007年第1期发表。该刊指出："张炜一直是理想主义的标杆，长篇新作，依然力图呈现一部史诗和寓言。然而身处一个消费的时代，深刻是否过气，忧虑已经过时？坚守反潮流的理想，是否能再造《古船》经典？"

2月，《平原大学学报》第1期刊载谢建文的《张炜小说中的生态美学追求——〈九月寓言〉浅析》。

2月，《衡阳师范学院学报》第1期刊载黎跃进的《俄苏文学对中国当代文学的影响》，其中论及了俄苏文学对张炜小说创作的影响。

2月，《时代文学》第2期刊载尹季的《张炜家族题材小说蕴涵的"变"与"恒"》、王延辉的《张炜肖像》。

2月，《文学教育》第2期刊载杜华的《例谈新保守主义与90年代的中国小说》，其中论及了长篇小说《古船》《九月寓言》《柏慧》。

2月2日，在济南主持召开山东省作协五届七次会议，审议并原则通过省作协2006年工作总结和2007年工作要点。

同日，《第一财经日报》刊载记者罗敏的《老传统，新书院》，其中介绍了张炜创办的万松浦书院。

2月5日，《京华时报》刊载黄亚明的《一曲指向物质世界的挽歌》，评长篇小说《刺猬歌》。

2月6日，《文艺报》刊载吴义勤的《悲歌与绝唱——评张炜长篇新作〈刺猬歌〉》。后又刊载于《黄河文学》2007年第10期。

2月9日，《人民日报》（海外版）刊载宋庄对张炜的访谈《"想象力首先从语言开始"》。

2月25日，《广州日报》刊载潘启雯的《"手捧刺猬"的时代——读张炜〈刺猬歌〉》。后又刊载于《阅读与写作》2007年第5期。

3月，散文随笔集《张炜自述：野地与行吟》由中国社会出版社出版。

3月，《山东作家》第1期刊载文渊的访谈《张炜谈〈刺猬歌〉》。同期，刊载吴义勤《悲歌与绝唱》，评长篇小说《刺猬歌》；李先锋的《我省长篇小说喜获丰收》，其中评介了长篇小说《刺猬歌》。

3月，《理论与创作》第2期刊载封旭明的《伤痕就是生命的年轮——张炜长篇小说的"救赎"多

中国社会出版社2007年3月版

重奏》。封旭明认为："张炜长篇小说面对苦难和灵魂救赎的时候，为主人公设计了三重救赎母题：《古船》《丑行或浪漫》宗教受难救赎；《我的田园》《九月寓言》大地存在救赎；《柏慧》《家族》《外省书》《能不忆蜀葵》《怀念与追记》《你在高原·西郊》《远河远山》《刺猬歌》道家退隐救赎。具体表现为道德、爱情、自然、劳动、流浪、艺术等救赎途径。"

同期，刊载王俊敏的《欲望的书写与理想的坚守——评张炜的长篇小说〈刺猬歌〉》。王俊敏指出："对故乡的眷恋、对物欲泛滥时代的排斥使张炜坚守着回归乡村本土文明的理想，但社会现实又使他不能无视现代工业文明存在的合理性，这便使张炜在价值取舍及文化选择上矛盾重重。"

3月，《喀什师范学院学报》第2期刊载韩高峰的《民间文化的多态呈现——论张炜〈古船〉中的民间文化形态》。韩高峰指出："它主要包含三个层面：以儒、道、阴阳、屈子等为代表的传统文化遗存，以家族观念、民间伦理道德、自由精神等文化心理与原始巫术、仪式等文化形式为代表的民间固有文化传统，以及以社会科学、都市文明、科技文化为代表的现代文明。这三个层面的文化形态在一定时期同生共存，而又必然随着历史的变迁不断地变更、消长，呈现出一个动态发展的过程。"

　　3月，《安徽文学》3月号下半月刊刊载刘雅的《张炜小说中的"角色模式"——以"秋天系列"和〈古船〉为例》。

　　3月，《名作欣赏》第6期刊载王琼、王军珂的《精神书写的可能及限度——以张炜的〈九月寓言〉为中心》。

　　3月1日，《文学报》刊载洪浩的《被误解的张炜》。

　　3月4~16日，率山东省作家艺术家南美文化考察团赴古巴、阿根廷、哥伦比亚等国进行文化考察。

在古巴

在阿根廷博尔赫斯博物馆

在哥伦比亚

3月4日，完成诗歌《哈瓦那》。

3月6日，完成诗歌《瞭望山庄——古巴海明威故居》《观古炮台点炮仪式》。

同日，将有关文学访谈辑录整理为《齐文化及其他——2007年春天的访谈》。后收入作家出版社2014年11月出版的《张炜文集》第39卷。

3月7日，《西安日报》刊载车前草的《用挚爱揭示艺术的奥秘——读张炜〈远逝的风景〉》。

3月8日，完成诗歌《恶魔之矛——从拉斯维加斯到布宜诺斯艾利斯的空中历险》。

3月9日，完成诗歌《特拉法特小镇——去莫雷诺冰川》。

3月11日，完成诗歌《火地岛》。

3月12日，完成诗歌《巴拉拿河》。

3月14日，完成诗歌《波哥大之思》。

同日，《中华读书报》刊载舒晋瑜的《张炜：缺乏"小个性"不会成为大作家》。

3月20日，陪同省委宣传部部长李群等在省作协进行调研座谈活动。

3月28日，完成诗歌《北冥——万松浦夜雨》。

4月，短篇小说《鱼的故事》被收入《中国人的动物故事》（第1辑），由南方日报出版社出版。

4月，长篇小说《外省书》由漓江出版社出版。

4月，长篇小说《丑行或浪漫》由漓江出版社出版。

4月，完成长篇散文《深爱之章》。

4月，《威海文艺》第1～2期合刊刊载洪浩的《迷失之惑与分裂之痛——读张炜新作〈能不忆蜀葵〉》《执拗而悲凉的眼神——读张炜长篇小说〈刺猬歌〉》《告诉你一个发现——读张炜散文集〈书院的思与在〉》。

4月，《中国文学研究》第2期刊载易瑛的《文化重建的艰难之旅——对20世纪90年代"人文精神"讨论的反思》，其中论及了张炜的人文主张。

4月，《出版广角》第4期刊载肖严的《从〈古船〉到〈刺猬歌〉——张炜的叙事美学与超历史的话语方式》。后又刊载于4月13日《中国艺术报》，修改改题为《从〈古船〉到〈刺猬歌〉：张炜的叙事美学》；又刊载于4月18日《中华读书报》，改题为《从〈古船〉到〈刺猬歌〉：张炜的"超历史"叙事美学》。

4月，《时代文学》第4期刊载张显翠的《论张炜〈九月寓言〉的"无技巧"叙述》。

4月12日，在复旦大学演讲。演讲后修订整理为《沉迷与超越——在复旦大学的演讲》。

4月13日，在上海作家协会演讲。演讲后修订整理为《言说的细部——在上海作家协会的演讲》。

4月14日，《文汇报》刊载陈熙涵、李建萍的《文学的力量来自灵魂——作家张炜作客东方讲坛谈写作的可能性》。

4月16日，《财经时报》刊载李达菲的《〈刺猬歌〉与时代短兵相接》。李达菲指出："作者拂开了时代繁荣的表象，让我们看到了人性面临的生存与道德困境、突围无望的尴尬与沮丧以及底层群体的生存真相。""可以说这是一部作者与时代短兵相接的书，是一部表达正义与良知的书。"

4月17日，在北京师范大学演讲。演讲后修订整理为《在半岛上游走——在北京师范大学的演讲》。张炜说："在近二十年的时间里，我不停地在胶东半岛上游走。我原来有个野心，就是想把半岛上的每个村子都跑遍，结果做了大量的录音、笔记，还搜集了一些民歌。遇到老人，只要是阅历广的，我就想和他攀谈。但是后来发现，要真的走遍也非常困难，所以到现在我只走了部分地方。但是我看到的听到的，已经整理装满了好几个箱子。也许这些资料一辈子都用不上，都不能直接地把它写进作品里去，但是走和没走是不一样的。任何作家可能都未必如数地把自己的经历写进作品中，但我想重要的是拥有这些经历，这可以改变他，改变他的感觉，扫除他的疲惫。"（张炜：《在半岛上游走——在北京师范大学的演讲》，载《张炜文集》第38卷，作家出版社2014年11月出版，第321页。）

同日，在北京师范大学文学院演讲。演讲后修订整理为《丛林秘史或野地悲歌——关于〈刺猬歌〉的对话》。张炜说："我曾经说过，如果熟悉了齐文化的特点，再读这部作品就不会过多地与魔幻等文学手法挂钩，因为胶东——东夷这个地方的自然环境，它的文化，它的土地风情，这些文化要素，不光读《刺猬歌》，包括以前的《蘑菇七种》《古船》和《九月寓言》，它们的气都是相通的，都在齐文化的笼罩之下、在它的气脉下游走。当代文学批评使用的学术概念，要与中国当下和世界当下的文学话语'接轨'，这当然很好，但在我看来，还要更相信土地的力量，更相信自己出生地文化的长久滋润。《古船》和《九月寓言》，当年将它们与马尔克斯挂钩的人太多了，《刺猬歌》也一样。""《刺猬歌》中的万物有灵并不是一种技法，更多的是童年感受，是齐文化给予我的东西。"（张炜：《丛林秘史或野地悲歌——关于〈刺猬歌〉的对话》，载《张炜文集》第38卷，作家出版社2014年11月出版，第311～312页。）

4月19日，《吉林日报》刊载石明斌的《刺猬：童话抑或寓言——读〈刺猬歌〉》。

4月20日，在烟台参加萧平文学创作报告会暨鲁东大学作家群展室揭牌仪式，并为鲁东大学作家群展室揭牌。同时，代表山东省作协授予萧平"祝贺萧平先生文学创作五十周年"纪念牌。其间，还为鲁东大学文学院复刊的《贝壳》题词："贝壳文学社，作家之摇篮"，"愿《贝壳》永远办下去"。

4月26日，《文学报》刊载陈竞的《山东省作协主席、作家张炜来沪演讲表示：应警惕伤害文学的三种写作》。张炜认为，"职业化写作、没有灵魂的写作和顺从强势话语的写作"，是对文学的致命伤害。

4月28日，在济南参加山东省作协、省文联工作会议开幕式。开幕式后，主持召开省作协五届二次全委会并讲话。

5月，完成"大河小说"《你在高原》之九《荒原纪事》第4稿。

5月，《世界文学评论》第1期刊载袁诠的《张炜小说对拉美魔幻现实主义的借鉴》。袁诠指出，张炜小说对拉美魔幻现实主义的借鉴，主要是源自内在精神的借鉴，而不是形式与技巧的借鉴。"张炜小说的魔幻风格是中国色彩的魔幻，他小说中民间传说的运用，自然万物的灵性，人物的朴实、迷信等等，无一不是中国民间特有的，他的诗意的语言是拉美魔幻现实主义所没有的，但是却十分到位地渲染了小说的魔幻氛围，并且表现出一种浪漫的神秘。"

5月，《钟山》第3期刊载何平的《张炜创作局限论》。

5月，《中文自学指导》刊载谢俊的《看〈当代〉》，评介发表于《当代》2007年第1期的长篇小说《刺猬歌》。

5月，《武警工程学院学报》第3期刊载辛凤的《浅谈张炜小说〈九月寓言〉的叙事艺术》。

5月，《荆门职业技术学院学报》第5期刊载上官政洪的《张炜小说的叙事模式》。上官政洪指出："纵观张炜的长篇小说创作，它们大致包含了两种类型的叙事：受难叙事和流浪叙事。这两类叙事往往呈现出既各自独立又交叉融合的趋势，它们既是对历史与现实的追忆与记录，也是寄托张炜乡村情思的浪漫之旅。"

5月，《现代语文》第13期（5月上旬刊·文学研究）刊载高庆华、王远舟、甄琦的《"经典阴影"与生命体验交融下的野地之恋》，评长篇小说《九月寓言》。

5月4日，参加王安忆作品讨论会并发言。发言后修订整理为《时间的检验和鉴别》。

5月5日，参加《当代作家评论》文学讨论会并发言。发言后修订整理为《小说状态：预测与感想》。

5月11日，《文汇读书周报》刊载陈思和的《〈刺猬歌〉》。

5月17日，《文学报》刊载徐春萍的访谈《心中有一杯滚烫的酒　眼里有一片无边的荒——关于长篇小说〈刺猬歌〉的访谈》。

5月18日，在万松浦书院主持第九届徐福故里文化节暨《徐福志》首发式。

主持第九届徐福故里文化节暨《徐福志》首发式

6月，长篇小说《刺猬歌》选载于《长篇小说选刊》特刊第2卷，篇末注明"2005年11月至2006年3月写于济南、万松浦，2006年7月至9月改于济南、万松浦"，并注明"选自人民文学出版社"。

同期，发表张炜关于《刺猬歌》的创作谈《情感有无限的思想》。

6月，鲁东大学文学院学生会社团部、树人文学社主办的《贝壳》第3期刊载董凡汇的《鲁东大学作家群纪行》和宋飞等的《萧平、王蒙、张炜访谈录》。

6月，《枣庄学院学报》第3期刊载苏永前的《传奇传统的当代遇合——重读张炜〈九月寓言〉》。苏永前指出，《九月寓言》受《聊斋志异》及中国民间传奇的影响，"以野地为背景，通过传奇人物的塑造、传奇文本的融入以及历史的传奇化，创造了一个充满异幻色彩的传奇世界，从而使历时悠久的传奇传统借助于厚重的民间大地，重新回到了当代知识分子创作中"。

6月，《江西科技师范学院学报》第3期刊载汤克兵的《本真生命与诗意人生——〈九月寓言〉文本阐释》。

6月，《当代小说》6月号下半月刊刊载上官政洪的《延续与突破——评张炜〈刺猬歌〉》。

6月2～6日，中国作协副主席高洪波带领"中国作家看潍坊"代表团到潍坊采风。其间，张炜专程看望代表团全体作家，并参加了代表团前期采风活动。

6月9日，随笔《完美永远被向往，却难以抵达》在《文汇报》发表。此文是张炜为《一生的文学基础：张炜喜欢的散文》《一生的文学基础：张炜喜欢的小说》写的序。

6月14日，《大河报》刊载何向阳的《奔跑着廖麦》，评长篇小说《刺猬歌》。

6月19日，《泰山周刊》刊载袁滨的《理想主义光辉下的大地诗情》，评长篇小说《刺猬歌》。

6月20日，省作协创联部和时代文学编辑部主办的师承瑞散文集《故乡的明月》研讨会在济南举行。张炜致信祝贺。

6月30日，《羊城晚报》刊载董凤鼎的《〈刺猬歌〉为什么"利刺"惊人？》

7月，随笔《灵异、动物、怪力乱神——随笔四题》在《书城》2007年第7期发表。

7月，编选的《一生的文学基础：和张炜一起读散文》《一生的文学基础：和张炜一起读小说》由中国工人出版社出版。本年，还将编选这两本书的感受和访谈辑录整理为《选择记忆中的大感动》，后收入作家出版社2014年11月出版的《张炜文集》第40卷。

7月，在龙口完成"大河小说"《你在高原》之十《无边的游荡》第3稿。

7月，《中州大学学报》第3期刊载周亮的《错综复杂的时空处理手法——〈百年孤独〉与〈古船〉比较》。

7月，《扬子江评论》第4期刊载姚涵的《诗性情怀的坚守——读张炜的〈刺猬歌〉》。

7月，《安徽文学》7月号下半月刊刊载张崇员、吴淑芳的《叙事的重复与超越——评张炜小说〈刺猬歌〉》。

7月，《周口师范学院学报》第4期刊载周亮的《从家族的毁灭中孕育民族的新生——〈百年孤独〉与〈古船〉主题与写作手法比较》。

7月，《甘肃社会科学》第4期刊载徐宏勋、张懿红的《20世纪90年代以来乡土寓言小说的现代性反思——以〈九月寓言〉为例》。

7月，《当代文坛》第4期刊载王渭清、赵德利的《灵与肉双重欲求冲突中的苦魂——〈白鹿原〉与〈古船〉中女性形象的个案比较阐释》。

7月，《黄河文学》第7期刊载孟静云的《永无止境的精神之旅——张炜小说的矛盾与冲突》。

7月，《时代教育》第14期刊载王光英、张广奎的《从精神分析看〈古船〉里的隋抱朴》。

7月3日，在济南参加山东省作协全体人员会议。

7月5日，随笔《在大地上诗意地游走》在《文艺报》发表。

7月12日，《文艺报》刊载鲁作联的《山东长篇小说创作活跃》，其中谈及了长篇小说《刺猬歌》。

8月，诗歌《特拉法特小镇——去莫雷诺冰川（外三首）》在《当代小说》2007年第8期发表。

8月，《文艺争鸣》第8期刊载张艳梅的《齐鲁作家的文化伦理立场——以莫言、张炜、尤凤伟为例》。张艳梅指出："山东文学在20世纪中国文学整体框架中，无疑占据举足轻重的位置，盖因其不仅自觉纳入新文学发展潮流，且始终保持自身鲜明的文化特征和精神结构。具有深重忧患意识、坚定道德理性和真诚现实关怀的山东作家，在创作中努力彰显齐鲁文化的潜在力量，强化现代性的价值诉求；其文学理想深深根植于人道主义与生命关怀，显示出厚重的传统文化底蕴及民间话语特色。"

8月5日，随笔《言说的细部——当下写作的可能性（张炜在上海市作家协会的演讲）》在《解放日报》发表。

8月16日，《文艺报》刊载石圆圆的《融合与对峙——〈刺猬歌〉中人与精灵世界的穿梭》。

8月19日，在万松浦书院参加山东省学术（创作）基地、山东省广电总局

（台）工作室揭牌仪式。

8月26日，《人民日报》刊载何启治的《璀璨星空的一角——向你推荐张炜的选本》。

9月，长篇小说《古船》被列入"中国文库"，由人民文学出版社出版。

9月，《商洛学院学报》第3期刊载田金长的《大地上自由的歌唱——论〈九月寓言〉的民间文化形态》。

9月，《河南师范大学学报》（哲学社会科学版）第5期刊载曹书文的《〈古船〉：当代家族叙事的经典文本》。

9月，《文学自由谈》第5期刊载李林荣的《今夏文事拍案惊奇》。

9月，《语文学刊》（A版）第7期刊载陈青、金永平的《融入野地的皈依——略论张炜20世纪90年代小说创作走向》。

9月12日，完成《韩青画集》序《猫是经典动物》。

同日，《潍坊晚报》刊载周习的《力透纸背的焦虑》，评长篇小说《刺猬歌》。

9月13日，《中国教育报》刊载《一位土地记忆者的笔记——张炜与北师大师生谈新作〈刺猬歌〉》，介绍4月17日张炜与北京师范大学文学院师生的交流情况。

9月14日，完成邱勋长篇小说《雪国梦》（中国少年儿童出版社2010年9月出版）序。

同日，《金融时报》刊载唐小惠的《齐文化流淌在我的血管里——访作家张炜》，重点谈长篇小说《刺猬歌》。

9月19日，将有关文学访谈辑录整理为《民间文学：视而不见的海洋》。张炜说："我相信自己的写作深得民间文学之惠。这是因为一部分受惠是自觉的，而许多时候是不自觉的。我出生地的民间文学资源丰厚无比，登州海角一带流传的故事多如牛毛，而且地域色彩鲜明——大多有关海仙奇幻之类。这是齐文化的一部分。一方面它的总体色调决定和影响了我的写作，另一方面也常常作为一种具体的使用出现在我的作品中。如《古船》《九月寓言》《柏慧》都直接使用了这一地区的民间故事。特别是《刺猬歌》，这方面的印记就更多。""我认为自己语言的形成，也深受当地民间文学叙述格调的影响。一个地方有一个地方讲故事的方式，其节奏和色彩都有或细微或重大的区别。我知道自己得益于当地流传了千百年的故事，以及讲故事的方式。"（张炜：《民间文学：视而不见的海洋》，载《张炜文集》第40卷，作家出版社2014年11月出版，第11页。）

同日，将有关文学访谈辑录整理为《写作：20世纪80年代以来》，回顾自己的写作历程。张炜说："我记得在20世纪80年代之初的创作过程中，具体到一部作品，比较起来'改革'如何想得很少，而总是为生活、为人的历史、为人性、为屈辱和荣誉、为爱情、为诗意……这一切所激动。当然这些都离不开特定的时代内容——只是离不开而已。"（张炜：《写作：20世纪80年代以来》，载《张炜文集》第40卷，作家出版社2014年11月出版，第39页。）

9月26日，在中国海洋大学演讲。演讲后修订整理为《阅读：忍耐或陶醉》。

9月27日，在中国石油大学黄岛校区演讲。演讲后修订整理为《20年的演变——在中国石油大学的演讲》。张炜说："我们生活的时代，生活的国度，需要有强烈人文关怀的人。文学家、思想家、道德伦理家，是我们这个时代最需要最欠缺的。我们需要这一部分人去平衡已经倾斜的世界，他们的工作无比光荣和伟大。要立志做一个无论遇到多少挫折、碰多少壁都不回头的思考者。

这样的一生可能会有挫折和困难，但未敢忘记的是，我们生活在一个物质和技术过分张扬、不管不顾的时代，人类因此遭到了空前的浩劫，或者可以说已迈入了毁灭的边缘。所以说今天最急切最需要的，仍然是一个顶住了世俗压力、不断开拓自己思想的人。要不懈地追求完美，保持思想的能力，以此遏制技术主义、物质主义对这个世界无可挽回的破坏。"（张炜：《20年的演变——在中国石油大学的演讲》，载《张炜文集》第39卷，作家出版社2014年11月出版，第254页。）

9月29日，在龙口参加万松浦书院秋季讲坛开坛仪式并致辞。致辞后修订整理为《万松浦书院开坛》。

同日，完成随笔《天府之吟——读刘小川"品中国文人"》。后发表于《小说界》2008年第1期。

10月，散文随笔《北国的安逸》《我跋涉的莽野——我的文学与故地的关系》《山屋》分别被收入《21世纪中国经典散文·百味人生》《21世纪中国经典散文·天涯游踪》《21世纪中国经典散文·情思掠影》，由内蒙古文化出版社出版。

10月，序文《百味集·序》被收入自牧著《淡庐序跋》，由中国文史出版社出版。同时，收录了自牧的《〈散文与随笔〉编后记》。

10月，《漯河职业技术学院学报》第4期刊载常梅的《走在时代的边缘上——沈从文和张炜创作思想比较》。常梅指出："这两位不同时代的作家，最终以他们突出的'保守主义'姿态、浪漫主义的诗人气质、作品中渗透着的浓烈的生命意识、对现代文明的强烈批判和质疑精神、重建人性神殿的意识而跨越了时空的界限。""沈从文和张炜都用自己的审美标准在文学创作中建立起了逆时流的人性美的'希腊小庙'，用理性的智慧烛照人生。他们走在了时代的边缘上，也走在了道德审美的正中央。"

10月，《文艺争鸣》第10期刊载石小寒的《论〈刺猬歌〉中的廖麦》。

10月，《名作欣赏》第19期刊载詹玲的《落寞的农耕坚守者——读张炜的〈刺猬歌〉》。

10月15日，在万松浦书院主持山东省作协文讲所、万松浦书院联合举办的山东省青年作家高级研修班开班式。19日，为研修班学员答疑解惑。与学员对话后修订整理为《文学散谈四题——在万松浦书院座谈》。

10月18日，《中国国土资源报》刊载峻岭的《暮访万松浦书院》。

10月30日，在莱芜为山东省青年作家高级研讨班学员授课，阐述对当前文学创作问题的看法，并与学员座谈交流。

10月31日，在济南与中国人民大学文学院博士生任南南对话，畅谈了对文本、批评、经典化、文学转型等问题的看法。对话后修订整理为《张炜与新时期文学》，发表于《南方文坛》2008年第2期。

11月，《管子学刊》第4期刊载刘迎秋、唐长华的《儒家文化精神对山东新时期小说的影响》，其中论及了儒家文化精神对张炜小说的影响。

11月，《当代文坛》第6期刊载王春林的《空洞苍白的自我重复——张炜长篇小说〈刺猬歌〉批判》、曾平的《乌托邦的终结——评张炜的长篇小说〈刺猬歌〉》，分别对《刺猬歌》做出了否定和肯定的评价。

11月，《合肥学院学报》（社会科学版）第6期刊载任雪山的《张炜〈刺猬歌〉浓郁的生态思想》。

11月，《湖南社会科学》第6期刊载吴培显的《"沉默"与"爆发"的双重忧患——阿Q、王秋赦、赵多多形象并论》。

11月，《聊城大学学报》（社会科学版）第6期刊载刘增杰的《文本解读中的超越与发展——〈纯然与超越——张炜小说创作论〉序》。此序是为王辉著《纯然与超越——张炜小说创作论》所作。

11月，《商情：科学教育家》第11期刊载赵学志、周景耀的《试论〈古船〉中潜隐生长的浪漫压抑》。

11月，《当代小说》11月号下半月刊刊载刘爱萍的《男人心中的理想——有感于张炜〈丑行或浪漫〉》。

11月11日，在山东省作协主持召开座谈会，为参加全国青年作家创作会议的青年作家送行。

11月25日，山东省作家协会文学研究所、影视创作委员会主办的牛余和小说《姚爷》暨电影《黑白往事》研讨会在济南举行。张炜专门从外地打电话祝贺。

12月，散文随笔集《秋天的大地》由中国青年出版社出版。

12月，王辉著《纯然与超越：张炜小说创作论》由中国社会科学出版社出版。

12月，《商丘职业技术学院学报》第6期刊载李春的《论〈古船〉的时间意识》。

12月，《大众科学》第23期刊载徐旭刚的《精神守望者的田园生活的变迁》。

中国青年出版社2007年12月版

12月，与蒋子龙等赴俄罗斯访问。其间，拜访列夫·托尔斯泰故乡雅斯纳亚·波良纳等地。

12月19~20日，在济南参加大型动漫《孔子》创作研讨会并发言。

本年，长篇小说《九月寓言》英文版由美国Homa & Sekey Books公司出版，译者特伦斯·拉塞尔（Terence Russell）和Shawn Xian Ye。

本年，完成随笔《散文写作答问——答〈中华散文〉》。张炜说："说到我自己的散文，大概有三篇稍好：《穿行于夜色的松林》，以少胜多，心情遥远。《融入野地》，有些冥思，心情遥远、真挚。《筑万松浦记》，讲了真故事，朴素。"（张炜：《散文写作答问——答〈中华散文〉》，载《张炜文集》第40卷，作家出版社2014年11月出版，第50页。）

本年，将有关长篇小说《刺猬歌》的访谈辑录整理为《时代之蛊和东夷之风——〈刺猬歌〉访谈辑录》。张炜说："我喜欢秋天。我的作品常常写到秋天，如《九月寓言》《秋天的愤怒》《蘑菇七种》，许多，都在写这个季节里的故事。我如果有好的构思，也总想放到秋天再写，这样身上有力气，也会有较好的发挥。具体说到这本书，更多地写到了秋天，因为一到了秋天，刺猬就活泼起来了。"（张炜：《时代之蛊和东夷之风——〈刺猬歌〉访谈辑录》，载《张炜文集》第39卷，作家出版社2014年11月出版，第208页。）

2008

1月、3月，长篇小说《古船》英文版由美国HarperCollins Publishers分别在英国和美国出版。

1月，随笔《阅读：忍耐或陶醉》在《天涯》2008年第1期发表。

1月，随笔《观察文学的四个角度——在北京师范大学的演讲》在《小说评论》2008年第1期"小说讨论会"专栏发表。

同期，刊载张清华的《在时代的推土机面前》、安静的《〈刺猬歌〉的悲剧美学倾向》、曹霞的《〈刺猬歌〉中的"人与自然"》、薛红云的《〈刺猬歌〉中的"大地女儿"形象》，评长篇小说《刺猬歌》。

1月，散文《生存》被收入《21世纪年度散文选：2007散文》，由人民文学出版社出版。

1月，随笔《城市与现代疾患》被收入《2007中国最佳随笔》《2007年中国随笔精选》，由辽宁人民出版社、长江文艺出版社出版。

1月，散文集《张炜散文》被列入"中华散文插图珍藏版"，由人民文学出版社出版。

1月，随笔集《匆促的长旅》被列入"中国当代文学大家随笔文丛"，由中国海关出版社出版。

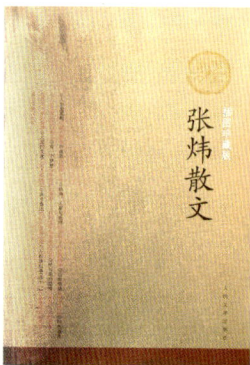

人民文学出版社2008年1月版

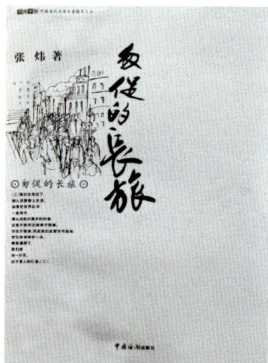

中国海关出版社2008年1月版

1月，完成诗歌《雅斯纳亚·波良纳》《圣彼得堡街角——陀思妥耶夫斯基故居》等。

1月，丁帆等著《中国乡土小说史》由北京大学出版社出版。该书指出："论及寻觅神秘的野性旷野，我想到张炜以《九月寓言》为标志的一些20世纪90年代乡土小说。文化批判与社会批判的色彩都明显地减弱或退去了。'返回土地''融入野地'等等字眼在上述作品中如此频繁地出现，让我们再一次被永恒的土地亲情与农业神话所震动，也看到在野地神话的遥遥指引下小说家由文化批判进入的文化坚守。"

1月，《漳州师范学院学报》（哲学社会科学版）第1期刊载胡明贵的《论张炜小说〈古船〉意象的隐秘含义》。

1月12日，在济南参加山东省文联创作室主办的王树理长篇小说《黄河咒》研讨会并发言。

1月19～21日，在济南参加政协第十届山东省委员会第一次会议。

2月，《文艺争鸣》第2期刊载王辉、李琳的《论张炜小说创作中的"自在性"》。王辉、李琳指出："在30多年的创作生涯中，他用大量的小说记录了20世纪风云变幻的时代和这个时代人们五彩缤纷的生活，同时，在他不断地创作探索与实践中，创作逐步呈现出存在主义的思想，寄予了他对'自然''大地''人'之本体存在的形而上的哲性思考。"

2月，《安徽文学》2月号下半月刊刊载阮阿陶、李凤莲的《论张炜小说的生态性》。

2月，《当代小说》2月号下半月刊刊载张杰的《魔幻现实主义与魔幻主义现实——张炜〈刺猬歌〉叙事的另一种结构与解构》。

2月，《文学教育》第2期刊载罗巧玲的《〈古船〉与〈断头台〉比较》。

2月29日，在济南参加十届山东省政协科教文卫体委员会第一次全体会议。

3月，诗歌《来龙口的火车》被收入《到诗篇中朗诵》，由中国文史出版社出版。

3月，《南京师范大学文学院学报》第1期刊载祁春风的《论张炜的〈刺猬歌〉及其创作困境》。

3月，《长江师范学院学报》第2期刊载王艳玲的《"天人合一"文化精神的回归——解读张炜》。

3月，《小说评论》第2期刊载张业松的《〈刺猬歌〉的印象和疑问（〈当代创作六题〉节选）》。

3月，《钟山》第2期刊载陈应松的《语言是小说的尊严——以张炜〈丑行或浪漫〉为例》。

3月，《安徽文学》3月号下半月刊刊载王妮的《心灵的挣扎——〈古船〉中隋氏三兄妹心灵探寻》、张静的《无处逃遁的"刺猬"——读张炜的〈刺猬歌〉》。

3月，《阅读与写作》第3期刊载林清的《论〈古船〉家族观念的审美特色》。

3月，《语文学刊》3月号上半月刊刊载郭海波的《被遮蔽的与被揭开的——以〈丑行或浪漫〉为例谈男性视角下的女性形象》。

3月6~8日，到威海市考察文学工作，并应邀参加威海市庆祝"三八节"女作家座谈会。考察期间，张炜对威海的文学工作、文学创作、威海作家群在全省文学界的作用和地位给予积极评价，并对今后发展提出希望和要求。同时，他还就民族形象、文化传统、环境与文学、文学与交流等问题与作家们进行了座谈交流。有关谈话后修订整理为《远和静，环境和文学》。

3月26日，在福州参加中国作协七届五次主席团会议。

同日，《中华读书报》刊载记者舒晋瑜的《张承志、王安忆、阿来、刘震云、张炜谁最杰出？——第六届华语文学传媒盛典提名名单公布，折桂者盖头4月13日揭开》，长篇小说《刺猬歌》获提名。

3月26~27日，在福州参加中国作协七届三次全委会。

4月，完成散文《东部：美城之链》。

4月，完成"大河小说"《你在高原》之三《海客谈瀛洲》第4稿。

4月，接受《深圳特区报》记者采访。访谈后修订整理为《写作，我们这一代——答〈深圳特区报〉》。张炜说："我们这一代写乡村的作品比例大，是事实，这是由我们的生活经历所决定的。乡土是个广义的概念，每个作家都应该有自己的乡土，从小在城市中长大的作家，城市就是他立足的乡土。没有根的作家很难成为大作家，就像没有根的树不能活一样。"（张炜：《写作，我们这一代——答〈深圳特区报〉》，载《张炜文集》第39卷，作家出版社2014年11月出版，第223页。）

4月，《北京理工大学学报》（社会科学版）第2期刊载邓鹏、陈镭的《结构·群像·父子密码——从高尔斯华绥世家系列与张炜家族系列看家族文化文学审美》。

4月，《现代语文》第10期（4月上旬刊·文学研究）刊载刘皓的《浅析苏童、张炜小说中的两个意象："逃"与"跑"》。

4月18日，完成《夏海涛散文集》序《自然温婉的叙说》。

同日，完成《郭廓诗集》序《仁慈的心和诗人的心》。

4月20日，完成散文《济南：泉水与垂杨》。

4月30日~5月7日，赴韩国参加第二届中韩作家会议。

5月，随笔《谈简朴生活》在《绿叶》2008年第5期发表。

5月，散文《筑万松浦记》《冬夜笔记》分别被收入"天涯文丛"《山居心情》《秋华与冬雪》，由江苏文艺出版社出版。

5月，参加山东省委宣传部等九单位联合举办的省宣传文化系统大型赈灾义演募捐电视晚会并捐献善款。

5月，《濮阳职业技术学院学报》第2期刊载茹英的《试论〈能不忆蜀葵〉的"还乡"情结》。

5月，《中国社会科学》第3期刊载王光东的《"主题原型"与新时期小说创作》，其中论及了《三想》《问母亲》《我的老椿树》《梦中苦辩》《九月寓言》《刺猬歌》等。后又刊载于《当代作家评论》2008年第6期。

5月，《商丘职业技术学院学报》第3期刊载刘丹博、王雅的《个人生存状态的探求——〈家族〉的新历史主义表现》。

5月，《沙洋师范高等专科学校学报》第3期刊载上官政洪的《"田园"情结遮蔽下的"仿祖"意念——张炜家族小说的另一种解读》。

5月，《漯河职业技术学院学报》第3期刊载汪昌英的《浅论〈古船〉中的文化人格》。

5月，《荆门职业技术学院学报》第5期刊载上官政洪的《炼狱狂欢：张炜的民间叙事透视》。上官政洪指出："在张炜的小说中，存在着明显相互对峙的两种叙事形态：文人叙事与民间叙事。前者我们也可以称其为启蒙叙事……如《秋天的愤怒》《秋天的思索》《古船》《家族》《柏慧》《你在高原·西郊》《怀念与追记》等等。……其民间叙事形态小说的代表作至少有：《九月寓言》《丑行或浪漫》《蘑菇七种》《庄周的逃亡》《金米》《刺猬歌》等。相对于以理性为主要特征的文人叙事形态的作品，张炜民间叙事形态的《九月寓言》等有着截然不同的叙事元素，民间故事、方言写作、动物传奇、夸张、怪诞、迷狂、浪漫、激情等等是其中最常见的构成要素。"

5月，《常熟理工学院学报》第5期刊载王爱松的《独白型小说的利与弊——张炜小说艺术的得失》。

5月，《文艺争鸣》第5期刊载王鸿生的《为大自然复魅——关于〈刺猬歌〉及其大地文学路向》。

5月，《当代小说》5月号下半月刊刊载张杰的访谈《齐文化的海边莽林——张炜访谈》。

5月28日，在济南主持召开山东省作协五届三次全委（扩大）会议并做总结讲话，总结省作协2007年工作，部署2008年任务。

5月29日～6月3日，山东省作协文学讲习所在寿光举办第十六届作家班。6月1日，专程前往寿光，为作家班学员授课。授课稿后修订整理为《告诉我书的消息》。

6月，诗集《张炜的诗》（自印本）被列入"琴韵录丛书"，由水云社印行。此书限量印制260册，每册均有编号。

6月，《时代教育》（教育教学版）第6期刊载刘蕾的《矛盾中的真性情——探析张炜散文创作的精神特质》。

张炜的诗

水云社
2008

水云社2008年6月印行

6月，《语文学刊》第12期刊载孙金金的《诗意的叙述——评张炜长篇新作〈刺猬歌〉》。

6月，《现代语文》第16期（6月上旬刊·文学研究）刊载谢建文的《张炜小说创作的"自然"特质》。

6月，《经济研究导刊》第16期（6月上旬刊）刊载索晓海的《道德中心主义的张扬与消解——〈古船〉与〈白鹿原〉比较谈》。

6月，《语文教学与研究》第18期刊载陈美兰的《〈古船〉：现实底版上的魔幻色彩》。

6月18日，《中华读书报》刊载李军的《对张炜作品的"症候式研

究"》。

6月26日，《鲁中晨报》刊载王万顺的《去蔽与敞亮——对张炜小说创作的精神分析》。

7月，随笔《只有诗才能引领》在《北京劳动保障职业学院学报》2008年第3期发表。

7月，完成朱慧君小说《非常初三》序《面对全部的痛苦和欣悦》。

7月，《当代作家评论》第4期刊载王光东的《意义的生成——张炜小说中的"主题原型"阐释》、周立民的《故土、幻象与精神困惑——谈张炜的长篇小说〈刺猬歌〉及其他》。

周立民指出："在张炜的小说中，理想与现实的矛盾冲突几乎达到水火不容的地步。理想的旗帜总是高高飘扬，它没有屈服于现实，但却往往为现实撕碎。理想者仿佛除了殉道别无选择，这当然是极其悲壮的结局。我们在肯定这种出淤泥而不染、殉道的价值的同时，也应当反思它的局限。这些人是不是太爱护自己的精神纯洁性，反而放弃了生命的丰富性、壮阔性。这样的局限既限制了他们的思考，使之呈现出单一、狭隘的思路，也限制了他们的行动，使自己不能在杂草丛生、藏污纳垢的大千世界中摸爬滚打而只能使生命在自我封闭中越来越苍白甚至枯萎。……如果说'恶'是如此强大和复杂的话，那么'善'用这样单纯的力量又怎么有战胜它们的希望呢？这一点，恐怕连爱着他人物的作者也意识到了，他其实也记下了他们内心的迷茫和困惑，这个困惑实际也是这个时代知识分子的共同困惑，读过《刺猬歌》我们也不能不自问：这个时代，知识分子何为？"

7月，《山东师范大学学报》（人文社会科学版）第4期刊载王寰鹏、张洋的《用"野性思维"抗拒现代性的后果——〈刺猬歌〉再解读》。

7月，《鲁东大学学报》（哲学社会科学版）第4期刊载路翠江的《张炜小说的故土情结及其文化意蕴》。

7月，《现代语文》第19期（7月上旬刊·文学研究）刊载谢建文的《张炜小说的大地情怀——〈九月寓言〉细读》。

7月1日，在万松浦书院主持院刊《背景》（电子版）研讨会。

7月2日，河北邢台《牛城晚报》刊载孙永庆的《融入野地的歌者——读张炜〈我选择，我向往〉》。

7月17日，《济南日报》刊载郭廓的《故土、史诗与寓言童话——读张炜诗集〈家住万松浦〉》。

7月18日，在万松浦书院完成长篇散文《芳心似火——兼论齐国的恣与累》初稿。8月21日在龙口长胜村完成第2稿，9月11日改定。

8月，《"丛林秘史"或野地悲歌——张炜与北师大师生关于〈刺猬歌〉的对话》《在半岛上游走——张炜北京师范大学演讲实录》在《励耘学刊》（文学卷）2008年第7辑发表。

8月，随笔集《楚辞笔记》被列入"名家经典解读丛书"，由上海人民出版社出版。

8月，范颖、亓丽著《中国文学简史》由中山大学出版社出版。该书在"改革小说"中论及了中篇小说《秋天的愤怒》。

8月，《宁波职业技术学院学报》第4期刊载王吉鹏、王丽丽的《试析张炜小说中的鲁迅因子》。

8月，《乐山师范学院学报》第8期刊载师恭叔的《白鹿之"原"和濒海之"船"——地域文化学的个案研究》。

8月，《现代语文》第22期（8月上旬刊·文学研究）刊载董慧天的《精神的守望与抵抗——张炜〈九月寓言〉简论》。

8月1日，在万松浦书院参加陈占敏长篇小说《悬挂的灵魂》《金童话》研讨会并发言。发言后修订整理为《谁读齐国老顽耿》，发表于《山东作家》2008年第3期（10月出版），并注明此文是胡鹏根据张炜在《金童话》《悬挂的灵魂》讨论会上的发言整理的。

8月16日，完成吴义勤、王素霞著《我心彷徨——徐讦传》（上海三联书店2008年11月出版）序《写徐讦的书》。

9月，散文集《张炜散文精选集》被列入"中国名家散文精选系列"，由新世界出版社出版。

9月，《榆林学院学报》第5期刊载胡明贵的《山水田园意象与张炜的小说创作》。后又刊载于《楚雄师范学院学报》2008年第5期。

9月，《聊城大学学报》（社会科学版）第5期刊载张金凤的《超越文本的意义阐释——评王辉的〈纯然与超越——张炜小说创作论〉》。

新世界出版社2008年9月版

9月，《上海文学》第9期刊载郜元宝的《走出当代文学精致的瓮》，评张炜的文学创作。

9月，《大众文艺》（理论版）第9期刊载徐旭刚、李旭的《启蒙坚守者家园理想的悖论》，评长篇小说《刺猬歌》。

9月，《山东画报》第17期刊载"创刊20周年专刊·20位风云人物回眸"，张炜位列第一。此刊以《张炜：永恒的真情》为题进行了图文介绍。

9月，《现代语文》第25期（9月上旬刊·文学研究）刊载李春茂的《在回望中搁浅　在畅想中起航——论〈古船〉中人物身上的文化意蕴》。

9月，《小说评论》第S2期刊载范成祥的《论张炜小说〈刺猬歌〉的叙事

特色》。

9月16日，写贺词《贺〈山东文学〉600期》："诗性是一个民族的核心隐秘，它不仅体现了人类追求完美的一种本能，还包含了更多的不可思议的能量。"

9月18日，在四川眉山参加刘小川作品研讨会并发言。发言后修订整理为《青春的力量和真诚——眉山谈小川》。

同日，在四川眉山传统文化论坛演讲。演讲后修订整理为《大物与大言之间——在眉山"传统文化论坛"的演讲》。张炜说："人类需要精神力量、需要理想，这对于一个族群是最终起决定作用的。信仰的力量让我们对物质主义有所控制，有深刻的警觉，以抵御它的腐蚀力。""要增加自己的力量，就必然要进入伟大的传统之中，这才是信心之源。也许我们今天和物质主义的对抗是一场悲剧，但是没有这种对抗，将是更大的悲剧。"（张炜：《大物与大言之间——在眉山"传统文化论坛"的演讲》，载《张炜文集》第39卷，作家出版社2014年11月出版，第242、244页。）

9月19日，《眉山日报》刊载刘敏的《知名作家细"品"刘小川》。

10月，随笔《纯文学的当代境遇》被收入《稷下大讲堂——文化名人报告文集》，由山东文艺出版社出版。

10月，随笔《有一个梦想》被收入《春之声：散文家笔下的改革开放》，由人民文学出版社出版。

10月，长篇小说《刺猬歌》入选国家新闻出版总署第二届"三个一百"原创图书出版工程，并获颁新闻出版总署证书。

10月，《十堰职业技术学院学报》第5期刊载沈敏敏的《失语在归来后——论张炜的"野地"之路》。

10月，《新乡学院学报》（社会科学版）第5期刊载崔东奇的《心灵的漂泊与停驻——论张炜长篇小说中的流浪意识》。

10月，《滁州学院学报》第5期刊载张太兵的《"寻根文学"研究综述》，其中论及了长篇小说《古船》。

10月，《安徽文学》10月号下半月刊刊载周金艳的《独语的尴尬——评张炜的散文创作》。

10月，《作家》第10期刊载师炜的《中西方文学中的"硬汉"形象探析——以海明威和张炜的创作为例》。

10月，《牡丹江大学学报》第10期刊载孙春凤的《怀念：深藏在心中的守望——论张炜小说〈怀念黑潭中的黑鱼〉的生态思想》。

10月，《太原城市职业技术学院学报》第10期刊载吴寒柳的《余韵风格文学形象中的移情机制——以〈边城〉和〈古船〉为例》。

10月，《现代语文》第28期（10月上旬刊·文学研究）刊载胡宁欣的《〈柏慧〉：启蒙者的困境与选择》。

10月16日，在北京师范大学国际研讨会上演讲。演讲后修订整理为《茂长的大陆——对美国文学的遥感》。张炜说："我想优秀的中国文学，仍然是追求传统的隽永，却又要保持新时代的生长力量。所以从这个意义上说，中国文学有进步也有退步，浮躁的现象可能是进步中的一个阶段，是打破诸多禁锢和僵化的一个必然的开端。总体上来说，中国当代文学是处于活跃丰富的一个时期，今后，只期待美国文学中最好的东西，与中国文学传统中最好的东西，相互补充；而不是相反，不是盲目鼓励粗粝率性猛烈再加上东方的阴暗和丑陋。这一点，任何一个冷静的、有良知的文学和思想者，都会正视，都不会推波助澜。"（张炜：《茂长的大陆——对美国文学的遥感》，载《张炜文集》第40卷，作家出版社2014年11月出版，第55～56页。）

同日，《人民日报》刊载冰虹的《恢弘的民俗画卷——简评〈刺猬歌〉》。

10月20日，在济南参加山东省作协深入学习实践科学发展观活动动员大会。

11月，长篇散文《芳心似火——兼论齐国的恣与累》在《小说界》2008年第6期发表。编者按指出："张炜在成为小说大家之前，曾经是诗人，即使现在，他也还是诗人。在这篇充满着奇思妙想的文字当中，他以诗一般的语言和意境，探寻了人类的情感、智慧、中华民族特有的传统和历史。……《芳心似火》是一本时代的'心书'——由心灵而出，为心灵而作。我们在这样的文字面前，觉得出一种火一般的情感和力量，一种惟有诗人和文学家才有的激情。"

11月，《贺〈山东文学〉600期》在《山东文学》2008年第Z1期（第10、11期合刊，总第600期）发表。

同期，刊载钟希高的《〈九月寓言〉的诗意追求》。

11月，短篇小说《东莱五记》在《人民文学》2008年第11期发表。

11月，完成随笔《书院随谈——答〈光明日报〉》。

11月，开始写"大河小说"《你在高原》之三《海客谈瀛洲》第5稿。

11月，杨政主编《山东当代文学史》由中国戏剧出版社出版。其中，专章论述了张炜的小说，专节论述了张炜的诗、散文。

11月，《管子学刊》第4期刊载唐长华的《道家文化精神对山东新时期小说的影响》，其中论及了道家文化精神对张炜小说的影响。

11月，《内蒙古师范大学学报》（哲学社会科学版）第6期刊载刘绪才的《张炜小说节奏美学论》。

11月，《山东师范大学学报》（人文社会科学版）第6期刊载陈爱强的《20世纪胶东文学与胶东文化》，其中论及了长篇小说《古船》《九月寓言》《家族》。

11月，《山东教育学院学报》第6期刊载许玉庆的《一部具有浓厚寓言色彩的心灵史诗——读张炜的长篇小说〈刺猬歌〉》。

11月，《南方文坛》第6期刊载黄发有的《重建理想主义的尊严——对近30年中国文学的一种反思与展望》，其中论及了长篇小说《九月寓言》。

同期，刊载孟繁华的《风雨飘摇的乡土中国——近年来长篇小说中的乡土中国》，其中论及了长篇小说《丑行或浪漫》。

11月，《太原城市职业技术学院学报》第11期刊载徐旭刚、李旭的《权力欲求的沉痛反思——论张炜上世纪80年代短篇小说的权力主题》。

11月，《四川教育学院学报》第11期刊载李超的《论〈古船〉道德理想的悖谬》。

11月，《语文学刊》第21期刊载许欣的《在自然中独唱——试论张炜散文的深层内涵及渊源》。

11月，《现代语文》第31期（11月上旬刊·文学研究）刊载蔡敏的《〈刺猬歌〉中的理想与现实的矛盾》。

11月24日，《烟台晚报》刊载赵剑平的《张炜与昌耀：诗人之憾》。

11月29日，《文汇报》刊载胡殷红的《张炜：回望历史与关注现实》。

12月，随笔《淳朴与坚定》（记戴高乐）在山东省关工委《关爱》创刊号发表。

12月，完成"大河小说"《你在高原》之二《橡树路》第3稿。

12月，冰虹、李波著《消费时代的山东文学研究》由中国文联出版社出版。该书以"荒野中的跋涉者"为题论述了张炜的文学创作，并重点分析了长篇小说《刺猬歌》。同时，选录了张炜的随笔《纯文学的当代境遇》。

12月，汪树东著《生态意识与中国当代文学》由中国社会科学出版社出版。该书多处论及张炜的文学创作，并以专章论述了"生态意识与张炜小说"，指出："在中国当代文学中，张炜的文学创作无疑占据着举足轻重的位置，他的《古船》和《九月寓言》等长篇小说影响深远。当然，更为关键的是，从20世纪90年代以来，张炜所坚持的道德理想主义对于市场经济带来的世俗化浪潮的反拨意义。但是要深入理解张炜的价值理想，就必须透彻地把握他对大自然的感悟和追思，他的创作和思想的隐秘核心就在于对自然的亲近中。"

12月，《南京师范大学文学院学报》第4期刊载汪树东的《生态意识与张炜的文学创作》。

12月，《河南工程学院学报》（社会科学版）第4期刊载猴英杰的《双重归逸：张炜小说价值倾向探析》。猴英杰指出："从张炜的文字来看，他似乎更多地继承了中国传统的文人气质。历史上的文人兼具儒道思想，他们在忧国忧民的同时又淡泊平和，不仅现实清醒又理想浪漫，既关心国计民瘼，同时更注重精神取向。而且难能可贵的是，有少数文人不仅仅从精神层面上追求一种皈依，还让人感受到他们在努力地去追求'知行合一'，将理想切切实实地转化为一种行动，从而达到灵与肉的双重归逸。晋代陶潜是一个最典型的例子，而在当代，张炜也至少从他的文字中体现了这种宝贵的倾向。"

12月，《阴山学刊》第6期刊载张昭兵、申欣欣的《承担·逆行·重建·放逐——张炜乡土诗性追求四步曲》。

12月，《东方论坛》第6期刊载张昭兵、申欣欣的《融入野地：还自然之魅——论张炜小说自然叙事的诗性追求》。

12月，《赤峰学院学报》（汉文哲学社会科学版）第6期刊载徐旭刚、李旭的《悖论与失衡：启蒙坚守者的另一种解读》，评长篇小说《刺猬歌》。

12月，《安徽文学》12月号下半月刊刊载刘冰的《神的孩子在跳舞——读张炜的〈九月寓言〉》。

12月18日，《文学报》刊载记者罗四鸿的《对精神滑坡的集体抗衡——陈思和答关于"人文精神大讨论"的若干问题》。

12月26日，在济南参加十届山东省政协科教文卫体委员会第二次全体会议。

12月31日，在济南参加山东省首届泰山文艺奖（文学创作奖）颁奖大会暨首批签约制作家签约仪式，并介绍泰山文艺奖（文学创作奖）设立及评奖情况。

本年，为庆祝中华人民共和国成立60周年，中国作家协会、文化部、教育部、国家图书馆共同发起选编超大型数字版文学作品选本《阅读中国——当代文学精品文库（1949～2008）》，长篇小说《古船》《九月寓言》《刺猬歌》《丑行或浪漫》入选。该选本从中华人民共和国成立以来公开发表、出版的数万部长篇小说中共遴选出了500部。

本年，长篇小说《古船》在日本《火锅子》杂志第5期开始连载，至2012年连载完毕。

本年，短篇小说《东莱五记》进入"中国小说学会2008年度中国小说排行榜"。

2009

1月，短篇小说《东莱五记》选载于《小说月报》2009年第1期。

1月，《随笔三章》（节选）被收入《2008中国最佳随笔》，由辽宁人民出版社出版。

1月，短篇小说《东莱五记》被收入《2008年中国短篇小说经典》，由山东文艺出版社出版。

1月，长篇散文《芳心似火——兼论齐国的恣与累》由作家出版社出版。

1月，散文随笔集《在半岛上游走》由作家出版社出版。

1月，中篇小说《蘑菇七种》由作家出版社出版。此书同时收入创作谈《童年之梦》《〈蘑菇七种〉及其他》。

1月，开始写"大河小说"《你在高原》之四《鹿眼》第7稿。

1月，孟繁华著《中国当代文学通论》由辽宁人民出版社出版。该书在论述张炜的乡村小说时指出："张炜是书写大地的当代圣手。他的《古船》《九月寓言》等作品，乡村乌托邦一直是他挥之不去的精神宿地，对乡村的诗意想象一直是他持久固守的文学观念。一方面他延续了20世纪中国文学的民粹主义传统，一方面也可理解为他对现代性的某种警觉和夸张的抵抗。"

1月，雷达著《当前文学症候分析》由作家出版社出版。其中的《20世纪90年代长篇小说述要》一文论及了长篇小说《古船》《家族》《九月寓言》。

1月，《小说评论》第1期刊载张丽军的《论齐鲁文化与新世纪山东文学的"难美"飞翔》，其中论及了张炜的文学创作。

作家出版社2009年1月平装版

作家出版社2009年1月精装版

湖南文艺出版社2013年2月版

作家出版社2014年11月版

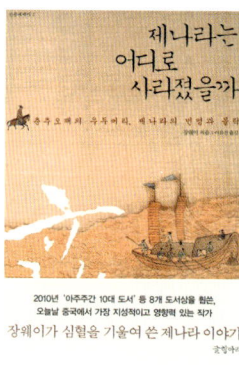

韩国글항아리2011年3月韩文版

作家出版社2009年1月版

1月，《全国新书目》第1期刊载胡文晞的《两千年前的心灵密码》，评介随笔集《楚辞笔记》。

1月，《重庆科技学院学报》（社会科学版）第1期刊载闫长红的《古船：不是女人的方舟》，评长篇小说《古船》。

1月2日，完成张森尚花摄影集、诗集序。

1月15日，《扬子晚报》刊载赵允芳的《人性最终落脚何处——评张炜〈刺猬歌〉》。

1月17日上午，在济南参加由山东文学社、山东省作协创联部和润华世纪酒店联合举办的李心田创作60周年暨新作《自己的日子》座谈会并致祝词。

2月，在济南参加政协第十届山东省委员会第二次会议。

2月，《郑州航空工业管理学院学报》（社会科学版）第1期刊载刘子杰的《张炜小说中的民间道德及其文学性意义——以〈古船〉以及〈古船〉之前的部分小说为例》。

2月，《江西社会科学》第2期刊载李松岳的《对"走向民间"的再反思——以〈九月寓言〉和〈心灵史〉为例》。

2月，《山东文学》第2期刊载张守海的《大地的女儿——试论张炜小说〈柏慧〉中的鼓额形象》。

2月，《长城》第2期刊载韩文淑的《论张炜〈丑行或浪漫〉主题意蕴特色》。

2月14日，完成人民文学出版社10卷本"张炜系列"序。后修订定题为《三十年文学小结》。张炜写道："善良，洞察，牵挂，这对于一小部分人而言，不仅不可避免，而且注定了要终身相随。也许一个写作者的一生洇漫于文字之间，看上去会有相当斑驳杂陈的繁复颜色，但究其根本和质地，无非是表达了他对赖以生存的这个世界的感情。感情远远重于学问知识，尽管它们往往是相互依存和交织的关系。"（张炜：《三十年文学小结》，载《张炜文集》第40卷，作家出版社2014年11月出版，第108页。）

2月17日，在北京参加中国作协七届七次主席团会议。

2月18～19日，在北京参加中国作协七届四次全委会。

2月22日，完成随笔《圆融・思辨・质朴》，评刘长允的《老子纵横谈——天不变道亦不变》。

2月24日，随笔《仁慈的心和诗人的心——诗人郭廓印象》在《文艺报》发表。

同日，在济南改定短篇小说《酒窖》。

3月，随笔《茂长的大陆——对美国文学的遥感》在《当代作家评论》2009年第2期发表。

3月，《中国新文学大系（1976～2000）》由上海文艺出版社出版。第4集"长篇小说卷一"收录了《古船》；第10集"中篇小说卷二"收录了《秋天的愤怒》；第14集"短篇小说卷二"收录了《一潭清水》；第18集"散文卷二"收录了《珍品的源路》（后修订改题为《利口酒》）。

3月，大型文化工程《徐福词典》编纂工作在万松浦书院启动。张炜担任主编。

3月，《西昌学院学报》（社会科学版）第1期刊载姜莉的《张炜小说中的龙口方言词汇语法现象》。

3月，《理论与创作》第2期刊载邓磊、封旭明的《生命中不能忽视之孤独——〈边城〉〈九月寓言〉的另一种思考》。

3月，《文艺理论与批评》第2期刊载张晓峰的《批判的可能性——以〈秦腔〉〈兄弟〉〈刺猬歌〉为例》。

3月，《郑州大学学报》（哲学社会科学版）第2期刊载黄轶的《文化守成与大地复魅——新世纪乡土小说浪漫叙事的变异》，其中论及了张炜的小说创作。

3月，《孝感学院学报》第2期刊载周水涛、童佩的《沈从文张炜小说反现代性立场比较》。

3月，《荆门职业技术学院学报》第3期刊载上官政洪的《无法承受的历史之重——张炜小说中的历史叙写探析》。

3月，《当代小说》3月下半月刊刊载李冬影的《悲凉的触摸——〈九月寓言〉和〈额尔古纳河右岸〉中的乡土情怀》、王万顺的《双重述说——从〈刺猬歌〉看张炜小说创作的民间立场》。

3月，《青年文学家》第5期刊载刘迪的《浅析〈刺猬歌〉中廖麦的形象》。

3月，《现代语文》第7期（3月上旬刊·文学研究）刊载王川的《芳心何在——评张炜新作〈芳心似火〉》。

3月8日，《文学报》刊载陈占敏的《常令芳心对皎月——读张炜新作〈芳心似火〉》。

3月12日，《文学报》刊载王久辛的《张炜之重》。

3月18日，《中华读书报》刊载舒晋瑜的访谈《张炜：〈芳心似火〉是我的生存所得》。

3月29日，完成随笔《纵情言说的野心》。张炜写道："诗对于我，是人世间最不可思议的绝妙之物，是凝聚了最多智慧最多思想能量的一种工作，是一些独特的人在尽情倾诉，是以内部通用的方式说话和歌唱。我读了许多中国现代诗和古诗、外国翻译诗等，认为每一句好诗都是使用了成吨的文学矿藏冶炼出来的精华，是人类不可言喻的声音和记忆，是收在个人口袋里的闪电，是压抑在胸廓里的滔天大浪，是连死亡都不能止息的歌哭叫喊。"（张炜：《纵情言说的野心》，载《张炜文集》第40卷，作家出版社2014年11月出版，第60页。）

3月30～31日，在济南主持召开山东省作协五届四次全体会议并做总结讲话，总结省作协2008年工作，部署2009年任务。

4月，短篇小说《酒窖》《阿雅的故事》在《山花》2009年第7期发表。同期，发表随笔《尊敬经典——从阅读的演变谈起》。

4月，北京燕山出版社2006年5月出版的中短篇小说集《张炜精选集》二次重印，书名改为《张炜精选集：海边的风》。

4月，长篇小说《九月寓言》《家族》被列入"共和国作家文库"，由作家出版社出版平装版。8月，又出版《九月寓言》精装版。

4月，贾梦玮主编《当代文学六国论》由江苏文艺出版社出版。该书认为"中国当代文学发展到今天称得上是诸侯林立，王安忆、余华、莫言、贾平凹、张炜、张承志可谓其中的'六国'"，并分别对上述作家的创作提出了质疑和批评。其中，何平的《张炜创作局限论》重点分析批评了张炜作品中表现出的"家族"意识、道德观念、民间立场、"野地"情怀等。

4月，陈晓明著《中国当代文学思潮》由北京大学出版社出版。该书在"乡土叙事的转型与汉语文学的可能性"一章中论述了《古船》《九月寓言》《柏慧》《能不忆蜀葵》等长篇小说，指出："在众多的书写乡土中国的作家中，张炜无疑是最有立场也最有内在性的人。最有立场，是说他的价值观念非常明确，他始终以乡土中国的人伦价值来反思现代性，并作为反现代性的精神归宿。说他的作品具有内在性，是因为他的作品始终向着乡土价值的深处探究，不停地质疑。"

4月，《安康学院学报》第2期刊载马萍的《夹缝中的生存——〈古船〉中隋抱朴形象的人格解析》。

4月，《聊城大学学报》（社会科学版）第2期刊载王书芬的《心淡泊自宁静——〈刺猬歌〉中寻求精神家园的突围》、王万顺的《精神家园的另一种寄托——张炜小说中的恋母情结》。

4月9日，《吉林日报》刊载张新颖的《凝视整个天宇的芳心——读张炜〈芳心似火〉》。

4月11日，在淄博读书大讲堂演讲。演讲后修订整理为《独一无二的文化背景》，谈齐文化、思想解放、物质主义和知识人的选择等。

4月21日，香港浸会大学文学院院长暨国际作家工作坊主任钟玲发函，邀请张炜于2010年3月初到5月底赴港任香港浸会大学驻校作家。

4月22日，《中华读书报》刊载舒晋瑜的访谈《张炜：有根就有立场》。

同日，台湾交通大学亚太/文化研究室召集人陈光兴发函，邀请张炜赴台讲学。

4月25～29日，第十九届全国图书交易博览会在济南举办。其间，和国内部分与会知名作家进行座谈交流。同时，携新著《芳心似火——兼论齐国的恋与累》先后在齐国古都淄博、山东师范大学与读者共同解读齐文化，一起走进齐文化博大精深的世界。

4月30日，完成随笔《坚信强大的人道力量——答〈语言教学与研究〉》。张炜写道："许多人反复预言文学的死亡，这既不正常又很好理解，因为有许多人在好意地忧虑和担心，还有许多人是纯粹的外行——不熟悉文学，站在很远的界外，于是就会有一些不着边际的话说出来。雨果和左拉当年都回答过这类问题，看来几百年前就有人这样预言了。可见事实并非如此，这个问题从来都没有成立过，是一个假问题。文学就是人，人存在，文学怎么会死亡？"

（张炜：《坚信强大的人道力量——答〈语言教学与研究〉》，载《张炜文集》第40卷，作家出版社2014年11月出版，第84页。）

同日，完成《郭保林散文集》（山东文艺出版社2014年10月出版）序《辞富意丰　意象别致——序郭保林散文集》。

5月，随笔《谁读齐国老顽耿》（评陈占敏长篇小说《金童话》《悬挂的灵魂》）在《当代作家评论》2009年第3期发表。

5月，长篇小说《九月寓言》与李锐的长篇小说《无风之树》被列入"《收获》50年精选系列·长篇小说卷3"，由中国文联出版社出版。

5月，张志忠主编《中国当代文学60年》由高等教育出版社出版。该书专节论述了长篇小说《古船》《九月寓言》。

5月，《小说评论》第S1期刊载许丙泉的《繁复与轻灵——评张炜〈东莱五记〉短篇小说美学特

中国文联出版社2009年5月版

色》。许丙泉指出："张炜的这些短篇小说一方面有深沉厚重的内涵，有历史、现实和想象的足够分量，另一方面小说又有轻灵飘逸的一面。""这些短篇小说有浓郁的中国传统意境特色，字里行间诗意盎然，给人以独特的美感，呈现出新的审美风貌。"

5月，《出版广角》第5期刊载维川的《一种特别的芬芳——读张炜新作〈芳心似火：兼论齐国的恣与累〉》。维川指出："他以浪漫主义的情怀、以古鉴今的崇高使命感和道德关照，对文明的蜕变和物质主义的横行进行了颇具说服力的反思与批判，他试图寻回人类曾经创作了灿烂文明的那颗'芳心'，他相信它仍在不远处'似火'般燃烧。""一个真正的作家，必须像堂吉诃德一样，手持长矛，向庸俗的世相挑战。他不会去捡拾令人目眩的华美披风，他只会去坦露一颗赤诚之心。"

5月，《书城》第5期刊载李绪政的《月光下的智慧和激情——读张炜〈芳心似火〉》。

5月，《语文学刊》5月号上半月刊刊载郭晓岩的《析精英文学的韧劲——以〈九月寓言〉和张炜为例》。

5月，《现代语文》第13期（5月上旬刊·文学研究）刊载白雪的《精神生态的多元共生——张炜〈古船〉中的生态审美观》。

5月，《经济研究导刊》第14期（5月中旬刊）刊载任毅的《张炜论——〈古船〉对中国社会的寓言》。

5月5日，《文艺报》刊载周习的《芳心、尘埃和木车——读张炜散文集〈芳心似火〉》。

6月，小说集《野地和酒窖——张炜作品选》被列入"世界当代华文文学精读文库"，由香港明报月刊出版社、新加坡青年书局联合出版。

6月，在龙口完成"大河小说"《你在高原》之八《曙光与暮色》第5稿。

6月，《柳州师专学报》第3期刊载白雪的《论文学人类学视野下的整体性生态观——以张炜的〈九月寓言〉为例》。

香港明报月刊出版社、新加坡青年书局2009年6月版

6月，《济南职业学院学报》第3期刊载孟文彬的《融入野地的精神理想——张炜〈九月寓言〉重读》。

6月，《天府新论》第S1期刊载华宏君、孙艳霞的《挥不去的土地情怀和忧患意识——浅谈张炜作品中的胶东文化素质》。华宏君、孙艳霞指出："悲悯意识、忧患意识和忏悔精神作为胶东文化中的三枚图章也必将深印于胶东作家张炜的内心深处。"

6月，《书屋》第6期刊载涂昕的《凝视整个天宇的芳心》，评长篇散文《芳心似火——兼论齐国的恣与累》。

7月，散文《痴迷者的空间》在《书城》2009年第7期发表。

7月，长篇小说《古船》被列入"新中国60年长篇小说典藏"，由人民文学出版社出版。

7月，在万松浦书院完成长篇小说《荒原纪事》第5稿。

7月，吴义勤著《中国新时期文学的文化反思》由江苏文艺出版社出版，其中论及了长篇小说《九月寓言》《柏慧》等。

7月，《小说评论》第4期刊载冯晶的《张炜创作中民间意识的形成流变探析》。冯晶指出："在当代文学的写作中，体现着真正的民间精神，真正写出了民间世界诸形态、诸特质，并将身心熔铸其中的作家并不是很多，山东作家张炜是其中的佼佼者。"

7月，《文艺争鸣》第7期刊载陈晓明的《壮怀激烈：中国当代文学60年》，其中论及了长篇小说《古船》《九月寓言》《柏慧》《能不忆蜀葵》。

7月2日，《社会科学报》刊载王万顺的《迟来的"寻根"——读张炜新著〈芳心似火——兼论齐国的恣与累〉》。

7月8～9日，在济南参加山东省作协第六次代表大会代表和新一届委员推选工作会议。

7月21日，《文艺报》刊载王川的《寻找美德与信仰——评张炜长篇散文〈芳心似火〉》。

7月29日，随笔《坚信强大的人道力量》在《人民日报》发表。

8月，随笔《谈传统戏曲与书画》（简墨《沉醉——京剧昆曲叹美》序）在山东省关工委《关爱》2009年第4期发表。

8月，《青年文学家》第15期刊载刘赛的《论张炜的理想主义》。

8月2日，《新民晚报》刊载张洪浩的《人生如长恋——读张炜新作〈芳心似火〉》。

8月7日，完成《简墨文集》序《岁月的一层荧光》。

8月8日，《威海日报》刊载洪浩的《人应该怎么过生活——读张炜新作〈芳心似火〉》。后又刊载于《水城文艺》2010年第1期。

8月12日，《威海晚报》刊载洪浩的《一颗古典的芳心——读张炜新作〈芳心似火〉》。

8月18～19日，山东省文联第八次、省作协第六次代表大会在济南召开。18日上午，在山东省文联第八次、省作协第六次代表大会共同举行的开幕式上代表主席团致开幕词。19日下午，在省作协第六次代表大会举行的闭幕式上致闭幕词。会上，继续当选为山东省作家协会主席。

8月26日，在万松浦书院参加由龙口市关工委和万松浦书院联合举办的龙口市大学生"感恩·励志"座谈会，并与龙口一中即将踏进大学校门的部分毕业生及小记者代表互动交流。谈话后修订整理为《上路和远行》。张炜说："感受一个人读书多少，不在于他操持着怎样的语言系统，也不在于他拥有多么丰富的词汇，而是要看各种知识怎样交相辉映，改变其思维其质地。一个人坐在那儿，与之交谈一会儿，或者是并不交谈，也能感受到他读了多少书。人必须被书养过来，养过来之后，气质才会改变，胸怀才会发生变化，谈吐也就不同了。"张炜说："一个人本事再大，也要专注。所有成功的人或比较成功的人，在某一专业做得比别人好一些的人，几乎只有一个诀窍，那就是尽可能只做一件事情，尽可能专注。""研究很多成功者，会发现他们有一个共同的特点，就是比较保守。所谓保守，就是向后看得多一些，而不总是向前看，不是逢新必从。因为我们人类花了五千年甚至更长的时间，才积累了一些思想、成果和经验，我们不能因为有了新的东西就随意打破这些思想、成果和经验。如果懂得珍惜，就会变得聪慧。"（张炜：《上路和远行》，载《张炜文集》第40卷，作家出版社2014年11月出版，第93、98页。）

8月31日，散文《一棵树》在《文学报》发表。

9月，短篇小说《魂魄收集者》在《人民文学》2009年第9期发表。

9月，短篇小说《东莱五记》被收入《乡土新故事：温暖的家园》，由北岳文艺出版社出版。

9月，在万松浦书院与龙口中学生对话。谈话后修订整理为《学习的旺季》。

9月，杨匡汉主编《共和国文学60年》由人民出版社出版。该书在"乡土文本"中论述了长篇小说《古船》《九月寓言》，指出：在张炜那里，乡土是抵抗物化现实的精神来源，从而具有形而上的意义。90年代的

2009年9月在万松浦书院

张炜更像一个乡村诗人。他用大地情怀构筑起纯美的田园之梦，不知疲倦地倾诉着对大地的诗情和向往，这种细腻优美的倾诉与他的个人气质和艺术个性有关，更与他的生存和写作时代有关，这是他的文学宣言和文学主张，是他对灵魂和内心的坚忍的留守。

9月，《杨凌职业技术学院学报》第3期刊载张元春的《浅析张炜小说的田

园牧歌表现形式及审美内涵》。

9月，《东岳论丛》第9期刊载冯晶的《张炜小说创作中植根民间大地的文学观探索》。

9月，《前沿》第9期刊载李春的《论抱朴及见素形象　看人生苦难历程》。

9月，《飞天》9月下半月刊刊载王艳玲的《土地的坚守者——重读张炜的〈九月寓言〉》。

9月17日，将1995年6月8日以来有关文学随笔辑录整理为《春天的阅读——文学笔记辑录》，包括《对美的不倦追求》《精神的芳邻》《水上仙子》《满目新鲜》《喜欢他们》《奇迹发生之地》《拽它不动》《滋生诗情》《猫是经典动物》《为吟唱而生》《深深地爱着》《丹心谱和风情录》《原汁原味的民间艺人》《有了好的开端》《倏然闪过的一念》《农事诗》《来自区邑的作品》《感情和心愫》《回忆的芬芳》《鲜凉的潮水》《生活纪事》《在海滨吟诵不息》《平原的吟咏》《长路吟》《自己上路》《诗章引领抵达》《半生心事》《琐碎隐秘的生活》《自然温婉的叙说》《艰辛流转于苦难大地》《日久功圆》《小小一帧》《书是什么》《山石之爱》《源于文心》《出走与归来》《不同凡俗的质地》《马拉松的胜者》《看水浒绣像书》《本土诗章》《心吟手写的气度》《一支坚韧的理性之笔》《游走和顾盼之间》《被希望之手轻轻叩击》《文学的村庄》《随海风流转》《无可隐匿的心史》《一条界线》《花鸟》《心蕾的怒放》。

同日，《中国绿色时报》刊载汪树东的《生态意识：当代文学的新向度》，其中论及了短篇小说《三想》、长篇小说《九月寓言》、散文《融入野地》等。

10月，随笔《品咂时光的声音——读日本散文小记》在德州市文联《鲁北文学》2009年第5期发表。

10月，短篇小说《东莱五记》被收入《中国小说学会2008年度中国小说排行榜》，由上海文艺出版社出版。此书还收录了林霆对《东莱五记》的评论《现代视野中的笔记小说》。

10月，在万松浦书院完成"大河小说"《你在高原》之五《忆阿雅》第3稿。

10月，在万松浦书院完成"大河小说"《你在高原》之七《人的杂志》第4稿。

10月，《新乡学院学报》（社会科学版）第5期刊载崔东奇的《心灵的漂泊与停驻——论张炜长篇小说中的流浪意识》。

10月，《作家》第10期刊载李娜娜的《在"本末倒置"的世界里寻找平衡——张炜文学创作管窥》。

10月，《安徽文学》10月下半月刊刊载张兰的《温情的民间王国——读张炜的〈九月寓言〉》。

10月，《青年文学家》第20期刊载刘江的《论隋抱朴的现实意义》。

10月10日，在中欧作家对话会上演讲。演讲后修订整理为《与全球化逆行的文学写作》。张炜说："在全球一体化的趋势之下，一些经济体势必要融入这个潮流之中。生活方式价值观念以及意识形态，都会在交流中发生不同程度的冲突，但无论主观意愿如何，趋同与融合仍然是主要的。而这个走向对于真正优秀的文学家来说，却是正好相反的。他们必须是全球化进程中的一些逆行者。一般来说，只要人类还有顽强生存下去的愿望和追求，那么作家就需要具备突破文化范式、反抗商业主义与网络影视娱乐主义相结合的那种勇气，保持一种平衡物质世界的精神力量。只有这种反抗才会产生这个时代的出色的艺术，并且因为其不可替代而长存下去，并真正深刻地吸引和重塑高质量的阅读，从而使人类处于健康生长的精神生态当中。"（张炜：《与全球化逆行的文学写作》，载《张炜文集》第40卷，作家出版社2014年11月出版，第105页。）

10月20日，在济南参加山东省作协深入学习实践科学发展观活动动员大会。

10月30日，第七届茅台杯人民文学奖颁奖仪式在北京中国现代文学馆举行，短篇小说《东莱五记》获短篇小说奖。评委会的授奖词说："张炜承续中国笔记小说的传统，在时间之风中捕捉和鉴赏飘零的传说。但他的趣味和志向又与笔记小说有所不同，他力图在记忆漫漶的全球化时代为一片土地确立地方性的精神和知识谱系。由此，《东莱五记》成为通往精神之乡的蹊径。"

11月，完成"大河小说"《你在高原》之六《我的田园》第5稿。

11月，吴义勤主编《现代中国文学论坛》（第2卷）由中国华侨出版社出版，其中收录了苏鹏的《寻找一片灵魂的栖息地——读张炜新作〈刺猬歌〉》。同时，还收录了许玉庆的《哲理　形式　话语——新时期乡土文学问题思考》，其中论及了长篇小说《九月寓言》。

11月，《长江师范学院学报》第6期刊载王艳玲的《回归传统　再铸理想人格——再评张炜小说》。王艳玲指出："张炜对传统文化的异乎寻常的迷恋，也使他所崇尚的人格打上传统理想人格的烙印。他所塑造的人物形象既体现了儒家'内圣外王'的显性理想人格，又隐含了道家自由任性的隐性理想人格。"

11月，《内蒙古师范大学学报》（哲学社会科学版）第6期刊载刘绪才、胡宇慧的《"父"系人物与张炜小说的道德文本嬗变——兼对张炜小说"父"系人物道德意义的考察》。

11月，《山东文学》第11期刊载李掖平的《大爱芳心，似火燃烧》、蔡敏的《张炜小说中神话原型与人物塑造》。

11月4日，《中华读书报》刊载舒晋瑜的《2009年度茅台杯人民文学奖在京颁奖》。

11月18日，在万松浦书院完成"大河小说"《你在高原》之十《无边的游荡》第5稿。

12月，诗集《夜宿湾园》被列入"2008雍和诗歌典藏"，由上海文艺出版社出版。

12月，完成"大河小说"《你在高原》之三《海客谈瀛洲》第6稿。

12月，完成"大河小说"《你在高原》之四《鹿眼》第8稿。

上海文艺出版社2009年12月版

12月，贺绍俊、巫晓燕主编《中国当代文学图志》由春风文艺出版社出版，其中评介了长篇小说《古船》《九月寓言》，并附有书影、手稿和张炜简介。

12月，张懿红著《缅想与徜徉：跨世纪乡土小说研究》由中国社会科学出版社出版，其中以"张炜：融入野地"为题专节论述了长篇小说《九月寓言》。

12月，《中国现代文学论丛》第2期刊载黄轶的《"现代反思"下的价值困惑与道德坚守——新世纪张炜小说转型论》。

12月，《牡丹江大学学报》第12期刊载刘华的《论张炜创作中的"桃花源"情结》。

12月2日，完成"大河小说"《你在高原》之二《橡树路》第4稿。

12月15日，历时22年创作的39卷10部450万言"大河小说"《你在高原》完成。

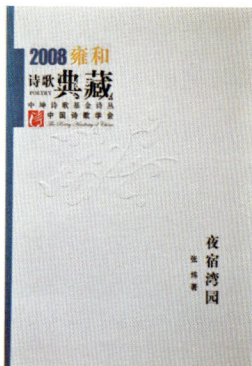

12月16日，完成"大河小说"《你在高原》序《行走之书》。张炜说："自然，这是长长的行走之书。它计有10部，450万言。虽然每一部皆可独立成书，但它仍然不是一般意义上的系列作品。在这些故事的躯体上，跳动着同一颗心脏，有着同一副神经网络和血脉循环系统。""最后想说的是，我源自童年的一个理想就是做一名地质工作者。究竟为什么？我虽然没有书中一个人物说得那么豪迈——'占领山河，何如推敲山河'——但也的确有过无数浪漫的想象。至今，我及我的朋友们，帐篷与其他地质行头仍旧一应俱全。""我的少年时代，有许多时候是在地质队员的帐篷中度过的。我忘不了那些故事和场景，每次回忆起来，都会沉浸在一些美好的时光中。""这10部书，严格来讲，即是一位地质工作者的手记。"（张炜：《行走之书》，载《张炜文集》第40卷，作家出版社2014年11月出版，第110～111页。）

12月23日，《中华读书报》推介随笔集《芳心似火》。

12月30日，《中华读书报》刊载海林的《囊括海内外30余年的徐福研究成果——〈徐福词典〉将在两年内编竣出版》，介绍张炜主编的《徐福词典》编撰启动工作。

本年，完成随笔《岱下文化谈——答〈齐鲁晚报〉》。

本年，长篇散文《芳心似火》在《齐鲁晚报》连续选载。

本年，日本《三田文学》夏季号刊载［日］关谦根的《张炜——内心的勇者》。（具体出版时间不详。）

本年，《中国现代文学》第4期（2009年秋季刊）刊载［日］千野拓政的《张炜新长篇小说〈刺猬歌〉》。（具体出版时间不详。）

2010

1月，随笔《〈芳心似火〉第1章（节选）》选载于高密市作协《红高粱文学》2010年第1期（创刊号）。同期，刊载张炜的《卷首寄语》，张炜写道："作家最重要的写作应该是感动他的那一部分。至于一个时期流行的题材，不会构成对他的诱惑。再说作家只应该为心目中最优秀的那一部分读者写作，他要相信他们有高雅的口味、绝不平庸的思想。他还要与他们一起，一次又一次地做出努力，以战胜平庸。这个过程正是作家存在的重要理由，也是他的光荣所在。"

1月，随笔《精神的背景》被收入《中国当代作家面面观——文学的自觉》（上卷），由复旦大学出版社出版。此书还收录了王光东的《意义的生成——张炜小说中的"主题原型"阐释》。

1月，随笔《歌德之勺》被收入《高考语文阅读和写作》，由石油工业出版社出版。

1月，随笔《谁读齐国老顽耿》（评陈占敏《金童话》《悬挂的灵魂》）被收入《21世纪中国文学大系：2009年文学批评》，由春风文艺出版社出版。

1月，随笔《坚信强大的人道力量》、短篇小说《酒窖（外一篇）》分别被收入《2009中国最佳随笔》《2009中国最佳短篇小说》，由辽宁人民出版社出版。

1月，短篇小说《魂魄收集者》被收入"21世纪年度小说选"《2009短篇小说》，由人民文学出版社出版。

1月，短篇小说《东莱五记》被收入《小说月报2009年精品集》，由百花文艺出版社出版。

1月，短篇小说《阿雅的故事》被收入《2009年中国短篇小说精选》，由长江文艺出版社出版。

1月，散文集《绿色遥思》被列入"中学图书馆文库"，由生活·读书·新知三联书店出版。

1月，3卷本"张炜作品"（《梦中苦辩》《紫色眉豆花》《筑万松浦记》）由青岛出版社出版。

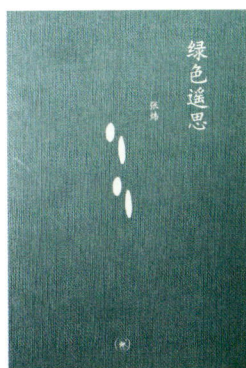

生活·读书·新知三联书店
2010年1月版

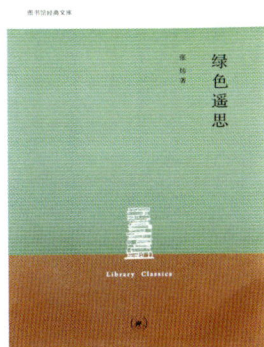

生活·读书·新知三联书店
2014年4月版

青岛出版社2010年1月版

美国Intlingo出版社2017年英文
评点版

青岛出版社2010年1月版

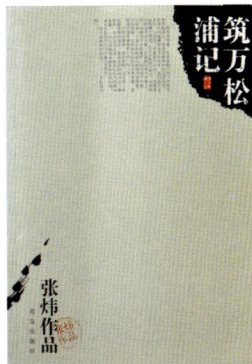

青岛出版社2010年1月版

1月，10卷本"中国当代作家·张炜系列"由人民文学出版社出版，包括长篇小说《古船》《九月寓言》《柏慧》《外省书／远河远山》《能不忆蜀葵》《丑行或浪漫》《刺猬歌》，中短篇小说集《海边的雪》《蘑菇七种》，散文随笔集《夜思和独语》。

人民文学出版社2010年1月版

1月，长篇小说《古船》被列入"中国当代长篇小说丛书"（谭湘评点），由中国工人出版社出版。

1月，《佛学月刊》1月号刊载涂昕的《芳心似火——简论齐国的恣与累》，评介随笔集《芳心似火》。

1月，《传奇·传记文学选刊》（理论研究）第1期刊载谢永胜、叶云虹的《心灵的探寻——〈古船〉的伦理学研究》。

1月，《楚雄师范学院学报》第1期刊载王艳玲的《忧郁的田园牧歌——解读张炜小说》。

1月，《内蒙古师范大学学报》（社会科学版）第1期刊载刘绪才、胡宇慧的《逍遥的"乌托邦"与无可企及的"精神高原"——山东作家张炜小说浪漫主义气质批判》。

1月，《名作欣赏》第3期刊载鲍朝云的《诗化语言的智性表达——读张炜散文〈人生麦茬地〉》。

1月6日，《文艺报》刊载宫达的《〈你在高原〉诞生记》（后又刊载于1月27日《鲁北晚报》）、鲁夫的《忧郁的长笛——读张炜及其作品》（诗歌）、赵剑平的《生命的品质：张炜印象》。同时推介"大河小说"《你在高原》。

1月8日，完成《陈全胜与中国邮票》（山东美术出版社2010年2月出版）序。

1月21日，《中国绿色时报》刊载汪树东的《张炜：融入野地的生态智慧》。

1月27日，《齐鲁晚报》刊载赵晓峰、崔洁的《张炜长篇巨制〈你在高原〉问世——全书450多万字，堪称中外文学史上最长著作》。

同日，《大众日报》刊载逄春阶的《450万字：张炜的"一潭清水"》。

1月29日，将有关文学访谈辑录整理为《风会试着摧毁他——文学访谈》。

2月，随笔《纵情言说的巨大野心》（评戴小栋的诗）在《泰山》（文学版）2010年第1期发表。

2月，山东省关工委《关爱》第1期刊载赵德文的《张炜印象记》。

2月，《海燕·都市美文》第2期"特别推荐"栏目推出"张炜专辑"，包括张炜的《与全球化逆行的文学写作》《言说的细部——当下写作的可能性》和赵剑平的《生命的品质——张炜印象》。同时，封二刊载"著名作家张炜影像"。

2月，《丝绸之路》第4期刊载王岩岩的《从乡土小说谈新时期文学真实性的嬗变——以韩少功的〈爸爸爸〉和张炜的〈古船〉为例》。

2月22日，完成随笔《纯良的面容——回忆罗伯特·鲍曼》。罗伯特·鲍曼是美国出版索引协会创会主席，曾任万松浦书院名誉院长。他生前留下遗愿：将工作中积累的图书以及研究资料，捐赠给中国的万松浦书院。

2月24日，《齐鲁晚报》刊载赵晓峰的《10卷本选集〈张炜系列〉出版》。

2月25日，完成随笔《作者和读者的信赖——我与〈小说选刊〉》。

3月，"大河小说"《你在高原》之九《荒原纪事（上）》在《中国作家》2010年第3期发表。该刊《编后记》指出："这是我们所知道的小说领域中字数最多篇幅最长的纯文学作品。全书共分10部，450万字，从写作到修改，耗费了作者20余年的时光。书名《你在高原》，既有具体的故事和人物做依托，更是张扬了作品的精神指向性。""在艺术手法上，张炜不仅继承了19世纪托尔斯泰、雨果等文学大师的创作传统，而且努力吸纳了20世纪普鲁斯特、穆齐尔等现代主义巨匠的精髓，呈现出炫目的艺术魅力。"4月，《荒原纪事（下）》在《中国作家》2010年第4期发表，篇末注明"1992年1月至2007年5月1至4稿于龙口、济南，2009年7月5稿于万松浦"。

3月，散文随笔集《我又将逃往何方》由香港千寻出版社出版。

3月，10卷本"大河小说"《你在高原》（精装本）由作家出版社出版，包括《家族》《橡树路》《海客谈瀛洲》《鹿眼》《忆阿雅》《我的田园》《人的杂志》《曙光与暮色》《荒原纪事》《无边的游荡》。

3月，雷达著《重建文学的审美精神：雷达文艺评论精品》（上、下）由北京师范大学出版社出版，其中收录了《独特性：葡萄园里的"哈姆雷特"——关于农村题材创作的一封信》（致张炜）。同时，在《民族灵魂的发现和重铸——新时期文学主潮论纲》《人的觉醒与反封建主题的推衍》《第三次高潮——20世纪90年代长篇小

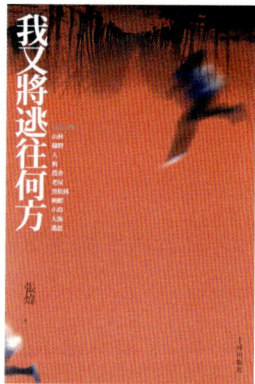

香港千寻出版社2010年3月版

450

作家出版社2010年3月精装本

作家出版社2010年4月平装本

作家出版社2011年9月版

作家出版社2013年5月版

作家出版社2013年10月插图本

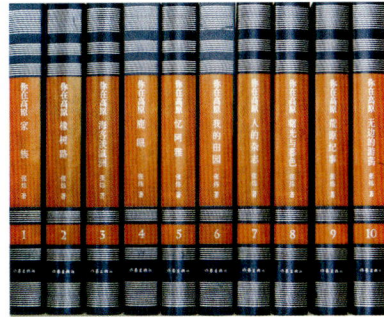

作家出版社2013年10月精装本

人民文学出版社2014年3月版

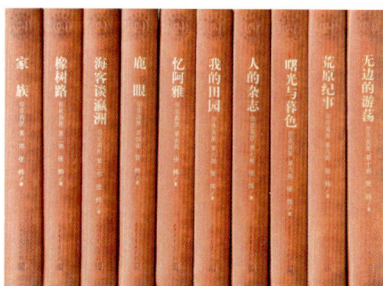
作家出版社2015年3月版

作家出版社2015年10月版

《你在高原》盗版本

说述要》《近30年长篇小说审美经验反思》《论当今小说的审美走向》《动荡的低谷》诸文中，均论及了张炜的小说创作。

3月，曹书文著《中国当代家族小说研究》由中国社会科学出版社出版。该书将长篇小说《古船》列入"家族小说"论述，指出："现代启蒙立场与人性悲悯的人道情怀使《古船》达到少有的思想深度与历史高度，成为20世纪80年代家族叙事的经典、当代最优秀的长篇小说之一。"

3月，《山东作家》第1期刊载文讯《张炜长篇巨构〈你在高原〉问世》。其中介绍："《你在高原》采取精装本和平装本两种发行方式。3000套精装本各有一个编号，其中：0001号赠予中国作家协会保存；1956号张炜自己保存，因为他是1956年生人；1997号赠送香港中央图书馆；2010号赠送国家图书馆。"

同期，刊载张炜就《你在高原》答凤凰网问，以及雷达、陈思和、孟繁华、丁帆、陈晓明的凤凰网特约书评。张炜指出，《你在高原》"写给那些不愿放弃思想的人，不甘被物欲之潮和娱乐之潮淹没过顶的人。这是一本记忆的书、追究和想象的书"。

同期，还刊载了张炜2010年2月22日写下的追忆刚刚去世的美国出版索引协会创会主席罗伯特·鲍曼的文章《纯良的面孔——回忆罗伯特·鲍曼》。

3月，《时代文学》3月上半月刊刊载靳书刚的《人类精神问题的忧患和思索》。靳书刚指出："在20世纪80年代后的中国文坛上，张炜是一个始终关注着人们精神生态的作家。在他的文学创作中，对大自然的诗意吟咏和对现代文明的生态批判是其核心主题，面对现实生活中的道德失范、理想破灭、信仰与生存的尖锐矛盾等精神问题，他从自然的角度出发拷问着、批判着现代文明的畸形发展对人类精神的异化问题。""在推崇纯洁、质朴、崇高的精神和血性刚强的个体人格以及重建文学乌托邦等方面体现出其构建一种美好、博大、富有人道精神和人类生命情怀的精神生态的愿望。"

3月，《当代小说》3月下半月刊刊载田永丽的《从"女仆"到"女神"——张炜近期小说创作中的女性形象转变》。

3月，《安徽文学》3月下半月刊刊载鲁洪的《流浪：回归，抑或超越——〈青春〉与〈九月寓言〉中的流浪主题比较》。

3月5日，《云南日报》刊载孙永庆的《让齐文化的精灵在书中游走》，评介随笔集《芳心似火》。

3月6日，完成《杨枫画集》序《人迹罕至的大路》。张炜说："我常想，国画多少也像中医和围棋之类，最需要的不是前瞻，而是更多地向后观望。不深悟通读古人的深奥，就成了无根之树。而现在我们看到的尽是随风卷动的一年生草本植物，俗称'滚地龙'，连树枝都算不上。将根深深地扎入土地，找到气脉流泉，这正是杨枫所努力的方向和目的。他走的是一条大路，可而今这条大路上却人迹罕至，这就是时代的怪谬。"（张炜：《人迹罕至的大路》，载《张炜文集》第40卷，作家出版社2014年11月出版，第126页。）

3月中旬～6月中旬，作为驻校作家赴香港浸会大学主持"小说坊"，讲授小说创作。在五堂主讲及三次班访座谈中，共用二十余课时讲述了小说创作的几个主要环节，首次系统整理了自己的写作理念。讲稿后修订整理为《小说坊八讲》。

五堂主讲分别是：第一讲（4月14日）：语言；第二讲（4月21日）：故事；第三讲（4月28日）：人物；第四讲（5月5日）：主题；第五讲（5月12日）：修改。

三次班访座谈分别是：第一次班访座谈（3月24日）。谈话后修订整理为《文学的性别奥秘》，作为《小说坊八讲》的第六讲。第二次班访座谈（3月25日）。谈话后修订整理为《写作训练随谈》，作为《小说坊八讲》的第七讲。第三次班访座谈（4月14日）。谈话后修订整理为《文学初步及其他》，作为《小说坊八讲》第八讲。

在香港期间还有以下主要文学活动。3月下旬，接受媒体采访。访谈后修订整理为《充耳不闻的状态》。3月26日，向香港浸会大学图书馆捐赠人民文学出版社出版的10卷本"中国当代作家·张炜系列"和作家出版社出版的10卷本"大河小说"《你在高原》，并在该馆举办的赠书典礼暨散文随笔集《我又将逃往何方》新书发布会上致答词。答词后修订整理为《好书的归宿》。3月27日，在香港电台以"传统文化之河"为题接受第五台"大地书香"主持人施志咏采访。访谈在4月10日晚7点播出，后修订整理为《穿越理性的筛子》。3月31日，在香港浸会大学欢迎茶会上致答词。欢迎茶会上有同学朗诵《古船》《刺猬歌》片断。答词后修订整理为《在文学的绿地上》。4月10日，

在香港浸会大学

在九龙油麻地Kubrick书店与香港青年写作协会成员座谈。座谈后修订整理为《谈自然写作》。4月15日，向香港中央图书馆赠送编号为1997的"大河小说"《你在高原》。4月16日，在香港浸会大学"文学空间"座谈会上发言。发言后修订整理为《地理空间与心理空间》。4月17日，在香港浸会大学分校演讲。演讲后修订整理为《阅读是一种珍惜》。4月19日，在香港浸会大学演讲。演讲后修订整理为《小说与动物》。4月24日，在香港三联书店演讲。演讲后修订整理为《写作是一场远行》。4月26～27日，到位于珠海的北京师范大学—香港浸会联合国际学院访问，以"阅读是一种珍惜"为题与学生座谈。其间，到中山参观孙中山故居，与当地学者、教授见面交流。4月30日，在香港作家联会演讲。演讲后修订整理为《心史与人的坚持》。4月下旬，接受香港媒体采访，谈《你在高原》的写作。访谈后修订整理为《渴望更大的劳动》。5月2日，在香港中央图书馆演讲。演讲后修订整理为《大自然，城市和文学》。5月6日，在香港屯门天主教中学与中学生聚谈。5月11日，在香港电台演讲。演讲后修订整理为《潮流、媒体和我们》。5月25日，在香港电台做

与香港青年作家座谈

《文化超现代》的录音访谈。6月5日，与香港中学生聚谈。谈话后修订整理为《更清新的面孔》。

3月15日，《齐鲁晚报》刊载赵晓峰的《20多年倾情创作，450万言鸿篇巨制〈你在高原〉即将推出——张炜：书写"50后"心灵史》。

3月16日，作家出版社在北京举行"大河小说"《你在高原》新书发布会。张炜因在香港讲学未能参加。

同日，《创新周刊》刊载张洪浩的《同一类声音》。

3月17日，《济南时报》刊载钱欢青的《450万字！张炜推出长篇巨构〈你在高原〉》。

同日，《山东商报》刊载张晓媛的《张炜450万字〈你在高原〉面世》。

3月20日，《齐鲁晚报》刊载杨德华的《张炜〈你在高原〉审稿六记》。

3月26日，《人民日报》(海外版)刊载文一的《张炜：20年倾力书写史诗般巨著》。

3月29日，完成散文《狮子山下鸣尺八》。这是张炜在香港浸会大学参加"狮子山诗歌朗诵会"，欣赏了尺八演奏后写下的。张炜写道："诗会结束时，诗人钟玲教授在我和尺八演奏家之间作了介绍。原来尺八在中国古代常属僧人：雨打芭蕉，头戴斗笠，悠悠吹奏。中年演奏家先是在日本，后来又去澳大利亚，前后跟从两位不同的尺八大师学习，这才有了目前的身手和功底。""一节竹根出妙音，它源自中华，留在异国。这不禁让我想起许多中国妙物，更包括思想和手艺，就这样被我们自己遗忘和疏远了，却被懂得品味的异族人保存下来。而我们自己，则常常费尽辛苦从大洋那边搜索，得了一些宝贝，也找来一些怪物，结果难免要误了大事。""我们本是一个诗书之国，可是在实用主义物质主义盛行的当下，它在世俗之中突然变得有些陌生和费解了，就活像一节归来的尺八。"（张炜：《狮子山下鸣尺八》，载《张炜文集》第40卷，作家出版社2014年11月出版，第134页。）

同日，《深圳特区报》刊载郑丽虹的《编织一部心史要走进一段历史》，评介"大河小说"《你在高原》。

3月31日，《鲁北晚报》刊载杨建平的《平凡的传奇：张炜与〈你在高原〉》。后又刊载于4月16日《中国经济时报》、4月28日《教师报》。

4月，《香港文学》4月号推出"香港浸会大学驻校作家2010·张炜专辑"，包括短篇小说《叶春》，创作谈《写作，我们这一代》，随笔《自由：选择的权利，优雅的姿态》《悲欢与喜庆之间》《书院随谈》。

同期，还刊载文讯《张炜任浸会大学国际作家工作坊2010年度驻校作家》："香港浸会大学今年邀得大陆著名作家张炜任'国际作家坊·2010驻校作家'，并在其驻校期间举行一系列文学活动。2010年3月22日至4月18日于浸会大学图书馆里展出张炜先生的作品；3月31日举行欢迎茶话会；4月19日举行公开讲座（一），讲题《小说与动物》；5月2日举行公开讲座（二），讲题《大自然、城市和文学》，均由张炜主讲；4月14日、21日、28日，5月5日、12日举行张炜小说创作坊，全期5节，每节3小时，由张炜先生亲授学员小说创作方法及讨论同学作品；4月16日由钟玲教授主持，邀请香港作家、文化界人士就特定题目座谈。"

4月，"大河小说"《你在高原》之二《橡树路》由上海文艺出版社出版。

4月，"大河小说"《你在高原》（平装本）由作家出版社出版。

上海文艺出版社2010年4月版

4月，《扬子江评论》第2期推出"名家三棱镜·张炜"，刊载张炜的《写作：八十年代以来》、王尧的《在个人与时代紧张关系中生长的哲学与诗学——关于张炜的阅读札记》、王延辉的《张炜肖像》。此刊封二、封三均为张炜及其作品的图文介绍。

王尧指出："张炜的所有创作便是写充盈确切的人性内容，反抗那些污染、扭曲和压抑人性的'宏阔的主张'，这些主张大致来自于'革命'和'现代化'以及知识分子自身的痼疾。"

4月，《长篇小说选刊》第4期"小说视点"栏目刊载对"大河小说"《你在高原》的介绍，包括作品简介和作家赵剑平、编辑杨德华、评论家兴安的评论要点。

4月，《文艺研究》第4期刊载黄轶的《论世纪之交乡土小说的"城市化"批判》，其中论及了长篇小说《古船》《九月寓言》《刺猬歌》等。

4月，《文学界》（理论版）第4期刊载王燕双的《吞并与抗拒——评张炜的〈刺猬歌〉》。

4月，《安徽文学》4月下半月刊刊载张越的《探究〈古船〉的人物命名艺术》。

4月，《作家》第4期刊载吕景丽的《乡土家园诗意生活的和谐向往——评张炜小说〈烟叶〉》。

4月，香港《读书好》4月号刊载庄樱妮的《匆忙总会出错——专访张炜》，谈"大河小说"《你在高原》及其他。

4月，香港《文学评论》第7期推出"2010香港浸会大学驻校作家张炜特辑"，刊载张炜的《文学的现代性》和《勤奋与敬畏》、陈思和的《在民间大地上寻求理想——评张炜的〈九月寓言〉》、陈应松的《语言是小说的尊严》

（评长篇小说《丑行或浪漫》）。

4月2日，《中国新闻出版报》刊载赵明宇的《长篇小说450万字惹争议》。

同日，《江南晚报》刊载一鲁的《巨河惊初见——张炜长篇巨构〈你在高原〉受到广泛关注》。

4月5日，《文汇报》刊载杨德华的《一座用心血浇铸的历史浮雕——关于张炜〈你在高原〉的六个感叹》。

4月6日，《人民日报》刊载张健对张炜的访谈《我听到的，只有自己的心灵在回响》，谈"大河小说"《你在高原》。

4月16日，《大众日报》刊载春阶的《张炜：讲述50年代生人的故事》。

同日，滨州学院百草文学社《百草》刊载宫达的《〈你在高原〉诞生记》。后又刊载于《全国新书目》2010年第9期。

5月，散文《东部，美城之链》《济南，泉水和垂杨》被收入《读城：当代作家笔下的城市人文》，由清华大学出版社出版。

5月，短篇小说《父亲的海》被收入《小说月报30年》（2000～2004），由百花文艺出版社出版。

5月，停刊八年之久的《胶东文学》复刊，张炜为之题词祝贺。

5月，将2010年3～5月在香港期间的有关文学访谈辑录整理为《大地负载之物——香港文学访谈》。

5月，"山东文艺评论丛书"之《散文评论卷》由明天出版社出版，其中收录了王川的《寻找美德与信仰——评张炜长篇散文〈芳心似火〉》。

5月，"山东文艺评论丛书"之《小说评论卷》由明天出版社出版，其中收录了贾振勇、魏建的《形而上悲怆与文化操守——从张炜小说看小说作为一种精神形式的价值》。贾振勇、魏建认为："张炜小说是这众多作家作品（指山东作家作品。——引者注）的一个典型标本。他以地之子的责任和义务，在现代精神迷乱的时代，高举齐鲁现代人文精神的大纛，在忧愤的归途中重塑齐鲁人文精神的时代使命，以悲怆的情怀、庄严的道德义务、沉重的理想主义英雄主义情结，向我们的时代追问着形而上的意义，为我们时代精神的重塑，举起了一面不倒的齐鲁人文精神之旗。""阅读张炜小说，给人的文化冲动在于使人投入到思想者的行列，寻找思想的对话者。张炜小说，在现时代文化环境映衬下，最激动人心的还在于围绕小说所表现出来的道义和尊严：心灵的自由，责任感，形而上的冲动，思想的力量……诸如此类的范畴。这种强烈而执着的人文主义倾向，使我们进而坚信，普罗米修斯可以被缚，可以被严刑折磨，但是，由他从天庭盗来的火种永远不会熄灭。"

这也恰如张炜在《忧虑的，不通俗的》一文中所说："我一直认为，文学的诸多功能之中，一个最重要的任务，就是唤起人类对一些根本问题的关注。它是一个不会间歇的、持久的、极有耐性的提醒。因为人一降生下来就陷于奔忙，缠在必要的烦琐之中，直到终了。他们遗忘的东西太多了。还有，人类的短期利益与根本目的之间总是存有深刻的矛盾，人类的欲望也牵动自身走向歧途，缺乏节制，导致毁灭。他们当中理应有一些执勤者，彻夜不眠地睁大着警醒的眼睛。这些人就是作家。"（张炜：《忧虑的，不通俗的》，载《张炜文集》第27卷，作家出版社2014年11月出版，第230页。）

5月，耿立著《绕不过的肉身》由贵州人民出版社出版，其中收录了《是谁把他逼成了古怪和孤愤？——张炜散文论》。

5月，《长春师范学院学报》（人文社会科学版）第3期刊载蔡登秋的《张炜文学创作生态意识空间的开拓》。

5月，《南方文坛》第3期刊载李遇春的《符号的旅行——中国当代文学中土地话语演变的一个历史轮廓》，其中论及了长篇小说《古船》《九月寓言》《刺猬歌》。

5月，《安徽文学》5月下半月刊刊载许广慧的《"诗意的苦难书写"和"家园意识的追寻"——论张炜小说〈丑行或浪漫〉》。

5月2日，香港《亚洲周刊》第42卷第17期刊载江迅对张炜的专访《书写中国百年风云巨著》，谈"大河小说"《你在高原》。

5月13日，《文学报》刊载傅小平的《20年倾情创作 完成450万言长卷——张炜推出长篇作品〈你在高原〉》。

5月15日，完成散文《十年琐记》。后发表于香港《今天》2010年夏季号（总89期）。

5月23日，《烟台日报》刊载凌云鹏的《张炜：22年磨一文学巨制》，介绍"大河小说"《你在高原》。

6月，《现代语文》（学术综合版）第6期刊载张纪云的《异质的残缺——闪婆与珊婆人物形象比较》，比较论述了《九月寓言》中的闪婆和《刺猬歌》中的珊婆。

6月，《山东文学》第6期刊载真真的《我的"纳尼亚"之旅——记万松浦书院》。

6月，香港《明报》6月号刊载张炜的《22年的跋涉——〈你在高原〉的写作》、徐更勉的《更为深蕴和包容的力量——〈你在高原〉印象》。同时，刊载《张炜生平简介及其他》和张新颖、洪治纲关于《你在高原》评论观点。

6月，《山花》第11期刊载王薇薇的《游走在神秘的丛林意象中——论张炜作品的自然意象》。

6月，《名作欣赏》第18期刊载王薇薇的《在包容并举中走多元融合之道——论稷下学宫对张炜创作思想的影响》。王薇薇指出："稷下学术精神主要表现为学术的兼容、独立和自由。""张炜有感于稷下学宫的兼容并举和独立自由，对它推崇备至。""显然，稷下学者超然独立的大无畏精神深深地打动了张炜。作为一个知识分子，他以几千年前的稷下先生为楷模，在当下这个物欲横流、急功近利的社会保持着特立独行、不从流俗的清醒头脑。"

6月9日，《中华读书报》刊载舒晋瑜的《张炜：超级长篇是怎样炼成的》，介绍"大河小说"《你在高原》。后又刊载于7月9日《淄博晚报》。

6月13日，《潮州日报》刊载韩晓玲的《迷失于"葡萄园"的张炜》。

6月18日，《城市信报》刊载曹晓前的《张炜的创造力让聊斋都显得简陋》。

6月19日，《新商报》刊载李媛媛的《新商报记者专访"史上最长纯文学小说"〈你在高原〉作者张炜——张炜：书写一本不屈服的书》。

6月29～30日，在济南参加山东省青年作家创作会议开幕式并致辞。

7月，《天涯》第4期刊载梁文道对张炜的访谈《有一些神秘的东西蕴含在时间里》。此文为张炜在香港浸会大学讲学期间，香港梁文道主持的同仁刊物《读书好》杂志对张炜的访谈，谈"大河小说"《你在高原》及其他。

7月，《魅丽》7月号刊载曹晓前的《谜一样的人物——读张炜巨作〈你在高原〉》。

7月，《散文选刊》7月下旬刊刊载郭廷梅的《几代红颜情归何处——论〈古船〉中女性的悲剧》。

7月，《走向世界》第19期刊载曹晓前撰文、区丽冰摄影的专访《巨河惊初见：张炜与〈你在高原〉》。

7月4～6日，在烟台参加母校鲁东大学校庆活动，受邀担任鲁东大学文学院名誉院长。其间，做题为"今天的阅读：《你在高原》散谈"的演讲。

7月14日，《文艺报》刊载安然的《从肉体的游荡到灵魂的游荡——张炜〈你在高原·无边的游荡〉读后》。

7月16日，《国际先驱导报》刊载陈雪莲的访谈《张炜：22年磨一书》。

7月20日，香港《文汇报》刊载贺越明的《小说史上的新奇观》，介绍"大河小说"《你在高原》。

7月26日，《山东商报》刊载张艳梅等的《他们眼中的当代文坛》。其中，赵月斌、张丽军谈及了张炜的文学创作，房伟以"狐鬼传说中永恒的诗意"为题评述了长篇小说《荒原纪事》。

7月29日，随笔《纵情言说的巨大野心》（评戴小栋诗）在《淄博晚报》发表。

8月，随笔《卑怯者的愤火——读鲁迅〈杂忆〉》在《走向世界》2010年第22期发表。

8月，诗歌《目光》《最寂寞最寂寞》《需要》《去松林再去松林》《悲悼》被收入《中国当代诗选——献给2010俄罗斯"汉语年"》（中俄文对照），由齐鲁电子音像出版社出版。诗歌俄文译者为谢里万诺娃。

8月，随笔《文学随想录》被收入《风在诉说着的时候：人民日报2009年散文精选》，由人民日报出版社出版。

8月，《长城》第8期刊载孔庆林的《张炜小说研究综述》。

8月，作品集《葡萄与靴》（张丽军等点评）被列入"名家经典点评系列"，由广东教育出版社出版。

8月，《安徽文学》8月下半月刊刊载马英的《遁世与逃亡——〈庄周的逃亡〉文本细读》。

8月11日，《文艺报》刊载李亦的《固守与创

广东教育出版社2010年8月版

新——评〈你在高原〉》。

8月26日，《中国新闻出版报》刊载陈华文的《张炜崇尚自然，〈你在高原〉囊括所有文学实验》。

8月30日，在北京参加第十七届国际图书博览会"中国作家馆"开馆仪式。

9月，随笔《小语的书》在淄博市文联《齐风》2010年第5期发表。

9月，随笔《茂长的大陆——对美国文学的遥感》在《走向世界》2010年第25期发表。

9月，短篇小说《东莱五记》被收入《中国小说排行榜十年榜上榜：恩贝》，由时代文艺出版社出版。

9月，短篇小说《酒窖》被收入《回应经典：实力作家小说10年选》，由江苏文艺出版社出版。此书还收录了张炜的随笔《尊敬经典——从阅读的演变谈起》。

9月，中南出版传媒集团股份有限公司主办的《出版人》第18期刊载记者田伟青的访谈《张炜：我的心啊，在高原》。张炜为此期《出版人》封面人物。

9月，陈思和著《新文学整体观续编》由山东教育出版社出版。其中，对长篇小说《九月寓言》中表现出来的"民间理想主义"进行了论述，指出："民间理想主义，是针对90年代出现的一批歌颂理想的作家的创作现象而言的。在五六十年代，理想主义是国家意识形态的代名词。随着'文革'的结束和市场经济的兴起，人们普遍地对虚伪的理想主义感到厌恶，但同时也滋长了放弃人类精神的向上追求、放逐理想和信仰的庸俗唯物主义。1990年代知识分子发起'人文精神反思'的讨论，重新呼唤人的精神理想，有不少作家也在创作里提倡人的理想，但他们在历史的经验教训中改变了五六十年代寻求理想的方式，转向民间立场，在民间大地上确认和寻找人生理想，表现出丰富的多元性，如张承志在民间宗教中寻求理想，张炜立足于民族土地中讴歌理想……有人称这种思潮为道德理想主义，其意含混，不如用民间理想主义来概括更加明确一些。这是世纪末精神的一个值得关注的动向。"

9月，《渤海大学学报》（哲学社会科学版）第5期刊载张艳梅的《张炜的自然与家园忧患》。

9月，《辽宁师范大学学报》（社会科学版）第5期刊载全贤淑的《史诗般的毁灭与悲凉——当代作家张炜小说〈家族〉背叛主题的解读及其审美》。

9月，《文学界》（理论版）第9期刊载黄露露的《人生苦旅中的逃亡与追逐——评张炜的〈丑行或浪漫〉》。

9月1日，《鲁北晚报》刊载李亦的《〈你在高原〉：想象力与文学信仰》。

9月3日，《中国图书商报》刊载王晓君的《中国作家"走出去"到底难在哪里？》，其中引述了张炜和邱华栋的观点："这是一个双向选择，不能急，得慢慢来。对于一个作家来说，最好的做法还是写出好的作品来。"

9月4～5日，在北京参加中国作家协会主办的"张炜《你在高原》作品研讨会"并发言。中国作家协会主席铁凝做了题为《他对文学始终葆有一颗赤诚之心》（后刊载于《山东作家》2010年第3期）的发言，指出："在30余年文学创作的历程中，张炜对文学始终葆有一颗赤诚之心、虔敬之心，孜孜不倦地大量读书，潜心有难度的写作，有时不惜将自己逼入困境，在创造之路上不断地攀登和超越。……在长篇小说创作领域，张炜成绩斐然，从上世纪80年代的《古船》，到90年代的《九月寓言》，再到新世纪以来的《外省书》《刺猬歌》等，他不断地给中国文坛制造惊奇。"铁凝在谈到《你在高原》的创作时指出："他的沉静与定力是超乎寻常的，而这正是优秀作家应该具备的品质。""正是由于有了像张炜这样的一批优秀作家，中国的当代文学才真正显示出它的厚重和分量。"

9月6日，《文艺报》刊载王杨的《行走在精神的高原——张炜〈你在高原〉作品研讨会举行》。

9月7日，《中国艺术报》刊载记者金涛的《北京图博会聚焦中国文学"走出去"》，其中介绍了张炜关于文学翻译的观点。

9月8日，《齐鲁晚报》刊载赵晓峰的《张炜作品研讨会在京召开——〈你在高原〉彰显时代文学新收获》。

同日，《大众日报》刊载王红军的《张炜新作〈你在高原〉在京举行研讨会》。

同日，《文艺报》刊载《第五届鲁迅文学奖备选作品篇目》，随笔集《芳心似火》入选"散文杂文"备选篇目。

9月9日，《齐鲁晚报》刊载铁凝的《张炜对文学始终葆有一颗赤诚之心》。

9月10日，《人民日报》（海外版）刊载铁凝的《张炜和他的〈你在高原〉》。

9月11日，《工人日报》刊载赵亦冬的《具有榜样意义的创作精神——张炜450万字巨著〈你在高原〉写作现象引发文坛热议》。

9月14日，《人民日报》刊载梁鸿鹰的《行走在汉语写作的高原上——读张炜的〈你在高原〉》。

9月15日，《文艺报》刊载一组"大河小说"《你在高原》的评介文章，包括陈晓明的《〈你在高原〉就是高原》和《〈你在高原〉：大气俊朗，宽广通透》、铁凝的《在创作之路上攀登与超越》、雷达的《燃烧的心灵长旅》、贺绍俊的《引导人们走向理想的家园》、李建军的《对大自然的最深刻和热切的感情》、孟繁华的《张炜的文化信念与情感方式》、吴秉杰的《深刻传达知识分子的内心世界》、张炯的《时代的镜子 历史的百科全书》、白烨的《三气合一的文学大作》、木弓的《一个"思想家"型的作家》、王巨才的《始终坚持现实主义文学立场》、陈思和的《为我们打开精神窗户》、施战军的《屈原式的彻痛》、吴义勤的《文学追求和文学信仰的高度》、兴安的《〈曙光与暮色〉中的孤独与罪》、何向阳的《与生命同长的精神追索之旅》、胡平的《张炜是有信仰的作家》、李亦的《长歌在高原回荡》等。

同日，《新京报》以两个整版刊载记者武云溥采写、孙纯霞摄影的《张炜的龙口：不在高原，就在路上》。

9月20日晚，在北京大学参加由北京大学中文系、中国作家杂志社联合主办，北京大学"我们"文学社承办的"中国作家北大行·张炜演讲会"并发表演讲。演讲后修订整理为《留心作家的行迹》，分上、下篇发表于10月27日、11月3日《中华读书报》。

9月24～25日，与王蒙、张抗抗、黄友义、陈晓明、马小淘等在美国哈佛大学亚洲中心参加第二届中美文学论坛——"新世纪、新文学：中美作家与评论家的对话"，并做题为"午夜来獾"的演讲。

9月29日，《文艺报》刊载洪治纲的《让文学见证人类的理想》，其中论及了长篇小说《九月寓言》《刺猬歌》。

同日，《济南日报》刊载舒晋瑜的《〈你在高原〉探路"大时代大作品"》。

10月，《法制资讯》第Z2期（9月、10月合刊）刊载铁凝的《凝视并仰望高原——评〈你在高原〉》。

10月，《湛江师范学院学报》第5期刊载陈秀珑的《齐鲁文化映照下的张炜小说创作》。陈秀珑指出："自然地理风貌的影响——独特的地域风景使张炜成为一个大自然的歌者"，"文化传统的潜移默化——儒道互补的齐鲁文化影响着张炜小说的内容和内涵"，"来自民间的渗透——齐鲁民间文化资源为张炜小说注入了活力和美感"。

10月，《中州大学学报》第5期刊载朱鹏杰的《追寻异域之光——〈九月寓言〉的"癫狂"叙事分析》。

10月，《荆楚理工学院学报》第10期刊载上官政洪的《灵与肉的撕裂——张炜小说情爱论》。

10月，《文艺争鸣》第19期刊载房伟的《另类的乌托邦——张炜〈九月寓言〉的新民族文化想象》。房伟指出："《九月寓言》一方面在传统文化上，呼应了道家文化想象，创造了很多在儒家传统之外的'另类文化传统'意象；另一方面，又以文化理想主义的气质，替代了阶级革命理想与启蒙理想主义，填补了90年代初多元文化倾向所导致的稳定价值信仰感弱化，为中国知识分子描绘了一幅既具有个性浪漫、又相对封闭自足的'寓言乌托邦'，从而更为深刻地反映出中国现代性发育中国家民族叙事的独特表征。"

10月，《青年文学家》第20期刊载刘江的《论隋抱朴的现实意义》。

10月8日，《图书馆报》刊载白玉静的《"读书是关于人生和幸福的事情"——访山东省作家协会主席、当代著名作家张炜》。

10月10日，在北京中国现代文学馆演讲。演讲后修订整理为《文学：21世纪的印象和展望》。

10月11日上午，在北京参加中国人民大学文学院、中国人民大学当代文艺思潮研究所主办的"著名作家进人大"系列活动第一场"张炜《你在高原》长篇小说研讨会"。研讨会记录由江丽、崔秀霞整理，以《大地行吟与历史书写——张炜〈你在高原〉研讨会实录》为题刊登在《当代文坛》2011年第2期，其中收录了马俊杰、程光炜、杨庆祥、李建立、徐勇、杨晓帆等的发言。

张炜在总结发言时说："我们长期以来，文学理论、写作者，包括搞研究的，无形中有一个共识，什么是文学呢？就是源于生活，高于生活，比生活更集中、更强烈。长期以来我对这个没有怀疑，但是后来我想了一下，实际上生活在作家那儿，它是个物理变化，是一个量的问题，它更强调浓度的问题、集中的问题、强度的问题。但是后来写到一定的程度，我就会发现，有一些杰出的作品，真正意义上的大的艺术，有时候它是发生化学变化，它是本质上发生改变。它不是生活，不是他人，完全是个人不可重复的那一部分，所以它发生化学变化。生活也好，什么东西也好，到了作家笔下之后再出来，不是更集中，也不是更强烈，也不是高于生活，它与生活似乎没有关系，是完全个人化的东西。在我的长篇里面，有大量的记录的写实的部分，但是又有大量的发生化学变化的部分。"

同日下午，在北京鲁迅文学院为第十四届中青年作家高级研讨班学员授课。授课记录后修订整理为《消失的分号》。

10月15日，赴三亚参加奥林匹亚长篇小说奖评委会议。

10月19日，在海口参加奥林匹亚长篇小说奖颁奖大会。

同日，在海南师范大学演讲。演讲后修订整理为《小说家与散文》。

同日，鲁东大学《校友工作简报》公布鲁大名师、鲁大杰出校友名单。张炜被评为杰出校友。

10月21日，在武汉华中科技大学演讲。演讲后修订整理为《时代的阅读深度》。

同日，《光明日报》刊载李建军的《〈你在高原〉：关于家园的诗意叙事》。

同日，《文学报》刊载江丽的《张炜长篇小说研讨会在人民大学举行》。

10月22日，鲁东大学举行建校80周年庆祝大会。张炜当选为第二届理事会名誉会长。

10月23日，在湖北"黄石文化讲堂"演讲。演讲后修订整理为《文学的当代选择》。

10月27日，完成随笔《事事簇新》，回忆20多年前创作长篇小说《古船》时，时任山东省文联领导周坚夫、丁秀生对自己的帮助。

11月，随笔《〈你在高原〉自序》选载于《散文海外版》2010年第6期，篇末注明"选自作者小说集《你在高原》"。

11月，随笔《20年的演变》在《江南》2010年第6期发表。同期刊载董海霞的《文学是生命中的闪电——对话张炜》。

11月，完成系列随笔《阅读的烦恼——关于25部作品的札记》。

11月，修订随笔《午夜来獾——在哈佛大学的演讲》。

11月，《中国作家》（纪实旬刊）第11期封二、封三刊载张炜2010年9月20日晚"中国作家北大行·张炜演讲会"图文报道。

11月，《文学界》（理论版）第11期刊载易向阳、张凝的《浅论张炜所受的道家影响》。

11月，《时代教育》（教育教学版）第11期刊载邓强的《管窥张炜散文的真性情》。

11月，《出版人》第21、22期合刊和《出版人·图书馆与阅读》第11期分别刊载《2010中国书业年度评选》候选者。张炜为"年度作者"候选者。

11月3日，《文艺报》刊载消息《央视〈子午书简〉将播出张炜专访》。

11月12日，《河北日报》刊载逄春阶的《张炜：跋涉在文学高原》。后又刊载于《党员干部之友》2010年第12期。

11月13日，《中国教育报》刊载张杰的《张炜：坚守时代的精神高原》。

11月14~20日，在延安干部学院参加第五期中央联系的高级专家理论研究班。

11月28日，为《山东文学》创刊60周年题写贺词："这是一份跋涉了60年的文学刊物。她承载了特别的光荣，记录了无数的梦想，经历了难言的坎坷，孕育了新生的希望。她的明天，还将迎接更多的考验，创造自己的历史。"贺词刊载于《山东文学》2010年第12期（总第625期）。

12月，随笔《文学散谈》在《青年作家》2010年第12期（上半月刊）发表。

12月，随笔《作家的人格》在《走向世界》2010年第34期发表。

12月，随笔《言说的细部》被收入《思想的盛宴——城市文学讲坛讲演录》，由上海文艺出版社出版。

12月，《中国作家北大行——张炜演讲会·留心作家的行迹》实录在《中国作家》（纪实旬刊）2010年第12期发表。

12月，何启治著《美丽的选择》由首都师范大学出版社出版。其中，收录了《〈古船〉：第一部用新的历史观写土改和反思当代历史的长篇小说险些遭到禁止出版的厄运》（附录：关于《古船》致张炜的信等）、《备受瞩目的〈九月寓言〉终于和〈当代〉失之交臂》、《璀璨星空的一角——向你推荐张炜的选本》。

12月，《辽东学院学报》（社会科学版）第6期刊载于沐阳的《寻找精神家园——论张炜1990年代以来长篇小说中的知识分子形象》。

12月，《邵阳学院学报》（社会科学版）第6期刊载陈红、成祖堰的《中美自然写作中"鸟"意象的生态意蕴探微——以约翰·缪尔与张炜的生态散文为例》。陈红、成祖堰指出："张炜是中国当代最具生态意识的作家之一，他的作品中张扬着浓郁的生态理想，抒发对大地上多元生命形态的诗意赞美及生态忧患的哲思。"

12月，《廊坊师范学院学报》（社会科学版）第6期刊载张高峰的《野地神话与神性复魅——谈高更艺术旨归对张炜小说创作的影响》。

12月，《传奇·传记文学选刊》（理论研究）第12期刊载罗红、朱以竹的《浅析〈古船〉中的"老磨屋"意象及其作用》。

12月，《长城》第12期刊载秦法跃的《精神生态的忧思和建构——对张炜文学创作的一种考察》、张平和王启东的《在现代文明的航船上回望传统——〈古船〉人物分析》。

12月，《文艺争鸣》第23期刊载陈晓明的《世界性浪漫主义与中国小说的道路》，其中论及了"大河小说"《你在高原》。

12月5日，完成随笔集《小说坊八讲·前言》。

同日，CHINA DAILY（《中国日报》）刊载梁鸿鹰的"Life's a journey"。

12月12日，在滨州医学院演讲。演讲后修订整理为《书香何来》。

12月16日上午，在济南出席《山东文学》创刊60周年座谈会并致贺词。

12月18日，在中国文学高端论坛演讲。演讲后修订整理为《时下的阅读、写作和出版》。

12月20日，完成刘玉栋小说集《火色马》（山东文艺出版社2011年3月出版）序。

同日，完成李登建散文集《礼花为谁开放》（中国言实出版社2010年12月出版）序。

同日，完成"新华好读小说系列"序《站在谁的一边》。

12月21日，在中法作家对话会上发言。发言后修订整理为《对经典的最后背离——中国当代文学现象》。

12月22日，《武进日报》刊载晏飞的《张炜印象》。

12月23日，《大连日报》刊载肖正的《张炜：遵从心底的呼唤》。同时刊载张炜给《大连日报》的题词："美丽海滨有大报，祝她越办越好！"

同日，《文学报》刊载陆梅的《〈山东文学〉60年纪念会上，听张炜漫谈——"时间之后，一切各归其位"》。

12月28日，"大河小说"《你在高原》入选《人民日报》、人民网评选的2010年度"最具影响力十部书"。

同日，《人民日报》刊载《2010影响力十部书——本报读书版、人民网读书频道联合推荐》。

12月29日，《中华读书报》刊载孟繁华的《对乡土中国的不同叙述没有中断》，评"大河小说"《你在高原》。

12月31日，《工人日报》刊载赵亦冬的《那些值得写进历史的人和事——2010年书业、文坛回眸》，其中重点评述了张炜及其"大河小说"《你在高原》。

本年，中篇小说《蘑菇七种》由美国Homa & Sekey Books公司出版，译者特伦斯·拉塞尔。

本年，随笔《芳心似火》（第2章节选）在高密市作协《红高粱文学》第2

期发表。（此刊未注明刊期、出版时间。）

本年，获评新浪网"2010年中国十大最受欢迎作家"。

本年，被文学界、评论界称为中国文学"张炜年"。

2011

1月，《文学界》（专辑版）1月上旬刊推出"张炜专辑"，包括张炜的散文《十年琐记》《纯良的面容——回忆罗伯特·鲍曼》《东部：美链之城》，创作谈《关于〈你在高原〉》，演讲《与全球化逆行的文学写作》，访谈《风会试着摧毁他——笔答张丽军教授》，李亦的评论《长歌行：你在高原——评张炜的长河小说〈你在高原〉》，以及张炜《主要作品目录》。《十年琐记》后选载于《散文海外版》2011年第3期。

1月，随笔《与全球化逆行的文学写作》在《青年作家》1月上半月刊发表。

1月，随笔《留心作家的行迹》在《名作欣赏》1月上旬刊发表。

1月，随笔《有一位作家》在《走向世界》1月上旬刊发表。

1月，随笔《〈雪国梦〉重版序》（邱勋长篇小说《雪国梦》序）在昌乐县文联《齐都文苑》2011年第1期发表。

1月，在香港浸会大学的文学讲座讲稿《小说八讲》开始在《青年文学》2011年第1期连载，到2012年第1期结束。

1月，散文《一棵树》被收入《2010中国散文年选》，由花城出版社出版。

1月，随笔《阅读：忍耐或陶醉》《大学课堂与文学教育》被收入《中国当代文学演讲录：在中国海洋大学听讲座》，由齐鲁书社出版。

1月，《当代作家评论》第1期刊载涂昕的《张炜小说中的两个层面和齐文化的浸润》。所谓"两个层面"是指陈思和在《欲望：时代与人性的另一面——试论张炜小说中的恶魔性因素》中所说："政治为中心的现实层面和自然为中心的民间层面始终交织在他的艺术世界里，常常各不相容。在描写前一层面的《古船》《家族》里，民间层面退出了他的艺术视野；而表现后一层面的《融入野地》《九月寓言》等，美丽的大地哲学又淡化了现实层面的严酷斗争……前一层面是社会环境与社会教育造就的张炜人格的自觉投射，表达了知识分子精英批判立场；而后一层面的民间世界更能体现张炜的阴柔含蓄的艺术风格，他毕竟是一个属于大地的民间歌手，有一种与现实世界格格不入的民间因素制约着他的创作倾向。"

同期，刊载贺绍俊的《50年代生人的精神之旅——读张炜的〈你在高原〉》、施战军的《〈你在高原〉：探寻无边的心海》。

1月，《小说评论》第1期刊载吴丽艳、孟繁华的《在不确定中的坚持与寻找——2010年长篇小说现场片段》，其中评述了长篇小说《你在高原》。吴丽艳、孟繁华指出："2010年，长篇小说最大的事件莫过于张炜《你在高原》的出版。对这部鸿篇巨制我们还没有做好评论的准备。但可以肯定的是，在接触它的瞬间掠过心头的就是震惊。在当下这个浮躁、焦虑和没有方向感的时代，张炜能够潜心20年去完成它，这本身就是一个巨大的挑战和奇迹。这个选择原本也是一种拒绝，它与艳俗的世界划开了一条界线。450万字这个长度非常重要：与其说这是张炜的耐心，毋宁说这是张炜坚韧的文学精神。因此这个长度从某种意义上也是一种高度。许多年以来，张炜一直坚持理想主义的文学精神，在毁誉参半褒贬不一中安之若素。不然我们就不能看到《你在高原》中张炜疾步而从容的脚步。对张炜而言，这既是一个夙愿也是一种文学实践。"

1月，《河南科技学院学报》第1期刊载秦法跃的《自然的复魅：张炜90年代以来小说生态美学的建构》。

1月，《名作欣赏》1月中旬刊刊载彭丽萍、陈进武的《生态的呼唤：解读张炜小说的原野书写》。

1月1日，完成随笔《时代的思与诗——痛悼铁生》（后发表于1月5日《文艺报》和《大众日报》、《天涯》2011年第2期）。著名作家史铁生2010年12月31日在北京病逝。

同日，《齐鲁晚报》推出"山东文学界怀念史铁生"专版，其中刊载张炜的《他留下的空缺无人能填补》。

同日，《汕头日报》刊载任之的《热闹后的孤独　谢幕后的寂寞》，评"大河小说"《你在高原》。

1月2日，在《中国教育报》"2010年度十大文化人物"评选中名列首位。此报同时刊载张杰的《〈文化专刊〉2010年度十大文化人物——张炜：葡萄园里的哈姆雷特》。

同日，《山东青年报》刊载杨景贤的《坚守文学精神的宣言》，评"大河小说"《你在高原》。

1月6日，《南方周末》刊载"追思史铁生"专版，其中刊有记者对张炜的采访。

1月9日，出版人杂志社与搜狐读书频道联合主办的"2010中国书业年度评选"揭晓，张炜因"大河小说"《你在高原》获"年度作者奖"。

同日，香港《大公报》公布"2010年度最值得珍藏的人与书"，张炜与

"大河小说"《你在高原》同列首位。

1月10日，在济南参加"2010齐鲁精英人物风云榜"颁奖仪式，荣获"2010齐鲁精英人物风云榜——十大齐鲁精英奖"。

1月13日，"大河小说"《你在高原》之九《荒原纪事》获中国作家杂志社、鄂尔多斯市人民政府共同设立的第四届（2010年度）中国作家鄂尔多斯文学大奖。

同日，《当代》年度长篇小说奖（2010年度）揭晓，"大河小说"《你在高原》入选"年度五佳"。

1月14日，《齐鲁周刊》刊载马军的《2010齐鲁精英人物风云榜揭晓》，其中介绍了张炜。

1月16日，《中国教育报》推出"怀念史铁生"专版，其中刊载张炜的《这个时代难以消失的声音》。

同日，香港《亚洲周刊》刊载章海陵的《亚洲周刊2010年十大小说揭晓》，"大河小说"《你在高原》列第一位。

1月19日，《齐鲁晚报》刊载师文静的《张炜新作频获大奖》，介绍《你在高原》的获奖情况。

1月21日，随笔《渴望更大的劳动——谈〈你在高原〉的写作》在《人民日报》发表。张炜说："我从1988年开始了《你在高原》的写作。当时我出版和发表了许多中短篇小说，这些作品一再表现了一条河流：芦青河。这期间，由于1986年《古船》的发表，使这条一向清纯的河变成了青苍色，也较过去的河面更加开阔。第二部长篇《九月寓言》也快要完工。在这个阶段，有两个因素使我变得格外不能安宁，以至于要努力掩饰和一再压抑内心的冲动：一是长久的写作过程中，我在阅读和行走两个方面都有了大量的积累，它们在心中鼓胀着，却没有通过已有的作品全部表达出来，没有淋漓尽致；二是以往的工作激励了自己，再加上正当盛年，开始渴望一场规模空前的更大的劳动。""22年好像一晃就过去了。在这不长不短的时间里，全部的隐秘都化为了文字，又分成39份，最后再订成厚厚的十大本。""在这样匆忙的时代，把如此长卷突兀地推到某个读者面前，不仅悖时，好像还有些愚蠢和莽撞。因为我们谁都明白，冗长的文字是最令人讨厌的。它也的确太长了，450万字。不过对照我们度过的漫漫长夜，它或许还有些短呢。"（张炜：《渴望更大的劳动——谈〈你在高原〉的写作》，载《张炜文集》第40卷，作家出版社2014年11月出版，第170、172页。）

1月21～22日，在北京中国现代文学馆参加第二届中法文学论坛并进行对话交流。

1月26日，《中华读书报》刊载记者刘霄的《文学大力士们的时代：史上最彻底的经典背离——中法作家聚论网络文学是与非》。张炜认为："可怕的事实是，网络文学混杂的、低劣的写作有着巨大的、无所不在的腐蚀力，它会淹没深沉严格的专业写作。"

1月31日，《文汇报》刊载梁燚的访谈《张炜"心在高原"》。

2月，随笔《阅读：忍耐或陶醉》在《走向世界》2月上旬刊发表。

2月，随笔《时代的思与诗——痛悼铁生》选载于河北省作协《诗选刊》2月下半月刊，篇末注明选自"2011年1月5日《文艺报》"。

2月，将2010年3月至2011年2月的有关文学访谈辑录整理为《写作和行走的心情》。后收入作家出版社2014年11月出版的《张炜文集》第40卷。

2月，将2010年4月至2011年2月关于"大河小说"《你在高原》的访谈辑录整理为《从春天到冬天——〈你在高原〉访谈辑录》。后收入作家出版社2014年11月出版的《张炜文集》第40卷。

张炜说："融入野地并不是让人到野外生活，也不是简单地让人去外边行走，是不要忘记、不要失去生命的自然背景。尊重自然，接受自然对我们的教化，跟大自然和谐相处，那样人才能有智慧，才能有长远的眼光，才能不自私、不得现代病、不被异化。所以，融入野地仍然是我个人所向往的一种境界。"

张炜说："真正有个性的写作才会产生杰出的作品。越是个人的就越是大众的，作者如果考虑读者太多的话，就会达成妥协，这样的作品就会重复。杰出的作品要与读者有深度交流。文学的检验从来都是来自时间，所有好的作家都是放眼时间的。民众也不等于'乌合之众'，民众的意志和趣味总是通过时间来体现的。写作就是要'自说自话'，就是要写出自己。这种对话是无法复制的，也是最具保留价值的。'自说自话'才能走向文学的本质，而不是相反。""所有极力迎合读者的写作，都是没有志向的、失败的写作。"

2月，《出版人》杂志第3、4期合刊推出"封面报道·2010中国书业年度评选"专栏，张炜被评为年度作者。获奖理由是："他是理想主义旗手，30多年来坚守严肃文学；2010年，他捧出450万言的巨幅文学长卷《你在高原》，用22载的打磨之功向市场和社会证明，今日纯文学作家的使命与价值。"同期，刊载记者程建农的访谈《年度作者·张炜：总有另一个"我"在高处》。

2月，《黑河学院学报》第1期刊载王永剑的《试论张炜的家族小说》。

2月5日，完成《田恩华摄影绘画选》序。此书后由万松浦书院学术部印行。

2月17日，《南方周末》刊载《我的2010书单》，其中吴义勤推荐了"大河小说"《你在高原》。

2月18日，完成随笔《那时，每个村庄和工厂都有文学——我与〈文学报〉》。后发表于2月24日《文学报》。

3月，随笔《两难的时代》在《走向世界》3月上旬刊发表。

3月，长篇散文《芳心似火》（제나라는어디로사라졌을까）韩文版由韩国글항아리出版，译者李有镇（이유진）。6月，第二次印刷。

3月，王光东主编《中国现当代乡土文学研究》（上、下卷）由东方出版中心出版。下卷收录了张新颖的《大地守夜人——张炜论》、张炜的《我跋涉的莽野——我的文学与故地的关系》。同时，张清华的《民间理念流变与当代文学的三种民间美学形态》、王光东的《"主题原型"与新时期小说创作》，均论及了张炜的小说创作。

3月，《山东作家》第1期以《张炜小说〈你在高原〉获多项殊荣》为题盘点了《你在高原》的获奖情况。

3月，《文学教育》（上）第3期刊载程煜的《〈古船〉中隋抱朴形象浅析》。

3月1日，在北京中国现代文学馆参加"中国作家出版集团奖"颁奖大会并代表获奖作家致答谢词。"大河小说"《你在高原》获特等奖。

3月2日，《中华读书报》刊载鲁大智的《张炜关仁山赵瑜等获2010年度"中国作家出版集团奖"》。

同日，《文艺报》刊载王觅的《2010年度中国作家出版集团奖在京颁奖》。

3月10日，随笔《圆融·思辨·质朴——读〈老子纵横谈——天不变道亦不变〉》（评刘长允《老子纵横谈——天不变道亦不变》）在《德阳日报》发表。

3月16日，在万松浦书院主持"国学热的思考"座谈会并发言。发言后修订整理为《国学热的联想》。

4～5月，将有关文学访谈辑录整理为《他们一旦长大》。后收入作家出版社2014年11月出版的《张炜文集》第42卷。

4月，散文《周坚夫和丁秀生》被收入《艺术之旅——我与山东文联》，由山东文艺出版社出版。

4月，随笔《何为文学阅读》在《走向世界》4月上旬刊发表。

4月，《文学界》（专辑版）4月上旬刊推出"史铁生专辑"，在"著名作家眼中的史铁生"中刊载了张炜对史铁生的怀念、评价文字。

4月，随笔集《午夜来獾：张炜2010海外演讲录》由作家出版社出版。

4月，文论集《小说坊八讲》繁体字版由商务印书馆（香港）有限公司出版。

作家出版社2011年4月版

商务印书馆（香港）有限公司
2011年4月版

生活·读书·新知三联书店
2011年9月版

湖南文艺出版社2013年2月版

作家出版社2014年11月版

4月，《吉昌学院学报》第2期刊载耿艳艳的《变革中的精神痛苦——试论小城小说〈古船〉与〈浮躁〉》。

4月，《中国人物传记》第3、4期合刊刊载肖正的《张炜与10卷本〈你在高原〉》。

4月，《文艺争鸣》4月上半月刊刊载张炜、张丽军的《保持"浪漫"是人类对于成长悲剧的本能反抗——从"古船"到"高原"的文学对话》。同期，刊载贺绍俊的《新世纪十年长篇小说四论》，其中论及了"大河小说"《你在高原》。

4月，《青春岁月》第8期刊载孙雅琦的《论〈古船〉中传统家族文化的困境》。

4月，《语文学刊》第8期刊载李娥的《论〈柏慧〉中坚定不移的守望精神》。

4月8日，《环球时报》刊载舒晋瑜的《文学急于走出去，就是浮躁——中国知名作家张炜接受本报专访》。4月13日《报刊文摘》以《张炜认为：文学急于走出去就是浮躁的表现》为题选载。

4月12～18日，在济南接受《南方周末》记者朱又可采访，七天之中两人进行了10次深度对谈，共20多个小时。5月9日，又在广州进行了第11次深度对谈。对谈后由朱又可辑录整理为《行者的迷宫》。

4月13日，《德阳日报》刊载陆梅的《时间之后，一切各归其位——听张炜漫谈》。

4月21日、25日，中国现代文学馆在《人民日报》《文艺报》上分别发布《2010年中国文学发展状况》，对2010年的文学成就进行了全面总结回顾。在回顾小说创作成果时，"大河小说"《你在高原》名列首位。文章指出："在历史和现实、民族记忆和个人经验之间，以宏大的规模建构'中国故事'，这依然是长篇小说的重要主题。张炜的《你在高原》10卷450万字，被称为'中外小说史上篇幅最长的纯文学作品'，在对自然、乡土、人性的忧患及对现代文明的反思中求索，力图构筑当代社会的心灵变迁史。"

4月29日，在济南主持召开山东省作家协会六届三次全委会议，回顾2010年工作，安排部署2011年任务。

5～11月，将有关文学访谈辑录整理为《遥远灿烂的星空》。后收入作家出版社2014年11月出版的《张炜文集》第42卷。

5月，随笔《小说与动物——在香港浸会大学的演讲》在《山花》2011年第5期（上半月刊）发表。

5月，随笔《午夜来獾——关于自然生态文学》在《天涯》2011年第3期发表，篇末注明"本文为作者2010年9月24日于哈佛大学的演讲，2010年11月订正"。

5月，《胶东文学》第3期"胶东作家经典作品回放"栏目选载短篇小说《声音》。同期，刊载宫达辑录的《张炜小传》和杨建平的《平凡的传奇：作家张炜的故事》。

5月，《上海电视》第21期刊载记者刘江涛的访谈《张炜：这是一个有文学希望的时期》。

5月，修订整理《半岛札记》，包括《老李花鱼儿趣事》、《抢运大痴士》、《河汉隐士》、《爱猫人李代荣》（发表于10月6日《南方周末》）、《小肉肉们，出发了》（发表于9月15日《南方周末》）、《这回来的是老蛋》（发表于10月6日《南方周末》）、《要喝就喝家乡酒》、《一锤砸掉祸害》、《第八次操练》（发表于11月3日《南方周末》）、《鲁迅又说对了》、《爱怎样就怎样吧》。

5月，《东吴学术》第2期刊载涂昕的《齐文化在张炜小说中的意义以及由此引导出的"大地"意象》。同期，刊载钟玲2010年5月8日下午在香港浸会大学文学院对张炜的访谈《现代中国文学——人和山川大地》。

5月，《理论与创作》第3期推出"张炜新作《你在高原》评论小辑"，刊载梁鸿的《行走在大地上的书写——读〈忆阿雅〉和〈曙光与暮色〉》、李建立的《小说的"前爪"——〈我的田园〉和〈橡树路〉读记》、徐勇的《边缘写作的困境与可能——评〈家族〉〈人的杂志〉及其他》、杨晓帆的《流浪者与"讲故事的人"——读〈荒原纪事〉〈无边的游荡〉》。

5月，《读者》5月上半月刊推出创刊30周年"作家寄语"。张炜写道："我们鲜有雅俗共赏的杂志，也鲜有盛誉持久不衰的杂志——《读者》却能二者兼备于一身，这在今天的阅读环境中近乎一个奇迹。我常常从这份杂志中接受启迪，获得欣悦，而且也感知了她面对生活的清晰和深沉。"

5月，《文艺评论》第5期刊载李刚的《20世纪90年代散文的清洁精神与知识分子自我认同的重构》，其中论及了张炜的散文。

5月，《文艺争鸣》5月上半月刊载陈晓明的《相信文学：重建启示价值》，其中谈及了张炜的随笔《相信文学》和长篇小说《古船》《你在高原》。

5月，《青年文学家》第9期刊载周亚军的《孤寂伊甸园 虚妄乌托邦——论〈柏慧〉中精神对抗与苦难叙事的悲剧性张力》。

5月5日，《南方周末》以三整版刊载朱又可的访谈《怎样创造出无愧于伟大作品的时代？——作家张炜谈"大物"与"大言"》，及张炜口述《人人都相信蒲松龄的故事是真的——张炜22年东部半岛行走见闻》《一个人绝望过后的曲折故事——张炜和10卷本小说〈你在高原〉》。

5月6日，《河北青年报》刊载记者赵丽肖的访谈《张炜：文字须在反射光下慢慢感受》。

同时，《文艺报》刊载何志钧的《诗与思的交响》，评随笔集《午夜来獾》。

同日，在广州华南师范大学演讲。演讲后修订整理为《求学今昔谈》，发表于《作品》2011年第8期（上半月刊）。

5月7日，在广州参加南方都市报主办的第九届华语文学传媒大奖颁奖仪式上，张炜凭借"大河小说"《你在高原》获2010年度杰出作家大奖。授奖词称："张炜的罪感、洞察力和承担精神，源于他忧国忧民的士人情怀，也见之于他对现实的批判、对个体的反省。……《你在高原》在豪情与壮丽下面，藏着的其实是难以掩饰的孤寂。"在颁奖仪式上，张炜发表获奖感言。获奖感言后修订整理为《阿雅承诺的故事》。

同日，在广州举办随笔集《午夜来獾》新书发布会。

5月8日，《东方早报》刊载石剑峰的《张炜凭超长篇小说获年度杰出作家》。

同日，《南方都市报》刊载"华语文学传媒大奖·2010年度杰出作家张炜"的《授奖词》和《获奖感言》、消息《第九届华语文学传媒大奖颁奖》、记者访谈《张炜：原来我们走过了这么漫长的道路》。

5月10～13日，在西安参加"历史与现代——数字化时代的文学"第五届中韩作家会议并发言。

5月12日，《文学报》刊载消息《第九届华语文学传媒大奖颁奖——张炜凭〈你在高原〉荣膺"年度杰出作家"》、傅小平的访谈《张炜：你要爱你的寂寞》。

同日，《西安晚报》刊载靳晶的《数字化时代的文学将何去何从——中韩作家西安寻答案》。

5月13日，《西安晚报》刊载靳晶的《书籍过剩导致文学消亡？——韩国作家吴生根观点遭中国作家张炜反驳》。

同日，《济南日报》刊载蔡震的专访《小说家马原提出"文学已死"说——张炜：文学的命运就是"死去活来"》。

5月14日，《汕头日报》刊载杨文的专访《华语文学传媒大奖获得者张炜坦言：评奖不存在谁击败谁》。

5月15日，《南方都市报》刊载颜亮的访问记《张炜：像河流一样的书房》。

5月17日，《中国图书商报》刊载杜浩的《"年度杰出作家"推崇文学信仰》，评介了张炜及其"大河小说"《你在高原》。

5月18日，《华南师大报》刊载叶翠婷等的《伟大作品应该有神性——作家张炜访谈录》。

5月19日，《山东广播电视报》刊载张杰的《张炜：坚守时代的精神高原》。

5月25日，随笔《书香何来——在滨州医学院的演讲》（节选）在《鲁北晚报》发表。全文后发表于《黄河文学》2011年第8期。

5月26日，受聘为聊城大学名誉教授及文学院名誉院长。受聘仪式结束后，应聊城大学文学院之邀为师生做题为"生存：情趣与情怀"的演讲。

5月27日，《聊城晚报》刊载记者刘伟的访谈《著名作家张炜水城谈书论道》。

5月29日，《南方日报》刊载吴敏、周晓婷的访谈《新书〈午夜来獾〉出版，作家张炜谈文学与人生：自我定位"雅文学家" 称写作是为了尽兴》。

6月，随笔《作家的两种遗憾》在《走向世界》6月上旬刊发表。

6月，与法国学者施舟人（Kristofer Schipper）合著（施舟人作品由袁冰凌译）散文集《童年》中文版被列入"远近丛书"，由北京大学出版社出版。

北京大学出版社2011年6月版

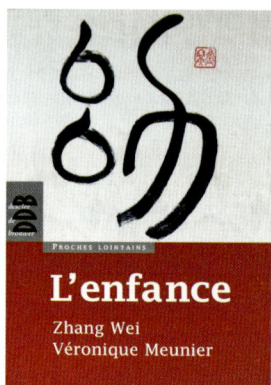

法国Véronique Meunier出版社
2011年7月法文版

6月，《瞭望东方周刊》第23期刊载特约撰稿张杰的访谈《张炜：文学首先要有益于世道人心》。

6月，赵金钟、熊家良、张德明主编《中国当代文学专题教程》由中国人民大学出版社出版。该书在"改革小说"中论及了张炜的小说。

6月，《出版广角》第6期刊载李亦的《舒缓绽放的焰火——读张炜〈午夜来獾〉》。

6月1日，《西安日报》刊载陈华文的《写出大地的厚度——评张炜〈你在高原〉》。

6月2日，《汕头特区晚报》刊载吴敏的访谈《张炜：写作是为了尽心尽兴》，谈随笔集《午夜来獾》和"大河小说"《你在高原》等。

6月3日，《工人日报》刊载金星的《创作内外的算计》，其中谈及了张炜及其"大河小说"《你在高原》。

6月6日，《南方·人物周刊》刊载刘子超的专访《张炜在"高原"》。

6月7日，开始写长篇系列儿童小说《半岛哈里哈气》，10月18日完成。

6月8日，《中华读书报》刊载舒晋瑜的《作家挂职记（韩少功·张炜·关仁山）》，其中介绍了张炜在龙口的挂职生活。

6月18日下午，在济南观看山东话剧院排练的长篇小说《古船》朗诵剧。

7月，为山东省作协组织编辑的大型画册《辉煌60年（1951～2011）——山东省作家协会成立60周年纪念》撰写《前言》。

7月，随笔《水手》被收入陶然小筑文字工作室主办、枣庄市影视文学研究会协办的《小散文》杂志夏季卷。

7月，散文《筑万松浦记》被收入《21世纪散文典藏（2000～2010）》，由人民文学出版社出版。

7月，与法国学者施舟人合著散文集《童年》法文版由法国Véronique Meunier出版社出版。

7月，《海南广播电视大学学报》（综合版）第3期刊载沈壮娟、赵玲玉的《"野性思维"下的原野传奇——论齐文化中的"自然崇拜"对〈刺猬歌〉创作的影响》。

7月，《牡丹江教育学院学报》第4期刊载耿艳艳的《20世纪80年代小城镇小说精神向度片论——以〈新星〉〈矮凳桥风情〉〈古船〉〈浮躁〉为例》。

7月，《西安电子科技大学学报》（社会科学版）第4期刊载张旭东的《从呼唤"现代化"到反思"现代性"——论文化保守主义语境下的"乡土中国"形象书写》，其中论及了张炜的文学创作。

7月，《湖南科技学院学报》第7期刊载阎怀兰的《张炜小说〈你在高原〉中的女性人物审美形象分析》。

7月，《北方文学》第7期（下半月刊）刊载靳书刚的《人与文化：一个独特的文化审美视角——沈从文与张炜比较论》。

7月，《重庆科技学院学报》（社会科学版）第14期刊载程海岩的《对土地的坚守与背叛——简析〈九月寓言〉中赶鹦与肥的形象》。

7月1日，《出版人》第13、14期合刊刊载白烨的《是思想录，也是清凉剂》，评随笔集《午夜来獾》。

7月4～6日，在上海参加由复旦大学当代文学创作与研究中心主办的"财富·精神"论坛并发言，就财富与精神的关系问题发表看法。

7月15日，《齐鲁周刊》刊载解永敏、吴永强的专访《"张炜年"是个什么年？》。谈到"张炜年"时，张炜说："那是一种夸张的说法而已。评奖对作家是一种鼓励，因总有一些评奖是好心好意的。……然而，无论是什么作品，无论奖赏的名头有多大，都无妨平静自然地对待它。一切都需要时间的检验，作者要耐住心性写作。"

7月19日，《齐鲁晚报》刊载霍晓蕙的《山东省作家协会走过60年辉煌历程——文坛鲁军　享誉全国》，其中论及了张炜及其创作。

7月20日上午，在济南主持召开纪念山东省作家协会成立60周年大会并做总结讲话。

7月21日，《文学报》刊载何晶的《财富VS精神：并非对立，怎样重组》，其中收录了张炜7月5日在复旦大学当代文学创作与研究中心主办的"财富·精神"论坛发表的观点。

7月22日，《淄博晚报》刊载郝永勃的《阅读细节》，其中谈及了《午夜来獾——张炜2010海外演讲录》《小说与动物——在香港浸会大学的演讲》。

7月30日，完成散文《送德华远行》。杨德华是作家出版社出版的"大河小说"《你在高原》的终审编辑，2011年7月24日因病去世。

8月，随笔《文学能否消亡》在《走向世界》8月上旬刊发表。

8月，《海南师范大学学报》（社会科学报）第4期刊载张高峰的《野地神话的危机与缔造——谈高更艺术旨归对张炜小说创作的影响》。

8月，《学习博览》第8期刊载蔡震的《张炜：文学就是"死去活来"》。

8月，《中国作家》第15期刊载仵埂的《大地的情怀——从张炜〈荒原纪事〉兼论其创作历程》。

8月3日，随笔《另一种开花结果》在《羊城晚报》发表。

8月6日，在万松浦书院接待来访的西藏作家代表团。

8月8日，《文艺报》刊载《第八届茅盾文学奖评奖办公室公告及81部备选作品篇目》，《你在高原》排第十二位。

8月12日，《文艺报》刊载《第八届茅盾文学奖评奖办公室公告及42部备选作品篇目》，《你在高原》排第八位。

8月15日，在万松浦书院接待河北省作协副主席王力平带领的河北"寻访文学大家"学习交流团，并与学习交流团成员座谈交流。谈话后修订整理为《线性时间观及其他》。河北省文学创作中心《河北文学院》第2期封二刊载"'寻访文学大家'活动剪影"。

同日，《齐鲁晚报》刊载师文静的《30部备选作品角逐茅奖提名》，《你在高原》排第四位。

8月16日，《齐鲁晚报》刊载《茅奖产生20部提名作品——张炜〈你在高原〉获59票并列第三》。

8月17日，随笔《网络文字难以建立书香社会》在《羊城晚报》发表。

8月19日，《文艺报》刊载《第八届茅盾文学奖评奖办公室公告10部备选作品篇目》，《你在高原》获59票并列第一位。

8月20日，第八届茅盾文学奖评选揭晓，"大河小说"《你在高原》荣登榜首。

8月21日，《大众日报》刊载《为了写好一本书，可以耗上一生——张炜〈你在高原〉荣膺茅盾文学奖第一名》、逄春阶的《他在跑文学的马拉松——张炜印象记》和逄春阶、卞文超采写的《作家眼中的〈你在高原〉》。

同日，《文汇报》刊载记者陈熙涵的《茅盾文学奖褒奖直面现实的佳作》，其中评介了"大河小说"《你在高原》。

同日，《齐鲁晚报》刊载师文静的《第八届茅盾文学奖揭晓——山东籍两大家张炜莫言获奖》。

同日，《山东商报》刊载张晓媛的《第八届茅盾文学奖揭晓——我省作家张炜莫言摘"茅奖"》《茅奖评委李掖平：张炜获奖众望所归》。

同日，《济南时报》刊载钱欢青的《第八届茅盾文学奖揭晓　5部获奖作品昨日公布——张炜〈你在高原〉位列榜首》《第八届茅盾文学奖评委、山东师范大学教授李掖平接受本报记者采访——张炜获奖，众望所归》。

同日，《淄博日报》刊载廖翙的《第八届茅盾文学奖揭晓——〈你在高原〉等5部长篇获奖》。

同日，《淄博晚报》刊载沙红翠的访问记《张炜：芳心似火——谈齐文化》。

8月22日，《文艺报》刊载《第八届茅盾文学奖评奖办公室公告·第八届茅盾文学奖揭晓》，刘颋、王杨的《第八届茅盾文学奖获得者畅谈获奖感受》。同时，刊载《第八届茅盾文学奖第五轮实名投票情况》。

同日，山东省委宣传部给张炜发出贺信，祝贺《你在高原》荣获第八届茅盾文学奖。

与河北学习交流团合影

8月23日，《四川日报》刊载记者吴晓铃的《450万字的作品，你读不读》。

同日，《中国图书商报》刊载浩衍的《茅盾文学奖的兴趣点仍在纯文学》。

同日，《长沙晚报》刊载李倩的《茅盾文学奖的"矛盾"在哪里》。

同日，《中国青年报》刊载于立生的《茅奖评选，论功劳还是论苦劳》。

8月24日，《中华读书报》刊载舒晋瑜的《结果一出　质疑顿起——本报独家专访茅盾文学奖相关当事人》。其中写道："评论家朱向前在接受读书报记者采访时表示，从一开始评选，评委会反复提倡都要仔细看，尤其有几部作品越到后来越坚挺，大家都回头又找来细看。他认为，对张炜而言，此前参加多次茅奖，《古船》和《九月寓言》反复入围，30多年来一直坚持执着的文学理想及诗性的表达，最后得到大家的高度认同，投票给他，其实有综合因素的考量。"

同日，《文艺报》刊载胡军、王觅的《专家学者座谈第八届茅盾文学奖获奖作品——对文学精神的坚守值得肯定》，其中以"《你在高原》：体现作家深厚博大的文学情怀"为题评介了《你在高原》。

同日，《山东商报》刊载张晓媛的《茅盾文学奖连年争议不断——获奖作品不被文学史青睐？》。

同日，《中国文化报》刊载记者简彪的《第八届茅盾文学奖评选的"矛与盾"》。

同日，《中国新闻出版报》刊载谭旭东的《理性看待茅盾文学奖》。

同日，中国海洋大学给张炜发出贺信，祝贺《你在高原》获第八届茅盾文学奖。

8月26日，在北京参加由国务院新闻办公室组织举办的第八届茅盾文学奖获奖者中外记者见面会。会后接受记者孙竟采访。访谈后修订整理为《迎着北风赶路——张炜与〈你在高原〉》，收入郭凤岭编的《写书记》，2012年3月由金城出版社出版。

同日，完成随笔《文学属于有阅历的人——文学访谈》。

同日，《工人日报》刊载王凤国的《张炜的胜利——解读〈你在高原〉》。

同日，《新民晚报》刊载孙佳音的《茅盾文学奖得主上午见媒体——〈你在高原〉作者张炜回应质疑》。

同日，《法制晚报》刊载郭媛丹、王婷婷的《非官方人士首现国新办发布会》，其中有对张炜的报道。

同日，《中国经济时报》刊载老愚的《茅盾文学奖给我们轻蔑的理由了吗？》，对"茅奖"评选提出质疑。

同日，《大连日报》刊载罗生的《茅盾文学奖争议何时休？》。

8月27日，《中国教育报》刊载张杰的《〈你在高原〉：一个文字工作者的精神地图》。

同日，《人民日报》刊载李舫、赵祥昆的《评奖是否公正公开？获奖小说是如何创作的？——茅盾文学奖获奖作者解答读者疑问》，其中有对张炜的报道。

同日，《北京青年报》刊载雷嘉的《茅盾文学奖得主直面质疑　文学只能做到相对公平》，其中以"张炜：本届评奖机制透明公开"为题进行了报道。

同日，香港《文汇报》刊载记者江鑫娴的《茅盾文学奖出炉　四得主赞评奖民主》。其中写道："对于《你在高原》因获奖引来的争议和关注，张炜表示，作家应该以包容的态度多听、多看，'有不同的声音，表明有人在关注，这对于文学是好的现象’。"

同日，《三秦都市报》刊载消息《茅盾文学奖得主见媒体》。

同日，《西安日报》刊载综合消息《"写个中篇还不够请人吃顿饭"》。其中以"张炜：质疑对我是有价值的"为题进行了报道。新闻标题为刘醒龙的话。

同日，《成都商报》刊载消息《茅奖得主首次现身国新办发布会：抱怨稿酬仍然太低》，其中以"张炜：有不同声音是好现象"为题进行了报道。

同日，《深圳特区报》刊载消息《茅奖评选公平公开和相对公正》，其中有对张炜的报道。

同日，《燕赵都市报》刊载消息《张炜莫言刘醒龙刘震云齐亮相》，其中有对张炜的报道。

同日，《重庆商报》刊载消息《"茅盾文学奖"450万字获奖作家张炜回应"作品太冗长"争议：读的人不问 问的人不读》。

同日，《新闻晨报》刊载徐颖的《"换一拨评委，得奖或是另外五人"》，其中有对张炜的报道。新闻标题为莫言的话。

同日，《东方早报》刊载消息《"茅盾文学奖只能是相对公正"》，其中有对张炜的报道。新闻标题为莫言的话。

同日，《京华时报》刊载文静的《国新办举办首场非官方发布会回应茅奖质疑》，其中有对张炜的报道。

同日，《北京晨报》刊载刘婷的《张炜：有质疑说明受关注》。

同日，《北京日报》刊载《茅奖评作品还是评作家？获奖作品未必是代表作》，其中有对张炜的报道。

同日，《光明日报》刊载王国平的《"获奖这事一个月必须忘掉"——茅盾文学奖获得者与记者面对面》，其中有对张炜的报道。新闻标题为莫言的话。

同日，《新华每日电讯》刊载任沁沁、黄小希的《第八届"茅奖"得主谈文学心路》。

8月28日，山东省文艺评论家协会在济南组织召开第八届茅盾文学奖获奖作品《你在高原》座谈会，张炜因出访未参加。王凤胜、李掖平、邱勋、孔范今、谭好哲、王耕夫、张海珊、赵晓峰、赵月斌、王延辉等的发言摘要刊登在2012年12月出版的《山东文艺评论》第5期《第八届茅盾文学奖获奖作品〈你在高原〉座谈会召开》中。

同日，《光明日报》刊载何建明的《〈你在高原〉：无尽的长旅》。何建明指出："在我看来，《你在高原》在当下中国文学界具有不可超越的意义。原因有三：其一，在当代人中几乎不可能有人用20余年时间去写一本书，而且去写一部未必一定成功的书。这就是《你在高原》仅在所花费的精力和时间上的不可超越性，便让绝大多数人止步；我不是说作品越长越好，最根本的是当下难有像张炜那样能静得下心来，用20年时间去做一件事。欲完成像《你在高原》如此鸿篇巨制，没有精神和体魄上的超人毅力是根本不可能的事。其二，作者的创作精神和文学追求上的不可超越性。张炜早在上世纪80年代就以一部《古船》闻名文坛，后来在90年代初的又一部《九月寓言》便牢固奠定了他在同时代、同年龄的作家中不可动摇的地位。然而在后来的20多年里，与他同时代或晚很多时间出名的作家们，纷纷走入高频率出书、高频率跨行，整天奔忙于名利之间的时候，张炜几乎从文学圈的视野里'消失'了。当他在20余年后突然向我们捧上皇皇450万字的大作时，才知道他在奋力追求他的那个文学高原。在市场经济的冲击下，追求短时间下获得名利和精神层面的浮躁是我们这个时代的一大弊端，文学界也不例外。然而张炜能够创作出像《你在高原》这样的大作，显然是他的文学追求和精神追求境界远远高于同龄人和同行。我知道他为了创作和一次次修改《你在高原》，落下了一身病。严肃的创作意识和把文学视为信仰，张炜做到了，而且做得十分完美，包括我在内的其他人很难像张炜如此执着。其三，《你在高原》450万字10部长卷，传承的是同一个命题——关于家园的心灵史和成长史，其深沉而热切的哲学意识和自然景物描写的浑然一体的艺术之美，极难超越。"

同日，《燕赵都市报》刊载金永清的专访《张炜：用"笨"的方式抵御"娱乐"》。

8月29日，《文艺报》刊载《成功的作品需要读者认可 更需要历史的检验——第八届茅盾文学奖获奖作家见面会实录》，其中有关于张炜的访谈。

同日，《齐鲁晚报》刊载师文静的《省内评论家齐贺张炜——〈你在高原〉获奖实至名归》，介绍8月28日山东省文艺评论家协会组织举办的"第八届茅盾文学奖获奖作品《你在高原》座谈会"情况。

同日，《学习时报》刊载谭旭东的《茅盾文学奖在争议中前行》。

8月29日~9月4日，随中国作家代表团赴澳大利亚访问。8月30日，在悉尼参加澳大利亚"中国文化年"活动项目之一中澳文学论坛开幕式，并做题为"当代写作的第三种选择"的演讲。同日，参加在悉尼大学举行的赠书仪式。8月31日，在悉尼参加中澳文学论坛讨论，主题是"跨国界写作"。9月3日，在澳大利亚墨尔本参加澳洲华人作家协会、墨尔本华文作家协会、维州华文作家协会主办的墨尔本华人作家节。

8月30日，《人民日报》（海外版）推出"第八届茅盾文学奖专版"，其中刊载舒晋瑜的《张炜：纯文学有自己相对的硬度》。

同日，《作家文摘》选载《〈你在高原〉荣获第八届茅盾文学奖》、何建明的《茅奖"状元"〈你在高原〉的不可超越性》、李掖平的《〈你在高原〉

获奖众望所归》、张炜的《渴望更大的劳动——谈〈你在高原〉的写作》、《文学界评说〈你在高原〉》。

同日，《人民政协报》刊载记者雷新的《"茅盾文学奖"打开"大文学"视野》。

9月，随笔《消失的分号及其他——在鲁迅义学院的演讲》在《花城》2011年第5期发表。同时，在伊犁哈萨克自治州文联《伊犁河》2011年第5期发表。

9月，随笔《能够让孩子拣到贝壳》在新奥集团《新奥》2011年第4期发表。

9月，随笔《穿行》在《走向世界》9月上旬刊发表。

9月，文论集《小说坊八讲：香港浸会大学授课录》由生活·读书·新知三联书店出版。

9月，"大河小说"《你在高原》（精装纪念版）由作家出版社出版。

9月，《作家通讯》第5期推出"第八届茅盾文学奖小辑"，包括第八届茅盾文学奖获奖作品授奖词、获奖作家创作感言、评委谈茅奖等。其中刊载了张炜的《我的行走之书》，以及"大河小说"《你在高原》授奖词和诸多评委对《你在高原》的评论。

9月，乔焕江著《日常的力量：后新时期文学与文化反思》由广西师范大学出版社出版。该书以"神圣写作与'野地'乌托邦为题"论述了张炜的《九月寓言》《家族》《外省书》《你在高原》等。

9月，《小说评论》第5期刊载徐润拓的《乡土诗意与民族寓言——新时期山东作家创作印象》，其中论及了张炜的文学创作。

9月，《长春教育学院学报》第9期刊载赵冰的《历史进程中的人性思考——〈古船〉中的人性探究》。

9月，《宜春学院学报》第9期刊载刘密的《对〈古船〉泛象征化倾向的估价》。

9月，《社会观察》第9期刊载张丽军的《第八届"茅奖"：现代性文学制度的开创性尝试》，其中论及了"大河小说"《你在高原》。

9月，《初中生作文》9～10月号（第27～28期合刊）刊载《张炜教我写作文》。在介绍张炜的同时，选载了张炜的示范文章《捉鱼》和写作谈《写作的语言》。

9月1日，《中国环境报》刊载陈华文的《在文学野地上行走》（记张炜）。

9月4日，《三湘都市报》刊载《获奖有哪些好？落选依然优秀！谁是本届黑马？仍有许多遗憾！——龚旭东点评本届获奖和入围作品》，其中点评了"大河小说"《你在高原》。

9月5日下午，山东省作协组织召开《你在高原》荣获第八届茅盾文学奖座谈会，张炜因出访未能参加。座谈会情况以"祝贺《你在高原》荣获茅盾文学奖专辑"形式在《山东作家》2011年第3期刊发，刊载了李掖平、邱勋、刘玉栋、朱德发、许晨、赵德发、苗长水、谭好哲、王延辉、逄春阶、赵月斌的发言。

同日，《学习时报》刊载杨德华的《〈你在高原〉审稿六记》。杨德华写道："作为稿件的终审，我终于读完了这长长的十部。对我来说，这也许是本人阅读和审稿史上最为漫长的一次。掩卷思之，心潮久久不能平静。当我试着梳理繁漫的思绪时，发现至少有六个感叹沉淀在心底，以至于不得不一吐为快，并以此与其他同好者分享。""一是它深沉的思想和强大的道德勇气。""二是它强烈而真实的现场感。""三是它百科全书般的容量与质地。""四是它描绘的令人震惊的众生相。""五是它艺术探索的难度和勇气。""六是它和作家其他作品形成的奇妙关系。"此报同时刊载铁凝的《在创作之路上攀登和超越》，评"大河小说"《你在高原》。

同日，《光明日报》刊载李掖平的《〈你在高原〉：气象恢弘　意蕴深厚》。

同日，《文艺报》刊载江亚平、胡萌的《首届中澳文学论坛举行》，其中介绍了张炜在悉尼参加该论坛并发言的情况。

9月6日，《大众日报》刊载王红军的《〈你在高原〉让人肃然起敬——张炜长篇小说〈你在高原〉获茅盾文学奖座谈会侧记》。

同日，《齐鲁晚报》刊载霍晓蕙的《作家学者热评〈你在高原〉》。

9月7日，《中国艺术报》刊载记者怡梦的《2011上半年文学观察》，其中论及了"大河小说"《你在高原》。

9月9日，《齐鲁晚报》刊载记者师文静的访谈《〈你在高原〉获茅奖后首次回应质疑——张炜：读者不问，问者不读》。

同日，《人民日报》刊载记者李航的《中国文学，向高峰迈进》，介绍"茅奖"得主与媒体、读者见面会情况及专家评论。

同日，《金融时报》刊载孟黎、张杰的访谈《哈姆雷特的精神田园——对话张炜》。

9月10日，《解放日报》刊载张颐武的《"茅奖"："纯文学"的成就与问题》，其中以"《你在高原》与'茅奖'的困惑"为题评述了"大河小说"《你在高原》。

9月11日，《新民晚报》刊载乐梦融的《获奖是独行长路上一杯烫酒——本报记者今专访备受争议的茅盾文学奖"状元"张炜》。

9月12日，《民主与法制时报》刊载萧浮、应妮的《"茅奖"作家：我们是民主的受益者》。

9月14日，在聊城参加聊城大学文学院主办的"张炜作品研讨会暨获奖祝贺会"。

同日，《中华读书报》刊载刘小川的《张炜的爱与疼痛》，谈"大河小说"《你在高原》及张炜的创作。后又刊载于10月10日《文艺报》，改题为《为你的子孙后代，请捧读张炜》。

同日，《中国艺术报》刊载李掁平的《一部"长长的行走之书"——张炜〈你在高原〉的思想艺术价值》。

9月16日，《人民日报》推出"茅盾文学奖获奖作家谈创作"，其中刊载了张炜的《迎着北风赶路》。

同日，《文艺报》刊载邱兆辉的《山东召开〈你在高原〉获奖座谈会》，介绍山东省作协召开的《你在高原》荣获第八届茅盾文学奖座谈会情况。

9月18～20日，在北京参加中国作家协会七届十二次（扩大）会议。

9月19日晚，在北京国家大剧院参加第八届茅盾文学奖颁奖典礼并发表感言。授奖词称："《你在高原》是'长长的行走之书'，在广袤大地上，在现实与历史之间，诚挚凝视中国人的生活和命运，不懈求索理想的'高原'。张炜沉静、坚韧的写作，以巨大的规模和整体性视野展现人与世界的关系，在长达十部的篇幅中，他保持着饱满的诗情和充沛的叙事力量，为理想主义者绘制了气象万千的精神图谱。《你在高原》恢宏壮阔的浪漫品格，对生命意义的探寻和追问，有力地彰显了文学对人生崇高境界的信念和向往。"获奖感言后修订整理为《高原感言》。张炜说："为一部书工作了20多年，这多少有点像一场文学马拉松。其实对我来说，长长的跋涉早就开始了，而且还要继续下去。所以，我会珍惜各种援助，倾听各种声音，只为了将来能够写得更好一些。"

同日，《文艺报》刊载《一部精心镌刻的民族史诗》（篇末注明"本文系记者采访作家出版社相关编辑后整理"）、陈晓明的《〈你在高原〉：大气俊朗宽广通透》、刘颋的访谈《张炜：〈你在高原〉写的是"心的高原"》。

同日，《中国新闻周刊》第35期刊载刘炎迅的访谈《张炜：450万字的虚构与现实》。

9月20日，《文汇报》刊载白烨的《长篇与"茅奖"：扭结与纠结》。

同日，《人民日报》刊载陈晓明的《汉语文学的新阶段——"第八届茅盾文学奖"获奖作品综论》，其中论及了"大河小说"《你在高原》。

同日，《大众日报》刊载《山东作家张炜莫言获颁茅盾文学奖》。

9月21日，《新民晚报》刊载安然的《从肉体的游荡到灵魂的游荡——张炜〈你在高原·无边的游荡〉读后》。

同日，《文艺报》刊载王觅的《"今晚是文学的盛典"——第八届茅盾文学奖颁奖典礼侧记》。

9月22日，《南方周末》刊载夏榆的《"我妈说评奖就该这么评"——第八届茅盾文学奖评选制度考》。

9月23日，《新华每日电讯》刊载王蒙的《王蒙谈茅盾文学奖——张炜莫言获奖是对知青一代作家的肯定》。后又选载于9月28日《报刊文摘》。

9月27日，在济南向山东省地质矿产勘查开发局地质工作者赠送"大河小说"《你在高原》。

9月28日，《齐鲁晚报》刊载师文静的《张炜获"茅奖"后首次捐赠作品——为创作〈高原〉曾自学地质课程》，介绍张炜向山东省地质矿产勘查开发局地质工作者赠送《你在高原》情况。

同日，《济南时报》刊载钱欢青的《向省地矿局赠送茅盾文学奖获奖作品〈你在高原〉——张炜：为写书自学三年地质课程》。

9月30日，《四川日报》刊载记者吴晓玲的访谈《张炜：纯文学是民族诗与思的巅峰》。

同日，《人民政协报》刊载石湾的《张炜的愚公精神》。

10月，散文《人生如长恋》被收入《中国最好的美文》，由崇文书局出版。

10月，小说节选《驳龛夜书·论体育》在《山东国资》10月号发表，篇末注明"摘自第八届茅盾文学奖获奖作品《你在高原》第七部分《人的杂志》"。

10月，李运抟著《现代中国文学思潮新论》由广西师范大学出版社出版。该书在"大众文学与精英文学""生态文学：迟到的生存醒悟"中论及了张炜的文学主张和文学创作。

10月，吴秀明主编《文化转型与百年文学"中国形象"塑造》由浙江工商大学出版社出版。其中，收录了邓小琴的《文化怀乡与自我想象——论文化守成小说中"中国形象"建构》，其中论及了张炜的小说创作。

10月，《世界文学评论》第2期刊载胡媛的《三重地理空间及地理诗化——〈古船〉之文学地理学批评》。

10月，内蒙古人民出版社《品味·经典》第5期推出"对话"专辑，刊载平末的专访《为了一本好书，可以耗上一生——专访张炜》、邢小利的《和张炜聊天》、陈占敏的《〈你在高原〉的放飞》（后又刊载于10月10日《文艺报》）。

10月，《聊城大学学报》（社会科学版）第5期推出"祝贺《你在高原》荣获第八届茅盾文学奖暨张炜作品研究"专栏，刊载8月26日孙竞的专访《迎着北风赶路——张炜与〈你在高原〉》、石兴泽的《张炜：文学家园的守护者和守望者》、刘东方和解文静的《论张炜小说人物理论与创作的互动性——以〈古船〉为例》、隋清娥的《试析张炜小说〈曙光与暮色〉中的"奔走"主题意象》、王辉和王万顺的《论张炜小说"知识分子"民间立场的形成与沉构》、刘广涛的《简论张炜小说创作的"四重境界"》、卢军的《论〈海客谈瀛洲〉中人物的二元对立关系》、张厚刚的《从〈你在高原〉看张炜"理想主义"姿态的调整》、戴永新的《坚守、行走与寻找——对张炜文学追求的另一种考察〉、宋来莹的《葡萄园里的"童话王国"——析张炜长篇小说〈我的田园〉》、石小寒的《坚守中的超越——读张炜〈你在高原〉》。

10月，《济宁学院学报》第5期刊载冯晶的《试析张炜小说创作中民间情怀的成因》。冯晶指出，张炜的民间情怀源于"童年的记忆""对大自然的真诚敬畏""对土地的一往情深"。

10月，《走向世界》10月上旬刊刊载田之秋的访谈《张炜在高原》。同期，刊载赵月斌的《文坛有支"鲁家军"》，其中论及了张炜的文学创作。

10月，《山东文学》第10期刊载李掖平的《第八届茅盾文学奖获奖作品纵横谈（节选）》，其中谈及了"大河小说"《你在高原》。

10月，《时代文学》10月上半月刊刊载张力的《从〈古船〉和〈老人与海〉的对比看中西方文化中精神上的"放逐与游心"》。

10月，《安徽文学》10月下半月刊刊载王倩倩的《张炜与海明威创作中的迷惘主题比较》。

10月，《山东画报》10月上半月刊刊载萧蕙的《张炜：精神高原上的行走者》。

10月，《语文教学与研究》第19期刊载《张炜获得华语传媒大奖》，介绍张炜及"大河小说"《你在高原》的获奖情况。

10月，《青年文学家》第20期刊载陈霞的《执着于道德的悲悯苦难叙事——对〈古船〉中道德拯救苦难思想的思考》。

10月13日，在龙口参加中国国际徐福文化交流协会第三届会员代表大会并当选为会长。同时，还召开了《徐福词典》编纂研讨会。

同日，《大众日报》刊载逄春阶、赵琳的《文化精品：齐鲁特色 中国气派——我省文化品牌建设巡礼》，其中述及了"大河小说"《你在高原》。

10月29～30日，在烟台参加鲁东大学举办的《你在高原》研讨会。

10月31日，在山东理工大学稷下大讲堂演讲。演讲后修订整理为《我们需要的大陆》。

11月，随笔《潮流、媒体和我们》在《天涯》2011年第6期发表，篇末注明"本文为作者2010年5月在香港电台的谈话"。

11月，随笔《超越》在《走向世界》11月上旬刊发表。

11月，短篇小说《魂魄收集者》被收入《回应经典：实力作家小说选》，由江苏文艺出版社出版。此书还收录了张炜的随笔《对经典的最后背离——在中法作家对话会上的发言》。

11月，李敬泽主编PATHLIGHT（《路灯》）由外文出版社有限责任公司出版，其中收录了"Zhang Wei on Winning"，"From The Clans by Zhang Wei"，"A Letter to the God of the Sea by Zhang Wei"。

11月，《文学与文化》第4期刊载孟繁华的《第八届茅盾文学奖：为什么是"50"后？》、於可训的《第八届茅盾文学奖读书札记》，均论及了"大河小说"《你在高原》。

11月，《鲁东大学学报》（哲学社会科学版）第6期刊载兰玲的《论张炜小说胶东生态民俗描写所体现的精神蕴涵》。兰玲指出，张炜"借助生态民俗意象，抒写礼赞自然守护田园的情怀"，"描摹生态民俗，体现崇尚自然的生态意识与生活的本真"，"揭示生态危机，表达悲悯情怀与现代文明碰撞的痛苦"。

11月，《南方文坛》第6期刊载李掖平的《第八届茅盾文学奖获奖作品纵横谈》，其中以"气象恢弘意蕴深厚的时代大作"为题评述了"大河小说"《你在高原》。同期，刊载孟繁华的《乡土文学仍是主流》、张清华的《我们需要肯定什么样的长篇小说》，均论及了"大河小说"《你在高原》。

11月，《上海文学》第11期刊载郜元宝的《当代文学和批评的七个话题（中）——答客问》，其中论及了张炜的小说创作。

11月，《长城》第11期刊载何启治、杨晓帆的《我与〈古船〉——80年代〈当代〉纪事》。

11月，《法制资讯》第11期刊载何志钧的《诗与思的交响——张炜2010海外演讲集〈午夜来獾〉读后》。

11月3日，《文学报》刊载陈冲的《我想要的"新批评"》，其中谈及了"大河小说"《你在高原》。

11月7日，《文艺报》刊载饶翔的《张炜回母校与专家学子畅谈〈你在高原〉》，介绍张炜在鲁东大学参加《你在高原》研讨会情况。

11月16日，完成随笔《读〈卡彭塔利亚湾〉》。

11月17日，《文学报》刊载郜元宝的《中国作家才能的滥用和误用》，其中论及了张炜的文学创作。

11月18日，《河北日报》刊载封秋昌的《大作家的素养和品格》，评张炜及其"大河小说"《你在高原》。

11月21～25日，在北京参加中国作家协会第八次全国代表大会，并当选为主席团委员。

11月21日，《文艺报》刊载《团长感言：山东代表团团长张炜》。

11月22日，《文艺报》刊载璩静、廖翊、白瀛的《坚持导向　服务人民——记中国文联、中国作协及全国文艺家协会深化改革实践》，其中论及了"大河小说"《你在高原》。

同日，《人民日报》刊载杨雪梅的《百花齐放　精品迭出》，其中论及了"大河小说"《你在高原》。

11月24日，《文艺报》"第八次全国作代会专刊"刊载著名作家为《长篇小说选刊》的题词。张炜的题词是："长篇小说是个人的心灵长卷，它越是具有这样的性质，越是容易被一个民族拥有和收藏。"此题词后印入《长篇小说选刊》2013年第4期封底。

同日，《文学报》刊载邢小利的《和张炜在书院聊天》，记述5月13日张炜访问白鹿书院的情况。

11月26日，在四川眉山文化讲堂演讲。演讲后修订整理为《文化环境与自然环境》。

11月29日，在淄川参加第三届蒲松龄短篇小说奖颁奖典礼。

同日，《中国社会科学报》刊载王万顺的《长河小说在中国》。王万顺指出："号称'史上最长'的'纯文学'作品《你在高原》（包括10本书、39卷，共计450万字），只有用'长河小说'（roman-fleuve）来统摄才能在形式和内容等方面称其为一部大书。"

11月30日，《淄博晚报》刊载《〈聊斋志异〉有生命力，能传得更远——访山东省作家协会主席张炜》。

12月，随笔《什么是"伟大的文学"？》在《走向世界》12月上旬刊发表。

12月，威海经济技术开发区工委宣传部主办的《无花果文艺》（季刊）2011年第4期推出"张炜小说二题"，包括《烟叶》《致不孝之子》。同期，刊载乔洪明的《品读张炜》。

12月，随笔集《楚辞笔记》由中国青年出版社出版。

12月，《文艺争鸣》第18期刊载梅疾愚的《张炜对于中国当代文学评论的意义——在张炜小说讨论会上的演讲》。

12月，《青年文学家》第24期刊载谭艳超、高岩、张扬的《灵魂的超越和升华——评小说〈古船〉的文学价值》。

12月7日，《中国文化报》刊载记者党云峰的《文学需要在生命中感悟——访著名作家张炜》。

12月9～11日上午，在杭州参加由浙江工商大学人文与传播学院和复旦大学中文系联合举办的"当代作家与中外文艺资源——张炜创作学术讨论会"并致答词，来自海内外的数十位中国现当代文学研究专家、学者参加了会议。答词后修订整理为《太多的喜悦和不安》。

12月11日下午，在浙江工商大学演讲。演讲后修订整理为《不同的志向》。

12月16日，随笔《文学是一种生命现象》在《四川日报》发表。

同日，《文汇读书周报》刊载朱自奋的访谈《张炜：优秀作家才有"重复"的能量》。

同日，《潇湘晨报》刊载徐海瑞的《张炜做客"文化名家大讲堂"》，预告张炜12月18日在湖南"文化名家大讲堂"的演讲。

12月18日，在湖南"文化名家大讲堂"演讲。演讲后修订整理为《数字时代的语言艺术》。

同日，与中南出版传媒集团董事长龚曙光对话"近20年中国经济发展对中国文学的影响"。

同日，修订整理文学访谈辑录《回眸二十年》。

同日，《潇湘晨报》刊载徐海瑞的《山东省作协主席张炜主讲数字时代语言艺术》。

12月19日，《潇湘晨报》刊载徐海瑞、曾祥彪的《复制粘贴是文学语言最大危机——茅盾文学奖得主张炜谈"数字时代的语言艺术"，认为数字时代可能会使人们语言僵化》。

12月22日，《三湘都市报》刊载李婷婷的《一个说话最像写字的"逆行者"——张炜印象记》。

同日，与莫言、刘醒龙、毕飞宇到位于川黔交界的四川省古蔺二郎中学，为中学生讲作文、评作文。

12月23日，《潇湘晨报》以两版篇幅刊载《近20年中国经济发展对中国文学的影响——本报社长龚曙光对话茅盾文学奖得主张炜》。

12月28日，湖南潇湘晨报传媒经营有限公司主办的《生活经典·晨报周刊》刊载《中南出版传媒集团董事长龚曙光对话茅盾文学奖获得者张炜：近20年中国经济发展对中国文学的影响》。

同日，《中华读书报》刊载何启治的《如此盗版令人悲哀》，其中谈及了"大河小说"《你在高原》盗版本。

12月30日，《文艺报》刊载《全国第三届"三个一百"原创出版工程选出》，"大河小说"《你在高原》入选。

本年，《小说坊八讲：香港浸会大学授课录》在《青年文学》连载。

本年，随笔《张炜小说坊》在《南方都市报》连载，文章均选自《小说坊八讲》。

本年，"大河小说"《你在高原》之十《无边的游荡》在《大连日报》连载。

本年，"大河小说"《你在高原》之十《无边的游荡》选载于《长篇小说选刊》特刊第8卷，篇末注明"1992年12月—2007年7月1至3稿写于龙口，2009年11月18日5稿于万松浦"，并注明选自作家出版社版本。同期，发表张炜的创作谈《22年的跋涉》和安然的评论《从肉体的游荡到灵魂的游荡》。

2012年在岳麓书院

2012

　　1月、4月，随笔《我们需要的大陆》（上、下）分别在《中国比较文学》2012年第1、2期发表。此文以张炜在山东理工大学的演讲底稿为基础整理而成，论述了拉美、美国、俄罗斯、欧洲文学对中国当代文学阅读和创作发生的深刻影响。

　　1月，随笔《数字时代的文学》在《作品》2012年第1期（上半月刊）发表。

　　1月，长篇系列儿童小说《半岛哈里哈气》在《花城》2012年第1期发表，篇后注明"2011年7月写；10月18日改"。

　　1月，散文《十年琐记》、随笔《书香何来——在滨州医学院的演讲》和微叙《小肉肉们，出发了》《爱猫人李代荣》《这回来的是老蛋》《第八次操练》分别被收入《2011中国最佳散文》《2011中国最佳随笔》《2011中国最佳短篇小说》，由辽宁人民出版社出版。

　　1月，随笔《午夜来獾——关于自然生态文学》被收入《2011年中国散文精选》，由长江文艺出版社出版。

　　1月，诗歌《第一次见菊芋花》被收入《册页·新世纪10年山东诗选》，由山东文艺出版社出版。

1月，散文随笔集《张炜散文选集》被列入"新百花散文书系·当代卷"，由百花文艺出版社出版。

1月，长篇系列儿童小说"半岛哈里哈气"之一《老果孩》由上海文艺出版社出版。

百花文艺出版社2012年1月版

上海文艺出版社2012年1月版

1月，长篇系列儿童小说"半岛哈里哈气"5卷《养兔记》《美少年》《长跑神童》《海边歌手》《抽烟与捉鱼》由河北少年儿童出版社出版。

河北少年儿童出版社2012年1月版

河北少年儿童出版社2012年8月版

　　1月，中短篇小说集《生长蘑菇的地方》被列入"茅盾文学奖获奖作家中短篇精品选"，由作家出版社出版。

　　1月，《文学界》（专辑版）第1期推出"特别感念"贺岁刊，其中刊载张炜的寄语："作家需要慢慢写，因为写作是一种滋养，而不是相反。对人生有益，对自己的精神有益，这就是写作的理由。对我来说，我暂时还看不出有什么比写作更有益于人

作家出版社2012年1月版

生，有益于自己的精神的了。以前总觉得身体之好是为了写作，现在才觉得，写作正是为了身体之好。因为精神破败了，人这一辈子就陷入了最苦之境。"

　　1月，《民族文学》（藏文版）第1期刊载专题《"长长的跋涉还要继续下去"——张炜、刘醒龙、莫言、毕飞宇、刘震云获奖感言》（布仁巴雅尔译）。

1月，《南方论坛》第1期刊载涂昕的《生机勃勃的穷人族、魔鬼族和大地型人物——分析张炜小说中的几种人物类型》。

1月，《小说评论》第1期刊载徐兆寿的《学习什么？坚持什么？——由张炜作品与世界文学的关系说开去》。徐兆寿指出："张炜不仅仅在学习外国作家的塑造人物的形式，更重要的是其精神。在这里，中国传统的儒家精神和西方现实主义作家的精神遇合了。这也就是我说的自'五四'以来的一种文学传统。"

同期，刊载张清华的《寓言——当代小说诗学关键词之一》，其中论及了长篇小说《九月寓言》。

1月，《理论学刊》第1期刊载卢军的《论张炜小说〈海客谈瀛洲〉的叙事艺术》。

1月，《时代文学》1月下半月刊刊载孙彩惠的《〈你在高原〉——一部长长的行走之书》。

1月，《北方文学》第1期刊载栗丹、王博的《家国想象、现代诱惑及精神乌托邦——从权力叙事的角度评张炜新作〈你在高原〉》。

1月，《读与写》（教育教学刊）第1期刊载潘维源的《论张炜小说的苦难性》。

1月，《荆楚理工学院学报》第1期刊载余程程的《"差不多"的城与乡——张炜小说对时空的悖论性书写》。

1月，《天津师范大学学报》（社会科学版）第1期刊载贺绍俊的《十进五的游戏——关于第八届茅盾文学奖的随想》，其中评述了"大河小说"《你在高原》。

1月2日，《工人日报》刊载杜浩的《麦家的"十几字"和张炜的"几万字"》，谈麦家的"慢写作"和张炜的"巨量阅读"。杜浩指出："麦家、张炜都在以自己独特的文学存在方式，坚守自己的文学态度和写作立场，喧嚣、浮躁的文化大潮退去，必将凸显、展露出其所追求的文学理想、文化人格、精神品质的光芒。"

1月4日，完成散文《古镇随想》。

同日，《中华读书报》刊载赵德发的《除却蓑衣无可传》，评随笔集《小说坊八讲》。

1月6日，完成散文《难忘观澜》。

1月7日晚，在齐鲁晚报编辑部与读者、编辑记者交流，并为读者签名题写贺拉斯语："我静静地走在一片树林里，想着那些贤人君子们能做些什么。"

1月8日，《齐鲁晚报》刊载邱祎的《莫言张炜做客本报编辑部——两位茅盾文学奖获得者现场与热心读者和编辑记者交流》。

1月9日下午，在北京国际展览中心参加长篇系列儿童小说"半岛哈里哈气"新书发布会，并谈了自己的创作体会。

同日，《齐鲁晚报》刊载记者邱祎的专访《张炜：网络不会淹没传统文学》。

1月11日，《中华读书报》刊载海飞的《提升儿童文学的"含金量"——评张炜新作〈半岛哈里哈气〉系列》。后又刊载于2月7日《山东商报》。

同日，《文艺报》刊载王觅的《第二十五届北京图书订货会开启2012中国书业新篇章》，其中谈及了张炜的长篇系列儿童小说"半岛哈里哈气"，以及列入"茅盾文学奖获奖作家中短篇精品选"的《生长蘑菇的地方》。

1月13日，《中国艺术报》刊载记者金涛的《写中短篇能出好汉》，介绍日前张炜与阎晶明关于"中短篇小说的创作与现状"对谈情况，以及作家出版社推出的贾平凹、张炜、刘醒龙的中短篇小说集《美穴地》《生长蘑菇的地方》《挑担茶叶上北京》。2月3日《中国新闻出版报》记者周翼双的《中短篇小说：处境与出路》、2月8日《中华读书报》记者刘霄的《作家成名，多从短篇小说创作开始》、2月13日《工人日报》记者周倩的《中短篇小说能否破冰前行？》等，均对此进行了报道。

1月14日，《齐鲁晚报》刊载师文静的《历时22年打造精品〈半岛哈里哈气〉——张炜推出少儿文学作品》。

1月16日上午，陪同省委常委、宣传部部长孙守刚看望著名诗人孔林、苗得雨。春节期间，还代表省作协看望慰问了山东省文学界部分老同志。

1月20日，随笔《观澜村》在《光明日报》发表。

1月21日，《齐鲁晚报》推出春节特刊"龙抬头"，其中刊载了莫言、张炜向读者朋友拜年的合影照，以及两人的拜年词。

1月30日，《人民政协报》刊载谢颖的《文学只有一扇门——著名作家张炜谈中短篇小说创作》。

2月，随笔《写作是一场远行——在香港三联书店的演讲》在《文艺争鸣》2012年第2期发表。

2月，散文《十年琐记》被收入"21世纪年度散文选"《2011散文》，由人民文学出版社出版。

2月，随笔《书香何来——在滨州医学院的演讲》被收入《2011中国散文年选》，由江苏文艺出版社出版。

2月，随笔《潮流、媒体和我们——在香港电台的演讲》被收入《2011年中国思想随笔排行榜》，由百花洲文艺出版社出版。

2月，随笔《重视文学创作人才的培养》被收入《百名专家谈人才》，由党建读物出版社出版。

2月，随笔集《告诉我书的消息》由新华出版社出版。

2月，中短篇小说集《秋天的愤怒》（精装本）由台湾大地出版社出版。

2月，完成访谈录《诗心和童心——关于〈半岛哈里哈气〉的访谈》。

2月，在济南参加政协第十届山东省委员会第五次会议。

新华出版社2012年2月版

2月，肖瑞峰主编《中国文学简史》由浙江大学出版社出版。书中指出："由对民族文化精神的追溯和寻求而产生了对自我、对历史特别是近现代历史的深度反思，以及对小说叙事创新的自觉，是90年代小说写作的普遍现象。韩少功的《马桥词典》，张承志的《心灵史》，张炜的《九月寓言》和《家族》，李锐的《旧址》，陈忠实的《白鹿原》……都各自从不同角度、以不同方式对刚刚过去的历史进行了个人化的叙述，使这些小说具有了不同于以往'革命历史小说'的史诗性和文体特点。"

2月，《聊城大学学报》（社会科学版）第1期刊载杨位俭、王聪的《传统儒家人文精神与自然本真生命人格——张炜小说〈能不忆蜀葵〉人物形象解析》。

2月，《湛江师范学院学报》第1期刊载阎怀兰的《迷狂的人间魔女——论张炜小说〈你在高原〉中女性人物形象的恶魔性因素》。

2月，《创作与评论》第2期刊载徐勇的《匮乏中的繁复与反复——解读张炜〈你在高原〉系列》。

2月，《现代语文》（学术综合版）第2期刊载冰虹的《迈向人生新的高原——简评张炜〈你在高原〉》。

2月，《读与写》（教育教学刊）第2期刊载张学芳的《论张炜小说的主题》。

2月，《名作欣赏》第5期刊载阎怀兰的《张炜小说中民间审美观念的审丑人物形象分析》。

2月8日上午，在济南参加由山东文学社、齐鲁晚报社、网易主办，滨州市油区工作办公室协办的中国首届网络文学大奖颁奖典礼，并做主题演讲。

2月10日，《新华每日电讯》刊载王京雪的访谈《张炜：看短篇的人最会读文学》。

2月12日，《深圳晚报》刊载刘琨亚的《张炜：需要自我更新和不断求变》《纯文学作家更需要童心和诗心》，介绍长篇系列儿童小说"半岛哈里哈气"。

2月15日，《四川日报》刊载《第八届茅盾文学奖部分获奖作家赴古蔺二郎中学——手把手心贴心 茅奖作家教老区孩子写作文》，报道了张炜、莫言、刘醒龙、毕飞宇在古蔺二郎中学的活动情况。

2月16日，《中国电视报》刊载孙莲莲的《童真里有生命的深度——访张炜》。

2月21日，随笔《文贵质朴，人亦如是》在《人民日报》发表。

2月23日，随笔《文学，从来不是一个长度问题》在《文学报》发表。

2月24日，《文艺报》刊载李磊的《当代作家和古代诗人的对话》，评随笔集《楚辞笔记》。后又刊载于《出版广角》2012年第5期。

2月29日，《中华读书报》刊载王万顺的《"半岛哈里哈气"：芦青河畔的少年回来了》。

3月，短篇小说《东莱五记》在齐鲁石化文联《新潮》2012年第1期"经典重读"栏目刊载。

3月，修订完成长篇系列散文《莱山之夜》。

3月，董健、丁帆、王彬彬主编《中国当代文学史新稿》由北京师范大学出版社出版。该书在论述"20世纪90年代的文学面貌"时指出："90年代的文化格局三分天下，主流文化、大众文化和精英文化，在市场的关联下存在着微妙的互渗与互动。""面对日益高涨的商业潮流，另一些作家则呈现出一种对抗性的姿态。这些作家多成名于80年代，基本上形成了自己的思想观念和价值立场。代表人物主要有张炜、张承志、史铁生、韩少功、李锐等，他们几乎不约而同地都在90年代出版了长篇代表作，如《九月寓言》《心灵史》《务虚笔记》《马桥词典》《无风之树》等。与80年代相比，这些作品在一贯精神追求的基调上，呈现出新的叙述风格与美学特征。在90年代精神普遍低迷，知识分子人文话语遭遇重创的背景下，这些作品有力地介入当下的文学格局，并参与到文学的价值重建和审美想象中来。他们对美学理想的坚守，对民族命运的关注以及对人性价值的守护，构成了90年代文学的重要方面。"该书还重点论述了长篇小说《九月寓言》。

3月，中国新文学学会《新文学评论》第1期（创刊号）刊载张光芒、陈进武的《"知识分子写作"的终结——从〈你在高原〉谈起》。同期，刊载王春林的《"中国问题"的深切触摸与思考——第八届茅盾文学奖小说主题的一个侧面》、刘复生的《"纯文学意识形态"与"茅奖"的转型及其隐忧》、蔚蓝的《茅盾文学奖的核心价值与评奖导向——从第八届茅盾文学奖的评选说开去》，均论及了"大河小说"《你在高原》。

3月，《上海文化》第2期刊载张定浩的《被打捞上岸的沉船——读张炜〈你在高原〉》。

3月，《浙江工商大学学报》第2期刊载汤拥华的《当代作家与中外文艺资源——张炜创作学术研讨会综述》，重点介绍了南京大学吴俊，复旦大学栾梅健、张新颖、陈思和，哈佛大学王德威，福建省社会科学院南帆，南京师范大学何言宏，北京大学陈晓明，中国作家协会雷达，人民文学杂志社李敬泽，浙江工商大学吴炫的观点。

3月，《文艺评论》第3期刊载王万顺的《作为小说互文性的存在及其他——张炜的诗》。王万顺指出："无论题材和表达主题上，张炜的小说和诗歌呈现出一种互文性特点。""要想彻底读懂张炜的诗歌，如果不读他的小说，是无法想象的。"

3月，《安徽文学》3月下半月刊刊载余程程的《临水的小传统——张炜小说对空间的悖论性书写》。

3月，《青春岁月》第6期刊载董晓菲的《论张炜〈古船〉的家族意蕴》。

3月，《名作欣赏》第9期刊载王再兴的《"救赎"的隐喻——重读〈黑骏马〉和〈九月寓言〉》。

3月2日，《中国新闻出版报》刊载房伟的《中国的"爱弥儿"》，评介长篇系列儿童小说"半岛哈里哈气"。

3月4日，《光明日报》刊载方莉的访谈《著名作家、第八届茅盾文学奖获得者张炜——保护和扶持高雅文学艺术》。

同日，《深圳晚报》刊载刘琨亚的《作家要不要触"电"——听听老中青三代作家如何说》，其中有张炜对电子书的看法。

3月12日，《联合日报》刊载记者马洪香的《省作协主席张炜建议：发展高雅文学艺术 建设山东文学馆》。

3月20日，《齐鲁少年》刊载陈应心的《"半岛哈里哈气"：大作家写的"小故事"》。

3月24日～4月6日，受华中科技大学中国当代写作研究中心邀请，与张新颖驻校进行"春讲"系列文学活动。3月26日，在华中科技大学与师生座谈。座谈记录后修订整理为《谈谈语言》。3月27日，在华中科技大学演讲。演讲后修订整理为《另一种资源》。3月29日，参加由华中科技大学中国当代写作研究中心主办的湖北省高校研究生学术沙龙"《你在高原》读书会"。3月30日，与华中科技大学研究生座谈。座谈记录先整理为《读书与我的创作——张炜与华中科大研究生座谈》，后又修订并改题为《经历粗粝的生活》。3月31日上午，参加华中科技大学中国当代写作研究中心成立仪式。仪式结束后，举行喻家山文学论坛——"百年中国历史经验与文学原创——以张炜的创作为例"武汉市高校评论家学术研讨会。3月31日下午，在武汉大学珞珈讲坛演讲。演讲后修订整理为《谈谈公民写作》。4月2日，与华中科技大学教师座谈。座谈记录后修订整理为《倾听与感动》。

3月30日，《长江日报》刊载记者刘功虎的《本报记者独家专访"茅奖"得主——张炜：做一个"大写的人"》。

4月、5月，随笔《写作和行走的心情——文学随谈录》（上、下）分别在《书城》2012年第4期、第5期发表。

4月，刘勇主编《中国现当代文学》第2版（第1版为2006年3月出版）由中国人民大学出版社出版。该书在农村题材"改革小说"中论述了《古船》，指出，《古船》是"一部从历史、文化的角度透视当代农村变革现实，将历史文化与社会人生的反思相结合，现实主义与现代主义相结合的长篇小说"。在"新世纪之交文学发展的新动向·现实主义主潮的再次勃兴"中论述了《九月寓言》，指出："在张炜史诗般的作品中，感情的勃发、诗性的潺动展现了他的作品与其他写'史'小说的不同之处，显示着作家对纯文学热烈而执着的追求。"

4月，朱德发、魏建主编《现代中国文学通鉴（1900～2010）》（上、中、下卷）由人民出版社出版。该书下卷以"张炜与新启蒙小说"为题进行了专节论述，指出："1980年代的文学被视为五四启蒙文学传统的回归与复活。与思想界的新启蒙运动相呼应，文学界的新启蒙小说在这一时期盛极一时，并产生了极为重要的影响。1990年代，中国经济社会的转型开始并完成之后，思想界历经多次分化与裂变，尤其在1993年至1995年的人文精神大讨论之后，作家队伍的分化日益明显，一个文学创作的多元化时代降临，新启蒙小说发展的强劲势头减弱，并逐渐退出文学历史舞台的中心。在这样一个巨大的时代变迁中，张炜始终坚守着他一贯的精神立场与价值取向，他不仅在1980年代的小说创作中表达了鲜明的文化启蒙的精神立场，而且在1990年代及此后的文学创作中，初衷不改，愈益坚定了他对历史和时代的人文关怀和道德理想主义的信仰。"

　　4月，《滨州学院学报》第2期刊载王万顺的《张炜小说民间性表达中的传统文化影响》。

　　4月，《广东海洋大学学报》第2期刊载阎怀兰的《丑陋的堕落天使——张炜小说〈你在高原〉中女性人物形象分析》。

　　4月，《绵阳师范学院学报》第4期刊载王辉、王万顺的《张炜小说中的"知识分子"民间立场》。

　　4月，《边疆文学》第4期刊载兴安的《伟大记忆与文学长征——张炜长篇小说系列〈你在高原〉印象》、栖沐的《行者之书——读张炜的长篇小说〈你在高原〉》。

　　4月11日，《湖北日报》刊载李汉桥的《百年中国历史经验与文学原创——华中科技大学中国当代写作研究中心学术研讨会综述》。

4月12日，在香港参加城市文学节"城市文学创作奖"评审会议，担任评委。

4月13日，《中国新闻出版报》刊载刘承思的《张炜：精神高地的朝圣者》。

4月17日，在澳门考察历史城区，进行文学交流活动。

4月21日，为桂林日报社《潮》（周刊）题词："在最美丽的山水之间传播文明。"

4月22日，在桂林百姓文化大讲坛演讲。演讲后修订整理为《文学创作与文化建设》。

4月24日，《光明日报》刊载张晓琴的《世界格局下的中国经验书写》，其中论及了长篇小说《古船》、"大河小说"《你在高原》。

4月26日上午，在济南主持召开山东省作家协会六届四次全委会议，总结2011年工作，部署2012年任务。

4月27日，《深圳特区报》刊载张定浩的《理想主义者的矫情》，评"大河小说"《你在高原》。

4月30日，在华中师范大学博雅大讲堂演讲。演讲后修订整理为《安静的故事——在华中师范大学的讲演》。

同日，随笔《文学创作与文化建设》在中共桂林市委《今日桂林》2012年第4期发表，篇末注明"本文根据张炜4月22日在桂林百姓文化大讲堂上的演讲现场录音整理，并经本人订正。整理者：张迪、闫佳佳、武晓萌，小标题为编者所加"。

5月，诗歌《饥饿散记》在新疆维吾尔自治区文联《西部》（新文学版）2012年第5期（上半月刊）发表。

5月，长篇散文《莱山之夜》（10章）在《北京文学》2012年第5期发表。

张炜同时入选本期《北京文学》封面人物，刊载武建军绘制的张炜像。

5月，随笔《自然让心灵超越》在中国科学院地理科学与资源研究所《中国生态旅游》2012年第5期发表。

5月，随笔《最明亮的窗口——我与上海文艺出版社》（4月24日完成）被收入《书香飘过一甲子——上海文艺出版社建社60周年》，由上海文艺出版社出版。

5月，在青岛海军航空工程学院演讲。演讲后修订整理为《从阅读说起》，2016年6月再次修订定稿。

5月，《深圳大学学报》（人文社会科学版）第3期刊载唐长华的《张炜小说中的传统文化精神》，论述了张炜小说中的儒家文化精神、道家文化精神和民间文化精神。

5月，《写作》第5期刊载陈华文的《张炜文学世界的自然观》。

5月，《山东文学》第5期刊载张厚刚的《齐鲁文化立场与张炜小说创作》。

5月，《时代文学》5月上半月刊刊载沈壮娟、裴晓亮的《论〈刺猬歌〉的魔幻现实主义特质》。

5月2日，完成戴江南散文集《动物亲朋》（新疆青少年出版社2013年5月出版）序《美鹿和骏马》。

5月8日，《光明日报》刊载李东华的《"童年"，一种心灵状态——读儿童小说〈半岛哈里哈气〉系列》。

同日，*CHINA DAILY*（《中国日报》）刊载"Zhang Wei aseminar in Wuhan, capital of Hubei province, talking about his pursuit of a noble spiritual realm——A GIGANTIC TALENT"。

5月11日，桂林日报社《潮》（周刊）第21期"特别策划"推出"张炜专辑"，刊载张迪的《向一种坚守表达敬意》，张迪、闫佳佳、武晓萌的《看淡奖赏　看重劳动——访第八届茅盾文学奖获得者张炜》《只因为〈你在高原〉》，张炜的《文学创作是生命的一种基本需求》（张迪、闫佳佳、武晓萌根据录音整理），杨德华的《大匠之心——〈你在高原〉审稿六记》。同时刊出《茅盾文学奖历届获奖作品名单》。该刊封面为张炜图文介绍。

5月12～17日，在万松浦讲坛（2012年春季）授课，共进行7讲20余课时。讲稿后修订整理为《疏离的精神》一书。

5月21日下午，在济南主持召开山东省作家协会纪念"毛泽东同志《在延安文艺座谈会上的讲话》发表70周年"座谈会并做总结讲话，强调："对于作家协会来说，在坚持正确导向的同时，要做到两个'一定'：一定要把作家协会建设成为作家之家，努力为作家们搞好服务；一定要把出作品、出人才当成作家协会最根本的任务。"

在万松浦书院春季讲坛

5月22日，完成随笔集《游走：从少年到青年》序《诉说往事》。

5月29日～6月8日，山东省第八届青年作家高级研讨班在山东省青少年素质教育中心举办。其间，为学员授课，并围绕文学创作问题与学员对话。

6月，长篇散文《莱山之夜》（10章）在《长江文艺》2012年第6期发表，篇末注明写于"1995年3月—2005年2月"。

6月，随笔《文化环境与自然环境——在眉山文化讲坛的演讲》在眉山市作协《东坡》（文学季刊）2012年第1期（创刊号）发表。

6月，随笔《诗心和童心——关于儿童文学及〈半岛哈里哈气〉》在《文艺争鸣》2012年第6期发表。同期，刊载曹长英的《"融入野地"的生态理想——张炜小说中的生态意识》。

6月，随笔《安静的故事》在中信集团股份有限公司《信睿》6月号发表。后又发表于山东省政协委员活动工作室《委员天地》2012年第3期（7月出版）。

6月，随笔《蒲松龄之道》被收入《游目骋怀——中国最美的名家游记》，由青岛出版社出版。

6月，长篇小说《九月寓言》由上海文艺出版社出版纪念建社60周年编号和非编号两种非卖品。

6月，张立群著《中国后现代文学现象研究》由北京师范大学出版社出版。该书论及了张炜在90年代"人文精神大讨论"中的文学主张。

6月，《湖州师范学院学报》第3期刊载刘蓉蓉的《忧思与迷惘：〈人的杂志〉对精神家园的建构》。

6月，《聊城大学学报》（社会科学版）第3期刊载张炜炜、陈东辉的《论张炜长篇小说〈你在高原〉的底层叙述》。

6月，《齐鲁师范学院学报》第3期刊载张炜炜、陈东辉的《从底层视角论张炜长篇小说〈你在高原〉道德理想主义的"失落"》。

6月，《哈尔滨学院学报》第6期刊载阎怀兰的《张炜小说中大地女儿和大地母亲的人物形象原型分析》。

6月，《乐山师范学院学报》第6期刊载陈娟的《从意象角度比较〈古船〉和〈百年孤独〉的文化内涵》。

6月，《作家》第6期刊载吴正毅的《双重故事的矛盾与质疑——张炜〈古船〉的显在结构与潜在结构》。

6月，《博览群书》第6期刊载张辉的《保卫童年》，评介了张炜与法国学者施舟人合著的《童年》。

6月12日，《文艺报》刊载王干的《〈红楼梦〉与当代小说创作》，其中论及了长篇小说《古船》。

6月15日，随笔《最明亮的窗口》（记上海文艺出版社）在《新民晚报》发表。

6月19日，《光明日报》刊载吴景明的《跨界写作：文学的冒险或资本的游戏？》，其中论及了张炜的儿童文学创作，特别是长篇系列儿童小说"半岛哈里哈气"。吴景明指出："其《古船》《九月寓言》等作品，以诗化的语言，为独特而丰富的民间世界赋形，赢得如潮好评。而当其'跨界'儿童文学之时，不仅葆有儿童文学活泼轻松的特点，更灌之以蓬勃的民间生气，绘之以浓郁的地域色彩，行之以优美的诗性语言。这样的'跨界'不仅提升了相关文学的审美品质，更打破'陈规'，呈现出多样化的艺术风格。"

6月21日，在万松浦书院主持召开燕冲长篇小说《群猫之舞》研讨会并发言。

6月27日，在蓬莱市济南大学泉城学院做题为"网络时代的学习"的演讲。

6月28日，在烟台三中和烟台海军航空工程学院分别做题为"阅读与写作"的演讲。

7月，随笔《文学的当代选择——在"黄石文化讲堂"的演讲》在《山东文学》2012年第7期发表。

7月，散文《纯良的面容（外二篇）——回忆罗伯特·鲍曼》在《时代文学》2012年第7期发表。外二篇为《古镇随想》《难忘观澜》。

同期，推出何镇邦主持的"名家侧影"张炜专辑，刊载孙书文的《张炜创作：追寻诗性的长途跋涉》、张炜的《文化环境与自然环境——在眉山文化讲堂的演讲》、陈占敏的《〈你在高原〉的放飞》、王延辉的《张炜的气质之谜》、马海春的《张炜与〈贝壳〉》、王树理的《张炜印象记》、逄春阶的《我为什么迷张炜》、张海珊的《有情——小记张炜》，并附有《张炜创作年表》。

同期，刊载李掖平的《一个理想主义者行走的意义与价值——解读张炜的〈你在高原〉》、刘蓓的《论张炜写作的生态内涵和文化意义》。

7月，随笔《不同的志向》在《上海文学》2012年第7期发表，篇末注明"2011年12月11日在浙江工商大学的演讲，标题为整理时所加"。张炜在谈到文学事业时指出："文学既是浪漫的事业，又是质朴的事业。文学的一生，应该是追求真理的一生，向往诗境的一生。"

7月，随笔《文贵质朴，人亦如是》在《山东作家》2012年第3期发表。张炜认为，华丽的语言并非文章的最高境界，有自己的思考和感悟，从心底流出的文字才最有力量。同期，刊载赵德发的《张炜文学讲稿：小说坊八讲》，推介了张炜这部著作。

7月，长篇散文《莱山之夜》（10章）分别选载于《散文海外版》2012年第4期、《散文选刊》2012年第7期，篇末均注明"选自2012年第5期《北京文学》"。

7月，《烟台大学学报》（哲学社会科学版）第3期刊载路翠江的《在静态与鲜活的张力之间——论新时期以来胶东乡土题材小说的民俗书写》，其中重点论述了张炜的小说创作。

7月，《黄河》第4期刊载吴言的《向50年代致敬》，其中评述了"大河小说"《你在高原》。

7月，《吉首大学学报》（社会科学版）第4期刊载李咏吟的《民间英雄史诗：张承志和张炜的想象》。

7月，《山西大学学报》（哲学社会科学版）第4期推出"现当代文学研究·第八届茅盾文学奖研究"专栏，刊载孟繁华的《评奖与"承认的政治"——从第八届茅盾文学奖看50后作家的文学价值观》、郭宝亮的《重审第八届"茅奖"及其争议——对网络浏览时代阅读问题的思考》、王春林的《近年来长篇小说叙事方式多样化趋势的分析——以第八届茅盾文学奖为中心》、张艳梅的《"茅奖"与当代文学批评标准》，均论及了"大河小说"《你在高原》。

7月，《北方文学》第7期刊载郑伟的《在"真实与魔幻"的民间自然间徘徊——张炜创作论》。

7月，《佳木斯教育学院学报》第7期刊载秦振耀的《叙事形式的精神承载——〈古船〉与〈百年孤独〉的历史意识》。

7月4日，随笔《对不起它们》在《文艺报》发表。后又发表于8月23日《西安日报》。

7月5日，在济南出席山东省作家协会第二批签约作家签约仪式，并代表山东省作家协会与20位签约作家签订了协议书。

7月16日，《联合日报》刊载王川的《张炜：莽野上的跋涉者》。

8月，随笔《远离经典是我们的伤痛》作为卷首语在山东省关工委主办的

《关爱》2012年第4期发表。

8月，随笔集《游走：从少年到青年》由广西师范大学出版社出版。

8月，短篇小说集《钻玉米地》被列入"中国短经典丛书"，由上海文艺出版社出版。

广西师范大学出版社2012年
8月版

广西师范大学出版社2013年
4月版

台湾思行文化传播有限公司
2012年9月版

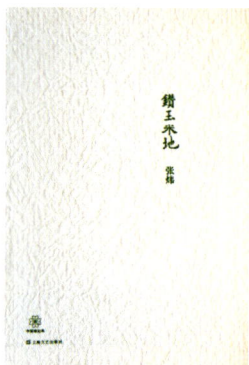

上海文艺出版社2012年8月版

安徽文艺出版社2012年8月版

作家出版社2014年11月版

8月，7卷本"张炜中短篇小说年编"由安徽文艺出版社出版，包括中篇小说卷《秋天的愤怒》《海边的风》《请挽救艺术家》，短篇小说卷《钻玉米地》《秋雨洗葡萄》《采树鳔》《狐狸和酒》。

安徽文艺出版社2012年8月版

台湾大地出版社2012年12月版

8月，长篇系列儿童小说"半岛哈里哈气"（《养兔记》《美少年》《长跑神童》《海边歌手》《抽烟与捉鱼》）由河北少年儿童出版社再版。

8月，《管子学刊》第3期刊载孟文彬的《齐、鲁文化的优势互补与当代山东文学的和谐发展》，其中论及了张炜的文学创作。

8月，《重庆社会科学》第8期刊载孟文彬的《齐文化视野的文学创作及其审美风格：张炜与莫言》。

8月16日，在上海参加第七届华人精英会年度盛典，获年度弘道奖。

8月31日，《生活日报》刊载王靖的《对话著名作家张炜——最怕丢了诗心和童心》。

9月，随笔《爱的浪迹》在上海世纪出版股份有限公司《文景》9月号发表。

9月，随笔《安静的故事——在华中师范大学的讲演》被收入中国新文学学会《新文学评论》第3辑，由华中师范大学出版社出版，篇末注明"2012年4月30日"。封三有"张炜先生在华中师范大学第106期博雅大讲堂上"的图文报道。

9月，散文随笔集《葡萄园畅谈录》由上海人民出版社出版。此书曾作为6卷本"张炜自选集"之一，1996年2月由作家出版社出版。

上海人民出版社2012年9月版

湖南文艺出版社2013年2月版

作家出版社2014年11月版

9月，短篇小说集《唯一的红军》被列入"新闻出版总署社会主义核心价值体系建设'双百'出版工程重点出版物"，由甘肃人民出版社出版。

9月，随笔集《游走：从少年到青年》繁体字版由台湾思行文化传播有限公司出版。

9月，在北京国际图书博览会上，与美国PODG出版集团签署了包括"大河小说"《你在高原》在内的26部著作的国际版权合作协议。

甘肃人民出版社2012年9月版

9月，《延安文学》第5期刊载何启治的《道是无晴却有晴——从〈古船〉〈九月寓言〉〈白鹿原〉的命运看新时期文学破冰之旅的风雨征程》。

9月，《当代作家评论》第5期刊载潘华琴的《寻觅野生语言——由张炜论小说语言说起》。

9月，《鲁东大学学报》（哲学社会科学版）第5期刊载王万顺的《返老还童——评张炜儿童文学"半岛哈里哈气"系列》。

9月，《中国现代文学研究丛刊》第9期刊载文娟的《激进与保守动态平衡下的民间立场——从张炜的"保守主义"标签谈起》。

9月，《文学界》（理论版）第9期刊载赵斌的《张炜的葡萄园：真善美的化身》。

9月10日，《济南日报》刊载"社会各界点评新八景"专栏，其中有张炜的点评："新八景让济南人更热爱泉城。"张炜为"泉城新八景"专家评审团副主任委员。

9月13日上午，在济南参加山东省作协小说创作委员会"繁荣山东小说创作，壮大文学鲁军声威"小说创作座谈会并发言，结合自己的创作实践和体会，从寻找个人语调、对小说阅读的困惑和愧疚感、如何对待短篇小说写作、如何对待故事、如何打量当代生活、有关文学评论的问题及如何积聚心力进行创作等方面谈了自己的感受和想法。发言修订整理为《小议七个问题——在省作协小说创作委员会小说创作座谈会上的谈话》，发表于《山东作家》2012年第3期。后又修订定题为《七议》，收入作家出版社2014年11月出版的《张炜文集》第42卷。

9月15日，在宁津县参加由小说选刊杂志社、山东文学社、齐鲁晚报社、宁津县委县政府联合主办，德州市文联、宁津县委宣传部承办的"全国首届郭澄清农村题材短篇小说大奖赛"颁奖典礼，并作为大赛终评委为获奖者颁奖。

9月16日，在济南参加由山东文学社主办的乌以强长篇小说《乡党委书记》研讨会并发言。

9月17日，《齐鲁晚报》刊载邱祎的《郭澄清短篇小说大奖举行颁奖典礼——高洪波、张炜纵论乡土文学》。

9月21日，《光明日报》刊载白烨的《也谈乡土文学与"50后"写作》，其中论及了长篇小说《古船》。

9月25日，《中国图书报》推介《张炜中短篇小说年编》。

9月27日上午，在庆云县参加由山东文学社主办的王树理长篇小说《卿云歌》研讨会并发言。

9月29日，随笔《一个文学大师的"复活"》（谈徐讦）在《中华读书报》发表。

10月，短篇小说《问母亲》被收入"新世纪文学突围丛书"第3辑《大地的高度：中国名家小说选》，由江苏文艺出版社出版。此书还收录了张炜在"中澳文学周"上的演讲《当代写作的第三种选择》（后修订定题为《第三种选择》），指出："真正的文学家有什么作为？无非就是营造一片静谧和清明之地，供人喘息、逃往和安歇，以便生存下去。作家需要跟网络时代无所不在的平均主义和集体主义的审美方式和思维方式做斗争，这当然很困难，但一个作家如果改变不了世界，至少可以从自己做起，保护属于他个人的自由最大限度地不受侵犯，用不变的个体激情和个人智慧撑起文学的天空。今后，一个写作者能否拥有这样的力量，也就是对其最主要的、最终的评判标准。这既是手段，又是方法，当代文学写作的真正意义上的批判和进击性格，也正好体现在这个过程之中。"（张炜：《第三种选择》，载《张炜文集》第42卷，作家出版社2014年11月出版，第269页。）

10月，随笔集《纸与笔的温情——张炜寄小读者》被列入"名家寄小读者"丛书，由二十一世纪出版社出版。

10月，柳新华主编《难忘的一天——恢复高考35周年回眸》由黄海数字出版社出版，张炜为编委会名誉主任之一。王志民在《序言（二）》中说："在恢复高考35周年之际，母校鲁东大学拟组织77级、78级的同学返校庆祝，并在同学中征文编纂《难忘的一天》以资纪念。"鲁东大学时为烟台师范专科学校。其中刊载了张炜的《〈贝壳〉的由来》。同时，刘凤鸣的《引以自豪的人生经历——我给77级78级同学做辅导员》、于新媛的《大学生活真好》、马泉照的《在生长大树的地方》、马海春的《张炜与〈贝壳〉》、李世惠的《沐风饮露两年间》、冷丽华的《难忘的朝阳般的年代》、黄德民的《我在师专二三事》，均忆及了张炜的校园生活。

10月，《中国文学研究》第4期刊载吴培显的《"小村"的挽歌与"融入野地"的理性突破——关于张炜〈九月寓言〉的两点辨析》。

10月，《安康学院学报》第5期刊载申朝晖、闫荣的《侵蚀下的坚守——〈柏慧〉中的"孤独者形象探析"》。

10月，《创作与评论》第10期"文艺现场"栏目推出张炜专辑，刊载张炜的《关于〈你在高原〉及其他》《太多的不安和喜悦》，王万顺的《生命的质地——张炜访谈录》，郝永勃的《影响》，郭名华和王辉的《游荡在大地上的行吟诗人——张炜论》，姚亮的《记忆·叙说·历史——析张炜〈你在高原〉》。

10月，《群文天地》第10期刊载李祎的《论改革小说的深化之路——从〈沉重的翅膀〉到〈古船〉》。

10月，《全国新书目》第10期刊载徐益能的《征途无悔始知难，苦尽甘来方知味》，评介随笔集《游走：从少年到青年》。

10月1日，《张郁文箱》（为陕西张郁自办小报）第5期刊载迟焕彩的《与张炜幸会之感》。同时，刊载8月25日张炜为《张郁文箱》的题词："蓬勃强旺的文学胜地。"

10月1日~11月4日，随笔《张炜回顾文学人生》在《山东商报》连载，共连载35篇，文章均选自随笔集《游走：从少年到青年》。

10月8~14日，在北京参加中韩日三国文学论坛并发言。其间，12~14日在青岛参观访问。

10月19日，随笔《远离经典是我们的伤痛》在《淄博晚报》发表。

10月20~21日，在万松浦书院主持"徐福笔会"。

11月，《小说评论》第6期刊载杨红的《张炜长篇小说〈半岛哈里哈气〉的三个阅读视角》。

11月，《当代文坛》第6期刊载王瑛的《少年眼中的童真世界——论张炜〈半岛哈里哈气〉第一人称叙述者的运用》。

同期，刊载王辉、王万顺的《"民间"意义的生成及中国传统文化的影响——张炜小说的一种理论考量》。

11月，《东吴学术》第6期刊载贺仲明的《浪漫主义的沉思与漫游——论张炜〈你在高原〉》。

11月，《鄱阳湖学刊》第6期刊载（台湾）钟玲（美国威斯康星大学比较文学哲学博士）文、王庆萍译的《张炜小说中的环境主义和寓言故事》。

11月，《长江师范学院学报》第11期刊载杨国伟的《救赎理想的"两难"境遇——论张炜小说〈家族〉的苦难叙事》。

11月4日，《济南时报》刊载韩双娇的《张炜五部作品已签约瑞典出版社——代表作〈古船〉正由陈安娜翻译成瑞典语》。

11月12日，在中国国家图书馆参加由中国国家图书馆、天舟文化股份有限公司、美国PODG出版集团、广西师范大学出版社、作家出版社、台湾思行文化传播有限公司联合举办的"你在高原：《游走：从少年到青年》新书发布会暨张炜作品多语种推介会"。张炜首部回顾文学人生的自述简、繁体版同时上市。书中收录了目前为止最为详尽的"张炜文学创作活动年表"。

活动中，美国PODG出版集团总裁罗伯特·弗雷彻明确表示，PODG出版集团将把张炜的《古船》《你在高原》《游走：从少年到青年》等26部重要作品以多种语言、多种介质在全球出版。

活动中，张炜还向国家图书馆捐赠了长篇小说《远河远山》手稿。

会后，接受《文艺报》记者行超专访。专访《张炜：作家的最大行为是作品》刊载于11月26日《文艺报》。

11月13日，《齐鲁晚报》刊载师文静的《首部自传〈游走：从少年到青年〉在京推出——记录张炜行走文学40年》。同时，刊载师文静的访谈《张炜：我不是单纯的小说家》。

11月14日，《文艺报》刊载行超的《张炜〈游走：从少年到青年〉：回溯写作生涯的起点》。

11月16日，《环球时报》刊载刘仲华等的《现实题材受偏爱　名家翻译最传神——中国文学如何在海外接地气》，其中谈及了《古船》《你在高原》《游走：从少年到青年》等。

11月23日，随笔《人生绵长》在《河北日报》发表。

同日，随笔《游走在胶东半岛的日子》在《文汇读书周报》发表，文章选自《游走：从少年到青年》。

11月29日，在淄博市淄川区参加由文艺报社、淄博市人民政府主办，淄博市委宣传部、淄川区人民政府承办的第三届蒲松龄短篇小说奖颁奖典礼。同时，参加由文艺报社和淄博市人民政府联合主办的短篇小说创作论坛并发言。

12月，随笔《流逝的时光》在《新华月报》12月下半月刊发表。同期，刊载路加的《游走：一部作家精神自传的关键词》，收录了11月12日在北京举行的"你在高原：《游走：从少年到青年》新书发布会暨张炜作品多语种推介会"上美国PODG出版集团总裁罗伯特·弗雷彻、台湾思行文化传播有限公司负责人陈建安，以及陈晓明、阎晶明、唐晓渡、梁鸿鹰的发言。

12月，短篇小说《钻玉米地》选载于威海市经济技术开发区工委宣传部主办的《无花果文艺》（季刊）2012年第4期。

12月，"大河小说"《你在高原》（珍藏版）由作家出版社出版。

12月，《张炜中短篇小说年编》繁体字版由台湾大地出版社出版。

12月，完成系列散文《描花的日子》，包括《爱小虫》《看样子不是坏人》《从头演练》《痛打花地主》《宝书》《捉狐狸》《大清的人》《嘴子客》《有了家口》《炕和猫》《专教干坏事的老头》《洋大婶》《小矮人》《坠琴》《老贫管》《独眼歌手》《描花的日子》《游泳日》《粉坊》《说给星星》《岛上人家》《大水》《月光》《名医》《战蜂巢》《笼中鸟》《打铁的人》《打人夜》《杀》《桃仁和酒》，回忆少年时代往事。

12月，陈娇华著《当代文化转型中的"断裂"历史叙事：新历史小说创作研究》由中国社会科学出版社出版。该书论及了长篇小说《古船》《家族》等。

12月，周保欣著《伦理视野中的中国当代文学》由人民出版社出版。该书论及了长篇小说《古船》等。

12月，王春荣等著《中国新时期文学三十年：1978～2008》由文化艺术出版社出版。该书论及了长篇小说《古船》《九月寓言》《丑行或浪漫》。

12月，山东省作家协会主管、主办的《百家评论》创刊，张炜担任编委会委员。该刊第1期（创刊号）刊载李掖平、赵庆超的《理想主义者的精神跋涉——论张炜的〈你在高原〉》。

12月，《作家》第12期刊载高辉芳、王晴的《解读张炜小说中的"野地"意识》。

12月，《山东文学》第12期刊载朱自强的《张炜〈半岛哈里哈气〉的儿童文学意识》。

12月，《中国企业家》第24期刊载赵芃的《到中国抢作家》，介绍张炜作品的对外翻译情况。

12月7日，《文艺报》刊载《"短篇小说创作论坛"纪要——像蒲松龄那样讲精彩的故事》，其中刊载了张炜的发言。

12月14日，随笔《沉下心来去写作》在《中国电网报》发表。同时附有张炜小照、简介和萧立军对张炜的点评。

12月22日上午，在济南参加由上海文艺出版社、山东省作协创联部联合举办的"坚守作家情怀、弘扬志愿精神——王萌萌志愿者长篇小说三部曲新书发布会"。

12月23日，作为山东省散文学会名誉会长、省作协主席，在济南出席山东省散文学会第五届理事（扩大）会议。会议接受章永顺、戴永夏辞去会长、副会长职务，通过了学会第五届理事会组成人员调整名单，通过了王树理为常务副会长，主持学会工作。

12月24日，《文艺报》刊载李墨波的《2012中国儿童文学的10个关键词》，其中论及了长篇系列儿童小说"半岛哈里哈气"。

12月31日，《文艺报》头版推出"新年寄语"专栏。张炜写道："2013年可能是极为特别的一年，写作者将在这一年里获得新的想象，更加拥有吃苦耐劳的精神和沉思与鉴别的能力，让时间慢下来，将好书收在手边。"

2013

1月，散文《犄角，人事与地理》（节选）被收入《美丽中国·人文卷》，由人民文学出版社出版。

1月，散文《童年记忆》被收入阿滢主编《我的中学时代》，由天地出版社出版。

1月，散文随笔《莱山之夜》《不同的志向》分别被收入"新世纪散文随笔精品文库·乡土卷"《叫一声老乡好沉重》、"新世纪散文随笔精品文库·思想卷"《沉默是一种深刻的语言》，由中国言实出版社出版。

1月，随笔《用深入的阅读改造自己》在辽宁省文联主办的《艺术广角》2013年第1期发表。

1月，散文《莱山之夜》（10章）被收入《2012中国最佳随笔》，由辽宁人民出版社出版。

1月，随笔《写给创刊三十周年的〈收获〉》被收入"金收获纪念文丛"之《大家说收获》，由复旦大学出版社出版。

1月，随笔《十年琐记》被收入"《散文海外版》2011～2012年精品集"之《童年没有迪斯尼》，由百花文艺出版社出版。

1月，《心灵的飞翔》被列入"中国当代名人语画书系"，由西苑出版社出版第2版。

1月，作品集《品咂时光的声音》被列入"茅盾文学奖获奖作家的短经典"，由人民文学出版社出版。

人民文学出版社2013年1月版

湖南文艺出版社2013年2月版

1月，长篇小说《古船》被列入"朝内166人文文库中国当代长篇小说"，由人民文学出版社出版。

1月，与加拿大皇家柯林斯出版集团（Royal Collins Publishing Group INC.）签署国际翻译与出版发行协议，该集团正式成为与张炜合作的外国出版商之一。皇家柯林斯是一家起源于加拿大蒙特利尔的学术出版商，经过多年发展，已经成为一家由美国、加拿大、日本、印度、荷兰、爱尔兰、中国台湾等国家和地区专业出版人组成的跨国出版与发行公司，可以英文、中文、法文、西班牙文、日文、印地语、荷兰语等多语种在全球出版各类图书。

1月，朱德发主编《现代中国文学史精编（1900~2000）》由山东教育出版社出版。该书将张炜与张承志、史铁生的小说创作放在"知识精英文学"一类中论述，指出："虽然20世纪90年代中国社会发生了不可逆转的经济和文化巨变，并不可避免地导致了价值移位、置换甚至颠覆，但正义感和道德激情充盈于一部分作家的心间。他们不愿对所谓的历史合理性让步，固执地坚守着他们的理想和信仰。他们在小说中传达出了自己的声音，或沉浸于宗教世界的苦苦寻觅，或执着于对现实社会的道德批判，或反思并不遥远的历史，形成了浓郁的激情喷射与深沉的理性思考相融合的叙事格调。张承志、张炜、史铁生是知识精英文学创作群体中的代表作家。"

论及张炜时，该书重点分析了长篇小说《柏慧》和《家族》。其后，该书又以专节论述了"张炜及其《古船》"，指出：张炜是"中国当代作家中一直高举理想主义大旗，致力于社会批判、思想批判和文化批判的作家"。"张炜文学叙事中非常重要的主题集中在三个方面：对道德理想主义的讴歌，对基于善良人性的信仰高塔和精神家园重建的殷殷呼唤，以及对脚下大地的深情守护。坚守道德和信仰的'高原'和'融入野地'，又是他的文学理想。"

1月，张光芒著《道德嬗变与文学转型》由昆仑出版社出版。该书从文学与道德的关系角度对长篇小说《柏慧》和《你在高原》进行了论述。同时，以"'知识分子写作'的终结——从张炜的〈你在高原〉谈起"为题，进行了专节论述。《"知识分子写作"的终结——从〈你在高原〉谈起》为张光芒与陈进武合写的论文，曾发表于中国新文学学会《新文学评论》2012年创刊号。

1月，高军著《对话或漫游》由中国文联出版社出版，其中收录了《挽歌一曲刺猬唱——评张炜的长篇小说〈刺猬歌〉》。

1月，成都市文联《青年作家》第1期"高地"专栏推出张炜专辑，包括编者按《张炜：理想的恪守者》、记者访谈《作家的最大行为是作品》（选自2012年11月26日《文艺报》）、王川的《莽原上的跋涉者》（记张炜）、张炜的《春天的阅读——文学笔记辑录》。

1月，《文艺评论》第1期刊载张守海、任南南的《城市痛·田园梦·荒野情——生态批评视野中的〈我的田园〉》。

1月，《文化月刊》第1期（下旬刊）刊载王不俗的《当代作家收藏正当时——从莫言到我的张炜收藏》。

1月，《暨南学报》（哲学社会科学版）第1期刊载樊星的《当代乡土政治小说新论》，其中论及了长篇小说《古船》。

1月，《山西师大学报》第1期刊载罗坚的《新世纪文学的困境和困境中的文学》，其中论及了"大河小说"《你在高原》。

1月，《贵州社会科学》第1期刊载彭松的《中国现代文学中的海洋意识》，其中论及了《黑鲨洋》《海边的风》《古船》等。

1月，《烟台大学学报》（哲学社会科学版）第1期刊载兰玲的《论张炜小说对胶东地域文化的多角度呈现》。

1月，《东岳论丛》第1期刊载路翠江的《泛神论之于张炜》。路翠江指出："新时期文学史上，有一批个人风格鲜明的作家都有不同程度的'泛神'倾向。神奇的自然风光令他们沉迷，他们分别介入民间信仰、民间生命、民间生存、民族生态和民族秘史，在民间生态风情画卷中确立起自己的民间立场和泛神品格，其中，张炜最为典型。'泛神'让张炜的作品丰富多彩而充满魅力。"

1月8日，《中国图书商报》推介《张炜散文随笔年编精装本：〈万松浦笔记〉》。

1月11日，在北京参加《万松浦记：张炜散文随笔年编》新书首发式。《万松浦记：张炜散文随笔年编》收录了张炜1982年从事创作以来除虚构作品之外的全部留存文字。张炜说这是他较为全面的精神和行为"自传"。在新书发布会上，张炜和陈晓明、唐晓渡展开对谈。张炜表示："好的作家一定是相当接地气地直面现实具体问题的人，只有深入人性、苦难和底层生活的细节才有力量。"7卷本《张炜中短篇小说年编》（珍藏版）同时首发。

同日，与毕淑敏做客简以宁主持的文化沙龙，与读者和媒体交流。沙龙活动情况后由镜子整理为《毕淑敏与张炜畅聊当代中国文学的发展》，刊载于《出版参考》2013年第1期（下半月刊）。

1月12日，《山东商报》刊载张晓媛的专访《18卷大书〈散文随笔年编〉出版——张炜：平庸的写作没意义》。

同日，《济南时报》刊载韩双娇的专访《18本、300万字写〈自传〉——继〈你在高原〉之后，张炜再发超长作品》，介绍《万松浦记：张炜散文随笔年编》。

同日，《齐鲁晚报》刊载师文静的专访《18卷大书呈现30年心灵长旅——张炜：以精神导师自居可能会成为笑柄》。

1月16日，《光明日报》刊载李苑的《张炜——"船长"的高歌低咏》，评介《万松浦记：张炜散文随笔年编》。文中写道："张炜说自己这30年里写下的散文和随笔，就像是'一部长长的出航志'。人是一条船，一个人的起步远行，就像是一条船的启航，并且始终是独自一人的水手兼船长。航船从港湾驶出，缓缓驶向风雨之中。这部出航记录，时而激越时而黯然，颜色逐渐斑驳、腥咸汗洇，那都是旅痕和足迹，也是由远及近的心音。"

1月16～20日，在济南参加政协第十一届山东省委员会第二次会议。

1月18日，《湖南工人报》刊载吴凯风的《张炜〈散文随笔年编〉结集出版》。

1月25日，随笔《迟来的觉悟》在《河北日报》发表。

1月30日，随笔《谈简朴生活》在《文艺报》发表。后选载于河南省文联《散文选刊》4月上半月刊，篇末注明"选自2013年1月30日《文艺报》"。

2月，随笔《诗螺丝及其他》在《文学界·文学风》2月下旬刊发表。

2月，20卷本《万松浦记：张炜散文随笔年编》由湖南文艺出版社出版，分别是《失去的朋友》《葡萄园畅谈录》《去看阿尔卑斯山》《心事浩茫》《爱的浪迹》《无可隐匿的心史》《莱山之夜》《梭罗小屋》《昨日里程》《楚辞笔记》《村路今生漫长》《奔跑女神的由来》《品咂时光的声音》《芳心似火》《纵情言说的野心》《小说坊八讲》《小说与动物》《求学今昔谈》《安静的故事》《诉说往事》。

湖南文艺出版社2013年2月版

2月，《百家评论》第1期刊载郭帅的《作家，你敢和自己赛跑吗？——文坛之一瞥》。文中说："10卷本的《你在高原》出版后，不到两年，5卷本的《半岛哈里哈气》出版了。前者是大地行吟的长篇巨著，后者是童心使然的儿童文学。无论哪种文体，一字一句，都渗入了作者真真切切的生命体验。长达20年啊，张炜一个人在齐鲁大地上行走，才写出了这一部'长长的行走之书'。而童年中的那片土地园林,30年来,始终在他的记忆中挥之不去,在'深重熬人'的岁月中细水长流,才凝成了《半岛哈里哈气》。如果说作家需要与自己赛跑,那么张炜的确是在跑,而且是跨越式的奔跑,每一个步点都那么铿锵有力,有时会累,但从不停歇。"

同期,刊载张艳梅、盖光、王晓梦、唐长华、孙姣姣的《文学主流是一种生态的艺术——关于新世纪文学中生态写作的对话》,其中论及了张炜的文学创作。

2月,《中国现代文学研究丛刊》第2期刊载任相梅的《高原的呐喊——评张炜的长篇小说〈你在高原〉》。任相梅指出:"正如张炜所说,凡是好的作品,它必然要有一个大的前提,那就是'有益于世道人心'。张炜始终是一个有着人文主义理想的作家和一个不肯与世俗同流合污的精神界的战士。他在没有崇高的时代言说崇高,没有希望的时代言说希望的艺术勇气无疑为当代中国文学增添了崭新的思想深度和力度;而他为保卫信仰、道德、理想而进行的不懈呼号、呐喊,即使难免堂吉诃德式的悲壮,也仍能以其强大的人格和心灵力量逼向人类的灵魂。在当下这个浮躁、焦虑和缺乏方向感的时代,张炜用灵魂,执着地写下了世界上'最长的纯文学'作品,这本身就是一个巨大的挑战和奇迹。"

2月,《北方文学》第2期(中旬刊)刊载李娜的《给地瓜"剥皮"——对〈九月寓言〉中的"地瓜"进行文化分析》。

2月,《兰州学刊》第2期刊载吴雪丽的《"乡土中国"向"现代中国"转换的美学困境——从"五四"到"文化寻根"的"现代性"体验》,其中论及了张炜的文学创作。

2月，《新华月报》2月号刊载渠魁、张杰的《万松浦记：一部精神守夜者的出航志》，介绍了1月11日北京《万松浦记：张炜散文随笔年编》首发式情况，以及张炜、陈晓明、唐晓渡的发言。

2月1日，长篇系列儿童小说《半岛哈里哈气》入选国家新闻出版总署发布的2012年度"大众喜爱的50种图书"。

2月14日，在万松浦书院与来访的青州市文学创作者联合会参观团成员座谈交流。

2月22日，《新华每日电讯》刊载尹平平的访谈《张炜：真正的作家不光能够虚构故事》，评介了湖南文艺出版社推出的《万松浦记：张炜散文随笔年编》。

2月26日，在济南参加由山东师范大学、山东文学社联合举办的"山东省首届（作家）文学创作研究生班"开学典礼，并给学员授课。授课录音后修订整理为《必须迎接的考验》，发表于《青岛文学》2013年第4期，篇末注明"山师作家研究生班发言辑录，根据录音订正，标题后加"。

2月28日，随笔《进入那个瞬间》在《南方周末》发表。

3～5月，将有关文学访谈辑录整理为《基本选择》。后收入作家出版社2014年11月出版的《张炜文集》第45卷。

3月，随笔《纵情言说的巨大野心》在《山东作家》2013年第1期发表。

3月，张炜、朱又可的《心中无神：宗教与文学》在《花城》2013年第2期发表，篇末注明"本文摘自朱又可与张炜访谈结集《行者的迷宫——一次漫长的采访》"。

3月，随笔《人类最可怕的顽疾》选载于内蒙古出版集团《经典美文·文苑》3月下半月刊，篇末注明"摘自《北京文学》2012年第4期"。

3月，完成《答〈书城〉问：即时表达》，文敏辑录。

3月，吴家荣著《文学思潮二十五年》由安徽文艺出版社出版。该书将《古船》列入"改革文学"论述，将《家族》列入"新历史小说"论述。

3月，《小说评论》第2期刊载刘绪才的《张炜小说叙事嬗变及其文化探求》。

3月，《青海社会科学》第2期刊载吴雪丽的《人文地理版图中的"中国"想象——以20世纪80年代的"文化寻根"为视点》，其中论及了长篇小说《古船》。

3月，《当代文坛》第2期刊载刘巍的《图像时代的文学之变》，其中论及了"大河小说"《你在高原》、微叙事《这回来的是老蛋》。

3月，《甘肃社会科学》第2期刊载李晓禺的《论当代文学的人类学转向》，其中论及了长篇小说《九月寓言》。

3月，《苏州大学学报》（哲学社会科学版）第2期刊载樊星的《深入剖析"国民劣根性"——试论新时期文学中"改造国民性"的主题特色》，其中论及了长篇小说《古船》。

3月，《海南师范大学学报》（社会科学版）第3期刊载杨国伟的《论张炜小说的散文化特征》。

3月，《青春岁月》第6期刊载叶菁的《浅析〈在族长与海神之间〉中的生态伦理价值》。

3月7日，在济南参加由山东省作家协会举办的山东女作家创作研讨会并发言，希望女作家们在新的时代里，心里要有大事，走远路，走长路，走健康路，创作出更多更好的作品。

3月8日，散文《林与海》在《河北日报》发表。

3月23日，随笔《屋子大了不忍拆》在《渤海早报》发表。

3月30日，《联合日报》刊载张期鹏的《张炜著作与致远书店》。

4月，随笔《经历粗粝的生活——与华中科技大学研究生座谈实录》在《百家评论》2013年第2期发表。

4月，随笔《另一种资源》在今古传奇报刊集团、湖北戏剧家协会主办的《文艺新观察》2013年第2期发表，篇末注明"据作者在华中科技大学的演讲整理"。

4月，散文《莱山之夜（续）》在《长江文艺》2013年第4期发表。

4月，随笔集《精神的背景》由华中科技大学出版社出版。

4月，随笔集《凝望：47幅图片的故事》《心仪：域外作家小记》《游走：从少年到青年》由广西师范大学出版社出版。其中收录了简以宁的《关于〈凝望〉再版》《关于〈心仪〉再版》。

华中科技大学出版社2013年
4月版

4月，长篇小说《九月寓言》被列入"大地书魂书系"，由重庆出版社出版。

4月，将有关文学访谈辑录整理为《一旦凝固成"主义"》。后收入作家出版社2014年11月出版的《张炜文集》第45卷。

4月，方方、李俊国主编"中国当代文学经典化研究丛书"之一《经验与原创——2012春讲·张炜张新颖卷》由长江文艺出版社出版。其中收录了2012年3月24日至4月6日间，张炜在华中科技大学进行"春讲"系列活动时的演讲录、对话录、访谈录，以及"喻家山文学论坛：百年中国历史经验与文学原创——以张炜的创作为例武汉市高校评论家

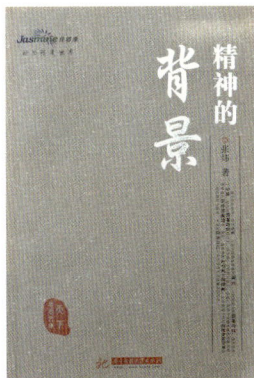

长江文艺出版社2013年4月版

学术研讨会"纪要与论文选载（包括蔚蓝的《张炜介入中国经验的两种书写形态》、李俊国等的《百年中国历史经验与文学原创——以张炜的创作为例》、王乾坤的《读张炜的〈精神的背景〉，谈关于寻根》等）。同时，在"作家作品经典化研究专辑"中，还收录了李俊国的《以无边的"游荡"趋向精神的"高原"——张炜小说〈你在高原〉的结构性解读》、梅兰的《论张炜长篇小说的诗意与反讽》、蒋济永的《〈家族〉的叙述方式、构造及其意义》、刘颖的《生存真谛与精神家园的诗意象征——张炜〈九月寓言〉文本意蕴解读》、田蕾的《游荡与诗意的追寻——读张炜的〈无边的游荡〉》、胡雯的《张炜研究综述》。书后还附有姚恩河、胡鹏整理的《张炜文学创作活动年表》。

4月，《新泰文史》第2期刊载张期鹏的《张炜著作五十种》，谈张炜与致远书店。

4月，《中国比较文学》第2期刊载王万顺的《论"长河小说"源流及其在中国的发展》，其中以"长河小说的一个成功范例"为题论述了《你在高原》。

4月，《西南民族大学学报》（人文社会科学版）第4期刊载毛克强、袁平的《人学本位与艺术创新——第八届茅盾文学奖获奖作品评述》，其中论及了"大河小说"《你在高原》。

4月，《出版广角》第8期刊载文佳的《纪念青春的欢乐——评张炜〈游走：从少年到青年〉》。

4月5日，完成中篇小说"海边妖怪小记"之《小爱物》。

4月8日，散文《访师散记》在《渤海早报》发表。

4月13日，为在聊城召开的"山东省小小说学会成立大会"题词祝贺："小小说兴，小说则兴，文学则兴。"

4月20日，在栖霞参加范惠德长篇小说《孪生梦》研讨会并发言。

4月27日，完成中篇小说"海边妖怪小记"之《蘑菇婆婆》。

5月、7月，张炜、朱又可访谈录《行者的迷宫》（上、下）分别在《天涯》2013年第3期、第4期发表。

5月，随笔《每个时代都有自己的痛苦》在《南风窗》（双周刊）2013年第11期发表。

5月，散文《如花似玉的原野》被收入"新史记文丛"之《从这里到永恒》，由漓江出版社出版。

5月，散文《莱山之夜》（10章）被收入《第六届老舍散文奖获奖作品集》，由地震出版社出版。《莱山之夜》为"候选作品"。

5月，随笔集《疏离的神情：万松浦讲稿》（万松浦讲坛2012年春季讲稿）由作家出版社出版。

5月，散文随笔集《谈简朴生活——张炜散文》被列入"中国文学创作出版精品工程"，由作家出版社出版。

作家出版社2013年5月版

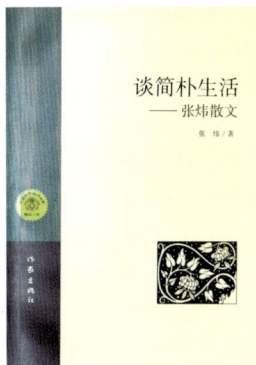

作家出版社2013年5月版

5月，"大河小说"《你在高原》被列入"共和国作家文库精选本茅盾文学奖书系"，由作家出版社出版。

5月，《华中师范大学学报》（人文社会科学版）第3期刊载李俊国的《以无边的"游荡"趋向精神的"高原"——张炜小说〈你在高原〉的结构—功能研究》。"从'行走——游荡''探访——疑思''野地——高原''后撤——横站'这四组关键词为路径……进行"结构—功能"性解读。""既是小说文本形式层面的结构功能性分析，又是小说内涵的意义要素与功能结构阐释，还是关于作家张炜的精神心理与创作方式的结构性解剖。"

5月，《书城》第5期刊载文敏的《将心灵融入野地——作家张炜访谈录》。

5月，《湖北第二师范学院学报》第5期刊载张琳、王薇薇的《论齐文化对以张炜、莫言为首的山东作家群的影响》。

5月，《赤峰学院学报》（汉文哲学社会科学版）第5期刊载夏文仙、徐丽苹的《当代生态小说中的生态卫士形象解读》，其中论及了长篇小说《外省书》《刺猬歌》。

5月，《山花》第5期刊载杜昆的《乌托邦精神的式微和嬗变——后新时期知识分子小说结尾的意义》，其中论及了张炜的小说创作。

5月，《群文天地》第5期刊载李祎的《论改革小说的深化之路——从〈沉重的翅膀〉到〈古船〉》。

5月3日，随笔《人生如长恋》在《宝鸡日报》发表。

5月8日，中国作家网发布中国笔会中心会员名单（共190人），张炜名列其中。

5月9日，随笔《古怪可爱的刺猬》在《南方周末》发表。

5月12～19日，在万松浦讲坛（2013春季）授课，共讲7讲20课时。讲稿后修订整理为《也说李白与杜甫》，由中华书局出版。

5月29日，完成朱夏妮诗集《初二七班》（东方出版社2014年1月出版）序言《十三岁的诗章》。

5月31日，《文艺报》刊载王鸿生的《张炜〈精神的背景〉——知识分子的独特思考》。

春，在上海参加上海书博会张炜、朱又可访谈录《行者的迷宫》发布会并发言。发言后修订整理为《谈〈行者的迷宫〉》，收入作家出版社2014年11月出版的《张炜文集》第45卷。

6月，长篇散文《莱山之夜》开始在《鸭绿江》2013年第6期（上半月刊）连载，到第12期结束。

6月，随笔《数字时代的语言艺术》在《文学界·文学风》6月下旬刊发表，篇末注明"根据2011年12月18日在毛泽东文学院《文学名家讲堂》的演讲录音整理"。

6月，长篇小说《古船》由上海人民出版社出版。

6月，修订完成文学访谈辑录《蜕化、演化和进步》。后作为附录收入作家出版社2014年11月出版的《张炜文集》第46卷。

6月，香港作家联会《香港作家》2013年第5、6期合刊推出"香港作家联会成立25周年纪念特刊"，其中刊载了张炜的贺词。

6月，烟台市福山区作协《福山文学》2013年第1期刊载张炜的题词："《福山文学》立于文学福地，必将发达兴旺！"

6月，山东省归国华侨联合会《齐鲁乡情》5～6月刊刊载记者刘芳、实习生高海博对张炜的访谈《没有不合时宜，一切都是人之常情》，谈阅读与写作。

6月，王庆生、王又平主编《中国当代文学》（上、下卷）由华中师范大学出版社出版。该书下卷以"蒋子龙、路遥、张炜等的改革小说"为题论述了张炜等人的小说创作。

6月，《管子学刊》第2期刊载刘迎秋的《齐鲁民间文化精神对山东新时期小说的影响》，其中以"张炜《九月寓言》中的民间文化精神"为题进行了论述。

6月，《江西科技师范学院学报》第3期刊载姚祖才的《现代性视野下90年代以来乡土小说的家园想象》，其中论及了长篇小说《九月寓言》。

6月，《华中师范大学学报》（人文社会科学版）第S3期（秋之卷）刊载吴红的《以〈你在高原〉为例综观国民的阅读取向》。

6月，《洛阳师范学院学报》第6期刊载马治军的《生态批评视域中的沈从文与张炜》。

6月，《海南师范大学学报》（社会科学版）第6期刊载陈国恩、王应平等的《"文化守成主义与中国现当代文学"笔谈》，其中论及了长篇小说《九月寓言》《柏慧》。

6月，《躬耕》第6期刊载李琨的《随笔二题》（评述张炜及其创作）。

6月7日，在北京出席由中国作家协会创研部、山东省作家协会和中国作家协会诗歌委员会联合主办的山东青年诗群研讨会并发言。张炜指出："诗歌是文学的心脏，只有诗歌健康地跳动，文学才能更好地活着。如果各类文学体裁分占一个房间，只有隔壁的诗歌不停地猛烈敲打，文学才不会沉睡。许多开创性的文学探索，都是从诗歌开始的。"

同日，随笔《大痴士》在《渤海早报》发表。

6月20日，在济南主持召开山东省作协六届五次全委会议，总结省作协六届四次全委会以来的工作，部署下一步任务。

同日，随笔《万松浦地理》在《深圳特区报》发表。

6月21日，随笔《歌德那把"大勺子"》在《河北日报》发表。

6月23日，《汕头日报》刊载林伟光的《温暖阅读》，评介随笔集《心仪：域外作家小记》。

6月28日，完成中篇小说"海边妖怪小记"之《卖礼数的狍子》。

7月，随笔《谈谈公民写作》在《天下》2013年第3、4期合刊发表，篇末注明"本文系在武汉大学珞珈讲坛的演讲，根据录音整理"。

7月，随笔《知道得太多》在《百花洲》2013年第4期发表。

7月，随笔《能不能在快速旋转中找到一个安静的角落》在解放日报报业集团《讲刊》2013年第7期发表，篇末注明"摘编自《信睿》2012年第6期"。

7月，散文《土与籽》被收入《今文观止》（现代、当代卷），由上海锦绣文章出版社出版。

7月，将有关文学访谈辑录整理为《就像一团火光》。后收入作家出版社2014年11月出版的《张炜文集》第45卷。

7月，《当代作家评论》第4期刊载文娟的《思想者的精神漫游——读张炜的〈你在高原〉》。

7月，《小说评论》第4期刊载晏杰雄的《新世纪长篇小说文体的混沌化》，其中论及了长篇小说《丑行或浪漫》。

7月，《扬州大学学报》（人文社会科学版）第7期刊载姚晓雷的《"寓言化"的高度与限度——关于当下乡土中国叙事中的"寓言化"追求的审视》，其中论及了长篇小说《柏慧》。

7月，《青海社会科学》第4期刊载詹冬华的《新时期中国生态散文的审美精神》，其中论及了张炜的散文。

7月，《山东文学》第7期刊载何志钧的《检视当代山东随笔散文的"地形图"》，其中论及了张炜的散文。

同期，刊载仪文卿的《不孤独的独行者——简评张炜的随笔创作》。

7月1日，随笔《贵人多忘事》在《文汇报》发表。

7月9日，完成中篇小说"海边妖怪小记"之《镶牙馆美谈》。

7月11日，随笔《不做"闻人"》在《南方周末》发表。

7月15日，随笔《万松浦讲稿之三——疏离的精神》在《齐鲁晚报》发表。

7月18日，完成中篇小说"海边妖怪小记"之《千里寻芳邻》。

7月30日，完成诗歌《泅渡——一只黄鼬的故事》。

7月31日，完成诗歌《豪雨见真章——记半岛18天大雨》。

8月、9月，随笔"万松浦书院讲稿之一"《传统、现代与文学》（上、下）分别在南宁市文联《红豆》2013年第8期、第9期发表。

8月，《长江文艺选刊·好小说》第8期"自在说"栏目刊载张炜的随笔《流动的短章》，在"再发现"栏目刊载短篇小说《致不孝之子》。

8月，张炜、朱又可访谈录《行者的迷宫》由东方出版社出版。

8月，散文集《莱山之夜》（典藏版）由湖南文艺出版社出版。

8月，19卷本《张炜长篇小说年编》由作家出版社出版，包括长篇小说《古船》《九月寓言》《柏慧》《外省书》《能不忆蜀葵》《丑行或浪漫》《远河远山》《刺猬歌》《半岛哈里哈气》，以及"大河小说"《你在高原》10部：《家族》《橡树路》《海客谈瀛洲》《鹿眼》《忆阿雅》《我的田园》《人的杂志》《曙光与暮色》《荒原纪事》《无边的游荡》。

8月，7卷本《张炜中短篇小说年编》繁体字版由台湾大地出版社出版。

8月，《廊坊师范学院学报》（社会科学版）第4期刊载仪文卿、何志钧的《张炜笔下的徐福形象》。文章指出："凭借对东夷文化的熟知和严密的历史考证，张炜深入探寻了徐福东渡的缘由，塑造了烁闪在历史记忆中的性格鲜明、情感丰富、神秘莫测、意味无穷的徐福形象，在对徐福精神的探寻中找到了这位历史人物与现代知识分子、时代文化的某些契合点，从而借助徐福形象高扬了他理想中的自我精神家园，阐扬了胶东历史文化中的精神蕴涵。于是，在他的笔下，徐福成为东夷文化和齐文化的代言人。"

东方出版社2013年8月版

作家出版社2014年11月版

作家出版社2013年8月版

　　8月，《西安外事学院学报》第4期刊载陈元峰的《寓言双刃剑——重读张炜小说的思考之一》。

　　8月，《百家评论》第4期刊载孙书文、董希文等的《想象是一种深度——关于当代中国作家文学想象力的对谈》，其中谈及了长篇小说《九月寓言》《刺猬歌》。（此文为孙书文、董希文2013年10月13日在山东师范大学主持的一次讨论会的记录。）

　　8月，《山东社会科学》第8期刊载马廷新、唐长华的《张炜小说中的知识分子批判立场》。

8月,《贵州社会科学》第8期刊载韩文淑的《生态意识与新世纪乡村叙事》,其中论及了长篇小说《刺猬歌》。

8月,《哈尔滨学院学报》第8期刊载谭霜的《〈古船〉家族叙事的双重特征分析》。

8月,《博览群书》第8期刊载舒晋瑜的访谈《张炜:杰作不一定为文学史而写》。

8月1日,完成诗歌《也说玫瑰》。

8月2日,完成诗歌《十八只兔子》。

8月3日,完成诗歌《海岛笔记》。

8月5日,完成诗歌《猫的注视》。

8月6日,完成诗歌《去老万玉家——访丛林深处》。

8月8日,完成诗歌《从诗经出发》。

8月12日,随笔《大地上的文友》在《渤海早报》发表。

8月14日,《中华读书报》刊载渔人的《张炜的精神自传》,介绍张炜、朱又可访谈录《行者的迷宫》。

8月15日,完成诗歌《五光十色的童年:背头·望岛·笛声·玉米皮·镰刀·黑呢帽·梆子》。

同日,张炜、朱又可《文学批评为什么消失?》在《文学报》发表。文章摘自《行者的迷宫》。

8月中旬,参加上海书展。14日下午,在上海展览中心参加"《疏离的神情》《谈简朴生活》新版书发布暨签售"活动。15日下午,在上海展览中心参加"默与鸣——《行者的迷宫》座谈会"。16日下午,与张新颖一起在上海市作家协会做题为"作家——默与鸣"的文学讲座。其间,接受《文学报》记者傅小平的采访。

张炜、朱又可与陈思和、栾梅健、张新颖、何言宏、李斌、李洁、张杰在
《行者的迷宫》座谈会上的口头或书面发言，后修订整理为《〈行者的迷宫〉
九人谈》，发表于《作家》2013年第21期。

8月17日，《齐鲁晚报》刊载记者师文静的访谈《携新书亮相上海书
展——张炜：小聪明是成为大作家的障碍》。

同日，《文汇报》刊载记者陈熙涵的《穿越明清，不代表有想象力——张
炜：一些毫无节制的胡编乱造被叫好被复制，这不正常》，介绍张炜15日下午
参加"默与鸣——《行者的迷宫》座谈会"时发表的观点。

8月20日，完成诗歌《有一些游走的动物》。

8月22日，完成诗歌《关键》。

同日，《文学报》刊载记者张滢滢的访谈《张炜：说该说的话，直到终
点》。

8月23日，完成诗歌《轻轻地评价》。

8月24日，在济南参加《当代小说》作家群"美丽泉城"笔会并做主题
演讲。

同日，完成诗歌《芳心》。

8月25日，完成诗歌《熊》。

8月26日，《中国文化报》刊载党云峰的访谈《少看流行　多读经典——山
东省作协主席张炜答记者问》、鲁文恭的《文学梦·中国梦·齐鲁情——山东
作家的当代回答》（介绍将于8月28日至9月1日举办的第二十届北京国际图书博览会山
东参展情况）。

同日，《齐鲁晚报》刊载记者师文静的《北京图博会将召开，山东以主宾省亮相中国作家馆——文学中国梦　齐鲁青未了》，介绍8月28日起将在第二十届北京国际图书博览会中国作家馆举办的"山东主宾省"活动。其中，"将举办山东省作协主席张炜长篇小说年编、散文年编新书发布会暨版权签约仪式"。

　　同日，《新华书目报》刊载王晓君的访谈《张炜：为一个遥远的我在写作》。

　　8月27日，《光明日报》刊载李掖平的《扎根齐鲁大地的文学书写——新时期以来"文学鲁军"创作概论》，其中论及了张炜的文学创作。

　　8月28日，在第二十届北京国际图书博览会上，法国凤凰阿歇特公司总编辑埃里克·亚伯拉罕森（Eric Abrahamsen）与张炜签署合作协议，向全球出版、推介其代表性作品。埃里克·亚伯拉罕森说，这项"译介任务艰巨，要跨越太多语言与文化的障碍"，但他对这项工作很有信心，因为"中国有13亿人口，可是只有一个张炜"。

　　埃里克·亚伯拉罕森的英文著作*Mr.Zhang Wei，One of the Greatest Chinese Authors*（《张炜：中国最伟大的作家之一》）和所翻译的*The Best Collection of Mr.Zhang Wei's Short Stories*（《张炜短篇小说精选》）同时首发。两书均由加拿大Royal Collins Publishing Group INC.出版。

　　同日，《中华读书报》刊载记者舒晋瑜的《读书报专访山东作协主席——张炜谈文学翻译与山东文学》。

　　同日，《中国新闻出版报》刊载记者杨雅莲的《总结创作　谈论得失——访山东省作家协会主席张炜》。

《张炜：中国最伟大的作家之一》 《张炜短篇小说精选》

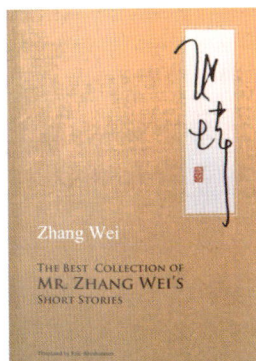

同日，《中国艺术报》刊载金涛的访谈《走进张炜的文学世界》。

同日，新华社·新华网刊载廖翙、王帅的《专家学者评张炜创作：始终有高昂的精神气质》，王志艳的《著名作家张炜携英文版新书亮相北京图博会》。

同日，文艺报·中国作家网刊载杨凤云的《张炜长篇小说年编、散文年编、短篇小说精选英文版新书发布》。

8月28日~9月1日，在北京参加第二十届北京国际图书博览会中国作家馆"山东主宾省"活动：28日上午，参加图书博览会中国作家馆开馆仪式暨"山东主宾省"活动新闻发布会并致辞，参加安徽文艺出版社举办的赵德发长篇小说《双手合十》新版首发暨海外推介会并发言；28日下午，参加在图书博览会现场举行的张炜长篇小说年编、散文年编、短篇小说精选英文版新书发布会；29日上午，出席"齐鲁文学再创辉煌"论坛并致辞；29日下午，在鲁迅文学院主持"文学鲁军新锐"与首都作家对谈会；30日，在中国现代文学馆主持"赵德发传统文化题材作品研讨会"。

8月29日，《山东商报》刊载张晓媛的《作家张炜：文学走出去不要急这是语言的再创造》。

同日，《光明日报》刊载记者李苑的《认真的阅读与艰难的翻译》，其中介绍了张炜在北京国际图书博览会上关于阅读与翻译的观点。

同日，《齐鲁晚报》刊载师文静的《北京图博会"山东主宾省"活动启动——推山东作家群体　展山东文学风采》。

同日，《北京青年报》刊载《作家张炜发海外版新书　称翻译要传递语言艺术》。

同日，人民日报·人民网刊载鲍贞烨、刘金凤的《张炜"年编"系列作品亮相北京国际书展》。

同日，中国网刊载余乐的《张炜30年创作全部长篇小说以年编形式集中出版》。

同日，新浪网·新浪读书刊载涂佳琪的《首发英文版书：张炜出版长短篇及散文年编》。

同日，大众日报·大众网刊载韦辉的《张炜：文学走出国门需要好翻译》。

8月30日，完成诗歌《光》。

同日，参加由中南出版传媒集团组织的"行走·思索·行走——张炜散文随笔年编研讨会"。会后，和与会作家、评论家一起接受了新浪读书频道专题采访。

同日，大众日报·大众网刊载于国鹏的《张炜："大精神与小生命"在笔下都活着》。

9月，散文《我们俩哭啊哭啊》在《鸭绿江》2013年第9期发表。

9月，随笔《看不见的文学》选载于《红旗文摘》2013年第9期，篇末注明

"摘自《南风窗》2013年第13期"。

9月，《张炜中短篇小说两题·小爱物·蘑菇婆婆》在《北京文学》（精彩阅读）2013年第9期发表。同时，刊载洛荷的评论《将信将疑的故事》。本期封面为张炜的卡通像。

9月，随笔《能让孩子捡到贝壳》在中共中央办公厅秘书局《秘书工作》2013年第9期发表。

9月，短篇小说《一潭清水》被收入《2013年中国当代优秀作品国际翻译大赛推荐作品集》，由外文出版社出版。

9月，长篇小说《古船》（宣纸线装版3册）由岳麓书社出版。

9月，完成随笔《齐文化与中国文学》。

9月，将阅读逄金一、赵月斌、陈全胜诗、文、画的感言修订整理为《展读五章》。后收入作家出版社2014年11月出版的《张炜文集》第45卷。

9月，策划的万松浦书院院庆纪念画册《万松浦书院10年》由万松浦书院印行。画册图文并茂地介绍了万松浦书院10年的发展历程："万松浦书院由复旦大学、山东大学、山东师范大学、烟台大学等四所高校共同发起，由龙口市政府承建。它坐落在龙口北部海滨万亩松林中，又在港栾河入海口（江河入海口为'浦'）附近，故得名'万松浦书院'。"画册所收文字为张炜的《筑万松浦记》《书院的思与在》《谈书院》等。

9月，卞毓芳著《寻找大师》由作家出版社出版，其中的《黄山邂逅张炜》评述了张炜的随笔集《午夜来獾》及其文学理想。卞毓芳写道："读饶宗颐长学问，读南怀瑾兴侠气，读冯其庸体会正大，读李泽厚得审美维度上的思考，读贾平凹识秦腔秦韵，读王蒙提精壮神，读莫言装了一脑袋的魔幻和痛感。那么读张炜呢，突出的感觉是：悲天悯物，直陈时弊。"

9月，《山东作家》第3期刊登《张炜长篇小说年编、散文年编、短篇小说精选英文版新书发布会纪要》（时间：2013年8月28日下午；地点：中国国际展览中心中国作家馆）。文中摘编了张陵、何建明、张水舟、陈新文、艾瑞克、阎晶明、施战军的发言及张炜的答谢词。

9月，《小说评论》第5期刊载梅兰的《论张炜长篇小说的诗意与反讽》。

9月，《渤海大学学报》（哲学社会科学版）第5期刊载宋文坛、吴晓雪的《改革文学："合法性"修辞的建构与质疑》，其中论及了长篇小说《古船》。

9月，《淮阴师范学院学报》（哲学社会科学版）第5期刊载王新鑫的《陈思和先生访谈实录》，其中谈及了张炜的文学创作。

9月，《齐鲁学刊》第5期刊载孙士生的《仁道与20世纪山东作家的人道主义精神》，其中论及了张炜的文学创作。

9月，《文艺争鸣》第9期刊载刘东方的《论张炜的文学语言观》，从"理论家张炜"的角度论述了张炜的"文学语言观"。

同期，刊载彭文忠的《传统话语与当代文学的商人形象建构》，其中论及了长篇小说《古船》。

9月，《江汉论坛》第9期刊载周水涛、江胜清的《论五四文学精神对新时期前期小说中孝文化内涵的影响》，其中论及了中篇小说《秋天的愤怒》《秋天的思索》和长篇小说《古船》《我的田园》等。

9月，《走向世界》第36期刊载孙洪威的《作家张炜》。

9月2日，《工人日报》刊载韩轩的《张炜英文版作品于图博会首发》。

同日，《文艺报》刊载王觅的《北京图博会劲吹"齐鲁风"》（其中以"张炜作品年编和英文版新书首发"为题进行了介绍）、张雯的《一座现代书院的脚步——万松浦书院开坛10周年志庆》（其中介绍了张炜与万松浦书院）。同时刊载长篇小说《丑行或浪漫》节选。

9月3日，《山东商报》刊载张晓媛的《张炜：诗是文学的心脏》。

同日，《中国出版传媒商报》刊载李鲆的《张炜携英文版新书亮相图博会》。

同日，《新闻晚报》刊载谢止宜的《张炜说张炜》。

同日，《北京晚报》刊载《张炜张颐武杨志军畅聊图书会　谈电子书的冲击》。

9月4日，完成诗歌《老万玉说》。

同日，《中国艺术报》刊载记者金涛的《齐鲁青未了》，介绍北京国际图书博览会"山东主宾省"情况。

9月5日，新华社·新华网刊载王志艳的《著名作家张炜：文学梦不要简单和经济指标联系》。

同日，《张炜谈书院》在《文学报》发表。

9月6日，随笔《谈简朴生活》在《光明日报》发表。

9月7日，完成随笔《童年看到了什么——谈〈小爱物〉》。

9月8日，《新文化周刊》刊载王逸人的访谈《我觉得作家在创作时最好将一切化于混沌——专访著名作家张炜》。

9月9日，在万松浦书院参加书院成立10周年纪念会并发言。发言后修订整理为《从十年想到百年》。

同日，完成诗歌《一滴雨》。

同日，《工人日报》刊载记者邓崎凡、苏墨的《山东作家群：扎根齐鲁的"地之子"》，介绍北京国际图书博览会"山东主宾省"情况。

9月10日，完成诗歌《随喜》。

同日，人民日报·人民网刊载苏亚的《张炜：文学走出去不能草率》。

9月11日，《北京晚报》刊载《作家张炜：非专业的作家才是好作家》。

9月12日，《文学报》刊载傅小平的访谈《张炜：没有神性的写作，不会抵达真正的深邃和高度》。

同日，《深圳特区报》刊载钟润生的《留下一份张炜个人的文学断代史》。

9月13日，《金融时报》刊载孟黎的《张炜：行者的跋涉》。

9月17日，《光明日报》刊载王必胜的《葳蕤的文学之树——读〈张炜散文随笔年编〉》。

9月27日，完成诗歌《我只能默默注视》。

10月，随笔《在日本一桥大学的演讲》在《语文教学与研究》2013年第10期（上旬刊）"名家演讲欣赏"栏目发表。同时，刊载陈于思的评论《野性的呼唤》。

10月，中篇小说《小爱物》选载于《小说选刊》2013年第10期，注明"选自《北京文学》2013年第9期"。

同期，刊载李掖平的评论《逃离与抵达之间》、宋家宏的评论《"爱物"还是"怪物"》。

10月，中篇小说《小爱物》《蘑菇婆婆》选载于《小说月报》2013年第10期，注明"选自《北京文学》2013年第9期"。

10月，"大河小说"《你在高原》（插图本、精装本）由作家出版社出版。

10月，长篇小说《远河远山》日文版在日本 *Mita Bungaku The Literary Quarterly* 发表。

10月，栖霞市散文学会《长春湖》杂志创刊号出版，张炜为其题写刊名。创刊号封二刊载张炜、谭好哲共同为2013年8月18日栖霞市散文学会成立发去的贺电。

10月，《安康学院学报》第5期刊载首作帝、谢晨的《论二十世纪中国文学的疗救精神》，其中论及了长篇小说《古船》。

10月，《济宁学院学报》第5期刊载冯晶的《齐文化浸濡下张炜小说对"流浪"的言说》。

10月，《重庆社会科学》第10期刊载刘新锁的《20世纪中国文学的"底层叙述"与社会关切》，其中论及了张炜的文学创作。

10月，《黄河文学》第10期刊载高维生的《阅读是一种修炼》，其中谈及了张炜的阅读与写作。

10月，《名作欣赏》第28期刊载贺仲明、赵月斌、张丽军、孙书文、丛新强的《齐鲁青未了：山东文学的现实与未来》，其中论及了张炜的文学创作。

10月，《出版参考》第28期刊载韩阳的《保持最真的自我　驰骋文学三十年——专访山东作协主席张炜》。张炜在访谈中谈了自己对创作、阅读和出版的看法。

10月，散文《古镇随想（外一篇）》被收入《齐鲁文学作品年展2012·散文卷》，由山东友谊出版社出版。"外一篇"为《难忘观澜》。

10月8日，在烟台市群众艺术馆参加万松浦书院开坛十周年图片展。

10月10日，随笔《未能终结的人文之辩》（9月6日完成）在《文学报》发表。张炜写道："1993年的那场讨论终结了吗？当然没有。我们这里没有，其他地方也没有。只要是有人类生活的地方，就必有这样的讨论，并将一直进行下去，或隐或显地进行下去，永远没有终结的一天。"

10月18日，《中国艺术报》刊载记者乔燕冰的《那一份思想的奢华——张炜二十卷〈万松浦记：张炜散文随笔年编〉面世》。

10月19日，完成诗歌《是的，我不悲伤》。

10月20日，在济南参加由文艺报社、山东省作家协会诗歌创作委员会联合主办的戴小栋诗集《冷香》研讨会并发言。

同日，完成诗歌《北斗—北极》。

10月25日，《文艺报》刊载于德北的《思想是如此重要》，其中谈及了中篇小说《小爱物》。

10月31日、11月1日，《淄博晚报》分别刊载郝永勃的《张炜：经典文学的背景》（上、下），介绍张炜阅读的中外文学经典。

10月31日~11月5日，赴土耳其参加2013伊斯坦布尔国际书展中国主宾国活动。其间，做题为"两片文学的沃土"的演讲。10月31日，在海峡大学参加"历史与记忆"主题对话。11月1日，在伊斯坦布尔大学欧亚研究所参加"文学翻译在文学传播中的地位"主题对话；主持以"游荡与闲谈"为主题的对话、朗诵活动。11月2日，完成诗歌《伊斯坦布尔小记：博斯普鲁斯·博斯普鲁斯大学·老皇宫》。

在土耳其参加活动

11月，随笔《西双版纳笔记》在宁夏日报社《博客天下》2013年第11期发表。

11月，中篇小说《镶牙馆美谈》在云南省作协《边疆文学》2013年第11期发表。

11月，中篇小说《卖礼数的狍子》在《人民文学》2013年第11期发表。

11月，短篇小说《父亲的海》被收入"新世纪文学突围丛书"第4辑《你啊，极为深邃的允诺：中国名家短篇小说选》，由江苏文艺出版社出版。此书还收录了张炜的创作谈《我看短篇》，指出："短篇比起中长篇有着更强的诗性，对语言艺术的水准要求很高。""对于一个作家来说，如何对待短篇写作，基本上决定了他的小说品质；而要判断作家的整个文学品质，那则要看诗，看他怎样对待诗——他当然可以不写诗，但对诗的那种敏感、喜爱、吸取营养的渴望度，不应该没有，这决定着他整个的文学品质。"

11月，随笔《十一家小札》被收入余中先选编的"《世界文学》六十年精选·评论卷"之《每一个灯光漫溢的夜晚》，由上海文艺出版社出版。

11月，在济南修订随笔集《也说李白与杜甫》书稿并撰写《前言》。其中写道："这是一部'万松浦书院2013年春季讲坛'的录音整理稿。全书由听课者做出电子初稿，由陈沛、张洪浩二先生编订。他们为此付出了很多劳动。作者在这个基础上再进行补充和订改，成为现在的书稿。""这算不得一部古典文学研究专著，而仅仅是一部阅读者的'感言'。"

11月，《芒果画报》第11期刊载馨文、王畅、张慕莹的《张炜：回归简朴是一种反抗》，以及《〈芒果画报〉对话张炜：简朴，是对其他生命的敬畏》。

11月，《中国工运》第11期刊载付秀宏的《夜读张炜》。

11月，《法制资讯》第11期刊载渠魁的《行者的存在之思》，评张炜、朱又可对话录《行者的迷宫》。

11月，《学习与探索》第11期刊载韩文淑的《新世纪乡村叙事中的"差异性"表达》，其中论及了张炜的小说创作。

11月，《美与时代》第11期（下旬刊）刊载陈祥彩的《"宿命式"的回归——浅论〈古船〉中人物的流浪之旅》。

11月，《文教资料》第32期刊载韩蜜蜜的《论90年代中国乡土小说的文化价值取向》，其中论及了张炜的文学创作。

11月12日，在云南西双版纳参加博客天下杂志社举办的西双版纳知青文化研讨会并发表演讲。

同日，其书法作品在济南举行的"墨润文心·全国作家书画墨迹作品展"中展出。此次展览共展出当代著名作家创作的书画作品和手迹50余件。

11月17日，完成散文《西双版纳笔记》。

11月28日，随笔《儒和道》在《文学报》发表。

12月，随笔《穿行于夜色的松林》选载于内蒙古出版集团《经典美文·文苑》。同期，刊载张炜的"名家寄语"——《面对整个生命的感动》。在"名家推荐"栏目中，张炜推荐了［英］以赛亚·伯林的著作《俄国思想家》，以及［美］索尔·贝娄的《纽约：驰名世界的奇迹》、［美］威廉·福克纳的《人不只是要生存——在诺贝尔奖颁奖典礼上的演讲》、孟子的《大丈夫之道》。

12月，完成诗歌《荒目》。

12月，《百家评论》第6期刊载赵月斌的《"文学鲁军"蓄力前行——2013年山东小说创作述评》，其中论及了张炜的《莱山之夜》《蘑菇婆婆》

《小爱物》《镶牙馆美谈》；李婧的《扎根于齐鲁大地的体悟与言说——2013年山东散文创作综述》，其中论及了《万松浦记：张炜散文随笔年编》。

12月，《黄河文学》第12期刊载张炜、傅小平的《当今盛行的消费主义，是我们民族最大的哀痛》。此文是傅小平对张炜的访谈录。

12月，《文艺争鸣》第12期刊载肖太云的《论20世纪后期中国文学的神秘书写》，其中论及了长篇小说《九月寓言》。

12月，《书城》第12期刊载赵瑜的《行走与对话——张炜、朱又可〈行者的迷宫〉阅读小札》。

12月，《中国企业家》第23期刊载瓦当的《方士的长旅》，评张炜、朱又可对话录《行者的迷宫》。

12月，《短篇小说》（原创版）第34期刊载龚频的《张炜小说的精神空间解读》。

12月，《名作欣赏》第34期刊载张艳梅的《张炜：一个理想主义者的精神高原》。张艳梅指出：《你在高原》"既是一部卷帙浩繁的长篇小说，也是一部血泪交织的知识分子心灵史；它是中国历史镜像，是社会现实缩影，是人与自然天地的呼应唱和，是家族史、命运史，是童话，是传奇，也是一部荡气回肠的精神史诗"。

12月11日，在济南参加山东省作协小说创作委员会举办的长篇小说创作座谈会并发言。张炜结合自己的创作实践和体会，从面临和进入文学、思想的力量、故事的地位、浪漫主义、勤奋的利与弊等五个方面，谈了对于长篇小说创作的感受和思考。发言后修订整理为《思想、故事、浪漫及其他》，发表在《山东作家》2013年第4期、《名作欣赏》2014年第4期（2月上旬刊）。

12月14日，《西双版纳报》刊载诸炳兴的访问记《相聚在西双版纳——记山东省作家协会主席张炜》。

12月15日，《新民晚报》从本日起开设"松浦笔记"专栏，刊发张炜随笔作品，并首发《夜间写作的人》。此专栏一直开设到2015年2月。

12月23日，《文艺报》刊载蒋蓝的《行者：用足迹丈量时代的尺度》，评价张炜、朱又可访谈录《行者的迷宫》。

冬，长沙诗刊《二里半》总第5期刊载艾红的《那只领头的美丽而忧愁的雀儿——致张炜》（诗）。（此刊疑为民刊，出版者、出版月份均不详。）

本年，长篇小说《古船》瑞典文版由Jinring International AB出版，译者Anna Gustafsson Chen。

本年，完成长诗《归旅记》。

本年，聊城市诗人协会、山东信发铝电集团联合主办的《鲁西诗人》2013年第2期卷首刊载张炜照片、简介，以及张炜在《万松浦讲稿》中关于诗的论述。（此刊刊期、出版月份均不详。）

本年，栖霞市作协《霞光》2013年第2期刊载陈敬刚的《浅谈张炜先生〈古船〉的艺术成就》。（此刊刊期、出版月份不详。）

2014

1月，散文《万松浦纪事》在中国环境文化促进会《绿叶》2014年第1期发表。

1月，《散文二题》在《山东文学》2014年第1期（下半月刊）发表，包括《诗心与童心——关于〈半岛哈里哈气〉的访谈》、《美鹿与骏马》（此文为《戴江南散文集》序）。

同期，刊载汪兆骞的《兆阳先生与〈九月寓言〉》，回忆当年长篇小说《九月寓言》遭《当代》主编秦兆阳退稿的经过，以及后来秦兆阳对《九月寓言》的评价。

1月，随笔《数字时代的语言艺术》在《天涯》2014年第1期发表，篇末注明"此文为作者在湖南文化讲堂的演讲"。

1月，随笔《思念和隐秘》在湖南省农村信用联合社《湖南农信》2014年第1期发表。同期，刊载张炜为《湖南农信》的题词："读《湖南农信》，养人文情怀。"

1月，散文《我们俩哭啊哭啊》被收入《2013民生散文选本》，由中国言实出版社出版。

1月，随笔《谈简朴生活》分别被收入《2013中国最佳散文》《2013中国散文年选》，由辽宁人民出版社、花城出版社出版。

1月，随笔《世界与你的角落——在苏州大学"小说家讲坛"上的演讲》被收入《小说家讲坛》（1984～2013《当代作家评论》30年文选），由辽宁人民出版社出版。

1月，短篇小说《父亲的海》被收入《新世纪小说大系2001～2010·乡土卷》，由上海文艺出版社出版。

1月，中篇小说《小爱物》被收入《2013中国年度中篇小说》（下），由漓江出版社出版。

1月，散文集《古镇随想》被列入"生命呼吸·当代散文名家丛书"，由东方出版社出版。

1月，张炜口述、馨文采写、田恩华供图的《张炜：唤出被覆盖压抑的诗意》在《芒果画报》2014年第1期发表。

1月，鲁东大学文学院主办的《贝壳》（季刊）2014年第1期推出"贝壳印迹"专栏，刊载萧平的《贝壳的启示》、张炜的《〈贝壳〉的由来》、马

海春的《张炜与〈贝壳〉》、李世惠的《〈贝壳〉孕珠 星汉灿烂》、冷丽华的《难忘朝阳般的年代》。封二有张炜的题词"我爱鲁大文学院"及《贝壳》往期杂志书影，封三有1980年烟台师范专科学校中文系"贝壳文学社"同学与萧平老师的合影。

1月，《文艺争鸣》第1期刊载苏奎的《反动分子·流氓无赖·心灵变异者——土改文学中的坏分子文学形象流变》、武兆雨的《意识形态话语与文本产生——以〈当代〉长篇小说为例》、陈超和张婷的《重返"80年代"语境下文学的"反现代"审思》，均论及了张炜的小说创作。

1月，《小说评论》第1期刊载李俊国、田蕾的《边缘叙事与颓废审美》，其中论及了张炜的文学创作。同期，刊载段守新的《个体命运与历史叙述——2013年中篇小说印象》，其中论及了中篇小说《小爱物》。后又刊载于《南方文坛》2014年第2期，改题为《2013年中篇小说印象》。

1月，《当代文坛》第1期刊载吴耀宗的《张炜"看"小说的方法——以〈你在高原〉中的〈鹿眼〉为例》。

1月，《安徽文学》第1期（下半月刊）刊载孙新明、裴晓亮的《童年记忆与人生理想的交响——论张炜小说〈刺猬歌〉的创作》。

1月，《中国现代文学研究丛刊》第1期刊载王爱松的《重复与循环：中国当代小说的一种结构形式》，其中论及了长篇小说《古船》。

1月，《山东师范大学学报》（人文社会科学版）第1期刊载樊星的《1980年代文学中神秘文化思潮的发展轨迹》，其中论及了长篇小说《古船》《家族》。

1月，青海省海西州文联《柴达木》（季刊）第1期刊载刘珊珊的《诗意〈鹿眼〉——读张炜长篇小说〈鹿眼〉》。

1月8日，《中国艺术报》刊载房广星的《大地行者的坚守——读张炜访谈〈行者的迷宫〉》。

1月10日，《大众日报》刊载张丽军的《齐鲁文化视域下山东文学的崛起》。张丽军指出："张炜和赵德发是20世纪90年代山东文学两个较大的文化亮点。《九月寓言》是张炜在延承《古船》的探索道路上的新拓展，散发着浓郁的浪漫主义抒情语调与哲理诗性。新世纪的《刺猬歌》《芳心似火》从民间海洋文化、山林文化入手，呈现民间文化在新世纪文化重建的理性思考。2010年张炜出版的长达450万字的《你在高原》，集中体现了中国当代作家对纯文学的纯美凝视，是一部关注当代中国历史、现实和未来，走进文学史的优秀之作。"

1月14日，随笔《警惕危险的"迁就"》在《人民日报》发表。

1月19日，《联合日报》刊载吴园军、王川的《文化强省要"强"软实力》，其中引述了张炜的观点。

1月21日，在云南昆明世博园中国馆中国厅参加首届"金圣担保·边疆文学大奖"颁奖典礼，中篇小说《镶牙馆美谈》获金奖。授奖词指出："张炜发现和重建'齐东野语'的民间传统。在大海与大地相接的原野上、在混沌夜色中，一切生灵在隐秘地交谈，世界和万物的另外一面在黑暗中闪烁灵光。在《镶牙馆美谈》中，张炜将这种前现代传统转化为现代叙事，天地无情的恒常运行被历史化为英雄传奇，超验的幻想与市井俗谈奇妙地融为一体，有力地拓展了中国小说的想象空间和精神疆域。"

1月22日，《都市时报》刊载江维维的《"边疆文学大奖"昨晚颁奖，山东作家张炜凭中篇小说〈镶牙馆美谈〉夺金奖，他发表感言：云南给人最大的希望、最好的想象》。

1月24日，《新华每日电讯》刊载浦奕安的访谈《张炜：人应该不停地反省自身》。

2月，随笔《书院听松：万松浦地理》在《芒果画报》2014年第2期发表。

2月，中篇小说《千里寻芳邻》在《长江文艺》2014年第2期发表。

同期，刊载楚风的《老实说，张老师》，从一个文学编辑的角度评介了《千里寻芳邻》和张炜的儿童小说。

2月，长篇儿童小说《少年与海》由安徽少年儿童出版社出版。全书共5章，第1章"小爱物"、第2章"蘑菇婆婆"、第3章"卖礼数的狍子"、第4章"镶牙馆美谈"、第5章"千里寻芳邻"。此前都曾作为中篇小说单独发表。

安徽少年儿童出版社2014年2月版

2月，舒晋瑜著《说吧，从头说起——舒晋瑜文学访谈录》由作家出版社出版，其中收录了访谈《张炜：杰作不一定为文学史而写》。

2月，《百家评论》第1期刊载李浩、张艳梅的《生命智慧与艺术之美的永恒追求——李浩访谈录》，其中谈及了张炜的"先锋文学"观。

2月，《广州广播电视大学学报》第1期刊载陈元峰的《退却的底限——重读张炜小说的思考之一》。陈元峰指出："张炜在近年的创作中日益凸显出其生命意识，显然道德的重要性正被张炜质疑，取而代之的是生命意识的狂欢，但同时作家往往又仅止于生命的狂欢，显出精神哲学的弱化。"

2月，《芒种》第2期刊载沈琛、师彩霞的《浅析张炜小说"大地"意蕴的变化》。

2月，《名作欣赏》第4期（2月上旬刊）推出"本期主笔·张炜"，封二刊载张炜简介及张炜照片，头条发表张炜的随笔《思想、故事、浪漫及其他》（篇后注明"本文为2013年12月9日在'山东长篇小说年会'上的发言，标题后加"）。

同期，刊载张炜、吴言的《行走与驰骋——张炜访谈》。张炜在访谈中指出："'道德'是必需的，但不能是'道德主义'；'理想'也是必需的，但也不能是'理想主义'。总而言之，我们的作家在这个时期，比起托尔斯泰和陀思妥耶夫斯基之于俄国，已经在道德上下滑了十万八千里。我们有时候甚至一谈'道德'就发出讪笑，却没有想过，这种笑正意味着自己的卑贱和绝望。"

2月，《名作欣赏》第5期（2月中旬刊）刊载蒋雯的《〈柏慧〉的诗性特征及其功能》。

2月，《神州》第6期（2月下旬刊）刊载于爱青的《乌托邦的守望——张炜〈九月寓言〉的"土地"意象分析》。

2月10日，随笔《少读"一些书"》在《渤海早报》发表。

2月14日，在济南参加山东省作家协会第三批签约作家签约仪式，并代表省作协与10位签约作家签订协议书。

同日，随笔《西双版纳笔记》在《光明日报》发表。

2月24日上午，在烟台参加萧平先生告别仪式。

2月25日，随笔《君子潜伏》在《渤海早报》发表。

2月28日，随笔《当代的勇气和热情》在《文艺报》发表。

3月，散文《万松浦七章》在《中国作家》（旬刊·文学）2014年第3期发表。

3月，随笔《灿烂的星空》在《芒果画报》2014年第3期发表。

3月，"大河小说"《你在高原》被列入"茅盾文学奖获奖作品全集"，由人民文学出版社出版。

3月，《知青·上海》（季刊）第1期刊载诸炳兴的《你在高原——记知青作家张炜》。

3月，《莽原》第2期封二"作家进行时"专栏图文介绍张炜。

3月，《小说评论》第2期刊载李俊国、李勇的《当代文学经典化：问题、理念与路径》，其中论及了"中国当代文学经典化研究丛书"之一《经验与原创——2012文学春讲·张炜　张新颖卷》。

3月，《南方文坛》第2期刊载张炜、傅小平的《是需要谈论19世纪批判现实主义的时候了》。此文是傅小平2013年8月在上海书展期间对张炜的访谈及之后两人的笔谈。同期，刊载段守新的《2013年中篇小说印象》，其中论及了中篇小说《小爱物》。

3月，《文艺评论》第3期刊载张佳鸣的《流浪叙事中的差异化自然赋值——张承志与张炜小说的自然意识比较》。

3月，《海南师范大学学报》（社会科学版）第3期刊载田蕾的《行走·对话·思索——张炜小说〈无边的游荡〉的精神阅读》。

3月，《四川文学》第3期刊载邱易东的《一本童话色彩的"冷"小说》。

3月10日，完成《张炜文集·诗歌卷·前言》。其中写道："当我想到自己是一位诗人的时候，有一种深深的幸福感，还有更多的羞愧不安。""我没有写出心中最好的诗，却会一直写下去。""没有诗，所有的文字都近似于虚浮的搪塞。""诗是真正的言说，心灵的回响，存在的隐秘，行动的刻记。""诗是人的光荣，是放射在时空中的生命的闪电。"

3月11日，《山东商报》刊载张晓媛的《文学鲁军新锐：山东文学新品牌》，介绍2月14日山东省作协第三批签约作家签约仪式情况。

3月12日，在济南主持召开山东省作家协会六届六次全体会议，总结2013年工作，部署2014年任务。

3月14日，为《齐鲁周刊》创刊15周年题词："在这里阅读齐鲁。"

3月20日，《中国文化报》刊载记者党云峰的《驻校作家：拉近大学与文学的距离》，其中谈及了张炜的看法。

3月21日，随笔《你将逃往何方》在《长沙晚报》发表。

同日，《文艺报》刊载蔡家园的《由"悟想"抵达自由》，评张炜发表于《长江文艺》2014年第2期的中篇小说《千里寻芳邻》。

3月28日，随笔《我们有许多不同》在《长沙晚报》发表。

4月，中篇小说《小爱物》被收入《小说选刊》选编"2014年《小说选刊》茅台杯小说获奖作品集"之《中国好小说·中篇卷》，由中国书籍出版社出版。

4月，散文集《绿色遥思》被列入"图书馆经典文库"，由生活·读书·新知三联书店再版。

4月，《爱尚生活》4月号"特别策划"栏目刊载《张炜：用阅读滋养写作》，封面配发张炜照片。

4月，《青年文学家》第11期刊载王冬梅的《地主形象与当代文学的人性话语》，其中论及了张炜的文学创作。

4月4日，随笔《爱耍一根大棍》在《长沙晚报》发表。

同日，《齐鲁周刊》刊载江寒秋的《对话张炜：我的80年代》。

4月9日，《中华读书报》刊载海飞的《〈少年与海〉："林野志异"的儿童传奇》。

4月11日，随笔《没有权力忘记》在《长沙晚报》发表。

4月16日，书评《一部发力深长的长篇小说——读王树理长篇小说〈卿云歌〉》在《文艺报》发表。

4月18日，随笔《三天三夜》在《长沙晚报》发表。

4月20日，由人民文学杂志社、扬州市委宣传部主办，扬州报业传媒集团、扬州市文联承办和协办的第三届"朱自清散文奖"在北京揭晓，张炜等五位作家获奖。张炜的获奖作品是《张炜散文随笔年编》。26日，颁奖典礼在扬州举行。对张炜的颁奖词是："张炜的散文是思想者的结晶，他以诗性的语言，自由自在的思考和表达，眺望着人文的理想国，满含真诚的眼泪，成为当代行吟诗人和大地守夜人。"张炜发表获奖感言："我写作长达四十年，四十年来没有中断过散文的写作，写了大约600多万字的散文。这个奖以朱自清先生命名，由我们国家最高的文学刊物《人民文学》和中国文化艺术重镇扬州联合举办，别有意义。今天拿到朱自清散文奖就像拿到一本'文学驾照'。今后我将开着我的'文学之车'继续上路。"

4月22日，《人民日报》刊载中国作家协会的《2013年中国文学发展状况》，其中谈及了随笔《谈简朴生活》。

4月25日，《扬州晚报》刊载《第三届"朱自清散文奖"获奖作者介绍》，其中介绍了张炜及其获奖作品。

4月27日，《扬州日报》刊载记者赵天、孔茜、王璐、王鹏的《第三届"朱自清散文奖"颁奖》。

5月，《山东文学》第5期（上半月刊）推出"张炜短篇小说专辑"，包括短篇小说《鸽子的结局》（篇末注明"写于1990年2月，2013年2月订"）、《穿越》（篇末注明"写于1990年3月，2013年2月订"）、《孤旅》（篇末注明"写于1990年4月，2013年2月订"）、《羞愧》（篇末注明"写于1990年4月，2013年2月订"）、《何时消逝的怪影》（篇末注明"写于1990年6月，2013年2月订"）、《植物的印象》（篇末注明"写于1990年6月，2013年2月订"）、《山药架》（篇末注明"写于1991年4月，2013年2月订"）、《夫人送我三个碟子》（篇末注明写于"1991年5月，2013年2月订"）、《提防》（篇末注明"写于1992年12月，2013年2月订"）。

5月，随笔《贵人多忘事》被收入《黎明即起：2013"笔会"文萃》，由文汇出版社出版。

5月，小说集《中国好小说——张炜》被列入"中国好小说第二季"，由中国青年出版社出版。

5月，系列儿童小说"海边妖怪小记"（全5册）由安徽少年儿童出版社出版，包括《镶牙馆美谈》《小爱物》《蘑菇婆婆》《千里寻芳邻》《卖礼数的狍子》。

中国青年出版社2014年5月版

5月，雷达著《重新发现文学》由中国书籍出版社出版。其中的《地气·人气·正气——我对当前文学发展的几点思考》《近30年中国文学的审美精神》《民族心史与精神家园——对2011年中国长篇小说的观察和质询》诸篇，均论及了张炜的小说创作。雷达在《评说张炜》一文中指出："张炜是个精神世界充满矛盾和冲突的作家，这既是其活力之源，又是其魅力之源，同时也还是他的局限所在。他似乎拥有两种不同的眼光，启蒙主义的捍卫人道的眼光和自然主义的反抗物化的眼光。他不断变换着双重眼光中的某一种来关照农业文明下的田园或田园背景后面的都市。那里是诗意的乌托邦，又是专制和残忍的伤心之地。"

安徽少年儿童出版社2014年5月版

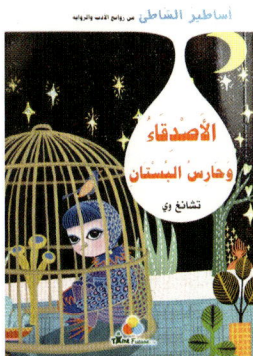

黎巴嫩Digial Future出版社2016年阿拉伯文版

5月，青州市作协《青州文苑》第3期刊载付秀宏的《夜读张炜》。

5月，《当代作家评论》第3期刊载彭德金、李鲁平的《不同生态观与生态的多民族书写》，其中论及了短篇小说《怀念黑潭中的黑鱼》。

5月，《小说评论》第3期刊载秦法跃的《1990年代乡土小说理想社会生态的建构》，其中论及了长篇小说《九月寓言》。

5月，《井冈山大学学报》（社会科学版）第3期刊载彭维锋的《张炜小说研究综述》。

5月，《浙江万里学院学报》第3期刊载牛殿庆的《〈荒原纪事〉：一部当代人的精神沦落史》。

5月，《齐鲁学刊》第3期刊载戴瑞、霍有明的《论张炜小说〈古船〉中的人性善》。

5月，《福建文学》第5期刊载微紫的《读张炜〈你在高原〉》。

5月，《当代小说》第5期刊载张艳梅的《记忆的真切与现实的虚妄》，评中篇小说《千里寻芳记》。

5月，《中国出版》第9期刊载李东华的《看见"看不见"的童年——张炜长篇儿童小说〈少年与海〉评介》。

5月16日上午，在北京参加长篇儿童小说《少年与海》作品研讨会。《山东作家》2014年第3期《东方奇幻，儿童传奇——张炜长篇儿童小说〈少年与海〉作品研讨会发言摘要》刊登了高洪波、李敬泽、束沛德、海飞、樊发稼、王泉根、张之路、刘海栖、朱自强、李东华等的发言摘要。

5月21日，《中华读书报》刊载《东方奇幻、儿童传奇〈少年与海〉：张炜首试长篇儿童小说》。其中有李东华、高洪波、李敬泽、束沛德、海飞、张之路、樊发稼、王泉根、刘海栖、朱自强等的评论。

5月22～28日，在龙口参加万松浦书院举办的第三届万松浦讲坛（2014春季）座谈，沿用古代书院的问答启发形式谈了自己的文学思考。有关谈话后辑录整理为《一地草芒露珠灿》。

5月26日，为《青年文学》出刊500期题词："我还记得，20世纪80年代，《青年文学》是年轻读者心中的宝物。我至今还在阅读她，喜欢她朝气蓬勃的面容。"题词刊载于《青年文学》2014年7月号总第500期纪念刊。

5月28日，在万松浦书院修订随笔《从冬天到春天——关于德华的笔记》。此文以笔记形式记述了时任作家出版社副总编辑杨德华等从2008年11月到2010年3月帮助张炜修订、出版"大河小说"《你在高原》的片段。后发表于6月12日《文学报》。

同日，完成王颖长篇小说《倾车之恋》序《只能如此持守》。

6月，长诗《归旅记》在《诗刊》6月上半月刊发表。

6月，系列散文《描花的日子》（29篇）在《人民文学》2014年第6期发表。

此刊还刊载了"第三届'朱自清散文奖'评选揭晓（2012～2013）"的消息，《张炜散文随笔年编》荣获此奖。

6月，随笔《黄狸鼠》在《芒果画报》2014年第6期发表。

6月，短篇小说《鸽子的结局》选载于《小说选刊》2014年第6期，注明"选自《山东文学》2014年第5期"。

6月，随笔《仁慈的心和诗人的心》（评郭廓的诗）被收入《郭廓诗精选》，由现代出版社出版。

6月，朱自强著《黄金时代的中国儿童小说》由中国少年儿童出版社出版。该书论述了长篇系列儿童小说"半岛哈里哈气"，指出："这五部系列小说是一座小小的但是很了不起的博物馆，它珍藏和展示着不算十分遥远，但是却在迅速消失的一种独特的童年。这种生活注定价值永存，令人怀念。张炜立足于对儿童的解放，以鲜活的文学表达告诉我们，什么才是本真的、健全的、快乐的、成长的儿童生活！张炜显然认同顽童们的生活状态、精神状态，因此张炜笔下的'顽童'既是一个文学形象，也是一个思想意象，里面大有深意，隐藏着作家的精神密码。《半岛哈里哈气》不是简单的、肤浅的'儿童文学'，而是一本精神上的'大书'，是别种风格的《麦田里的守望者》。"

6月，《集宁师范学院学报》第2期刊载任艳苓的《论张炜小说中的流浪叙事》。

6月，《百家评论》第3期刊载赵月斌的《木斤读札》，其中评述了张炜名篇精选之《散文精选》。

6月，《检察风云》第12期刊载河西的访谈《张炜：我们进入了一个最浪费的时代》。其中，张炜谈了对国民阅读持续走低的看法。

6月5日，完成随笔《青春·大海·笔会——我与〈青年文学〉》。后发表于《青年文学》2014年7月号总第500期纪念刊。

6月24日，随笔《写文章与开处方》在《渤海早报》发表。

6月28日，被山东省"泰山文艺奖"评委会聘为第三届"泰山文艺奖（文学创作奖）"评委会执行副主任。

7月，随笔集《也说李白与杜甫》（万松浦讲坛2013年春季讲稿）由中华书局出版。

7月，长篇小说《古船》被列入"中国作家走向世界丛书"第1辑，由湖南文艺出版社出版。

7月，《芒果画报》第7期刊载张慕莹的《每个人都有清净的法门》，其中以"张炜：抬头是大海星空，想不思考永恒都不可能"为题对张炜进行了介绍。

也说李白与杜甫

张炜 著

中华书局2014年7月版

7月，《文艺评论》第7期刊载李国银的《生态批评视域下的中外乡土文学比较》，其中论及了中篇小说《秋天的愤怒》《秋天的思索》和短篇小说《怀念黑潭中的黑鱼》等。

7月，《中国图书评论》第7期刊载李东华的《诗意与神性：对大自然和人性的真诚礼赞——读张炜的长篇儿童小说〈少年与海〉》。

7月，诗歌《去老万玉家——访丛林深处》等16首被收入《齐鲁文学作品年展2013·诗歌卷》，由山东友谊出版社出版。

7月3日，《文学报》刊载赵宪臣的《勿以老少论作品》，对《文学报·新批评》（专刊）第71期发表的石华鹏的关于中篇小说《小爱物》《千里寻芳邻》的观点提出不同看法。

7月25日，《文艺报》刊载赵月斌的《〈少年与海〉："齐东野语"不老书》。

8月，儿童小说《长跑神童》朝鲜文版被列入"向青少年推荐百种优秀图书出版工程"，由延边人民出版社出版。

8月，《文学教育》第8期（上半月刊）"作品信息"栏目刊载舒坦的《张炜首部长篇儿童文学作品〈少年与海〉出版》。

8月，《艺术科技》第8期刊载孙晓玲的《困顿中的坚守——论〈古船〉中人物的悲剧命运》。

延边人民出版社2014年8月
朝鲜文版

8月13日，《中华读书报》刊载齐思贤的访谈《张炜：郭沫若借李杜说了许多真话》。

8月15～17日，在上海参加2014年上海书展暨"书香中国"上海周活动。其间，参加由中华书局、上海新华传媒主办的随笔集《也说李白与杜甫》签

售活动。

8月21日，随笔《关于爱情》在《新民晚报》发表。

8月23～26日，在青岛参加中国出版集团公司、青岛市政府主办的第一届中国文化国际传播座谈会。

9月，系列散文《描花的日子》（节选）选载于《散文海外版》2014年第5期，篇末注明"选自《人民文学》2014年第6期"。

9月，长篇随笔《也说李白与杜甫》（节选）在《小说界》2014年第5期发表。

9月，《当代文坛》第5期刊载唐长华的《张炜小说研究三十年概述》。唐长华指出："学术界关于张炜小说的相关研究和论争均一定程度与现代化、现代性等思想观念相互关联。笔者认为，研究张炜，不可忽视的维度便是他与现代化、现代性的关系。在90年代张炜被称为反现代性者，主要指他对社会现代化进程的怀疑态度，对现代化发展过程中造成的诸多恶果有着激烈的批评。而历史的发展，验证了张炜批评的正确性。笔者认为，张炜小说的价值和意义正在于对社会现代化的反思精神。特别在物质主义泛滥、环境破坏的今天，对张炜小说真正的思想现代性特征进行研究，是一个须要进一步深化的课题。"

同期，刊载张厚刚的《张炜诗歌综论》。张厚刚从张炜诗歌的主题倾向、生态意识、散文化特征等方面进行了综述，指出："张炜诗歌呈现出明显的主题系统，其中饥饿主题、游荡主题在这一系统中占有突出的位置，具有明显的倾向性。"

同期，刊载陈宗俊的《"50年代生人"的"焦虑的马拉松"——论张炜的小说〈你在高原〉系列》。

9月，《职大学报》第5期刊载单良的《论张炜小说中的生态意象》。

9月，《郑州师范教育》第5期刊载咸立强的《从民间理想主义到民间生态主义》，其中论及了长篇小说《古船》《九月寓言》。

9月，《当代教育理论与实践》第9期刊载王子安的《浅谈张炜〈古船〉中的叙事者》。

9月1日，随笔《小说与散文应该是趋近求同的》在《光明日报》发表，此文是《光明日报》刊发的"散文边界讨论系列笔谈"之一。

同日，在济南参加山东省作家协会主席团会议，学习中国作协培育和践行社会主义核心价值观座谈会精神并发言。张炜指出，在人的各种欲望被悉数撩拨起来的今天，文学写作不得不向娱乐主义看齐。一个曾经是矜持自尊的作家，有时也要面临颇为尴尬的处境，需要回答时代，需要有所选择。说到底文学作品还是要有益于世道人心，还是要有向善的力量。要有诗与思的坚持，要有直面生活的勇气。

9月13日，全国第十三届精神文明建设"五个一工程"（2012～2014）评选在北京揭晓，长篇儿童小说《少年与海》获"优秀作品奖"。

9月21日，《烟台日报》刊载张洪浩的《以洞见驱俗见——读张炜新著〈也说李白与杜甫〉》。

10月，随笔《文学阅读与写作》被收入《海鹰讲坛（1）：思想的光芒》，由金城出版社出版。

10月，中篇小说《蘑菇婆婆》在《中国校园文学》2014年第19期开始连载，到第23期结束。

10月，长篇儿童小说《少年与海》（节选）选载于《儿童文学选刊》2014年第10期，此刊节选的是第三章"卖礼数的狍子"的开头部分。

10月，《中国现代文学研究丛刊》第10期刊载路翠江的《家园情结与大地乌托邦——张炜"半岛世界"的空间诗学解读》。路翠江指出，张炜"以40余年一直立足于故乡胶东半岛的文学创作，为当代读者奉献上一个文学'半岛世界'"。"童年生活和家园情结，是形成和支持张炜空间地理构想的最初动力；丰富的游走经历，为张炜的文学世界提供了坚实有力的物质和精神材料的支撑；自觉理性的游走沉思，则推动张炜的地理空间构想发展成为乌托邦想象。大地乌托邦是张炜探讨的有秩序的空间，尽管它与工业化社会逆行，且无力自保，却注定是农裔作家的皈依之地。"

10月，《文艺研究》第10期刊载黄发有的《"长篇崇拜"与文体关系》，其中论及了"大河小说"《你在高原》。

10月13～19日，随中国作家代表团赴奥地利、摩纳哥、法国访问。15日访奥地利结束后，赴法国参加第三届中法文学论坛，在法国东方语言学院图书馆和法兰西国家图书馆参加文学对话活动。16日，在法国"文人之家"演讲，后修订整理为《文学：敞开还是封闭》。18日，在法国巴黎东方语言大学演讲，后修订整理为《今天的文学土地》，指出："每个写作者都有属于自己的一片文学土壤，这是他能够立身的基本条件。""就我自己的写作来说，我讲述的仍然是自己感受到的生活故事，它来源于我的世界。从具体的地理范围而言，是山东半岛的东端，即胶东半岛。这个半岛基本上是构成我个人创作的地理背景，也就是我的狭义的'文学土地'。""我对于这个半岛的种种神秘、它的怪异传说和奇迹的记忆，已经化为了个人生活的一部分。这就是我的'文学土地'，它由半岛地区的昨天与今天构成。"

10月22日，《中华读书报》刊载余佐赞的《"以诗论诗"和"以诗证史"》，评随笔集《也说李白与杜甫》。

10月23～27日，参加浙江师范大学举办的"张炜少儿文学创作讨论会"。25日，在浙江师范大学第85期"尖峰论坛"上以"从钢笔到键盘"为题畅谈文学创作。其间，到江西上饶参观访问。

10月27日，随笔《爱默生的气息》在《现代快报》发表。

10月28日下午，在山东理工大学文学与新闻传播学院参加张炜、赵德发、李浩、徐则臣作品研讨会。

10月29日，山东理工大学举行"驻校作家"聘任仪式，张炜与赵德发、李浩、徐则臣受聘为山东理工大学首批驻校作家，聘期三年。

10月30日，在万松浦书院参加中国国际徐福文化交流协会与山东省学术（创作）基地举办的《徐福辞典》专家审稿会，并做总结讲话。

11月，"King's Blood"被收入 PATHLIGHT（《路灯》，施战军主编），由外文出版社有限责任公司出版。

在奥地利作家之家

11月，散文集《描花的日子》（插图版，可乐狗插图）被列入"我们小时候"丛书，由明天出版社出版。张炜在《题记》中说："这里记下的是40多年前的小事，它们到现在还历历在目。虽然是'小事'，但现在回头去看，有时还会吓出一身冷汗。"

明天出版社2014年11月版

浙江少年儿童出版社2017年3月版

人民文学出版社2017年5月版

11月，48卷本《张炜文集》（精装本、平装本）由作家出版社出版，包括长篇小说19卷、中短篇小说7卷、散文随笔20卷、诗歌2卷，囊括了张炜40年写作生涯中发表的1500多万字的文学作品。散文随笔卷每卷后均附有《散文总目》（1982～2013）；诗歌卷每卷后均附有《诗歌总目》（1986～2008）。

作家出版社2014年11月平装本

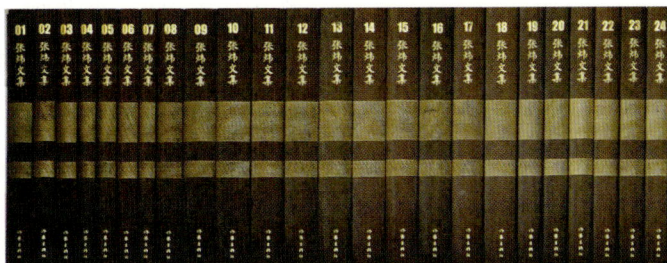

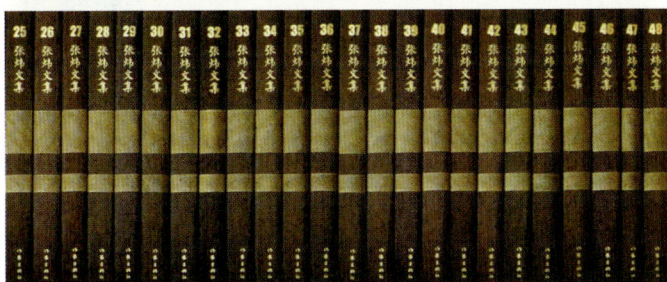

作家出版社2014年11月精装本

作家出版社2016年6月版

11月，《铜仁学院学报》第6期刊载彭鸿萍的《浪漫与焦虑——张炜小说〈刺猬歌〉内蕴的文化解读》。

11月，《文艺争鸣》第11期刊载季红真的《寻根文学的历史语境、文化背景与多重意义》，其中论及了张炜及长篇小说《古船》。

11月，《海南师范大学学报》（社会科学版）第11期刊载林岚的《论新时期生态散文的空间叙事——以韩少功、张炜和阿来等作家为例》。

11月，《名作欣赏》第33期推出"鲁东小说家研究专题"，其中刊载陈爱强、张清芳的《通过不同"家族"人物来解读现代中国革命——评张炜的〈家族〉》，王丽玮的《一个不安分而又执着的侠豪——论〈你在高原〉中宁伽的人物形象》（后收入《山东作家作品年选2014·评论卷》，2015年12月由作家出版社出版），隋晓敏的《探析张炜〈小爱物〉的美学观照》。

11月4日，随笔《城市顽疾与人类未来——读傅绍万的〈城市与文化〉》在《天津日报》发表。后又发表于11月14日《半岛都市报》，改题为《对城市的爱与怕——读〈城市与文化〉》。

11月6日，完成随笔《土地、传统与读者》。后发表于《山东作家》2014年第4期。

11月12日，《齐鲁晚报》刊载记者陈玮、实习生董兴生的访谈《跟张炜聊聊读书写作那些事儿："多读经典，热闹的最好别读"》。

11月17日，《齐鲁晚报》刊载记者师文静的《八九十岁也要保留一颗童心》。报道说："谈到自己的创作，张炜表示如果到了80岁、90岁仍能写作的话，他仍然想保留儿童一样纯洁的东西，仍然想保留他年轻时候就拥有的浪漫的想象力。"

11月18日，《山东商报》刊载张晓媛的访谈《张炜：读李杜也是一件切实就近的事》，谈随笔集《也说李白与杜甫》。同时，刊载《张炜谈写作："服务读者"是一种误解》。张炜指出："写作者常常有个误解，就是要'服务读者'。写作是一种心灵之业，要始终听从心灵的指引，更是追求真理的一种方式。利用公众趣味投机取巧，这对于一个写作者而言，是可耻的。不倦地追求真理和艺术，才会是有意义的人生，才会对人类有所贡献。"

11月22日上午，由山东省档案馆主办，山东省文艺评论家协会、山东省新华书店协办的"张炜创作40年研讨会暨手稿、版本展"系列活动在山东省档案馆举行。此次活动中，张炜将8部中长篇小说手稿捐赠给山东省档案馆，省委副秘书长、省档案局局长杜文彬致辞并为张炜颁发了捐赠证书；省政府特邀咨询张建国和杜文彬、王红勇、张炜等为《张炜文集》首发式揭幕。相关报道在《山东档案》2014年第6期刊发。

同日，《济南时报》刊载记者任晓斐的《新作〈也说李白与杜甫〉明日签售，张炜首爆〈你在高原〉"济南诞生记"》。

11月22～23日，"民间收藏张炜手稿及版本展"在济南泉城路新华书店三希堂精品馆举办，展出济南藏书家张期鹏、周村藏书家袁滨收藏的近500种张炜著作版本及部分手稿。11月24日，《济南时报》专版进行了报道。

11月23日上午，由山东新华书店集团、中华书局主办的张炜新书《也说李白与杜甫》揭幕式暨签售会在济南泉城路新华书店举办。在签售会上，张炜致辞并签名售书。

同日，《济南时报》专版报道张炜创作40年研讨会暨手稿版本展情况，刊载任晓斐的《40年笔耕不辍　不断带来惊喜》、武文佳的《48卷〈张炜文集〉

首发——张炜向省档案馆再捐8部手稿》。

同日，《齐鲁晚报》刊载高扩的《张炜8部手稿捐赠省档案馆》。

11月24日，在济南参加山东省第三届泰山文艺奖（文学创作奖）表彰座谈会，并宣读表彰决定。

11月25日，《山东商报》刊载《张炜：坚持手写的寂寞》。张炜表示："电脑打字效率是很高，但是这像在催促我一样，而用手写字可以留出充分的时间去思考接下来的内容。这样一来，在细微的、很难察觉到的地方，用电脑打字的创作会影响我的文稿质量。""作品的成功与否需要等待时间和社会的检验。但我会坚持用手写的寂寞去创造更有质量的作品，而不是金属味儿浓重的电脑写作。"

11月25～27日，在济南参加山东省作协举办的全省文学界认真学习习近平总书记文艺工作座谈会重要讲话培训班。

11月28日，完成画评《少女不易塑造——读张望、孙爱国画作有感》。

11月29日，由青年文学杂志社、江西省婺源县人民政府联合主办的"赋春杯"第三届《青年文学》奖颁奖典礼暨《青年文学》创作基地揭牌仪式在江西婺源举行，张炜获《青年文学》成就奖。评委会认为，张炜自1983年至今在《青年文学》发表过多种文体的作品，这些作品从多个侧面展现了张炜的文学成就，同时也极大地推动了当代青年文学的发展。

12月，系列散文《描画的日子》（节选）选载于《散文选刊》2014年第12期（上半月刊），篇末注明"选自2014年第6期《人民文学》，有删节"。

12月，短篇小说《何时消逝的怪影》被收入《2014年小小说选粹》，由北岳文艺出版社出版。

12月，《山东文艺评论》第6期刊载"张炜创作40年研讨会暨手稿、版本展"专题，包括图文报道、领导讲话、嘉宾发言等。

12月，《百家评论》第6期刊载王万顺的《罪感意识与行动哲学的交融共生——论张炜〈橡树路〉的深层意蕴》。

12月1日，《光明日报》刊载束沛德的《赤子情怀与传奇色彩——读儿童小说〈少年与海〉》。

12月2～3日，在济南参加山东省作家协会儿童文学创作委员会2014年年会扩大会议，并做关于儿童文学创作的专题讲座。会上，山东省作家协会儿童文学创作委员会授予邱勋、李心田儿童文学创作终身成就奖。会议期间，张炜向浙江师范大学儿童文化研究院捐赠了手稿，前来参加会议的浙江师范大学儿童文化研究院院长方卫平接受了手稿。

12月5日，《大众日报》刊载于国鹏、郭念文的《文学之树扎根泥土才能枝繁叶茂》。其中，张炜谈到对10月15日习近平主持召开的文艺座谈会的认识。张炜认为，作为一个创作者，热情投入时代生活，尽可能地做一些具体的生活事务，在社会复杂的实务分工中不做旁观者，这大概是保持创作热情和激情的最好方式。"专业艺术工作制度使创造者拥有了更多的时间和物质保障，但也会形成脱离生活实务、闭门造车、气血苍白之弊。"艺术家们"需要付出更大的劳动，更加沉着也更加热情，既不怕寂寞也不怕喧闹，从而做出自己深沉的、扣动时代心弦的、全新的艺术表达"。

12月13日，在济南参加山东省作家协会《百家评论》办刊研讨会并向与会专家致答谢词。

12月15日，随笔《李杜与孔孟求仕》（摘自随笔集《也说李白与杜甫》）在

《农村大众》发表。同时，介绍张炜新著《也说李白与杜甫》。

同日，《文汇报》刊载李亦的《天才与言说——读张炜的〈也说李白与杜甫〉》。

12月16日，在济南参加由山东省委宣传部和山东省作家协会共同举办的铁流、徐锦庚作品研讨会并致辞。

12月17日，在济南完成长篇童话《兔子作家》（1～6）。

12月24日，随笔《古人的心情和故事》在《文艺报》发表。

本年，中篇小说《镶牙馆美谈》在栖霞市作协《霞光》2014年第1期发表。（此刊未标明出版月份。）

本年，入选山东省首批"齐鲁文化名家"。

本年，随笔《十年琐记》（片断）被收入北岛、李陀主编《七十年代》（续集），由牛津大学出版社出版。

本年，长篇小说《古船》法文版由法国Roman Seuil出版。

本年，长篇小说《九月寓言》瑞典文版由瑞典Jinring International AB出版，译者Lennart Lundberg。

本年，随笔集《也说李白与杜甫》部分篇章在《大众日报》选载。

本年，人民文学出版社、当代杂志社为纪念《当代》创刊35周年，推出"《当代》荣誉作家"，张炜获"《当代》荣誉作家"称号。

本年，嘉善县文化馆《嘉善文化》第5期（总359期）刊载徐湧浩的《我爱张炜》。（此刊未标明出版月份。）

2015

1月，短篇小说《钻玉米地》选载于《昆嵛》2015年第1期。同时选载邱勋的《芦青河是张炜的河——论张炜的早期小说创作》。邱文原为短篇小说集《他的琴》序，原题为《张炜的河》。

同期，"鲁东大学77、78级文学现象"专栏刊载马海春的《张炜与〈贝壳〉》、李世惠的《〈贝壳〉孕珠 星汉灿烂》、马泉照的《在生长大树的地方》，记述了张炜与烟台师范专科学校中文系校园文学社社刊《贝壳》的关系及张炜的校园文学往事。

1月，短篇小说《何时消逝的怪影》被收入《2014年中国微型小说年选》，由花城出版社出版，篇末注明"原载《山东文学》2014年第5期"。

1月，长篇小说《古船》蒙文版由内蒙古人民出版社出版。

1月，《当代作家评论》第1期刊载朱自强的《"足踏大地之书"——张炜〈半岛哈里哈气〉的思想深度》。

1月，《湖北文理学院学报》第1期刊载郭杨丽的《论张炜小说的自然书写》。

1月1日，参加《齐鲁晚报》发起的"时光邮局·给梦想一点时间"大型读者互动活动，并手写了自己对未来的期待："我们最期盼的未来，就是居住在风清月朗的城市或乡村里，并且在劳动之余，能够安静地阅读。"后发表于1月3日《齐鲁晚报》。

1月4日，《齐鲁晚报》刊载张炜寄语："集中精力，勤于阅读。"

同日，完成随笔《把天堂买回家——我与书店》。其中写道："我的住所没有其他宝物，除了图书。是的，我住在了所谓的天堂里，这天堂是我一点点买回来的。我不知道还有什么人生积存比图书更有价值。"随后刊登在山东新华书店集团有限公司济南分公司《泉声书韵》2015年春季卷。

此卷《泉声书韵》同时刊载2014年11月23日张炜随笔集《也说李白与杜甫》在济南泉城路新华书店新书揭幕、签售及"民间收藏张炜著作版本手稿展"的图文报道，以及《也说李白与杜甫》责任编辑彭伟的书评《当李杜遭遇网络化时代——读张炜〈也说李白与杜甫〉》。

1月17日，"民间收藏张炜手稿及版本展"在青岛书城开幕，展出济南藏书家张期鹏、周村藏书家袁滨收藏的500余种张炜著作版本及部分手稿，展期一个月。

1月24日，完成长篇儿童小说《寻找鱼王》。

1月28日，《文艺报》刊载朱小兰的《作家张炜的"鱼"味》。

2月，随笔《村路今生漫长——读杨枫的画》在山西省作协《名家名作》（双月刊）2015年第1期（创刊号）发表。

2月，散文《深爱之章》在《时代文学》2015年第2期发表。

2月，短篇小说《梦中苦辩（外二篇）》选载于《长江文艺》2015年第2期（下半月·好小说选刊）"再发现"栏目。"外二篇"为短篇小说《三想》《钻玉米地》。同时，在"自在说"栏目发表随笔《童年的纯真里有生命的原本质地》。

2月，组诗《从维也纳到尼斯》、随笔《从冬天到春天——关于德华的笔记》分别被收入《齐鲁文学作品年展2014·诗歌卷》《齐鲁文学作品年展2014·散文卷》，由山东画报出版社出版。

2月，《百家评论》第1期刊载刘玉堂的《一个比我年轻的兄长式人物》

目录

大山深处	冬天
色盲症	蓝色雾幔
色纪盲症	鱼王和旋长
去大哥	水世界
寻找鱼王	水调里影
看它的眼睛	小石屋之夜
左猫右爸	鱼王
雪和酒	
旱手与水手	
身世	
鱼的孩子	
仇人的孩子	
大嘴鱼	
鱼和饵	

瘿之子

《寻找鱼王》手稿

（记张炜）。

2月9日，随笔《大天才总有大寂寞》在《文艺报》发表。张炜写道："许多时候，一个写作者应该有勇气让自己懒下来、闲下来，给自己一点闲暇才好。衡量一个生命是否足够优秀，还有一个标准可以使用，就是看他能否寂寞自己。寂寞是可怕的，一说到人的不快，常常说他'很寂寞'。其实正因为寂寞，才会有特别的思想在孕育和发现。"

2月13日，《文艺报》刊载刘绪源的《儿童小说的早春天气——近年部分作品之读与思》，其中论及了儿童小说"半岛哈里哈气"系列和《少年与海》。

3月，散文《"和蔼"与"安静"》选载于《杂文月刊》（文摘版）2015年第3期。

3月，随笔《今日文学的困境与突围》在《天涯》2015年第2期发表，包括《今天的文学土地》《今日文学：疆界与交流》《中文写作、异域文学》，分别是张炜2014年10月12～18日在法国尼斯大学、巴黎东方语言大学、法国人文之家的演讲。

3月，随笔《从阅读说起》在《四川文学》2015年第3期发表，篇末注明"2012年5月在青岛海军航空工程学院的演讲，2014年6月订"。

3月，将2014年9月以来的有关文学访谈辑录整理为《文字的河流》。后于2016年1月再作修订。

3月，"大河小说"《你在高原》（精装本）由作家出版社出版。

3月，《青年作家》第3期刊载朱又可的《张炜：与畸零人同行》。同时，刊载《青年作家》杂志对张炜的访谈。

3月，《安徽职业技术学院学报》第1期刊载郭杨丽的《论张炜小说的生态书写》。

　　3月，《当代作家评论》第2期刊载郜元宝的《为鲁迅的话下一注脚——〈古船〉重读》。

　　3月，《江西科技师范学院学报》第2期刊载罗克凌的《论寻根小说景象描写中的魔幻"神秘"之失》，其中论及了长篇小说《古船》。

　　3月，《文艺评论》第3期刊载修雪枫的《作家的纯文学观念与小说创作——以残雪、张炜为例》。修雪枫指出："张炜是新时期作家中非常突出的持续写作的作家，他的一篇又一篇的小说创作总是那么沉稳而厚重，他的作品始终有一种浪漫的理想主义情怀，这是20世纪80年代文学财富的继承，是那个时代的馈赠，张炜的价值既在于对这份价值有着十分清醒的珍视，也是他的纯文学观念的反映。"

　　3月，《吉林省教育学院学报》第3期刊载吴伟的《一曲土地守望者的悲歌——论张炜〈刺猬歌〉中的故土情结》。

　　3月，《文学教育》第3期（下半月刊）刊载张艺凡的《张炜〈刺猬歌〉中的民间意识》。

　　3月，《安徽文学》第3期（下半月刊）刊载朱加萌的《〈家族〉对革命历史题材的继承与超越》。

　　3月2日，《光明日报》刊载赵小华的《当代文学应如何化用传统资源——以李白为例》。文中谈及随笔集《也说李白与杜甫》，认为张炜立足现代社会和文学发展的视角，对与李白有关的许多观点进行重新解读，具有启发意义。

　　3月6日，随笔《现实与浪漫》在《河北日报》发表。

　　3月11日，随笔《常人与异人》在《重庆日报》发表。

　　3月13日，随笔《网络意味着什么》在《河北日报》发表。

3月18日，《中国艺术报》刊载王迅的《诗性在雕琢中失去——2014年短篇小说创作态势观察》，其中论及了短篇小说《鸽子的故事》。

3月20日，随笔《与乡野密切交融》在《河北日报》发表。后又刊载于3月24日《中国国土资源报》。

3月27日，随笔《知识分子的独立精神》在《河北日报》发表。

同日，在河北省文学院演讲。演讲后修订整理为《精神的地平线》。

4月，"Rain and Snow"被收入施战军主编的*PATHLIGHT*（《路灯》）2015年春季卷，由外文出版社有限责任公司出版。

4月，完成随笔《鸟之倔强与幽默》《拉网号子考》。

4月，完成谢少鹏《小三线军工厂的难忘岁月》（山东文艺出版社2015年出版）序《让我们记住这段历史》。

4月，长篇小说《丑行或浪漫》瑞典文版由瑞典Jinring International AB出版，译者YuSie Rundkvist Chou。

4月，《新文学评论》第2期刊载赵东祥的《批评叙事的差异性及自由度——〈九月寓言〉批评之批评》。

4月，《广东海洋大学学报》第2期刊载阎怀兰的《张炜小说人物审丑意识的变化》。

4月，《鸡西大学学报》第4期刊载魏一媚的《论张炜〈你在高原〉的艺术特色》。

4月，《湖北第二师范学院学报》第4期刊载张琳的《论先锋派作家张炜早期小说中原生态的语言叙事风格》。

4月，《名人传记》第4期（上半月刊）刊载肖正的《对话张炜：当深度写作遭遇浅阅读》。此刊封面为张炜照片。

4月，《齐鲁乡情》第4期刊载姚正的访谈《张炜：一座花园》。

4月，《爱尚生活》4月号刊载初曰春、李侠的访谈《张炜：寻找经典，做一个有出息的阅读者》。此刊封面为张炜照片。

4月，《名作欣赏》第12期刊载赵东祥的《形式意味和伦理内容——论张炜的〈丑行或浪漫〉》。

4月，徐明祥著《弄闲斋诗稿》由团结出版社出版，其中收录了《参加张炜〈也说李白与杜甫〉签售暨媒体见面会有感》。

4月3日，随笔《非虚构的力与美》在《河北日报》发表。

4月16日，在莱芜新华书店做主题为"阅读与写作"的讲座。随后，与莱芜有关学校中小学生、文学爱好者进行文学交流。

4月17日，随笔《自然与人的意义》在《河北日报》发表。

同日，《鲁中晨刊》刊载张敏的访谈《张炜来莱畅谈阅读写作——阅读经典能涵养人生》，介绍张炜在莱芜的文学活动。同时刊载张炜的题词："赠莱芜日报：阅读伴随美好的人生。"

4月19日，在济南参加品聚书吧与北京大学纵横EMBA班举办的张炜专场见面会，谈文学阅读与写作。

4月19～20日，在济南参加山东师范大学文学与创意写作研究中心揭牌仪式暨"文学的新世纪：讲述中国故事"学术研讨会并发言。张炜为该中心外聘名誉主任。活动图文报道刊载于《山东师范大学学报》（人文社会科学版）2015年第4期。

4月20日，《文艺报》刊载记者李晓晨采写的《张炜：做脚踏大地的写作者》。

4月21日，在济南参加山东省第一批签约文艺评论家暨省作协第四批签约作家签约仪式，代表省作协与20位第四批签约作家签约。

4月22日，在济南主持召开山东省作协六届七次全体会议，总结2014年工作，部署2015年任务。

4月23日，完成随笔《携一本书游走》，回忆自己少时读过的一本没有封皮、不知书名和作者的残卷，以及受到的吸引和影响。后来，朋友从旧书网上为他买到了这本书——俄罗斯作家阿拉米列夫的《猎人的故事》（作家出版社1957年出版）。张炜印象最深的是其中的中篇小说《暴风雨前》。

4月25日，随笔《简朴，是为了活得清爽》在《中国财经报》发表。

4月29日，在济南历城二中万象新天学校参加北京师范大学文学院济南创作基地揭牌仪式暨"文学的地域性与世界性"主题论坛。张炜为基地揭牌，并向师生赠送了自己的签名著作。

5月，随笔《也说李白与杜甫》（节选）在《文艺争鸣》2015年第5期发表。

5月，长篇儿童小说《寻找鱼王》（平装本）由明天出版社出版。

明天出版社2015年5月版

明天出版社2016年10月版

5月，为济南民刊《泺源》题词："无论是一个人还是一个民族，拥有自己丰富深刻的阅读生活，才能拥有光明的未来。"

5月，《中国图书评论》第5期刊载方卫平的《童心、诗心与儿童文学的故事艺术——读张炜儿童小说〈少年与海〉》。

5月，《齐风》第3期刊载袁滨的《探寻张炜理想与诗情的源流》。

5月8日上午，在山东理工大学参加由山东理工大学、淄博市委宣传部、淄博市文联主办，山东理工大学文学与新闻传播学院承办的"驻校作家长篇小说研讨会"。与会专家充分肯定"驻校作家"计划，并从不同角度就驻校作家张炜、赵德发、徐则臣、李浩的长篇小说《你在高原》《乾道坤道》《耶路撒冷》《镜子里的父亲》展开讨论。

同日，随笔《文学中的女性》在《河北日报》发表。

5月12日，长篇儿童小说《兔子作家》开始在"腾讯·大家"栏目连载。

5月16~21日，在万松浦书院参加第四届万松浦讲坛（春季），21日座谈。

5月21日~6月2日，鲁迅文学院与山东省作协联合举办的鲁迅文学院山东中青年作家研修班在济南举办。其间，为学员授课。

5月22日，随笔《文学的意义》在《河北日报》发表。

5月26日，在北京鲁迅文学院为学员授课。

5月27日，《中华读书报》刊载方卫平的《〈寻找鱼王〉："少年出走"母题的延续和颠覆》。

5月29日，在苏州大学文学院演讲。演讲后修订整理为《超验阅读及其他》。

5月31日，《新民晚报》刊载阿竹、赵丽宏、张炜的《给孩子一个真实饱满的世界》，其中介绍了长篇儿童小说《寻找鱼王》。

6月，长篇儿童小说《寻找鱼王》在《人民文学》2015年第6期发表。

同期，刊载刘东方的《从语汇分析张炜小说创作的语言风格》。刘东方指出，口语词的运用，"我们可以真实而明确地感受和把握到张炜小说语言所呈现出的鲜活、质朴、生动的风格"。"张炜小说中的方言词汇，形象地体现了人们的思维方式、行为习惯和文化心理，反映了当地特殊的自然人文环境和风土习俗人情，增强了小说的地域文化意味，使小说中人们的喜好褒贬跃然其中，达到质朴、灵活、具体、生动、形象的表达效果。""书面词语的运用使得张炜小说的语言具有简洁、准确、庄重、文雅，既讲韵律、有起伏，又言简意赅、干净利落的风格特征。"

6月，散文《一本没有封皮的书》被收入《成长，请带上这本书》，由人民日报出版社出版。

6月，散文《携一本书游走》被收入《一本深刻影响我的书》，由人民日报出版社出版。

6月，长篇随笔《也说李白与杜甫》从本月起在《山东画报》上连载，至2016年5月，历时一年。每篇选载文章均另拟标题。

6月，史怀宝著长篇小说《忠诚》由中国言实出版社出版，张炜等为之撰写推介语。

6月，《中国现代文学论丛》第1辑刊载赵东祥的《并未终结的反帝反封建主题——以路遥、张炜等的创作为例》。

6月，《青岛科技大学学报》（社会科学版）第2期刊载尤其林的《重寻荒野价值与融入野地情结——论〈瓦尔登湖〉与张炜生态散文》。

6月，《现代语文》（学术综合版）第6期刊载李艳玲的《苦难也是一笔财富——读张炜的〈远行之嘱〉有感》。

6月，《时代文学》第6期（上半月刊）刊载马晓康的《张炜风范写意》。

6月5日，随笔《诗人与时代的合作》在《河北日报》发表。

同日，在济南与全市语文教师代表谈阅读。

6月11～14日，在北京参加中国作家协会主办第三届中韩日东亚文学论坛（张炜为中国作家代表团副团长）。14日上午，演讲；下午，主持论坛闭幕式。

6月12日，随笔《知识分子的责任》在《河北日报》发表。

6月15日，《文艺报》刊载王杨、李晓晨的《第三届中韩日东亚文学论坛在京举行》，其中介绍了张炜的发言情况。

6月15～17日，陪同参加第三届中韩日东亚文学论坛的中外嘉宾到青岛访问。16日晚，在青岛啤酒博物馆举办"文学之夜——诗歌（作品）朗诵晚会"，张炜朗诵了自己的3首短诗：《圣彼得堡街角》《童年的沙》《一只老成持重的狗》。

6月17日，《青岛日报》刊载李魏的访谈《张炜：诗情与童心是文学家必备》。

6月18日，在中国石油大学演讲。演讲后修订整理为《经典的反面》。

6月19日，《文艺报》刊载李晓晨的《我们拥有共同的文学回忆——第三届中韩日东亚文学论坛落幕》。

6月26～30日，在安徽迎驾集团参加第二届迎驾大别山生态文化笔会并发言。

7月，散文《万松浦纪事》在《绿叶》2015年第7期发表。

7月，长篇儿童小说《兔子作家》（节选）在《上海文学》2015年第7期发表。

7月，散文集《歌德之勺》、短篇小说集《林子深处》被列入"张炜少年书系"，由作家出版社出版。

作家出版社2015年7月版

作家出版社2015年7月版

7月，长篇小说《古船》维吾尔文版由新疆大学出版社出版。

7月，《东吴学术》第4期刊载郭海军的《作家的思考与理论的发展》，评舒晋瑜的文学访谈录《说吧，从头说起》，其中论及了张炜的文学观点。

7月，《雨花》第7期（B版）刊载任相梅的《生存与救赎——评张炜的长篇小说〈橡树路〉》。

7月，《书屋》第7期刊载胡松涛的《阅读李白，并说李白与王维》，其中评介了随笔集《也说李白与杜甫》。

7月3日，随笔《古人的友谊》在《河北日报》发表。

7月10日，随笔《诗仙与诗佛》在《河北日报》发表。

7月17日，随笔《女性的宽容和浪漫》在《河北日报》发表。

同日，《中国新闻出版广电报》刊载记者李婧璇的《铭记历史　警示未来》，其中以"用爱讲述童年记忆"为题评介了长篇儿童小说《寻找鱼王》。

7月24日，随笔《浩然之气》在《河北日报》发表。

7月31日，随笔《语言的速度及其他》在《河北日报》发表。

8月，长篇儿童小说《寻找鱼王》选载于《中华文学选刊》8月号，篇末注明"选自《人民文学》2015年第6期"。

8月，短篇小说《一潭清水》和长篇小说《古船》（存目）被收入谢有顺、张均编《中国当代小说20家读本》，由中山大学出版社出版。另19家为孙犁、柳青、王蒙、汪曾祺、张贤亮、路遥、铁凝、马原、苏童、格非、余华、刘震云、王朔、阿来、韩少功、贾平凹、王安忆、史铁生、王小波。

8月，中短篇小说集《鸽子的结局》被列入"当代名家精品珍藏"，由安徽文艺出版社出版。此书同时作为《张炜中短篇小说年编》第8卷出版。

8月，董健、丁帆、王彬彬主编《中国当代文学史新稿》由北京师范大学出版。该书在20世纪90年代"长篇小说竞写潮"中论述了张炜的长篇小说。

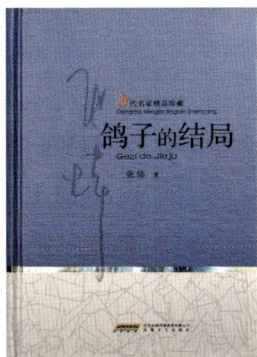

安徽文艺出版社2015年8月精装本

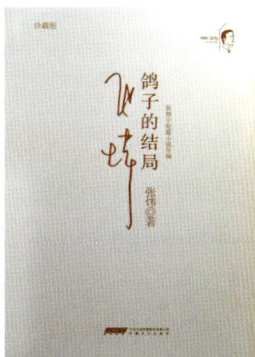

安徽文艺出版社2015年8月版

8月7日，随笔《诗，是文学的核心》在《河北日报》发表。

8月10日，随笔《无言》在《现代快报》发表。

8月21日，随笔《知道得太多》在《河北日报》发表。

8月25日，在万松浦书院参加万松浦书屋开业典礼。

8月27日，参加长篇小说《古船》西班牙文在北京国际图书博览会举行的全球首发式。来自国家新闻出版广电总局、作家出版社、安徽人民出版社，以及Royal Collins出版集团，Royal Collins印度公司，印度NCBA、GBD等国内外50余家出版机构、15家媒体代表与会。

8月28日，瑞典汉学家马悦然发表博文，其中写道："张炜，1956年生，1980年作为小说家闻名。此后，他创作了上百部作品，以长篇小说、短篇小说及散文集为主。""在小说《古船》1987年问世后，张炜巩固了其作为中国最伟大作家之一的地位。该书2013年由陈安娜翻译成瑞典语版。""张炜的小说《九月寓言》1992年出版。2014年由罗德保精心翻译成瑞典语版……该书被认为是20世纪90年代最成功的作品。""锦连环出版社最近又为它的业绩添冠，出版了张炜的第三部作品《丑行或浪漫》，该书中文版2003年问世……周宇婕的翻译不同凡响。"

9月，长篇儿童小说《寻找鱼王》选载于《作品与争鸣》9月号，注明"选自《人民文学》2015年第6期"。

9月，安徽迎驾贡酒股份有限公司《中国迎驾》（季刊）第3期刊载《生态大美地　文化论剑场——第二届迎驾大别山生态文化笔会纪实》。其中，有张炜的发言《迎驾好，好就好在不可复制的生态之美》和张炜为迎驾集团的题词："最美的环境，最好的酒。"

9月，《湖北大学学报》（哲学社会科学版）第5期推出"中国当代著名作家研究·张炜专辑"，刊载张炜的《蜕化与坚守——文学笔记二十则》，贺仲明、刘新锁的《思想的作家与作家的思想——张炜论》，祁春风的《激烈与沉静中的渐次推进——张炜研究述评》。祁春风指出："粗略地看，上世纪80年代初期张炜推出'芦青河'系列小说后，文学批评便如影随形，而1986年的长篇小说《古船》，在好评如潮的同时也引起了争论，形成张炜研究的第一个高潮；90年代，张炜的长篇小说《九月寓言》《柏慧》《家族》和散文《融入野地》等作品，在'人文精神'讨论的背景下，被指认为'道德理想主义'文学的'样板'，成为文学争论的焦点；进入新世纪，从长篇小说《外省书》《能不忆蜀葵》《丑行或浪漫》《刺猬歌》到2010年的十卷本《你在高原》，张炜保持着旺盛的创造力，对他的研究也逐渐走向第三个高潮，但争论逐渐平息，走向学院化研究状态。"

9月，《山东社会科学》第9期刊载冯淑静、沈壮娟的《暗涌与川流——齐文化对当代胶东籍作家的影响比较研究》，其中论及了齐文化对张炜创作的影响。

9月，《作品》第9期载姜红伟的《1978～1990，中国大学生文学刊物索引之〈贝壳〉》，图文介绍张炜等1980年在烟台师范专科学校中文系创办的校园文学刊物《贝壳》。

9月2日，完成长篇小说《独药师》初稿。

9月11日，随笔《遥感力》在《河北日报》发表。

9月18日，随笔《足够大的树》在《河北日报》发表。

9月23日，在北京参加由人民网、人民文学出版社、当代杂志社主办的走进"文艺新时代"——纪念文艺工作座谈会召开一周年暨"新时代的文艺精品创作"名家对话活动。

9月24日，诗歌《食土者》在《扬州日报》发表。

9月25日，诗歌《松林》在《辽宁日报》月末版《华语诗刊》发表。同时刊载张炜图文介绍。

9月25～30日，在扬州参加瘦西湖风景管理处主办的2015国际诗人瘦西湖虹桥修禊。其简介和诗作《圣彼得堡街角——陀思妥耶夫斯基故居》《失传的酒》《食土者》《童年的沙》（均为中英文对照）后被收入瘦西湖风景管理处编印的《2015国际诗人瘦西湖虹桥修禊》一书中。

10月，随笔《今天的文学土地（外二篇）》被收入高维生主编的《大散文》2015年第1期，由内蒙古文化出版社出版。"外二篇"为《今日文学：疆域与交流》《中文写作、异域文学》。

10月，散文小说集《山水情结》被列入"名家自选经典书系"，由辽宁人民出版社出版。

10月，"大河小说"《你在高原》（精装本）由作家出版社再版。

10月，万松浦书院历时七年编纂的《徐福辞典》由中华书局出版。张炜为该辞典编委会主任。

10月，《东方论坛》第5期刊载龙其林的《〈瓦尔登湖〉与张炜生态散文语言的自然属性》。

10月，《南方论坛》第10期刊载黄明海、高旭国的《论张炜小说的植物意象》。

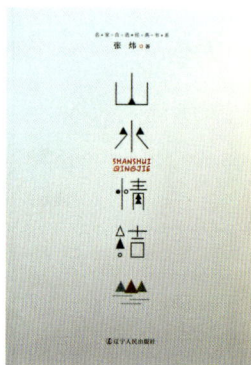
辽宁人民出版社2015年10月版

中华书局2015年10月版

10月，洪升主编、张期鹏执行主编《春声赋——张炜创作40年论文集》由山东大学出版社出版。

10月14日，在济南参加山东教育出版社百所"阅读与写作基地"之济南龙奥学校"阅读与写作基地"揭牌仪式，为之揭牌并发表祝词。

10月15日，《山东画报》第20期刊载刘丛的《省作协主席张炜、著名儿童文学作家汤素兰助力山东教育出版社百所"阅读与写作基地"建设》。

10月20～22日，在济南参加由中国报告文学学会、中国作协报告文学委员会和山东省作协联合举办的2015年全国报告文学创作会议开幕式并致辞。

10月22日，在北京中华书局参加《徐福辞典》首发式并致辞。

10月23日，《文艺报》刊载刘绪源的《张炜〈寻找鱼王〉：苍茫高山中的智者和仁者》。

在北京参加《徐福辞典》首发式

10月24日，在济南参加由中国教育报社、语文博览杂志社和山东省教育厅宣传中心联合举办的第七届名家人文教育高端论坛，并做题为"你的四个环境"的演讲。演讲后修订定题为《四个环境》。

11月，随笔《趟过绝望》选载于《读者·校园版》2015年第21期，篇末注明"水中花摘自《文苑·经典美文》2015年第8期"。

11月，短篇小说《鱼的故事》选载于《儿童文学选刊》2015年第11期，篇末注明"选自《寻找鱼王》，张炜著，明天出版社2015年5月出版。本文为书中第12章，题目为章节名"。

11月，《保定学院学报》第6期刊载任相梅的《张炜小说的情爱书写》。任相梅指出："情爱尤其是性爱书写是作家阐释生命、挖掘人性和理解社会的叙述视角之一，张炜亦然。不同于新时期诸多高呼人性解放、张扬个性体验的作家，张炜没有直接跨入性本能领域，通过反复渲染性体验和性意识这种直率甚至粗鲁的宣泄方式领会生命，他更多地赋予性爱以社会内容，以此来挖掘和探讨人性的丰富和局限。"

11月，《天津师范大学学报》（社会科学版）第6期刊载杨扬的《作为文学现象的当代长篇小说》，其中论及了"大河小说"《你在高原》。

11月，《中国现代文学研究丛刊》第11期刊载文娟的《苍茫"野地"的流转与凝思——论张炜的精神还乡书写》。文娟指出："伊始于上个世纪20年代初的精神还乡书写，在历史的流变之中，形成了繁复多姿的文学'乡土'。譬如鲁迅的'绍兴'、废名的'桃园'和'竹林'、师陀的'果园城'、沈从文的'湘西'、汪曾祺的'高邮'、贾平凹的'商州'、张承志的'西海固'、张炜的'野地'等等。它们如同一条绵延长河，虽然处于不同历史时空，但是在精神还乡的主题上则'家族相似性'明显。自80年代流转至今的'野地'，是此'家族'的重要成员。其作为一个独特的全息生命体，与前辈们的精神还乡书写对照，可谓既有承续又有新生。"

11月，《文艺争鸣》第11期刊载［美］米家路的《熵焦虑与消失的寓言——论郑义〈老井〉与张炜〈古船〉中的水缘乌托邦主义》（赵凡译）、刘东方的《从语汇分析张炜小说创作的语言风格》。

11月，《东岳论丛》第11期刊载谭好哲的《论张炜文学创作中的思想探求》。

11月，《时代文学》第11期（下半月刊）刊载张琦的《从"渔人"到"鱼人"——读张炜的儿童文学作品〈寻找鱼王〉》。

11月，《海南师范大学学报》（社会科学版）第11期刊载夏楚群的《临界境遇下的忏悔与救赎——重读〈古船〉》。

11月，《新泰文史》第4期刊载徐明祥的《心仪》。徐明祥指出："张炜不仅是学者，他还是思想家、教育家，本质上他是诗人。还可以说，他是一个劳动者。""针对评论家称赞他二十多年写一部长篇的'坚持'，他本人更多强调了责任和快乐，他的这个解释深深吸引了我。"

11月3～7日，在韩国参加由韩国客主文化馆和文化观光部主办的中韩著名作家（中国张炜/韩国金周荣）作品讨论会。

11月12日，《文学报》刊载陆梅的《写作就是命运——中韩著名作家作品研讨会在韩国举行》。

11月13～16日，在武汉参加由湖北省作协、湖北省图书馆主办的"2015年法国文学周"活动。15日上午，在湖北省图书馆与法国文学评论家、汉语文学翻译家安妮·贝尔赫雷特·居里安以"半岛故事与法兰西情怀"为题进行对话。安妮·贝尔赫雷特·居里安是张炜作品《一潭清水》的译者和《古船》的合译者。对谈后修订整理为《半岛故事与法兰西情怀——张炜与安妮·贝尔赫雷特·居里安的对谈》。

11月17日，《新民晚报》刊载陆梅的《文学的轻与重》，评张炜和韩国作家金周荣的创作。

11月21日下午，《春声赋——张炜创作40年论文集》出版座谈会在济南泺源文化沙龙举行，张炜应邀出席会议并为"泺源文化沙龙"揭牌。《春声赋——张炜创作40年论文集》由山东省档案馆编辑、山东大学出版社出版发行，收录了"张炜印象""张炜散记""张炜专论""张炜研究资料目录汇编"等，共45.4万字。全书既有对张炜的感性描述，也有对张炜及其创作的理性分析，还有大量基础研究资料，全面立体地展示了张炜作为一个著名作家和普通人的形象，深入分析了张炜40多年的创作道路、创作思想、创作特色和美学追求。省内多家媒体参加了座谈会，11月25日《济南时报》、11月27日《大众日报》和《齐鲁周刊》、11月30日《联合日报》分别进行了报道。

同日，为《济南时报》创刊20周年题词："总有一段时光，情深意长。"

11月24日，在龙口参加《徐福辞典》讨论会并发言。发言后修订整理为《也说〈徐福辞典〉》。

11月27日，《大众日报》刊载贺仲明的《山东文学的地域性：转换还是坚持》，其中论及了张炜的小说创作。

11月29日，完成随笔《游走中的写作》。

12月，随笔《醉绿》在《秘书工作》2015年第12期发表。

12月，济南民刊《泺源》第3期刊载《〈春声赋——张炜创作40年论文集〉座谈会在济南泺源文化沙龙举行》。

12月，王万顺著《张炜诗学研究》由中国社会科学出版社出版。

12月，段崇轩著《中国当代短篇小说演变史》由中国社会科学出版社出版。其中以"营造乡村乌托邦"为题论述了张炜的短篇小说，指出："张炜的短篇小说看似纯美、超拔，但内涵丰盈、阔大，继承和拓展了抒情文化小说创作传统。有论者把他归入'乡土小说作家''寻根派作家'，其实他已经超越了乡土、文化，成为一位关注现实、历史、地域、世界、家园、人类等终极问题的作家。他在20世纪80年代的短篇小说创作，思想活跃、构思精美、手法多样，集中代表了他这一时期的思想和艺术探索。"

在武汉与安妮·贝尔赫雷特·居里安对话

12月，《安徽文学》12月号下半月刊刊载朱明阳的《循环与出逃——张炜〈古船〉象征意义新探》。

12月，《名作欣赏》第35期刊载钱秋爽的《论张炜的"野地"意象及艺术特色》。

12月，短篇小说《鸽子的结局》被收入《齐鲁文学作品年展2015·小说卷》（下），由中国文联出版社出版。

12月5日，在鲁东大学演讲。演讲后修订整理为《那根命运的手指》。

12月11日，《大众日报》刊载宫达的《张炜：走向文学高原》，评述张炜40年来的创作之路及取得的成就。

12月12日，在烟台参加母校鲁东大学建校85周年系列学术活动，并做题为"胶东文化与当代文学"的演讲。

12月18日，《大众日报》刊载丛新强的《对齐鲁文学再创辉煌的思考》，其中论及了张炜的小说创作。

12月29日上午，在济南参加省作协领导班子会议和主席团会议。省作协主席团会议根据省委建议，增选葛长伟为省作协副主席。

12月30日，随笔《为孩子们书写原生性大地故事——〈寻找鱼王〉十问答》在《中华读书报》发表。

同日，《中华读书报》刊载陈香的《名家转型"试水"儿童文学带来什么》，其中谈及了儿童小说《少年与海》《寻找鱼王》。陈香指出："对于优秀儿童文学的评判标准，张炜的观点是，一部少年书籍，如果成年人看了觉得肤浅无趣，那就不算是好的'儿童文学'，而且很可能就不算'文学'。'文学的固有魅力不会因为儿童的喜欢而消失，相反只会因为儿童的喜欢而更加焕发出来。'"

年底，受邀担任山东中国文学艺术博物馆名誉馆长。

本年，中篇小说《蘑菇七种》塞尔维亚文版由塞尔维亚Geopoetika出版社出版。

本年，长篇小说《古船》西班牙文版由加拿大Royal Collins Publishing Group INC.出版，译者Elisabet Pallarés Cardona。

本年，儿童小说《寻找鱼王》广受好评，并获得多项荣誉：国家新闻出版广电总局全民阅读活动组织协调办公室组织开展的2015年度"大众喜爱的50种图书"，中国出版协会2015年度中国30本好书，中国图书评论学会"2015中国好书"，《出版商务周报》2015年度桂冠童书，新阅读研究所2015年中国童书榜最佳童书，"2015年度腾讯·商报华文好书"，魔法童书会"妈妈眼中的2015中国原创好童书"，《中国教育报》2015年度教师推荐的10大童书，《中华读书报》2015年10佳童书，《中国新闻出版广电报》2015年度好书，《中华读书报》2015年度百佳图书·童书，《中华读书报》2015年10佳童书，《新民晚报》2015年度"父母的选择"童书榜，山东省图书馆首届奎虚奖优秀图书奖，第三届关爱成长"上海好童书"。同时，入选《中国新闻出版广电报》2015年6月优秀畅销书榜、中国图书评论学会"中国好书"2015年6月份榜单、腾讯华文好书2015年5月原创10大好书、《中国出版传媒商报》第二季度中国影响力好书、百道网2015年6月中国好书榜（少儿类）、《中华读书报》2015年7月月度好书榜。

1月，随笔《对经典的最后背离》在深圳市公安局《深圳警察》1月号发表。

1月，系列童话《兔子作家》（节选）在《天涯》2016年第1期发表。

1月，散文《济南：泉水与垂杨》被收入任晓策主编的《风雅济南》，由济南出版社出版。该书版权页注明"2015年11月第1版，2016年1月第1次印刷"。

1月，随笔集《陶渊明的遗产》由中华书局出版。该书是张炜2014年在万松浦讲坛（秋季）关于陶渊明讲座的录音整理稿。

1月，中短篇小说集《魂魄收藏者》（精装本、平装本）被列入"名家小说集"，由作家出版社出版。

中华书局2016年1月版

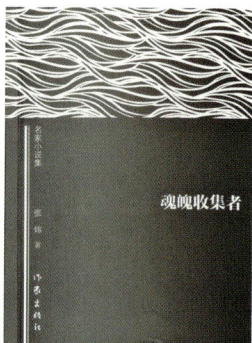

作家出版社2016年1月精装本

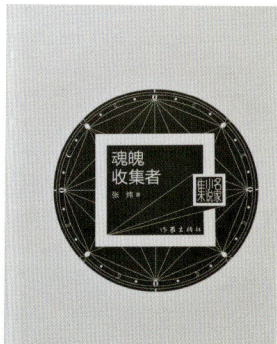

作家出版社2016年1月平装本

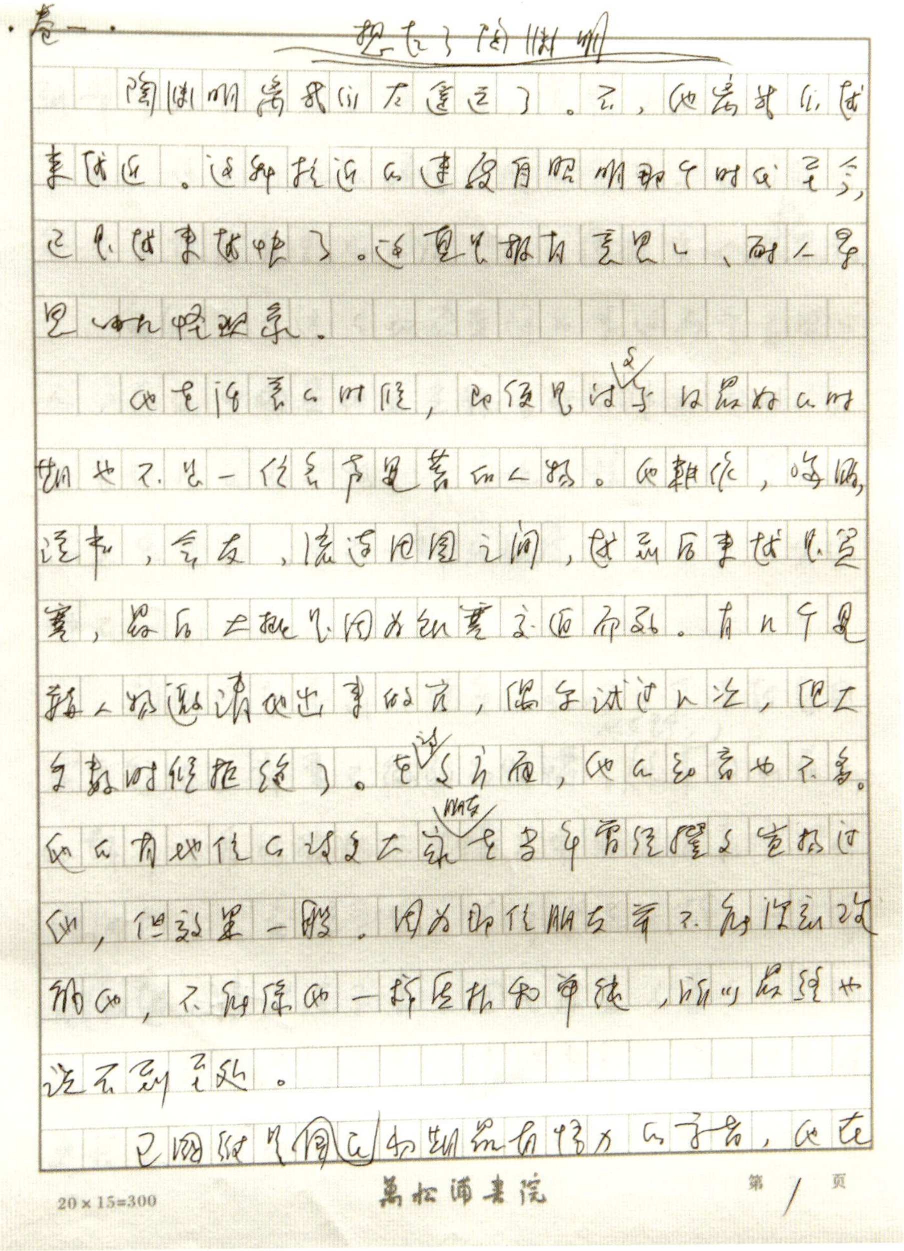

想起了陶渊明

陶渊明离我们太遥远了。是的，他离我们太遥远。

20×15=300

《陶渊明的遗产》手稿

623

1月，长篇小说《远河远山》被列入"致青春：茅盾文学奖获奖作家金品集"，由人民文学出版社、天天出版社出版。

1月，《朱自强学术文集》由二十一世纪出版社出版。其中，第7册收录了《张炜的〈半岛哈里哈气〉的思想深度和艺术价值》《评张炜的〈少年与海〉》《张炜的〈半岛哈里哈气〉的儿童意识》。

1月，《山东社会科学》第1期刊载亓凤珍的《论张炜作品的诗性与人性》。

1月，《哈尔滨师范大学社会科学学报》第1期刊载曾艳的《论张炜小说〈半岛哈里哈气〉童年书写的自然之维》。

1月，《现代语文》第1期（上旬刊·学术综合）刊载李前平的《张炜小说意象解析》、夏雨潋的《灵魂的追寻与守望——试析〈九月寓言〉的精神内涵》。

1月5日，《山东画报》第1期图文推介即将由山东教育出版社推出的16卷本《张炜文存》。

1月11日，《文艺报》刊载刘绪源的《听一听儿童文学的脚步声》，其中论及了长篇儿童小说《寻找鱼王》。

1月18日，《大连日报》刊载濂旭的《听张炜说陶渊明》，讲述他聆听张炜讲座时的感受。濂旭为张炜《陶渊明的遗产》的整理者。

同日，《文艺报》刊载李敬泽的《张炜〈寻找鱼王〉：古老而长新的中国故事》。

1月19日，随笔集《陶渊明的遗产》入选《光明日报》1月"光明书榜"。

1月20日，中国出版集团公司网站刊载濂旭的《听张炜说〈陶渊明的遗产〉》。

同日，《文艺报》刊载消息《张炜小说〈蘑菇七种〉在塞尔维亚出版》。

消息说："塞尔维亚乔治波蒂卡出版社日前翻译出版了作家张炜的中篇小说《蘑菇七种》，并在第60届贝尔格莱德书展上呈现。"该社"2013年从安徽文艺出版社引进了《张炜中短篇小说年编》7种，并首先翻译出版了其《蘑菇七种》。该书塞文版面市后广受塞尔维亚文学界关注，也引起当地读者的浓厚兴趣"。

1月23～28日，在济南参加政协第十一届山东省委员会第四次会议。

1月26日，在济南参加由山东省作协儿童文学委员会和明天出版社联合举办的邱勋先生文学创作60周年研讨会并发言。

2月，短篇小说《怀念黑潭中的黑鱼》被收入《中国当代文学经典必读·1995年短篇小说卷》，由百花洲文艺出版社出版。文后附有张元珂的点评。

2月，散文随笔集《李白从天而降》被列入"小说家的散文"丛书，由河南文艺出版社出版。

2月，将2015年11月以来的有关文学访谈辑录整理为《写作者的源路》，包括《儿童文学与阅读》《〈你在高原〉及其他》《关于〈陶渊明的遗产〉》《我的文学小史》。

2月，《甘肃广播电视大学学报》第1期刊载乔雪的《诗性的人文关怀——试论张炜〈九月寓言〉的民间书写》。

河南文艺出版社2016年2月版

2月，《天中学刊》第1期刊载焦洪涛的《论张炜小说中的"泥棚茅屋"空间》。所谓"泥棚茅屋"，也就是论者常说的"民间"。

2月，武汉市地税局《江城税月》第1期刊载朱家元的《文学创作是一场马

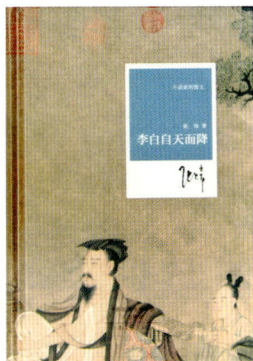

拉松——专访山东省作协主席张炜》。这是《江城税月》编辑在张炜于武汉参加"法国文学周"期间对张炜的专访。

2月，《文学评论》第2期刊载贺仲明的《退却中的坚守与超越——论张炜的近期小说创作》。

2月，《名作欣赏》第4期刊载李振的《放下屠刀未必立地成佛——漫谈张炜》。

2月，《名作欣赏》第5期刊载朱明阳的《黑洞里的惊声尖叫——张炜〈古船〉人物象征意象论》。

2月1日下午，陪同山东省委常委、宣传部部长孙守刚看望省作协离休老作家孔林，向孔林致以节日问候和新春祝福。

2月14日，长篇小说《独药师》在龙口定稿。

2月26日，《文艺报》刊载记者王杨的访谈《张炜："听大象身边的人讲大象故事"》，谈儿童文学创作。后又发表于《山东作家》2016年第2期。

同日，《中国新闻出版广电报》刊载张洪浩的《身体力行的精神探求》，评随笔集《陶渊明的遗产》。

3月，随笔《作家的品质》在《长江文艺》3月号上半月刊（原创版）发表。

3月，随笔《俄罗斯文豪与他们的创作生涯》在《世界遗产地理》2016年第3期发表。

3月，散文《携一本书游走》被收入《中国好散文2015》，由山东人民出版社出版，篇末注明"选自人民日报出版社2015年6月《一本深刻影响我的书》"。

3月，16卷本插图珍藏版《张炜文存》由山东教育出版社出版（6月，山东教育出版社又推出了《张炜文存》特精装插图珍藏版）。收入长中短篇小说9卷：《古船》《九月寓言》《家族》《远河远山　刺猬歌》《外省书　丑

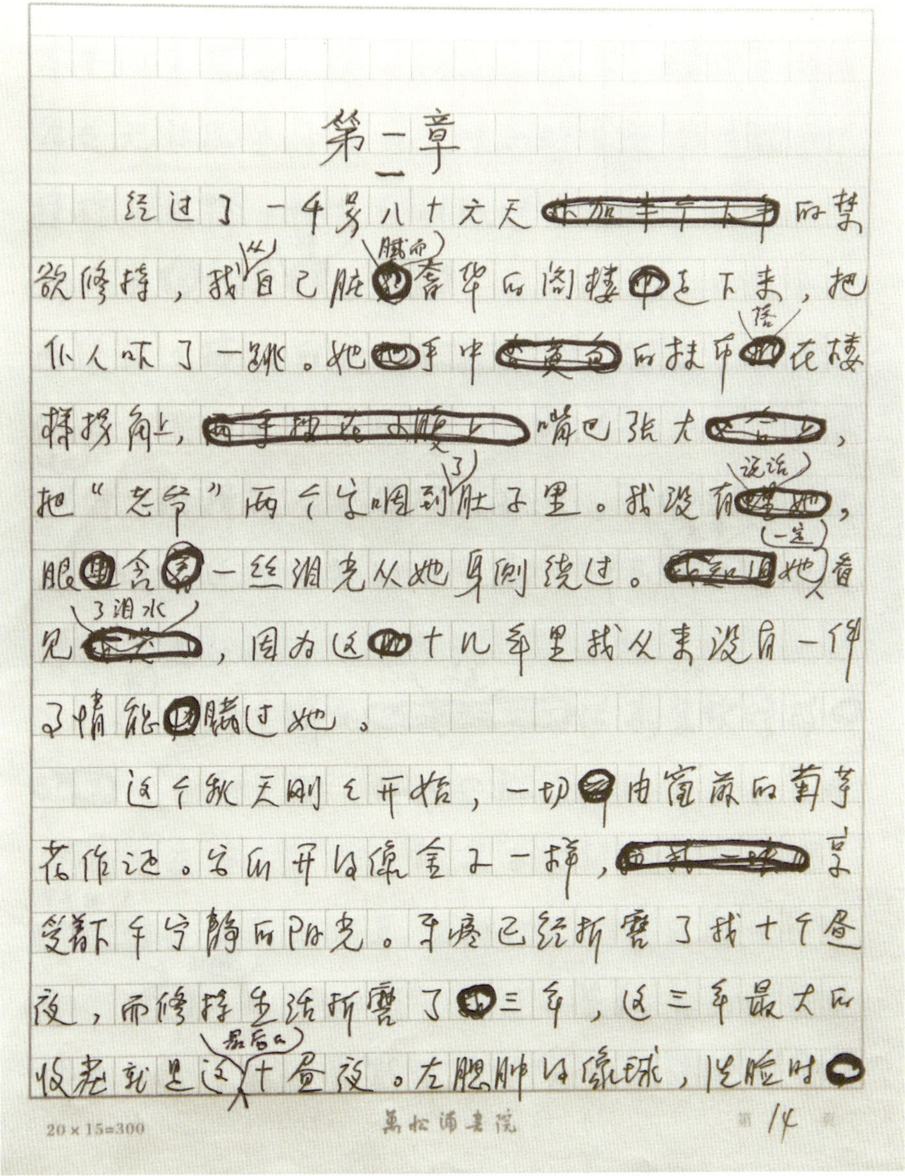

第一章

　　经过了一千零八十九天 ~~本旅丰宁大~~ 的禁
欲修持，我自己腿 ⊙ 斋华的阁楼 ⊙ 走下来，把
仆人吓了一跳。她 ⊙ 手中 ~~莫名~~ 的扫帚 ⊙ 在楼
梯拐角处，~~两手捂住大脸~~ 嘴巴张大 ~~⊙~~，
把"老爷"两个字咽到肚子里。我没有 ~~理她~~ ，
眼 ⊙ 含 ⊙ 一丝泪光从她身侧绕过。 ⊙ 她看
见 ~~⊙泪~~ ，因为这 ⊙ 十几年里我从未没有一件
事情能 ⊙ 瞒过她。

　　这个秋天刚刚开始，一切 ⊙ 由窗 ~~藏~~ 的菊芋
花作证。窗户开着像含了一样，~~而我一~~ 享
受着午宁静的阳光。手瘘已经折磨了我十个昼
夜，而修持生活折磨了 ⊙ 三年，这三年最大的
收获就是这 ⊤ 十个昼夜。左腮肿得像球，吃饭时 ⊙

山东教育出版社2016年3月插图珍藏版

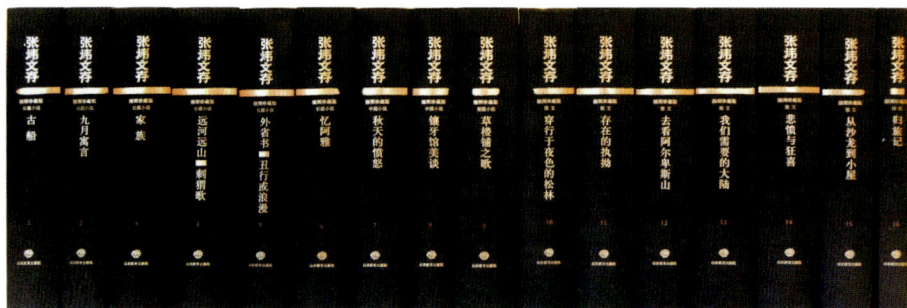

山东教育出版社2016年6月特精装插图珍藏版

行或浪漫》《忆阿雅》《秋天的愤怒》《镶牙馆美谈》《草楼铺之歌》；散文集6卷：《穿行于夜色的松林》《存在的执拗》《去看阿尔卑斯山》《我们需要的大陆》《悲愤与狂喜》《从沙龙到小屋》；诗歌集1卷：《归旅记》，共约700万字。

《张炜文存·前言》指出："从20世纪70年代尝试写作到今天，张炜创作发表了大约1500万字的作品，这还不包括他亲手毁掉的约400万字的少作。就体量而言，现当代的严肃作家几乎无人可出其右者。这些文字至广大而尽精微，有宏阔的视野和抱负，也有对人性与存在最幽微处的洞察和发掘。张炜不但代表齐鲁文学的高度，也一直屹立在中国文学的高原。鉴于此，我们请张炜先生编选了这套颇能代表其个人创作的实绩的文丛，也希望它能成为引领读者深入张炜丰茂的文学世界的一个精要读本。"

其中，第1卷《古船》后附有张炜《在济南〈古船〉讨论会上的发言》（1986年10月）、《在北京〈古船〉讨论会上的发言》（1986年11月27日）、《古船·后记》（1995年11月8日），鲁枢元的《从深渊到巅峰——关于〈古船〉的评论》（原载《当代作家评论》1988年第2期），郜元宝的《为鲁迅的话下一注脚——〈古船〉重读》（2015年1月6日写）及其《附记》（2015年1月21日追记）。

第2卷《九月寓言》后附有张炜的《融入野地》（代后记，1992年8月26日于八里洼）、《难忘的诗意和真实——关于〈九月寓言〉答问》（1992年9月2日），郜元宝的《保护大地——〈九月寓言〉的本源哲学》（1993年4月20日写于复旦，1993年5月16日改）。

第5卷《外省书　丑行或浪漫》后附有瑞典汉学家马悦然2015年8月28日撰写的博文《张炜：〈丑行或浪漫〉》。

第7卷《秋天的愤怒》后附有陈思和的《欲望：时代与人性的另一面——试论张炜小说中的恶魔性因素》（原载《文学评论》2002年第3期）。

第9卷《草楼铺之歌》后附有倪伟的《农村社会变革的隐痛——论张炜早期小说》（原载《文学评论》2005年第3期）。

第16卷《归旅记》后附有张洪浩、姚恩河编纂的《张炜文学年表》（1956～2005）；田恩华提供资料，王宁、小D快跑绘制的《万松浦地图》。

3月，《当代作家评论》第2期刊载文娟的《角力与共生：知识分子与市场的文学考察——从张炜1990年代以来的小说谈起》。该文从商海折戟与知识分子品性的坚守、畅游商海与暧昧的知识分子品性、沉溺商海与知识分子品性的丧失、知识分子与市场的健康互动与启示等角度展开了论述。

3月，《运城学院学报》第2期刊载闫石的《张炜与莫言——民间立场选择的比较研究》。闫石指出，两人有着共同的"民间立场"，但有不同的价值取向和文学表达。在价值取向上，"张炜的小说创作是通过融入野地，寻找精神庇护，来守护人类最后的家园，知识分子的理想化色彩比较浓重"；"莫言'以民间叙述人的身份叙述民间'，他是带着对故土爱恨交织的复杂情感、对童年贫穷与饥饿的痛苦记忆步入小说创作的。他希望通过回返大地，寻找原始生命野性迸发的精神源泉，挽救生命力的退化"。在文学表达上，张炜是"柔情、诗意的知识分子写作"，莫言是"张扬、放纵的'身体写作'"。

在济南垂杨书院畅谈文学艺术

3月，《中学时代》3月号刊载罗东勤的《发现小生灵身上隐藏的大美大智——赏读张炜〈它们——万松浦的动物们〉》。其中选录了《鼹鼠》一篇，并进行了赏析。此刊封二刊载对张炜的图文介绍及2016年1月张炜给《中学时代》的题词：“中学时代之所以美好，即在于拥有大量的阅读和深刻的记忆。选择读物成为至关重要的，这决定了一个人的品质。”

3月6日，《汕头日报》刊载林伟光的《读张炜》，评介张炜散文《万松浦七章》。

3月7日，《辽宁日报》刊载记者高慧斌对张炜的专访《像陶渊明那样挺住》，谈随笔集《陶渊明的遗产》。

3月11日，《大众日报》刊载赵青新的书评《陶渊明的遗产》。又发表于同日《四川政协报》，改题为《寻路桃花源——读张炜〈陶渊明的遗产〉》。

3月20日下午，在济南垂杨书院参加由垂杨书院与洣源文化沙龙联合举办的随笔集《陶渊明的遗产》座谈会，并畅谈该书写作体会。

3月24日，在重庆参加山东教育出版社于2016年春季全国馆配商联盟重庆订货会期间举行的《张炜文存》新书发布会，并与现场嘉宾、读者分享自己的创作体会和阅读体验。对话后修订整理为《作者的图书馆》。

同日，随笔《现实·浪漫》在《中老年时报》发表。

3月28日，《齐鲁周刊》第12期刊载贾文佳的《张炜：问道陶渊明》，报道济南垂杨书院与洣源文化沙龙联合举办的《陶渊明的遗产》座谈会情况。

同日，《中国新闻出版广电报》刊载记者李婧璇在重庆《张炜文存》新书发布会期间对张炜的访谈《张炜：重温初写作时的冲动》。

3月29日，《新民晚报》从本日起开设“松浦笔记”专栏，选载张炜随笔集《陶渊明的遗产》。

同日，受邀担任中国第三届网络文学大奖赛终评委。

3月30日，《济南时报》刊载钱欢青的《继〈也说李白与杜甫〉之后，著名作家张炜再推力作〈陶渊明的遗产〉——每个人都需要一份"醒着的尊严"》，报道济南垂杨书院与泺源文化沙龙联合主办的《陶渊明的遗产》座谈会情况。

3月31日，《文学报》刊载赵月斌的《从混沌到无名》，评长篇儿童小说《寻找鱼王》。

4月，随笔《站在谁的一边》（谈雅文学阅读与出版）被收入闻慧主编《文汇雅聚·2017团圆集》，由文汇出版社出版。

4月，系列童话《兔子作家》（包括《为猫王立传》《鼹鼠地道》《寻访歌手》《孤独的喜鹊》《马兰花开》《天使羊大夫》）由安徽少年儿童出版社出版。同时，《兔子作家》阿拉伯语版由黎巴嫩Digial Futuer出版社出版。

安徽少年儿童出版社2016年4月版

黎巴嫩Digial Future出版社
2016年4月版

4月，长篇小说《古船》西班牙文由北京五洲传播出版社出版，译者〔西班牙〕卡多纳。

4月，《中国现代文学研究丛刊》第4期刊载赵月斌的《论〈寻找鱼王〉及张炜之精神源流》。

4月，《文艺评论》第4期刊载翟二猛的《论张炜小说中的人性善书写——以〈古船〉〈九月寓言〉和〈你在高原〉为例》。

4月，《东岳论丛》第4期刊载庄爱华的《"罪"与"病"：〈古船〉中隋抱朴形象再阐释》。

4月1日，开始写长篇小说《艾约堡秘史》。

4月6日，在济南参加由山东省作协和济南法语联盟联合举办的中法文学座谈会。这是在山东省与法国卢瓦尔大区缔结友好合作关系十周年之际举行的一次文学交流活动，法国驻华大使顾山、法国作家菲利普·弗雷斯特和帕特里克·德维尔等中外人士参加活动。

同日，随笔《大自然的抚慰》在《今晚报》发表。

4月15日，《文艺报》"给读者的不完全书单"栏目中，刘海栖推荐了长篇儿童小说《寻找鱼王》。

4月16日，《齐鲁晚报》刊载师文静的《让孩子们有好书读——名作家投身儿童文学创作成"现象"》，其中谈及了张炜的儿童文学创作。

4月19日，在济南品聚书吧恒隆店参加世界读书日活动，与现场读者深入探讨阅读的本质，交流自己的读书心得。

4月22日，16卷本《张炜文存》首发式在山东书城举行。在首发式上，张炜以"数字时代的文学阅读"为主题，与读者分享了关于阅读与写作的体会和感悟。该首发式与专题讲座是山东省委宣传部、山东省新闻出版广电局、山东出版集团有限公司联合开展的"2016齐鲁阅读季"首场活动。后把在首发式上的发言、交流等修订整理为《在纸上做得更好》。

同时，山东省首届"奎虚图书奖——我最喜爱的鲁版书"颁奖典礼在山东省图书馆举行，长篇儿童小说《寻找鱼王》获奖。

4月23日，《生活日报》刊载董广远的《文学大家张炜和余秋雨与你分享高品质阅读》，报道"2016齐鲁阅读季"有关消息及张炜的讲座、余秋雨的采访讲话。报道称，张炜、余秋雨被聘为本次阅读季"山东全民阅读形象大使"。

同日，《齐鲁晚报》刊载师文静的报道《〈张炜文存〉甄选作者珍贵手稿》和访谈《全民阅读日，张炜谈读书——快餐文化盛行，我们更应该回归经典》。

同日，《山东商报》刊载消息《2016齐鲁阅读季活动启幕——余秋雨、张炜成山东阅读大使》。同时，刊载李解的访谈《张炜：没有阅读就没有未来》。

4月24日上午，在济南参加由山东文艺出版社主办的王良瑛长篇小说《雾锁青石巷》首发式并发言。

4月25日，《文汇报》刊载余佐赞的《菊花从不教条——读张炜〈陶渊明的遗产〉》。

4月27日，《齐鲁晚报》刊载张炜4月21日为《齐鲁晚报·青未了》的题词："以独有的深度和敏锐、持久、专注，向读者传达时代的声音，展现文字永恒的魅力。"

同日，《中华读书报》刊载孟丽丽的《〈寻找鱼王〉：原创精品诞生记》。

4月29日，《大众日报》刊载于国鹏的《张炜：阅读和写作都需要诗性心灵》，报道4月22日在山东书城举办的《张炜文存》首发式情况及张炜的阅读、写作体会和感悟。

5月，随笔《精神的地平线——在河北文学院的演讲》在《长江文艺评论》2016年第1期（创刊号）发表。其中，详细辨析了"理想"与"理想主义"、"道德"与"道德主义"的不同，指出："'理想'是好的，这是对完美和至善的一种向往，有了这种向往，一个人才能严格要求自己，形成自我牵引和矫正的力量。但'理想主义'就不同了，认为理想可以解决一切问题，成为所有事物的依赖，它一旦凝固成几条标准或一个概念，也会相当简单或粗暴的。它和物质主义一样，有时也会成为极端化的破坏力量。所以对'理想主义'是值得警醒的。'理想'和'理想主义'是两个不同的概念。人若没有'理想'是非常可惜的，但是认同了'理想主义'，则会是可怕的。道德也是如此，一个人当然要讲道德，因为这是维系文明的基础，但一旦形成了'道德主义'，却将是非常刻板与冥顽不化的，那样就会丧失自我批判的能力，并天真地相信'道德'是一切的标准，他可以评判一切裁决一切，将复杂的问题简单化了。"

5月，儿童小说《狮子崖》在《天涯》2016年第3期发表。这篇小说初稿完成于1974年6月。同期发表的还有《作者附记》，介绍了这篇小说的保存和修订经过；何向阳的评论《蓝缎子一样的大海下面》。

5月，长篇小说《独药师》在《人民文学》2016年第5期发表，发表时有删节。编者在"卷首"中写道："原欲与修持、长生与断送、家族与私念，在'气息、目色、膳食、遥思'这养生四诀的内外含混交缠，最终交付于历史洪流。有幸留下的，只是档案馆里尘封待读的案卷。张炜的这部长篇小说新作《独药师》，就是关于这份案卷的'实录'。以非虚构式的事实感，还原历史剧烈运动的民间情态，演绎、争辩和析出'原道'与'新变'的撕裂与选择。"

5月，长篇小说《独药师》由人民文学出版社出版。

人民文学出版社2016年5月版

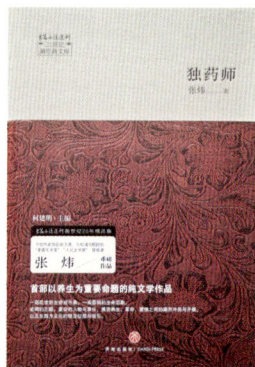

天地出版社2017年6月版

5月，刘玉栋选评"张炜文学名篇少年读本"《童年的马》《天蓝色的木屐》，由明天出版社出版。

5月，《晋城职业技术学院学报》第3期刊载闫石的《知识分子的叙述——张炜的精神立场》。

明天出版社2016年5月版

明天出版社2016年5月版

5月，《中国现代文学研究丛刊》第5期刊载姚亮的《张炜小说关键词：高原·游荡·技艺——以系列小说〈你在高原〉为例》。

5月4日，《齐鲁晚报》刊载4篇写书的文章，张炜作为命题嘉宾为之命题《难忘的老书》。

5月6日上午，在台儿庄参加"贺敬之柯岩文学馆·柯岩馆"开馆仪式。

同日，《中国新闻出版广电报》刊载记者李明远的《张炜：阅读不是"知道而已"》，介绍张炜在"数字时代的文学阅读"专题讲座中的观点。

5月7日，《大众日报》刊载记者田可新的《身边的讲坛：拉近名家与市民距离》，报道张炜4月19日在品聚书吧恒隆店谈阅读的活动。

5月19日，在山东理工大学演讲。演讲后修订整理为《时间里的觉悟》。

5月20日，在淄博参加山东理工大学、淄博市委宣传部联合主办的"70后"作家创作与当代中国文学研讨会并发言。整个研讨会发言后由张艳梅等整理为《"70后"作家创作与当代中国文学》，刊载于《百家评论》2016年第4期。

5月27日，关于"山东省沿海地区新农村建设"的长篇小说创作选题，入选中国作协2016年度重大现实题材创作专项。

5月31日，完成随笔《对"新批评"的期待》。后发表于6月9日《文学报》"纪念文学报创刊35周年暨《新批评》创办5周年专题"。

春，《龙口文学》春季号刊载赵剑平的《〈外省书〉中"鲈鱼"的原型》。

6月，随笔《小说与动物》在枣庄市文联《抱犊》2016年第2期发表。

6月，随笔《什么是散文》在《当代散文》2016年第3期发表。张炜认为："自然天成、朴素和真实才是散文的最高境界。"

6月，48卷本《张炜文集》由作家出版社第2次印刷。

6月，唐长华著《张炜小说研究》由中国社会科学出版社出版。

6月，《百家评论》第3期刊载顾广梅等的《新世纪乡土文学创作现象面面观》，其中论及了长篇小说《丑行或浪漫》。

6月1日，《文艺报》刊载《2016年中国作家协会深入生活、扎根人民活动重大现实题材创作扶持专项入选名单》。其中，张炜的创作选题方向为"山东省沿海地区新农村建设"，深入生活地点为"山东省荣成市霞口村"，作品题材为"长篇小说"。

同日，《辽宁日报》刊载王研的《中国孩子更需要中国故事》，其中谈及了长篇儿童小说《寻找鱼王》。

6月3日，《文学报》主办"对于文学我还能做什么"主题研讨会暨第五届《文学报》新批评优秀评论奖颁奖典礼。张炜发去祝词及书面发言。

同日，《大众日报》刊载亓凤珍的《一部历史巨变时代的心灵史》，评长篇小说《独药师》。

6月7日，《光明日报》发布消息：长篇小说《独药师》荣登《光明日报》"6月光明书榜"（同榜共10部作品）。

6月13日，在北京参加第三届中日韩文学论坛。

同日，《光明日报》刊载张洪浩的《新奇之作〈独药师〉》。

6月15日，由人民文学出版社主办的"独药师的另类传奇　翻越'高原'之后的全新力作——张炜《独药师》新书发布会"在北京举行。张炜及人民文学出版社社长管士光、副总编辑应红、中国作协副主席、评论家李敬泽，《人民文学》主编、评论家施战军，北京大学教授、评论家陈晓明等出席发布会。北京和全国多家媒体都报道了《独药师》出版发行的消息及相关评论。

6月16日，随笔《不可思议的力量》在《文学报》发表。

同日，在北京三联书店参加由人民文学出版社主办的长篇小说《独药师》读者沙龙及签售活动。

6月17日，《齐鲁晚报》刊载师文静的《翻越"高原"之后，转写百年前半岛传奇故事——张炜大实大虚刻画"独药师"》。

同日，《济南时报》刊载石晓丹的《暌违5年再出新长篇〈独药师〉——张炜新作讲述齐鲁文化的"养生秘笈"》。

6月19日，《人民铁道》刊载胡俊杰的《万松浦书院：一隅清寂　万物生长》。

同日，完成创作谈《那些可歌可泣的人和事》，谈长篇小说《独药师》。

6月20日，《文艺报》刊载行超的《翻越"高原"——张炜〈独药师〉首发》。

同时，《新华书目报》刊载记者郭煜的《张炜新书〈独药师〉在京发布》。

6月22日，长篇小说《独药师》创作谈《那些可歌可泣的人和事》在《文艺报》发表。同时，刊载宫达的《张炜长篇小说〈独药师〉：自由的礼赞与生命的哀伤》。

同日，将有关文学访谈辑录整理为《老船出海》，谈《独药师》《兔子作家》等。

6月23日，《新华书目报》刊载郭煜的《翻越"高原"，迎来新风景——名家畅谈张炜新作〈独药师〉》。介绍了6月15日"张炜《独药师》新书发布会"情况，其中有陈晓明、施战军、李敬泽等的发言要点。

6月24日，《中国新闻出版广电报》刊载宋强的《〈独药师〉：走向历史与文化深处》。

同日，完成随笔《人世间最昂贵的审美》（读雪樱散文）。

7月、8月，长篇小说《独药师》（上、下）分别选载于《中华文学选刊》2016年第7期、第8期。

7月，散文《一片静静的树林》在《山东画报》2016年第7期发表。同期，有关于《张炜文存》的专题图文介绍。

7月，洪浩选评"张炜少年读本"（套装5册）由山东教育出版社出版，包括《永远生活在绿树下》《美生灵》《岛上人家》《名医》《魂魄收集者》。

山东教育出版社2016年7月版

7月，将2016年6月以来关于长篇小说《独药师》的访谈辑录整理为《一场没有隐喻的写作》。

7月，赵德发长篇小说《人类世》、小说集《魔戒之旅》分别由长江文艺出版社、新世界出版社出版。张炜与白烨等予以推荐。

7月1日，《中国艺术报》刊载记者金涛整理的张炜在长篇小说《独药师》新书发布会上的发言——《张炜：把神秘的东西写实一些，神秘的力量反而更强》。

7月3日，《青年报·新青年周刊》刊载赵月斌的《照亮灵魂的立命之书》，评长篇小说《独药师》。

7月4日，《文汇报》刊载韩浩月的《走出"旧房间"的中国病人》，评长篇小说《独药师》。后又刊载于7月9日《齐鲁晚报》。

7月6日，《中华读书报》刊载夏琪的访谈《张炜：带着惊诧和痛楚写出〈独药师〉》。

7月7日，《光明日报》刊载陈晓明的《文学里的乡愁：守望中国人的精神家园》。陈晓明指出："当代中国文学在怀乡的情感表达中，深化了对家园土地的关切，拓展了自我情感，守护住精神家园。2010年，张炜出版《你在高原》，书写了胶东半岛大地上的山川、田野、历史、人伦，书写了这片土地上生长的人们的心性、命运遭际与精神品格，他用他的文字抚摸家园大地，也用他的心灵去抚慰故土亲人。张炜对世界文学亦有他的美学指向，在如此宏大的自然与历史的背景上，故乡的书写流宕着浓郁的浪漫主义激情，也由此体现了当代中国文学精神的宽广博大。"

7月8日，完成安徽少年儿童出版社再版的短篇小说集《他的琴》后记。

7月10日，《汕头日报》刊载林伟光的《寻根与反思》，评长篇小说《独药师》。后又刊载于8月21日《深圳晚报》。

7月14日,《文学报》刊载石华鹏的《真正的中国故事,是中国人的精神故事——张炜长篇小说〈独药师〉读后》。

同日,《石家庄日报》刊载高中梅的《他坚守着生命的尊严——读张炜新作〈独药师〉》。后又发表于8月11日《内蒙古日报》(汉文版),修订改题为《坚守生命的尊严》。

7月15日,《张炜:在我所有的小说里,它最贴近历史的原貌和真实》在《中国出版传媒商报》发表,谈长篇小说《独药师》。

7月20日,《文汇报》刊载潘凯雄的《看张炜这位"药师"如何耍"独"?——评长篇新作〈独药师〉》。

7月22日,中国作家网刊载陶新远的《对胶东半岛历史风云图景的崭新描绘》、明子奇的《一场革命一味药——评张炜〈独药师〉》、刘诗宇的《当长生之路遇见革命和爱情》、李君君的《何为真正的永生?——评〈独药师〉》、刘汉波的《遗忘在历史角落的个人史诗——简评张炜新作〈独药师〉》、周蕾的《传奇与务虚——〈独药师〉的两副面孔》。

7月24日,在上海书城与陈思和、张新颖对话长篇小说《独药师》。有关谈话后辑录整理为《陡峭和危险的入口》。

7月25日,《文艺报》刊载周蕾的《传奇与务虚——〈独药师〉的两副面孔》。

同日,中国作家网刊载孙大坤的《乱世人间养生主——张炜〈独药师〉分析》、贺格格的《一场"事关永恒"的相遇——评〈独药师〉》、石磊的《物质时代的精神追求——〈独药师〉作为一味"独药"》。

7月26日,《文汇报》刊载许旸的《作家张炜携最新长篇对话评论家陈思和、张新颖——〈独药师〉逼迫小说家展示语言肌肉》。

同日，《南方日报》刊载陈龙、李培的《张炜：为了那些倔强的心灵而写》，评介长篇小说《独药师》。

7月28日，《文学报》刊载何晶、张迪的《张炜携新作〈独药师〉来沪——生命与革命的诘问、质疑、对话》。

7月29日，随笔《那根命运的手指》（节选）在《大众日报》发表。

同日，《中国新闻出版广电报》刊载记者杨雅莲的《用端庄书写赢得读者敬重》，其中谈及了长篇小说《独药师》。

8月，《江南·长篇小说月报》第4期推出"张炜小说专号"，介绍了张炜创作概况，选录了长篇小说《独药师》《外省书》。同时，刊载沛娜的访谈《关于〈独药师〉答记者问》、赵月斌的《〈独药师〉：异人异事，乱世奇谈，充满爱力和血气的立命之书》、李敬泽的《找一找"外省"在哪儿》、王尧的《在个人与时代紧张关系中生长的哲学与诗学——关于张炜的阅读札记》、梅疾愚的《张炜对于中国当代文学评论的意义》。

8月，长篇小说《独药师》（节选）选载于《当代·长篇小说选刊》2016年第4期，注明"本文选自人民文学出版社同名新书第六至最后一章"。

8月，长篇小说《九月寓言》被列入"典藏文库"，由华夏出版社出版。

8月，山东作为主宾省参加在台湾举办的第十二届海峡两岸图书交易会，山东主宾馆的参会主题是"齐风鲁韵，书香山东"。会上展出了山东教育出版社出版的16卷本《张炜文存》。

8月，《独药师》入选由中国图书馆学会、韬奋基金会、中国出版集团公司、中国报刊发行行业协会、中国新华书店协会联合组织的"出版界图书馆界全民阅读好书榜（50种）"重点推荐图书（2015~2016）。

8月，将2016年4月以来的有关文学访谈辑录整理为《半岛文化的奇特》。

8月，傅小平著《四分之三的沉默：当代文学对话录》由广西师范大学

与陈思和（左）、张新颖（右）在上海书城

出版社出版，其中收录了与张炜的对话《要清醒，要有一只不太糊涂的耳朵》。

8月3日，中国作家网刊载刘玉栋的《爱情，长生的秘方》，评长篇小说《独药师》。

8月9日，《人民日报》刊登赵普光、李静的《当代文学对乡贤文化的书写》，其中论及了长篇小说《古船》。文中指出："上世纪80年代以来的乡土文学，如张炜的《古船》、路遥的《平凡的世界》、陈忠实的《白鹿原》、李佩甫的《羊的门》、莫言的《生死疲劳》、蒋子龙的《农民帝国》、赵德发的《君子梦》、和军校的《薛文化当官》、贾平凹的《带灯》、关仁山的《日头》等，从不同侧面塑造了一个个性格各异的新乡贤形象。"

8月15日，《文艺报》刊载徐鲁的《张炜〈兔子作家〉：花开鸟啾虫鸣，万物有灵且美》。

8月19日，《北京晚报》刊载顾齐的《套上"长生术"皮囊的成长小说——读张炜的〈独药师〉》。

8月21日，《深圳晚报》刊载林伟光的《寻根与反思》，评长篇小说《独药师》。

8月25~28日，第六届山东文化产业博览交易会在济南国际会展中心举行。16卷本《张炜文存》亮相。

9月，散文随笔集《我的自语打扰了你》被列入"纸老虎系列"，由万卷出版公司出版。

9月，何启治著《朝内166：我亲历的当代文学》由人民文学出版社出版。其中，收入了《张炜

万卷出版公司2017年9月版

与说不尽的〈古船〉》、《备受瞩目的〈九月寓言〉终于和〈当代〉失之交臂》、《〈古船〉：第一部用新的历史观写土改和反思当代历史的长篇小说险些遭到禁止出版的厄运》（存目）。

9月，《南京师范大学文学院学报》第3期刊载路翠江、邵虹的《张炜"半岛世界"的灾难戒惧与"恶托邦"营构——兼论"半岛世界"离弃模式的根源》。

9月，《南方文坛》第5期刊载郜元宝的《作家张炜的古典三书》，评随笔集《楚辞笔记》《也说李白与杜甫》《陶渊明的遗产》。

9月，《小说评论》第5期刊载李振的《重读〈安娜·卡列尼娜〉兼论当下小说》，其中论及了张炜的小说创作。

9月，《河南科技学院学报》第9期刊载姬玉侠的《〈古船〉的历史叙事分析》。

9月，《大众文艺》第17期刊载胡书萌的《〈曙光与暮色〉中的存在主义精神探析》。

9月，《初中生》第27、28期合刊刊载孙永庆的访谈《对话张炜：中学生手中的金玫瑰》，张炜就中学生阅读谈了自己的看法。

9月2日，在西安参加由中宣部、中国作协主办的"深入生活、扎根人民"主题实践活动经验交流会。其间，参观柳青故居。

9月10日，在山东书城"经典文学论坛"参加由济南时报社与山东省现代艺术研究院、新华网山东频道联合主办的对话会，谈长篇小说《独药师》。

9月18日上午，在济南参加由山东大学文学院、山东省中国当代文学研究会举办的赵德发长篇新著《人类世》研讨会。发言摘要刊载于《山东作家》2016年秋季卷。

同日，《安徽商报》刊载胡竹峰的访谈《张炜：写作是一件极有魅力的工作》，张炜由长篇小说《独药师》谈及自己的创作经历和创作体会。在谈到创作长篇小说《古船》前后受到哪些作家作品的影响时，张炜说："鲁迅和托尔斯泰、陀思妥耶夫斯基对我影响最大。托马斯·曼的《布登勃洛克一家》和《卡拉马卓夫兄弟》对我构成了强大的吸引。拉美作家读了，但读得不够多，当时对我有影响的是危地马拉作家阿斯图里亚斯的《玉米人》。"

在谈到自己的作品时，张炜说："我写了40多年，作品比较少。如果主要的劳动成果是纸上的东西，这点数量就太少了，质量也不让自己满意。《古船》《九月寓言》看的人多，《刺猬歌》和《丑行或浪漫》也有不少人看。《刺猬歌》给予的回报特别强烈，自认为写出了一部个人意义上的新作。今天回头看，它好像更多的是为专业读者写的。它调动读者的生活经验，但更调动文学经验，不像《你在高原》等书。但是如果从语言的门进去之后，一切都简单了。自己直到现在还偏爱《刺猬歌》，认为它是在身体状态、生活储备、文学技能各个方面达到一个比较好的结点上产生的。不过我还是希望他们以后读一下《你在高原》和《独药师》。《你在高原》跟《刺猬歌》和《独药师》的确是不一样的，因为一个作家要有不同的审美向度，做很多尝试。《你在高原》是一个所谓的'大河小说'，就是以这个巨量、无所不包、百科全书、浩浩荡荡的气质存在和成立的，是这样一种美学品格。这对一个作家的生活经验、技能训练都是一次考验，考验耐力，也考验叙述的能力，冲荡而出的决心和勇气。从这些方面来讲，它不是单部作品能够比拟的，算是作者一个最大的文学的'坎儿'。"

在谈到自己的写作时，张炜说："坚持追求真理，不妥协，劳动和工作下去，这就应该是日常的事情。除了写作，人还有许多事情要做。我认为写作应该是业余的，一个人当了所谓的'专业作家'，更要保持业余的心情。最好在社会上找一份工作干，有了创作的冲动再动笔。"

9月23日，《中国艺术报》刊载刘雪萍的《张炜小说〈你在高原〉的地理空间》。

9月24日上午，"齐鲁书香节暨2016山东书展"在山东书城开幕，张炜参加书展并与读者互动。同时，由山东教育出版社出版的16卷本大型作品精选集《张炜文存》（特精装版）在书展上隆重推出。

9月26～28日，在北京参加中国作家协会第八届主席团第十次会议。

10月，随笔《柳丝小巷和甜泉清流——读钟倩散文有感》在《当代散文》2016年第5期发表。此文是为钟倩散文集《泉畔的眺望》写的序，后又发表于12月3日《齐鲁晚报》。

10月，洪浩选评"张炜少年小说书系"（套装2册）由长江文艺出版社出版，包括《小河日夜唱》《父亲的海》。

长江文艺出版社2016年10月版

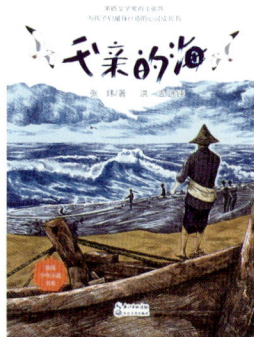

长江文艺出版社2016年10月版

10月，长篇儿童小说《寻找鱼王》（精装本）由明天出版社出版。

10月，长篇儿童小说《寻找鱼王》（选目）被收入《山东作家作品年选2015·综合卷》，由作家出版社出版。《山东作家作品年选2015·评论卷》收录了冯淑静、沈壮娟的《暗涌与川流——齐文化对当代胶东籍作家的影响比较探究》，朱自强的《"足踏大地之书"——张炜的〈半岛哈里哈气〉的思想深度》，贺仲明、刘新锁的《思想的作家与作家的思想——张炜论》。

10月8日，《齐鲁晚报》刊载吉祥的《张炜携〈独药师〉亮相山东书展——民族精神资源来自读书，阅读不能太时髦》。

10月10日，在北京参加由中宣部组织召开的繁荣文艺创作经验交流会。

10月15日，随笔《大用是书生》在《人民政协报》发表。

10月17日，在东莞参加第十三届中国东莞观音山健康文化节暨第二届中国当代文学高峰论坛。其间，举行第四届"观音山杯·美丽中国"全国游记征文大赛颁奖典礼，张炜的散文《屺坶岛纪事》获特等奖。

10月20日，参加乡土文学讨论会并发言。发言后修订整理为《苍老的乡土》。

10月21日，《南方日报》刊载龚名扬的报道《国内文学大咖聚东莞　作家张炜获颁特等奖》和专访《张炜：这个时代需要写作者的沉着》。

10月22日上午，在济南参加全省繁荣文艺创作经验交流会。

同日下午，在济南参加由山东省散文学会、垂杨书院联合举办的袁滨书话集《盈水轩读书记》分享会并发言。

同日，《齐鲁晚报》刊载李亦的《独家药师智慧多》，评长篇小说《独药师》。

11月，长篇小说《古船》俄文版由俄罗斯Hyperion出版社出版。

11月，张高峰著《修远的天路——张炜长河小说〈你在高原〉研究》由香港传媒出版社出版。

11月，《长江文艺评论》第4期刊载汪树东的《当代中国生态文学的四个局限及可能出路》，其中论及了张炜的小说创作。

11月，《绥化学院学报》第11期刊载崔金巧的《现代与传统的精神角力场——评张炜长篇小说〈古船〉》。

11月，《海南师范大学学报》（社会科学版）第11期刊载姚亮的《身体·革命·理想——评张炜新作〈独药师〉》。

11月，《名作欣赏》第32期刊载张高峰的《桐花落处觅旧魂——评张炜长篇小说〈独药师〉》。

11月，随笔《作家的品质》被收入《齐鲁文学作品年展2016·散文卷》，由中国文联出版社出版。

11月6日上午，在济南垂杨书院参加"张炜研究资料中心"启动仪式。"张炜研究资料中心"是国内第一家民间学人自发成立的作家专题资料收藏和研究机构，藏有张炜各种著作版本和研究资料5000多种。

11月7日（农历立冬日），在济南度过60周岁生日。

11月16日，在济南参加省委第16巡视组专项巡视省作协党组工作动员会。

11月17日，"2016年陈伯吹国际儿童文学奖"颁奖仪式在上海宝山国际民间艺术博览馆举行，长篇儿童小说《寻找鱼王》荣获年度图书（文字）奖。

11月18日，以"让孩子享受阅读的美好"为宗旨的第三届"上海好童书"奖颁奖，长篇儿童小说《寻找鱼王》荣获此奖。

11月26日，随笔《两次进长安》在《人民政协报》发表，谈李白两次进长安。

11月30日~12月3日，在北京参加中国作家协会第九次全国代表会议。12月2日，在中国作协第九届全国委员会第一次会议上当选中国作家协会副主席。

12月，散文《热爱大自然》被收入义务教育蒙古族学校教科书《汉语》七年级下册，由内蒙古教育出版社出版。

12月，短篇小说《王血》被收入施战军主编的《路灯》（英汉双语版）2016年第2期，由外文出版社有限责任公司出版。

12月，散文《作家的品质》在莒县县委宣传部、县文联《莒州文艺》2016年第11期发表。

12月，长篇儿童小说《兔子作家》获腾讯与《中国图书商报》"2016年华文好书评委会大奖"。

12月，长篇小说《古船》朝鲜文版由延边人民出版社出版。

12月，《山东作家》第4期刊载消息《张炜当选中国作协副主席，我省5人当选为中国作协全委会委员》。

12月，《中国现代文学研究丛刊》第12期刊载谭好哲的《张炜创作中的伦理情怀及其当代意义》。

12月，《文教资料》第34期刊载辜玢玢的《张炜小说中"父亲"母题的想象方式》。

12月2日，《河北日报》刊载艾兴君的《浮躁时代的心灵隐居——评张炜新作〈我的自语打扰了你〉》。

12月4日，《人民日报》刊载消息《中国作协新一届领导机构产生》。

12月9日，《大众日报》刊载丛新强的《〈独药师〉：文明的赓续与断裂》。丛新强指出："张炜的长篇小说《独药师》是2016年齐鲁文学的标志性作品，也是2016年中国当代文学的重大收获。"

12月10日，随笔《精神的太阳》在《人民政协报》发表。

12月12日，《当代作家评论》第三届当代中国文学优秀批评家奖揭晓，孟繁华等获奖。张炜担任评委。

12月16日，在济南参加由山东师范大学文学院、山东师范大学中国现当代文学国家重点学科等单位主办的赵月斌长篇小说《沉疴》研讨会并发言。发言后修订整理为《一只毛茸茸的瓜》。

同日，将有关文学访谈辑录整理为《记得住的日子》。

12月17日，在济南参加由山东散文学会主办的庆祝山东省散文学会成立30周年座谈会，并就散文创作发言。发言后修订整理为《文章大事与日常生活》，发表于《当代散文》2016年第6期。

同日，在济南参加"花城与泉城的诗歌对话暨热爱力文学沙龙第一期"，与来自广东和山东的诗人、评论家座谈讨论。

12月21日，长篇小说《独药师》获评人民文学出版社2016年度"十大好书"。

12月22日，长篇小说《独药师》获评《当代》长篇小说论坛2016年度网络票选五佳作品。

12月23日，《大众日报》刊载逄春阶的《肩负时代使命　匹配文学雄心——访新任中国作协副主席张炜》。张炜透露："明年春节后，我将奔赴新的生活基地——威海市某渔村，这是由农业部和中国作协共同推荐和确立的重大现实题材创作项目，我想在两年时间内完成这个项目，大的主题就是'记住乡愁'。我将继续在胶东大地的行走。"

同日，完成随笔《林子深处的声音》，谈与《小说选刊》的关系。

同日，《中国新闻出版广电报》刊载记者李婧璇的《精雕细琢　成绩耀眼》，其中介绍了长篇小说《独药师》。

12月24日，随笔《才华的来处》在《人民政协报》发表。

12月26日，长篇小说《独药师》获评《中华读书报》2016年度十大好书，张炜获评"年度作家"。选书范围为2015年12月至2016年11月在内地首次公开出版发行的图书。点评中说："这不像我们所熟悉的那个张炜，其叙事方式以至于语言诸多方面，都给人以明亮耀眼别具姿容的强烈的新异感和冲击力。语言的独特魅力和情节的环环相扣，具有迷人的美学气息，吸引人一口气读完。"

12月27日，《人民日报》刊载陈晓明的《养生书写的寓言意义》，评长篇小说《独药师》。这是《人民日报》读书副刊专门约请文学、艺术、历史、社科、考古领域的五位专家，为读者推荐的2016年度他们心中的"中意之书"之一。

同日，由中国出版协会举办的第六届中华优秀出版物奖评选揭晓，长篇儿童小说《寻找鱼王》荣膺该奖。

12月28日，《中华读书报》刊载夏琪的访谈《张炜：写作献给那些倔强的心灵》。

本年，《聚雅》第5期刊载刘玉栋的《爱情：长生的秘方》，评长篇小说《独药师》。《聚雅》（双月刊）由济南市文学艺术界联合会、山东中国文学艺术博物馆主办，吉林美术出版社出版。此期标明2016年3月出版，显系错误。

本年，《山东青年报》（中学版）寒假合刊刊载李敬泽的《张炜〈寻找鱼王〉：古老而长新的中国故事》。

1月，随笔《那根命运的手指》《陶渊明：何为风度》《携一本书游走》在《散文海外版》2017年第1期发表。

1月，随笔《发现与遮蔽》（选自随笔集《也说李白与杜甫》）刊载于《山东画报》2017年第1期。

同期，刊载张彤彤的《张炜长篇小说〈狮子崖〉新书发布会暨研讨会在京举行》，介绍1月11日山东教育出版社在北京举办的长篇小说《狮子崖》新书发布会暨研讨会情况。

1月，长篇小说《刺猬歌》手稿（节选）在《作品》1月上半月刊发表。

1月，长篇小说《独药师》选载于《长篇小说选刊》2017年第1期。同时发表创作谈《那些可歌可泣的人和事》。

1月，散文《融入野地》被收入《最美的散文》，由云南教育出版社再版（此书2010年1月初版）。

1月，散文随笔集《穿行于夜色的松林》由湖南少年儿童出版社出版。

1月，长篇儿童小说《狮子崖》由山东教育出版社出版。

1月，短篇小说集《他的琴》出版27年后，由安徽少年儿童出版社分《他的琴·槐花饼》《他的琴·公羊大角弯弯》两卷再版。书前有刘海栖撰写的前言：《关于〈他的琴〉》（写于2016年11月18日）。

湖南少年儿童出版社2017年1月版

1月，长篇小说《刺猬歌》由人民文学出版社再版。

1月，刘绍清主编《中国地方文学发展道路探索》由中国文联出版社出版。张炜为之题词："'昭通文学发展道路系列研究'出版，是重要的文化基础工程，是对区域文学的一次深入研究和精细盘点。文学可以保养一方精神，促进·区文明，推进和建设有信心有诗意的生活。"

1月，苏抱琴散文集《另外的眼睛》由团结出版社出版，其中收录了《阅读张炜》。

1月，随笔《时间里的觉悟》在《小说评论》2017年第1期发表。此刊2017年为张炜开设"松浦夜读"专栏，第2～6期分别发表随笔《经典的反面》《半岛故事与法兰西情怀》《谦卑》《我不是一个理想主义者》《我们为何而来》。

同期，推出"张炜长篇小说《独药师》评论专辑"，刊载李萍的《"倔强的心灵"及其当代书写——评张炜新作〈独药师〉》，张学昕、韩雪梅的《生命在时代激变中的存在悖论——读张炜的长篇小说〈独药师〉》，刘文祥、贺仲明的《革命精神史的独特书写——评张炜新作〈独药师〉》，杨国伟的《现实·荒诞·抒情：〈独药师〉的三个关键词》。

1月，《当代作家评论》第1期推出"张炜《独药师》评论专辑"，刊载陈晓明的《逃逸与救世的现代史难题——评张炜新作〈独药师〉》、顾广梅的《乱世的生命启示录，或一曲生命恋歌——评张炜的〈独药师〉》、赵月斌的《充满爱力和血气的立命之书——评张炜长篇新著〈独药师〉》、赵坤的《传奇、虚无与历史意识——有关〈独药师〉的几个面向》。

1月，《当代文坛》第1期刊载刘家民的《拯救与毁灭："身体"的历史反思与伦理观照——张炜〈独药师〉的生命哲学》。

1月，《中国出版》1月下半月刊刊载田雪平的《张炜少年之作〈狮子崖〉

面世》。其中，引述张炜的自述："《狮子崖》这部小说是我不能再造的作品。人要不忘初心，十六七岁的少年对文学和生活的感受、对生活转达成文学作品的感受在现在看来完全不一样了，那个时代对大自然的好奇、童年探索的精神是我整个儿童文学的入口和开始。"

1月，《小学生之友》（阅读写作版）第1期刊载金明春的《张炜：寻找鱼王的大作家》。

1月4日，《中华读书报》刊载方卫平的《〈狮子崖〉：不只是历史的温习》。

同日，《济南日报》刊载陈炜敏的《张炜〈寻找鱼王〉荣获第六届中华优秀出版物奖图书奖》。

1月6日，由长篇小说选刊杂志社举办的首届"中国长篇小说年度金榜"终评会在北京举行，长篇小说《独药师》等五部作品上榜。

同日，完成散文随笔集《海边兔子有所思》（此书2018年1月由长江文艺出版社出版）序。张炜写道："这本散文随笔集是我近两年来的新作，除《文字的河流》一篇大部分增订再次收入本集外，其余篇目都是首次收入。""与虚构的篇章不同，我现在更为重视这些直接的言说和记述。""在作家这里，散文与随笔往往作为一份时间的存根，它们的质地或许另有一种朴素和真实。"

同日，《中国出版传媒商报》刊载任志茜的访谈《张炜：用童心抵御生活的阴郁》、张君成的访谈《张炜：好作品必能经历时间淬炼》。在张君成的访谈中，张炜寄语："愿广大读者在新的一年里，读到更多的、成熟的纯文学作品，读更多的纸质经典书，一个民族拥有更多的纯文学的大读者，是衡量一个民族文化和精神力量的最重要指标之一。"

1月8日，《济南时报》刊载钱欢青的《张炜童书〈兔子作家〉获"华文年度好书"评委会特别奖：大作家笔下那只神奇的"眼镜兔"》。

1月9日，"华文好书年度盛典"在北京举行，《兔子作家》获评委会特别奖。获奖推荐词是："很少写儿童文学的张炜，借一只'眼镜兔'讲出了树木、小獾、小刺猬等30个故事，作者温文尔雅地描写了上百种动植物的特征，充满诗意地讲述了它们的传奇。这些故事，散发着清新澄澈的自然芬芳，也充满了哲理智慧之光和文学之美。"

同日，《文艺报》刊载李晓晨的《2016年长篇小说——在现实中取得更丰厚的收获》，其中谈及了长篇小说《独药师》。

1月10日，《山东青年报》（中学版）2017年寒假合刊整版推出"张炜笔下的儿童文学"，介绍儿童小说《寻找鱼王》《兔子作家》《童年的马》《天蓝色的木屐》《少年与海》《狮子崖》。

1月11日，在北京参加由山东教育出版社举办的长篇儿童小说《狮子崖》新书发布会暨研讨会，与现场嘉宾分享《狮子崖》的创作、出版过程。发言及对谈后修订整理为《四十二年前的"新作"》。

1月12日下午，在北京参加"安武林幽默童话"系列新书发布会暨研讨会并发言。

1月15日，《光明日报》刊载李苑的《少儿图书与"大家小书"领跑》，其中介绍了张炜的儿童文学作品。

1月16日，《工人日报》刊载苏墨的专访《张炜：重回18岁》，介绍长篇儿童小说《狮子崖》。张炜说："时代不是浮躁吗？那就用大定力对付它。文坛不是无常乖戾吗？那就用最传统的劳作心对付它。时尚不是最浑浊最粗鲁吗？那就用清洁癖和工匠心对付它。势利客不是总盯着洋人和热卖场吗？那就用自家写作坊银匠似的锻造去拒绝和抵御它，心无旁骛。"

1月20日，《大众日报》刊载于国鹏的《山东迎来长篇文学创作丰收之年》，介绍了2016年山东的长篇文学创作。其中，重点介绍了长篇小说《独药师》。

同日，《中国新闻出版广电报》刊载刘蓓蓓的《用儿童视角书写世界》，介绍长篇儿童小说《狮子崖》的保存、出版经过以及张炜的儿童文学创作。

1月24日，《联合日报·文化艺术周刊》刊载张炜的新年寄语《2017：让我们一起读书吧》。

1月26日，《南方周末》推出"我的2016年书单·虚构类（一）"。其中，陈晓明推介了长篇小说《独药师》。

2月，随笔《陶渊明的遗产》从《山东画报》2017年第2期起开始选载，至12月第12期止。

2月，《初中生天地》第Z1期"名家荐书"专栏，洪浩推荐了长江文艺出版社出版的张炜短篇小说集《小河日夜唱》，同时刊载"名家荐语"和"张炜简介"。同期，"小小拆书家"栏目拆析张炜的短篇小说《父亲的海》。

2月，《文化学刊》第2期刊载童妍的《都市废墟与野地乐园——〈废都〉与〈九月寓言〉的城乡思考》。

2月，《中国图书评论》第2期刊载徐艳的《文明法则的胜利——读〈陶渊明的遗产〉》。同期，刊载王春林的《复杂历史图景的回望与沉思——2016年长篇小说创作一个侧面的理解与分析》，其中论述了长篇小说《独药师》。

2月，《山东文学》2月下半月刊刊载孙永庆的《张炜的第一本书》，介绍短篇小说集《芦青河告诉我》。

2月，《雨花》第1期推出"作家张炜研究"专辑，刊载付建舟的《〈人的杂志〉的叙事结构及其精神意蕴》、刘雪萍的《转型与突破——评张炜最新长篇小说〈独药师〉》、苏鹏的《家园神话的坍塌与绝望的精神救赎——评张炜长篇小说〈刺猬歌〉》、王万顺的《当代作家的多重文学身份——以张炜为例》。

2月，《赤峰学院学报》（汉文哲学社会科学版）第2期刊载刘亚利的《生态现代化视角下的家园梦》，其中论及了张炜的小说创作。

2月，《文教资料》（旬刊）第6期刊载肖云的《执着的追求和放弃——浅析张炜作品的价值取向》。

2月2日，《南方周末》推出"南方周末2016文化原创榜年度好书·虚构类"，长篇小说《独药师》入选。

2月5日，《光明日报》发布国家新闻出版广电总局全民阅读活动组织协调办公室主办的2016年度"大众喜爱的50种图书"，《独药师》为15种文学类图书之一。

2月5～10日，在济南参加政协第十一届山东省委员会第五次会议，当选为省政协常委，并担任省政协文史资料委员会副主任。

2月6日，《人民政协报》刊载郭海瑾的《推动当代文学的繁荣——访文学批评家陈思和》。陈思和在谈到新时期以来的文学现象时说："1990年代，张炜创作了《九月寓言》，在'寻根文学'基础上更加推进了一步。他把民间传说、野地趣味、魔幻手法、当代情怀都融为一体，小说文本里处处散发出奇异火苗，传统的文学批评原则和措辞无法解读这样稀奇古怪但又是自然天成的文本。如果说，寻根文学产生的新的小说美学还是粗糙的、人工的，那么《九月寓言》形成了炉火纯青的小说美学。我意识到这是一场小说美学的革命，需要有一套新的批评观念和批评词汇，才能真正解读这样的作品，以推动文学创作的创新。结合解读《九月寓言》《心灵史》《长恨歌》等作品，我开始立说'民间'的批评观念和文学史观，进而形成了一套知识分子价值取向的言说。"

同日，《文艺报》刊载贺绍俊的《2016年长篇小说：依然行走在路上》，其中论及了长篇小说《独药师》。贺绍俊指出："在历史叙述中，中国近百年来的革命历史风云尤其受到作家们的青睐。张炜写过不少长篇小说，他的创作基本上是围绕思索革命历史这一主题而不断深化的。我曾把张炜的写作看成是一种寻求理想答案的精神之旅，《独药师》是他在旅途中一个新的拐点。他从养生的角度进入到历史，面对生命与革命的悖论反复追问。革命是要解决社会衰败的问题，让社会获得新生，养生大师们一生追求的是如何让生命延续。二者在总体目标上具有一致性，因此，独药师世家季氏后代不仅长期援助革命党，而且有的还成为革命党的一员，有些甚至在革命中丧失了生命。小说似乎在提示人们，养生文化所遵循的生命哲理，应该融入革命理念之中，这样才会避免革命的破坏性。但是小说中也出现了另一种声音：若要如此，除非遇到了'雅敌'才行。小说虽然在历史悖论面前打开了思想空间，但仍带着困惑——看来，张炜的精神之旅仍要继续下去。"

2月17日，《大众日报》刊载贺彩虹的《轻盈与厚重兼具的历史童话——张炜儿童文学作品〈狮子崖〉的多重意义》。

2月20日，《文艺报》刊载颜水生的《自然风景的多样表现与中国精神的当代传承》、刘永春的《反思意识与审美品格——2016年度长篇小说印象》，均论及了张炜的文学创作。同时刊载张涛的《历史记忆与现实感——三部长篇小说的阅读札记》，评介长篇小说《独药师》和格非的《望春风》、吴亮的

《朝霞》。

2月24日，《中国新闻出版广电报》刊载张君成的《直抵生活本真之美》，评介长篇儿童小说《狮子崖》和沈石溪的《五只小狼》。

2月25日，《齐鲁晚报》刊载书讯《当代华语文学名家自选集出版》。据介绍，"路标石丛书·当代华语文学名家自选集系列"由王蒙担任主编，由天地出版社出版，计划出版100本文学名家自选集。首批出版的是王蒙、陈忠实、韩少功、史铁生、张炜自选集。

3月，自选作品集《张炜自选集》被列入"路标石丛书·当代华语文学名家自选集系列"，由天地出版社出版。

3月，散文集《描花的日子》由浙江少年儿童出版社出版。

3月，《现代中国文化与文学》（半年刊）第1期刊载路翠江的《论张炜"半岛世界"的地理迁移》。

天地出版社2017年3月版

3月，《文学评论》第2期刊载张晓琴的《"独药师"的文学之道——论张炜的意义》。

3月，《出版人》第3期刊载杨帆的访谈《张炜：一场没有隐喻的写作》，谈长篇小说《独药师》。

3月，《初中生之友》3月中旬刊刊载唐惠忠的《张炜：理想主义和自由心态的完美结合》。

3月，《散文百家》（新活页语文）3月中旬刊刊载周岑的《爱的渴求和悖反——谈张炜小说〈古船〉〈你在高原〉中的女性形象》。

3月，《中国出版》3月下半月刊刊载陈明敏的《当你仰望星空时——浅谈〈兔子作家〉的创作亮点》。

3月，《学苑教育》（半月刊）第5期刊载张丹庆的《20世纪90年代世俗化进程中的知识分子——以张炜文学创作为例》。

3月，《初中生天地》第7期"名家荐书"专栏，洪浩推荐了长江文艺出版社出版的张炜短篇小说集《父亲的海》，同时刊载"名家荐语"和"张炜简介"。

3月7日，完成长篇儿童小说《狮子崖》附记，记述了这部小说创作、修改、保存和修订出版的过程。

3月9日，《新华书目报》刊载安武林的《张炜的"第一本书"》，评介短篇小说集《他的琴》。

3月10日，《中国新闻出版报》刊载张君成的《当代作家与评论家互换角色》。

3月22日，《山西日报》刊载吴言的《文学批评的出发点》，其中引述了张炜的观点："社会的腐败就是从语言腐败开始的，语言的贿赂也是最容易发生的。""因为文明社会里人是语言的动物，语言搞坏了，整个社会风气也就搞坏了。""我们的作品有时不够有力，重要的原因就是它们还没有化为自身行为的注解。我们的创作与我们的生活分得太开。"

3月27日，随笔《一只毛茸茸的瓜》（评赵月斌长篇小说《沉疴》）在《文艺报》发表。

4月，散文《炕和猫》选载于《读者》4月下半月刊，篇末注明"安格尔摘自明天出版社《描花的日子》一书，赵希岗图"。

4月，随笔《超验阅读及其他》在《上海文学》2017年第4期发表，篇末注明"本文为2015年5月29日于苏州大学文学院的演讲稿"。

4月，随笔《看老书》被收入中国图书评论学会编《读书的方法与艺术》，由人民出版社出版。

4月，短篇小说《一潭清水》选载于《十月·少年文学》2017年第4期"经典重读"专栏。

4月，小说集《问母亲》被列入"茅盾文学奖获奖者小说丛书"，由江苏凤凰文艺出版社出版。

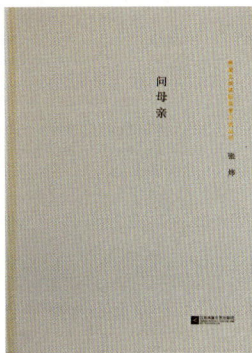

江苏凤凰文艺出版社2017年4月版

4月，《杭州师范大学学报》（社会科学版）第2期刊载王达敏的《中国新文学第一部"完全忏悔"之作——再论〈古船〉》。

4月，《太原学院学报》第2期刊载夏云的《论〈独药师〉的矛盾性》。

4月，《中国现代文学研究丛刊》第4期刊载王春林的《革命、养生和道家文化的辨析批判——关于张炜长篇小说〈独药师〉》。

4月7日，在北京参加三毛散文奖评选会议，担任评委会主任。

4月11日晚，在济南尼山书院做题为"阅读与写作漫谈"的演讲。

4月12日，为《中国新闻出版广电报》题词："为少年的文学，是为希望和未来的文学，是作家的使命和责任之所在，也是最美好的工作。"

4月14日，《文艺报》刊载潘绍东的《史传传统下的当下思考》，其中论及了张炜的小说创作。

4月18～25日，到威海渔村采访。

在威海渔村

4月23日，长篇儿童小说《寻找鱼王》获中国出版工作者协会第六届"中华优秀出版物奖"。这部小说自2015年5月由明天出版社出版以来，已重印11次，销量突破23万册，并获得了20多个奖项。

中华优秀出版物奖颁奖词为："《寻找鱼王》是一个写给孩子的古老而长新的中国故事，作品讲述了一个山村少年苦苦追寻'鱼王'学艺的传奇。作者将自己对自然的敬畏之情刻进了小说中，构成了本书深邃的情感贮藏和人生寓意：不管世事如何变迁，不管我们怀着什么样的热望和梦想，时间和自然之中依然存在着指引人生的恒常之理。"

4月25日上午，在威海参加由威海市委宣传部、市文联主办，市作协承办的"当代文学创作漫谈"专题讲座并演讲。演讲结束后，就当今文学的写作方式、写作方向、写作态度等，与当地作家和文学爱好者进行了交流和讨论。

演讲后修订整理为《自然、自我与创造》，在《威海文艺》2017年第3期发表，篇末注明"2017年4月25日上午于威海文学座谈会，冰岩、陈沛、洪浩整理"。此刊封二还有"威海市文联举办'当代文学创作漫谈'专题讲座"图文报道。

5月，施战军主编PATHLIGHT（《路灯》）第1期由外文出版社有限责任公司出版，其中收录了短篇小说"Snow by the Sea"（《海边的雪》）。

5月，随笔集《北国的安逸》被列入"乡愁文丛"，由大象出版社出版。

5月，散文集《描花的日子》由人民文学出版社出版。

5月，《长城》第3期刊载李姝的《贬抑与狂

大象出版社2017年5月版

欢——当代作家"流氓书写"的变奏》，其中论及了长篇小说《古船》。

5月，《百家评论》第3期刊载王晓梦的《经典气度，诗性忧思——评张炜的〈也说李白与杜甫〉》。

5月，《齐鲁学刊》第3期刊载张雪飞的《养生与革命的冲突——评张炜的长篇小说〈独药师〉》。

5月，《扬子江评论》第3期刊载郭帅的《张炜的行走体验与文学经验——兼及张炜研究的三个基本问题》。

5月，《当代作家评论》第3期"寻找当代文学经典专栏"推出张炜专辑，刊载王尧和韩春燕的《主持人的话》、张光芒的《追索道德之光——对张炜小说经典价值的一种解读》、马兵的《张炜：对大地之灵踪的追觅——读张炜》、宫达的《作家词典·张炜》。

5月，《社会科学》第5期刊载王光东的《新世纪小说创作中的"地方经验"问题》，其中论及了张炜的文学创作。

5月，《中国出版》5月上半月刊刊载王海洋的《从一个新的角度重新发现张炜——品评〈张炜文存〉》。

5月，《青年文学家》5月下旬刊刊载孙立力的《守望与撤离——论张炜〈秋天的思索〉的理性悖论》。

5月，《作文世界》（小学版）第5期刊载胖头鱼的《"鱼王"何在——读张炜〈寻找鱼王〉有感》。

5月9日，《中国出版传媒商报》刊载刘志伟的《中华优秀出版物缘何折桂》。

5月12日，随笔《作家的品质》在《四川日报》发表。

5月12～16日，在南京参加"2017中国江苏·扬子江作家周"。其间，在南京大学做题为"出发之地"的演讲。

5月13日，在南京先锋书店参加长篇小说《独药师》读者分享会。

在南京先锋书店

5月26日，在济南参加山东教育出版社小荷工作坊成立暨原创儿童文学研讨会，为"小荷工作坊"揭牌并致辞。

5月29日，《光明日报》刊载刘金祥的《时代生活的变迁与文学创作的调整》，其中论及了长篇小说《独药师》。

6月，随笔集《走得遥远和阔大——张炜谈文论艺》由广东人民出版社出版。

6月，《冬景：张炜短篇小说选》被列入"华语短经典"，由华东师范大学出版社出版。

广东人民出版社2017年6月版

华东师范大学出版社2017年6月版

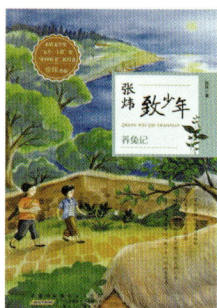

安徽少年儿童出版社2017年6月版

6月，长篇小说《古船》被列入"茅盾文学奖得主张炜经典之作"，由长江文艺出版社出版。

6月，长篇小说《独药师》被列入"长篇小说选刊·21世纪新经典文库"，由成都天地出版社出版。

6月，"张炜致少年"系列作品由安徽少年儿童出版社出版，包括《张炜自述》《山楂林》《长跑神童》《狐狸老婆》《养兔记》《夜莺》《海边歌手》《美少年》《八位作家待过的地方》《理想的阅读》。

6月，《作文与考试》第Z2期刊载纪庆冲的《心灵之旅　追寻梦想》，介绍张炜及其"大河小说"《你在高原》，并选取其中片段，指导学生作文。

6月，《中华英才》第12期刊载郭伟、高蓓的《张炜最新突破性长篇小说——〈独药师〉》。

6月，《名作欣赏》第18期刊载段晓琳的《对话追求与张炜儿童文学的思想深度》。段晓琳指出："2016年5月张炜的第20部长篇小说《独药师》由人民文学出版社出版，被誉为翻越'高原'之后的全新力作，引起广泛关注。在《你在高原》与《独药师》之间，张炜还陆续出版了几个儿童小说系列：《半岛哈里哈气》（共有《美少年》《海边歌手》《养兔记》《长跑神童》《抽烟和捉鱼》5卷）、《少年与海》（共有《小爱物》《蘑菇婆婆》《卖礼数的狍子》《镶牙馆美谈》《千里寻芳邻》5册，也被称为"海边妖怪小记"系列）、中篇小说《寻找鱼王》、'兔子作家'系列（《为猫王立传》《鼹鼠地道》《寻访歌手》《孤独的喜鹊》《马兰花开》《天使羊大夫》6部），此外，还出版了适合少年儿童阅读的散文集《描花的日子》，短篇小说集《林子深处》《童年的马》，以及中短篇小说自选集《鸽子的结局》等，可见张炜对儿童文学的用力与用心，但学界关于张炜儿童小说的研究却很少。张炜的儿童小说兼具儿童文学的空灵飘逸、活泼自由与成人文学的诚实稳重、深邃圆融，不但视域开阔、思想性强，也因为极强的传奇性与浪漫气质而符合少年儿童的阅读期待。这渗透着张炜的自我反思与精神突围的儿童故事，是真正的中国儿童传奇，具有浓郁的地域风情与鲜明的本土特色。而对话追求则是张炜儿童小说的核心主题，寻求人与人的平等对话、人与野地的平等对话，是小说的重要内容。小说中，顽童不但是人与人对话的中介，围绕顽童成长的儿童书写，更是张炜对话与融入野地的新方式，因此从'对话'介入，是理解与洞见张炜儿童小说思想深度与创作目的的重要视点。"

　　6月3～4日，由山东师范大学文学院、山东师范大学中国现当代文学重点学科、山东师范大学科研处共同主办的山东师范大学中华文化传承与文学经典研究中心成立仪式暨中国现当代文学经典化研讨会在济南举行。张炜致信祝贺。

　　6月4～11日，随中国作家代表团出访西班牙和葡萄牙，参加第三届中西文学论坛、首届中葡文学论坛。5日上午，在西班牙马德里塞万提斯学院参加第三届中西文学论坛并发言，重点谈论了纯文学的创作和接受问题，兼谈对当今文学时尚和文学翻译的看法（发言后修订整理为《小空间与大空间——文学与社会》）；下午，参观塞万提斯故乡阿尔卡拉小镇。7日上午，在葡萄牙里斯本澳门科学文化中心参加首届中葡文学论坛，与葡萄牙作家进行了深入交流（发言后修订整理为《网络时代的个人语调——文学与包容性》）；下午，参观里斯本书展。8日上午，参观欧洲大陆的最西端——罗卡角。9日上午，拜会卡蒙斯学院院长，就两国文学作品互译、出版以及开展作家交流等方面的合作问题进行了探讨。

在葡萄牙海边小镇

6月5日，《文艺报》刊载刘颋的《张炜〈狮子崖〉：让成长有迹可循》。

6月9日，葡萄牙葡新华人传媒《葡新报》刊载思雪露的《有深度！请慎点！——一台巨大的收音机就足够回xiang》，报道6月7日首届中葡文学论坛情况，其中以"张炜的'小空间与大空间'以及网络时代的个人语调"为题进行了报道。

6月12日，《文艺报》刊载欣闻的《不同的文化背景 共同的文学情谊——铁凝率团出席第三届中西文学论坛和首届中葡文学论坛》。

6月14日，在北京参加中国作协九届二次全委会议。

6月16日，散文《与怪人对话》在《大众日报》发表。

同日，山东理工大学举行驻校作家长篇小说研讨会，研讨了长篇小说《独药师》及赵德发的《人类世》、徐则臣的《王城如海》、李浩的《父亲七十二变》。

6月22日，《文学报》刊载《作家的盛会 读者的盛宴——"2017中国江苏·扬子江作家周"精彩回放》，其中有张炜在南京大学演讲的报道。

7月，在龙口参加《徐福辞典》修订研讨会。

7月，《扬子江评论》第4期刊载李遇春、邱婕的《张炜散文中的齐地文化书写》。

7月，《湖州师范学院学报》第7期刊载夏靖的《"养生"与"革命"：未完成的对话结构——论张炜〈独药师〉》。

7月，《牡丹》7月中旬刊刊载鞠萍的《从隋含章和索尼娅看张炜和陀思妥耶夫斯基的女性声音表达》。

7月，《文学教育》7月下旬刊刊载明淇的《张炜〈独药师〉的叙事艺术》。

7月16日下午，在济南粟山殡仪馆参加苗得雨先生告别仪式。

8月，《张炜文学回忆录》被列入"文学回忆录书系"，由广东人民出版社出版。此书附录一为陈占敏的《从芦青河走向高原》，附录二为《张炜文学活动年表（1956～2016）》。

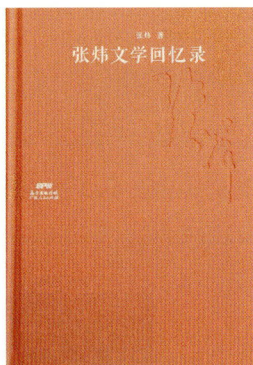

广东人民出版社2017年8月版

8月，长篇小说《外省书》被列入"中国当代作家长篇小说典藏"，由河南文艺出版社出版，篇末注明"1999年1月1日～25日，2000年4月15日～6月2日，龙口；2000年6月11日～29日，7月16日～20日，济南"，并附有《外省及其他——答〈南方周末〉》（写于2000年11月19日）。

8月，在泰安修改长篇小说《艾约堡秘史》。其间，到东平湖游览。

8月，《浙江海洋大学学报》（人文科学版）第4期刊载李亚祺的《民间叙事的新路径及其美学立场——以〈独药师〉〈望春风〉为例》。

8月，《文艺评论》第8期刊载段晓琳的《季昨非的长生、革命与爱情——由〈独药师〉看张炜的创作新变》。

8月，《名作欣赏》8月上旬刊刊载苏鹏的《传奇故事与文化反思的诗性书写——评张炜的长篇小说〈独药师〉》。

8月，《中学语文》第24期刊载杜一婧的《张炜〈独药师〉解读》。

8月1日，《中国工商报》刊载刘小兵的《探寻中国文学的悠远意蕴——读张炜近作〈走得遥远和阔大：张炜谈文论艺〉》。后又发表于10月13日《河北日报》。

8月4日，第十届全国优秀儿童文学奖评奖办公室发布公告，经8月4日投票表决，第十届全国优秀儿童文学奖评选出18部获奖作品，长篇儿童小说《寻找鱼王》获小说奖。

8月7日，《文艺报》刊载消息《第十届全国优秀儿童文学奖揭晓》，同时

在东平湖畔

刊登获奖作品名单。

8月19日，随笔《网络时代的个人语调——文学与包容性》在《文汇报》发表。

8月20日，在济南参加长篇儿童小说《寻找鱼王》等作品外文版权签约仪式。

8月23日，北京第二十四届图书博览会期间，参加"丝路童书国际合作联盟·论坛"，以及长篇小说《古船》等作品泰米尔文版版权输出签约仪式。

在"丝路童书国际合作联盟·论坛"上

8月24日，《光明日报》刊载李苑的《中国故事为何迷人 听听国外出版社怎么说——第二十四届北京国际图书博览会开幕》，其中有对张炜的报道。

8月25日，《中国纪检监察报》刊载刘金祥的《深邃的文学目光》（记张炜）。

8月27日，《光明日报》刊载李苑的《让世界读懂文学故事里的中国》，其中有对张炜作品的介绍。

9月，随笔《松浦居随笔》在《十月》2017年第5期发表。后选载于《散文选刊》2017年第11期。

9月，《百家评论》第5期刊载刘传霞的《一部充满矛盾冲突的思辨之作——论张炜长篇小说〈独药师〉的多重主题意蕴》。

9月，《南方文坛》第5期刊载吴言的《倔强是一种赞美——评张炜长篇小说〈独药师〉》。

9月，《小说评论》第5期刊载张丽军的《为中国当代文学经典化正名的十大理由》、周水涛的《新时期作家的学者化倾向及其他——以书写乡村的作家为例》，均论及了张炜的文学创作。

9月，《重庆文理学院学报》（社会科学版）第5期刊载王琨、高桂珍的《从人物形象内涵看张炜〈独药师〉的创作》。

9月，《儿童文学选刊》第9期刊载李亮对张炜的访谈《我的自信，源于对儿童文学的热爱》。

9月，《文学教育》9月下半月刊刊载周岑的《爱情视域下张炜小说中的女性形象》。

9月6日，《文艺报》刊载张丽军的《中国文学的英雄叙事和崇高美学》，其中论及了张炜的小说创作。

9月13日，《文艺报》刊载刘永春的《通过历史重构现实：三部长篇，三个维度》，评介了长篇小说《独药师》和格非的《望春风》、葛亮的《北鸢》。

9月18日，在山东大学参加由山东大学文学院、山东当代文学研究会主办的赵德发长篇小说《人类世》研讨会并发言。发言刊载于《百家评论》2017年第6期。

9月19日，在天津参加"为未来记录历史——冯骥才文学与文化遗产保护国际研讨会"。

9月22日晚，在北京中国现代文学馆参加第十届全国优秀儿童文学奖颁奖典礼并发表获奖感言。

在第十届全国优秀儿童文学奖颁奖典礼上

同日，《文艺报》推出"第十届全国优秀儿童文学奖特刊"。在《第十届全国优秀儿童文学奖授奖辞及获奖感言》中有对《寻找鱼王》的授奖词和张炜的获奖感言。同时，刊载方卫平的《探寻儿童文学的艺术新境》，其中论及了长篇儿童小说《寻找鱼王》。

9月27日，《中华读书报》刊载韩进的《从第十届全国儿童文学奖获奖作品看儿童文学的喜与忧》，其中论及了长篇儿童小说《寻找鱼王》。

10月，随笔集《从热烈到温煦》被列入"大家读大家"丛书，由人民文学出版社出版。

10月，长篇小说《古船》被列入"现当代长篇小说典藏插图本"，由长江文艺出版社出版。

人民文学出版社2017年10月版

10月，完成系列散文"半岛渔村手记"，包括《序》《开海节》《水边蘑菇》《铁槎山的道姑》《海驴岛的鸟》《正午开炮》《毁岛记》《西洋小镇》《恐惧》《鱼拓画》《无尽头的风》。

10月，《中国文学批评》（季刊）第4期推出"张炜研究专辑"，刊载张柱林的《张炜的异托邦想象与中国现代性的曲折》、张均的《看见一朵花有多难？——由〈独药师〉论张炜》、刘春勇的《试论〈刺猬歌〉的小说结构及其价值取向》，以及张炜的创作谈《浪漫冲动与济世精神》（谈齐文化及《古船》《外省书》《刺猬歌》《融入野地》《你在高原》《独药师》等，写于2017年3月）。

10月，《华北水利水电大学学报》（社会科学版）第5期刊载高欢欢的《〈古船〉新解读：劳动异化之后的精神救赎》。

10月，《齐鲁师范学院学报》第5期刊载许玉庆的《村庄叙事与齐鲁文化的现代传播——以新时期山东文学中的村庄叙事为例》，其中论及了张炜的小说创作。

10月，《走向世界》第42期刊载雪樱的《〈寻找鱼王〉：寻找丢失的初心》。

10月25日，《中华读书报》刊载涂启智的《让儿童文学带来更多"生命的感动"》，其中谈及了张炜的儿童文学创作。

10月31日，在北京参加中国作协九届三次主席团会议并发言。

11月，《齐鲁文学作品年展2017》由中国文史出版社出版。傅勇在《被阳光和真情所沐浴的累累幸福》中，谈到了张炜自2012年《齐鲁文学作品年展》开始编辑出版以来对它的肯定与支持。

11月，路翠江著《张炜"半岛"世界空间解码》由山东人民出版社出版。

11月，《山东作家》第3期刊载马茹的《张炜长篇小说〈寻找鱼王〉荣获第十届全国优秀儿童文学奖》、王市龙的《张炜获第四届中国出版政府奖图书奖》。

11月，《小说评论》第6期刊载唐长华的《诗、哲、史的融合——评张炜

〈独药师〉及其齐文化蕴含》。

11月，《濮阳职业技术学院学报》第6期刊载韩英华的《张炜小说〈古船〉中的"老磨屋"》。

11月，《中国现代文学研究丛刊》第11期刊载刘永春的《论张炜〈独药师〉的诗学意义》、苏鹏的《论〈独药师〉的叙事维度》。

刘永春指出："在1990年代以降的知识分子书写史中，张炜毫无疑问是最重要、最独特的作家之一。从1986年的《古船》到2016年的《独药师》，30年间，张炜始终将自己的笔致对准知识分子的精神世界，对人性的深层特征进行结构性探索，追问人的自由的前提、动力、状态、走向与局限。诗性与哲理性同时充盈于每个文本的叙事空间中，使得张炜的小说始终行走在中国当代文学的高原之上。"

11月2日，随笔《红楼乌托邦》在《文学报》发表，记述参加浙江师范大学红楼儿童文学新作系列研讨会情况。同时刊载方卫平的《红楼实践：批评与创作的良性互动》，其中论及了张炜的儿童文学创作。

11月3日，《文艺报》刊载《贯彻十九大精神 抒写新时代华章——中国作协九届三次主席团会议发言摘登》，其中有张炜的发言摘要。

11月3~4日，在济南参加山东省政协十一届常委会第二十八次会议。

11月4日，《解放日报》刊载缪俊杰的《亲历成为一笔财富》，评介何启治的《朝内166：我亲历的当代文学》。其中，介绍了何启治当年编辑长篇小说《古船》的情况。

11月5日下午，在济南参加由垂杨书院、嘉华旅游联合主办的垂杨书院"嘉华讲堂"揭牌仪式，为"嘉华讲堂"揭牌并讲话。

11月6日，《山东商报》刊载记者寇建伟的《垂杨书院"嘉华讲堂"昨日揭牌》，以及专访《张炜：书院要有自己的气质和品格》。

11月6~8日，在郑州参加河南出版集团"建国以来乡土小说长篇大系"审稿活动，担任总审稿。

11月7日，《文汇报》刊载许旸的《一批原创小说作品海外传播成果卓著，突破散兵游勇单打独斗状态——中国当代文学"国际能见度"日益走高》，其中介绍："日前，作家张炜长篇《古船》输出泰米尔语、印地语版权，这两种语言使用人口超5亿。""此外，印度阿奇出版社今后将继续翻译引进《张炜文存》作品。"

11月11日，在沂源参加由山东省美术家协会、中共沂源县委宣传部、沂源县文联主办的"落实十九大精神　中国画走进沂源——杨枫画展"并致祝词。

11月25日，与赵德发、李浩、徐则臣等受聘为山东理工大学第二届驻校作家。2014年，张炜、赵德发、李浩、徐则臣四人受聘为山东理工大学第一届驻校作家。本届驻校作家增加至八人。

11月27日，在湖南长沙访问中南出版传媒集团。

12月，诗歌《我与沉默的橡树》在《上海文学》2017年第12期发表。

12月，诗歌《半岛诗台历》《至爱至仇之声》《鼓奈鼓奈》《我已酣然入睡》《信悉》被收入《济南诗选》，由天津古籍出版社出版。

12月，散文《融入野地》被收入施战军主编《丝路之灯（2017）》阿拉伯文版，由外文出版社有限责任公司出版。

12月，《宝鸡文理学院学报》（社会科学版）第6期刊载贾丹林的《赵炳多重民间权威形象阐释》。

12月，《人文论谭》（江汉大学人文学院2017年刊）第9辑刊载葛婷婷的《内在和谐与外在矛盾——张炜〈九月寓言〉生态思想探讨》。

12月1～3日，在安徽芜湖参加第五届中国国际动漫创意产业交易会。

12月6日，修改完成长篇小说《艾约堡秘史》。

同日，与张宇在郑州松社我来讲讲堂演讲。

12月15日，在温州参加第二届"琦君散文奖"颁奖典礼，《松浦居随笔》获第二届"琦君散文奖作品奖"。颁奖典礼结束后，与两岸作家参加在温州大学举办的以"文学与乡愁的当代表述"为主题的2017年"两岸散文论坛"并发言。

在郑州松社我来讲讲堂

第一章

一

艾约堡主任对自己风瑶估计
不足，犯下了难以挽回而错误。她已经
坎坷坷地度过了四十二岁生日，像一般历经
风雨而航船停靠在一下港湾里，自以为万
事大吉，再也没有这么搁浅而
巨浪拍过来了。谁知完全不是那么回了，
凶险。她以为而青春
而逝去，却又渴望在大多数时陪像一个色衰而
老妪那样，成为这个世界上最不引人注意而
角色。随着年轮而增长，这种考虑
而焦灼一天天强烈，会在夜深人静时变为一声

《艾约堡秘史》手稿

12月16日，《文汇报》刊载陈佩珍的《乡愁是回不去的"时间"和"空间"》，介绍第二届"琦君散文奖"颁奖典礼和2017年"两岸散文论坛"情况，其中介绍了张炜的获奖和发言情况。

12月17日，在济南参加由山东省旅发委主办的"讲好山东故事·守护文化根脉"征文大赛颁奖典礼并为获奖者颁奖。

12月18日，《光明日报》刊载刘川鄂的《文学是通达美丽人生的桥梁——写在首届茅盾文学奖评选揭晓35周年之际》，其中谈及张炜时，称长篇小说《古船》为"当代中国最有气势、最有深度的文学杰作"。

在温州"两岸散文论坛"上

12月20日，山东省第十二届精神文明建设"文艺精品工程"表彰座谈会在济南召开，长篇儿童小说《寻找鱼王》获奖。

12月25日，《齐鲁晚报》发表张炜祝贺《齐鲁晚报》30周年贺词："文学可以保养一方精神，促进一区文明，推进和建设有信心有诗意的生活。"

12月27日，在湖南长沙参加张炜作品座谈会。

本年，短篇小说集《梦中苦辩》（评点本，英文版）由美国Intlingo出版社出版。

本年，《张炜中短篇小说选》韩文版由韩国Moonji Publishing Co.,Ltd出版。

本年，长篇小说《古船》西班牙文修订版由加拿大Royal Collins Publishing Group INC.出版，译者Elisabet Pallarés Cardona。

本年，长篇小说《古船》土耳其文版由土耳其Yeditepe出版。

本年，随笔《散文：宽阔如海洋》在《人民文学》增刊发表。此文为张炜在第二届中国当代文学高峰论坛暨第四届"观音山杯·美丽中国"全国游记征文颁奖典礼上关于"中国精神与中华散文"论题的发言。

本年，在《新民晚报·夜光杯》开设专栏，文章均选自随笔集《陶渊明的遗产》《也说李白与杜甫》。

2017年1月1日～7月7日，完成初稿；2017年8月27日，完成第2稿；2017年11月22日，完成第3稿；2017年12月10日，完成第4稿；2018年1月12日，完成第5稿，并初步完成配图；2018年4月15日，完成第6稿及配图；2018年8月15日，最终定稿。

张炜研究硕士、博士学位论文简目

　　《张炜研究硕士、博士学位论文简目》，是在学习、借鉴张洪浩、张艳梅《张炜研究资料索引·硕博论文》（见《春声赋——张炜创作 40 年论文集》，山东大学出版社 2015 年 10 月出版）的基础上，由亓凤珍、许涛查阅知网、万维网和其他相关资料所得。其中，有些是张炜及其创作的专论，有些是在文中论及了张炜及其创作。这份简目，应该只是张炜研究硕博论文的一部分，因为许多高校的硕博论文还没有对外公布。那么，一部更为完备的《张炜研究硕士、博士学位论文简目》，还有待于将来不断补充、完善。

1996

【硕士论文】

刘广涛（山东师范大学）：《张炜小说创作境界论》

1997

【博士论文】

王寒松（南开大学）：《当代文化冲突与青年文化思潮》

1999

【硕士论文】

刘圣红（湖北大学）：《吟唱与守望——张炜道德理想主义小说试析》

2000

【硕士论文】

陈 琪（暨南大学）：《性爱·死亡·救赎——〈棋王〉〈红高粱〉〈古船〉对生命意识的诠释》

王 泉（华中师范大学）：《论张承志、张炜及阿来小说的诗意叙事》

聂 伟（郑州大学）：《写作者的话语姿态》

姜异新（山东师范大学）：《拖着历史的长影——〈阿Q正传〉的深层文化意识与中国新文学中的阿Q情结》

郭 艳（安徽大学）：《张炜小说论》

石曙萍（上海大学）：《民间和90年代小说》

【博士论文】

樊 星（华中师范大学）：《影响·契合·创造——比较文学视野中的当代中国大陆文学》

2001

【硕士论文】

梅子满（厦门大学）：《论文学中历史和道德的纠葛》

王玲宁（郑州大学）：《从大潮到衰微——对新文学浪漫主义流变的探索和思考》

2002

【硕士论文】

王 珺（华南师范大学）：《论张承志、史铁生、张炜的小说创作》

张妙文（南京师范大学）：《在现实与理想之间流浪——张炜小说人物形象分析》

刘彦明（延边大学）：《透视与探寻——论〈古船〉中的人学蕴涵》

李劲松（华中师范大学）：《新保守主义与90年代文学》

梁振华（湖南师范大学）：《游走与皈依：跨世纪的苍茫之旅——转型期中国作家的文学态度与自我身份认同》

【博士论文】

孙德喜（武汉大学）：《20世纪后20年小说语言的文化透视》

刘　旭（华东师范大学）：《当代文学中的底层形象研究》

2003

【硕士论文】

罗新星（湖南师范大学）：《难以割舍的家族情结——新时期家族小说论》

俞敏华（浙江师范大学）：《虚构历史、创造生命——新历史小说论》

严　慧（苏州大学）：《拉美魔幻现实主义与新时期中国文学》

陆　艳（苏州大学）：《都市迷宫与乡村怀念——新时期文学中的东西方遭遇》

刘成勇（河南大学）：《生命超越与世俗关怀——当代小说中"智者"形象剖析》

任天华（河南大学）：《自由与狂欢——论张炜小说创作的生命哲学》

王　慧（华南师范大学）：《90年代文学中人文精神的内在理路及具体呈现》

顾　爽（华中师范大学）：《90年代小说中的民间写作——关于〈许三观卖血记〉〈九月寓言〉〈马桥词典〉的意义分析》

姜锦铭（天津师范大学）：《试论新时期小说中的农民文化》

王艳玲（西南师范大学）：《张炜小说的传统文化情结》

佟文娟（延边大学）：《生活不在别处——张炜创作思想探寻》

【博士论文】

刘广涛（苏州大学）：《百年青春档案——20世纪中国小说中的青春主题研究》

方贤绪（苏州大学）：《现代主义文学思潮和80年代小说研究》

吴格非（苏州大学）：《萨特与中国新时期文学中人的"存在"探询》

田全金（复旦大学）：《陀思妥耶夫斯基比较研究》

张春泉（复旦大学）：《论接受心理与修辞表达》

王 芳（中国社会科学院研究生院）：《80年代小说与西方荒诞思潮》

周水涛（武汉大学）：《论新时期乡村小说的文化意蕴》

2004

【硕士论文】

赵欣（辽宁师范大学）：《当代女作家家族小说女性形象论》

郭玉华（曲阜师范大学）：《共同的关注，不同的言说——论新时期山东"乡民"小说家的创作》

王晓隽（曲阜师范大学）：《欲望折磨下的当代士林——转型时代的知识分子小说》

袁 园（南京师范大学）：《文化视角下的90年代乡土小说》

黄 妍（南京师范大学）：《"文革"后家族小说的叙事模式》

赵同军（南京师范大学）：《被扭曲的女性——90年代以来男性写作中的女性形象》

孙 铮（苏州大学）：《"逆映式"生存——90年代小说"远离城市"的创作倾向评析》

张丽慧（吉林大学）：《"写实"的深化与变异——八九十年代以来乡土小说的现代主义叙事》

汤　红（暨南大学）：《论 20 世纪 80 年代以来当代小说中的历史叙事》

陈文亮（山东师范大学）：《生态美学视域中的 20 世纪乡土小说》

韩　琛（山东师范大学）：《叛逆者·孤独者·零余者——论 20 世纪中国文学中的三类知识者形象》

王继锋（山东师范大学）：《试论 1985 以后中国当代小说的非历史化品格》

郭翠英（山东师范大学）：《艰难的心路历程——从 80 年代农村改革小说看农民精神世界的变化》

程大志（山东师范大学）：《变与常中的精神图景——论张炜的长篇小说创作》

王向辉（河南大学）：《飘荡的诗的幽灵——论新时期小说中的传统诗性质素》

孙培云（郑州大学）：《几度沉浮几多忧——当代文学中的知识分子叙述》

王　娟（华中师范大学）：《论 90 年代中国乡土小说》

蔡沁云（华中师范大学）：《一个理想主义者的歌唱——论张炜小说的价值取向与艺术特点》

胡明贵（福建师范大学）：《张炜小说意象论》

任秀霞（武汉大学）：《流浪：此岸到彼岸的距离——张炜小说论》

刘绪才（内蒙古师范大学）：《"地之子"的诗性创作——论张炜小说的审美内蕴、情感和品格》

孙　晶（东北师范大学）：《精神家园的寻找——张炜八九十年代长篇创作思想研究》

【博士论文】

陈力君（浙江大学）：《代言与立言：新时期文学启蒙话语的嬗变》

邓　楠（浙江大学）：《全球化语境下的民族文化身份认同——魔幻现实主义与寻根文学比较研究》

周保欣（浙江大学）：《境遇与策略——"文革"后中国当代小说苦难叙述研究》

韩　敏（四川大学）：《〈收获〉的 90 年代》

何卫青（四川大学）：《近 20 年来中国小说的儿童视野》

刘　忠（华东师范大学）：《思想史视野中的中国现当代文学》

陈南先（苏州大学）：《俄苏文学与"十七年中国文学"》

杨庆东（山东师范大学）：《自由意志的追寻——道德理性在八九十年代小说中的流变》

周志雄（山东师范大学）：《中国新时期小说情爱叙事研究》

徐　巍（复旦大学）：《视觉文化语境中的八九十年代小说创作》

叶　君（华中师范大学）：《农村·乡土·家园·荒野——论中国当代作家的乡村想象》

韦清琦（北京语言大学）：《走向一种绿色经典：新时期文学的生态学研究》

汪树东（武汉大学）：《中国现代文学中的自然精神取向——中国现代文学精神立场初探之一》

2005

【硕士论文】

庄文卿（福建师范大学）：《"改革文学"现象论》

陈　然（福建师范大学）：《论 20 世纪中国家族家庭小说中的"父与子"》

王　放（重庆师范大学）：《彼岸的景观——论中国当代男性文本中的女性意识》

黄轶斓（重庆师范大学）：《游走在乡村少年的生命音符之间——试论新时期少年乡土小说》

刘晓飞（山东师范大学）：《人类学与 80 年代以来中国当代文学的变革》

俞春玲（山东师范大学）：《新时期家族小说中的性别叙事》

冯　晶（山东师范大学）：《融入野地——论张炜小说创作中的民间取向》

尹　萍（青岛大学）：《论 90 年代短篇小说的空间形式》

付　娜（中央民族大学）：《"寻根文学"的现代性分析》

李　达（河南大学）：《沉重的飞翔——论新时期以来小说中进城的乡下人形象》

刘艳宗（河南大学）：《近 20 年来小说中儿童视角的文化分析》

杨　荣（湖南师范大学）：《守望与救赎——论新时期山东作家的道德化叙事倾向》

周　旻（华南师范大学）：《论 20 世纪 90 年代散文的救赎意识》

陈　啸（四川师范大学）：《论寻根派文学的当代新儒家路向》

王慧开（南京师范大学）：《转型期以来小说中知识分子形象研究》

王丽丽（苏州大学）：《精神还乡：论中国现代文学中的"还乡主题"——以沈从文和张炜为中心》

刘精科（苏州大学）：《"地域化"走向的一种解读——论新时期文学生态意识的觉醒》

李荣秀（山东大学）：《张炜小说创作的苦难主题及救赎理想》

沈　琛（河北师范大学）：《从理想宣谕到平等对话——论张炜近年小说创作的转向》

陈　述（东北师范大学）：《在坚守中前行——张炜长篇创作主题与思想在世纪之交的变奏》

臧海涛（西南师范大学）：《永不停息的跋涉之路——张炜长篇小说解读》

卢锦萍（江西师范大学）：《救赎姿态与悖论言说——张炜小说论》

徐则臣（北京大学）：《通往救赎之路——世纪之交"父亲"想象的新变化》

卢丽华（南京师范大学）：《"民间"烛照下的个体生存与群体乌托邦——20 世纪 90 年代小说创作中的一种倾向》

唐　芮（湘潭大学）：《艾特玛托夫在中国》

【博士论文】

王　辉（河南大学）：《迷恋与拒抗下的孤独守望——张炜小说创作论》

荆亚平（浙江大学）：《立于人类精神深层的缪斯之舞——新时期小说宗教信仰叙事研究》

陈黎明（苏州大学）：《魔幻现实主义与20世纪后期中国小说——以加西亚·马尔克斯与"寻根"小说之关系为中心》

曾利君（四川大学）：《魔幻现实主义与中国当代文学》

叶永胜（华东师范大学）：《现代中国家族叙事文学研究》

李秀金（华东师范大学）：《日常生活和新时期文学》

林秀琴（福建师范大学）：《寻根话语：民族文化认同和反思的现代性》

管　宁（福建师范大学）：《消费文化语境中的文学叙事》

张喜田（复旦大学）：《论转型期小说"人"的发现》

袁红涛（复旦大学）：《论新文学中宗族叙事的演进》

陈尚荣（南京师范大学）：《市场经济对当代中国文学艺术的影响——90年代以来文学与影视艺术的一种考察研究》

2006

【硕士论文】

饶　丹（四川大学）：《消散在家族中的"历史"——20世纪末的家族小说热》

熊　华（重庆师范大学）：《20世纪小说叙事时间与生命体验》

龚　展（湖南师范大学）：《当代农村小说人物谱》

王　丹（湖南师范大学）：《文学观念的嬗变与艺术境界的差异——论新时期以来小说创作内驱力的发展》

徐　莹（曲阜师范大学）：《新时期小说对人与自然关系的文学书写》

周雨华（广西师范大学）：《论90年代的思想散文》

华　英（吉林大学）：《徘徊在文学与历史之间——当代家族小说的历史观念》

许玉庆（山东师范大学）：《20 世纪 90 年代以来的乡土叙事转型》

张存凯（山东师范大学）：《文化保守主义语境下的 90 年代长篇小说研究》

王忠梓（山东师范大学）：《"想象的共同体"与"共同体"的想象——论民族主义语境下的中国新时期文学》

苏占兵（山东师范大学）：《从突围到迷遁——新历史主义小说流变》

乔　懿（山东师范大学）：《自然主义与人道主义的统一——试论张炜创作的生态文化立场》

康志萍（山东大学）：《新时期小说的浪漫主义精神》

郭璐琪（山东大学）：《论世纪之交乡土小说创作》

李凡路（山东大学）：《民间文化在当代文学思潮中的表现形态》

王　华（华中师范大学）：《新时期小说中的方言问题》

杨守标（华中科技大学）：《寻根文学与精神家园》

刘江凯（辽宁师范大学）：《论 1980 年代以来小说的知识分子想象及其叙事策略》

叶秀蓉（厦门大学）：《新时期家族小说——现代民族国家的继续想象》

石立燕（南京师范大学）：《论 90 年代城市小说的叙事形态》

施学云（南京师范大学）：《论 20 世纪 80 年代以来小说中的农民形象及其文化内涵》

黄岳峰（浙江师范大学）：《从愤怒的批判到"野地"的温情——论张炜小说创作的转变》

李淑梅（扬州大学）：《论张炜 90 年代小说的叙事与精神探询》

胡　俊（安徽大学）：《诗与思的对话——张炜小说创作论》

张　明（东北师范大学）：《挣扎与超越——张炜长篇近作创作论》

黄　婷（华东师范大学）：《"压抑"与"重返"：社会主义经验的书写——

从〈古船〉到〈受活〉》

　　赵　璞（北京语言大学）：《诱惑与反抗——90 年代以来小说中对城市的一种解读》

　　容媛媛（厦门大学）：《消费中的精神困境——以〈能不忆蜀葵〉〈沧浪之水〉〈桃李〉为例论本世纪初知识分子形象的塑造》

　　李湘玲（福建师范大学）：《精神之旅：从宣传到自我，从简单到繁复——中国当代纪游散文的思想发展初探》

　　张　宁（河南师范大学）：《守望家园——生态美学视域中的张炜长篇小说》

　　史晓婧（浙江大学）：《张炜长篇小说的哲学精神及价值归属》

【博士论文】

　　张懿红（兰州大学）：《1990 年代以来中国乡土小说研究》

　　李清霞（兰州大学）：《沉溺与超越——用现代性审视当今文学中的欲望话语》

　　孟绍勇（兰州大学）：《革命讲述、乡土叙事与地域书写——中国当代西部小说研究》

　　李明德（兰州大学）：《当代中国文化语境中的文学期刊研究》

　　王文玲（吉林大学）：《精神探索，苦难展示与被动化存在——论 1980 年代以来小说中的儿童叙事》

　　李恒田（华中师范大学）：《全球化语境下 20 世纪末中国小说》

　　张伯存（华东师范大学）：《中国当代文学和大众文化中的男性气质》

　　吴志峰（华东师范大学）：《社会主义现代化进程中的城乡叙事——知青文学（1966 ～ 1986）研究》

　　李晓洁（华东师范大学）：《美学视野下中国当代通俗文学批评的局限》

　　吴妍妍（苏州大学）：《作家身份与城乡书写——20 世纪后 20 年小说中城乡形象的一种阐释》

刘智跃（苏州大学）：《颓圮的边界与生命的回响——精神分析学说与新时期小说》

王永兵（山东师范大学）：《欧美先锋文学与中国当代新潮小说》

王金胜（山东师范大学）：《"新时期"小说的自我认同》

李　莉（山东师范大学）：《论现代化进程中的新时期乡族小说》

涂　昊（暨南大学）：《20世纪末中国小说创作理论和创作实践关系研究》

黄　伟（暨南大学）：《〈日瓦戈医生〉在中国》

雍　青（武汉大学）：《寻找一种言说的方式——1990年代文学批评话语转型研究》

2007

【硕士论文】

罗宽海（湖南师范大学）：《当代知识分子的生存境遇及其精神状态——论20世纪90年代以来的知识分子题材小说》

李　哲（福建师范大学）：《渐行渐远的风景：世纪末田园牧歌小说论》

周旭峰（上海师范大学）：《论新世纪以来的生态小说》

王春霞（山东师范大学）：《幻境人生——〈聊斋志异〉与灵异山东的文学叙事研究》

田德云（山东师范大学）：《风情世界——〈金瓶梅〉与世俗山东的文学叙事研究》

束树梅（山东师范大学）：《论新时期小说家的散文》

曹　舒（山东师范大学）：《精神生态批评视野中的90年代散文》

查玉喜（山东师范大学）：《飘扬在精神王国上空的两面旗帜——张炜与张承志创作异同论》

张国远（兰州大学）：《新时期乡村小说流变研究》

龙其林（湖南师范大学）：《生态文明的呼唤——中国当代生态小说研究》

王　宇（东北师范大学）：《20世纪80、90年代中国文学中的三种父亲形象》

刘会娟（陕西师范大学）：《新时期小说中的苦难叙事》

张艳玲（陕西师范大学）：《新时期小说的"寻父"主题》

邓志云（西北大学）：《论当代作家的"文革"叙述》

闫　娜（西北师范大学）：《旷野中的回音——对90年代人文精神讨论的回顾和反思》

张玲爱（南京师范大学）：《论新时期小说的苦难书写》

孙　溧（南京师范大学）：《论20世纪90年代以来中国小说中的悲剧精神》

郑正平（浙江大学）：《从崇高到平实的精神嬗变——试论"寻根文学"以来的知识分子形象塑造》

张舒丹（浙江大学）：《坚守最后一片野地——张炜小说的自然言说》

冯慧婧（中央民族大学）：《张炜小说的生命意志与精神家园主题》

刘　英（曲阜师范大学）：《张炜小说苦难与救赎主题论》

刘　波（安徽师范大学）：《张炜诗化小说研究》

何　辉（河北师范大学）：《论张炜新世纪小说创作的转向》

吕晓英（东北师范大学）：《民间立场的选择——论余华、莫言、张炜民间小说创作》

李娜娜（吉林大学）：《在"本末倒置"的世界里寻找平衡——张炜文学创作管窥》

王　烁（吉林大学）：《文变失乎于人心——论90年代以后散文创作的弊端》

冯　雪（兰州大学）：《张炜小说与中国传统文化》

刘　勇（厦门大学）：《张炜小说论：心灵探索与文化省思——关于〈古船〉〈九月寓言〉〈丑行或浪漫〉的文化分析》

田　泉（中南大学）：《在历史中跋涉的灵魂——〈九月寓言〉和〈百年孤独〉

的比较研究》

张　立（苏州大学）：《论新时期小说中的桃源叙事》

刘子杰（上海大学）：《本土文学资源的诸种形态及其现代意义——以1980年代小说为观察对象》

【博士论文】

冒建华（兰州大学）：《从城市欲望到精神救赎——当代城市小说欲望与审美关系之研究》

范耀华（华东师范大学）：《论新时期以来"由乡入城"的文学叙述》

周黎燕（华中师范大学）：《中国近现代小说的乌托邦书写》

禹建湘（华中师范大学）：《现代性症候的乡土想象》

孙　谦（山东师范大学）：《论转型期中国小说中的知识分子叙事》

吴景明（东北师范大学）：《走向和谐：人与自然的双重变奏——中国生态文学发展论纲》

徐正龙（南京师范大学）：《文学长河论——〈钟山〉20年读解》

谈凤霞（南京师范大学）：《"人"与"自我"的诗性追寻——中国现代文学中的回忆性童年书写研究》

徐晋莉（厦门大学）：《现代性与中国20世纪浪漫主义文学思潮》

王军宁（浙江大学）：《生态视野中的新时期文学研究》

2008

【硕士论文】

冯海燕（河北师范大学）：《苦难叙事的坚守与变异——论世纪之交的苦难叙事》

何　辉（河北师范大学）：《论张炜新世纪小说创作的转向》

郑立群（山东师范大学）：《多维文化视野下的"土改"叙事——从解放区到新时期"土改书写"的叙事变迁》

王秀涛（山东师范大学）：《历史的祛魅——论新世纪历史小说的边缘化特征》

王倩（山东师范大学）：《城乡文明中的跋涉和坚守——张炜长篇小说的精神探索》

刘希（复旦大学）：《论新世纪小说中的转型期乡村女性形象》

刘金良（兰州大学）：《现代中国土改小说研究》

王丽（中南大学）：《精神的困顿与变异——历史转型期小说中的知识分子形象研究》

陈中华（暨南大学）：《历史解构，文化解读，生命张扬：新时期家族小说叙事策略》

龙佳兰（江西师范大学）：《历史转型与自我塑型——论新时期的知识分子书写》

耿艳艳（西北师范大学）：《回应与守望——80年代小城镇小说精神向度片论》

李瑶（华中师范大学）：《"民族性"建构的大众化之路》

熊潇（华中师范大学）：《历史叙事的重生——论〈故事新编〉和新历史主义小说的历史叙事》

付伟强（青岛大学）：《国民性批判——后寻根小说的文化特征》

么玉贞（青岛大学）：《论张炜小说中的女性悲剧命运》

薛方闻（黑龙江大学）：《精神的解构：论90年代以来文学中的知识分子形象》

马桂君（黑龙江大学）：《论90年代以来文学中理想主义的新走向》

王丽（南京师范大学）：《乡土眷恋·都市向往——论"城市化"进程下的20世纪90年代乡土小说》

裴玲（南京师范大学）：《论90年代乡土小说的家园情结》

邓　渊（南京师范大学）：《20世纪80年代中国小说中的"爱情理想"》

徐　权（南京师范大学）：《论20世纪90年代以来乡土小说作家的身份认同》

瞿华兵（南京师范大学）：《新时期以来乡村题材小说中城市意象的研究》

汪志彬（南京师范大学）：《世纪之交学院题材小说中知识分子形象解构》

柳伟侠（南京师范大学）：《灵魂的搏斗——张炜创作心态分析》

郅　惠（西北大学）：《旷野的呼唤——论新时期作家的英雄书写》

李　斌（苏州大学）：《"新时期"以来汉语文学中的流浪意识的考察——以现代性为背景》

杜湘君（苏州大学）：《倾诉的品格——全球化语境中张炜的退守与歌唱》

杨　静（湖南师范大学）：《论知识分子审美视域下的20世纪乡土文学》

杨　佳（湖南师范大学）：《影像时代的小说图景》

蔡　敏（湖南师范大学）：《张炜小说的神话性》

么玉贞（青岛大学）：《论张炜小说中的女性悲剧命运》

韩晓岚（华东师范大学）：《论张炜长篇小说中的女性形象》

李育红（福建师范大学）：《张炜小说的历史叙事》

廉新亮（郑州大学）：《论张炜小说的道家文化精神》

龙　颖（南昌大学）：《在浪漫旅途上的奔跑——张炜小说创作论》

陈铁柱（重庆师范大学）：《张炜家族小说的亲子关系研究》

张　洁（重庆师范大学）：《精神的流浪与守望——张炜〈柏慧〉与索尔·贝娄〈赫索格〉的精神流浪主题比较》

辛　凤（陕西师范大学）：《独特·诗性·灵动——论张炜〈九月寓言〉的叙事艺术》

姚芮玲（陕西师范大学）：《从比较视野看〈白鹿原〉对文化与人性悖谬情境的发掘》

苏晓贤（河北大学）：《故乡意识与生命诉说——20世纪八九十年代张炜

小说论》

　　张晓燕（西北师范大学）：《载道而行——20世纪中国文学中的"舟船"文化意象阐解》

　　阮阿陶（四川师范大学）：《构筑·对抗·还原——论张炜小说的生态性》

　　黄开科（安徽大学）：《论张炜作品的道德倾向》

　　杜永亮（南开大学）：《背向潮流的写作及其困境——张炜小说创作的心理透视》

【博士论文】

　　张晓琴（兰州大学）：《中国当代生态文学研究》

　　赵晓芳（华中师范大学）：《视觉文化冲击与浸润下的文学图景——论世纪之交中国文学的图像化走势》

　　王天兵（吉林大学）：《20世纪80～90年代中国小说死亡叙事研究》

　　刘进军（山东师范大学）：《中国新时期历史题材小说论》

　　刘　阳（复旦大学）：《小说本体论》

　　罗执廷（暨南大学）：《文学选刊与当代小说的发展——兼论一种当代文选运作机制》

　　隋　丽（辽宁大学）：《现代生态审美意识的生成与文本建构》

　　张柱林（上海大学）：《"一体化"／"差距"时代的文学想象——以七位作家的小说为中心》

　　赵允芳（南京师范大学）：《90年代以来新乡土小说的流变》

　　傅异星（浙江大学）：《多样现代性追求与乡土中国的悲悯书写——新时期乡土小说研究》

2009

【硕士论文】

崔国军（山东师范大学）：《哀其不幸　怒其不争——中国现当代小说长子形象悲剧性研究》

李　莉（山东师范大学）：《论新时期小说的世外桃源叙事》

何立娟（山东师范大学）：《新历史小说复仇主题研究》

李娟娟（山东师范大学）：《论新时期山东散文创作》

秦元元（山东师范大学）：《寻根文学作品中的水原型研究》

刘虎波（山东师范大学）：《新时期小说中的"审父"意识》

刘媛媛（曲阜师范大学）：《"土改"：不同时空中的文学影像——论20世纪四五十年代与八九十年代文学对土改事件的不同书写》

侯海荣（吉林大学）：《逃逸与留守——新世纪散文批评研究》

傅　翼（江西师范大学）：《双重视角下的城乡叙事——新时期农裔城籍作家的城乡交叉叙事研究》

邓　妍（山东大学）：《新时期村落叙事中的家族观念》

宋俊宏（西北师范大学）：《新时期乡土小说中农民知识分子探寻》

舒　畅（江西师范大学）：《历史的重与轻——大陆土改小说的两种书写》

车志远（哈尔滨师范大学）：《1990后中国文学中的苦难精神解读》

翟芳芳（西北大学）：《魂归何处——浅析90年代中国知识分子精神转向》

白　雪（广西民族大学）：《对生·共生·整生——论张炜小说中生态审美理想的发展》

雷　磊（华东师范大学）：《试论张炜作品中的俄苏因素》

封旭明（湖南师范大学）：《在生存的漩涡中超越——张炜长篇小说生存意识论》

郝丽丽（苏州大学）：《无尽的旅途——论张炜的创作及其精神追寻》

许　燕（西北师范大学）：《论张炜小说中的逃亡主题》

涂　昕（复旦大学）：《张炜小说中的结构层次与"大地"意象》

宋晓州（南京师范大学）：《论张炜小说创作中的"内在冲突性"》

李　超（河南师范大学）：《批判·认同·张扬——论张炜小说中的欲望叙述》

【博士论文】

张　鹏（上海大学）：《大地伦理的诗意呈现——世纪之交的中国生态文学研究》

项　静（上海大学）：《遭遇"西方"：1980 年代文学中"现代"故事的几种叙述方式》

陈纯尘（福建师范大学）：《"文革文学"研究》

谢雪花（福建师范大学）：《困顿与寻找——身份认同和审美现代性阐释视野中的 80 年代小说》

雷　鸣（山东师范大学）：《危机寻根：现代性反思的潜性主调——中国当代生态小说研究》

房　伟（山东师范大学）：《艰难的生成与暧昧的整合——1990 年代中国小说宏大叙事研究》

许玉庆（山东师范大学）：《远逝的村庄——新时期文学中的"村庄"意象研究》

韩玉洁（苏州大学）：《作家生态位与 20 世纪中国乡土小说的生态意识》

张守海（苏州大学）：《文学的自然之根——生态批评视域中的文学寻根》

郝军启（吉林大学）：《1980 年代小说的家庭伦理叙事》

韩文淑（吉林大学）：《新世纪中国乡村叙事研究》

2010

【硕士论文】

汪　洁（南京师范大学）：《论新时期以来乡土小说中"鬼怪叙事"》

郭丽伟（辽宁师范大学）：《深层呼唤与别样的叙事——中国当代文学作品中神话因素的渗透及深层意味》

万　婷（浙江师范大学）：《新时期以来行旅主题小说研究》

杨荣涛（西南大学）：《改革开放 30 年来中国"农民工"文学形象流变研究》

智斐斐（兰州大学）：《新时期以来中国家史小说的诗学研究》

曹秀华（安徽大学）：《艰难的探寻——新时期乡土小说中乡村知识分子形象研究》

李冬影（安徽大学）：《自然中的行吟——新时期乡土抒情小说的情感皈依》

陈芳芳（安徽大学）：《论中国当代家族小说文化立场的嬗变》

徐馨扬（苏州大学）：《文学的沙滩：重返 80 年代中篇小说热——以中篇小说选刊为中心》

田朋朋（苏州大学）：《1991～2001："鲁迅传统"的嬗变》

陈　萍（陕西师范大学）：《现代性批判中的怀乡》

王国梁（延边大学）：《新时期家庭小说叙事研究》

张延者（东北师范大学）：《论新时期的村庄小说创作》

刘　华（东北师范大学）：《论张炜小说创作中的生态意识》

陈　诚（西北大学）：《通往新历史小说之路——兼论新历史小说的艺术特质》

王娟娟（新疆大学）：《80 年代中国小说中欲望话语的转变》

郑　伟（四川师范大学）：《知识分子情怀与民间性间的徘徊——张炜创作论》

胡春芳（天津师范大学）：《执拗的关注和悄然的转变——论张炜创作中的"道德理想主义"》

邓竞艳（湖南师范大学）：《张炜与俄国文学》

张　康（湖南师范大学）：《论张炜小说中的"野地"意象》

成英玲（山东师范大学）：《精神家族与精神家园——张炜的家族叙事作品探析》

杜德华（山东师范大学）：《新时期小说中的土地叙事》

雷　娟（华东师范大学）：《理想主义背后的阴影》

张宗慧（山东大学）：《试论我国现代海洋小说的创作与局限》

吉　颖（暨南大学）：《中国新时期城市游记的审美建构》

王　堆（新疆大学）：《〈当代〉（1979～1989）研究》

王万顺（聊城大学）：《民间文化与张炜小说创作》

谢益凤（东南大学）：《心灵的高原：论张炜新近的文学创作》

丁淑玲（苏州大学）：《略论新时期以来文学的生态走向》

【博士论文】

王薇薇（暨南大学）：《论张炜作品与齐文化的承接关系》

刘亚利（山东大学）：《人与自然关系的思考——当代生态小说创作研究》

徐　凤（兰州大学）：《中国现当代小说原型论——以动物报恩、土地、月亮和再生原型为例》

田文兵（兰州大学）：《民族文化重构与回归精神家园——"京派"文学与20世纪中国文学"寻根"思潮研究》

孔会侠（兰州大学）：《从转型期的"底层叙述"看现实主义文学的新拓展》

周引莉（华东师范大学）：《从"寻根文学"到"后寻根文学"——试论新时期以来文学中的文化意识》

朱　杰（上海大学）：《人生"意义"的重建及其限制——"'潘晓'难题"的文学展现（1980～1985）》

易　瑛（湖南师范大学）：《巫风浸润下的诗意想象——巫文化与中国现当

代小说》

杨若虹（苏州大学）：《中国当代西部散文研究》

李艳丰（暨南大学）：《历史"祛魅"与文化反思——消费主义文化镜像中的"90年代"小说探析》

李文莲（山东师范大学）：《论新时期中国散文中的生命意识》

方　奕（山东师范大学）：《本土化视野下的新世纪中国长篇小说》

王　雪（吉林大学）：《20世纪90年代以来散文类型研究》

许心宏（浙江大学）：《文学地图上的城市与乡村——20世纪中国小说"城—乡"符号结构研究》

李　勇（武汉大学）：《论1990年代以来的乡村小说叙事》

景银辉（上海大学）：《"文革"后中国小说中的创伤性童年书写》

孙斐娟（华中师范大学）：《后革命氛围中的革命历史再叙事——论1990年代以来小说中革命历史叙事的文化取向和书写方式》

2011

【硕士论文】

詹舒岚（四川外语学院）：《现代汉语人体下肢名词组合研究》

李清云（江西师范大学）：《论新时期长篇小说的家族叙事模式》

李　松（山东大学）：《现代化进程中的矛盾与焦虑》

毛玉芳（东北师范大学）：《论张炜的民间想象世界》

张纪云（兰州大学）：《自卑与超越的艰难——张炜小说创作心理探析》

周国飞（重庆师范大学）：《论张炜的乡村题材小说创作》

田永丽（山东师范大学）：《延续与转变——21世纪前后张炜小说创作比较论》

李　振（山东师范大学）：《新时期山东作家农村改革小说抽样分析》

贾丽莉（上海师范大学）：《绝望的追寻——论张炜小说中的乌托邦叙事》

刘　江（上海师范大学）：《1990 年代的"人文精神"讨论》

薛　猛（新疆师范大学）：《张炜小说语言风格研究》

张红静（新疆师范大学）：《生态视野下的张炜创作研究》

丁秀玲（曲阜师范大学）：《追寻和谐之美——生态美学视角下的张炜作品研究》

易向阳（湖南师范大学）：《论张炜小说作品中的"水"意象》

徐炎君（沈阳师范大学）：《1990 年代以来的散文理论研究》

曹文娟（南京师范大学）：《80 年代小说中的审丑》

张胜亚（南京师范大学）：《寻根文学的世俗精神及其对当代小说的影响》

汪　洁（南京师范大学）：《论新时期以来乡土小说中"鬼怪叙事"》

王　东（辽宁大学）：《新时期小说"河"意象解读》

王　宁（四川省社会科学院）：《论中国当代小说乡村知识分子形象的美学变迁》

邓　强（青岛大学）：《坚守与回归——张炜散文的精神内涵探析》

吕传笑（青岛大学）：《张炜创作的精神流变》

于佳莹（吉林大学）：《论新历史小说的叙事模式》

周　坤（吉林大学）：《20 世纪三四十年代家族小说中的"废墟"意象》

谷学良（郑州大学）：《乡土的裂变文化的忧思——城市化背景下新世纪乡土小说转型论》

李玉杰（郑州大学）：《新世纪"乡下人进城"叙事的"表述"偏颇》

刘　迎（郑州大学）：《乡村守望与现代批判——张炜乡土小说论》

周　琴（延边大学）：《1990 年代以来知识分子精神映照下的乡土创作》

陈妞妞（延边大学）：《革命历史叙述的"哗变"——十七年革命历史小说与新历史小说的比较研究》

刘希荣（延边大学）：《论张炜小说的精神追求》

吴雯雯（江西师范大学）：《想象中国的空间叙事——新时期小说中的村、镇、城》

张　丽（江西师范大学）：《新时期文学中"乡土中国"形象的书写》

王洪伟（江西师范大学）：《新时期长篇小说中的地域文化探究——以茅盾文学奖获奖作品为中心》

成　方（山西大学）：《20 世纪 90 年代乡土小说新探》

陈　珲（山西大学）：《新时期中国大陆生态文学创作研究》

吕晓春（鲁东大学）：《数字化环境与新世纪文学》

郝艳利（河北大学）：《论新时期暴力叙事对"十七年"小说的审美颠覆》

袁　超（河北大学）：《道家生存哲学与 1980 年代中国文学》

【博士论文】

常　娟（南京大学）：《恶的书写：现代小说叙事的伦理境遇研究》

王　月（华东师范大学）：《新世纪媒介场中的文学生产》

李雪梅（华东师范大学）：《中国现代小说的音乐性研究》

沈杏培（南京师范大学）：《小说中的"文革"——当代小说对"文革"的叙事流变史（1977 ~ 2009）》

鲁美妍（辽宁师范大学）：《当代知识分子小说 60 年的发展历程和文学价值综论》

郭茂全（兰州大学）：《新时期西部散文研究》

王　华（华中师范大学）：《新世纪乡村小说主题研究》

李　雁（山东师范大学）：《新时期文学中的乌托邦精神研究》

任相梅（山东师范大学）：《张炜小说创作论》

陈佳冀（上海大学）：《中国文学动物叙事的生发和建构——以新时期文学（1978 ~ 2008）为重点》

徐　杨（东北师范大学）：《20 世纪 90 年代以来都市小说婚恋叙事研究》

郭　萌（陕西师范大学）：《生态美学视域下的 20 世纪 90 年代中国都市小说研究》

张旭东（浙江大学）：《文化保守主义思潮下的新时期小说创作研究》

2012

【硕士论文】

任继生（山东大学）：《栖息在"诗"与"道"的审美高地——对于〈你在高原〉的生存审美阐释》

郑典利（山东师范大学）：《迷失与拯救——论世纪之交小说中城市生活的书写》

张高峰（河北师范大学）：《修远的天路——论张炜长河小说〈你在高原〉的经验修辞及其文化功能》

张　琰（河北师范大学）：《风从民间来——新时期地域文化小说中的民歌研究》

李红霞（河北师范大学）：《仰视另类生命的高度——论新世纪动物小说》

常　琨（西北师范大学）：《20 世纪 90 年代中国家族小说的地域色彩》

杜　宇（渤海大学）：《人类学视野下的寻根文学研究》

上官婉清（暨南大学）：《从"融入野地"到"奔赴高原"——论张炜〈你在高原〉中的知识分子书写》

王倩倩（辽宁大学）：《张炜和海明威作品悲悯主题比较研究》

魏安娜（辽宁大学）：《中西方文学乱伦母题比较研究》

马　英（辽宁大学）：《新时期文学中的流浪主题》

王倩倩（辽宁大学）：《张炜和海明威作品悲悯性主题比较研究》

王　欣（辽宁师范大学）：《生命之维——生态文艺批评视角下的寻根文学》

汤翔鹤（江西师范大学）：《活着的传统——论新时期小说中的传统性因素及其影响》

尹　苗（苏州大学）：《在反叛中建构——新时期以来小说中"非传统"父子关系叙事研究》

王　瑞（湖南大学）：《张炜的长篇小说创作与齐鲁文化》

黄美蓉（上海师范大学）：《新世纪长篇乡土小说创作论》

赵　斌（安徽大学）：《新时期小说中的乡村权力叙事》

孟文荣（南京师范大学）：《1990年代以来乡土型长篇家族小说叙事研究》

陈丽华（南京师范大学）：《地域文化视野下的20世纪八九十年代山东作家家族小说研究》

倪娟娟（南京师范大学）：《新时期现实主义小说的发展与演变》

刘颖慧（湖南科技大学）：《当代审美文化语境中的野趣探析》

张　茜（海南师范大学）：《新时期泛生态小说论》

丁　玥（吉林大学）：《从"人物出走"看张炜小说创作的变化》

余程程（广西民族大学）：《张炜小说空间叙事中呈现的悖论》

赵　然（华东师范大学）：《多重身份中的纠葛与前行——秦兆阳研究》

刘　欢（山东理工大学）：《现代怀旧现象的审美分析》

顾记芳（河南大学）：《"当代性"的意义与局限》

【博士论文】

胡艳琳（北京大学）：《文学现代性中的生态处境——20世纪中国文学现代演进中的自然之维》

徐　勇（北京大学）：《80年代小说创作与"青年问题"》

李　一（复旦大学）：《试论新世纪十年文学中的"无后"现象》

罗长青（南京大学）：《过渡时期的创作诉求——20世纪70年代后期至80

年代中期文学研究》

    徐　茜（武汉大学）：《世纪之交中国"底层文学"中的底层形象研究》

    孙俊杰（山东大学）：《茅盾文学奖获奖作品中的儒家文化表现》

    王艳荣（吉林大学）：《1993：文学的转型与突变》

    赵丽妍（吉林大学）：《新世纪乡土小说研究》

    王　源（山东师范大学）：《后现代主义思潮与中国新时期小说》

    张连义（山东师范大学）：《新时期小说中农民意识的现代转型》

    郝敬波（山东师范大学）：《论新时期短篇小说的艺术创新》

    程娟娟（南开大学）：《土改文学叙事研究》

    李明彦（东北师范大学）：《真实性话语的建构与新时期文学》

    董　琼（华中师范大学）：《1990 年代以来"文革"题材小说研究》

    李　刚（苏州大学）：《20 世纪 90 年代中国散文与知识分子自我认同研究》

    龙慧萍（首都师范大学）：《当代文学中的反乌托邦寓言研究》

2013

【硕士论文】

    薛永再（浙江大学）：《当代长篇小说中"精英的俗化"现象研究》

    赵乐然（山东师范大学）：《论张炜早期成长经验与文学创作的关系》

    宋茜茜（山东师范大学）：《论现代中国文学中民族资本家形象及其当下意义》

    王　娟（山东师范大学）：《张炜小说中的动物叙事研究》

    刘志敏（山东师范大学）：《〈你在高原〉中的空间场所研究》

    高倩男（渤海大学）：《论近 30 年中国乡土小说的两次转型（1980～2013）》

    张芸菡（渤海大学）：《多元化空间：一个时代的样本——新世纪以来〈收获〉长篇小说研究》

    程　伟（浙江师范大学）：《论〈你在高原〉的苦难叙事》

彭　超（延边大学）：《寻根文学中"家"母题的文化意蕴探究》

吴雪凤（山东大学）：《"寻找在路上"：山东海洋文学母题研究》

王　琦（山东大学）：《一代知识分子的精神自救——论张炜的〈你在高原〉》

丁　娟（中国海洋大学）：《新时期儿童小说的乡土叙事研究》

余　坚（宁夏大学）：《新时期"寻根小说"中的象征叙事研究》

焦葵葵（河南大学）：《方言观念与方言创作——以方言文艺论争和新时期方言创作为例》

李艳玲（东北师范大学）：《论张炜的文学观》

李彦芳（东北师范大学）：《论 80 年代乡土小说中的"离乡"叙事》

武　睿（陕西师范大学）：《迷惘与追寻——论张炜〈你在高原〉系列小说中的流浪意识》

高　艺（西北师范大学）：《论新时期乡土小说的现代性焦虑》

罗　沁（中南大学）：《21 世纪中国儿童文学关键词研究》

佟　鑫（沈阳师范大学）：《中国作家对魔幻现实主义的接受》

张　慧（兰州大学）：《张炜小说伦理价值论》

吴姗姗（四川师范大学）：《商业时代的文学接受和批评分裂——以〈兄弟〉和〈你在高原〉为例》

徐　茜（四川外国语大学）：《从金牧场到金草地》

田　伟（西南大学）：《张炜〈你在高原〉研究》

谭沁汶（西南大学）：《张炜小说的动物叙事探析》

田　坤（山西师范大学）：《寄情乌托邦的精神之旅——张炜〈你在高原〉创作论》

李　超（重庆师范大学）：《20 世纪 90 年代小说中饥饿叙事研究》

李会丽（重庆师范大学）：《迷失的家园——1990 年以来"乡土"叙述的身份想象》

胡诗暄（辽宁大学）：《80 年代小说风俗书写的民间立场研究》

俞　蕾（上海师范大学）：《论几本成人文学写作者的儿童小说——"浅语"使用误区分析》

王　平（福建师范大学）：《新土改小说的暴力叙事研究》

孙　婧（南京师范大学）：《茅盾文学奖研究》

赵　斌（南京师范大学）：《难以突破的文化制约——论 20 世纪八九十年代小说中的父子秩序》

李　蕾（南京师范大学）：《精神家园的回归与守望——90 年代以来的乡土散文研究》

秦　雪（南京师范大学）：《现代性视野下的 90 年代乡土小说》

李晓宇（南京师范大学）：《大地情怀的诗性坚守——张炜 20 世纪 90 年代以来长篇小说研究》

静　馨（南京师范大学）：《90 年代长篇小说的跨文体研究》

童纯洁（南京师范大学）：《试论 90 年代以来农裔作家的城市书写》

张苗苗（海南师范大学）：《〈天涯〉杂志的散文风格研究》

宗立冬（北京大学）：《历史建构的"极限"——新时期以来的宗族叙事研究》

解玉娇（河北师范大学）：《古老神话的当代舞蹈——论新世纪"重述神话"小说》

向　勤（湖南大学）：《新世纪前十年（2001～2010）楚辞研究述评》

杨　玥（苏州大学）：《历史与现实的双重镜像——近 30 年小说叙事中的知识分子形象研究》

贺　颖（湖南科技大学）：《新时期家族小说的叙事模式研究》

姬亚楠（郑州大学）：《论新世纪乡土小说中的乡村日常生活书写》

谢益凤（东南大学）：《心灵的高原：论张炜新近的文学创作》

张苗苗（海南师范大学）：《〈天涯〉杂志的散文风格研究》

【博士论文】

徐兆寿（复旦大学）：《当代西部文学中的民间文化书写》

王　萌（山东大学）：《新时期以来官场小说研究》

翟瑞青（山东大学）：《童年经验对现代作家创作的影响及其呈现》

张细珍（首都师范大学）：《中国当代小说中的艺术家形象研究（1978～2012）》

高　雁（首都师范大学）：《20世纪80年代以来中国文学的农事书写研究》

张继红（兰州大学）：《20世纪中国文学资源与新世纪"底层文学"研究》

周国清（湖南师范大学）：《文学编辑家秦兆阳研究》

杜　昆（南京师范大学）：《身份认同与后新时期知识分子小说》

常世举（南开大学）：《新生代小说家的历史叙事》

王万顺（南开大学）：《张炜思想、创作研究》

李光泽（吉林大学）：《〈源氏物语〉在中国的传播与接受》

管晓莉（吉林大学）：《"经典化写作"向"市场化写作"的"历史蜕变"——2000—2010：长篇小说的"新10年调适"》

王兴文（兰州大学）：《城市化的文学表征——新世纪小说城市书写研究》

张文东（东北师范大学）：《传奇叙事与中国当代小说》

周建华（武汉大学）：《新时期以来小说暴力叙事研究》

韩　彬（山东师范大学）：《现代中国作家自传研究》

田　媛（山东师范大学）：《新时期儿童文学中的生态伦理意识研究》

郭家琪（北京大学）：《鸿沟与跨越——两岸乡土小说比较》

文　娟（华东师范大学）：《挑战与应对》

2014

【硕士论文】

韩　瑶（河北师范大学）：《寓言体小说体式研究——以新时期寓言小说为例》

何丽姣（西南交通大学）：《"融入野地"的绿色遥思——张炜小说创作的生态思想研究》

张宇霖（湖南师范大学）：《海明威式"硬汉"对中国新时期文学的影响》

陈　昇（湖南师范大学）：《论张炜长篇〈你在高原〉中的神话色彩》

杨国伟（西南大学）：《民俗学视野下的寻根文学研究》

李　玥（西南大学）：《论寻根小说的神话叙事》

杨淋麟（华中师范大学）：《空间维度下的中国当代底层叙事研究》

李亚祺（兰州大学）：《新时期小说民间叙事的原型研究》

钱慧杰（渤海大学）：《新世纪家族叙事研究》

仪文卿（鲁东大学）：《审美文化视野中的徐福形象研究》

霍曼若（陕西师范大学）：《张炜、张承志比较研究三题》

何　静（陕西师范大学）：《试论中国当代家族小说中的幺女形象》

张雪燕（浙江大学）：《寻求救赎的行走——张炜〈你在高原〉创作细想研究》

张凯梁（华中科技大学）：《张炜、史铁生独语散文比较》

牛婉若（辽宁大学）：《寻找精神世界的高原——从张炜的〈你在高原〉谈起》

王　芬（暨南大学）：《论第八届茅盾文学奖获奖作品对"中国问题"的叙写》

王炎炎（暨南大学）：《作为一种当代文学批评范型的陈思和文学批评》

杨亚玲（上海外国语大学）：《论张炜作品中的"徐福情结"》

邱晶晶（上海外国语大学）：《论〈你在高原〉的叙述艺术》

伍文珺（江西师范大学）：《"寻根"小说的现实主义维度》

黄　越（河南师范大学）：《革命历史的还原与回避——论"新历史小说"的暴力叙事》

雷成佳（广西师范学院）：《论新时期以来的"大散文"创作》

董银萍（苏州大学）：《80年代文化热中的鲁迅热——80年代人文鲁迅话语阐释》

王　鹏（南京师范大学）：《当代土改小说研究——从叙事伦理角度进行考察》

【博士论文】

段　红（西南大学）：《基于情绪心理空间的语篇理解与连贯研究——一种概念整合理论视角》

闫晓昀（山东师范大学）：《"恋乡"小说与现代中华形象》

宋　嵩（山东师范大学）：《发现与重读——20世纪80年代"被遮蔽"历史小说研究》

路翠江（北京师范大学）：《张炜"半岛"世界空间解码》

2015

【硕士论文】

曹　腾（曲阜师范大学）：《论张炜小说创作中的"大地情怀"》

邱　婕（华中师范大学）：《张炜散文创作论》

宋于花（山东师范大学）：《精神家园的追寻与建构——张炜小说的流浪书写》

田仁云（山东师范大学）：《1980年代〈新华文摘〉文学作品与评论研究》

余　琼（山东师范大学）：《1990年代〈新华文摘〉文学作品与评论研究》

余　琼（山东师范大学）：《1990年代〈新华文摘〉文学作品与评论研究》

苏雨婷（云南大学）：《融入野地　走向高原——论张炜小说中的人文精神》

彭嗣辉（南昌大学）：《生态批评视域下的〈你在高原〉研究》

单　良（中国矿业大学）：《大自然的歌者：张炜小说生态思想研究》

王丽玮（鲁东大学）：《论张炜〈你在高原〉中人物形象的夷齐文化意蕴》

金　晶（中南民族大学）：《茅盾文学奖终评落选作品研究》

曹　元（湖南大学）：《直探作家的诗心与文心——胡河清的作家评论研究》

【博士论文】

姚　亮（华中科技大学）：《张炜小说中的"游"与"艺"——以〈你在高原〉为例》

刘业伟（上海大学）：《新中国文学新人培养机制研究——从文学研究所到鲁迅文学院》

邓　榕（湖南师范大学）：《大陆与台湾寻根文学比较研究》

解　葳（山东师范大学）：《新世纪中国现实主义小说研究》

张　帆（上海大学）：《改革年代的文学与人学："新时期"文学中的人性论重构（1979～1987）》

宋　雯（华中科技大学）：《剪不断的精神脐带——童年经验与"60年代作家"的小说创作》

2016

【硕士论文】

刘红霞（河北师范大学）：《论张炜小说"以退为进"的写作姿态及文学史意义》

史胜英（山东师范大学）：《张炜创作中的海洋书写研究》

贾雯真（山东师范大学）：《鲁军新锐小说家的文学地标建构》

吕智超（山东大学）：《转折与延伸——1985年〈人民文学〉研究》

马凯盈（山东大学）：《〈你在高原〉意象研究》

王　莹（山东理工大学）：《张炜研究综论》

朱加萌（扬州大学）：《游走在大地上——论张炜〈你在高原〉的"流浪"意识》

丁亚平（福建师范大学）：《结构·抒情·传统——张炜〈你在高原〉研究》

王冬平（福建师范大学）：《生态散文的思想资源与审美新质——以苇岸、张炜、韩少功、李存葆等作家为例》

李　超（湖北师范大学）：《新时期山东小说中的"好汉"形象研究——以莫言、尤凤伟、李存葆、张炜作品为例》

唐金凤（辽宁大学）：《新时期以来小说中的忏悔者形象研究》

刘　琴（重庆师范大学）：《"茅奖"历史题材小说叙事的"常"与"变"》

彭金金（江南大学）：《20世纪90年代以来知识分子小说的叙事研究》

龙吟娇（苏州大学）：《"90年代文学"研究——以文学的转型为视角》

王　鹏（烟台大学）：《侠文化在胶东当代小说中的代际书写》

【博士论文】

武兆雨（东北师范大学）：《〈当代〉（1979—2014）的现实主义文学建构与生产机制》

田　蕾（华中科技大学）：《张炜长篇小说创作的多维透视》

董国艳（山东师范大学）：《中国新时期生态散文研究》

庄爱华（山东师范大学）：《孔孟"仁爱"思想浸染的新时期山东作家小说抽样研究》

张明智（江西师范大学）：《新时期以来中国诗化小说研究》

田蓉辉（湖南师范大学）：《民间原型视角下的红色经典小说研究》

2017

【硕士论文】

吕一姣（山东师范大学）：《张炜小说语言特色论》

庄爱华（山东师范大学）：《孔孟"仁爱"思想浸染的新时期山东作家小说抽样研究》

陶君艳（西南大学）：《张炜小说的魔幻特征探析》

段娜娜（西南大学）：《论新时期小说的乱伦叙事》

陈哨兵（淮北师范大学）：《现代性视域下张炜长篇小说苦难主题研究》

王　敏（长春理工大学）：《论张炜〈古船〉的理想主义倾向》

王伟军（重庆师范大学）：《一辈子的寻找——论张炜〈你在高原〉中的文学世界》

乔　雪（兰州大学）：《张炜〈你在高原〉的流浪母题研究》

李东辉（东北师范大学）：《鬼魅精灵入梦来——论新时期以来小说中的"神秘主义"》

罗思琪（宁波大学）：《论生态批评视阈下的新世纪乡土小说》

胡书萌（苏州大学）：《张炜〈你在高原〉论》

后 记

    一部《张炜研究资料长编（1956～2017）》（以下简称《长编》）交稿，万言千语，却一时无从说起。

    这部书的编著，始于2017年1月1日，只有一年半的时间。但其资料搜集，却可以追溯到1985～1987年我们在泰安师范专科学校中文系读书的时候。那个时候，张炜先生已经在中国文坛具有影响；因其毕业于烟台师范专科学校中文系，自然也就成了老师向我们重点推介的榜样。也就是从那个时候起，我们开始学习之、模仿之，并且始终坚持不懈地追踪他的文学脚步，搜集他的各种著作、资料，直到今天。目前，我们以一己之力创设的"张炜研究资料中心"里，各种资料已近万种。

    30多年，近万种资料，回顾这漫长的历程，面对这如林的书刊，真是感慨万端。这是我们苦心搜集的结果，也是自牧、袁滨、徐明祥、陈建兵、张志元、宫淑瑰、陶务端、纪会、王展、逄春阶、洪升、丛培丽、阿滢、张明、宋国强、王万顺、王举、朱波、鹿涛、亓希山、苏文、张鸿福、孟云霞、柳丽华、赵风国、盛兴、王宁、曹琳琳、陈传军、张恒宝、毕淑娟、邢宝东、王弘福、凌济、王晶、朱昱、杨文学、于芳等诸多好友鼎力支持的结果。这些，支撑了这部《长编》最初的框架。但对于如此体量的一部《长编》来说，还需要更多的支持和帮助。因此，当我们写完这本书的最后一页时，一个又一个"如果"不禁涌上了心头。

——如果没有山东省档案馆以远见卓识建立"名人档案库"，对张炜先生捐赠和寄存的上万份资料认真整理、妥善保藏，并提供方便、周到、热情的查阅服务，《长编》中的大量资料可能无法查到，或难以证实。

——如果没有宫明亮、姚恩河、张洪浩、张艳梅、王海东诸位先生和女士前期大量艰苦细致的资料整理、编撰工作，并且留下许多开创性成果，这部《长编》就只能从头做起，在这么短的时间里是无法顺利完成的。

——如果没有令人敬佩的前辈田恩华先生长期跟踪拍摄，并细心搜集、整理、保存相关资料图片；没有桑军、席俊先生帮助补充拍摄、整理，这部《长编》就不可能做到图文并茂、引人入胜。本书还有部分图片由曹清雅拍摄，特此致谢。

——如果没有著名作家刘玉堂先生、赵德发先生，山东省委宣传部王红勇先生，山东社会科学院张述存先生，山东省社会科学界联合会张宏明先生，山东社会科学杂志社周文升先生，山东省作协李掖平女士、葛长伟先生、陈文东先生、刘玉栋先生、孙书文先生、赵月斌先生，青岛大学刘增人先生，山东大学马兵先生，山东师范大学宋遂良先生、魏建先生、张丽军先生、王晓蓓女士、顾广梅女士，山东交通学院张爱波女士，鲁东大学亢世勇先生、司书景先生、陈爱强先生、秦彬先生，泰山学院汤贵仁先生、何蕴秀女士、闵军先生，浙江工业大学张欣先生等众多专家、学者强有力的学术支持，这部《长编》的分量就会大打折扣。

——如果没有山东教育出版社刘东杰先生倾心倾力，没有王慧、樊学梅等编辑认真负责，这部《长编》也就不会这么快与读者见面。
　　……

还有很多"如果"，恕难一一列出。对各位师友在各个方面提供的无私帮助，我们将铭记于心。但思来想去，这里不能不再说两个"如果"。

——如果没有张炜先生40多年如一日，以超凡的定力、宽厚的心胸、深邃的思想、高贵的灵魂面对生活、面向文学，始终以一个劳动者的姿态行走在文学的长路上，为我们创造了浩浩1800多万言的文字长河，并以《古船》《九月寓言》《你在高原》《独药师》《艾约堡秘史》等众多长篇作品为我们描绘了中华民族的百年变迁史、心灵史、精神史，成为当今世界文学的一个奇迹，那么，这部《长编》就无从编起。

——如果没有自20世纪80年代以来，那么多学者、评论家、编辑家、出版家、新闻工作者给予张炜先生及其创作以长期、持续的关注，使他的作品得到广泛的发表、出版、翻译、评论、宣传，这部《长编》就会变得单薄、苍白。

可惜的是，他的作品在海外的翻译、传播、评论情况我们还所知甚少，这是将来张炜研究者需要重视的一个问题。另外，由于前期资料匮乏，我们将1956～1972、1973～1977分别作为一个部分，此后则以年度排列。这样编排，主要是考虑到张炜先生的三个重要起点：1956年是他人生的起点；1973年是他文学创作的起点；1978年他考入烟台师范专科学校中文系，则是他人生与创作的一个新的起点。

是的，我们还可以说出很多个"如果"，但这样列举显然有点过长了。可是，最后还有一个"如果"实在是不能忘记的，那就是读者。诚然，一个作家的写作应该遵从自己的内心，而不能去刻意迎合读者的口味。但任何一个伟大的作家，他的心灵都是与时代同频共振的，他的作品无一不是与这个时代的对话，并且留下了这个时代难以消失的声音。因此，这些作品总能直击时代本质，触及读者灵魂。从这个意义上说，如果没有那么多读者给予张炜先生那么多纯粹而深刻的心灵回应，与他一起在文学的长河里歌哭跋涉，或许他有时会感到疲倦。所有伟大的文学创作，都不能忘记那些不凡读者的参与之功。

如此说来，作为一部资料长编，看似无声无息，但它又融入了多少人的心血，汇聚了多少人的智慧！作为一个编著者，我们在编著的过程中，仿佛听到了它生命的呼吸。

面对这一个个"如果"，读者可能会看到我们编著这部《长编》的"野心"，那就是尽可能地囊括张炜先生的文学创作、文学活动、文学传播（包括作品的发表、转载、出版、翻译、介绍）、文学评论，尽可能立体地表现张炜先生这一当今世界重要的文学存在，并由此入手，使读者可以比较形象、直观地感受中国文学40多年来波澜壮阔的历史。

相对于这个"野心"来说，这部《长编》还是那么稚嫩和浅陋，甚至挂一漏万，有许多错讹之处。好在它的出版并不是一个最终完成，而只是一个起点、一个开始。这样一部《长编》，应该是一个不断生长的过程，因为张炜先生的文学旅程还在不断向前延伸。一方面，它将在今后的岁月里不断得到纠错补漏，日臻完善；另一方面，它也将伴随张炜先生的创作继续前行，一年一年编下去。我们相信，随着张炜先生这座文学高山越来越高，《长编》作为他的背影，也将会越拉越长、越拉越长……

亓凤珍　张期鹏

2018年5月28日于济南垂杨书院

特别鸣谢：

山东省档案馆

山东文学馆

山东省社会科学界联合会

山东社会科学院

山东省社会科学规划办公室

山东社会科学杂志社

山东省作家协会张炜工作室

山东省散文学会

山东师范大学中国现当代文学国家重点学科

山东财经大学文学与新闻传播学院

鲁东大学文学博物馆、张炜文学研究院

山东省图书馆

济南市图书馆

万松浦书院

垂杨书院

嘉华旅游

湖北三新文化传媒有限公司

莱芜市文化广电新闻出版局

莱芜市文学艺术界联合会

莱芜市社会科学界联合会

莱芜市莱城区委宣传部

莱芜新华书店

莱芜三味书屋

山东渔歌文化传播有限公司

山东城社文化传媒有限公司

本书为 2017 年度山东省社会科学规划重点项目"张炜基础资料研究"（项目编号 17BZWJ04）研究成果。

作者简介:

亓凤珍，1966 年 10 月生，山东莱芜人，现居济南。山东财经大学文学与新闻传播学院副教授，垂杨书院张炜研究资料中心主任。

张期鹏，1967 年 2 月生，山东莱芜人，现居济南。